SV

Robert Menasse
Die Vertreibung aus der Hölle

Roman

Robert Menasse
Die Vertreibung aus der Hölle

Roman

Suhrkamp

Der Autor dankt dem Deutschen Literaturfonds e.V.,
der die Arbeit an diesem Roman gefördert hat,
und dem niederländischen Ministerium für Unterricht,
Kultur und Wissenschaft für den Aufenthalt
in Amsterdam.

© Suhrkamp Verlag Frankfurt am Main
Alle Rechte vorbehalten, insbesondere das der Übersetzung,
des öffentlichen Vortrags sowie der Übertragung
durch Rundfunk und Fernsehen, auch einzelner Teile.
Kein Teil des Werkes darf in irgendeiner Form
(durch Fotografie, Mikrofilm oder andere Verfahren)
ohne schriftliche Genehmigung des Verlages reproduziert
oder unter Verwendung elektronischer Systeme
verarbeitet, vervielfältigt oder verbreitet werden.
Druck: GGP Media, Pößneck
Printed in Germany

Erste Auflage 2001
2 3 4 5 6 – 06 05 04 03 02 01

Die Vertreibung aus der Hölle

*»The Sphinx must solve her own riddle.
If the whole history is in one man,
it is all to be explained from individual experience.«*
R. W. Emerson, Essays on History

*»Nur eine Macht kann die Wahrheit besiegen:
Die Macht. Nur eine Macht
Kann die Macht besiegen: Die Wahrheit.
Am Ende sehen sich beide als Verlierer.«*
Samuel Menasse, Uma Vida

*»You arrive, confused, disoriented.
All you know is, you're looking for your partner.
All you carry with you is the knowledge
you've grown to accept as the truth.
But you're about to discover
that what the truth is depends
on what world you're in.«*
OBSIDIAN. An incredibly challenging CD-ROM
Mystery, SegaSoft Inc.

*»Gib acht, mein Augenlicht! Das ist ein Liebesbrief.
Lies ihn nicht, denn Du wirst mich verachten – Wegen der
Hohlheit meiner Worte, wegen der unfreiwilligen Komik
meiner Empfindungen. Oder:
Du betrinkst Dich, langst kräftig dem Wein zu – Dann al-
lerdings wirst Du mich lieben, wenn Du das liest, wegen der
Tiefe meiner Empfindungen und
zugleich wegen des Schalks in meinen Worten.
Trink! Und dann erst lies, wie ich Dir meine Liebe gestehe!«*
Uriel da Costa, Carta de dispedida

»Leicht würde ich sterben,
wäre ich unsterblich.
So aber werde ich jammern und schreien,
wenn sie das Feuer setzen.
Wie kann ich gefaßt sein,
wenn ich weiß:
soviel ist ungeschrieben geblieben —
auf ewig!«
Ephraim Bueno, Diario do inferno

»Ich habe auch die komische Vorstellung, daß ich das alles
meinen Enkeln erzählen möchte. Obwohl ich gar nicht
vorhabe, Kinder zu bekommen. Aber das ist in mir drinnen.
So wie mir meine Tante erzählt hat. Sie ist schon sehr alt und
könnte meine Oma sein. So werde ich dann erzählen, und für
die Enkel wird es genauso weit weg und unfaßbar klingen...
Alle Geschichten, die mir erzählt werden, sind immer nur
kleine Teile. Es handelt sich um einen Tag, und von dem hört
man zehnmal, es ist etwas, das sie eben besonders berührt hat.
Jetzt ist es eben viel, weil – Man erlebt es selbst. Aber es wird
genauso sein: Es werden nur ein paar Sachen bleiben... Und
habe dann immer so, ich weiß nicht –
Ich hebe mir Zeitungen auf... Irgendwann werde ich mir das
durchlesen, wie das war.«
Anja, 23 Jahre, in: »Gespräche in Wien«, Videofilm
von J. Holzhausen, Wien 1999

»daß Baruch, der niemals
Weinende
rund um dich die
kantige,
unverstandene, sehende
Träne zurecht-
schleife«
Paul Celan

Sie werden das Haus anzünden. Wir werden verbrennen. Wenn wir hinauslaufen, werden sie uns erschlagen.

Er sah die Fackeln vor den Fensterläden aufblitzen, er hörte den Radau, den die Menschen draußen machten, sie sangen, schrien, grölten.

Das war ein Trauerzug. Durch die Straßen bewegte sich der größte Trauerzug, den das Städtchen Vila dos Começos je gesehen hatte, und der seltsamste: Ein Trauerzug, in dem niemand trauerte.

Zwei Rappen, geschmückt mit lila Stoffrosetten, zogen den Leichenwagen, auf dem ein so kleiner Sarg lag, daß er für ein neugeborenes Kind bemessen schien. Dahinter schritt, mit beiden Händen ein Kruzifix in die Höhe haltend, Kardinal João d'Almeida aus Evora, in blutrotem Talar und mit rotem Birett, über den Schultern die hermelinbesetzte Cappa Magna, deren Schleppe von vier Domherren in lila Talaren getragen wurde. Es folgten die Pfarrer von Começos und den umliegenden Gemeinden in schwarzen Soutanen, mit weißen Chorhemden und violetten Stolen. Die Adeligen, in purpurnem Samt mit breiten Ledergürteln, trugen ihre Degen gezückt, mit gesenkter Spitze. Die Vertreter der Gemeindeverwaltung und des Bürgerstands, in schwarzen Anzügen und großen schwarzen Hüten, trugen Fackeln, deren Rußfahnen einen Trauerflor um die Sonne zeichneten.

All dieser Pomp, der einem Staatsbegräbnis angemessen gewesen wäre, konnte nicht darüber hinwegtäuschen, daß die Stimmung von Wut, Haß und Mordlust geprägt war. Fast ganz Começos befand sich auf den Beinen und reihte sich in diesen Umzug ein, mit dem eine Katze zu Grabe getragen wurde. Sie murmelten keine Gebete, sondern Verwünschungen, sie falteten nicht die Hände, sondern schüttelten ihre Fäuste. Ihre Gesichter waren nicht von der Sonne gerötet, sondern vom hochprozentigen Bagaço, und nicht von Trauer gezeichnet, sondern von der Gier nach Totschlag, Brandschatzung und Plünderung.

Der Klerus sang nun den Choral Martyrium Christi, der aber von den Menschen übertönt wurde, die, wenn sie an bestimmten Häusern vorbeizogen, nach vorne zu den Fackelträgern schrien: »Auf dieses Dach mit euren Fackeln!«

Der Trauerzug bog in die Rua da Consolação ein, in dem winzigen Sarg eine Katze, die nicht älter als acht oder neun Monate geworden war, eine kleine schwarze Katze mit weißen Flecken um die Augen wie eine Maske. »Los! Auf dieses Dach mit euren Fackeln!« Das war nun das Haus der Soeiros.

Antonia Soeira war eine der wenigen, die nicht auf der Straße waren. Sie stand mit ihren Kindern Estrela und Manoel hinter dem Fenster, schaute vorsichtig durch die Ritzen der geschlossenen Fensterläden, zog, als der Lärm draußen immer bedrohlicher anschwoll, die Kinder ins Innere des Zimmers zurück und sagte: »Diese Irren werden die Katze noch zu Gott erklären. Soll sie im katholischen Himmel die Taube fressen!«

Der Grund für die große Erregung, die Começos und Umgebung erfaßt hatte, war, daß diese Katze gekreuzigt worden war. Sie ist, mit schweren Eisennägeln auf ein Holzkreuz geschlagen, vor der Casa da Misericordia gefunden worden. Den Männern der Kirche war augenblicklich klar, daß sie mit einer groß inszenierten Bestattung, die der Kreuzigung ihre heilige Würde zurückgeben sollte, die Bevölkerung geschlossen und fanatisch auf den Kampf gegen Ketzer und Häretiker verpflichten würden können – zwei Wochen zuvor war die Inquisition in Começos eingezogen.

Der Gesang und das Geschrei draußen entfernten sich, und der Junge stand mitten in dem dunklen Zimmer, mit dem Impuls zu laufen, so schnell und so weit zu laufen, wie er nur konnte, aber er war völlig starr. Bevor er vom Fenster zurückgezogen worden war, hatte er gerade noch den Sarg auf dem

Wagen erspäht, diesen winzigen Sarg, und dabei zum ersten Mal gedacht, daß er seinen Vater wohl nie wiedersehen würde. Der Vater war einer der ersten gewesen, der vom Heiligen Offizium verhaftet worden war.

Gezogen von den nachtschwarzen Pferden, der Sarg im rötlichen Licht, als würde die Sonne untergehen und der Purpur des Kardinals auflodern. Ein letzter Sonnenuntergang, ein Weltuntergang.

Immer hatte Manoel vor Sonnenuntergang zu Hause sein müssen, einst, wenn er auf die Gasse gelaufen war, um seine Freunde zu treffen. Darauf hatte sein Vater unerbittlich Wert gelegt: Vor Sonnenuntergang. Wehe, er kam danach. Warum? Es hatte keine Erklärungen gegeben, und als er verstand, war es zu spät.

Sein Vater war ein fettleibiger Mann, ohne jede Eleganz, der sich immer sehr penibel, aber nie vornehm kleidete. Auf der Wange hatte er eine große halbmondförmige Narbe, die Manoel anwiderte und erschreckte. Immer wieder hatte er sich vor seinen Kindern aufgebaut, um sie zu maßregeln. Er sprach leise, fast rauh, ohne jede Klarheit. Abends las er still in einem Buch, über dem er vermoderte. Manoel war dazu angehalten worden, Senhor zu ihm zu sagen, aber er war für ihn kein Senhor, er empfand ihn als schlechten Senhor-Darsteller. Er schlug die Augen vor ihm nieder, aus Furcht, aber auch aus Verachtung: Er konnte nicht zu ihm aufschauen.

Jetzt aber war es der Gedanke, den Vater nie wiederzusehen, der ihm unermeßlich angst machte. Der Lärm des Trauerzugs war noch von fern zu hören, und Manoel spürte das Pochen seines Herzens bis in den Kopf, in einem so harten Rhythmus, als versuchte es verzweifelt, sich irgendwie mit dem Getrommel und rhythmisch skandierten Geschrei da draußen in Übereinstimmung zu bringen. Es gab keine Übereinstimmung mehr. *Sie werden uns alle töten.*

Nun hörte er, daß seine Mutter und Estrela miteinander sprachen, sie sprachen leise, aber ihre Stimmen klangen eigentümlich kalt und sachlich. Obwohl Estrela nur vier Jahre älter war als der achtjährige Mané, war sie doch schon eine kleine Erwachsene, ein getreues Ebenbild, wenn nicht gar ein Abklatsch der Mutter. Das spitze, verhältnismäßig kleine Gesicht mit den harten, verkniffenen Zügen, und der rundliche Körper, der aber, vielleicht wegen des Eindrucks, den das Gesicht machte, nicht weich wirkte, sondern energisch, unbeugsam, stark, jeder Muskel doppelt und dreifach dick, unter dem vielen schwarzen Tuch. Sie sprachen über Schutzmaßnahmen, die getroffen werden könnten und auch darüber, daß Flucht nicht in Frage käme, solange der Vater nicht zurück sei, sie sagten »zurück«, als ob der Vater bloß verreist wäre. Manoel irritierte dieses Gespräch, seltsamerweise war es ihm peinlich, so als würden sich seine Mutter und seine Schwester mit einem unangemessenen, grotesken Verhalten vor aller Augen lächerlich machen.

»Und dann haben wir auch noch das Problem mit –«, sagte Estrela in dem Moment, als Mané aufschaute, seine Schwester brach ab, und er starrte in die Gesichter der beiden Frauen, die schweigend auf ihn blickten. Er sah sich nun selbst mit deren Augen und hatte dabei das Gefühl, etwas zu sehen, was er nicht hätte sehen dürfen. Seine Angst, aber auch seine Ergebenheit: daß ihm so peinlich und unnütz erschien, wie die Mutter und Estrela reagierten. Wenn er bisher etwas gelernt hatte, dann dies: Man mußte in das Spiel passen, die Rolle, die man hatte, erfüllen. Das war kein klarer Gedanke, aber er war dennoch deutlich in ihm: Die Menschen da draußen konnten nicht anders, sie mußten das tun. Und er konnte nicht anders und mußte es hinnehmen. Er hatte die Konsequenzen dessen, was er getan hatte, nicht abschätzen können, und doch waren sie einkalkuliert. Er mußte sie hinnehmen. Alles andere würde den Zorn der Menschen und die Greuel nur steigern.

Er konnte kaum atmen vor Angst, und doch war es, wenn auch sehr übersteigert, nur die Angst eines Kindes vor einer Strafe, die es erwarten hatte müssen.

Er hatte gewußt, daß es einen Skandal geben werde, und er hatte ihn auch haben wollen, einen Skandal, der unvergeßlich bleiben sollte, im Gegensatz zu all den kleinen Gemeinheiten, die so klein nicht gewesen sind, jedenfalls jetzt vergessen waren oder aber wie Schnurren erzählt werden würden, mit verblödeter Altersmilde, grinsend, vielleicht lachend, sich auf die feisten Schenkel schlagend, alles vergeben und vergessen im Namen der Erinnerung.

Er hatte sich darauf vorbereitet. Er hatte versucht, sich vorher vorzustellen, wer wie reagieren werde. Er war bereit gewesen, alles hinzunehmen, alle Konsequenzen zu ertragen, für dieses Schauspiel, das er inszenieren, das er unbedingt sehen wollte. Und als es soweit war, alles wie vorhergesehen, war es doch viel bedrohlicher, als er es sich ausmalen hatte können. Er hatte Schweigen erwartet, und dann Geschrei, aber nicht diese Stille und dann diesen Schrei. Wut, Aggressionen, natürlich, er dachte, er sei gewappnet, aber gegen diese Wut aller, gegen diese einhelligen Aggressionen? Nein, so reiflich er alles bedacht hatte, er hatte doch nicht gewußt, was er tat.

Das fünfundzwanzigjährige Maturajubiläum. Viktor war nie zuvor zu einem Klassentreffen gegangen, hatte, wenn er sich richtig erinnerte, schon seit gut zwanzig Jahren nicht einmal mehr Einladungen bekommen. Vielleicht hatten sie akzeptiert, daß er ohnehin nicht hingehen würde, vielleicht aber hatte es auch gar keine Treffen mehr gegeben, weil wohl schon bei den ersten kaum einer erschienen war. Die Klasse war nie eine »Verschworene Schicksalsgemeinschaft« gewesen, wie ihre Erzieher das Ideal damals formuliert hatten. Nachdem sie alle die Maturaprüfung bestanden und die Abschlußzeugnisse in Empfang genommen hatten, waren sie einfach auseinandergegangen, auf kalte Weise froh, die anderen nie wiedersehen zu müssen. Diese Klasse hatte auch mit der alten Schultradition einer Maturareise gebrochen, in der Regel ein Flug mit dem Klassenvorstand und dem Griechischlehrer nach Athen, zur Akropolis, ein letztes Klassenfoto vor dem Pantheon, ein erster großer Rausch von Ouzo oder Retsina. Sie sind der erste Maturajahrgang gewesen, der einhellig und ohne lange Diskussion klargemacht hatte, daß an einer solchen Abschlußreise kein Interesse bestünde.

Und nun, fünfundzwanzig Jahre später, fanden sie sich im Hinterzimmer vom »Goldenen Kalb«, einem Restaurant fünf Minuten von der ehemaligen Schule entfernt, vollzählig ein. Sentimental und neugierig standen sie vor einer langen gedeckten Tafel, auf der Aperitifgläser, Weißweingläser und Rotweingläser auf eine Feier warteten, die dann gezählte fünfundzwanzig Minuten dauern sollte, aus anderer Perspektive die ganze Nacht bis zum Sonnenaufgang – aber beides war zu diesem Zeitpunkt von niemandem vorherzusehen.

Diese vielen Ausrufezeichen nach jedem Satz! Fünfundzwanzig Jahre!!! Ein Vierteljahrhundert!!! Viktor hatte feiste Männer mit Glatzen, mollige Mütter erwartet, aber die meisten hatten sich physisch sehr gut gehalten, sie selbst waren entzückt davon, sprachen es immer wieder anerkennend aus und nahmen befriedigt Anerkennung entgegen. Im Grunde war Viktor der einzige, dessen Haar deutlich schütter geworden war und dessen Körper sichtlich begonnen hatte, sich zu entgrenzen. Aber so glücklich auch alle Gesichter glänzten, die Stimmung war verkrampft. Sollte man den Gymnasiasten hervorkehren, der man gewesen war, in die alte Rolle zurückfallen, die man vor so vielen Jahren im Kreis dieser Menschen innegehabt oder zugeschrieben bekommen hatte, oder einfach demonstrieren, was und wie man danach geworden war, wie weit man es im Leben gebracht hatte? Viktor konnte nicht entscheiden, ob gesetzte und biedere Menschen auf infantil oder infantil gebliebene Menschen auf gesetzt taten, während jeder neu Ankommende mit lautem Hallo begrüßt wurde. Er war auch überrascht, daß nicht nur der Schuldirektor, sondern auch viele ehemalige Lehrer gekommen waren. Nicht nur, weil er kaum glauben konnte, daß sie sich wirklich noch an Schüler erinnern konnten, die sie vor über einem Vierteljahrhundert unterrichtet hatten, – er wunderte sich schlicht darüber, daß sie noch lebten. Und es verwirrte ihn, mit welchen Gefühlen er sie nun beobachtete: Frau Professor Rehak zum Beispiel, ihre damalige Mathematiklehrerin, die er gehaßt und gefürchtet hatte, und die von allen immer nur als »der Giftzwerg« apostrophiert worden war, ist eine beeindruckend schöne alte Dame geworden, sehr wach, sehr neugierig, imstande, alle mit ihren Namen anzusprechen. Oder Frau Professor Schneider, Mädchenturnen, mit ihr hatte er natürlich nie zu tun gehabt, aber er konnte sich erinnern, daß sie einmal Hildegund geohrfeigt hatte, nur weil sie mit Jeans in die Schule gekommen war – jetzt saß sie da wie eine moderne Großmutter aus der Werbung, wie man sie sich selbst gewünscht hätte, die mit ihren Enkelkindern Radtouren unternimmt und ihnen die Markenjeans kauft, die den Eltern zu teuer sind. Professor Spazierer, Latein: Sein rotglänzendes heiteres Gesicht strahlte auf vorbildliche Weise eine Genußsucht aus, die von keinem Alter, sondern erst vom Tod gebrochen werden konnte. Wie hatte Viktor ihn gehaßt, als er ihm bei einer Versetzungsprüfung besonders gemeine Fragen stellte, so daß Viktor nicht bestand und die ganzen Sommerferien für eine Nachprüfung lernen mußte. Damals hatte Prof. Spazierer zu ihm gesagt: »Wenn du in einem humanistischen Gymnasium bestehen willst, dann mußt du endlich begreifen: Humanismus hat nichts mit human zu tun! Setzen!«

Sie setzten sich zu Tisch.

Vierzehn Burschen, acht Mädchen – wie selbstverständlich diese Männer und Frauen sich bereits wieder als Burschen und Mädchen bezeichneten! –, sieben ehemalige Lehrer und der Schuldirektor, dreißig Personen, die ein wenig steif dem Oberkellner in Schwarz und den beiden Piccolos in weißen Jacketts zuschauten, wie sie Aperitifs einschenkten. Die meisten akzeptierten den Prosecco, nur Eduard wollte einen frisch gepreßten Orangensaft, Thomas einen Kir Royal und Hildegund einen Campari – was erst eigens herbeigeschafft werden mußte. Das steigerte die allgemeine Anspannung, weil keiner es wagte, sein Glas zu heben und zu trinken, bis auch diese drei ihre Wünsche erfüllt bekommen hatten, Viktor sah, wie der Direktor Dr. Preuß unruhig mit Zeigefinger und Daumen am Stiel seines Glases auf- und abfuhr, er wollte offenbar einen vorbereiteten Toast loswerden, der den Abend sozusagen offiziell eröffnen sollte. Sonst Schweigen, Warten, ein grinsendes Hin- und Herblicken, als würde gleich ein Gongschlag ertönen und dann sollte grenzenlose Heiterkeit ausbrechen.

Endlich war es soweit. Der Direktor erhob sich, räusperte sich, begann zu reden. Viktor war peinlich berührt, wie unsicher, wie gekünstelt dieser Mann wirkte, der sie, als sie noch Halbwüchsige gewesen waren, so selbstverständlich hatte einschüchtern können. Er sei stolz und er freue sich und Dank und Anerkennung dem ehemaligen Klassensprecher Magister Fritsch für die Initiative zu diesem Treffen, das eine erfreuliche Verbundenheit der hier Versammelten mit ihrer ehemaligen Schule und er sei stolz und er hoffe und wünsche allen und Danke vielen Dank.

Wie Studenten klopften alle mit den Fingerknöcheln auf den Tisch Beifall, Direktor Preuß hob die Hände, sich bedankend, noch einmal um Ruhe bittend, er wollte noch etwas sagen.

Die einzige Unwägbarkeit bei Viktors Plan war die Frage gewesen, wie es ihm gelingen würde, die Situation herzustellen, die er zur Umsetzung seines Plans benötigte. Er wollte zunächst abwarten und später, wenn schon einiges getrunken worden war, mit dem Messer an sein Glas klopfen und um allgemeine Aufmerksamkeit bitten, als wollte er einen Trinkspruch anbringen. Aber die Idee, die Direktor Preuß nun hatte, sollte alles auf unerwartete Weise erleichtern und beschleunigen. Er erlaube sich vorzuschlagen, sagte der Direktor, daß die Damen und Herren Ex-Schüler der Reihe nach »in groben Worten, ich meine in groben Zügen« ihren Lebensweg seit der Matura beschreiben mögen. Auf diese Weise würden alle in zumindest groben Zügen sofort das Wichtigste von allen anderen und nicht nur von ihren jeweiligen Tischnachbarn erfahren. Er stelle sich vor, daß dieses Verfahren die grundsätzliche Neugier aller hier Versammelten bedienen und vielleicht die weitere Kommunikation erleichtern würde. Er blickte um sich, und als einige Lehrer durch zustimmende Rufe diese Idee unterstützten, schlug er vor, am Ende des Tisches zu beginnen und dann der Reihe nach, so wie sie hier saßen, vorzugehen, und er bitte also den Herrn Doktor, den Dr. Horak, ja bitte, Herr Doktor, also zu beginnen.

Turek, sagte der Angesprochene, Eduard Turek, und Diplomkaufmann, er habe seinen Diplomkaufmann gemacht – am anderen Ende der Tafel rief man »Lauter! Lauter!«, und Eduard stand auf, wiederholte »Ich habe also meinen Diplomkaufmann gemacht und« – Viktor verkrampfte sich augenblicklich. Er würde, so wie er saß, der dritte sein, oder, wenn er der ihm gegenübersitzenden Maria »selbstverständlich« den Vortritt ließe, als vierter drankommen. Er hatte nicht erwartet, daß sich die Gelegenheit, seinen Coup zu landen, so schnell einstellen würde, nun suchte er nervös das vorbereitete Papier in seinen Sakkotaschen, in der rechten, in der linken – hatte er es vergessen? Eduards Rede rauschte an ihm vorbei, so rauh, daß es schmerzte, Sätze wie »Nun habe ich zweihundert Mitarbeiter unter mir« ließen ihn beinahe aufstöhnen, dann sprach schon Wolfgang, natürlich Rechtsanwalt geworden, natürlich die Kanzlei seines Vaters übernommen, aber nebenbei natürlich »als alter Herr« immer noch »in der Verbindung engagiert«, in der »Bajuvaria« und nicht, wie es heutzutage bei den Genossen schick sei, in der »Toskana«, Gelächter.

Nun blickten alle auf Viktor, der höflich auf Maria deutete und, während sie flüsterte »Nein, nein, rede du zuerst!«, plötzlich das Blatt Papier in der Brusttasche des Sakkos spürte. Viktor stand auf, er spürte, daß er mit einem Mal kalt wurde, er genoß es plötzlich, dazustehen und seinen Blick langsam von einem zum anderen wandern zu lassen, die Gesichter dieser vertrauten Fremden zu betrachten, die so freundlich auf ihn blickten, erwartungsvoll, auch wenn sie von ihm gewiß nicht erwarteten, daß er eine ähnlich beeindruckende Karriere wie die meisten anderen vorweisen konnte.

»Nach der Matura habe ich Geschichte studiert«, sagte er schließlich, »Geschichte und Philosophie.« Er spürte, daß nun alle nur noch wissen wollten, ob er mit Magisterium oder Doktorat abgeschlossen habe, ob er Lehrer oder Wissenschaftler geworden sei, ob er verheiratet sei und wie viele Kinder er habe. »Das Studium der Geschichte«, fuhr er fort, »ist ja nichts anderes als die Beschäftigung mit den Bedingungen der Gewordenheit unseres eigenen Lebens.« Dieser Satz war zu verkrampft, das war ihm augenblicklich klar, er machte eine kurze Pause, nahm das Blatt aus der Brusttasche und sagte, während er es auseinanderfaltete: »Wir sollen jetzt hier unsere Biographien erzählen, aber wir haben selbst nie etwas erfahren von den Biographien jener, die unsere Lehrer waren, die uns erzogen und zweifellos irgendwie geprägt haben, ich meine –«

Viktor schwitzte, und seine Brille rutschte ihm ein wenig die Nase hinunter, er drückte sie mit dem Mittelfinger zurück. Wie gern er Fußball gespielt hatte. Hätte. Aber als Brillenträger – »Ich finde, um zu verstehen, was ein Mensch geworden ist, kann es auch sehr lohnend, sehr erhellend sein, zu fragen: Wer waren seine Lehrer? Wer also waren in groben Worten, wie der Herr Direktor Preuß es formuliert hat, unsere Lehrer?« Er sah den langen Tisch hinauf zu den alten Lehrern, sie grinsten, erwarteten sie jetzt allen Ernstes etwas Launiges? Die fünfundzwanzig Jahre später nachgereichten dürftigen Witzchen der Maturazeitung, die damals keiner schreiben hatte wollen? Viktor schluckte, senkte den Blick auf seine Papiere und sagte: »Prof. Josef Berger, Parteimitglied bei der NSDAP mit der Mitgliedsnummer 7 081 217. Prof. Eugen Buzek, NSDAP-Mitgliedsnummer 1 010 912. Prof. Alfred Daim, NSDAP-Mitgliedsnummer 5 210 619. Frau Prof. Adelheid Fischer, hochrangige BDM-Führerin, ab 1939 Mädelring-Führerin in Wien, der Mädelring umfaßte fünf Mädelgruppen zu vier Mädelscharen, eine Mädelschar bestand aus drei Mädelschaften zu fünfzehn Mädchen. Sie führte also eine knappe Tausendschaft von Wiener Mädchen und –« Es herrschte eine so schockstarre Stille, daß er noch zwei Namen und NSDAP-Mitgliedsnummern vortragen konnte, ohne daß irgendeiner sich bewegte oder etwas sagte. Schließlich kam er zu »Prof. Karl Neidhardt, übrigens ein besonders interessanter Fall, er studierte nach Kriegsbeginn Englisch, die Sprache des Feindes – Wieso studiert ein überzeugter Nazi und Deutschtümler Englisch? Eben deshalb. Weil er so besonders überzeugt war. Die Nazis brauchten besonders vertrauenswürdige Leute, die den Feind abhören konnten, und zu dieser Aufgabe wurde Prof. Neidhardt ab August 1943 im Rang eines Oberleutnants im Reichssicherheitshauptamt eingeteilt. Vielleicht erinnert sich der eine oder andere daran, wie er, unser Englischlehrer, eines Tages im Jahr 1965 zu uns in die Klasse kam, um einen Nachruf auf den eben verstorbenen Winston Churchill zu halten. Alle Englischlehrer Österreichs mußten das damals tun. Das war ein Erlaß des Unterrichtsministeriums. Er verlas also diesen Erlaß, in dem Churchill für seine Verdienste um die Befreiung Österreichs gewürdigt wurde, aber ich kann mich bis heute an seinen Gesichtsausdruck erinnern, man sah, daß er sich nur mit Mühe zurückhalten konnte, zu rufen: Das Schwein ist tot!«

Plötzlich ein Knall. Ein Schuß? Ein Donnerschlag? Viktor sah, daß Direktor Preuß so abrupt aufgesprungen sein mußte, daß sein Stuhl umgefallen war, auch Prof. Spazierer und Frau Prof. Rehak standen. »Das Schwein ist tot!« sagte Viktor. »Das war es, was er eigentlich hinausschreien –« Er war erstaunlich weit gekommen, aber nun, das war deutlich, hatte er nur noch Sekunden. »Otto Preuß«, sagte er daher rasch, »NSDAP-Mitgliedsnummer –«

»Aus! Es reicht!« schrie der Direktor mit einer Lautstärke, die jedes Geräusch in diesem Hinterzimmer, jedes weitere Wort Viktors, das Stühlerücken, die ersten aufgebrachten Sätze der ehemaligen Lehrer und Schüler, das Hüsteln und sogar das Atmen niederkartätschte. Und nun, in diese geballte

Stille hinein, noch einmal: »Es reicht! Sind Sie wahnsinnig geworden!« Er schnaufte, stand starr aufrecht da, mit angelegten Armen, wippte kurz auf den Fußsohlen vor und zurück, suchte nach Worten und sagte schließlich: »Sie erwarten wohl nicht, daß ich noch länger bleibe.« Er schob mit dem Fuß den umgestürzten Stuhl zur Seite und stürmte hinaus, ihm nach die Lehrer, mit roten Köpfen, starren Mienen, ohne nach rechts oder links zu blicken.

Viktor mußte plötzlich kichern, er stand da und kicherte, er wußte, daß das in diesem Moment fehl am Platz war und geradezu lächerlich wirken mußte, aber er konnte es nicht unterdrücken, es war Ausdruck seines Triumphes und zugleich Reflex seiner Angst, eines unkontrollierbaren, wachsenden Panikgefühls. Er hatte etwas ausgelöst, das er nicht mehr unter Kontrolle halten konnte, die Wogen würden über ihm zusammenschlagen – und das geschah dann auch, schlimmer als er es sich hatte ausmalen können.

Er setzte sich, saß da »so starr und bleich wie eine Wachsfigur«, wie Hildegund später sagen sollte. Direktor und Lehrer waren verschwunden. Außer Viktor hielt es keinen mehr auf seinem Stuhl, Viktor wurde umringt, von allen Seiten gestoßen und angeschrien. Er sah Gesichter, die sich zu ihm hinunterbeugten, Münder, die aufgebracht auf- und zuklappten, haßerfüllte Augen, das verwischte sich so, er saß einfach da und blickte auf, da war die große schwarze Brille von Wolfgang, der harte Mund von Edi, er spürte einen Schlag gegen seinen rechten Oberarm, sah Sätze, die ihm ins Gesicht geschrien – nein, hörte Sätze und sah die Speicheltröpfchen, die ihm zusammen mit den Worten entgegenflogen, wütende Kommentare, die er erst zeitverschoben auffaßte. Du Arschloch. Warum tust du das? Aus uns allen ist doch etwas geworden. Das haben wir doch auch denen zu verdanken. Was haben Mathematik, Griechisch, Latein mit den Nazis zu tun? Du frustrierter Arsch.

Die scheue Red-du-zuerst-Maria sagte: »Du bist wirklich blöd.«

Er sah, wie Toni Neuhold sich zu ihm hinunterbeugte: »Du selbstgerechter Idiot ... Du, du bist heute der Mitläufer ... ausgerechnet du willst anderen vorwerfen, daß ...«

»Was hast du in all den Jahren gemacht? Nur im Dreck gewühlt? Du Stinktier!« – Wer war das? »Du Stinktier!« sagte Karl Cerha noch einmal, ausgerechnet er, der als Schüler wegen hartnäckigen Bettnässens den Spitz- oder Schimpfnamen »Stinktier« gepachtet gehabt hatte.

Viktor sah, wie sich hinter Neuhold der kleine Feldstein vorbeidrückte, mit eingezogenem Kopf, ohne zu ihm herzuschauen, und zur Tür lief – nun verstand er gar nichts mehr. Alle liefen hinaus, den Lehrern nach, wieso? Und: Wieso auch der Feldstein?

Wie lange hatte das gedauert? Sie beschimpften ihn und gingen, andere gingen, ohne sich lange mit Beschimpfungen aufzuhalten, sie sagten nur im Vorbeigehen »Idiot« oder »Trottel« oder »Arschloch«. Das war nach wenigen Minuten vorbei. Was war das? Fühlten sie sich um diesen Abend betrogen? Oder ihre Ausbildung in den Schmutz gezogen? Oder fühlten diese Erben arisierter Anwaltskanzleien und arisierter Arztpraxen ihre Herkunft besudelt und ihre eigene Tüchtigkeit in Frage gestellt? Aber alle? Wieso war dieser Haß so einhellig? Viktor wollte aufstehen, fiel aber gleich wieder auf den Stuhl zurück. Er blickte sich um. Das Hinterzimmer war leer, keiner mehr da. Nein, doch. An der Wand hinter ihm, neben dem pinkfarbenen schweren Vorhang mit den aufgedruckten dunkelroten Rosen, lehnte Hildegund und grinste. Noch einmal sah er sich um, da waren nur Hildegund und er, sonst war keiner mehr da. In diesem Moment kamen dreißig Suppen.

Die Tür sprang auf, der Maître und die beiden Hilfskellner liefen herein mit großen Tabletts, die sie artistisch balancierten. Als sie den leeren Raum sahen, ein Mann saß am Tisch, eine Frau lehnte an der Wand – stoppten sie, stutzten, beinahe wären ihnen die Tabletts mit den Suppen zu Boden gefallen.

»Aber. Wo. Sind die Herrschaften?«

»Fort.«

»Fort. Aber. Wir haben. Es wurden dreißig Menüs bestellt. Und der Wein. Das muß. Wer wird das bezahlen?«

»Wer hat denn reserviert? Wer hat das bestellt?«

»Das muß. Das kann ich sofort. Nachschauen.«

Der Maître stellte sein Tablett auf dem Tisch ab und lief hinaus, die Piccolos hielten die ihren weiter in der Hand, unsicher, was sie tun sollten. Viktor sah Hildegund an, die nun herkam und sich ihm gegenübersetzte. Das war ein Kreuzungspunkt, der eine unvorhergesehene kleine Ewigkeit präjudizierte. Hätte sich Hildegund nicht in diesem Moment zu Viktor gesetzt, die Geschichte wäre nicht weitergegangen. Der Oberkellner kam zurück und las von einem Zettel ab: »Ein Herr Direktor Preuß vom Bundesgymnasium hier –«

»Na eben«, sagte Hildegund, »er hat bestellt, er wird das auch bezahlen. Tragen Sie das Essen auf und schicken Sie die Rechnung an das Gymnasium. Alle dreißig Menüs«, sagte sie und lächelte Viktor an. »Weil es wird natürlich nur bezahlt, was auch serviert worden ist.«

Drei Männer bedienten ein Paar an einer langen Tafel, auf der dreißig Suppen aufgetragen und wieder abserviert wurden, dreißig Portionen Tafelspitz mit den klassischen Beilagen, dreißig Sorbets mit Waldbeeren.

»Ein Digestif gewünscht? Vielleicht ein Vogelbeerschnaps? Sehr zu empfehlen!«

»Ja bitte. Dreißigmal.«

Hildegund legte Wert darauf, daß Viktor Hildegund zu ihr sagte. Als Schülerin hatte sie Hilli genannt werden wollen, später, als Studentin, als ihr das zu kindisch erschienen ist, wurde sie Gundl gerufen. Aber jetzt Hildegund. Unbedingt.

»Ich kann das nicht. Es klingt so –, ich meine, ich habe doch immer Hilli zu dir gesagt. Hildegund klingt so – germanisch. Arisch.«

»Du bist wirklich ein Arschloch.«

»Du hast doch selbst den Namen immer abgelehnt! Deine Eltern waren doch sicher – ich meine, was haben deine Eltern früher gemacht –?«

»Was meine Eltern früher gemacht haben? Sie haben gelebt. Zu ihrer Zeit. Jetzt sind sie tot. Und mein Name ist Hildegund.«

Das Kind hat viele Namen.

Manoel Dias Soeiro – ein ehrwürdiger portugiesischer Name. Manoel, wie jener portugiesische König, der auf besonders grausame Weise die Juden verfolgt und zur Taufe gezwungen hatte. Der beliebteste männliche Vorname bei den alten christlichen Familien des Landes. Ein Kind geheimer jüdischer Herkunft offiziell auf diesen Namen zu taufen war ein fast überdeutliches Zeichen der Anpassung, vielleicht auch der Versuch, die Gefahr im Namen der Gefahr zu bannen. Gleichzeitig versteckte sich in oder hinter diesem Tarnnamen ein alter jüdischer Name, der eigentliche, der wirklich gemeinte, der nur im engsten Familienkreis ausgesprochen wurde: Nicht Immanuel, von dem sich Manoel ableitete, von dem er sich aber bereits als eigenständiger christlicher Name völlig emanzipiert hatte, sondern – Samuel, der alttestamentarische letzte Richter Israels, der Seher und Prophet. So leise, so flüchtig gerufen, daß ein zufälliger Ohrenzeuge, oft sogar das Kind selbst, wieder nur Moel, ein schlampig ausgesprochenes Manoel verstehen konnte.

Das Kind hat viele Namen, nicht nur den der Vernichtung und den der erhofften Erlösung. Sie verschmelzen in den Liebkosungen der Eltern und im Spiel mit anderen Kindern zu Mané, ein doppelbödiger Rufname, denn Mané bedeutet im umgangssprachlichen Portugiesisch auch soviel wie Dummerchen, naiver Mensch – welches Kind ist das nicht? Aber kann ein Kind es sein unter der doppelten Bürde seines öffentlichen und seines geheimen Namens?

Das Kind hat viele Namen. In Mané schwingt auch schon der Name mit, den dieses Kind später erhalten sollte, in Amsterdam, in der Freiheit, als die geflüchteten Marranen ihre Tarnnamen ablegen und durch offen jüdische Namen ersetzen konnten: Manasseh.

Unter diesem Namen wurde er schließlich berühmt, als Schriftsteller und Intellektueller, als Rabbiner und Diplomat. Aber so gut der öffentliche Klang dieses Namens auch werden sollte, als Name eines freien und erfolgreichen Mannes, ein Name, der nichts anderes mehr bedeuten mußte als das, wofür der Träger dieses Namens einstehen konnte – in seinem Innersten sollten ewig Manoel, Samuel und Mané nachhallen, als Echo aus längst vergangener Zeit, aber auch als Echo noch des Rufs, den er sich erst erwarb. Manoel, der Angepaßte, Samuel, der Seher, und Mané, der Naive.

Bevor er Rabbi wurde, war er Antisemit. Das war damals, als Mané mit den Kindern seiner Gasse Edelmänner spielte. *Edelmänner.* Das war die Welt, in der er sich auskannte. Alles war ideal, und doch allgemeiner Besitz. Ein einfaches Regelsystem, und doch immer aufs neue abenteuerlich und erhebend. Und er bewunderte Fernando, den etwas älteren Knaben, der immer etwas wußte, das die anderen nicht wußten, und der zugleich der stärkste von ihnen war. Der geborene Anführer.

Wenn er Fernando gegenüberstand, spürte er, daß Respekt, ja Furcht, anders als zu Hause, lustvoll sein konnten. Fernandos Füße: lange, feingliedrige, aber starke Zehen, mit harten flachen Nägeln wie bei schönen Händen. Nicht so dickliche weiche Knollen, wie seine eigenen Zehen, die beim Laufen immerfort irgendwo anstießen und gleich schmerzten.

Wenn sie sich balgten, dann wehrte er sich nur zum Schein, nicht weil er ohnehin keine Chance gegen ihn gehabt hätte, sondern weil er nur mit etwas Gegendruck die Kraft voll auskosten und genießen konnte, mit der Fernando ihn niederzwang. Er lag dann da, unter dem auf ihm knienden Fernando, und bewunderte die starken blauen Adern, die sich so deutlich an den Innenseiten von dessen Armen abzeichneten.

Immer wieder kontrollierte er zu Hause, wenn er unbeobachtet war, ob bei ihm, wenn er die Armmuskeln anspannte, nicht auch endlich eine blaue Ader hervorspringen würde, aber es war, als versuchte er, durch die Milch auf den Boden eines Topfs zu blicken.

Die erregte Eilfertigkeit, mit der er sich Fernando unterwarf, machte ihn zu seinem Vasallen, aber war er als solcher nicht Teil der immer siegreichen, edlen Macht? Fernando, der Sohn des Tischlers, verkörperte für ihn das Ideal des Edelmanns. Er trug den Haselnußstecken so elegant wie einen Degen, bewegte sich ohne Schuhe, als hätte er Stiefel aus feinstem Leder an, und seine Muskeln, erworben an der väterlichen Hobelbank, schienen das Erbe des jahrhundertelangen unbeugsamen Kampfes gegen die Ungläubigen zu sein. Wie erbärmlich dagegen der eigene Vater, ein Eisenwarenhändler, im Grunde ein Nägelverkäufer, immer pedantisch, aber nie edel gekleidet. Und wie er redete. Im Geschäft devot, zur Familie wohl sehr bestimmt, aber leise, fast rauh, ohne jede Eleganz und Klarheit. Und immer so kleinlich. Bist du der Besen von Começos? hatte der Vater gesagt, als er keuchend vor ihm stand. An deiner Kleidung klebt der Staub der ganzen Stadt.

Er starrte auf die peinlich saubere, aber grobe Hose des Vaters, sagte nichts. Wie fadenscheinig sein Vater wirkte. Er sagte nichts. Er tat, was sein Vater wollte, aber er war sein Feind. Der Feind der Mutter nicht. Sie, mit ihrem vielen Tuch, erinnerte ihn irgendwie an die heilige Muttergottes Maria, wie sie überall dargestellt war, auf den großen Gemälden in der Kirche, eingestickt in Fahnen, aufgemalt auf Fliesen, mit ihrem weiten Umhang, unter dem sie Schutz bot. Aber der Vater –

Wenn er mit Fernando spielte, vergaß er, wie er selbst aussah, daß er der Sohn seines Vaters war, dieses feisten, vor sich hinfaulenden Mannes. Sag mir, warum, *Senhor*, einmal: Warum? Das gab es nicht. Keine Erklärungen. Das mußte so sein, und dies so.

Was Fernando alles wußte! Davon könne man ausgehen, sagte er, daß so gut wie alle Ärzte geheime Juden seien. Warum? Er blickte in die Runde, auf die Kinder, die erstarrt dasaßen und ihre Arme noch fester um ihre Knie drückten, als suchten sie Halt. Die Juden, sagte er, ließen eines ihrer Kinder immer Arzt werden, oder Apotheker, weil sie dadurch die beste Möglichkeit hatten, das Volk zu vergiften.

Auch die de Souzas?

Auch die de Souzas. Höchstwahrscheinlich. Es käme auf eine Probe an.

Aber sieht man sie nicht jeden Sonntag beim Gottesdienst und –

Fernando unterbrach mit einer groß ausgeführten wegwerfenden Handbewegung. Das bedeute gar nichts. Ob ihnen die Geschichte des Bischofs Ferdinand von Talavera nicht bekannt sei? Zierde der Kirche, Ratgeber des Königs, und doch: als geheimer Jude entlarvt. Er und alle seine Verwandten seien in den Kerker geworfen worden, immer wieder grinse der Hebräer unter der Maske des Christen.

Er hatte von diesem Bischof noch nie gehört. Er wußte auch nicht, wo Talavera lag, er wußte nur –

Wo ist denn Paulo de Souza? Rief Fernando. Sucht er die Gemeinschaft mit uns? Ist er einer von uns? Können wir auf ihn zählen?

Er wußte nur: Nein. Paulo war nicht bei ihnen. Er lief schon einige Zeit nicht mehr mit der Schar.

Sie liefen zu Paulos Elternhaus. Nein, Paulo sei nicht zu Hause, er würde aber bald kommen. Paulos Mutter war eine freundliche Frau. Sie lud die Kinder ein, etwas zu trinken. Aber Fernando bestimmte, daß sie weiterlaufen müßten. Sie liefen langsam. Mit sehr angespannten, gedrosselten Laufbewegungen. Diese seltsame Art des Laufens machte alles noch unheimlicher. In der Bewegung verhärtete ihre Anspannung.

Er wollte, daß sie Paulo fanden, er wollte wissen, was dann geschehen würde. Zugleich hoffte er, daß sie Paulo nicht begegneten, es herrschte eine Stimmung, die ihm angst machte, als würden sie etwas Verbotenes oder sehr Gefährliches tun, obwohl: er wußte, er war auf der Siegerseite.

Sie liefen langsam, sehr verhalten, sehr wachsam, sechs oder sieben Kinder, die sich einer gottlosen Macht, die die Welt bedrohte, einem einzelnen, gleichaltrigen Kind entgegenstellen wollten.

Da ging es zum Friedhof, und dort rüber zum Fischmarkt. Geradeaus kam man zu den Köhlern, und dann schon zur Stadtmauer, sie blieben unschlüssig stehen, aber sie blieben dabei in Bewegung, wie nervöse Tiere. Wohin sollten sie laufen? Sie blickten Fernando an, der plötzlich da! sagte. Sie sahen in die Richtung, in die er zeigte, und sahen Paulo de Souza, der auf sie zulief, langsamer wurde und schließlich stehenblieb, als alle auf ihn zustürmten. Sie umzingelten ihn, der sofort wußte, daß das nicht die Kinder waren, die er kannte.

Laßt mich, ich muß nach Hause.

Der mit Goldfarbe bemalte schmiedeeiserne Löwe über dem Portal der Pousada Leão d'Ouro wurde mattgrau, der Schatten rutschte an den azulejos der Fassade des Hotels hinunter, hinter dem Dach des gegenüberliegenden Hauses verschwand die Sonne.

Er wußte, daß er sofort nach Hause laufen müßte, aber das war jetzt unmöglich, er konnte nicht, das machte ihn fast blind und taub vor Angst. Er wurde ein weicher, sich irgendwie mitbewegender Teil dieser Gruppe, die jetzt nur ein Körper war, der zuckte und stieß und drängte und torkelte. Es war, als würde man mit geschlossenen Augen einmal da, einmal dort anstoßen, er wußte nicht, was geschah. Er hörte, wie Paulo immer wieder sagte, daß er nach Hause müsse, nach Hause, in Ruhe lassen, nach Hause. Dabei wurde Paulo zurückgedrängt, zurückgestoßen, die Kinder so nah beisammen, daß sie sich beim Gehen, beim Vorwärtsdrängen aneinanderrieben, aneinanderdrückten, ein Körper mit vielen Armen, die unausgesetzt stießen. Sie drängten Paulo in die Gasse, die zum Friedhof führte, dort vorn war die gekalkte Friedhofsmauer zu sehen, dunkelgrau, es war ganz still, auch die Nein!-Rufe Paulos, sein Betteln, ihn gehen zu lassen, waren nicht zu hören, das konnte man sich später wieder dazudenken, wenn man sich an diesen Moment zurückerinnerte. Wenn man sich erinnerte.

Zwei Kinder hielten Paulos Arme. Als er zu strampeln und zu treten begann, umschlangen zwei andere seine Beine. Wußten die Kinder von selbst, was jetzt getan werden mußte, oder hatte Fernando den Befehl gegeben? Fernando setzte die Spitze seines *Degens* auf Paulos Hosentür, machte einige tupfende, dann bohrende Bewegungen, suchte den Durchlaß zwischen den Knöpfen – wer aber hat dann die Hose geöffnet und mit einem Ruck runtergezogen?

Paulo war nicht beschnitten. Sie ließen ihn laufen. Sie verziehen ihm.

Das war die erste *Schweinejagd*.

Es gibt keinen Anfang. Jede Geschichte beginnt schon mit dem Satz »Was bisher geschah« und ist eine Fortsetzung, auch wenn ihr Titel lautet: »Dies soll nie wieder geschehen dürfen!« Am 15. Mai 1955 traten der österreichische Kanzler, der österreichische Außenminister und die Außenminister der vier Alliierten Siegermächte auf den Balkon des Schlosses Belvedere in Wien, der österreichische Außenminister hielt die soeben unterzeichnete Staatsvertragsurkunde in die Höhe und verkündete der wartenden Menschenmenge »Österreich ist frei!«

Jubel brach aus, die Menschen sprangen, schrien, fielen einander in die Arme, begannen Walzer zu tanzen. Und mitten in dieser entfesselten, befreiten Masse ging eine hochschwangere Frau zu Boden, weil ihre Wehen eingesetzt hatten, zwei Wochen zu früh, ausgerechnet an diesem Tag, an diesem Ort. Wie oft hatten sie und ihr Mann in den Jahren und Jahrzehnten danach diese Geschichte erzählt? Ihre Angst, ihre panische Angst, das Kind zu verlieren.

– Aber doch wohl auch davor, zu Tode getrampelt zu werden, selbst zu sterben?

Nein, ich habe immer nur Angst davor gehabt, das Kind zu verlieren, immer nur den Gedanken: Das Kind.

Und dann war plötzlich der Mann mit dem weißen Mantel da. Er behielt die Nerven. Sie dachte: Ein Arzt. So ein Glück. Ein Arzt. Sie beruhigte sich. Vertraute diesem Mann.

Der Kreis, der sich um sie herum bildete – Der Kreißsaal Ha Ha (Viktors Vater) Und wißt Ihr, wer der mit dem weißen Mantel war? Was der in Wirklichkeit war??

Warum sagst du das jetzt schon? Jedesmal machst du mir die Pointe kaputt. Viktor ist noch gar nicht auf der Welt, und du erzählst schon die Pointe! (Die Mutter)

Jedenfalls: Der vermeintliche Arzt half, er war der einzige, der Ruhe bewahrte, er paßte auf, daß der Kreis um sie herum intakt blieb, er gab Anweisungen, Befehle an die Umstehenden, Viktors Vater liebte bei dieser Stelle am meisten, daß der Mann geschrien habe: »Der Kreis soll sich im Kreis bewegen, der Kreis soll sich im Kreis bewegen...!«

Ist doch klar, daß in einer Menschenmasse, die ununterbrochen in Bewegung ist, einige wenige Menschen, die stehen, um einen einzelnen herum, der liegt, in Gefahr sind, niedergestoßen zu werden, schließlich zu Tode getrampelt – das hat er begriffen, also Bewegen! Bewegen! Immer weiter bewegen! Im Kreis, um die Kreißende herum...

Dann war wirklich Viktor da. Der Mann, der Arzt – Arzt! Ha Ha! – hob ihn hoch, nachdem er mit einem Taschenmesser die Nabelschnur durchtrennt hat, mit einem Taschenmesser!, und hat gesagt: Schrei! Das Kind muß einen Schrei machen! Aber da war so ein Geschrei, rundherum hat ja alles geschrien, Österreich ist frei!, und da hat der Arzt dem Viktor einen Klaps gegeben, noch einen, ein bißchen fester, und dann hat er geschrien, mein Gott, wie hat der Viktor geschrien, er hat gelebt, und er war gesund, und seine Lunge war stark, wenn er heute nur aufhören würde zu rauchen, er hätte so eine starke Lunge, ach, hat er geschrien. Er hat gar nicht mehr aufgehört, es war ein Geschrei, Abertausende Menschen haben geschrien, Österreich ist frei!, dazu die Musik, und Viktor hat geschrien, er hat nicht mehr aufgehört, ununterbrochen hat er geschrien, Österreich ist frei, und dann weiß ich nichts mehr, ich glaube –

Jedenfalls (der Vater), der Arzt, der vermeintliche, der im weißen Mantel, wißt ihr, was der war? Ein Fleischhauer. Das war der Fleischhauer von der Weyringergasse, gleich um die Ecke, das Geschäft gibt es heute noch.

Es gibt keinen Anfang. Viktor sah Hildegund an, ohne ein Wort zu sagen. Er versuchte zu verstehen, woher die Gewalt kam, die sie über ihn hatte, so stark, daß er bereit war, ihr alles zu verzeihen, und das war eine ganze Menge, sehr viel mehr, als er anderen jemals nachsehen hätte können. Warum konnte er ausgerechnet ihr alles verzeihen?

»Alle Achtung!« sagte sie. »Das hätte ich dir gar nicht zugetraut.«

»Was?«

»Was du getan hast. Es war überfällig. Diese ganze Geschichte wurde ja nie aufgearbeitet. Aber, auch wenn es so spät, viel zu spät geschehen ist, sie muß aufgearbeitet werden. Das war ein Anfang.«

»Das finde ich nicht!«

»Was findest du nicht?«

»Daß das aufgearbeitet werden muß. Im Gegenteil. Das gehört alles vergessen.«

»Das ist doch nicht dein Ernst. Warum hast du denn das heute getan, wenn du es vergessen willst?«

»Aus Rachsucht.«

»Dann hast du eben aus einem falschen Grund das Richtige getan.«

»Nein, ich habe aus einem beschissenen Grund etwas Beschissenes getan. Und wahrscheinlich ist deshalb jetzt sogar der Feldstein gegangen.«

Viktor hatte Feldstein mit der Faust mitten ins Gesicht geschlagen, er hatte das Krachen des Nasenbeins gehört, Feldsteins Zähne schmerzhaft an seinen Fingerknöcheln gespürt, nur ein einziges Mal hatte er zuschlagen wollen, nur einen Schlag, er würde ewig geschlagen werden, wenn er nicht zumindest einmal zeigte, daß auch er zuschlagen könne. Er ist schon zu oft verprügelt worden, um verhindern zu können, daß er doch einmal zurückschlug. Also schlug er, auf den Kleinsten, den wehrlosen kleinen Feldstein. Nur ein Schlag, und dann passierte etwas, das er nicht mehr vergessen konnte: Er sah, wie häßlich der Schmerz machte, wie fratzenhaft das Gesicht des Gedemütigten wurde, es war, als wäre der entmenschte Ausdruck desjenigen, dem Angst eingeflößt und Verletzungen zugefügt wurden, die Bestätigung dafür, daß man ihm angst machen, ihn verletzten, erniedrigen, treten, verhöhnen dürfe, in ihn hineinschlagen müsse. Viktor wollte plötzlich ununterbrochen weiter in diese Fratze hineinschlagen, weil sie ihn entsetzte, er wollte, daß sie verschwand. Er, der Schwache, hörte nicht auf zu schlagen, er prügelte den Schwächsten, er war von Sinnen, das war kein Mensch mehr, auf den er eindrosch, das war eine Kreatur, wie konnte ein Mensch so häßlich werden, so abstoßend, so primitiv das Flehen oder was immer das war in den Augen, so verzerrt seine Züge, das war plötzlich ein verschmiertes Ding, aus dem man nie eine Seele rausschlagen könnte, nur Schleim und Blut und Scheiße würde man rausprügeln können aus dieser Kreatur, man mußte auf ihr herumtrampeln, bis diese Scheiße verschwand, endlich verschwand in den Ritzen des Fußbodens. Das mußte verschwinden, das durfte nicht sein, das durfte keinen Platz haben auf der Welt, nicht solange es Augen gab, die das sehen mußten, Viktor versuchte mit Händen und Füßen, dieses Kind, dieses Zerrbild auszulöschen, bis er weggerissen, festgehalten wurde, sich immer noch windend, zuckend, in den Händen derer, die ihn zurückhielten.

»Ja, ich kann mich daran erinnern«, sagte Hildegund. »Wie alt waren wir damals? Vierzehn? Fünfzehn?«

»Sechzehn.«

»Wirklich? Du hast ihm das Nasenbein gebrochen, glaube ich, zumindest hat er wahnsinnig stark aus der Nase geblutet. Überall Blut. Komisch –«

»Komisch?«

»Ich wollte sagen, es war schon komisch, was da für ein Skandal daraus wurde, eine richtige Affäre. Ich meine, es hat doch so oft Raufereien gegeben, aber dieses eine Mal kam dann der Direktor in die Klasse –«

»Am nächsten Tag. Erst am nächsten Tag. Offenbar haben Feldsteins Eltern –«

»Ja, dann gab es Elternvorladungen, ein Disziplinarverfahren, und –«

»Damals habe ich selbst erst erfahren, daß –« Den letzten Satz hörte Hildegund nicht mehr, Viktor hatte zu leise, vielleicht ohnehin nur zu sich selbst gesprochen, und Hildegund, die gerade einen Löffel Suppe genommen hatte, war in diesem Moment aufgesprungen und hatte gesagt: »Sie ist kalt!« Sie lief die Tafel entlang, kostete da und dort von verschiedenen Tellern, während Viktor sie verwirrt beobachtete, und rief schließlich theatralisch: »Hat das nicht eben noch gedampft? Und schon ist es kalt. Du mußt dafür sorgen, daß alles aufgewärmt wird!«

Viktor mußte lachen. Das war Hildegund, nein: Hilli!

»Das ist deine Pflicht! Dafür zu sorgen, daß alles aufgewärmt wird!«

»Ja. Komm, setz dich wieder zu mir!«

»Und? Weißt du noch, wie die Geschichte weiterging?«

»Welche Geschichte?«

»Die Feldstein-Geschichte. Du bist nicht von der Schule geflogen, Feldstein hat nicht die Schule gewechselt, es wurde weiter gerauft und geprügelt – nur der Feldstein wurde ausgelassen. Er war tabuisiert. Neuhold hat natürlich weiterhin antisemitische Witze erzählt, aber sogar da hat er aufgepaßt, daß Feldstein nicht in der Nähe war.«

»Ja? Komm, setz dich wieder her!«

»Nein. Weißt du was?« Sie schlug vor, daß sie sich anders

setzen sollten. Sie an dem einen Ende des Tisches, er gegenüber an dem anderen, wie in dem Film, wo dieses alte Ehepaar immer an den beiden Enden einer unendlich langen Tafel saß und den Butler mit Botschaften hin- und herschickte, weil sie zu weit voneinander entfernt saßen, um direkt miteinander reden zu können, wie hieß dieser Film? Viktor wußte es nicht und sagte, daß er allerdings wenig Lust habe, über den Kellner mit ihr zu kommunizieren.

»Dann reden wir eben lauter. Wir haben diesen Raum für uns allein. Wolltest du mich nicht immer schon einmal anschreien? Na komm schon!« Sie setzte sich an den Platz, an dem zuvor noch der Direktor gesessen hatte.

»Na komm schon! Die Situation ist so, so –«

»Grotesk.«

»Ja, grotesk, jedenfalls so, daß ich sie jetzt haben will, wie sie ist. Es sind nur wir zwei in diesem Hinterzimmer. Da ist diese enorm lange Tafel. Um das auszukosten, um das so richtig vor Augen zu haben, muß ich da sitzen, und du dort, am anderen Ende. Ist doch logisch. Überhaupt nach allem, was war.«

Nach allem, was war. Viktor setzte sich ihr gegenüber – hat ein langer Tisch eigentlich zwei Kopfenden, oder ein Kopfende und ein Fußende? Viktor saß am Fußende, das war sein Gedanke, und sah über die kalten Suppen und die vielen Gläser hinweg zu ihr hin.

Sie hatte ihr Haar blond gefärbt, es war seitlich sehr kurz geschnitten, stoppelig, fast geschoren, oben aber lang, ein Schwung Haare fiel ihr in die Stirn. Das war Hildegund. Hilli, die Schülerin, hatte ihr kastanienbraunes Haar schulterlang getragen, mit Mittelscheitel. Und Gundl, die Studentin, hatte es dann abschneiden lassen, so, daß es wie selbstgeschnitten wirkte, und hennarot gefärbt. So hatte er sie damals – »Mir fällt gerade ein«, sagte er.

»Was sagst du?«

»Portugal«, rief er, »weißt du noch?« Er schrie: »Portugal!«

Im Herbst 1974 hatte er sie auf der Uni getroffen, als sie gerade von Portugal zurückgekommen war. Im Sommer nach der Nelkenrevolution war bei den Studenten der Revolutionstourismus angesagt, Griechenland ging ja nicht mehr, Militärdiktatur, Eritrea interessierte keinen Menschen, außer den »Ali«, Alfred, Alfred – wie hieß er noch, der in Wien schlechtbesuchte Teach-ins über die eritreische Revolution organisierte. Im Sommer 74 fuhr man jedenfalls nach Portugal. Auch Gundl, und dann im Herbst die zufällige Begegnung auf der Uni, Wie geht es dir? Lange nicht gesehen. Gut, ich bin ein neuer Mensch, ich war gerade in Portugal.

Sie gingen ins Café Votiv hinter der alten Uni, tranken Rotwein, natürlich »kein Vergleich zum portugiesischen«, und Gundl erzählte von ihren Erlebnissen mit einer »Arbeiterklasse, die fest im Sattel saß«, von nächtelangen Diskussionen über »das qualitativ neue Phänomen, daß plötzlich das Militär als revolutionäres Subjekt auftritt«, aber natürlich gebe es auch Widersprüche, »Ungleichzeitigkeiten«, und sie erzählte von einem Erlebnis, das sie im Museu da Cidade in Lissabon gehabt hatte.

Im oberen Stock des Museums gab es einen Raum mit alten Radierungen, Darstellungen von Autos de Fé, Verbrennungen von Ketzern und Juden im siebzehnten Jahrhundert. Von diesen Bildern sei sie eigentümlich fasziniert gewesen, so Gundl –

»Warum?«

»Ich weiß nicht. Egal, ich habe diese Bilder jedenfalls sehr lang betrachtet, sehr lang. Der schockierende Realismus der Szenen, ich weiß nicht. Jedenfalls: ich habe das nicht gewußt.«

»Was?«

»Man denkt bei Auto de Fé einfach an einen Scheiterhaufen, auf dem ein Mensch verbrannt wird – aber das waren Dutzende, die da verbrannt, Hunderte, die in langen Reihen zu diesem Scheiterhaufen geführt wurden, und auf den Bildlegenden stand, daß sogar Tote exhumiert und auf die Scheiterhaufen gelegt wurden, wenn die Inquisition ihnen posthum etwas nachweisen konnte, und dann die riesige Menge der Schaulustigen, die den Platz füllte, auf dem das stattfand, das hatte eine Größenordnung...«

Plötzlich stand die Aufseherin dieses Saals neben ihr, sagte sehr aufgeregt etwas, das Gundl nicht verstand, aber sie glaubte »spontan«, wie sie sagte, die Erregung der Aufseherin angesichts dieser Bilder zu verstehen – bis diese auf englisch wiederholte, daß es verboten sei, das Glas zu berühren, unter dem die Radierungen lagen. Gundl trat sofort einen Schritt zurück und sagte, auf die Bilder deutend, gleichsam als Entschuldigung, irgend etwas in der Art von »Ist das nicht entsetzlich«.

Die Aufseherin gab ihr recht, ja, in der Tat, furchtbar – und jetzt kommt's! Hör zu! – die Aufseherin sagte: Sie habe in der Schule gelernt, daß bei bestimmten Windverhältnissen sich der Gestank von verbranntem Menschenfleisch über die ganze Stadt ausgebreitet habe, es müsse schauerlich gewesen sein, unvorstellbar, wie die Menschen das damals hätten aushalten können.

Portugal nach der Revolution –, sagte Gundl, und plötzlich steht man einer Frau gegenüber, die Mitleid empfindet mit jenen, die verbranntes Menschenfleisch riechen mußten, und nicht mit den verbrannten Menschen selbst. Und dann sagt sie noch, das habe sie in der Schule gelernt...

Es war ein kleiner Tisch im Café Votiv, sie sind so knapp einander gegenübergesessen, daß sich über ihren zwei Gläsern Rotwein ihre Köpfe beinahe berührt hatten. Aber das hatte keine Bedeutung. Es war die falsche Geschichte.

Die aufgehende Sonne brach in schrägen Lichtbahnen durch die Wolken. Es wirkte wie gemalt: der Hintergrund eines Altarbildes. Und es war ein Altar, zu dem in dieser frühen Stunde einhundertunddreiundzwanzig Männer und Frauen durch die Gassen Lisboas geführt wurden. In sacos benditos, gelben Kutten, mit einem schwarzen Andreas-Kreuz auf der Brust und einem auf dem Rücken. Auf den Köpfen trugen sie gelbe Mitras, hohe spitze Kopfbedeckungen in der Art der Bischofsmützen. In den Händen hielten sie Kerzen, die noch nicht angezündet waren. Sie gingen langsam und schweigend, einer nach dem anderen, in einer langen Schlange, geführt von Mitgliedern des Heiligen Offiziums, die einen Banner aus schwerem Brokat mit einem Bildnis der Muttergottes und hocherhobene Kruzifixe vorantrugen, eskortiert von Patres, die lautlos, nur die Lippen bewegend, beteten. Die Männer und Frauen in den gelben Kutten waren schwerer Sünden beschuldigt worden, der Hexerei, der Bigamie, der Homosexualität. Aber diese »Sünder wider die Natur« waren nur einige wenige. Die größte Gruppe dieser Prozession waren die Juden. Menschen, die in der dritten, oft schon vierten oder fünften Generation getauft waren, aber immer noch abfällig »die Konvertierten« oder »die Neuchristen« hießen, und nun angeklagt waren, im geheimen nach dem Gesetz Mose zu leben und versteckt jüdische Riten zu pflegen.

Es wurden Gebete gemurmelt, aber es war dieses Murmeln nicht zu hören, da waren angstschreigeöffnete Münder zu sehen, aber es waren keine Angstschreie zu hören und kein Klagen, weit über einhundert Paar Füße schlugen auf das Pflaster der Rua do Hospital, aber es schien keinen Widerhall der Schritte zu geben, als marschierten sie nicht auf Steinen, sondern bereits auf einer Wolke.

Der 5. Dezember 1604. Was verschluckte die Geräusche derer, die da gingen? Von irgendwoher kam lautes Geraune, ein leises Gedröhne, die acusados gingen darauf zu. Nicht wenige unter ihnen hatten zum ersten Mal einen Familiennamen auf einem Papier erhalten, im Gefängnis der Inquisition, einen Namen, den sie nur brauchten, um dann, aufgerufen, vortreten zu können und das Urteil zu erfahren: Und ausgelöscht soll dein Name sein!

Auf dieses Aufgerufen-Werden marschierten sie zu, auf ein Dröhnen, das sie lautlos im Kopf schon mitbrachten, auf eine Selektion, die wenig, aber entscheidenden Raum ließ zwischen Verderben und Tod – und da wurde es laut, da platzte die Stille, als der Zug in die Rua Lazaro einbog, die zur Praça Ampla führte, wo der Auto de Fé schließlich stattfinden sollte. Abertausende Schaulustige hatten sich bereits auf der Praça eingefunden, und noch immer strömten Menschen von allen Seiten herbei, Hunderte warteten in einem Spalier bereits in der Rua Lazaro mit Fackeln, begannen ekstatisch zu schreien, zu toben, als die Prozession einbog. »Rasieren!« schrien sie, »Rasieren!«, »Laßt uns die Neuchristen rasieren!«, und sie versuchten, mit ihren Fackeln die Bärte der Juden anzuzünden.

Der Zug, der trotz seines regelmäßigen Schreitens einen Eindruck von Selbstvergessenheit und Starrheit gemacht hatte, zeigte nun Panik. Die Juden schlugen die Ärmel ihrer sacos benditos vor das Gesicht, schrien Gott hilf!, sie schrien Gott hilf! und die anderen schrien Rasieren! und die Juden versuchten auszuweichen zur anderen Straßenseite, wo sie aber wieder mit Fackeln oder Stößen empfangen wurden. Die Patres, die keine Anstalten trafen, dem Publikum am Straßenrand in den Arm zu fallen, gingen vom lautlosen Murmeln des Rosenkranzes zu einem lauten Singsang über, ihre Schritte beschleunigend, darauf bedacht, daß ihre eigenen Kutten nicht beim »Rasieren« versengt werden.

Da erreichten sie schon die Praça. Die Schreie wurden zu Geheul, die acusados zogen die Köpfe ein, und Antonia Soeira bäumte sich stöhnend auf, tastete nach der Hand ihres Mannes Gaspar Rodrigues, drückte ihre Nägel in seinen Handrücken – Es geht los! Es ist soweit!

Sofort machte Gaspar Rodrigues sich auf, Dona Teresa zu holen. Konnte er die kleine Estrela inzwischen hierlassen? Oder sollte er sie nicht doch besser mitnehmen? Nein. Die Hebamme wohnte nur wenige Häuser weiter, er würde also sehr rasch zurück sein, viel schneller, als es ihm mit seiner vierjährigen Tochter möglich wäre.

Als er auf die Straße trat, wich er für einen Moment gleich wieder in den Hauseingang zurück. Noch nie hatte er in seiner Gasse so viel Bewegung gesehen, ein so großes Gedränge, ein so dichtes Geschiebe. Menschen zu Fuß und zu Pferd, in Kutschen sitzend, in Einspännern und in Sänften. Die enge Gasse hallte wider vom Gezeter, Gefluche und den Gesängen der Fußgänger, den Obacht-Rufen der Kutscher, den Pfiffen der Sänftenträger, dem Peitschengeknalle der Reiter und den schrillen Schreien der Pferde. Es roch so bestialisch wie noch nie nach Urin, Fäkalien und Schweiß.

Gaspar Rodrigues versuchte, sich gleich seitlich an der Hauswand entlangzudrücken, in Richtung zu Dona Teresas Haus. Aber schon nach wenigen Schritten mußte er, um nicht niedergestoßen zu werden, umdrehen und sich im Strom mitbewegen. Das waren zu viele, und alle drängten in dieselbe Richtung. Was war da los? Er wurde einfach mitgeschoben, in die falsche Richtung, nun wäre er bereits froh gewesen, wenn er nur wieder zurück bis zu seinem Haus gekommen wäre, von dem er sich immer weiter entfernte. Bald war er, im Versuch, den Stößen auszuweichen, in die Mitte des Geschiebes gedrängt worden, das ihn unausgesetzt weiterschob und nicht mehr freigab. Plötzlich spürte er einen Schlag gegen die Wange, spürte, daß die Wange aufplatzte, er torkelte und sah aus den Augenwinkeln seitlich einen braunen Pferdeleib, und hochblickend, während er mit der Hand das Blut an seiner Wange verschmierte, den Reiter, der schon wieder mit seiner Gerte ausholte und ihn anschrie: Wahnsinniger! Geh weiter geh! Willst wohl niedergetrampelt werden!

Gaspar Rodrigues war bereits sechsundvierzig Jahre alt. Er hatte zu Hause, so nahe und in diesem Moment doch so unerreichbar, eine vierjährige Tochter und eine Frau, die in den Wehen lag. Er hatte ein blutverschmiertes brennendes Gesicht und einen von Schlägen und Stößen schmerzenden Körper, einen unvorteilhaften Körper, zu breit und zu schwammig, um sich behende irgendwo durchschlängeln zu können, und zu schwach und weich in all seiner Massigkeit, um sich energisch Raum verschaffen zu können. In seinen Augen verschmierten sich Blut und Schweiß, er sah kaum mehr, was da vorging, und er wußte nicht mehr wirklich, was er tat, als er panisch noch einmal versuchte, seitlich auszubrechen, sich durchzuschlagen oder sich durchschlagen zu lassen zu jenem Portal, das er nur noch als großen leeren Hohlraum auffaßte, ein schwarzes Loch, das ihn anzog. Im Grunde hatte er das Bewußtsein bereits verloren, noch bevor er nach einem letzten Schlag gegen seinen Rücken und den Hinterkopf an der Schwelle dieses Hauseingangs stolperte und in das schwarze Loch hineinfiel.

Es blieb stundenlang dunkel. Und als Gaspar Rodrigues schließlich erwachte, war es fast so spät, daß es schon wieder dunkel werden sollte. Aber da wurde schon das große Feuer entzündet. Und es wurde Licht.

Das Hospital Real hatte den Grundriß eines Kreuzes. Die Hauptfassade blickte auf die Praça Ampla, wo sich auch, gleichsam am Fuß des Kreuzes, der Eingang der Spitalskapelle befand. In den beiden Seitenarmen des Kreuzes befanden sich die Männer- und die Frauenabteilung. Und dort, wo sich bei einem Kruzifix das dornenumrankte Haupt Jesu befindet, saß die Chirurgie. Die Männerabteilung, nach dem Grundriß der rechte Arm des Gottessohnes, hatte ihren Haupteingang nicht an der Praça, sondern an der Rückseite des Gebäudes, ein Portal in der Form einer riesigen offenen Gruft. In diese Gruft war Gaspar Rodrigues von der Menge getreten, geschoben, gestoßen und geschlagen worden. Hier, im kühlen leeren Dunkel, wurde er schließlich von Pflegern gefunden.

Seine Wunden waren gereinigt und verbunden. Man hatte keine Vorstellung vom Ausmaß möglicher innerer Verletzungen und befürchtete seinen Tod. Als er erwachte, fand er sich auf einer Pritsche in jenem Korridor des Spitals, durch den die Verstorbenen weggebracht werden. Er setzte sich auf, sah den langen Korridor, linker Hand Vorhänge, er wußte noch nicht, daß dies die Vorhänge waren, mit denen die Betten der Todgeweihten oder der Patienten mit ansteckenden Krankheiten von den anderen separiert wurden. Er sank zurück, versuchte, sich mit geschlossenen Augen zu sammeln, das Dröhnen und Heulen in seinem Kopf – war es in seinem

41

Kopf? – wegzubekommen, und setzte sich stöhnend nochmals auf. Wie ein vielfaches schwaches Echo hörte er nun das leise Gestöhne und Geröchel hinter den Vorhängen.

»Willst du beichten, mein Sohn?«

»Wo bin ich, Pater?«

»Im Hospital Real de Todos os Santos. Es kann sein, daß dein Leib nicht gerettet werden kann, deine Seele aber kann gerettet werden. Willst du also die Beichte ablegen?«

Gaspar Rodrigues glitt vorsichtig von der Pritsche, machte ein paar Schritte und sagte: »Ich muß nach Hause!«

»Du kannst jetzt nicht gehen.«

»Ich muß nach Hause. Meine Frau –«

»Du kannst in deinem Zustand nicht gehen. Und selbst wenn du könntest – Schau hinaus! Da kommt jetzt keiner durch!«

Gaspar Rodrigues sah aus dem Fenster, schlug ein paarmal die Augenlider auf und zu, um sein Schwindelgefühl zu bekämpfen, und auch, weil er nicht glauben konnte, was er so verschwommen draußen auf dem Platz sah. Im Grunde sah er nichts, jedenfalls nichts, das er wiedererkennen konnte. Das hatte er noch nie gesehen. Er taumelte zurück zu der Pritsche, setzte sich, tastete seinen Kopf ab, den Verband, atmete tief durch und ging dann nochmals an das Fenster. In diesem Moment loderten die ersten Flammen hoch.

Gaspar Rodrigues sah den Tod. Er dachte an den Tod zu Hause, seine Frau im Kindbett, die kleine Estrela. Und er fühlte den Tod in sich. Wie war es um ihn bestellt? Es war ruhig in diesem Korridor des Todes. Der Lärm, der vom Platz hereindrang, wurde durch die schweren doppelten Fenster so sehr gedämpft, daß er buchstäblich außen blieb, ein Geräusch, gerade so stark, daß Gaspar Rodrigues es bloß als etwas hörte, das an den Hohlraum der Stille brandete, in dem er sich befand. Da, wo er war, war es totenstill.

Nun stand der Pater dicht neben ihm, legte ihm den Arm um die Schultern, »Mein Sohn, du solltest –«, »Ja, ich sollte –«, – die Flammen draußen schlugen höher, es wurde heller, ein grelles Bild in der sich herabsenkenden Dunkelheit. Daß er in sich gehen solle – Er nickte. Gehen. Daß er – Ja! Ja! Dann war er alleine.

Er mußte nach Hause. Er mußte sofort versuchen – aber er hatte Todesangst. Traumangst. Er konnte den Blick nicht mehr abwenden von diesem Licht. Das grell flackernde Licht in der Dämmerung zeigte, daß diese vielbesungene weiße Stadt schwarz-weiß war. Erbaut und gepflastert aus dem schwarzen Basalt und dem weißen Pedra Lioz. Da wogte ein rosaroter Schimmer darüber, da leuchtete der Platz feuer- und blutrot auf, aber gleich blitzte wieder das Weiß hervor und sank schwarz in die Schatten, oder es glimmte im weißen Licht das Schwarz des Basalts. Er mußte sofort nach Hause. Aber bei Licht besehen – Da war ganz Lisboa. Was er sah, war ganz Lisboa, die ganze Welt, seine ganze damalige Welt. Versammelt auf und vor der größten Bühne, die die Welt je gesehen hatte. Er konnte, aus Angst und wegen seines ebenso großen Staunens, den Blick nicht mehr losreißen. Auf der Stirnseite des Platzes das Blutgerüst, gezimmerte Treppen und Flächen enormen Ausmaßes, darauf ein Altar, ganz in schwarzes Tuch gehüllt, an den Seiten je eine Reihe majestätischer Throne, auf denen starr Männer in schwarzen Roben saßen. Seitlich ein kürzeres Gerüst, auf drei Ebenen, versehen mit Balustraden und mehreren Treppen. Oben saßen in einer langen Reihe kirchliche Würdenträger, auf der mittleren Ebene befanden sich eine Kanzel und ein Altar, daneben war ein Banner und ein mehrere Meter hohes Kruzifix aufgestellt. Die Treppen führten auf der einen Seite hinunter zu den Scheiterhaufen, dort, wo der Platz von einer Doppelreihe Platanen begrenzt wurde, auf der anderen Seite zu einer durch Holzzäune begrenzten Fläche, wo dicht beinander Menschen in gelben Kutten knieten. Die Stämme und die blattlosen Äste der Platanen schienen im Feuerschein weiß zu blitzen, wie groteske riesige Skelette. Wie klein da die Menschen wirkten, das Fleisch und Blut. Groß, unermeßlich groß war die Masse, die den Platz füllte.

Es war totenstill da, wo er sich befand. Aber das sollte es nicht bleiben. Nur noch wenige Minuten, dann sollte hier in diesem Gebäude, in diesem Korridor, die Hölle ausbrechen, deren Flammenschein er bereits dort draußen vor dem Fenster sah. Wegen der großen Hitze der nun lichterloh brennenden Scheiterhaufen, wollten jene, die in unmittelbarer Nähe standen, zurückweichen, während Schaulustige von hinten, wo die enorme Hitze noch nicht zu spüren war, nach vorne drängten. Die Vielzahl der Reiter, Kutschen und Sänften machte jeden Versuch, in dieser dichtgedrängten Masse zu manövrieren, noch schwieriger, ja unmöglich. Es brach Panik aus, kam zu Tumulten. Pferde scheuten, traten Menschen nieder, wurden von ihren Reitern herumgerissen und stürzten, wodurch sie dicht danebenstehende Menschen niederrissen und unter sich begruben. Sänften wurden fallengelassen, kippten, und jene, die sich daraus befreien wollten, fielen hilflos in das Geschiebe der Masse und wurden niedergetrampelt. Frauen, die Kleinkinder trugen, sahen ihre Kinder in ihren Armen sterben, von unzähligen Schlägen und Stößen getroffen. Der Boden war übersät von Kleiderfetzen und Schuhen, über die Unzählige stolperten, in den Tod oder schwere Verletzungen hinein. Bald hallte das Hospital Real von Schmerzensschreien, Hilferufen und Gestöhne wider, der Todeskorridor füllte sich mit Leichen, die auf Bahren, in Decken und in hölzernen Wägelchen hierhergebracht wurden – und Gaspar Rodrigues stand am Fenster und blickte hinaus auf das brennende Licht. Es begann wieder alles von vorne, das Geschrei und die Schläge gegen seinen Körper, er drehte sich um, sah, was hier los war, und jetzt war er wieder bei Bewußtsein. Er schlug sich durch, er hatte keine andere Wahl, keinen anderen Gedanken, er schlug sich durch, vorbei an den Toten und Verletzten, den Helfern und Pflegern, schob sich in das Gerenne und Geflüchte auf der Straße – das ihn nun in die richtige Richtung trug.

»Es ist ein Junge. Er ist gesund und kräftig.«

»Wer hat euch verständigt, Dona Teresa?«

»Estrela hat mich geholt. Herr im Himmel, wie seht ihr denn aus? Was –«

»Estrela?«

Die Hebamme reichte ihm seinen Sohn, Gaspar Rodrigues nahm ihn in die Arme, sah zu seiner Frau hin und zu Estrela, die zusammengekauert neben ihr im Bett lag und schlief.

Samuel, sagte der Vater, der Junge soll Samuel heißen. Der Seher. Er schloß die Fensterläden. Mané war angekommen, und der Vater wußte, sie mußten fort.

Wenn Gaspar Rodrigues später von diesem Tag und den Umständen von Manés Geburt erzählte, dann pflegte er zu sagen: »Ich« – und nach einer kurzen Pause: »Ja, ich habe am 5. Dezember 1604 im Hospital Real das Licht der Welt erblickt!«

Schon Tage später war die Auflösung des Haushalts in Angriff genommen, und auch ein Käufer für das Geschäft gefunden. Die Summe lag weit unter dem tatsächlichen Wert, aber Gaspar Rodrigues wollte nicht länger zuwarten. Er wollte zurück in seinen Geburtsort Vila dos Começos, weitab vom politischen Zentrum und dem Sitz der Inquisition. Estrela begleitete ihn auf dem Weg ins Cartorio, wo er den Vertrag beglaubigen lassen mußte. Als sie auf die Praça kamen, sahen sie, daß die Platanen auf der Seite, die den Scheiterhaufen zugewandt war, wegen des Feuers und der lang anhaltenden Gluthitze mitten im Winter auszutreiben und zu blühen begonnen hatten. Menschen blieben davor stehen und bekreuzigten sich. Als die Scheiterhaufen entzündet worden waren, hatte der Großinquisitor von der Kanzel rituell Johannes 15,6 zitiert: »Ein Mensch, der nicht an Christus glaubt, ist wie ein dürrer Ast auf einem Baume. Er fällt ab, und Menschen heben ihn auf und verbrennen ihn.« Und jetzt streckten die dürren Bäume Äste mit frischen Trieben und Blüten hin zu den riesigen Gluthaufen, wo Menschen verbrannt worden waren.

Rasch wollte Gaspar Rodrigues seine Tochter weiterziehen,

aber Estrela zog ihre Hand aus der Hand des Vaters. Sie wollte mit ihren kurzen Beinen nicht wie ein tolpatschiges Kind neben ihrem Vater herlaufen und -stolpern. Ernst und stolz ging sie langsam weiter, eine kleine Erwachsene. Der Vater schnaufte, er konnte kaum atmen vor Beklemmungen. Sie gingen hinauf zum Chiado, und, nachdem die Geschäfte erledigt waren, wollte Gaspar Rodrigues noch einmal zum nahe gelegenen Miradouro. Von hier hatte er seinerzeit, als er nach Lisboa gekommen war, voller Hoffnungen zum ersten Mal über die Stadt geblickt, über die Unterstadt hinüber zur Burg und dem Bezirk Alfama. Als sie diesen Platz mit seiner herrlichen Aussicht erreichten, begann die Sonne unterzuge-hen. Plötzlich flammten die Fenster der Häuser drüben auf der Burgseite rot auf, als würden sie brennen, die weißen Fas-saden schimmerten rötlich, glühten, und als die rote Sonne in der Tejo-Mündung versank, stand die Stadt für einen kurzen Moment wie in Weißglut da, wurde schließlich grau, veraschte in der hereinbrechenden Dunkelheit.

Der Tag von Manés Geburt war auch der Tag gewesen, an dem Estrela zum ersten Mal ihre eigentümliche Gabe gezeigt hatte, in den Köpfen der anderen, der Erwachsenen, denken zu können. Nun stand sie da, an der Seite ihres schwammigen, schnaufenden Vaters, der keine Worte fand, zog ihr Kopftuch tiefer in die Stirn und sagte: »Ja. Diese Stadt brennt, Senhor, wir müssen von hier weg.«

»Du warst so begeistert damals, daß du –«
    »Was?«
»Begeistert! Ich sag, du warst so begeistert von Portugal, damals, daß du –«
    »Ja.«
»Daß du dann sogar Portugiesisch gelernt hast.«
    »Was?«
»Portugiesisch gelernt.« Er hatte es gewußt: Man konnte über diese Distanz hinweg nicht kommunizieren. »Du hast mir damals erzählt, daß du Portugiesisch –«

»Achso. Nein. Vergiß es … Ein paar Wochen … vielleicht zwei Lektionen … dann eingeschlafen … kann kein Wort mehr!«

»Dabei warst du so emphatisch, damals –«

»Was?«

»So emphatisch, als du zurückgekommen bist von der Revolution.«

»Revolution«, rief er, stand auf, ging den Tisch entlang zu ihr hinüber, um sich zu ihr zu setzen, so konnte man nicht reden. »Morgenröte. Neuer Tag. Neues Leben«, sagte er, »das waren deine –« Jetzt stand er unmittelbar vor ihr. Sie blickte zu ihm auf. »Worte.«

»Sei nicht so pathetisch«, sagte sie, »und setz dich wieder da drüben hin!«

Viktor hatte, bis seine unglückliche Kindheit begann, eine sehr glückliche Kindheit. Er war sehr schüchtern und scheu, aber neugierig, er hielt immer die Augen offen. Alles war für ihn neu. Das ist zwar grundsätzlich für jedes kleine Kind so, aber ihm muß es irgendwie erschienen sein, als wäre dies das Entscheidende, auch im Leben der Erwachsenen: Das Neue. Aus dieser Zeit gab es einige Schwarz-Weiß-Fotos mit weißen gezackten Rändern, seine ersten Erinnerungen. Alle diese Fotos waren überbelichtet. Weil das Neue immer so glänzte und blitzte, und vor allem, weil ununterbrochen die Sonne – das war das Verb, das er damals automatisch mit »Sonne« zu verbinden lernte: – »lachte«. Es mußte doch damals auch andere Tageszeiten gegeben haben, trübe Nachmittage, Abende, Nächte, andere Jahreszeiten, einen grauen, schwermütigen Herbst, einen verregneten Frühling, aber in seiner Erinnerung schien es, als hätte es damals nichts anderes gegeben als eine ewige Abfolge von neuen Tagen, die nahtlos in die nächsten neuen Tage übergingen, strahlend ging die Sonne auf, und da war er wieder, der neue Tag, und die Sonne lachte.

»Du mußt dich so stellen«, sagte der Vater, machte eine kreiselnde Bewegung mit dem Zeigefinger, damit Viktor sich umdrehte, während er um ihn herumging. »Man kann nicht gegen die Sonne fotografieren.« Daß der Fotograf die Sonne im Rücken haben mußte, war eine der ersten bewußten Erfahrungen des Kindes, und »Chrom« eines seiner ersten Worte. Das blitzte. Und alle Farben waren so zart und frisch, die Fotos sind schwarzweiß, aber Viktor wußte, damals war alles pastellfarben. Diese Farben flossen bis heute in diese Fotos hinein. Erst recht in die Erinnerungsbilder, die nicht mit Fotos dokumentiert waren. Pastell, so wie die neuen gelben Vorhänge mit dem Bügeleisenmuster im Wohnzimmer, durch die die Sonne durchschimmerte, bis seine Mutter sie zur Seite zog, weil ja ein neuer Tag war, und die Blätter der Zimmerlinde hellgrün aufleuchteten. Das Grün, Gelb, Blau und Rosa der neuen »amerikanischen Küche«, wo auch der verchromte Mixer stand, hellrot das Erdbeerfrappé, sonnengelb der »Jerome«-Käse, ockerfarben die Weißbrotscheiben, die aus dem verchromten Toaster heraushüpften. Der ziegelrote neue VW-Käfer, mit seinen Stoßstangen und Zierleisten aus Chrom, ist wieder schwarzweiß dokumentiert. Grundsätzlich wurde für alle Ewigkeit dokumentiert: das Neue. Wie glücklich die Erwachsenen waren über alles, was plötzlich da war und was es zuvor nicht gegeben hatte. Über ihn selbst zum Beispiel.

»Das gibt's ja nicht. Du hast schon einen Sohn!«

»Ja. Und ich bin auch sehr stolz auf ihn!« (Die Mutter)

»Ich kann's nicht glauben. Sag nicht, daß das deiner ist! Ein hübscher Junge!«

»Oh doch! Mein Bub! Ganz der Vater!« (Der Vater)

»Nein, da! Stell dich da hin. Ich muß die Sonne im Rücken haben«, sagte der Vater, »uuuuuuund lächeln!«

Alles immer neu, und immer im Licht eines neuen Tages. Nur logisch, daß der Lieblingssatz seiner Großmutter, der Mutter seines Vaters, war: »Das hat es früher nicht gegeben.« Viktor wußte nicht, was die Tage zuvor gewesen oder geschehen war, er wußte nur, daß jetzt ein großes Glück herrschte, in dessen Zentrum er sich befand, ein Glück, das Kinder und

Erwachsene völlig vereinte, auch wenn das Kind nur danebenstand, vorgeführt oder fotografiert wurde wie ein neues Auto. Er hatte das gleichsam immer in seinem Kopf mitgeknipst. Wie harmonisch und glücklich sich das Kind in alles fügte: Alles war neu für ihn, der neu auf der Welt war, und zugleich war alles neu auch für die Großen. Er konnte keine Vorstellung davon haben, wie es sonst sein sollte: Die Welt war eine chromblitzende Maschine, die unaufhörlich pastellfarbenes Neues produziert. Und alle, Große wie Kleine, lachen miteinander, so wie die Sonne lacht. Aber plötzlich war der Vater fort, die Eltern getrennt, bald nachdem die neue Einbauwand für das Wohnzimmer gekommen war. Mit sehr vielen Brettern für sehr wenige Bücher. Oben indirektes Licht. Noch kein Fernsehapparat. Dennoch setzten sich die Eltern in die Fauteuils, betrachteten stolz die Einbauwand, minutenlang, wie einen Film oder eine Aussicht. Viktor setzte sich auf den Schoß seiner Mutter, ergriffen von der Ergriffenheit seiner Eltern, und starrte wie die Großen auf diesen Wandverbau. »Ich sage nur ein Wort«, sagte der Vater, »Mahagoni!«

Wie dunkel diese Wand nun war. Die erste Verdunkelung in dieser hellen Welt. Ein sehr dunkles Braun, und oben, hinter einer Blende, das indirekte Licht, das diese dunkel schimmernde Wand nicht heller machen konnte.

Neugierig hatte Viktor immer alles beobachtet und verfolgt, stets im Glauben, daß seine Augen und die der Großen dasselbe sahen. Die Scheidung der Eltern hatte er nicht kommen sehen. Alle Fotos von damals zeigten Viktor mit schmerzverzerrter Grimasse und zusammengekniffenen Augen: Er hatte ja immer, wenn der Vater ihn fotografierte, gegen die Sonne schauen müssen.

Nach der brennenden Stadt war das Städtchen eine Idylle, eine brüchige allerdings, wie immer, wenn man weg ist und zurückkehrt. Vila dos Começos war zwar ein aufstrebender, prosperierender Ort, aber immer noch zu klein, um zu vergessen, und erst recht, um zu wissen.

Gaspar Rodrigues war der Sohn der alten Dona Violante und des verstorbenen Seu Alvaro. Das war nicht vergessen. Ein Sohn der Stadt, der in der Welt gewesen war. Nun war er zurück und gehörte wieder dazu. Nicht ganz. Wenn er draußen sein Glück gemacht hat – warum ist er zurückgekommen? Das wußte niemand, aber es wurde darüber gesprochen. Was ist passiert, daß er die Welt wieder eingetauscht hat gegen dieses Städtchen? Ist er gescheitert? Hat er sich etwas zuschulden kommen lassen? Wäre er doch hiergeblieben! Sie erinnerten sich, und sie wußten nichts, sie alle, die ihm und der Familie, die er mitbrachte, mit Zuneigung und Respekt begegneten und sich dabei aber gleichzeitig für Schadenfreude und Hohn bereithielten. Gaspar Rodrigues wurde von den Menschen seiner Heimatstadt wiederaufgenommen, aber nicht in deren Mitte. Man begegnete ihm, den man schon als Kind gekannt hatte, distanzlos, um ihn erst auf dieser Basis Distanz spüren zu lassen.

Zunächst zog die Familie Nunes Soeiro in das Haus von Dona Violante. Das bescheidene Kapital, über das Gaspar Rodrigues nach dem Verkauf seiner Eisenwarenhandlung in Lisboa verfügte, erwies sich als groß genug, um zunächst einen neuen Laden in guter Lage zu pachten, in der Arkadengasse, mit einem Hinterhof, der Platz für den Bau eines Lagers bot. Bald darauf erwarb er das Haus, in dem sich der Laden befand, und als seine Mutter starb, verkaufte er das alte und viel zu enge Elternhaus und vergrößerte sein Lager. Nein, er war nicht gescheitert, den Eisenhandel, das war sehr bald klar, regierte Senhor Gaspar, von Nägeln über Baueisen und Werkzeug bis zu Hausrat, Waffen und sogar Schmuck, in einer Auswahl, wie sie bis dahin Começos nicht gekannt hatte. Seine alten Kontakte mit den großen Schmieden und Handelsagenturen des Landes funktionierten weiter, und oft kamen Menschen in sein Geschäft, nur um zum Beispiel die neuesten Beschläge zu sehen, wie man sie bereits in Lisboa hatte. Geduldig, ohne aufzutrumpfen, fast devot führte Gaspar Rodrigues seine Waren vor, den neuesten Flaschenzug, ein Wunderwerk aus eisernen Rollen und Ketten, mit dem ein Kind in der Lage ist, mit einer Hand das Gewicht eines Pferdes zu heben. »Wer heute staunt, wird morgen kaufen«, sagte Gaspar Rodrigues gerne, und bald darauf konnte er sagen: »Was habe ich gestern gesagt?«

Der Name Gaspar Rodrigues Nunes bekam Gewicht und Bedeutung. Nun war er von den Menschen in Começos nicht nur aufgenommen, sondern tatsächlich auch in deren Mitte. Er bemerkte voller Angst, wie sich ein Kreis in Começos bildete, in dessen Mitte er sich alleine und ausgesetzt befand. Mit allem, was er erreichte, erreichte er das Gegenteil dessen, was er wollte, nämlich Beobachtung statt Achtung. Da waren die Konkurrenten und Neider. Sie standen um ihn herum und klatschten. Es klang wie Beifall und war zugleich eine Hatz.

Vielleicht wäre alles anders gekommen, wenn Gaspar Rodrigues ein Faktotum gewesen wäre, ein kauziger Sonderling, es hätte begründet, daß bei ihm eben manches anders läuft als bei anderen. Aber weil er es nicht war, sondern so besonders peinlich darauf bedacht, nicht anders zu sein, fiel auf, daß er anders war. Nie hat man ihn in protzigem Gewand gesehen, nie hat er eine Kutsche gekauft. Er wollte nicht auffallen, aber man fragte: Was macht er mit seinem Geld? Nie hat er gelacht, wenn nicht alle lachten, immer geschwiegen, wenn andere redeten. Er wollte sich nicht wichtig machen, aber man fragte: Wieso hat ein Geschäftsmann mit solchem Erfolg wie er nichts zu sagen? Überhaupt sein Erfolg: Wieso hatte er ihn? Und nicht João Oliveira, der traditionelle Eisenwarenhändler am Platz?

Das war die Idylle, in der Mané aufwuchs, Sohn einer prosperierenden Familie, die vordergründig Respekt genoß und die dennoch dampfte vor Gier nach Anerkennung unter Gleichen, nach Ununterscheidbarkeit und Unauffälligkeit. Es war der Wunsch, in dieser Gesellschaft zu verschwinden – und dieser Wunsch sollte erfüllt werden. Bei Mané zeigte sich diese Sucht sehr früh: Nichts wollte er sehnlicher, als draußen, außerhalb der Familie, akzeptiert zu werden.

Einer zu sein wie die anderen, das hatte ihn die Familie gelehrt, aber bald mußte er den Eindruck haben, daß es seine Familie war, die ihm dabei im Weg stand. Warum mußte er, anders als die anderen Kinder, unbedingt vor Sonnenuntergang zu Hause sein? Er verstand das nicht und er bekam keine Erklärung. Estrela hatte keine Erklärungen gebraucht, um zu verstehen, daß sie ein Geheimnis hatten, und um zu ahnen und schließlich zu begreifen, welches es war. Sie verhielt sich bewußt so wie die anderen, weil sie wußte, daß sie anders war. Aber Mané, der Naive, merkte nur dies: Sei wie die anderen. Aber die anderen waren anders – und so, wie er sich immer konsequenter diesen anpassen wollte, wurde er zum Feind, zur Gefahr innerhalb der Familie, und erst recht vermied man, ihm etwas zu sagen.

Manés wenige frühe Erinnerungen waren buchstäblich dunkel, waren Abenderinnerungen, Bilder im Abendlicht und in der Dämmerung. Die Zeit, in der alles beginnt, die Kindheit, sie war seltsamerweise für ihn der Lebensabend. Immer ging gerade die Sonne unter, war gerade untergegangen oder würde gleich untergehen. Immer sein Blick auf den Stand der Sonne, die Nervosität, weil die Schatten lang wurden und das Licht rötlich oder grau. Die *azulejos*, die prächtigen blauen Fliesen auf den Fassaden der Häuser, verloren ihren Glanz, wurden düster. Es war doch der Beginn, der Anfang, aber er trat auf mit dieser Endstimmung, mit dieser Unruhe und Verzweiflung, die man hat, wenn nur noch wenig Zeit bleibt. Gleich mußte dieses dickliche Kind nach Hause laufen, so schnell es konnte.

Wie oft war er noch rechtzeitig vor Sonnenuntergang nach Hause gekommen? Fast immer. In seinen Erinnerungen, diesen wenigen dunklen Bildern, aber nie. Da sah er sich vor seinem Vater stehen, sah sich selbst noch dicker, als er war, weil er den Kopf einzog, sich kleiner machte, eine lächerliche, keuchende Gestalt. Ein Kind ohne ausgeprägten Bewegungsdrang, das ununterbrochen laufen mußte.

An seine Großmutter in Vila dos Começos hatte er eine

einzige Erinnerung, wegen eines Satzes, den sie einmal in diesem Zusammenhang vor ihm zu seinem Vater gesagt hatte. Eine alte Frau ganz in Schwarz, ihr graues Haar unter einem schwarzen Kopftuch, große verbogene Hände auf einen Stock gestützt – wie viele solche Frauen hatte er gesehen, auch noch, als seine Großmutter schon lange nicht mehr lebte? Sie wird eine wie diese gewesen sein, und darum ist es eine solche schwarze Frau in einer dunklen Erinnerung, die zu seinem Vater diesen Satz gesagt hatte: »So laß ihn doch mitlaufen mit der Schar!«

Das Mitlaufen war anstrengend genug, und das Davonlaufen bei Sonnenuntergang machte es noch schwieriger, trennte ihn von den anderen grundsätzlich, und nicht erst in dem Moment, wenn er gegen die letzten Sonnenstrahlen alleine nach Hause laufen mußte.

Für dieses unbewegliche, gezwungenermaßen stets hastige Kind schien das Leben nur aus gegenläufigen Bewegungen zu bestehen: Aus Mitlaufen und Davonlaufen. Mitlaufen wollen und Davonlaufen müssen, dann aber auch Mitlaufen müssen und Davonlaufen wollen.

Die größte Angst machte ihm die Vorstellung, aus irgendeinem Grund plötzlich nicht mehr laufen zu können. Sie raubte ihm den Schlaf. Diese Angst und Schlaf waren unmittelbar miteinander verbunden. Schon sehr früh hatte er einen Traum gehabt, der eine Zeitlang wiederkehrte. Es wird an die Tür gehämmert. Das ist nicht zu hören, der Traum ist lautlos, aber er weiß: Es wird an die Tür gehämmert. Er schaut durch die Ritzen der Fensterläden und sieht viele Menschen vor dem Haus, einige schlagen mit ihren Fäusten gegen die Tür, es ist Nacht, da sind Fackeln, deren Schein grelle Löcher in das Bild brennt, plötzlich fliegen Steine gegen das Fenster, er duckt sich und wird zugleich von seiner Mutter zurückgerissen, die ihn an der Hand zu einem Fenster an der Rückseite des Hauses zerrt. Aber auch dort sind draußen Menschen, sein Impuls ist, zu laufen, wegzulaufen, aber wohin? Es gibt keinen Weg mehr, aber doch möchte er laufen, zumindest hin zu der

Truhe oder zu dem Schrank, aber er kann sich nicht mehr bewegen, eine ungeheure Schwere hat ihn erfaßt, gegen die er von innen heraus mit aller Kraft drückt, um sie zu brechen, vergebens, während seine Mutter ihn umschlingt, ihn an sich drückt, und er weiß, daß jetzt die Türe der Gewalt nachgibt.

Er wachte auf, so lautlos, wie sein Traum gewesen war. Etwas in ihm verbot ihm selbst in so großer Panik eine auffällige Reaktion. Es war nur ein Traum, und deshalb schrie er nicht, nicht einmal in dem kurzen Moment, den er brauchte, bis ihm das klar wurde, er zog keine Aufmerksamkeit auf sich, machte niemanden rebellisch. Aber er keuchte, als wäre er gelaufen, er keuchte so stark von der vergeblichen Anstrengung, laufen zu wollen, daß er sein Gesicht in das Kissen preßte, er wäre lieber erstickt, als der Auslöser von Aufregung zu werden, Bewegung im Haus, womöglich Licht, und draußen könnte einer fragen: Was geschieht in diesem Haus zu dieser Stunde? Das durfte nicht sein, das wußte er, obwohl er damals noch nicht wußte, warum.

Als sich dieser Traum innerhalb weniger Wochen das dritte oder vierte Mal wiederholt hatte, wurde er doch auffällig, aber so, daß es in der Familie blieb und nicht nach außen drang. Eines Abends, als der Zeitpunkt gekommen war, zu Bett zu gehen, rannte er los. Er rannte im Haus herum, lief, ohne zu wissen, was er tat, ohne Idee oder Plan, quer durch die Zimmer, er lief zur Eingangstür, von dort zurück durch das ganze Haus zur hinteren Tür, von der er sich abstieß und zu der Tür lief, die in das Geschäft seines Vaters führte, er rannte zurück in das Wohnzimmer, wo er sich nach wenigen Schritten herumwarf und nach einem kurzen Moment des Um-sich-Blickens, allerdings ohne den Vater, die Mutter, die Schwester wahrzunehmen, wieder startete, sein Blick war blind, er suchte ein Ziel, wo es kein Ziel geben konnte, wohin sollte er laufen? Er lief, er stockte, er blickte gehetzt um sich. Wohin? Er lief. Das war kein Kind mehr, das draußen mit anderen Kindern herumlief und große Helden nachahmte und dann zu Hause einmal aufgekratzt und überdreht war, statt ruhig die

Rolle des kleinen Erwachsenen einzuüben, nein, dieser durch das Haus tobende Knabe war der erste Einbruch unkontrollierbarer Angst in diese Idylle, in dieses neue Haus in Vila dos Começos, ein Vorbote bedrohlicher Mächte, der Laufbursche eines sich ankündigenden Irrsinns.

Wie lange hatte die Versteinerung des Vaters angehalten, der reglose Schock der Mutter, die geduckte Starre der Schwester? Plötzlich waren auch sie alle in Bewegung – Da! Da kam er gelaufen, jetzt wurden seine Bewegungen eckiger, sperriger, er machte noch einige langsame Schritte, nur deshalb, weil er nicht wußte, wie er sein Gerenne zurücknehmen, wie er das alles ungeschehen machen konnte. Und die Bewegungen der Eltern, das war nicht: aufgebrachte Eltern gegen unbotmäßiges Kind, schon gar nicht Treiber gegen Wild, das war eine eigentümlich stumme Szene flatternder Angst, bis endlich der Vater breitbeinig vor dem nun schon taumelnden Kind zu stehen kam, groß, zugleich gedrückt, gebeugt, und fast lautlos nur ein einziges Wort sagte: Chega! Schluß jetzt, es reicht!

Der Junge blieb stehen, zog den Kopf ein, unfähig, noch einen Schritt, auch nur die kleinste Bewegung zu machen. Das gab es also wirklich: Daß man auf einmal nicht mehr laufen konnte! Und es war der Vater, der ihn bewegungsunfähig machte, der ihn lähmte. Er schämte sich, fürchtete sich vor Strafe, vor Erniedrigung, doch dies war nur äußerlich, ein unangenehmes Brennen auf seinem Gesicht. Aber in seinem Inneren brannte etwas wie die Fackeln in seinem Traum: Es brannte Löcher in alle vertrauten Bilder. Er war zwar zu Hause, aber da lodert etwas auf, und plötzlich ist es die Hölle.

Und weil er nicht zu seinem Vater aufblickte, sah er nicht, welch ungeheure Angst dieser Mann selbst hatte. Das sah er nicht. Er sah auf dem Tisch das aufgeschlagene Buch, vor dem sein Vater zuvor gesessen hatte, er sah in der Ecke des Zimmers das Spinnrad der Mutter, und daneben, vor dem Schemel, die Stickarbeit seiner Schwester. Er sah eine Ordnung, vor der er davonlaufen hätte wollen, laufen, aber er konnte nicht.

»Sag einmal, Hilli, hast du –«

»Hildegund!«

»Hildegund! Hast du als Kind wiederkehrende Träume gehabt, so Alpträume, die du immer wieder –«

»Meinst du, man will laufen, aber man kann nicht, man kann sich überhaupt nicht mehr bewegen, solche Sachen? Sicher. Die hat doch jeder irgendwann einmal geträumt.«

»Was heißt jeder?«

»Jeder heißt jeder. Das ist ganz normal, vor allem in einem bestimmten Alter.«

»Wie kommst du drauf?«

»Was?«

»Wie du drauf kommst, daß jeder –«

»Du bist doch darauf gekommen, daß –«

»Ich meine, wieso weißt du, daß jeder, daß solche Alpträume jeder hat.«

»Das ist erstes Semester Kinderpsychologie. Ich habe Psychologie studiert. Das weißt du doch!«

»Ach ja. Das habe ich vergessen.«

»Meine Herrschaften. Der Tafelspitz. Dürfen wir –?«

»Aber selbstverständlich. Bitten tragen Sie auf!«

Viktor und Hildegund sahen schweigend zu, wie serviert wurde, die Piccolos waren bereits sichtlich amüsiert, der Oberkellner aber zeigte immer noch einen deutlichen Anflug von Verstörung.

Schließlich stand er neben Viktor, hielt ihm eine Flasche Wein hin, zeigte ihm das Etikett und sagte steif: »Dazu ein Grüner Veltliner Kabinett 1997 vom Alois Hotzy, Weingut Turmhof.« Viktor nickte und ließ sich einen kleinen Schluck einschenken.

»Ausgezeichnet!«

»Eduard hätte jetzt einen Rotwein bestellt, und Maria ein Mineralwasser –«

»Wieso glaubst du das?«

»Eduard hat doch immer nur Rotwein getrunken, egal, was es zum Essen gab. Zuerst einen Orangensaft als Aperitif, dann Rotwein. Und Maria hat nie Alkohol getrunken. Sie hat immer –«

»Aber das ist doch ewig lang her. Wie willst du wissen, daß sie nicht mittlerweile –«

»Hast du nicht gesehen, daß sie nur ganz wenig von ihrem Prosecco genippt hat, als wir angestoßen haben? Nur aus Höflichkeit. Jetzt hätte sie nur noch Wasser getrunken. So wie damals –«

»Du hast nichts vergessen, nicht wahr? Und dann siehst du immer –«

Nein. Er mußte aufpassen. Er hatte bereits so viel getrunken, daß er das Gefühl hatte, nur noch ganz gespreizt reden zu können. Fast hätte er gesagt: Und dann siehst du immer die Kontinuitäten. Was für ein Satz! Und überhaupt: Was immer er damit meinte, es konnte nicht stimmen. Er kannte niemanden, abgesehen von sich selbst, der sich im Lauf der Jahre so sehr verändert hatte wie Hildegund. Ein Leben mit so vielen Brüchen. Er war angeheitert, also sollte er heiter und so weiter und nicht so –

»Was?«

Viktor winkte ab.

»Es ist wirklich interessant, daß es bei Menschen Dinge gibt, die sich einfach nicht verändern. Und welche es sind. Du zum Beispiel – Jetzt! Jetzt hast du es wieder gemacht, genauso wie damals als Schüler!«

»Was?«

»Genauso wie damals. Wenn du nervös bist, fängst du leicht zu schwitzen an, dann rutscht deine Brille die Nase hinunter und du schiebst sie zurück mit dem ausgestreckten Mittelfinger. Zuerst glaubt man immer, du machst eine obszöne Geste!« Hildegund hielt ihm ihren ausgestreckten Mittelfinger entgegen, lachte und drückte den Finger zwischen ihre Augen. Viktor hob das Glas, ja, ganz heiter, er mußte aufpassen, prostete Hildegund zu und sagte: »Schade, daß du so weit wegsitzt! So können wir nicht anstoßen. Dabei bist du heute so besonders anstoßerregend!«

»Na bitte. Das ist wieder so ein Punkt.«

»Was?«

»Das ist wieder so ein Punkt, wo du dich nicht verändert hast. Du hast schon damals keinen Kalauer ausgelassen! Wo sind wir vorher stehengeblieben? Die Träume. Warum hast du das gefragt?«

»Was?«

»Die Träume. Warum hast du gefragt, ob ich auch wiederkehrende Träume –«

»Ach ja. Man will laufen und kann nicht. Du hast gesagt, das sei ganz normal. Aber: Wie war der Kontext, ich meine – Eine Flasche Mineral, bitte, würden Sie mir eine Flasche Mineralwasser bringen!« rief er dem Kellner nach, und: »Wie war das, wie war die Situation in diesen Träumen, in der du laufen wolltest, aber nicht konntest?«

»Ja, wie war das? Zum Beispiel, ich habe geträumt, ich stehe mitten auf einer Straße, und es kommt ein Auto, und ich kann mich plötzlich nicht mehr bewegen, so sehr ich es auch versuche, und das Auto kommt immer näher, und ja: Es ist dunkel, und ich weiß, daß der im Auto mich nicht sieht, und ich will laufen, aber ich kann nicht. Oder ich gehe auf einer Wiese, es ist eigentlich ein Abhang, und plötzlich rollt ein großer Stein, eine riesige Kugel von weiter oben herunter, genau auf mich zu. Ich will ausweichen, zunächst gelingt mir das noch, aber da ändert auch diese Kugel die Richtung und rollt wieder genau zu mir her, droht mich zu überrollen, und plötzlich kann ich mich nicht mehr bewegen, ich bin wie angewurzelt!«

»Aber hast du nie geträumt, daß du wie gelähmt warst, weil die Bedrohung ganz konkret –«

»Aber das ist doch ganz konkret!«

»Ja, aber ich meine realistisch, so wie das wirklich historisch –«

»Was?«

Viktor trank ein Glas Wasser und versuchte es noch einmal: »Zum Beispiel, daß jemand kommt, um dich abzuholen und –«

»Wer sollte mich abholen?«

»Also ich habe als Kind immer wieder geträumt, daß jemand kommt, mich abzuholen, genauer gesagt: uns, meine Mutter und mich. Mein Vater war eigenartigerweise nie in diesen Träumen da. Zuerst hörte ich, daß Stiefel im Laufschritt die Treppe des Stiegenhauses hinaufstampfen. Ich weiß nicht, wieso ich wußte, daß es Männer mit Stiefeln waren, aber es waren Stiefelschritte. Dann klopft es an die Tür, ganz heftig, bald so, daß es sich anhört, als wollte man sie eintreten. Meine Mutter und ich laufen zum Fenster und schauen auf die Straße hinunter. Es ist dunkel, aber wir erkennen vor dem Haus Männer in langen Ledermänteln. Wir rennen in ein hofseitiges Zimmer, schauen auch dort aus dem Fenster. Auch im Hof stehen Männer. Das waren Männer von der GESTAPO. Ich weiß nicht, warum ich das wußte, aber ich wußte es. Die Nazis kommen uns abholen. Mittlerweile war der Krach an der Tür schon ganz laut, sie versuchen die Tür einzutreten. Mein Impuls war noch immer oder erst recht, zu laufen, ich wollte laufen, irgendwohin laufen und mich verstecken, aber ich konnte plötzlich nicht. Ich zerrte an meinen Beinen, aber ich konnte sie nicht mehr bewegen, oder nur so langsam, daß ich für nur einen Schritt Minuten gebraucht hätte. Das meine ich. Solche Dinge sind einmal wirklich passiert, aber das mit der riesigen Kugel –«

»Das mit der Kugel ist damals in einer Fernsehserie vorgekommen. Das habe ich wahrscheinlich gesehen und dann im Traum verarbeitet. Und –«

»Damals habt ihr doch noch keinen Fernsehapparat gehabt!«

»Wir haben sehr früh einen Fernseher gehabt. Außerdem weiß ich nicht mehr, wann genau das war. Und du wirst irgend etwas mitgehört haben, was in deiner Familie erzählt worden ist.«

»Ist in deiner Familie über die Nazi-Zeit geredet worden?«
»Nein.«
»Na eben. In meiner auch nicht. Nichts. Ich habe damals,

was das betrifft, garantiert nichts aufgeschnappt. Aber im Traum war es so plastisch, so konkret, wie es wirklich gewesen ist, und –«

»Und wie erklärst du dir das?«

»Ich habe es wirklich erlebt!«

»Du kannst es nicht erlebt haben. Wir sind Jahrgang 55.«

»Vorher. Ich war ein kleiner Judenjunge, und wir wurden abgeholt, und ich bin umgekommen.«

Das ist nicht dein Ernst.«

»Und nach der Befreiung bin ich noch einmal zur Welt gekommen. Wieso hätte ich sonst in meinen Träumen so intensiv und so konkret diese Bilder sehen können, obwohl –?«

»Viktor, du spinnst! Du hast damals etwas aufgeschnappt. Wiedergeburt! Das kannst du nicht wirklich glauben!«

»Gundl! Was verstehst ausgerechnet du von Glauben und –«

»Hildegund! Eine Menge. Ich bin mit einem Religionslehrer verheiratet.«

»Was? Aber – Achso. Du bist verheiratet mit einem – Pastor? Wirklich wahr?«

»Nein, mein Mann ist katholischer Religionslehrer.«

»Aber das geht doch nicht, die dürfen doch nicht heiraten! Was erzählst –«

»Viktor! Ich habe nicht Priester gesagt. Nicht geweiht und mit Kollar und so. Was ist denn los mit dir? Ich habe gesagt Religionslehrer.«

»Nicht geweiht? Wie gern würde ich ihm ein Geweih aufsetzen!«

»Viktor!«

Einige Zeit noch tat er sich schwer mit dem Laufen, Mitlaufen und Davonlaufen wurden immer anstrengender, weil er viel zu wenig schlief. Hatte er sich schließlich seiner Mutter anvertraut? Dem Vater sicher nicht, aber vielleicht der Mutter, hatte er ihr von dem Traum erzählt? War es sie, die ihm erklärt hatte, daß solche Dinge wirklich passiert sind? Daß er wahrschein-

60

lich etwas aufgeschnappt habe, was da erzählt oder besprochen worden sei, und daß er in seiner Phantasie – nein. Wer war es, der ihm gesagt hatte, daß solche Geschichten schon lange her und noch nie in dieser Stadt, in der sie jetzt – nein. War ihm allein plötzlich aufgefallen, ohne mit Mutter oder jemandem anderen zu reden, daß die Mutter in seinem Traum unmöglich seine Mutter sein konnte? Die Mutter im Traum hatte unbedecktes Haar, seine Mutter aber trug immer ein Tuch. Und der breite, grobe Körper seiner Mutter hatte keine Ähnlichkeit mit dem der schlanken, behenden Frau, die ihn im Traum von dem Fenster wegriß. Das Fenster. Welches Fenster war das überhaupt? Das Haus im Traum war nicht sein Elternhaus. Wer hatte ihm erzählt, daß wirklich schon geschehen ist, was er im Traum gesehen hat? Freunde? Fernando vielleicht? Sicher nicht. Er hätte *Schweinejagd* gar nicht spielen können, wenn er da einen Zusammenhang gesehen hätte.

Solche Geschichten waren da. Es wurde darüber geredet. Es wurde zu erklären, zu beruhigen versucht. Zugleich waren sie nicht da. Es wurde nicht offen geredet. Es wurde dichtgehalten. Dunkle Worte, Gesten, Tonfälle, Stimmungen hatten ihn phantasieren lassen, herrisch und lustvoll im Spiel mit Fernando, angsterfüllt in diesem Traum. Und er war seiner Phantasie nicht gewachsen. Wenn das Haus nicht sein Elternhaus, die Mutter nicht seine Mutter war – hatte er sich gefragt, was das bedeuten konnte? Ob er in das Leben anderer Menschen gesehen hatte, eine Katastrophe, die in der Vergangenheit stattgefunden hatte, oder, was bei dieser Vorstellung genauso möglich war, die sich in der Zukunft ereignen würde? Das alles überstieg die Phantasie dieses Kindes Manoel, des Sehers, und sollte ihn schließlich, entschwebend, unten zurücklassen, auf dem Boden seines Alltags, der ihm vertraut und dabei rätselhaft genug war.

Er schloß die Augen, auch wenn er nicht einschlafen konnte. Irgendwann schlief er ein. Er verrichtete, was der Vater ihm anschaffte. Selbst wenn es ihm völlig unverständlich war.

Daß an bestimmten Abenden zwei Kerzen angezündet und dann brennend in einen Schrank gestellt wurden, war eben so. Verstecktes Licht. Niemand, der draußen vorbeiging und hereinschaute, niemand der überraschend hereinkam, konnte es sehen. Das war so. Warum auch immer. Er selbst vergaß, wenn er aufwachte, daß da seit dem Vorabend Kerzen im Schrank brannten. Vielleicht waren sie auch schon ausgegangen.

Der Herd wurde so stark geheizt, bis er glühte, noch und noch wurde nachgelegt, so viel nur ging, dann die Luftzufuhr extrem gedrosselt, damit die Glut möglichst lang hielt. Am nächsten Tag wurde nicht gekocht, aber man hätte Glut im Herd finden können.

Man saß beisammen ohne sich zu bewegen. Es sah andächtig aus, aber es war zu heiß in diesem Raum für Andacht. Der Junge schwitzte noch vom Nach-Hause-Laufen. Jetzt saß er da und schwitzte immer weiter. Das war normal. Aber etwas sagte ihm: Das war nicht normal. Er konnte sich nicht vorstellen, daß das bei allen Familien so war. Schon alleine deshalb, weil seine Freunde, anders als er, bei Sonnenuntergang keine Eile zeigten, keinen Druck hatten, jetzt schnell nach Hause laufen zu müssen. Er wollte es nicht wissen. Der Vater war seltsam. Aber andere Väter waren auch seltsam. Vielleicht gab es das gar nicht: normal! Oder es war normal, daß nichts normal war. Pedros Vater zum Beispiel. Warf immerzu mit Gegenständen. Warf mit Vorliebe seinen Schlüsselbund nach seinem Sohn. Hat mich aber noch nie getroffen, hat Pedro gesagt und gegrinst. Ein armer Junge. Nicht weil der Vater so seltsam war, sondern weil er aussah wie eine Maus. Vor allem, wenn er grinste. Er stellte sich vor, wie Pedro zu Hause hin- und herflitzte wie eine Maus, während der Vater den Schlüsselbund nach ihm warf. Was ist normal?

Jede Kindergärtnerin hieß Liebetante. Die eine Liebetante ist aber eine böse Liebetante, erzählte Viktor zu Hause. Was hat seine Mutter gelacht! Das war damals, nachdem der Vater ausgezogen war, die größte Leidenschaft der Mutter: So sehr zu lachen, wenn Viktor etwas sagte, daß ihr die Tränen kamen. Vor ihm erzählte sie anderen, was er wieder Originelles gesagt hatte, und alle lachten. Er wurde wirklich schöpferisch: er schöpfte Verdacht. Gab es vielleicht doch keine Übereinstimmung mit den Großen? War so lächerlich, was er ernst meinte? Es wurde ernst, er spürte es, die Unbeschwertheit war weg. Wenn die Eltern miteinander redeten, dann ernst, aber wenn er etwas sagte und es ernst meinte, dann lachte seine Mutter. Viktor versiegelte seine Lippen.

»Du armes Kind. Stimmt es, daß deine Eltern in Scheidung leben?« (Liebetante). Viktor verstand nicht. Papa war in eine andere Wohnung gezogen, die näher zu seiner Arbeit war. Damit er nicht jeden Tag so weit fahren mußte. Das hatte ihm seine Mutter erzählt, und das glaubte er damals wirklich. Scheidung? Armes Kind? Er sagte nichts.

»Du mußt jetzt fleißig beten!«

Das war ein städtischer Kindergarten. Gemeinde Wien. Das Rote Wien. Da rannten Tanten in Stützstrümpfen herum und hielten die Kinder zum Beten an. Wie alt mußte Viktor werden, um, wenn er daran dachte, nicht mehr den Impuls zu haben, Bomben zu werfen? Vierundvierzig? Nein, es war aus und vorbei mit diesen Impulsen, mittlerweile war alles ganz anders. Auch wenn er minutenlang zu keinem Wort fähig war, weil das Mädchen, mit dem er bereit gewesen wäre, Bomben zu werfen, heute die Frau eines Religionslehrers war.

Er wurde so unnachgiebig zum Beten angehalten, daß er sich schließlich weigerte, in diesen Kindergarten zu gehen. Die anderen Kinder spielten, und er sollte beten. Und nach dem Mittagessen, wenn sie alle schlafen sollten – es war schwer genug einzuschlafen – sollte er auf dem Rücken liegen und die Hände falten über der Brust. Einschlafen wie aufgebahrt. Das Wort »aufgebahrt« kannte er damals noch nicht, aber die Erinnerung an diese Situationen war so intensiv, daß er sofort daran dachte, als er dieses Wort kennenlernte.

Die Mutter konnte nicht bei ihm zu Hause bleiben, sie mußte nun wieder arbeiten gehen. Viktor klammerte sich an sie, er klammerte sich an Tisch-, Stuhl-, Bettbeine, an Türklinken, Wasserhähne und Pflanzentöpfe. Ich muß arbeiten gehen. Nimm mich mit. Das geht nicht. Das geht nicht, das geht nicht und das geht nicht. Schließlich erklärten sich die Großeltern, die Eltern seines Vaters, bereit, Viktor zu übernehmen. Übergangsweise. Bald würde er ohnehin in die Schule kommen.

Die Großeltern waren alte Menschen, die nicht mehr arbeiten mußten. Natürlich täuschte sich Viktor. Er konnte seinen Großvater über sehr lange Zeit zur Arbeit begleiten, ohne zu bemerken, daß er nicht müßigging. Andererseits: Natürlich ging er müßig. Aber das war seine Arbeit.

Nachdem der Großvater die Hitler-Diktatur gegen alle Wahrscheinlichkeit überlebt hatte, wollte er endlich leben. Die Frage »wovon leben?« mußte ihm, nachdem er von nichts und weniger als nichts hatte leben müssen, belanglos erschienen sein. Er forderte Wiedergutmachung, nicht von einem Amt oder einer Behörde – sondern gleich vom Schicksal selbst. Er wollte nur noch und endlich tun, was er am liebsten tat: im Kaffeehaus sitzen.

Wie konnte man davon leben? Das Schicksal behandelte sein Ansuchen unbürokratisch. Er fand eine Vertreter-Stelle in einer Kaffee-Firma und hatte die Aufgabe, von Kaffeehaus zu Kaffeehaus zu gehen und zu fragen, wieviel Kilo Kaffee in der nächsten Woche geliefert werden sollen und ob man wieder Papierservietten und abgepackte Zuckerwürfel mit dem Aufdruck der Kaffeefirma brauchte. Er besuchte jeden Tag vier oder fünf Kaffeehäuser, las in dem einen die Zeitungen, kiebitzte im nächsten bei einer Kartenpartie, um im dritten eine Partie Billard zu spielen. Er kannte überall die Stammgäste und war der einzige, der überall Stammgast war. Er diskutierte über Politik und Fußball und kannte – ohne je ins Theater zu gehen – alle Theaterinszenierungen Wiens, nur von den Debatten in den Cafés. Wenn er von einem Kaffeehaus ins nächste aufbrach, nahm er die Bestellungen für seine Firma auf. Wenn er gegen fünf Uhr Nachmittag nach Hause kam, zog er erst gar nicht seinen Mantel aus und sagte zu seiner Frau: »Das war ein anstrengender Tag! Komm, Dolly, gehen wir ins Kaffeehaus!«

Viktor begleitete lieber seinen Großvater, als zu Hause bei der Großmutter zu bleiben. Sie sprach beinahe grundsätzlich nicht mit ihm, sondern nur über ihn. Der Großvater nannte ihn »Viktor«, die Großmutter nannte ihn »Das Kind«. Wenn er etwas von ihr wollte, dann antwortete sie nicht »Das habe ich nicht« oder »Es tut mir leid, Viktor, aber das können wir uns nicht leisten«, sondern »Woher hat das Kind solche Ansprüche?«

Viktor war es gewohnt gewesen, daß die Großen begeistert waren, weil er da war, weil es ihn gab. Das ist früher auch bei Besuchen bei den Großeltern so gewesen. »Viktor, mein Goldstück!« (Der Großvater), »Das Kind ist ein Sonnenstrahl!« (Die Großmutter). Aber nun, in ihrem Haushalt, lernte er, ein Fremdkörper zu sein, ein Störfaktor in einem zwar simplen, aber umfassenden System von Ritualen. Sie wiederholten sich jeden Tag, immer das gleiche. Viktor durfte, solange sie ihm fremd und rätselhaft waren, keine Frage stellen, und erst recht durfte er sie nicht in Frage stellen, als sie ihm vertraut wurden. Frühstück: Die Großmutter fragte den Großvater, was er zum Frühstück wolle.

»Dolly, was fragst du? Das weißt du doch!«

Wie jeden Tag ging die Großmutter mit indigniertem Gesicht in die Küche, warf Schinken und Eier in eine Pfanne – wie immer war vorgesorgt, daß Schinken und Eier im Haus waren – und knallte dem Großvater schließlich den Teller auf den Tisch, mit den Worten: »Da hast du deine gefillte Fisch!«

Viktor hatte ein einziges Mal gefragt, ob er auch gefillte Fisch haben könnte. »Wo lernt das Kind solche Sachen?« Viktor fragte nie wieder. Er bekam ein Butterbrot und zwei Viertel von einem geschälten und entkernten Apfel. Er fragte auch nie, warum Schinken und Eier gefüllte Fisch hießen. Hier war nichts normal, aber das war das Normale. Der Schinken hieß plötzlich wieder Schinken – wenn der Großvater ihn nicht mehr aß:

»Warum ißt du nicht auf, Richard?«

»Es ist schon kalt!«

»Ach so? Nur *kalten* Schinken kann man nicht essen?«

Schon nach kurzer Zeit kannte Viktor alle Dialoge des Stücks, das seine Großeltern täglich neu aufführten, auswendig, und er hätte auf jedes Stichwort den nächsten Satz laut vorhersagen können. Ein einziges Mal hatte er es getan.

»... schon kalt!« (Großvater)

»Ach so? Nur *kalten* Schinken kann man nicht essen?« (Viktor)

»Wer hat das Kind gefragt?« (Großmutter)

Viktor war ein dünnes Kind mit einem starken Bewegungsdrang. Aber er mußte lernen, stundenlang ruhig zu sitzen. Bei den Mahlzeiten. An den Tagen, die er bei der Großmutter zu Hause blieb. Da bewegte sich nur die Schere, wenn er einen Ausschneidebogen bekommen hatte. Burgen, Schlösser, Bauernhöfe, Flugzeuge, Schiffe, er mußte, ruhig sitzend, die ganze Welt zusammenbasteln. Er begleitete lieber den Großvater, da konnte er von Kaffeehaus zu Kaffeehaus neben ihm herlaufen. Dann war es gut, wieder in einem Kaffeehaus zu sitzen, Großvater und Enkelkind sahen einander zufrieden an, und der Großvater sagte: »Na, Viktor, ist dein alter Opa nicht immer noch gut zu Fuß?« Der Abend, wenn dann die Großmutter mitging, war geglückt, wenn Viktor im Lauf einer endlosen Bridge-Partie der Großeltern im Café Monopol den Satz nicht hören mußte: »Kann das Kind nicht ruhig sitzen? Das hat es früher nicht gegeben!«

Er saß und saß und hielt die Augen offen. Aber er sah nichts. Es war, als müßte er durch eine Milchglasscheibe in die Welt schauen.

Dann wurde er wieder bei seiner Mutter abgeliefert. Nun sollte er in die Schule kommen.

»Das Kind ist sehr brav. Du kannst stolz auf ihn sein!«
»Viktor ist mein Goldstück!«

Beinahe wäre die erste *Schweinejagd* die einzige geblieben. Am nächsten Tag saßen die Kinder wieder zusammen, wie verkatert von dem Machtrausch, den sie erlebt hatten. Die spontane Erregung, die Fernando durch einen bloß hingesagten Verdacht auslösen hatte können, war so nicht wiederholbar. In ihr bemüht herrisches Gehabe mischten sich Bedenken und Angst.

O José, José Pinheiro! rief Fernando immer wieder, er wollte sofort im Laufschritt aufbrechen, ihn hetzen und stellen. Aber wenn es dann wieder keine Bestätigung für den Verdacht gab? Wie oft würden sie Christenkindern ungestraft die Hosen runterziehen können? Und hatte José nicht zwei ältere, starke Brüder? Schon bei einem einzigen, der sich, anders als Paulo, wehren hätte können, wäre diese Gruppe auseinandergelaufen.

Es war ausgerechnet er, der Dicke, der Mitläufer, der Fernandos unduldsamen Wahn mit den hinhaltenden Bedenken der anderen verbinden konnte, in einem System, das es ihnen schließlich ermöglichte, die *Schweinejagd* auf Monate auszudehnen, mit unausgesetztem Eifer, ungebrochenem Machtgefühl, ohne Angst vor Strafen und Sanktionen. »Wenn wir ganz sicher wüßten«, sagte Mané, »daß die Pinheiros geheime Juden sind, dann können uns die Brüder nichts anhaben, wenn wir bei José den letzten Beweis finden sollten. Dann wird es eine allgemeine Empörung gegen sie geben, noch bevor sie überhaupt daran denken können, uns etwas anzutun. Also müssen wir diese Sicherheit erlangen. Aber wie? Nun –«

Seine Rhetorik war mehr als bemerkenswert für einen Jungen seines Alters. Die Kinder starrten ihn an, Fernando stieß den Zeigefinger in Manés Richtung, wie ein Herrscher, der jemandem das Wort erteilt, von dem er weiß, daß er das Echo seiner unausgesprochenen Gedanken ist.

Er nickte und wies mit einer bemüht eleganten Geste auf

Fernando zurück. »Fernando hat uns doch alle Hinweise gegeben. Hat er uns nicht immer wieder von den geheimen Ketzereien der Scheinchristen erzählt? Fernando hat uns gelehrt, daß das Wasser, mit dem man einen Juden tauft, umsonst vergossen wird, so wie das Meer nicht süß wird durch das Wasser, das der Tejo in den Ozean ergießt. Es liegt an uns und unserer Wachsamkeit, die entsprechenden Bestätigungen zu finden.«

Er war der gelehrigste Schüler: Er konnte alles, was Fernando je über die geheimen Juden gesagt hatte, wiederholen, zusammenfassen, interpretieren, in eine Ordnung bringen, in der es als dichtes, unverbrüchlich gewebtes Netz erschien, das über jeden Verdächtigen geworfen werden konnte. Nichts und niemand würde entschlüpfen.

Wenn die meisten Neuchristen tatsächlich nur Heuchler seien, dann müsse man sie beobachten, denn jeder, der lüge, könne ertappt werden. Hat Fernando nicht erzählt, daß die geheimen Christen regelmäßig Hostienfrevel begingen? Begehen müßten? Aber woher bekämen sie die Hostien? Doch nur aus der Kirche, der heiligen Messe, wenn sie die Hostien bei der Kommunion nicht verzehrten, sondern heimlich wegsteckten, um sie mit nach Hause nehmen zu können. Und wenn man sie nun, weil man ganz genau aufpaßt, dabei ertappte? Dann die Essensvorschriften. Schlagen die Pinheiros zum Beispiel Einladungen aus, weil sie vermeiden wollen, nicht koscher zu essen? Das sollte doch überprüfbar sein.

Er redete und redete, und die Größe der Aufgabe wuchs so sehr, wie die Angst der Kinder wich. Ist nicht die Pirsch die Voraussetzung für die Jagd? Alle nickten. Er stellte Regeln auf, Gesetze, er schüttelte sie aus dem Ärmel. Fernandos Legenden, seine eigenen Zwänge, alles verschmolz zum Entwurf eines geradezu bürokratischen Verfahrens, das etwas Gegenläufiges in das blinde Gerenne hineinbrachte, als das die *Schweinejagd* begonnen hatte. Sie würden Geduld brauchen, sehr viel Geduld. Alles, absolut alles müsse registriert werden, die unscheinbarste Beobachtung könne von Bedeutung sein.

Und keine Verfolgung ab Sonnenuntergang, denn die Wahrheit sollte ans Licht, ans Licht! Und nicht in das zweifelhafte Grau des Dämmerzustands. Das fanden alle logisch. Abbruch der Verfolgung bei Regen, denn Regen just in dieser Situation könne ein Zeichen dafür sein, daß Gott den Verdächtigen von jedem Verdacht reinwaschen wolle. Er wußte, daß Fernando es liebte, in allem ein Orakel Gottes, einen göttlichen Fingerzeig zu sehen, und er selbst wollte nie wieder gezwungen sein, sich vor seinem Vater wegen durchnäßter, verschmutzter Kleidung rechtfertigen zu müssen.

»Und was den Sabbat, den Samstag betrifft –«, er stockte.

»Wer den Sabbat einhält, arbeitet nicht!«

»Und kocht auch nicht!«

»Und zieht frische Wäsche an!«

»Aber wo nicht gekocht wird, ist auch kein Rauch!«

Als hätte er gestockt, weil alle schon so aufgeregt durcheinanderredeten. Er wollte noch etwas sagen, er wollte – er sagte: »Wenn die Pinheiros den Sabbat einhalten, dann bleiben sie an diesem Tag alle zu Hause. Oder werden versuchen, zu Hause zu bleiben. Es wäre viel zu auffällig, wenn wir da alle miteinander die ganze Zeit um ihr Haus –«

»Wir werden uns abwechseln«, sagte Fernando.

»Ja, abwechseln, immer nur einzeln, wir müssen –«

»Wir müssen alles in Erfahrung bringen, aber dabei unsichtbar bleiben.«

»Ja. Unsichtbar.« Dann sagte er nichts mehr.

Jetzt wollten sie alle sofort aufbrechen, sich unverzüglich anpirschen. Womit beginnen? Was könnten sie jetzt gleich tun? Sie bestürmten Fernando, ihnen Aufgaben zuzuweisen. Fernando war beeindruckt. Er sah, daß er, dem sie zuvor beinahe den Gehorsam versagt hätten, nun doch als Autorität bestätigt worden war. Ja, er war hier der König – und der Dicke war seine Bürokratie.

Nun lernte Mané sehen. Oder: hätte es lernen können. Er war nicht von rascher Auffassungsgabe. Er war der Augenzeuge, der nichts sah. Er war dabei, weil er mitlief, aber mit den Augen lief er davon. Er hatte den lehmigen Weg gesehen, auf den die vielen Füße im Laufschritt getreten waren, zeitweise im Gleichschritt, das staubige Unkraut, Grasbüschel, die Friedhofsmauer. Fernandos Hand, die den Stecken hielt, die kleinen runden Bewegungen aus dem Handgelenk. Dieses Handgelenk übergroß, bedrohlich, wie etwas völlig Eigenständiges. Dann ein paar Wimpernschläge lang nur huschende Schemen – aber das, worauf es ankam, als sie Paulo die Hose hinuntergezogen hatten, das, worum es gegangen war, hatte er nicht gesehen. Er hatte eine Bewegung gesehen, die bloß die Bewegung seiner eigenen Augen gewesen war, aus dem Nebel hinaus in den grauen Schatten hinein, der hinter ihnen auf der Häuserzeile lag, er hatte dorthin geschaut, von wo jemand herschauen hätte können, die Fenster – wie eine Reihe bedeckter Augen, alle Fensterläden geschlossen, nein, er hatte nichts gesehen.

Jetzt bemühte er sich um einen genauen Blick. Er starrte geduldig aus einem Versteck, er beobachtete im Gehen aus den Augenwinkeln, er blickte mit andächtig gesenktem Kopf unter halb geschlossenen Augenlidern hervor, er versuchte, wann immer möglich, zu fixieren, was er sehen wollte. Aber er beobachtete zuviel, um wirklich etwas sehen zu können. Er beobachtete, was er beobachten wollte, zugleich aber auch die anderen, mit denen er beobachtete. Dabei beobachtete er sich selbst und auch, ob sie beobachtet wurden. Wenn sie dann ihre Beobachtungen besprachen, hatte er nie gesehen, was die anderen gesehen hatten, allerdings konnte er mitreden, denn er ist dabeigewesen. Aber er wurde der, der sich alle Berichte am besten merkte, in der Erinnerung ordnete, gleichsam katalogisierte und auf Abruf bereit hatte. Er war das Archiv.

Wenn die Pinheiros in die Kirche kamen, bekreuzigten sie sich mit Weihwasser? Wie machten sie das Kreuzzeichen? Beteten sie während der Messe wirklich mit oder bewegten sie bloß die Lippen? Gingen sie zur Kommunion und verzehrten sie wirklich die Hostien?

Die Kinder, in der Kirche strategisch verteilt, beobachteten von verschiedenen Blickwinkeln in höchster Konzentration das Verhalten der Pinheiros in jedem Moment des Gottesdienstes. Doch er, während er starrte, suchte auch immer wieder den Blickkontakt mit den anderen, kreuzte dabei die Blicke anderer, die ein Netz ergaben, in dem er sich verstrickte. Er sah plötzlich, daß sein Vater die Hände nicht korrekt faltete, sondern die Daumen zwischen Zeigefinger und Mittelfinger steckte. Das bedeutete doch – das mußte nichts bedeuten, das wollte er nicht sehen, nichts sah er, bis er sich dieser seltsamen Bewegungen neben ihm bewußt wurde: Sein Vater wiegte beim Gloria Patri den Oberkörper vor und zurück, vor und zurück. Er blickte auf, sah seinen Vater an, der ihn ansah und augenblicklich mit dieser Bewegung aufhörte.

Josés Vater habe während der gesamten heiligen Messe den Hut nicht abgenommen und sei die ganze Zeit nur unbeteiligt dagesessen. Aber es heißt, er sei sehr krank und fast taub. Die anderen Familienmitglieder hätten allerdings laut mitgebetet und deutlichen Anteil am Gottesdienst genommen. Vielleicht auf allzudeutliche, schon übertriebene Weise? José habe sich nicht gegen die Brust geschlagen, als der Leib Christi in die Höhe gehoben wurde – könne das als ein verstecktes Zeichen bewußter Zurückweisung gesehen werden?

Er hatte das nicht gesehen. Er sah das leere Gesehen-Werden. Er sah seinen eigenen gebeugten Rücken in der Kirchenbank, seinen runden Nacken. Er sah, wenn er mit Pedro in der Rua Nova am Haus der Pinheiros vorbeiging, um etwas durch deren Fenster zu erhaschen, daß in diesem Moment beim Haus schräg gegenüber hinter einer offenen Balkontür eine Frau einen Schritt zurück ins Zimmer machte. Er sah zwei Männer auf der Schattenseite der Straße beisammenstehen, die kurz herblickten und sich dann wieder einander zuwandten, dabei aber beiläufig ihre Position so änderten, daß sie ihnen nachschauen konnten. Er sah Gesichter hinter Fenstern, die grau in der Dunkelheit der Innenräume verschwammen. Wenn er den Atem anhielt und seine Augen starr im blendenden Sonnenlicht betäubte, dann meinte er es hören zu können: das Sehen und Gesehen-Werden. Das war eine geschäftige kleine Stadt. Wie viele Geräusche es hier gab. Für ihn waren sie das Dröhnen der Pupillen, das Surren der kreuz und quer gespannten Blicke.

Traumbilder bei Tag. Rekonstruktionen der Tagbilder bei Nacht. Er schlief lange nicht ein. Der Blick auf die geschlossene Fensterreihe. Der lehmige Weg. Er sah sich selbst, wie er gesehen wurde, sah seinen Rücken. Sein Rücken verdeckte den Blick auf das, worum es ging. Er rieb und drückte, und sah nichts. Er zerrte, den Atem anhaltend, zog mit Daumen und Zeigefinger, nun mußte er Luftholen, er tat es so, als täte er etwas Verbotenes, sein Brustkorb hob und senkte sich nicht, sondern zuckte gedrosselt, er hielt inne, dann zog er nochmals an der Vorhaut, schob sie zurück, ließ los und merkte, wie sich sein Glied unter der gewölbten Hand bewegte. Er umschloß es mit der Faust, drückte, bis es sich aufrichtete. Es niederzudrücken und dann loszulassen gefiel ihm. Da fiel ihm ein, daß Gott im Himmel alles sah. Alles konnte er sehen, alles gleichzeitig. Jetzt in dieser Stunde, dachte er, da es nichts zu sehen gab, weil alles schlief, mußte Gott geradezu auf ihn fixiert sein. Es war dunkel, nichts zu sehen, und Gott sah immer noch. Es gab das Licht, in dem alles zu sehen war, er mußte hin zu diesem Licht. Wer konnte an einen angeblichen Gott glauben, der von den Menschen verlangte, daß sie sich da unten was wegschneiden, und dann schaut er weg? Schweine. Er betete ein Vaterunser, seine Hand lag gewölbt über seinem Glied wie ein kleines Schutzschild. Wie immer schlief er schlecht.

Die *Schweinejagd* nahm immer größere Ausmaße an. Sie hatten gedacht, daß sie einen Menschen und seine Familie beobachten müßten, daß sie auf der Pirsch nach einem einzelnen Opfer waren. Aber diese Familie war auf vielfältige Weise mit anderen verbunden. Und wurde der Schatten des Verdachts zunächst auch nicht dichter, so wurde er immer länger. Sie konnten nicht José, seine Brüder, seine Schwester beobach-

72

ten, ohne sich schließlich zu fragen, ob all die, mit denen diese sich immer wieder trafen, nicht alle geheime Juden waren.

»Natürlich bilden die Judenschweine Gemeinschaften, versuchen, untereinander zu bleiben. Das ist ganz natürlich«, sagte Fernando. »Finden wir bei einem von ihnen den Beweis, dann fallen sie alle!«

Die Beobachtungen wurden ausgedehnt, den Mitgliedern der Gruppe verschiedene Aufgaben übertragen.

José hatte eine Schwester, Maria, die ein Jahr älter war. Das Verhalten einer Erwachsenen mit noch kindlichem Körper hatte bei ihr etwas buchstäblich Vorbildliches, man konnte an ihr tatsächlich die Frau sehen, die sie einmal werden würde, er zumindest sah das so. Da sah er etwas. Aber nichts, das er im Kreis der Edelmänner berichten hätte können. Wenn er Maria beobachtete, dann sah er zum ersten Mal nicht seinen eigenen Rücken, der ihm dann in der Erinnerung den Blick auf das verstellte, was er beobachten hatte wollen, sondern er sah tatsächlich sie, und daß sie plötzlich zu ihm herschaute, fragend oder neugierig, und dann sah er, wie er seinen Kopf senkte und gegen ein Steinchen trat oder dümmlich lachte. Er sah sich von vorn – mit ihren Augen. Sie hatte schwarzes Haar, das zu einem dicken Zopf geflochten war. Hatte Fernando nicht erzählt, daß den jüdischen Mädchen erst bei der Volljährigkeit zum ersten Mal die Haare geschnitten wurden? Andererseits hatte auch seine Schwester – sind ihr schon einmal die Haare geschnitten worden? Er wußte es nicht. Er wußte nur, da war eine sehr starke Beklommenheit, und: ihre Augen. Sie hatte schwarze Haare, aber ganz helle Augen. Wenn er an sie dachte, sah er eigentlich immer ihre Augen. Und mit ihren Augen. Wenn alles schlief und er darauf wartete, endlich einzuschlafen, dann sah er diese hellen Augen, die wahrscheinlich hellblau waren, und er sah die blauen Adern von Fernandos Armen, und er fand es schön, wie sein Glied sich unter seiner Hand bewegte.

Die gesammelten Beobachtungen zu einzelnen Personen nannten die Kinder Protokolle. Fernando hatte gesagt, daß man das Protokolle nenne. Diese Protokolle wurden immer zahlreicher, jedes einzelne immer länger. Und er war der einzige, der die Vielzahl der Informationen noch überblickte, der zu einem Namen oder zu einem Stichwort alles hersagen, Für und Wider verbinden, Querverweise herstellen konnte. Er wußte noch detailliert von vier verschiedenen Examinierungen des Misthaufens der Pinheiros – die erste Untersuchung lag zwei Monate zurück –, welche Abfälle sie gefunden hatten und welche Rückschlüsse diese auf die Eßgewohnheiten der Familie erlaubten. Für die anderen waren immer die letzten Eindrücke die stärksten, frühere verblaßten oder wurden verwechselt, mit Ungenauigkeiten in den Details falschen Personen zugeschrieben. Aber im Archiv seines Kopfes war alles gleichwertig und unverrückbar, er konnte in seinem Kopf blättern, und nichts ging ihm verloren. Er spürte, daß er nun wichtig war in dieser Gruppe und daß er endlich anerkannt wurde, als gleichwertig, weil er kein Mitläufer mehr war, sondern eine besondere Funktion hatte. Jetzt wirkte sein dicklicher Körper nicht mehr so unvorteilhaft und lächerlich, sondern geradezu stimmig: Sein Wissen platzte aus allen Nähten.

Und er wußte: seine Autorität würde noch wachsen, wenn er endlich lesen und schreiben könnte. Wenn er derjenige wäre, der auch alles aufschriebe und schriftliche Protokolle verwaltete. Diese Eingebung wurde zur fixen Idee: das anwachsende Wissen auch schriftlich festhalten und zusammenfassen zu können.

Tatsächlich sollte es auch bald soweit sein. Seine Eltern berieten bereits darüber. Sein Vater schenkte ihm einen Hut, wie ihn Erwachsene trugen, und sagte, daß er nun lesen lernen sollte.

Aber wo? Bei den Jesuiten? Es galt als ein Zeichen besonderer Frömmigkeit und hob das Ansehen, wenn eine Familie zumindest einen Sohn zu den Jesuiten oder Franziskanern zum Studium schickte. Aber der Vater hatte Einwände. Es war nicht klar welche. Irgend etwas schien ihm bei dieser Vorstellung unheimlich zu sein.

Der Junge selbst wäre einerseits gerne zu den Jesuiten gegangen. Andererseits. Es hätte ihn, der nun seine Bedeutung bei den Freunden so sehr genoß, über lange Zeiträume von diesen getrennt. Es wäre das Ende der *Schweinejagd* gewesen. Das Ende von Machtgefühl und Anerkennung, das Ende einer Pirsch, die nebenbei, für ihn aber nicht zuletzt, auch Maria im Visier hatte.

Nein, zu den Jesuiten nicht. Der Vater wollte Mané selbst unterrichten. Und so lernbegierig der Junge war, er kam mit seinem Vater nicht weiter, nicht so, wie er es sich vorgestellt hatte, weil seine Aufmerksamkeit durch diesen seltsamen inneren Zwang behindert wurde, hier, zu Hause, möglichst die Augen zu schließen und nichts wahrzunehmen. Er saß mit seinem Vater am Tisch und empfand augenblicklich bleierne Starre, er empfand sie so stark, daß er sie nicht einmal als Konzentration ausgeben konnte. Immer wieder fielen ihm die Augen zu. Ja, er schlief schlecht, er schlief immer viel zu spät ein, und dann schlief er auch noch schlecht. Aber das war es nicht.

Sein Vater hatte von irgendwo Kärtchen mitgebracht, wie etwas dickere Spielkarten, auf jeder ein Buchstabe. Er übte, die einzelnen Buchstaben zu erkennen. Dann legte der Vater mehrere Buchstaben nebeneinander auf, so daß es ein Wort ergab, und er mußte die Buchstaben verbinden. Das ging Wochen so. Er wollte Schreiben lernen, aber der Vater, dieser unangreifbare Körper neben ihm, mit einem strengen Geruch, mit einer Stimme über seinem gebeugten Kopf, dieser Vater sagte, daß man zuerst lesen lerne. Das Wichtigste sei, daß man lesen könne.

Immer diese Kärtchen und die schweren Augenlider. Und dann wieder hinaus auf die Gassen, und dort war das Licht, die Kraft und eine ununterbrochen alerte Aufmerksamkeit.

Fernando wurde nun in die öffentliche Schule in der Rua da Consolação geschickt.

Warum durfte er nicht auch diese Schule besuchen? Eines Vormittags ging er einfach hin.

Die escola publica war ein notdürftig adaptierter Raum, fast eine Halle, die früher als Lager einer Handelsfamilie gedient hatte, die fortgezogen, jedenfalls aus irgendwelchen Gründen verschwunden war. Es standen aus dieser Zeit noch Fässer und große Kisten herum, dazu nun ohne eine erkennbare Ordnung einige Bänke und Tische. An der Stirnseite des Raums hing ein Schaubild mit dem Alphabet. An den Wänden breitete sich unten Schimmelpilz aus, der modrige Geruch des feuchten Kalks vermischte sich mit den ätzenden und gärenden Gerüchen aus den Fässern und Kisten, den stickig dumpfen Gewürzgerüchen der leeren Jutesäcke, die hinten in einer Ecke zu einem Haufen zusammengeworfen waren, aus dem knisternde Staubwolken aufstiegen, wenn ein Kind sich drauffallen ließ. Dazu der beißende Schweißgeruch und der Gestank vom Abort, zu dem man seitlich über drei Stufen hinuntergelangte, ohne Türe, im Grunde ein seitlicher Kellerraum mit gestampftem Lehmboden, einer notdürftig ausgehobenen Grube, neben der Stroh lag zum Abdecken der Exkremente.

In der Halle, dem Klassenzimmer, saßen, standen, liefen Siebenjährige neben Fünfzehnjährigen herum, in einer Wolke aus Lärm und Gestank, die ihm die Kehle zuschnürte. Er stand an der Rückwand dieses Klassenzimmers, gleich neben den Säcken, den Kopf eingezogen, die Schultern hochgedrückt, die Arme hinter dem Rücken. Niemand fragte ihn, wer er ist, ob er eingeschrieben sei und Schulgeld bezahlt habe. Der Lehrer war ein ehemaliger Berufssoldat, der im Krieg gegen die Mauren ein Bein verloren hatte. Immer wieder wollte er, daß im Chor ein Buchstabe gerufen wurde, auf den er auf der Schautafel mit seiner Krücke zeigte. Er versuchte, Buchstaben zu Worten zusammenzusetzen, mit denen er aber nicht fertig wurde, weil sie für die Kinder keinen Sinn ergaben, lateinische Worte aus der Liturgie. Der Lärm wuchs an, worauf der Lehrer mit einem Schrei auf seinem einen

Bein mitten in die Schüler hineinhüpfte und dabei die Krücke hin- und herschwang. Er schlug Schneisen in die wogende Schülergruppe, bis er einen erwischte, den er hüpfend an den Haaren zur Schautafel zerren konnte.

Der geduckt ganz hinten stehende Junge bekam eine Gänsehaut, zog langsam die Hände hinter seinem Rücken hervor und sah, daß seine Fingerkuppen bluteten, die Fingernägel waren da und dort eingerissen, verschmiert mit dem verpilzten Kalk der Wand, an der er gelehnt hatte.

Der erste Buchstabe des Alphabets! Ihr verdammten kleinen Bestien, in der Hölle werdet ihr schmoren, der erste Buchstabe!

Er sah, wie Fernando HA HA HA schrie.

Er wollte zu den Jesuiten, er mußte es irgendwie schaffen, zu den Jesuiten zu kommen.

»Und kann er Sprachen?« (Der Schuldirektor)

»Etwas Deutsch!« (Der Vater)

»Du verlierst lieber deinen Sohn als einen Witz!« (Die Mutter)

Der Direktor setzte ein Lächeln auf, wie es Tierquäler haben, wenn sie sich vor Zeugen gezwungen fühlen, ein Tier zu streicheln. So lächelte er Viktor an, bis dieser zu Boden blickte. Der Vater unterschrieb ein Formular.

Das Kind hatte keine Ansprüche. Auch nicht den, zu wissen, was das jetzt gewesen ist. Sein Leben stotterte in diesem einfachen Rhythmus: Ob er bei den Großeltern, seinem Vater oder seiner Mutter war – die Erwachsenen mußten immer gerade irgendwohin, und er mußte mitlaufen. Seine einzige Aufgabe war, keine Umstände zu machen und dann ruhig zu sitzen. Warum hätte er dieser Situation vor dem weißhaarigen Mann mit dem eigentümlichen Grinsen irgendeine Bedeutung beimessen sollen? Das war die Anmeldung für die Volksschule.

»Jetzt wirst du ein Schulkind!« sagte seine Mutter, sie hätte genausogut sagen können »Du wirst Astronaut«. Er lief ergeben zwischen den Eltern her. Wie gereizt sie waren.

»Dreh beim Gehen die Füße nicht so nach innen!« sagte der Vater. »Bei einem normalen Menschen zeigen die Füße beim Gehen leicht nach außen! Schau einmal meine Füße an! – Nein, nicht so übertrieben, nur ein klein wenig!« sagte er, »dozent!«

»Viktor, er meint: dezent! – Verwirr ihn doch nicht dauernd mit deinen Witzchen!«

Viktor lief mit gesenktem Kopf, achtete auf seine Fußstellung, beobachtete die Bewegungen der perfekt glänzenden schwarzen Schuhe des Vaters. Er war taub vor Scham. Unten klopften die Schuhe rechts links rechts links auf das Pflaster, und oben über seinem Kopf rechts links rechts links die Worte der Eltern. Bei seinem Auto angekommen, verabschiedete sich der Vater. Viktor hätte ihn gerne geküßt, aber der Vater streckte ihm die Hand hin, ohne sich zu ihm hinunterzubeugen. Viktor sah die Hand, blickte hinauf zum Gesicht seines Vaters, der mit schiefem Grinsen zur Mutter sagte: »Du verstehst eben meinen feinen englischen Humor nicht!« Dann fuhr er weg.

»Wie oft habe ich deinen Vater gebeten, mit dir Englisch zu reden.« Viktor setzte pedantisch seine Füße, rechts links, in der korrekten Haltung. »Er kann ja perfekt Englisch. Als wir uns kennengelernt haben, hat er noch kaum Deutsch können, er ist ja in England aufgewachsen.« Hatte Viktor gefragt warum? »Warum? Er hat wegmüssen von hier, als er ein Kind war, und ist nach England gekommen. Weil – wegen des Kriegs. Der Zeit damals. Jedenfalls: Als du zur Welt gekommen bist, habe ich zu ihm gesagt, du redest mit dem Viktor Englisch, und ich Deutsch, so wächst er gleich zweisprachig auf. Aber nein, man kann ja mit ihm nicht reden, er macht immer nur seine Witze. Komm, Viktor, bitte, geh ein bißchen schneller, wir haben es eilig! Weißt du, was er gesagt hat? Dein Vater! Wir leben in Wien, hat er gesagt, und hier spricht man Deutsch. Zwei Menschen in dieser Familie müssen daher perfekt Deutsch lernen: Mein Sohn und ich!«

Das hat Viktor an diesem Tag gelernt: Er würde nie wieder beim Gehen die Füße einwärts drehen.

Viktor wurde ein Schulkind. Ein altmodisches. Er hatte, was Lesen und Schreiben betraf, tatsächlich nicht das geringste Vorwissen. Das lernt man beim Mitlaufen nicht. Allerdings konnte er schon ein bißchen rechnen. Das war das einzige, was ihn interessiert hatte, wenn er bei den Großeltern ruhig sitzen mußte: Wie man zählt. Das wollte er begreifen. Er zählte die Finger seiner Hände, die Beine der Stühle am Eßtisch, die roten Tupfen der Schürze seiner Großmutter, immer wieder wollte er wissen, wollte er begreifen, wie das geht. Wie man von einer bestimmten Zahl zu einer anderen kommt. Wieviel da dazwischen ist. Die Großmutter war begeistert, daß sie eine Möglichkeit gefunden hatte, sich ab und zu mit dem Kind zu beschäftigen, ohne ein Spiel kaufen oder Unruhe und Bewegung in der Wohnung befürchten zu müssen. Viktor hatte keine Kinderlieder, er hatte den Singsang der Großmutter, wenn sie rhythmisch Zahlenreihen aufsagte, die Viktor dann wiederholte, wobei er bei jedem Zehnerschritt in die Hände klatschte. Das waren Ekstasen. Der Großvater schenkte ihm ein Gestell mit bunten Kugeln. »Eine Rechenmaschine«, erklärte er. Damit konnte Viktor stundenlang ruhig sitzen, ohne mit den Beinen zu zappeln. Er schob die bunten Kugeln hin und her und war nun endlich so weit, ausrechnen zu können, wie alt er sein werde, wenn die Großen endlich sterben würden. Denn dann würde das Mitlaufen ein Ende haben. Das war es, was ihn interessierte. Wie lange noch? Wie alt sind die Großeltern? Wie alt die Eltern? Wie alt werden Menschen? Wie alt würde er sein, wenn sie endlich alle tot sein würden? Der Tod kam zu spät. Das wurde ihm klar. Aber bis hundert konnte er rechnen, als er in die Schule kam.

Der erste Schultag. Der Vater hatte die Schultasche besorgt, und er trug sie vom Auto bis ins Klassenzimmer. Dort stellte er die Schultasche neben ein Pult in der ersten Reihe und sagte zu Viktor: »Du sitzt da, damit du immer alles gut verstehst.«

»Und wenn du etwas nicht verstehst, fragst du den Herrn Professor!« sagte die Mutter.

»Man sagt nicht Herr Professor, man sagt Herr Lehrer. Oder ist das schon die Universität? Viktor, du sagst Herr Lehrer zum Herrn Lehrer!«

»Die anderen Kinder werden Herr Lehrer sagen. Viktor sagt Herr Professor. Das wird ihm nützen! Viktor, du sagst Herr Professor!«

»Wenn alle sagen Herr Lehrer, wird auch Viktor Herr Lehrer sagen. Soll er auffällig werden? Viktor, wenn du auffällst, dann nur, weil du immer richtige Antworten gibst, nicht, weil du so meschugge bist wie deine Mutter!«

Dann stand ein Mann vorne, der sagte, er sei der Lehrer. Er versprach den Kindern aufregende Erfahrungen und viel Spaß. Dabei saßen alle Kinder so starr in ihren Bänken, wie Viktor es am Eßtisch der Großeltern gelernt hatte. Die Eltern der Kinder standen nebeneinander an der Seitenwand des Klassenzimmers, wie versteinert im Ausdruck eines ewigen Lächelns. Nur seine Mutter – wie peinlich das Viktor war, als er hinsah – brachte Unruhe in das Bild, sie versuchte lautlos Viktor etwas mitzuteilen, mit Mundgrimassen und indem sie auffällig unauffällig mit dem Zeigefinger in Richtung Lehrer tupfte: »Pro – fes – sor!«

Der Lehrer fragte, ob die Kinder damit einverstanden seien, die Eltern nun hinauszuschicken. Viktor war sehr damit einverstanden und antwortete laut und deutlich mit Ja. Als einziger. Immer ist ihm eingeschärft worden: Wenn du etwas gefragt wirst, antworte laut und deutlich! Jetzt verließen die Großen lachend das Klassenzimmer, während Viktor versuchte, das Gefühl dumpfen und tauben Glühens in sich niederzukämpfen, dieses unerträgliche Schamgefühl, weil er aufgefallen war. Er hörte, daß der Lehrer etwas sagte, faßte es aber nicht auf, während er ein paarmal die Augenlider auf- und zuschlug, um den Schleier in seinem Blick fortzuwischen. Plötzlich sah er, daß seine Banknachbarn – panisch drehte er sich um, sah nach hinten –, daß alle Kinder ein Heft mit blauem Umschlag vor sich liegen hatten, einen Bleistift und einen Radiergummi. Wieso hatten das alle, und er nicht? Er stieß den Nachbarn zur Linken an und fragte ihn flüsternd, ob dieser noch so ein Heft habe. Und einen zweiten Bleistift und Radiergummi. Und ihm borgen könne. Bitte! Der Junge stieß mit dem Ellenbogen zurück.

»Spinnst du? Laß mich in Ruh'!«

So. Und jetzt stand der Lehrer vor Viktor und fragte, was da los sei und warum Viktor das Heft nicht vor sich hingelegt habe. Bitte, sagte Viktor – würde es jetzt noch etwas nützen, wenn er Herr Professor sagte? Tränen. Sie kamen lautlos, und dann, weil er keine Luft bekam, mit einem geradezu dröhnenden Aufstöhnen. Er habe diese Sachen nicht, und er habe nicht gewußt – »Das kann ja nicht sein«, sagte der Lehrer, es sei allen Eltern bei der Vorbesprechung mitgeteilt worden, was jeder Schüler zur ersten Schulstunde mitzubringen habe und »Ist das deine Schultasche?«

Ja. Ich weiß nicht. Ich glaube schon. Mein Vater hat sie da hingestellt. Das alles sagte Viktor nicht. Nur: »Ich kann nichts dafür!«

»Na, dann wollen wir einmal nachschauen, was da drinnen ist«, sagte der Lehrer und öffnete die Tasche. Zum Vorschein kam ein Heft mit blauem Umschlag, genau so eines, wie es alle anderen Kinder hatten, ein schönes Federpennal aus Leder, darin ein Bleistift, Stärke 2, genau wie bei allen anderen, ein Bleistiftspitzer und ein Radiergummi.

Seine Eltern hatten alles besorgt, was vorgeschrieben war. Sie hatten alles getan, damit bei ihm alles so war wie bei den anderen. Nur erklärt hatten sie ihm nichts. – Bis auf eines: »Wenn die Schule aus ist, holt dich der Opa ab, geht mit dir ein bißchen ins Kaffeehaus und bringt dich dann zur Mammi!«

Im Archiv von Manés Kopf gab es bereits Protokolle über Álvaro Gomez Pinto, nicht nur der Taufpate von José, sondern auch ein enger Geschäftsfreund seines eigenen Vaters – merkte Mané noch immer nicht, daß er sich selbst jagte?

Wenn er die Beichte ablegte, was hat er gebeichtet? Hat der Priester, was damals üblich war in Fällen, die das Heilige Offizium betreffen würden, das Schweigegelübde gebrochen? Hat Mané sich im Freundeskreis über die befremdlichen Beobachtungen unterhalten, die er in seiner eigenen Familie machte? Wozu hat man denn Freunde? Wer hat diese Anzeige geschrieben: »Gaspar Rodrigues Judaizante«? Ein Name und ein Wort, in einer ungeübten Handschrift, die Buchstaben verschieden groß, einmal nach rechts, einmal mehr nach links neigend, ungelenk hingemalt auf eine aus einem Buch herausgerissene Seite. Noch dazu aus einem Buch, das auf dem Index stand. Oben auf dieser Seite hingemalt »Gaspar Rodrigues«, dann ein Abstand, und unten, mit sich spreizender, klecksender Feder: »Judaizante«. Der Abstand, der Freiraum wie eine zusätzliche Botschaft, hier stand, gedruckt und verboten: *»Es gibt nur Natur; aber Natur ist ein Spiel widerstreitender Kräfte, die ohne inneren Wert, ohne äußeren Sinn, ohne andere Schönheit, als die, die wir Menschen ihr geben, ohne göttliche Attribute sind.«* Wer hat diese Seite mit einer Denunziation beschmiert, diese Seite, die bis heute im Inquisitionsarchiv der Stadt Lisboa als erstes Blatt in der ersten von vier Mappen liegt, die den Prozeß des Heiligen Offiziums gegen Gaspar Rodrigues Nunes, Manés Vater, dokumentieren? Ein Blatt, das den Widerspruch zwischen Menschennatur und der Sehnsucht nach Gottgleichheit kalt und selbstgerecht zeigt, wenn man es vergleicht mit der harmonisch-ornamentalen, gestochen schönen, geradezu überirdischen Handschrift des gleich darunter liegenden ersten Protokolls des Gerichtsschreibers.

In der Idylle begann die Sonne endgültig unterzugehen.

Die Kinder saßen auf den Stufen des großen Steinbrunnens auf der Praça Principal. Sie waren, nach all ihren bisherigen Nachforschungen, verunsicherter denn je, und so mißtrauisch, daß sie einander selbst nicht mehr ausnahmen. Es hatte so weit kommen müssen: Sie trauten ihren Beobachtungen, aber eben deswegen trauten sie niemandem mehr. Dieses Mißtrauen nagte in ihnen ohne Erlösung, ohne Befreiung, ohne Triumph. Denn eine Handhabe, eine wirkliche Handhabe hatten sie gegen niemanden. »Wir können Jahre so weitermachen«, sagte Fernando, »und am Ende läuft es doch ewig auf den Punkt hinaus, wo wir schon heute stehen: Wir brauchen Geständnisse!« Er war wütend. »Geständnisse!« schrie er. Sie verfügten, zumindest in Hinblick auf ein gutes Dutzend Menschen dieses Städtchens, über die genaueste Dokumentation, die je über das Leben von Menschen, über ihre Gewohnheiten, ihre Vorlieben und Interessen, ihre Aussagen und ihr Verhalten in der Öffentlichkeit, über ihre Geschäfte, ihre sozialen Verbindungen und – zumindest von ihrem Müll ablesbaren – privaten Gepflogenheiten systematisch angelegt worden war. Und doch konnte alles, und es war sehr, sehr viel, so oder so interpretiert, zu ihrer Entlastung genauso wie zu ihrer Verurteilung ausgelegt werden. Durch das grundsätzliche Mißtrauen der Kinder führte alles natürlich zur gnadenlosen Vorverurteilung, während die Tatsache, daß man manches so drehen und wenden konnte, daß sich der Verdacht wieder auflöste, immer heftigere Aggressionen auslöste, Wut darüber, daß immer noch das letzte, das entscheidende Steinchen im Mosaik fehlte: »Geständnisse!« Konnte es sein, daß sie bei ihren Nachforschungen und Beobachtungen nur deshalb nicht zu einer letzten Gewißheit kamen, weil einzelne unter ihnen selbst etwas zu verbergen hatten, selbst irgendwie in diesem Netz verwickelt waren? Mußte diese Frage ausgesprochen werden? Sie war da. Und Mané merkte, wie Fernando danach gierte, mit der Faust hineinzuschlagen, in ihr Schweigen, in die Gesichter der Pinheiros-Brüder, in das offene Maul des steinernen Fisches, aus dem das Wasser in den Brunnen sprudelte. Er wollte blind herausprügeln, was da noch fehlte, um klar sehen zu können. Und Mané merkte, daß diese Aggression nicht nur auf das zielte, was noch fehlte, sondern auch alles hinfällig machen und zerstören würde, was bereits da war. Wen immer Fernandos Faustschläge treffen würden, sie würden das Archiv treffen, obsolet machen, zerstören. »Fernando hat recht«, beeilte sich Mané zu sagen, »wir brauchen Geständnisse!« Er saß da, klein und rund wie eine Glucke, die bedingungslos bereit war, zu schützen, worauf sie mittlerweile schon so lange gesessen hatte. In diesem Augenblick passierten zwei Dinge.

Von der Rua-Nova-Seite her kam Maria Pinheiro auf den Platz geschlendert, und Mané sagte schnell: »Aber: Was haben wir für eine Handhabe, jemanden direkt zu fragen, ob er Judaizante ist? Und warum sollte einer diese Frage uns gegenüber frank und frei mit Ja beantworten?« Er beobachtete Maria und: »Das wäre doch, ich möchte –«, Maria kam näher, blickte her, Mané spürte, daß er lächelte, versuchte, sein Lächeln als ein gelassenes, geradezu zynisches Lächeln auszugeben, während er Maria weiterbeobachtete und Fernando und die anderen Kinder ihn fragend anstarrten. »Zumindest einer von uns, einer muß das Vertrauen der Pinheiros erringen, sich anfreunden, und nur auf diese Weise –« Jetzt schlug Fernando zu, er hieb Mané auf die Schulter und sagte: »Genau! Das ist es, wir brauchen einen Intimo Macacório, einen, der von innen –«

Da drehte sich sich Pedro um und sah in die Richtung, in die Mané unausgesetzt schaute, Fernando, schließlich alle, sie sahen Maria, Fernando lachte auf, schlug Mané nochmals gegen den Oberarm und sagte: »Genau. Ich habe die Idee. Ein Intimo Macacório. Das ist es. Einer von uns muß –«

»Wenn es mir gelänge, Maria –«

Fernando griff Mané plötzlich zwischen die Beine, erwischte nur Hosenstoff, lachte und sagte: »Du? Was denn? Hör zu, Kleiner, du führst das Protokoll, und ich mache die Aktion! Ich werde –«

Und jetzt bog auch die Kutsche in den Platz ein.

»Verrate mir eines!«

»Was denn?«

»Ich meine, es ist so viel Zeit seit damals vergangen. Aber, ich weiß nicht, warum, ich will es wissen. Hast du damals eigentlich etwas mit dem Turek gehabt?«

»Was?«

»Mit dem Turek. Es bleibt unter uns. Was heißt unter uns, es bleibt unter mir!«

»Viktor!«

Mané sah, daß Maria plötzlich stehenblieb. Was für große Augen sie hatte. Oder machte. Plötzlich sprang Fernando auf, um augenblicklich wie erstarrt dazustehen. Nun sah Mané Fernandos Hosenbund, er blickte auf und sah – Fernandos halboffenen Mund. Da standen alle Kinder auf, langsam, gleich wieder reglos, und starrten, Maria stand noch immer unbeweglich, das Licht begann sich zu verändern, als hätte sich eine Wolke vor die Sonne geschoben, Marias dunkles Haar schien nun noch schwärzer, ihre hellen Augen verschattet. Behende sprang Pedro die Stufen des Brunnens hinauf, doch augenblicklich schien sein Maus-Gesicht so versteinert wie das des Neptun auf dem wasserspeienden Fisch. Das alles geschah gleichzeitig, Bewegungen, die Mané in diesem Stillstand nur wegen der ruckartigen Bewegungen seines Kopfes als Ablauf erschienen, und einen Wimpernschlag später dies: ein Erröten, ein Glühen in allen Gesichtern, über Marias Haar legte sich ein Glutschimmer, auf ihr Gesicht ein plötzliches Leuchten. Mané stand auf und drehte sich um. Die Kutsche. Er sah den Wasserstrahl des Brunnens, dahinter etwas, das er nicht sehen konnte, weil er so etwas noch nie gesehen hatte: diese Kutsche. Sah er vergrößert? Verschwommen? Beides? Er schlug die Augen ein paarmal auf und zu, da rief Fernando schon ein Wort, lief los, alle Kinder liefen, Worte des Erstaunens, der Anfeuerung, Fragen, und schon liefen sie, Mané lief mit, der Kutsche hinterher. Mané drehte sich noch einmal nach Maria um, sah, daß auch sie loslief, er war der letzte in der Gruppe, der nun auch noch seinen Schritt verlangsamte, weil er hoffte, daß Maria aufschließen würde, sie lief zwanzig, vielleicht dreißig Schritte hinter ihm, wie schön sie lief.

Der Kutsche nach! So eine Kutsche hatten sie noch nie gesehen. Wer war es, der mit solch einer Kutsche nach Começos kam? Wo fuhr sie hin? Zweifellos in die Pousada Leão d' Ouro. Ihr nach! Wer würde dort aussteigen?

Nun lief Maria neben ihm. Mané würde nie ihr Gesicht vergessen, den Blick den sie tauschten, das Muttermal auf ihrer Wange – war es die linke Wange? Sie lief rechts von ihm, also war es die linke Wange, oder lief sie doch links an ihm vorbei? Dann wäre es die rechte Wange gewesen, er sollte später oft daran denken, das Bild immer wieder vor sein inneres Auge rufen, und das Muttermal hüpfte dann immer hin und her, von links nach rechts und wieder nach links, rechts links, und dazwischen das Lächeln, ein fast schiefes Lächeln, ein Mund mit sehr vollen, runden Lippen, die aber seitlich einen kleinen Haken bildeten,

der Mund von Hildegund, ein Kußmund, der aber auf einer Seite ein wenig wegrutschte, überheblich, unsicher,

rot, so rot der Sonnenuntergang, die Kutsche wurde langsamer, Mané hörte das Trappeln der Pferdehufe, das Schlagen ihrer eigenen Füße auf dem Pflaster, er sah nun Maria unmittelbar vor sich, ihren auf- und abspringenden Haarschopf, er sah riesige braune Pferdehintern, die beiden Wechselpferde, die an der Rückseite der Kutsche angebunden waren und den Blick auf die Kutsche verdeckten, die Kutsche manövrierte in die Hauseinfahrt des Hotels Leão d' Ouro hinein, in den Innenhof des Hotels, Sonnenuntergang, er mußte nach Hause, er mußte sofort nach Hause. Er hatte Angst. Da waren plötzlich zwei Männer, die zwischen die Kutsche und die Kinder liefen, die Kinder wegzudrängen, mit schroffen Befehlen zu vertreiben versuchten, er sah noch die Männerhand, die im Inneren der Kutsche den zugezogenen Vorhang des Kutschenfensters ein wenig zur Seite schob und gleich wieder zurückfallen ließ, eine feingliedrige, knöcherne Hand, sehr lange Finger, ein großer Ring, dunkelrot der Stein, es wurde dunkel, rot, er mußte – er lief nach Hause.

Mané war der einzige von ihnen allen, der den Mann nicht

gesehen hatte, der seinen Vater, und bald darauf auch seine Mutter verhören, auf der Streckbank, mit spanischen Stiefeln, durch das Pendel und die Judaswiege zu Geständnissen zwingen sollte.

Die Kinder liefen um die Pousada herum, zur Rückseite des Gebäudes, dort wo dessen Stallungen und der Hof nur durch einen Bretterzaun von der Gasse getrennt waren. Vielleicht war ein Brett locker. Man konnte ja auch eines lockern. Oder gleich über den Zaun klettern. Die Kinder unter Fernandos Führung waren nicht die einzigen, die noch einmal diese Kutsche sehen, einen Blick auf den Passagier erhaschen wollten. Männer traten vor ihre Läden und starrten hinüber zu dem Hotel, andere, die die Kutsche von ihren Fenstern aus gesehen hatten, schlossen die Fensterläden, strömten aus den Häusern und versammelten sich vor der Pousada, schlenderten um sie herum, beschrieben einander ihre Beobachtungen, tauschten Mutmaßungen aus. Und Mané lief, so schnell er konnte, nach Hause, voller Haß auf seinen Vater, diesen –

»Juden!« Das war ein Schrei, und Mané erstarrte. Er sah sich plötzlich einem alten bärtigen Mann gegenüber, der ein Stundenglas in die Höhe hielt und gleich wieder ausrief: »He Juden! Sperrt eure Geschäfte zu, gleich beginnt der Sabbat!« Er kicherte, schien durch die Heftigkeit seines Kicherns fast zu torkeln und schrie wieder: »Juden! Sperrt eure Geschäfte zu, gleich beginnt der Sabbat!«

Mané wollte diesem Alten ausweichen, der zwei, drei Schritte auf ihn zuwankte und dabei die Sanduhr starr in die Höhe stemmte, als würde er sich an ihr festhalten und müßte zusammensinken, wenn er sich nicht dauernd an ihr da oben hochziehen würde.

Er lief, so schnell er konnte, in einem möglichst weiten Bogen um diesen Alten herum, mit angehaltenem Atem, dabei aber zu ihm zurückblickend, als er plötzlich wo anstieß, gegen jemanden prallte, einen Passanten, der ihn – He! Mal langsam! – umfaßte und festhielt. Mané schrie auf, ein kurzer stotternder Schrei, keuchend, ohne Luft, und da war es: Er konnte sich nicht mehr bewegen. Der Hemdstoff des Mannes, in den er hineingerannt war, sein Geruch, die Kraft der Umklammerung, der Blick zurück auf den Alten – der nun auf ihn zutaumelte. Ausgerechnet auf ihn. Laut kichernd, die Sanduhr in die Höhe haltend, »Da drin!«, rief er, während alle, die da gingen, stehenblieben und so wie die, die da vor ihren Geschäften standen, stumm diese Szene beobachteten, »Da drin, Juden!, ist Sand vom Ufer des Sabbat-Flusses! Seht her! Gleich beginnt der Sabbat!« Nun stand er knapp vor Mané, hielt ihm das riesige Stundenglas hin, und flüsterte: »Lauf schnell nach Hause, Jüdelein! Lauf so schnell du kannst!« Und wieder dieses irre Kichern.

Zu Hause erwarteten Mané eine überheizte Küche, zwei Kerzen auf dem Eßtisch, das fade Brot in Zopfform in einem Korb unter einem bestickten Tuch, und ein Vater, eine Mutter und eine Schwester, die so starr dasaßen, als hätten sie, und nicht er, erlebt, was er gerade erlebt hatte. Wie lange, fragte sich Mané, konnte man überleben, ohne jemals richtig durchzuatmen?

Die Kutsche würde er nie vergessen. Beschreiben aber sollte er sie erst am übernächsten Tag können, nachdem er wieder mit den anderen zusammengesessen und deren Beobachtungen geordnet hatte: Die Kutsche war möglicherweise dreimal, nach mehrheitlicher Auffassung zumindest doppelt so groß wie die Prachtkarosse des Conde Ramalho Gonçalves da Mota, des angesehensten, vermögendsten und einflußreichsten Edelmanns von Começos. Gezimmert aus dem so seltenen wie teuren amerikanischen Courbarilholz – Fernando, der Tischlersohn: »Hundertprozentig: Courbarilholz!« –, was sowohl ihr dunkelrotes Schimmern erklären würde, als auch ihre »Leichtgängigkeit«, wie Fernando ausführte, denn »Dieses Holz ist sehr hart, aber zugleich ungewöhnlich leicht. Bei Rädern dieser Größe, wie wir sie gesehen haben«, – das konnten alle verbürgen: Sie hatten sie gesehen! – »und einer entsprechenden Federung gibt es einfach kein Rumpeln und kein Schlagen! So eine Kutsche fährt wie ein Finger über Butter!« Aber was die Kinder am meisten faszinierte, weil es, abgesehen von der Größe und Eleganz der Kutsche, so völlig ungewöhnlich und neu war: die Fenster. Sie waren dreieckig. Groß und dreieckig, und statt eines einfachen Fensterkreuzes befand sich in diesem Dreieck eine ovale Einfassung, in der Form eines Auges, so daß die dreieckigen Fenster mit dem Auge darin die Form des Auge Gottes ergaben. Dahinter die Vorhänge aus Samt. Unter den Fenstern, und das blieb eine strittige Frage, die goldenen Buchstaben – in Goldfarbe aufgemalt? Blattgold aufgetrieben? Massives Gold eingearbeitet? Welche Buchstaben? Was mochten sie bedeuten? Die anderen Kinder sahen sie immer noch so deutlich vor sich. Sie zeichneten sie mit Stecken in den Sand. »Jesus«, sagte Mané, das heißt »Jesus!«

»Unser Kleiner ist verrückt geworden!« (Fernando) »Glaubt, daß Jesus zu Besuch nach Começos gekommen ist!« Wie sie lachten.

Aber jetzt konnte Mané zu Hause erzählen, was er gesehen hatte. Der Vater war überraschend neugierig – »Laßt ihn ausreden!« »Sag noch einmal…!« »Was für Buchstaben? Goldfarbe oder Blattgold – das spielt doch keine Rolle! Was waren das für Buchstaben? Die Buchstaben!«

Mané mußte sich an den Tisch setzen, und der Vater legte ihm die Kärtchen mit den Buchstaben vor. »War es das? Oder das? Oder das?«

Sein Vater, seine Mutter, seine Schwester, um ihn herum, über ihn gebeugt. Wie lange konnte man leben, ohne zu atmen? Wann würden sie endlich sterben? »Du kennst doch die Buchstaben. Sei kein Kind! Leg sie auf!« (Estrela).

»Das!« sagte Mané schließlich, »das da ist auf der Kutsche gestanden. Ganz verschnörkelt und irgendwie miteinander verbunden, aber ich glaube, es war das!« Auf dem Tisch lagen nun drei Buchstabenkärtchen: »J e M«.

»Justitia et Misericordia«, sagte der Vater, »jetzt sind sie da!« Der Inquisitor war nach Começos gekommen.

In der Nacht konnte Mané lange nicht einschlafen. Er lag im Bett wie aufgebahrt, und sah in der Dunkelheit über sich: Das Auge Gottes. Es hatte die Form eines nie zuvor gesehenen Kutschenfensters, und es zwinkerte ihm zu, wenn der Vorhang hinter diesem Fenster kurz zur Seite geschoben und gleich wieder geschlossen wurde. Da blitzte ein Ring mit einem roten Stein auf – Das Auge Gottes weinte: eine Träne Blut. Vier Tage später wurde Gaspar Rodrigues Nunes abgeholt.

Er war so brav, daß er ununterbrochen Skandale auslöste. Er glaubte tatsächlich, daß es in seinem eigenen Interesse wäre, dem Idealbild, das ihm vorgehalten wurde, möglichst genau zu entsprechen, und er bemühte sich: ein kleiner Erwachsener zu sein. Ein kleiner Gleicher unter Gleichen. Dazu gehörte: nicht laut zu sein und nicht herumzutollen. Keine Emotionen zu zeigen, vor allem keine kindliche Unlust. Die Genervtheit der Erwachsenen war eine erwachsene Genervtheit, dazu war er noch zu klein. Flott, und doch gemessenen Schritts zu gehen, oder, je nach Situation, ruhig und unauffällig zu sitzen. Brauchbare, also von Erwachsenen identifizierbare Talente zu zeigen, also zum Beispiel still zu rechnen, und nicht einen aus Zeitungspapier gebastelten Tschako aufzusetzen und zu brüllen »Ich bin ein Pirat!« Die Welt brauchte ruhige, dezente Geschäftsleute, und keine nervend herumbrüllenden Piraten. Überhaupt: »Österreich ist ein Binnenland!« (Der Vater). Alles klar. Und vor allem (und das war offenbar der Pferdefuß der kleinen Erwachsenenexistenz): auf alle Fragen laut, deutlich und offen zu antworten. Dieser Punkt war eine Falle, und er war naiv genug, ständig in sie hineinzutappen.

Viktors ruhige, tatsächlich irgendwie miniaturerwachsene Art bewirkte, daß immer wieder seine naiven Sätze als bewußte Provokationen verstanden wurden, die entsprechende Aufregung hervorriefen.

Beim Rechnen zeigte Viktor Interesse und machte Fortschritte, aber als er selbst gegen Ende des ersten Schuljahres nicht imstande war, einen einfachen kurzen Satz aus dem Lesebuch vorzulesen, platzte dem Lehrer der Kragen. Was Viktor denn glaube. Was ihm einfalle. Wieso er nicht bereit sei, den Mindestanforderungen des Lesenlernens zu genügen. Er sei ja nicht dumm – ob er also ihn, den Lehrer, provozieren wolle. Ruhig und sachlich, in völligem Vertrauen auf die Schlüssigkeit seines erwachsenen Arguments, antwortete Viktor, daß er keine Veranlassung habe, Lesen zu lernen, weil seine Mutter selbstverständlich bereit sei, ihm jedes Buch, dessen Inhalt er zu kennen wünsche, am Abend vorzulesen. Zum Glück kam er nicht mehr dazu, vorzurechnen, daß seine Mutter, gemessen an einem Mittel aus durchschnittlicher Lebenserwartung und dem erreichten Alter der Großeltern sowie dem Todesalter der Urgroßeltern, voraussichtlich noch achtundfünfzig Jahre leben werde und daher – Seine Mutter wurde von der Schule vorgeladen, allerdings nicht, um ihr zu bedeuten, Viktor zu mehr Selbständigkeit zu erziehen und ihm nicht dauernd alles vorzulesen, sondern, unter Voraussetzung seiner »selbstbewußten, erwachsenen Art«, ihm seine Frechheiten und seine provozierende Art auszutreiben.

Oder: Viktor mit seinem Großvater nach der Schule in einem Kaffeehaus. Viktor, nach langem, braven, erwachsenen Dasitzen, so, daß auch die peinigend zu große, zum »Hineinwachsen« gekaufte Kleidung wie angegossen und einigermaßen elegant wirkte, zumindest so lange er sich nicht bewegte, beantwortete die Frage seines Großvaters, ob er noch etwas wolle, nicht wie vorgesehen mit »Nein, danke!«, sondern – und das war später seines Großvaters Formulierung –: »aus heiterem Himmel« mit »Ja, bitte! Noch einen Himbeersaft!«

»Viktor, mein Goldjunge! Wenn ein Soda mit Himbeer vier Schilling kostet, sag mir: was kosten dann zwei Soda mit Himbeer?«

»Acht Schilling!« antwortete Viktor augenblicklich.

»Bravo, Viktor! Mein Goldstück wird ein neuer Einstein! Jetzt hör einmal zu, Einstein! Ich muß heute noch drei Kaffeehäuser machen. Wenn ich in jedem Kaffeehaus für dich zwei Soda mit Himbeer bezahlen muß, dann macht das wieviel? Aber rechne jetzt auch die zwei in diesem Kaffeehaus dazu. Und nun rechne das mal dreißig, für einen Monat, und zieh diese Summe blitzschnell von meinem Monatsgehalt ab. Und jetzt beantworte mir die Frage, ob es sich dann noch für mich rentiert, überhaupt arbeiten zu gehen?«

»Noch einen Wunsch? Vielleicht noch ein Soda mit Himbeer für den jungen Mann?«

Der Großvater blickte Viktor aufmunternd lächelnd an.

»Nein, danke!« sagte Viktor.

Wenn es nur das gewesen wäre. Aber dann erzählte der Großvater diese Geschichte der Großmutter – »Stell dir vor, Dolly! –« und die Großmutter – »Woher hat das Kind solche Ansprüche?« – erzählte sie Viktors Mutter, und seine Mutter fragte Viktor aufgebracht, ob er spinne. »Sag, willst du dir deine Zähne ruinieren? Acht Soda mit Himbeer willst du trinken? Wann wirst du endlich erwachsen?«

Viktor konnte sich auf nichts mehr verlassen, nicht einmal auf den Charme kindlicher Mißverständnisse. Ein Satz wie »Meine Mutter ist ein Fräulein« hätte vor nicht allzu langer Zeit noch gerührt-herzhaftes Lachen der Mutter ausgelöst, nun aber erntete er einen genervten Blick, ein Kopfschütteln und den Satz: »Bitte, Viktor, du weißt nicht, was du redest. Sei still und mach dich nicht lächerlich!« Sagen wollte sie wahrscheinlich, daß er sie lächerlich mache, die Mutter, die Maria hieß, ein Fräulein war und einen Sohn hatte. Sie hatte eine Anstellung als Kellnerin im Espresso Real gefunden. Am Abend nach jedem Schultag brachte der Großvater zwischen halb sechs und sechs Viktor dorthin, stieß ihn geradezu durch die Glastür des Espressos hinein und lief, für sein Alter immer noch »gut zu Fuß«, davon. Es gab nichts, das der Großvater mehr verachtete, als dies: den österreichischen Fußball seit Ende der Hakoah und des österreichischen Wunderteams, und Espressos. Daß sich jemand, wenn es Kaffeehäuser gab, in ein Espresso setzte, war ihm so unverständlich, wie die Tatsache, daß es jemandem, der sich noch an das Fußballgenie Sindelar erinnern konnte, einfiel, achtzig Schilling dafür zu bezahlen, um im Prater-Stadion die »heutigen Antikicker« spielen zu sehen, eine Verkommenheit, die nur durch eines unterboten werden konnte: In einem Espresso zu arbeiten. Daß sein Sohn »aus heiterem Himmel« – für ihn geschah grundsätzlich alles nur »aus heiterem Himmel«, aber er hatte seine Erfahrungen – die Mutter des »Goldstücks« verlassen hatte, mag ihn zunächst geschockt haben und ihm nachgerade unverständlich erschienen sein, aber als Viktors Mutter bald darauf in einem Espresso zu arbeiten begann, war ihm alles klar. Diese Frau mit den schönen langen Beinen und dem gewinnenden Lächeln hat sich zwar in die Abravanel-Familie einheiraten können – aber sie war keine Abravanel, und konnte auch nie eine werden. Denn echte Abravanels kannten gegenüber Espressos nur eine einzige Reaktion: sie zu meiden.

Viktor saß dann eine halbe Stunde, manchmal auch eine Stunde an einem der kleinen Tischchen im Espresso Real, sehr starr, intensiv damit beschäftigt, zu verhindern, daß ihm die Ärmel seines viel zu großen blauen Blazers über die Hände rutschten, und wartete, bis seine Mutter endlich abgelöst wurde. Im Zweifelsfall, wenn er nicht mehr wußte, was er machen sollte, betrachtete er die Knöpfe seines Blazers, auf denen Anker aufgeprägt waren. Er lernte, daß Kinder eine eigentümliche Freiheit hatten: Sie konnten noch Dumpfheit als Phantasie ausgeben und sich dafür loben lassen. Er starrte geistlos auf die goldfarbenen Blechknöpfe seines Blazers, nur um zu vermeiden, Blicken zu begegnen, und prompt rief ihm ein Mann zu: »He, junger Mann! Sind die aus echtem Gold? Hast du vielleicht einen Schatz gefunden?« Oder: »Hast du da Golddukaten aufgenäht? Du bist ja ein reicher Mann!« Und da Viktor wußte, daß man die Großen auf gar keinen Fall enttäuschen durfte, antwortete er immer scheu und errötend mit Ja. Darauf lobten sie seine Phantasie, ja, Kinder hätten eben so unglaublich viel Phantasie, sehen in Knöpfen einen Pira-

93

tenschatz. Und die aufgeschwemmten Männer mit ihren Siegelringen und den »Gatschfrisuren« – so nannte das die Mutter, wenn sie zu Hause war, aber das durfte Viktor nie laut sagen, wehe er verwendete dieses Wort, wenn er solche Männer sah, die sich naß frisierten, so daß man die Linien sah, die der Kamm gezogen hatte, mit der Welle, die vorn in die Stirn gedrückt war – diese Männer, die über Bierflaschen brüteten, rauchten und auf Gelegenheiten warteten, mit dem Fräulein zu schäkern, das seine Mutter war, begannen sich an Unvorstellbares zu erinnern: an ihre eigene Kindheit. Immer wieder wurde dieses Kind, das mit gesenktem Kopf die Knöpfe seines Blazers betrachtete, von Gästen als »brav« bezeichnet, als »phantasievoll« oder auch als »Träumer«, worauf die Mutter aber regelmäßig launig einwandte, wie viele »Sorgen« dieses Kind ihr mache. Dann errötete Viktor, versuchte gleichzeitig so zu tun, als hätte er nichts gehört, die Gespräche der Erwachsenen, die hört ein braves Kind doch nicht, weil es bekanntlich völlig in seiner phantastischen Welt versunken ist – um dann, mit gesenktem Kopf, wieder von unten herauf zu beobachten: Die Männer in diesem kleinen dunklen Lokal riefen, wenn sie etwas von seiner Mutter wollten, »Fräulein«! Und seine Mutter, das Fräulein Maria, brachte das Gewünschte. In den Kaffeehäusern, in die er mit Opa ging, wurde er immer sehr freundlich von den Oberkellnern und den Kellnerinnen behandelt, aber hier, in diesem Espresso, wurde er von der Bedienung bestenfalls ignoriert, und bei Auffälligkeiten gemaßregelt. Und diese Bedienung war seine Mutter. Und doch war er so stolz auf sie. Er beobachtete, wie die Männer sich um sie bemühten, dieses unnahbare Fräulein mit dem Sohn, wie sie ihr nachblickten, wenn sie hin- und herlief. Sie glaubten, er träumte von einem Piratenschatz, aber er sah, wovon diese Männer träumten: Von den Beinen seiner Mutter. Sie trug einen kurzen schwarzen Rock mit einer kleinen weißen Schürze, schwarze Netzstrümpfe. Das Espresso Real hatte eine fixe Idee: diese Beine. Zu Hause war das erste, das die Mutter machte, die Schuhe wie ein Fußballer in eine

Ecke zu schießen, die Strümpfe abzustreifen, sich auf das Sofa zu legen und die Füße, die Fesseln, die Waden zu massieren. Ich bekomme Krampfadern, sagte sie, und er wußte nicht, was Krampfadern sind, offenbar irgend etwas, das die Großen eben bekamen, und sie massierte ihre Beine und sie sagte in mattem Ton – wie oft? Hundertmal? Vielleicht nur einmal, aber dann war es eben das eine Mal, das in Erinnerung blieb – Viktor, sagte sie, weißt du, ich wollte studieren, als ich deinen Vater kennengelernt habe. Was brauchst du studieren, hat er gesagt, weil was meine Frau ist, die wird auf Händen durchs Leben getragen. Auf Händen durchs Leben, sagte sie und knetete ihre Füße, und Viktor saß still und mit großen Augen neben ihr. Leben von der Hand in den Mund – das ist daraus geworden, sagte sie. Ich wäre heute – sie rechnete kurz nach – ich wäre heute im zwölften Semester. Nein! Sie lachte, ich wäre keine ewige Studentin, ich wäre vielleicht schon fertig. Und was bin ich? Fertig mit den Nerven. Und was habe ich? Einen Doktortitel? Nein, Krampfadern. Sie lachte, und Viktor wollte sie wie ein Großer trösten. Fräulein, sagte er und wollte sich an sie schmiegen.

»Viktor, sei nicht soo dumm!«

War es an diesem Abend oder an einem anderen? Die Mutter schlief auf dem Sofa ein, noch bevor sie Viktor »abgefüttert« und zu Bett gebracht hatte. Viktor saß an ihrer Seite, betrachtete sie, bekam eine Ahnung davon, daß Sehnsucht ein Gefühl von Ferne auch in nächster Nähe war, stand leise und langsam auf, ohne zu atmen. Wie lange konnte man leben, ohne je tief durchzuatmen? Auf dem Fußboden vor dem Sofa die zerknäulten Strümpfe seiner Mutter. Viktor war klar, er mußte sich beeilen. Wenn er das Gefühl, die Sensation erleben wollte, so begehrt, so bewundert und geliebt wie seine Mutter zu sein, dann durfte er jetzt keine Zeit verlieren. Dadurch, daß er seine Schuhe und seine Hose auszog. Das kostete Zeit und seine Mutter könnte inzwischen aufwachen und ihn ertappen, noch bevor er dieses ersehnte Gefühl gehabt hatte. Also versuchte er, die Strümpfe gleich über die

Schuhe und seine viel zu große, zum Hineinwachsen gekaufte graue Flanellhose zu ziehen, er zerrte und – da wachte seine Mutter auf. Natürlich waren die Strümpfe kaputt.

Viktor wurde als Kind dreimal von Erwachsenen geschlagen. Zweimal von seiner Mutter. Das war das erste Mal.

Die Beinfesseln in den Eisenhaken des Flaschenzugs einhängen. Hochziehen. *So, Senhor!* Der Körper pendelte, bäumte sich in der Schwebe immer wieder auf. Der Kopf schlug hin und her, ein groteskes Kopfschütteln. *Kein Schrei, Senhor? Wirst gleich singen!*

Das aufgerissene Maul stumm, der Blick schreiend. Hin und her schlug der gefesselte Körper. Ein zuckendes Stück Leben. In der Schwebe.

Wo der Vater war, was ihm geschah, wußte Mané nicht. Darüber wurde nicht gesprochen. Nicht mit ihm. Er wußte es – nicht. Vater war fort. Du mußt jetzt sehr tapfer sein. Du mußt viel beten. Wer hat das gesagt. Niemand. Manche doch. Aber die waren niemand. Viel beten. Lieber Gott im Himmel, gib, daß Vater mit ganz viel Gold nach Hause kommt, so reich, daß er die schönste Kutsche kaufen kann. Gott im Himmel.

Vater ist in Amerika, dort gibt es ganz viel Gold, das holt er jetzt, erzählte Mané. Wem? Sich selbst. Oder dem Kätzchen im Hof.

Das Kätzchen war eines Tages plötzlich dagewesen, vor dem Hauseingang der Soeiros, ein Lebewesen, das diese Tür nicht mied. So dünn und schwach, daß es kaum auf eigenen Beinen stehen konnte, das Fell grindig und dreckverklebt. Mané trug es in den Hof, gab ihm einen Teller Milch, setzte sich auf die Stufen des Hintereingangs und sah zu, wie das Kätzchen die Milch aufleckte. Danach wusch er den Teller sorgfältig aus und stellte ihn in den Küchenschrank zurück.

»Du hast diesem Tier Milch in einem Teller gegeben? Welchen Teller hast du genommen? Kannst du nicht antworten? Sag schon. Welchen Teller?«

Mit Manés Vater war auch die Mutter verschwunden. Sie mußte »sich kümmern«. Und doch war sie immer da, maßregelnd, Ordnung haltend – mit Sätzen wie diesen: »Wer eine Katze füttert, hat bald keine Milch mehr im Haus, aber dafür Mäuse!« Oder: »Eine schwarze Katze! Du bringst Unglück über das Haus!« Der Vater war verhaftet, die Fenster seines Geschäfts eingeschlagen, Mané selbst hatte die Nägel halten müssen, als die Fenster mit Brettern vernagelt wurden, die Haustür und die Wand neben der Haustür waren beschmiert, es gab kein Netz mehr, keine sich hin- und herspannenden Blicke, nur noch das Wegschauen. Da gab es nichts mehr, das sie auffing. Mané konnte den ganzen Tag auf den Steinstufen des Hofes sitzen, einfach sitzen, auf Stein, und ohne daß er gesehen wurde oder sah, sank er immer tiefer, selbst Stein gab nach. Welches Unglück sollte das Kätzchen jetzt noch über dieses Haus bringen? Mané lief nicht mehr hinaus auf die Straße. Einmal war er hinausgelaufen, war Fernando und seinen Vasallen begegnet, und Fernando hatte eine Handbewegung gemacht, hoch stand die Hand in der Luft – ein ehrerbietiger Freundschaftsgruß? Oder eine zum Zuschlagen ausgeholte Hand? Und Fernando rief ihn an – es klang wie ein ehrerbietiges »Seu Moel!«, »Herr Manoel!«, aber nein, es klang wie »Samuel!«, und das hieß »Du Jud!« Und die anderen lachten, Mané sah ihre entblößten Zähne.

Mané sah in jedem Lachen ein Zähnefletschen, aber im Zähnefletschen seines Kätzchens ein Lachen. Sonst gab es zu Hause kein Lachen. Wer hat das gesagt: »Eine Katze füttern! Wann wirst du endlich erwachsen? Jedes Jahr am Johannistag werden Katzen öffentlich verbrannt, und du beginnst eine Katze zu füttern!« Wer hat das gesagt? Seine Mutter? Auch wenn sie nicht da war, blieb sie allgegenwärtig, als Estrela, seine Schwester. Mit allem, was sie sagte, mit allem, was sie tat, hielt Estrela eine Ordnung aufrecht, die Mané jetzt endlich sah. Er begriff sie nicht. Aber er sah sie endlich. Immer hatte er gegessen, was auf den Tisch kam, aus dem Teller, der vor ihm stand. Jetzt sah er: Es gab Teller, in die durfte man keine

Milch geben. Warum? Es gab diese Teller und diese Teller. Eine unbegreifliche Ordnung. Er verstand sie nicht, aber er begann sie zu sehen.

Estrela war die Mutter, wenn die Mutter nicht da war. Und doch: Mit dem Kätzchen tat sich zum ersten Mal ein Riß auf zwischen den Muttersätzen und der Normalität, die diese Sätze behaupteten. Milchteller. Das war nicht so, sondern das war so in diesem Haus. Und Johannistag: Da verbrannte man am Platz Katzen. Seit Jahrzehnten, wenn nicht seit Jahrhunderten, wurden am Johannistag dreizehn in einen eisernen Käfig gesperrte Katzen – als Symbol des Unglücks, des Ungehorsams und der Ausschweifung – öffentlich verbrannt. Nein, nicht »man« verbrannte die Katzen, sondern die Katholiken. Bei Estrela, der Tochtermutter, sah Mané zum ersten Mal, daß es so etwas wie Kreuzungspunkte gab, wo nicht mehr unterscheidbar war, was man wirklich glaubte, zu glauben bloß vorgab, zu glauben sich bemühte oder ungläubig zu glauben begann. Es gab keine Normalität mehr, unter deren Oberfläche diese Widersprüche schnell versickerten. Also: »Mach, was du willst, aber du läßt dieses verdammte Tier nicht ins Haus!« Nein, das war nicht seine Mutter, das war Estrela.

Das grindige Kätzchen erholte sich prächtig mit dem koscheren Essen.

Es entwickelte sich in kürzester Zeit zu einem gesunden Kater – der eigentümlich tolpatschig war. Ein pedantisches, aber kein elegantes Tier. Mané beobachtete, wie es im Hof in der Sonne lag und unermüdlich sein Fell leckte, dann aber bei Streifzügen immer wieder etwas umwarf, im Lager des Vaters eine Packung Nägel oder Schraubenmuttern, an denen es vorbeilief, oder, ungestüm zum Teller mit dem Futter herspringend, diesen umkippte. *Meu Senhor no ceu*, Herrgott im Himmel! rief Mané, und weil der Kater just diesem Moment, als Mané *Senhor* sagte, zu Mané aufblickte, als hätte dieser ihn beim Namen gerufen, rief Mané ihn daraufhin bei diesem Namen: Senhor.

Mané hatte Angst. Er verließ das Haus nicht mehr, weil es draußen unbegreifliche Gefahren gab, die mit jedem Tag, den Mané eingesperrt im Haus verbrachte, noch größer und bedrohlicher zu werden schienen. Wenn Mutter oder Estrela fortgingen, sagten sie zu ihm – nicht als nervöse Ermahnung, sondern, wie erdrückt von einer unfaßbaren Macht, als bloße Feststellung, die keine Frage, keine Alternative zuließ –: Du verläßt nicht das Haus. Du öffnest nicht die Tür, auch dann nicht, wenn jemand anklopft. Dann erst recht nicht. Wenn jemand klopft, gibst du keine Antwort. Kein Zeichen, daß du zu Hause bist.

Es war für Mané, als hätte man ihm ein Tuch vor die Augen gebunden. Da schimmerte gerade so viel durch, daß er sich langsam durch das Haus bewegen konnte. Licht und Schatten. Konturen. Er war ein freischwebender Traum, ohne den Menschen, der ihn träumte.

Er konnte tagelang den Kater im Hof beobachten, aber er sah nichts, außer daß er ihn sah. Manchmal schien es ihm, als sähe er deutlicher sich selbst, wie er dasaß und beobachtete, als das, was er anstarrte.

Er sah den Kater die Ohren spitzen, dann wieder die Ohren anlegen, er sah, wie er reglos auf der Lauer saß, sah ihn plötzlich springen, hin zu etwas, das Mané nicht sah. Dann sah er den Kater balancieren auf dem Sims der Fassade des Lagers, sah ihn fallen – wie ungeschickt dieses Tier war!

Abends saß er mit Mutter und Schwester im Zimmer, er bei Tisch über seine Buchstabenkärtchen gebeugt wie einst der Vater über sein Buch. Es war still, mit leisen Signalen der Vertrautheit: ein Rascheln, ein Knistern, ein verhaltenes Räuspern. Aber er war nicht der Vater, und seine Schwester war nicht die Mutter, und seine Mutter war so abwesend, obwohl sie da war, und sein Vater war anwesend, obwohl er fort war, und die vertrauten Geräusche waren Angstgeräusche, das Räuspern, das leise Seufzen.

In dieser fast stummen, beinahe blinden Welt hatte Mané lange nicht bemerkt, daß der Kater nicht sang. Eines Tages sah er es plötzlich, er sah es am aufgerissenen Maul des Tieres, aus dem kein Laut kam. Er war außer sich: »Der Kater singt nicht. Hör mal, Estrela, der Kater singt nicht!«

»Was soll das heißen: Der Kater singt nicht?«

»Er tut es nicht. Er kann es nicht. Ich weiß nicht.«

»Katzen singen nicht. Keine Katze kann singen. Setz dich hin!«

»Estrela! Der Senhor –«

»Setz dich hin und sei still! Hör auf zu schreien! Ich habe –«

»Ich habe andere Sorgen! Du hast immer andere Sorgen. Aber –«

»Bitte Mané! Der Kater singt nicht. Sowas. Wann wirst du –«

»Endlich erwachsen. Bitte Estrela! Das hat doch –«

mit Erwachsensein nichts zu tun. Wenn es ein Erwachsener nicht begreifen kann. Das ist doch. Verrückt. Warum kann keiner erklären, was das bedeutet. Katzen singen. Oder was ist das, was die Katzen draußen tun, in den Nächten, wenn der Mond scheint, sie singen, für den Mond, oder den Liebsten, oder aus Hunger, draußen die Katzen. Aber Senhor – Er war Mané auf den Schoß gesprungen. Mané hatte ihn gestreichelt, fest auf seinen Schoß gedrückt, um ihn zu spüren, auf seinem Schoß, der Kater wand sich, wollte wieder weg, Mané drückte ihn nieder, hielt ihn fest. Vater ist weit weg, Senhor, in Amerika. In der Neuen Welt, wo – Der Kater wollte weg. Mané drückte ihn nieder, streichelte ihn, hörte keinen Laut. Senhor wollte sich herauswinden, wollte fort. Wohin. Wo es das viele Gold gibt, die Häuser, die Straßen, alles aus Gold. Und die Tiere, Senhor, dort schläft das Lamm neben dem Wolf. Mané drückte mit beiden Händen den Kater nieder, der sich aufbäumte, den Kopf zurückwarf, das Maul aufriß, die Zähne zeigte.

Und dann der Schrei. Aus Entsetzen und aus Schmerz schrie Mané. Er warf die Hände hoch, schleuderte den Kater weit von sich, der, schon bevor er aufkam, weit ausholende Laufbewegungen machte, sich überschlug, Boden gewann und wegsauste, lautlos. Dieser Kater war stumm. Mané begriff es genau in dem Moment, als er die Krallen des Tiers in seinen Oberschenkeln spürte. Ein brennender Schmerz, aber Mané schrie vor allem aus Entsetzen. Das weit aufgerissene Maul, die gefletschten Zähne, aber kein Laut. Kein Fauchen, kein Schreien, kein Zischen, nichts. Senhor hätte wollen, das hatte Mané gesehen, aber Senhor konnte nicht. Kein Schnurren, kein Miezen, kein Miauen. Kein Laut.

Ein Tier, so stumm wie ein Tier in einem Traum. Ein Zähnefletschen, ein Krallenschlagen so lautlos, so unwirklich wie in einer unklaren anderen Wirklichkeit. Mané hatte Angst.

Abends, als er den Teller mit Futter vor die Hoftür stellte, ließ sich der Kater nicht blicken. Mané rief ihn, dann schrie, ja brüllte er ungeduldig seinen Namen, bis Estrela plötzlich hinter ihm stand, ihn zurückzog, ins Haus hineinstieß, ihm auf den Mund schlug. »Schluß jetzt. Was fällt dir ein? Das machst du nie wieder, hörst du? In die Nacht hinausbrüllen Senhor Senhor Senhor. Was wird man –«

»Aber Estrela, die Sonne ist bereits untergegangen, und Senhor ist nicht nach Hause gekommen –« Er brach ab, er sah nur noch diese Hand vor seinem Gesicht tanzen, grob, knöchern, eher eine Tierklaue als eine Hand.

Der Vater hatte Viktor einmal geschlagen. Er hatte nicht wirklich zugeschlagen. Ihm war, wie man sagt, die Hand ausgerutscht. Doch Viktor erlebte es als eine Eruption, von außen betrachtet war es aber relativ »dozent«. Allerdings war keiner da, der es von außen betrachten hätte können. Also gab es nur den Schock, die Erregung, das aufgewühlte Staunen. »Damals habe ich selbst erst erfahren, daß –«, hatte Viktor zu Hildegund gesagt, aber sie hatte es nicht gehört.

Das war damals, als Viktor den Feldstein verprügelt hatte. Seine Mutter hatte zum Direktor gehen müssen, sein Vater hatte es dann von der Mutter erfahren. »Du hast wirklich dieses Wort gesagt? Du hast wirklich gesagt: –« und dann, statt dieses Wort zu wiederholen, ihm dieses Wort ins Gesicht zu schleudern, war die Hand des Vaters in seinem Gesicht gelandet. Alle Sätze, die jetzt folgten, waren der beredte Versuch, diesem Schlag eine zwingende Begründung zu geben, ihn zu entschuldigen. Mit Worten war Viktors Vater viel besser als mit der Hand. Es waren die Worte, die Viktor noch lange Schmerzen bereiteten.

Im Grunde war dieser Schlag deshalb so einzigartig, weil er eine Berührung war. Dieser Mann, der sein Vater war, hatte einen Mund, der nicht küßte. Hände, die nicht streichelten und in denen kleine Hände, während man Seite an Seite ging, nicht verschwinden durften. Einen Schoß, auf den man nicht klettern, auf dem man nie sitzen durfte. Und jetzt, nach diesem Schlag, gab es nur eine so starke wie deutliche Sensation: Eine fast wahnsinnig machende Gier danach, daß diese Hand, die ihn gerade geschlagen hatte, ihn nahm, daß diese Arme ihn umarmten. Und Viktor merkte, daß auch der Vater über seinen Schatten springen wollte, ein zweites Mal – er hatte das Kind geschlagen, was er sonst nie tat, und nun wollte er ihn streicheln, was er sonst nie tat. Noch einmal hob er die Hand, führte sie langsam, vorsichtig, zaudernd hin zu Viktors Gesicht, nein, die Hand sank, auf Viktors Schulter? Nein. Da hatte der Vater sich schon wieder unter Kontrolle. Er nahm ihn nicht, er umarmte ihn nicht. Männer schmusen nicht. Wenn Viktor nicht sein Sohn, sondern seine Tochter gewesen wäre. Er war ziemlich sicher, daß sein Vater eine Tochter nicht nur geliebt, sondern auch geherzt hätte. »Muttersöhnchen«, sagte Viktor, »du hast mich damals damit fertiggemacht, Hilli, ja ja! Hildegund! Wenn du zu mir gesagt hast: Muttersöhnchen. Du hast dich daran geweidet, wie ich errötet bin, wenn du mich angeschaut hast, was heißt errötet, ich habe geglüht wie die Notlampe in einem dunklen Kinosaal. Im Internat bin ich in einem Schlafsaal gelegen mit dreißig anderen Buben, und da haben sich – aber das ist eine andere Geschichte. Und die Erzieher. Die Lehrer. Männer Männer Männer. Ja, ich war ein Muttersohn. Ich hätte damals, wenn es gegangen wäre, am liebsten meine Mutter ermordet, um die Frau meines Vaters, meine eigene Mutter werden zu können. Lach nicht!«

Saujud!, hatte sein Vater schließlich zu ihm gesagt, merk dir das: Es gibt nur eine Art von Menschen, zu denen man Saujud sagen darf: nämlich zu Juden, die zu Juden Saujud sagen!

Damals hatte er erst erfahren, daß er sich selbst geschlagen hatte.

Es ging buchstäblich Schlag auf Schlag. Aber für Mané war diese Zeit tot, ereignislos, leer, eine unbegreifliche Wartezeit. Er wußte nicht, wann sein Vater wiederkommen würde. Er wußte nicht, was seine Mutter tat. Er wußte nicht, was sein würde, wenn sein Vater zurückkäme. Würde es jemals wieder so sein können wie vorher? Was machten Fernando und die anderen Jungen? Er war doch ihr Archiv. Und nun war der Zutritt zu diesem Archiv verboten. Das Archiv war gesperrt. Weggesperrt. Was machten sie ohne seine Protokolle? Rückfall in die Willkür? All die Protokolle, die mehr als ein Dutzend Menschen belasteten, verstaubten in ihm, und belastet war nur noch er, das Archiv selbst. Er wußte nicht, wie er dem Diktat seiner Schwester genügen konnte, Sei aus Stein! Sei so hart wie Stein! Und vor allem: Sei so stumm wie ein Stein! Da saß er, auf den Stufen vor der Hoftür, stumm, reglos, aber er war nicht aus Stein. Versteinert war die Zeit. Maria. Was sie wohl machte? Daran hielt er fest: Er war nicht beschnitten. Das begriff er nicht: Jude! Das hatte er verstanden: Den Vorwurf des »Judaisierens«, aber das war nicht dasselbe, konnte es nicht sein. Immer wieder die Hand zwischen den Beinen. Zum Schutz. Aber auch zur Vergewisserung. Was sich da regte, das war nicht – das war kein Beweis, nur ein kleiner Hinweis darauf, daß er ein Sünder war. Nur das: ein Sünder. Er war nicht aus Stein. Meu Senhor!

Er ging auf die Suche nach dem Kater. Stumm. Ohne ihn zu rufen. Er empfand Sehnsucht. Wonach? Nicht nur die Sehnsucht war dumpf, auch sein Blick, auch seine Bewegungen. Der Blick glitt da und dort ab, der Körper stieß da und dort an. Das Kind hatte schlechte Augen. Das Kind bewegte sich zu wenig.

Die möglichen Verstecke im Hof waren rasch überprüft. Die schwarzen Schatten hinter den grellen Lichtflecken. Dann das Lager. Hier war es dunkel. Da standen hohe Schränke und lange Regale, zahllose Kisten aus schwerem Holz, aufeinandergetürmte Schachteln aus leichtem Holz, pralle Säcke aus Jute und Hanf, und die beiden großen Werktische mit ihren dicken Arbeitsplatten, den Spannvorrichtungen mit den groben und feinen Klötzen, die sich über leichtgängige Eisengewinde heben und senken und gegeneinander verschieben ließen. Schau, hatte sein Vater einmal zu Mané gesagt und demonstrativ mit nur einem Finger rasch und präzis eine Kurbel bewegt, schau! Ein Kinderspiel!

Daneben die Tische mit den Schaustücken. Geölt, schwarz schimmernd, leicht verstaubt. Der große Flaschenzug. Damit kann ein Kind ein Pferd heben, Schau!

Wie stolz der Vater gewesen ist auf das alles. Auf das blanke, verblüffende Funktionieren. Darauf, wie eins ins andere greift. Auf die Gewalten, die dadurch freiwerden und die eigene Kraft so ungeheuerlich übersteigen. Schau!

Senhor! Das war ein Schrei in seinem Kopf. Mané schrie gleichsam stumm nach dem Tier. Aber es gehorchte nicht. Es kam nicht, zeigte sich nicht. Mané suchte überall, benommen von dem Geruch nach warmen Hölzern, schweren Ölen, kaltem Eisen und Katzenpisse. Er sah überall nach. Verweilte einen Moment vor dem Holzkreuz, das über dem Schautisch hing.

»Wir sind das auserwählte Volk? Ja, weil ihr uns auserwählt habt, das Kreuz zu tragen.«

Senhor! Er brüllte den Namen immer wieder. In seinem Kopf. Der Kater kam nicht. Der Kopf dröhnte. Die Gerüche. Das Licht. Dunkellicht. Bernsteinfarben, Braunschattierungen, Schimmerschwarz. Das Kreuz. Die Gewinde. Das Eisen.

Drei Stunden saß Mané auf den Stufen. Stein. Wo war

Estrela? Wo war die Mutter? Wo war Senhor? Da! Plötzlich war der Kater zurück. Strich schmeichelnd um Manés Beine. Wollte Futter. Aus der Hand fressen. Ließ sich stundenlang nicht blicken, kam nicht vor Sonnenuntergang nach Hause, folgte nicht, wenn man ihn rief. Und dann plötzlich will er. Mané nahm ihn hoch. Senhor ließ sich hochnehmen.

Es war alles da. Im Lager des Vaters. Der Flaschenzug. Die Ketten. Die Streckgewinde. Die Eisennägel. Das Kreuz. Die Kälte. Die Dunkelheit.

»A propos Portugal«, sagte Viktor. »Kennst du diesen berühmten Fado, – ich weiß nicht, warum er mir jetzt gerade eingefallen ist, ich hatte ihn plötzlich im Ohr, wie heißt er? Der Refrain jedenfalls ist: *Wir sind das auserwählte Volk? Ja, weil ihr uns auserwählt habt, das Kreuz zu tragen.* Ich glaube, die große Mísia singt ihn. Nein? Kennst du nicht? Jedenfalls – aber du weißt, was ein Fado ist? Ja, ja, entschuldige, natürlich weißt du das! – Jedenfalls, der ist deshalb so erstaunlich, weil er nicht von den *saudades* nach der verlorenen Größe Portugals singt, sondern von der Sehnsucht, die die vertriebenen Juden nach Portugal hatten. Also die Sehnsucht nach Portugal. Von den aus Portugal vertriebenen Marranen.«

»Ja, ich habe schon verstanden!«

Wie sonderbar Hildegund lächelte. Nicht sonderbar. Wunderbar.

»Dieser Fado ist deshalb so bemerkenswert, weil er die Geschichte mit dem Auserwählten Volk so treffend zurechtrückt. Warum gelten die Juden als Auserwähltes Volk? Weil Gott sich ihnen offenbart hat. Aber jede Religion hat ihren Ursprung in einer Offenbarung. Verzieh nicht so das Gesicht! Jede Weltreligion hat ihren Ursprung in einer Offenbarung. Also das unterscheidet das Judentum nicht von den anderen. Auserwählt sind sie, wenn überhaupt, nur deshalb, weil die Christen sie auserwählt haben als –«

»Und die Araber.«

»Was hast du mit den Arabern? Ach ja. Das Palästinensertuch – Ich dachte damals, in den Siebzigern, das war bloß
Ausdruck deines Modebewußtseins!«

»Warum beschäftigt dich das eigentlich? Gehörst du zum
auserwählten Volk?«

»Haben Frau Religionsprofessor mich erwählt? Bekanntlich nicht!«

»Bitte, Viktor, bringe jetzt nicht auch noch den Kalauer mit
›aufs Kreuz legen‹ und so. Ich wollte nur wissen –«

»Ich bin so wund, so liebeskrank, wenn ich dir gegenüber-
sitze, daß du mich aufs Rote Kreuz –«

»Viktor!«

»Legen, schlagen –«

»Viktor! Ich wollte nur wissen«, sie mußte lachen, »ob du
Jude bist, ich meine – ach, vergiß die Frage!«

»Warum mußt du bei der Frage, ob ich Jude bin, so lachen?
Was ist daran so komisch?« Er liebte es, sich dümmer zu stellen, als er war, vor allem, wenn er betrunken war. »Ich kann
dir die Frage gern beantworten: Ja, ich bin – beziehungsweise
nein, nicht in diesem Sinn, das heißt –«

»Viktor kann es sein, daß du nicht mehr weißt, was du
sagst? Ich bin römisch-katholisch. Ich wollte wissen, bist du
jüdisch? So einfach ist das. Aber egal, vergiß die Frage!«

»So einfach ist die Frage nicht. Weil – Warte! Ich glaube,
jetzt verstehe ich, warum du das fragst. Weil ich in der siebten
Klasse vom römisch-katholischen Religionsunterricht befreit
wurde, oder ausgeschlossen wurde, nein, befreit. Das meinst
du doch, oder? Das ist dir gerade eingefallen!«

»Ja. Professor Hochbichler hat zu dir Christusmörder gesagt, und daraufhin warst du nie wieder im Religionsunterricht!«

»Ja. Und du hast dir plötzlich gedacht: Christusmörder, also
Jude. Ganz normal, nicht wahr. So lernt man das eben, von
den Religionslehrern, in der Schule und in der Ehe, stimmts?«

»Bitte, Viktor, du mußt aufhören zu trinken! So habe ich
das nicht gemeint!«

»So habe ich das nicht gemeint. So habe ich das nicht gemeint! Ich werde dir erzählen, wie das wirklich war. Eines Tages, in der Religionsstunde, beugt sich der Hochbichler zu mir herunter – ich weiß nicht mehr, warum, was der Zusammenhang war, oder der Auslöser, ich glaube, es war einfach eine Assoziation von ihm – jedenfalls ich sehe seinen bekleckerten schwarzen Pullover unter seinem grauen Sakko ganz nah vor mir, seinen weißen Kragen –«

»Sein Kollar!«

»Sein Kollar. Jedenfalls war es dort, wo es an den Hals stieß, schwarzbraun und speckig, ich sah seine Zähne, er lachte, die Zähne waren gelb und braun, und in den Zwischenräumen Essensreste –«

»Du übertreibst!«

»Ich übertreibe nicht. Was diese Erinnerung betrifft, bin ich ein sozialistischer Realist, wie er der Idee nach sein sollte. Wahrhaftig, und es ist nur die Wahrheit selbst, die wertet. Also: Er beugt sich zu mir herunter, er riecht beißend nach Schweiß, Schnupftabak und Mottenkugeln –«

»Viktor. Du übertreibst. Du schummelst. Wie kannst du das heute so genau und so bestimmt wissen, sogar die Gerüche – Hat er nicht auch nach Weihwasser gerochen, und nach Kreide und –«

»Hör zu! Ich habe diese Geschichte oft genug erzählt, um demütig anerkennen zu können, daß sie sich nicht zufällig in dieser Form verselbständigt hat. Also, dieser Pädagoge, Religionslehrer, Pfarrer zu St. Rochus, diese Gestalt beugt sich über mich, übrigens stockbetrunken – das merkte ich in diesem Moment, als ich seinen Atem roch und seine glasigen Augen ganz nah vor mir sah –«

»Ja, das kann sein. Betrunken war er wirklich sehr oft.«

»Beugt sich also runter zu mir und sagt: Abravanel, Christusmörder! Ich war so, so – ich weiß nicht was, geschockt, daß ich leider zu keiner schlagfertigeren Antwort imstande war, als: Hochbichler Hochstapler!«

»Das hast du gesagt?«

»Ja. Du warst doch dabei. Du bist zwei Reihen vor mir gesessen.«

»Wieso weißt du das noch?«

»Das darf doch nicht wahr sein! Bist du damals nur einge-
raucht in die Schule gekommen, oder was? Vor mir saß der
Wetl. Und wenn ich mich nur ein bißchen zur Seite gebeugt
habe, konnte ich am Wetl vorbei deinen Nacken sehen. Und
manchmal hast du dich umgedreht und zu mir zurückge-
schaut, und ich bin rot geworden wie ein Paradeiser.«

»Ja. Das weiß ich noch. Man mußte dich nur anschauen –«

»Ja, gut. Jedenfalls: Ich sagte, Hochbichler Hochstapler. Es
hätte bessere Antworten gegeben, aber andererseits: für einen
Siebzehnjährigen war diese Antwort Weltklasse, und ich frage
mich, wozu man manchmal Weltklasse ist, wenn sich nachher
keiner, der dabei war, erinnern kann, ich meine –«

»Ist schon gut, Viktor, das war wirklich – mutig von dir.
Und was war dann?«

»Nichts. Das heißt, die Vermeidung von allem Möglichen.
Das Eigenartige war: Ich sah augenblicklich Hochbichlers
Scham. Es war die Entgleisung eines Betrunkenen – der plötzlich von sich selbst entsetzt war. Aber was gesagt war, war gesagt
und zog seine Kreise. Mein Vater hat mich schließlich aus
dem Religionsunterricht abgemeldet. Das war für ihn ein Rie-
sending. Er wollte doch immer, daß ich alles genauso mache
wie die anderen, kein Unterscheiden, kein Auffallen. Das Problem war ja, daß Hochbichler, um vor der Klasse sein Gesicht
zu wahren, meine freche Antwort ins Klassenbuch eintrug.
Und plötzlich war ich näher dran an einer Strafe, als Hochbichler an einem Verweis. Aber mit der Abmeldung vom Religionsunterricht wurde sozusagen ein Schlußstrich unter die
Affäre gezogen, und ich bekam keinen Karzer. Jedenfalls, so
war dann klar, daß ich nicht zu diesem Verein gehöre.«

»Nein, klar war gar nichts. Es haben sich damals, nach 68,
69 auch Katholiken vom Religionsunterricht abgemeldet.
Und der Feldstein ist von Anfang an rausgegangen, wenn Religionsunterricht war. Also ist die Frage, ob du Jude bist –«

»Ich habe den Verdacht, daß du nur wissen willst, ob ich beschnitten bin. Das ist leichter zu beantworten, also frag mich das!«

»Okay. Bist du beschnitten?«

»Ach wie lange habe ich nach diesem Moment gelechzt, daß du das wissen willst. Was soll ich hier und jetzt drauf sagen? Man müßte sich die Sache einmal anschauen!«

Glucksendes Lachen.

»Ich ziehe die Frage zurück. Eine andere Frage, in der Sprache, die du verstehst: Kann es sein, daß du unter Balzheimer leidest?«

Wieder dieses Lachen. Das waren die beiden Piccolos, die seitlich an der Wand in Warteposition standen, ganz Ohr. Der eine stieß den anderen an. »Das ist gut«, kicherte er, »Balzheimer!«

»Haben Sie nicht auch an anderen Tischen zu tun?« (Hildegund)

»Nein. Wir sind ganz für Sie da!«

»Uns wäre es lieber, wenn Sie nur dann für uns da wären, wenn wir Sie brauchen!«

»Aber Hilli, wir brauchen sie doch. Gerade jetzt. Ganz dringend. Könnten Sie uns Wasser bringen, ich brauche unbedingt Mineralwasser. Dreißig Flaschen, bitte!

Hilli- gund! Okay, okay! Sag! Du hast doch sicher einen zweiten Namen. Was steht in deinem Taufschein? Sag mir deinen zweiten Namen, und ich vergesse Hildegund, und wir beginnen neu!«

»Maria.«

»Das hab ich befürchtet!«

Manés Welt wurde dunkel.

Spätestens seit dem Katzenbegräbnis hatte sich das Gebot, vor Sonnenuntergang zu Hause zu sein, erübrigt. Es gab keine Möglichkeit mehr mitzulaufen, und auch keine Chance davonzulaufen. Jetzt konnte er das Haus, wenn überhaupt, erst nach Sonnenuntergang verlassen. Im Schutz der Dunkelheit, einer doppelten Dunkelheit: Seine Wege waren vorgezeichnet von den möglichst schwarzen Schatten des nachtdunklen Städtchens. Er konnte nicht den ganzen Tag auf den Stiegen der Hoftür oder bei Tisch sitzen, er mußte hinaus, das verstanden seine Mutter und Estrela. Aber erst, wenn es dunkel ist, hörst du? Erst nach Sonnenuntergang.

Wenn die Sonne unterging am Freitag, begann das Stillsitzen, das Kerzenanzünden, das Schwitzen an einem glühenden Ofen, auf dem dann aber nicht gekocht wurde, das Essen längst vorbereiteter Speisen. Nur an einem einzigen, an diesem Tag hatte der Sonnenuntergang Bedeutung, war eine Grenze, die er nicht überschreiten durfte, hinaus, in die Freiheit der Dunkelheit oder die Dunkelheit der Freiheit.

Als er die Ordnung zu sehen begann, begann sie sich aufzulösen. Da war nicht mehr Schutz, nur noch Trotz. Den Sabbat halten wir ein. Solange wir können, halten wir ihn ein.

Wie? Was? Estrela legte ihre rechten Hand auf Manés Stirn, drückte, als wollte sie ihn wegschieben, drückte stärker, als wollte sie ihn wegstoßen, Mané hielt dagegen, er liebte den Druck der warmen Hand an seiner Stirn, er schloß die Augen, sah nicht das streng-verächtliche Gesicht seiner Schwester, spürte nur, wie die Wärme durch den Stirnknochen in seinen Kopf drang. Warum? »Was hast du da drinnen?«, fragte Estrela, »Jesusmariaundjosef«, »Versündige dich nicht!« (die Mutter), »Was hast du bloß da drinnen in deinem Kopf?«, und sie verstärkte den Druck. Daß er jetzt verstand, hatte keine Bedeutung mehr. Abgesehen davon, daß er noch immer nicht wirklich verstand, was er zu verstehen begann. Daß er immer mit Sonnenuntergang zu Hause sein hatte müssen, wurde eine dunkle Erinnerung: Es ist eine lichte Zeit gewesen, aber eben an der Kippe zum Untergang. Dämmerzustand.

Er hatte deshalb jeden Abend vor Sonnenuntergang zu Hause sein müssen, damit eben dies nicht auffiel: daß er immer am Freitag vor Sonnenuntergang zu Hause sein mußte.

Warum? Warum? Nun gab es die schlagenden Antworten.

Wenn er damals zwei, drei Jahre älter gewesen wäre – was wäre dann aus ihm geworden?

Er saß am Tisch, machte Schreibübungen. Gegen jeden Sinn, wie er meinte. Er war nicht mehr der Archivar. Er schob die Buchstabenkärtchen vor sich hin und her wie ein Orakel. Er kopierte, wo es kein Orginal gab. Da war seine Mutter, da war Estrela. Er dachte an Maria. Er dachte, ohne es zu begreifen, an ein Leben ohne Vorleben, an eine Erlösung ohne Begriff davon, wovon es sich zu erlösen galt. Er stand auf, sah seine Mutter und seine Schwester an und weigerte sich, etwas zu sehen. Er lief hinaus in die Dunkelheit, drückte sich durch die Schatten der Arkaden, spähte um Ecken, vermied die Lichtkegel, die aus Fenstern fielen, wich in die Rua da Prata aus, als er Stimmen in der Rua da Consolação hörte, er hörte Pferde wiehern im Stall von Seu Vincente und wartete, lief weiter, hörte einen Hund anschlagen, wartete, wartete minutenlang, griff sich an die Stirn. Was hatte er da drinnen? Er zerrte am Hosenstrick, der den Gürtel ersetzte.

Jetzt. Niemand zu hören. Nichts zu sehen. Er lief weiter, hinein ins Nichts-Zu-Sehen. Da war das Haus der Pinheiros. Hinter den Fenstern war Licht. Er drückte sich in den Schatten der gegenüberliegenden Straßenseite, beobachtete diese erleuchteten Fenster. Was wollte er sehen? Worauf wartete er? Hier konnte er stehen und warten, bis die Fenster dunkel geworden sind, dann zurücklaufen und speichern: Es ist Licht hinter diesen Fenstern gewesen, dann ist es ausgegangen.

Er mußte hinein in dieses Haus. Er griff in seine Hosentasche, wo war das Stück Papier? Er wühlte in der Hosentasche, griff panisch in die andere – Hier! Da war es. Er sprang über den Schatten. Ging auf das Haus der Pinheiros zu.

Er mußte sehr lange klopfen, bis die Tür geöffnet wurde. Mané selbst erschrak, als er die Schläge seiner Faust gegen die Haustür hörte. Kein Ton drang aus dem Haus, es war, als hämmerte er Leben und Tod in das Haus hinein. Als er innehielt, schien die Stille noch stiller als zuvor: Eine Stille ohne Atmen. Mané klopfte nochmals, versuchte jetzt aber, es fast lautlos zu tun. Es war leiser als das Schlagen von Füßen auf einem Holzboden. Manés Gesicht wurde heiß, sein Hals so dick, daß er den Speichel nicht mehr schlucken konnte, der sich in seinem Mund sammelte. Er klopfte nochmals, nun doch wieder etwas stärker, spuckte aus – just als Marias Vater die Tür öffnete. Mittlerweile war Mané so erschöpft, daß er kein Wort herausbrachte. Wortlos, während er sich mit der Linken den Mund abwischte, reichte er dem Mann die Rechte, der sie reflexhaft nahm – ein knisternder Handschlag: Jetzt erst merkte Gusmão Pinheiro, daß Manuel ihm ein Papier entgegengehalten hatte. Die Hände hüpften auseinander, das Papier fiel zu Boden, augenblicklich bückten sich beide danach. Halb gebeugt, halb hockend sahen sie einander an. Eine Wolke gab den Mond frei, der gleich von der nächsten wieder verdeckt wurde, in diesem kurzen Aufleuchten und wieder Verfinstern bekamen die Gesichtszüge etwas Wildes, dazu diese groteske Körperhaltung der beiden. Gusmão Pinheiro nickte, beide richteten sich auf, und Seu Gusmão versuchte, in der Dunkelheit zu entziffern, was auf dem Papier geschrieben stand. »Maria!« sagte Mané jetzt krächzend, »ist sie da?« Die ganze Szene, seit Seu Gusmão die Tür geöffnet hatte, erschien Mané nun wie das seltsame Begrüßungsritual eines fremden Volksstamms. Mané legte sich die Hand auf die Stirn – um sich den Schweiß der Nervosität und Angst abzuwischen, dann auf das Herz, nein: er wischte die Hand bloß an seinem Hemd ab.

Lange starrte Seu Gusmão auf das Papier. Es war sehr dunkel vor dem Haus. Ab und zu blitzte der Mond. Mané blickte hinauf zum Himmel. Wie schnell die Wolken zogen. Als wären sie auf der Flucht.

»Wer ist da, Marido?«

»Der Sohn von Gaspar und Dona Antonia!« rief Seu Gusmão und sagte zu Mané: »Komm rein!«

Die Augen von Dona Maddalena Pinheira, die Augen von José und seinen älteren Brüdern Gonçalo und Bartolomeu, die Augen von Seu Gusmão und die Augen von Maria. Auf Mané gerichtet.

Hildegund hatte sehr eng beieinanderliegende Augen, die sie, wenn sie nachdachte oder wenn etwas sie irritierte, ganz schmal machte. In diesen Augen, in diesem Blick schien etwas grundsätzlich Unbotmäßiges, etwas prinzipiell Freches zu liegen, und das ist selbst dann so gewesen, wenn sie, in der Griechisch-Stunde aufgerufen, bei einer Platon-Übersetzung konzentriert auf die Bestnote zusteuerte.

Viktor sah ihr über den Tisch hinweg in die Augen, trank gierig Mineralwasser, das Wasser rann an Mundwinkeln und Kinn hinunter, tropfte auf sein Hemd, er wischte sich mit dem Handrücken den Mund ab – so alt hatte er werden müssen, um diesem Blick standzuhalten.

»Wie viele Kinder hast du mit deinem Religionslehrer?«

»Keines. Aber mit meinem Mann habe ich fünf.«

War es möglich, daß ihr Mann so katholisch ist, daß er Geschlechtsverkehr nur zum Zweck der Fortpflanzung – Viktor dachte »exekutiert«. Er mußte grinsen. Damals, als sie maturiert hatten, war in Österreich die Diskussion über die Straffreiheit der Abtreibung allgegenwärtig gewesen, der damalige Kanzler Kreisky hatte die Fristenlösung versprochen, die Christdemokraten mobilisierten dagegen, es kam zu einem sogenannten »TV-Duell« zwischen Kreisky und dem christdemokratischen Parteiobmann Schleinzer, in dessen Verlauf Kreisky zu Schleinzer sagte: »Was reden Sie da dauernd so geschwollen von Exekution der Zeugungsadjustierung? Wir Sozialdemokraten sagen, die Menschen sollen sich lieben, ja? Sich angstfrei lieben, ja?« Damals gab es plötzlich keine Vergangenheit mehr, nur noch Zukunft. Die Welt schien rosig für einen jungen Mann, der noch keinerlei Erfahrungen – mit Frauen – hatte. Lieben. Angstfrei lieben. Der Kanzler hatte es versprochen. Wie er sich davor gefürchtet hatte. Vor Hildegund.

»Wie lange seid ihr schon verheiratet?«

»Dreizehn Jahre.«

Fünfmal in dreizehn Jahren? War das möglich? Mit dieser Frau? Noch bevor Viktor sagen konnte, was er, wieder bei

Sinnen, bereuen hätte müssen, fragte Hildegund: »Aber du weißt, daß Hochbichler nicht so primitiv und verkommen war, wie du ihn jetzt dargestellt hast?«

»Ja. Primitiv nicht.«

»Du weißt, daß er Jesuit war?«

»Ja. Gewesen ist. Und? Was meinst du damit? Daß er sozusagen ein Intellektueller war?«

»Ja, sicher.«

»Gut, ich gebe zu: Wenn Hochbichler überraschenderweise nüchtern oder aber auf eine bestimmte Weise glücklich betrunken war, konnte er geradezu genial sein. Warte! Hör zu! Ja, genial. Da konnte er tatsächlich auf intellektuelle Weise einen Kampf um eine Seele führen!«

»Viktor! Du kannst so schrullig sein!«

»Schrullig? Magst du das? Liebst du mich?«

»Komm zu mir. Nach Sonnenuntergang. M.«

»Miriam!« schrie Seu Gusmão, »hast du das geschrieben?« Und er gab gleich selbst die Antwort: »Nein.« Und zu Mané: »Sie kann das nicht geschrieben haben. Sie kann gar nicht schreiben. Woher hast du das Papier?«

»Oh, doch. Sie kann schreiben. Aber das ist nicht ihre Schrift!« (Dona Maddalena)

»Laß sehen!« (Gonçalo)

»Zeig her!« (Bartolomeu)

Hatte Seu Gusmão jetzt wirklich Miriam zu Maria gesagt? War das ihr zweiter Name? Ihr geheimer Name? Aber schon hieß es wieder dauernd Maria Maria Maria.

Die Hände von Seu Gusmão, die Hände von Dona Maddalena, die Hände von Gonçalo, die Hände von Bartolomeu und die Hände von José. Das Papier ging von Hand zu Hand.

Maria hatte sich im Hintergrund auf einen Stuhl gesetzt und beobachtete mit schmalen Augen diese Szene. Nicht daß Mané den Eindruck hatte, daß Maria so tat, als ginge sie das alles nichts an, aber in ihrem Gesichtsausdruck lag so viel Distanz, als käme sie von einem anderen Stern. Zu diesem Stern wollte Mané fliegen können. Aber noch nie war er so weit davon entfernt wie jetzt. Er sah ihn leuchten, so stark wie nie zuvor, aber mit einem Mal wußte Mané, ab jetzt würden er und sie verschiedene Bahnen ziehen und einander verlieren. Das war natürlich ein Irrtum und ebenso natürlich keiner. Beides hatte ein Junge in diesem Alter und dieser Situation nicht absehen können. In dem Buch, das sein Vater immer abends gelesen hatte, stand der Satz: »Die Erde ist der fernste Stern.« Und auf diesem befand sich Mané. Er meinte es unter seinen Fußsohlen spüren zu können: Daß er auf einem Gestirn stand, das sich bewegte, eine Bahn zog im Himmelsraum. Weg von wo. Er war augenblicklich so schockiert und außer sich, wie es die Welt gewesen ist, als sie erfahren hatte, daß die Erde rund und ein sich drehender Planet war und daß es neue Kontinente gab zwischen Iberien und Indien – und plötzlich geschah etwas Seltsames: In dieser beängstigenden Weite, die er empfand, verschwand seine kindliche Angst, zumindest für diesen Moment, in dieser Entgrenzung erschien ihm alles hier so klein, eng, lächerlich. Warum stand er hier? Wenn es eine kindliche Mutprobe war, dann bestand er sie – wenn auch anders, als er es ersehnt hatte – mit Bravour.

Der Mund von Seu Gusmão, der Mund von Dona Maddalena, der Mund von Gonçalo, der Mund von Bartolomeu und sogar José machte den Mund auf. So viel Rede und Widerrede, so viele Sätze und Gegensätze!

Die Schrift ist sehr ungelenk! Sehr ungeübt! Aber dennoch nicht von Maria, auf keinen Fall! Wie die Buchstaben in alle Richtungen fallen! Aber vielleicht hat jemand versucht, seine Handschrift zu verstellen? Warum hätte Maria das tun sollen? Ihre Schrift verstellen! Wo sie doch kaum schreiben kann! Schreiben übt sie, aber wenn man seine Handschrift verstellen will, muß man schon sehr gut schreiben können! Holt die Schiefertafel! Maria soll Sonnenuntergang schreiben! Warum sollte sie das tun? Wie kannst du zweifeln? Schiefertafel. Was ist das überhaupt für ein Papier? Wir haben so ein Papier gar nicht im Haus! Das ist Papier, wie es Kaufleute verwenden!

Na eben. Trotzdem! Maria soll den Satz abschreiben, dann wird man sehen. Maria! Sag selbst! Maria! Was hast du dazu zu sagen?

Sie spielen Gericht! dachte Mané. Oh mein Gott, sie spielen Gerichtsverfahren. Sie machen aus einem Kinderspiel Ernst.

Marias Vater, Marias Mutter, Marias Brüder. Maria. Sie stand auf, nahm das Papier, sah es an und sagte:»M! Bloß M. Warum hat dieser Junge geglaubt, daß M für Maria steht? Marco. Marçelo. Maximilão. Mauro. Vielleicht hat er es selbst geschrieben: Manoel. Du heißt doch Manoel, oder?« Sie legte das Papier auf den Tisch und verschränkte die Arme.

Keine weitere Erinnerung an diesen Abend.

Am nächsten Tag wurde Seu Gusmão verhaftet. Nur wegen dieser Koinzidenz blieb das Papier bis heute erhalten: Es lag, als er geholt wurde, immer noch auf dem Tisch und gelangte so in das Protokoll des Verfahrens gegen Gusmão Pinheiro. Schon beim ersten strengen Verhör gestand er, daß sein geheimer Judenname Moises war. Ein Schriftvergleich zwischen diesem Papier und der Denunziation von Gaspar Rodrigues wurde damals nicht durchgeführt.

In Vila dos Começos gab es Arbeit. Die Zeit, als Männer auf den Straßen standen, warteten und schauten, war vorbei. Keiner mußte mehr warten, auf eine Gelegenheitsarbeit, eine milde Gabe, auf eine bessere Zeit. Jede Hand, die zupacken konnte, wurde gebraucht. Und besser man schaute nicht mehr so genau, oder man zeigte nicht, daß man schaute. Die Casa da Misericordia, für den Kreis Começos Sitz der Bürokratie des Heiligen Offiziums und zugleich auch dessen Gefängnis, löste in kürzester Zeit einen bis dahin nicht gekannten Aufschwung in diesem Städtchen aus. Schreiner und Tischler lieferten etwa Streckbänke an die Casa, Kunstwerke, bei denen sich handwerkliche Präzision, mechanischer Erfindungsgeist und menschliche Sehnsucht nach Schönheit und Ornament auf arbeitsintensivste Weise verbanden. Alleine der Bau der Balustraden des großen Gerichtssaals in der Casa führte zu siebzehn schriftlich niedergelegten Neuerungen in der Kunst des Drechselns. Schriftlich niedergelegt – Schreiber wurde in kürzester Zeit ein Beruf mit Zukunft. Die Schule von Começos wurde reformiert und sogar um eine Anstalt zur Ausbildung von Lehrern ergänzt. Schüler wie Fernando wurden mit dem Rohrstock zurück an die Werkbänke der Väter getrieben. Oder auf die brachliegenden Felder und Haine um Começos, wo sie lernten, Weinstöcke zu pflanzen, um dann nach genauen Vorschriften den Wein »Lagrima do Nosso Senhor« zu keltern, wie er von den Herrn der Casa gewünscht und auch von den Bürgern der Stadt, die auf sich hielten, nun bevorzugt wurde. Nach endlos langen dürren Jahren trug der Grundbesitz des Landadels wieder Früchte. Die Aristokraten, vor kurzem nur noch Schmarotzer der Eitelkeit ihrer wohlhabenden jüdischen, neuchristlichen Schwiegersöhne, versetzten nicht mehr Tafelsilber und Brokatroben, sondern verpachteten Land, verkauften nicht mehr ihre Töchter, sondern Namenlisten, versteckten sich nicht mehr vor Schuldeneintreibern, sondern warteten ungeduldig auf die Schneider, die sie rufen ließen. Die Schneider brauchten Näherinnen, Kutscher und Gespanne, um die Nachfrage bedienen zu können.

Das Luxusbedürfnis der Herren des Offiziums und dessen Nachahmung durch die prosperierenden Händler und Gewerbetreibenden veränderten das Gesicht der Stadt: Aus kleinen Handwerksstuben, in denen gebeugte Männer billige Reparaturarbeiten durchführten, so sie nicht Schnaps tranken auf der Praça do Mercado, wurden Manufakturen, die unausgesetzt nach Lehrlingen und Hilfskräften suchten. Es wurde gebaut, als würde die Stadt neu gegründet. Maurer und Zimmermänner waren auf Monate ausgebucht und holten die zweit- und drittgeborenen Bauernsöhne aus dem Alentejo, die perspektivlos durch Portugal vagabundierten, nach Começos zu Arbeit und Brot. Seide, Samt und Brokat wurden so gebräuchlich wie zuvor grobes Leinen. Die Schuster lernten das

Leder so perfekt zu spalten wie die besten Schuhmacher in Florenz. Die Gold- und Silberschmiede konkurrierten mit denen aus Cordoba und Venedig. Die Herren der Casa in ihren feinen Stiefeln veranlaßten, daß der Rat der Stadt den Platz, schließlich alle Gassen pflastern ließ. Steinmetze und Pflasterer etablierten sich als neue Berufsstände in Começos. Geld war für das Heilige Offizium genug da. Geld der Krone, aber vor allem auch das eingezogene Vermögen derer, die in die Hände der Inquisition fielen. Lange gewachsene und sorgfältige Geschäftsbeziehungen von Kaufleuten, die nun im Verlies der Casa da Misericordia lagen, fielen Männern in die Hände, die zuvor deren Schreiber, nicht selten bloß deren Kutscher waren. Sie warfen Münzen und Gold auf den Markt, als schöpften sie es aus den Brunnen ihrer neuen Häuser. Enteignete, danach geplünderte und verwüstete Häuser mußten wiederhergestellt und neu eingerichtet werden – von Familien, die jeden Preis für Brasil-Holz zu zahlen bereit waren. Es waren goldene Zeiten. Auf der Fassade der Casa da Misericordia wurde das Emblem der Inquisition, der sogenannte »Standard«, in massivem Gold angebracht: Ein Schwert, ein Kreuz, ein abgeschnittener Ast. Darunter die Lettern M e J.

Als sich das goldene Schwert dieses Wappens aus dem noch feuchten neuen Verputz des Gebäudes löste und des Nachts zu Boden donnerte, war es binnen weniger Minuten spurlos verschwunden. Menschen, die auf Grund des Krachs aus ihren Häusern gekommen waren, sahen nur noch das Fehlen dieser geschätzten vier Pfund Gold. Sie lachten und lachten. Ihr Gejohle drang in die Verliese der Casa. Für die Menschen am Platz war es, als wäre eine Nickel-Münze verlorengegangen. Das Schwert macht Nachtarbeit, Hoho, es kreisten Flaschen von Bagaço, Hoho wo war das Schwert? Bei den Oliveiras? Bei den Soeiros? Das Schwert Gottes am Werk, Hoho!

Vier Tage später war das Schwert im Wappen ersetzt. Gold strömte im Überfluß nach Começos. Altchristen in ihren neuen Häusern überlegten bereits, ihre Höfe mit Gold zu pflastern. Und an eben diesem Tag, als das Schwert an die Fassade der Casa zurückkehrte, knapp ein Jahr nach dem Katzenbegräbnis, wurde Antonia Soeira verhaftet. Gaspar Rodrigues hatte im zweiten strengen Verhör seine Frau beschuldigt, ihn zum Judaisieren angestiftet zu haben. Er hatte auf der Streckbank ein einziges Wort gesagt, das vielleicht ein geschrienes Ja war, vielleicht auch nur ein unartikulierter Schrei. Das Protokoll aber vermerkte:

»…machte im zweiten strengen Verhör die Angabe, daß seine Gattin, Antonia Soeira…«

Da waren plötzlich Männer im Haus mit geflickten Hemden und Armbinden, rot, mit einem aufgenähten Kreuz, Männer, zu grob und zu ungeschickt für jedes Gewerbe, das Hände suchte, und die davon lebten, Menschen abzuholen, für einen Teller Suppe am Tag und für Bagaço am Mercado, den die Wirte nicht wagten diesen Männern mit den Armbinden in Rechnung zu stellen. Nicht zu vergessen die Leibesvisitation. Da fiel einiges ab. Ganz Começos stand in Brot.

Und da war auch ein Mann in Soutane und mit rotem Scheitelkäppchen, der ununterbrochen seine Hände rieb und dann ineinander verschränkte, wenn er etwas sagte. Die Hände waren rot und schuppig, es raschelte geradezu, wenn er sie rieb, und es rieselten Hautpartikelchen zu Boden. Mané sollte später oft bereuen, daß er davon so gebannt war, daß er sonst nichts sah. Er sah nicht den Gesichtsausdruck seiner Mutter, sah nicht, ob sie Angst zeigte oder kalt und verächtlich blieb – kalt und verächtlich, das war es, was er später allerdings behauptete: »Sie schien kalt und verächtlich zu reagieren und besorgt nur in Hinblick auf das Schicksal von uns Kindern.«

»Die Kinder werden schon am morgigen Tag in christliche Erziehung überantwortet!« sagte der Mann mit den Händen.

Das war die letzte Nacht in diesem Haus:

»Ich weiß, was du denkst!« (Estrela)

»Nein, Estrela, das weißt du nicht, weil ich selbst es nicht weiß!«

»Sag nicht mehr Estrela! Ich bin Esther!«

»Esther.« Er dachte, es war zu spät. »Was denke ich?«

»Du willst laufen, davonlaufen, so schnell du kannst!«

»Ich kann nicht laufen.«

»Dann werden wir nicht weit kommen.«

»Nicht einmal hinaus aus diesem Haus!«

»Dann laß uns unsere Taschen packen für morgen.«

Mané weinte, während Esther zwei Taschen mit den wichtigsten Habseligkeiten packte. Sie, sie ja, war kalt und verächtlich, die Taschen wurden prall, dann wieder ganz leicht: Was man alles nicht braucht! Worauf man alles verzichten kann! Fast nichts braucht man – wenn man ins Ungewisse geht! Und zum Abschiedsritual wird: wie pedantisch man wieder an den alten Platz zurücklegt, was man zunächst einpacken wollte und dann doch wieder ausgeschieden hat. Am Ende steht fest: Man braucht nichts. Nur etwas Warmes. Selbst in warmen Ländern wird dies zum allerletzten Gebot: etwas Warmes.

Mané weinte. »Sie war so kalt, und ich weinte heiße Tränen. Und dann, spät in dieser letzten Nacht lernte ich sie lieben!«

»Laß uns hinausgehen. Einmal noch durch Começos gehen!«

»Ja. Laß uns gehen!«

Sie gingen durch die Stadt. Eine Stadt, die sich von ihnen verabschiedete: Da war abgesperrt, um zu pflastern, dort war eingerüstet, um umzubauen, Schutzgitter, Zäune und Absperrungen lenkten ihren Weg genauso wie die Dunkelheit, am Ende gingen sie Hand in Hand. Da kamen sie zum Friedhof.

Wessen Idee ist es gewesen? Da lehnten Schaufeln. Die Erde hatte sich noch nicht völlig gesetzt. Sie gruben den Katzensarg aus. Sie scherzten. Sie lachten. Was sie alles in der Folge ertragen mußten, sie ertrugen es, weil sie dieses Erlebnis hatten. Sie gruben den Kater aus. Der Himmel war wolkenlos. Die Sterne brüllten. Nur diese beiden Kinder hörten es. Sie brüllten zurück, ohne Angst, daß es jemand hörte. Sie lachten und sie schnauften. Sie küßten sich. Manés erste Küsse. Es war ein irres Fest. Bumm! Da stieß die Schaufel Manés auf den kleinen Sarg. Wie sie kicherten. Sie hoben den Sarg aus dem Grab. Sie öffneten ihn. Da splitterte Holz. Aber nicht so schlimm. Im Grunde ging es sehr leicht.

Als Mané und Esther am nächsten Tag abgeholt wurden, lächelten sie einander an.

Und mit jeder Meile, die sie sich in zwei verschiedenen Kutschen von Começos entfernten, wuchsen in diesem Städtchen nach Entdecken des offenen Katzengrabs und des leeren Sargs Verwirrung und Hysterie.

Auf der Hinreise trank Hochbichler Schnaps. Er hatte in der linken Seitentasche seines Sakkos einen Flachmann, den er in regelmäßigen Abständen herausholte und mit so routinierten wie liebevollen Zwirbelbewegungen auf- und zuschraubte.

Die Pilgerreise nach Rom. Ostern 1971. Achtundzwanzig Jugendliche der sechsten und siebten Klassen der Internatsschule hatten diese überaus preisgünstige, von Hochbichler organisierte Busreise gebucht. Sie fieberten nicht dem Ostersegen vom Papst entgegen, sondern dem Ausbruch aus Familien- und Schulzucht in einer fremden Großstadt, die zwar nicht London war, aber immerhin. Und als Betreuung bloß dieses Pfarrerwrack, Professor Hochbichler. Wie das die Phantasien anheizte. In der letzten Philosophiestunde vor den Osterferien hatte Professor Bogner über den Begriff »Bedingungen der Möglichkeit« gesprochen. Es gab Gelächter und Gejohle – das waren die Schüler, die diese Pilgerreise nach Rom gebucht hatten.

Aber sie hatten sich getäuscht. Erstens kam auch Professor Spazierer, Latein, mit, wenn auch *privatim*, wie er mehrmals betonte, *nichtsdestotrotzquam*, wie er gerne sagte, bleibt ein Pädagoge ein Pädagoge auch in den Ferien, zumal auf einer Schülerreise. Spazierer war nicht sonderlich religiös, für ihn war die Fahrt nach Rom quasi eine Sprachauffrischung an dem Ort, dem Vatikan, wo Latein keine tote Sprache war. Und da er nun einmal mitfuhr, übte er *nolens volens* eine disziplinierende Wirkung aus: Im Bus saß er in der Mitte der letzten Reihe – er liebte es, Überblick zu haben –, und bald war er umgeben von den Strebern und auch von den in Latein am meisten Gefährdeten, um mit diesen den päpstlichen Ostersegen in Latein einzuüben. Damit waren, schülerbetreuungstechnisch gesprochen, die Leithammel der nach Stampeden lechzenden Herde bereits neutralisiert.

Zweitens Hochbichler selbst. So betrunken konnte er gar nicht sein, daß er auch nur einen Moment seine Erfahrungen als Militärseelsorger vergessen hätte können, zuletzt September 1941, vor seiner Rückberufung nach Wien, vor Jelnja in Rußland – er sagte noch 1971 Russenland. Da wurden über einhundert Radikalsozialisten ins Feuer geschickt, sie alle bestimmt für den Heldentod, den sie dann auch fanden. Sie alle wußten natürlich, was ihnen blühte. Wer seinen Anteil daran hatte, daß Revolutionäre, zusammengefaßt in einer Kanonenfutterschwadron, keinen Aufstand machten und auch nicht desertierten, der kann noch im Schlaf eine Schülergruppe leiten ...

»Hör auf, Viktor! Du phantasierst! Das hast du erfunden!«
»Nein. Das kann man nicht erfinden. Und meine beschränkte Phantasie habe ich bereits damals erschöpft, als ich davon träumte, dich zu verführen!«
»Viktor! Hör auf!«

Nacht. Kaltes Licht von einer Laterne. Da stand Hochbichler, breitbeinig, schwarz, kommandierend. Von irgendwoher Hundegebell. Ab und zu, mit seltsamer Regelmäßigkeit, wandernde Lichtkegel, von vorbeifahrenden Autos, immer wieder sirenenartiges Gehupe. Schlaftrunkene, erschöpfte Schüler taumelten aus dem Bus, an Hochbichler vorbei, in ein Gebäude hinein, in dem Zimmer mit Stockbetten waren. Das war Orvieto. Ehemaliger Papstsitz. Zwischenstation auf dieser Pilgerreise.

Hochbichler hatte seine Tricks. Die Schüler, die am nächsten Tag, nach der Besichtigung des Doms von Orvieto, im Bus Rom entgegenfieberten, wußten noch nicht, daß sie auch in Rom diesen Bus kaum verlassen würden. Eine Woche Rom, das waren in Wirklichkeit zwei Tage, wenn man die Hin- und Rückfahrt mit ihren Klopausen und Nächtigungen abzog. Und zwei Tage Rom, das waren zwei lange Stadtrundfahrten im Bus mit Sehenswürdigkeiten rechts und links und im Rückspiegel, sechs Mahlzeiten mit Sprechverbot, zwei Nachtruhen um zehn, in einem katholischen Schülerheim, das um neun das Tor sperrt, und zuvor wurden die Schüler abgezählt. Zwei sogenannte Höhepunkte: Eine Rekrutierung von Freiwilligen, die einen Schülerchor bildeten, um in einer hastigen Probe »O Haupt voll Blut und Wunden« aus Bachs Matthäus-Passion einzustudieren und dann in der Santa Maria Maggiore abzusingen, als Tribut an den dort begrabenen Apostel Matthäus. Schüler, die auf der Fahrt nach Rom von Grappa-Räuschen und italienischen Nächten geträumt hatten, empfanden sich nun bereits als aufsässig, wenn sie besonders outriert sangen oder nur tonlos den Mund bewegten und zwischendurch grinsten. Als statistisches Mittel aus diesen beiden Formen der Obstruktion kam ungefähr heraus, was Hochbichler wollte. Zweiter Höhepunkt war der Ostersegen des Papstes am Petersplatz. Hier gelang Hochbichler eine psychologische Meisterleistung: Alle Schüler mußten einander an den Händen halten, was natürlich dazu diente, zu verhindern, daß einer verlorenging, aber Hochbichler lallte etwas von spirituellen Energieströmen, und am Ende gab es tatsächlich einige, die davon überzeugt waren, daß sie in diesem dichten, physisch geradezu bedrohlichen Menschengedränge, in dieser Hitze, in dieser erstickenden Ausdünstungswolke nur deshalb nicht panisch geworden oder gar in Ohnmacht gefallen waren, wie so viele andere auf diesem Platz, weil jeder sich durch das Händehalten als Teil in einem größeren, machtvolleren Zusammenhang erlebt hatte.

Hildegund nippte an ihrem Glas, schüttelte den Kopf und sagte: »Mein Lieber, kannst du mir erklären, warum du da mit-gefahren bist, obwohl du kurz zuvor aus dem Religionsunter-richt ausgetreten bist?«

Die geschlossene, verschworene Einigkeit der händehalten-den Schülergruppe in diesem unerträglichen Gedränge und Geschiebe war so groß, der Energiestrom innerhalb dieser kleinen Gruppe inmitten der wachsenden Massenhysterie so stark, daß schließlich fast alle Schüler einstimmten, als Profes-sor Spazierer die lateinischen Worte des Papstsegens mitzu-sprechen begann. Und wer jetzt nur die Lippen bewegte, war nicht aufsässig, sondern hatte bloß nicht aufgepaßt, als dies im Autobus eingeübt worden war. Und keinem war aufgefal-len, daß zwei fehlten: Hochbichler und Viktor.

Der intellektuelle Kampf um eine Seele. Warum hat Viktor diese sogenannte Pilgerfahrt mitgemacht? Eben deswegen. Er ist auf das Feld gelockt worden, auf dem Hochbichler diesen Kampf nach seinen Bedingungen austragen wollte und zu ge-winnen hoffte. Er hatte Viktors Eltern zu einem Gespräch in die Schule geladen. Er wußte, daß die Eltern geschieden waren, und war schlau genug, diesen Brief doppelt zu ver-schicken, einmal an die Mutter und einmal an den Vater. Beide kamen. Viktor konnte sich noch sehr gut an diesen Vormittag erinnern, als seine Eltern, just während der großen Pause, die Treppe der Schule hochkamen und das Lehrerzimmer such-ten. Seine Mutter mußte natürlich, als sie ihn inmitten seiner Klassenkameraden entdeckte, Kußhändchen schicken, was ihm lange Spott eintrug.

Emphatisch lobte Hochbichler die Intelligenz und Aufge-wecktheit, die Talente und Anlagen des Schülers Viktor Abra-vanel. Wortreich entschuldigte er sich für das Mißverständnis in jener »Christusmörder«-Religionsstunde. Sehr erziehungstheorethisch und dabei fast konspirativ – Hochbichler senkte sogar seine Stimme – argumentierte er für die Notwendigkeit, Viktor an dieser Pilgerfahrt teilnehmen zu lassen. Um diesem intelligenten und zugleich so sehr suchenden Schüler eine Möglichkeit zu geben, seine religiösen Gefühle zu überprüfen. Um ihm, diesem frühreifen Spätentwickler –

»Diese Formulierung ist von dir!«
    »Sicher. Ich gebe es zu. Alle Formulierungen sind von mir. So stelle ich mir eben diese Situation vor –«

– die Chance zu geben, sich über seine kulturelle und religiöse Zugehörigkeit klarzuwerden, eine Entscheidung, die ihm niemand abnehmen kann, weder Eltern noch Lehrer. Dafür braucht der Schüler Abravanel allerdings Erfahrungen, gleichsam ein grundlegendes spirituelles Erlebnis – Wie auch immer: Selbst die besten Argumente überzeugen nur irrtümlich. Viktors Vater sah die Möglichkeit, die Chancen auf radikale Assimilisation, die kurzfristig und punktuell gestört waren, überraschend schnell gänzlich wiederherstellen zu können, und Viktors Mutter war verführt von dem Gedanken, ihren Sohn in dieser Ferienwoche, die für sie fast zur Gänze eine Arbeitswoche war, betreut und in guten Händen zu wissen. Und vielleicht würde Viktors Teilnahme an diesem »Schulausflug« ihm auch von anderen Lehrern positiv angerechnet werden. Sie überprüfte alles, was Viktor betraf, grundsätzlich in Hinblick darauf, ob es die Linie Matura – Doktorat – gesellschaftlicher Aufstieg – Erlösung verstärkte oder durchkreuzte. Der Vater zückte seine Brieftasche, um augenblicklich Viktors Anteil an dieser Reise zu bezahlen – und diesen Moment konnte sich Viktor besonders leicht vorstellen. Denn die Art und Weise, wie sein Vater zahlte, hat ihn schon als Kind beeindruckt und sein Verhältnis zu Geld geprägt. Sein Vater zahlte grundsätzlich nur mit großen Scheinen, auch sehr kleine Rechnungen. Er hatte einen sichtbaren Widerwillen dagegen, lange in seiner Geldbörse herumzukramen, verschiedene Scheine zu ziehen und zu addieren. Als hätte er es nicht. Als fiele es ihm schwer. Oder als ließe er es zu, daß das Geld die unmittelbaren menschlichen Beziehungen belastet oder gar überdeckt. Ein großer Schein hingelegt, und schon war die Brieftasche wieder eingesteckt. Allfälliges Retourgeld nahm er achtlos und steckte es ohne Nachzählen in irgendeine Tasche, Hose oder Sakko. Viktor stellte sich immer vor, daß sein Vater am Abend zu Hause alle Taschen leerte und die vielen Retourgeldscheine am nächsten Tag in der Früh wieder in einen großen Schein wechseln ließ. Wenn Viktor von seinem Vater im Internat besucht wurde, und er bat ihn um Taschengeld, dann erwartete er fünfzig Schilling – aber er bekam tausend. Brieftasche gezückt, ein Schein rausgerissen, achtlos, ohne Hinschauen rübergereicht, Brieftasche verschwunden, Frage nach Noten und vor allem nach Fußball. Ob er für die Schulauswahl aufgestellt sei. Sein Vater hatte keine anderen Scheine. Hätte er kleinere Scheine gehabt, vielleicht hätte er Viktor öfter besucht. Jedenfalls genierte sich Viktor furchtbar, wenn er Freigang hatte, einen Samstag bei seiner Mutter sein durfte und sie in den Supermarkt begleitete. Wie sie mit dem Geld herumtat. Und noch nachfragte, was dieser oder jener Posten auf der Rechnung sei, und dann kramte sie in ihrer Geldbörse noch Groschen zusammen, um »genau« zu bezahlen.

Jedenfalls: Viktor war verkauft, seine Reise gebucht und bezahlt.

Mutter (Taufscheinkatholikin): »Ich finde das gut, daß du Viktor diese Reise nach Israel bezahlt hast. Ich glaube, das wird eine wichtige Erfahrung –«

Vater (Jude): »Israel? Ich dachte die Reise geht nach Rom. Israel? Bist du sicher?«

Mutter: »Rom? Hat der Professor nicht Busreise gesagt? Dann muß es Rom sein. Wieviel hast du bezahlt?«

Vater: »Tausend.«

Mutter: »Und du hast noch rausbekommen. Also muß es Rom sein!«

Es mußte Rom sein.

»Gehen wir noch auf einen Kaffee?« (Der Vater)

Die Eltern gingen ins Café Kundmann schräg vis-à-vis von der Schule, flüchteten wegen der den Unterricht schwänzenden, laut ihren Stimmbruch ausstellenden Schüler ins Café Hufnagl. Das näher gelegene Espresso Rochus kam für den Vater nicht in Frage. Aus dem Kaffee wurden Camparis – »Ich weiß nicht, bist es du, oder ist es der Kaffee? Aber ich habe jetzt schon richtig Herzflattern!« Dann schlenderten sie die Landstraßer Hauptstraße Richtung Innenstadt, auf der Höhe des Fleischhauers Kalal gingen sie schon eingehängt. Sie liefen bei Rot über die Ringstraße, einander umfassend und die Beine nach vorne werfend wie Tangotänzer, und küßten sich nach überstandener Gefahr. Mittagessen im Restaurant Koranda am Luegerplatz. Die Mutter trank Wein, wurde sentimental, hielt auf dem Tisch die Hand ihres Exmanns, was ihn äußerst irritierte: Wir werden auffallen. Er zog die Hand vom Tisch.

Sie wollte das Menü, er eine Speise à la carte. »Hör zu«, sagte er, »wenn du das Menü bestellst, bekommst du eine Vorspeise, eine nebbiche Hauptspeise und eine unnötige Nachspeise, weil du schon satt sein wirst. Wenn ich jetzt eine gefüllte Kalbsbrust bestelle, bekomme ich eine exzellente Hauptspeise, für die sie hier berühmt sind, aber keine Vor- und keine Nachspeise. Das hätte keine Symmetrie und wäre für keinen von uns ein wirklich runder Genuß. Ich müßte dir bei Vor- und Nachspeise beim Essen zuschauen, und bei der Hauptspeise wärst du frustriert, wenn du meine siehst. Dann würdest du dauernd von meiner kosten wollen. Wie das ausschaut, du dauernd mit deiner Gabel in meinem Teller – Warte! Hör zu! Ich weiß, daß es so wäre, ich weiß es. Wir haben es oft genug erlebt. Also, was hältst du von folgendem Kompromiß: Wir bestellen jeder eine Suppe, und dann eine Hauptspeise, und die Möglichkeit, eine Nachspeise zu bestellen, hast du dann immer noch!«

»À la carte! Was das kostet! Das Menü ist doch inklusive Nachspeise viel billiger!«

127

»Na und? Ich lade dich doch ein!«

Als Viktors Mutter um achtzehn Uhr ihren Dienst im Espresso Real antrat, hatte sie den restlichen Nachmittag nicht im Bett verbracht, hatte die Frage ihres Exmanns, ob sie es nicht doch noch einmal miteinander versuchen sollten, ziemlich unflätig beantwortet, hatte die Möglichkeit, Viktor wieder aus dem Internat herausnehmen zu können, nicht gesehen, oder nicht sehen wollen. Zur nächstbesten Gatschwelle im Espresso sagte sie »Arschloch« und meinte damit ihren Exmann. »Macht mich betrunken. Zieht mich mit den Augen aus. Behandelt mich wie ein Dirndl vom Land. Spielt den großen Mann. Nur das Beste, nur das Teuerste. Aber wegen der Alimente muß ich ihm nachlaufen. Und wehe, man spricht das an. Davon will er gar nichts hören. Reden wir doch nicht von den Alimenten, sagt er, mir schwebt was anderes vor. Wenn dem was vorschwebt, krieg ich das Flattern! Das muß man sich auf der Zunge zergehen lassen: Ich sag Alimente, und er sagt, ich soll zu ihm zurück! Glaubt er im Ernst, ich nehm das bißchen, was er jetzt Alimente zahlt, wieder unter dem Titel Haushaltsgeld? Und er hat dafür wieder jeden Tag sein warmes Essen und erspart sich noch die Putzfrau. Nichts da! Und Sie nehmen Ihre Hand da weg. Arschloch!«

So also kam es zu Viktors Romreise.

In Orvieto, vor der Weiterfahrt, legte Hochbichler seine Hand auf Viktors Schulter, hielt ihn zurück. »Du warte ein bissl!« Erst als allerletzter durfte Viktor in den Bus einsteigen und wurde, als er den Mittelgang nach hinten gehen wollte, sofort wieder von Hochbichler zurückgehalten. »Du sitzt da«, sagte er und deutete auf die Sitze in der ersten Reihe, »neben mir. Wir müssen miteinander reden.«

Hochbichler stellte Fragen, mit dem Gestus des interessierten und engagierten Pädagogen. Ob Viktor sich wohl fühle in der Schule, und vor allem im Internat. Ob er Heimweh habe, nicht lieber daheim wäre bei seiner Mutter. Ob ihn die Scheidung seiner Eltern sehr beschäftige und ob er glaube, daß sie wieder zueinanderfänden. Was sein Vater beruflich genau mache, und ob er regelmäßig in die Kultusgemeinde gehe. Fragen, die Viktor sehr einsilbig beantwortete. »Ja ... Es geht! ... Weiß nicht.« Wie unangenehm ihm diese Situation war. Manchmal, wenn er Gelächter von den hinteren Reihen hörte, drehte er sich sehnsüchtig um. Warum konnte er nicht bei den anderen sitzen? Er schob sich immer mehr in sich zusammen, wurde ganz klein und achtete panisch darauf, daß der breit und entspannt neben ihm sitzende Hochbichler ihn nicht berührte, nicht Schenkel an Schenkel, nicht Schulter an Schulter, nicht Hand an Knie. Und wie seine Mutter nun über den Vater spreche, nach ihren Erfahrungen mit einer solchen Mischehe?

»Wieso Mischehe?« fragte Viktor. »Mein Vater ist doch weiß, wie meine Mutter.«

Warum Hochbichlers Grinsen immer so feucht war. Speichel, Schweiß, Schnaps, nie hatte er trockene Lippen. Viktor war angewidert. »Eine Mischehe, mein Sohn, ist nicht die Ehe von einem Schwarzen mit einer Weißen, zum Beispiel, sondern die Ehe zwischen Menschen verschiedener Religionszugehörigkeit. Das versteht die Kirche unter Mischehe.« Viktor wurde in seinem Sitz noch kleiner. Warum konnte er nicht zu Hause sein. Das ganze Jahr Internat. Und dann sind Ferien. Und wieder konnte er nicht nach Hause. Mußte da mitfahren. Hochbichler sprach über die Liebe. Da konnte Viktor erst recht nicht mitreden. Die Pflicht, die Eltern zu lieben, auch wenn – Nein, er hörte nicht zu. Starrte bloß vor sich hin. Die Windschutzscheibe des Busses. Die Autobahn. Er liebte seine Eltern, das war nichts, was er mit diesem Mann neben ihm besprechen wollte. Und er fühlte sich von seinen Eltern, die ihn doch zweifellos immer irgendwie abschoben, geliebt. Dieser Gedanke verwirrte ihn. Er fragte sich, ob wirklich ist, was man fühlt, oder ob man etwas fühlt und sich wünscht, daß es wirklich ist. Entweder war diese Frage für ihn zu groß, oder aber das Gerede von Hochbichler über Liebe,

Respekt und Blut lenkte ihn zu sehr ab, jedenfalls konnte er sich nicht auf diesen Gedanken konzentrieren. Blut? Wieso Blut?

»Abravanel«, sagte Hochbichler und sein Gesicht glänzte, vor Vergnügen, vom Schweiß. »Ich weiß nicht, ob du so viel über diesen Namen weißt wie ich. A-bra-vanel!« er nahm einen Schluck aus seinem Flachmann. Er preßte den Flachmann an seinen Bauch, rülpste, stieß ein langes Aaaaahhh aus, »-bravanel – Was weißt du über deine Familie?«

Viktor verstand nicht.

»Kannst du Spanisch?«

»Nein.«

»In deiner Familie wird nie Spanisch gesprochen?«

»Nein. Das heißt: Die Großeltern können Spanisch, glaube ich. Zumindest haben sie früher ab und zu so geredet, wenn sie nicht wollten, daß ich es verstehe.«

»Also die Eltern deines Vaters?«

»Ja. Aber ich glaube, das ist kein richtiges Spanisch. Oder nicht wirklich Spanisch. Weil Papa, also mein Vater, der hat immer zu mir gesagt: Hör nicht hin! Das, was die reden, kommt sogar den Spaniern spanisch vor. Ich meine –«

Hochbichler lachte. Nahm noch einen Schluck, als wäre es Medizin gegen schwere Heiterkeitsattacken. Er verstaute den Flachmann wieder in der Seitentasche seines Sakkos, der er dann, nachdem er ihn hineingleiten hatte lassen, noch einen zärtlichen Klaps gab, um schließlich seine Finger über dem Bauch zu verschränken. Er nickte. Sein dünnes schwarzes Haar lag feucht auf der Kopfhaut wie frisch mit Tusche gezeichnet.

»Ein altes Spanisch, ein sozusagen verballhorntes Spanisch. Ja, ja. Weißt du –«

»Aber mein Vater kann sehr gut Englisch. Perfekt. Weil er ist in England aufgewachsen. Damals –«

Hochbichler wischte sich mit dem Handrücken über den Mund und winkte ungeduldig ab. »Und ist nie geredet worden über die Herkunft eurer Familie? Die Vorfahren?«

»Nein. Welche Vorfahren?« Viktor hatte doch gerade von seinen Großeltern erzählt, das waren doch Vorfahren.

»Ich werde dir eine Geschichte erzählen. Deine Geschichte. Die Geschichte. Im Grunde ist es die Geschichte. Ja«, wieder ein Schluck aus dem Flachmann. »Abravanel –«

»Ja?«

»– ist der Name einer der bedeutendsten jüdischen, beziehungsweise geheimjüdischen Familien der frühen Neuzeit. Ehrlich gesagt, ich halte es für sehr unwahrscheinlich, daß jemand, der diesen Namen hat, nicht von dieser Familie abstammt.« Pause. Dann rief er »Beispiel!« Jetzt war er wieder ganz Lehrer. Er sagte in seinen Stunden nie »*Zum* Beispiel«, immer nur: »Beispiel!« Folgten weitere Beispiele, rief er »Beispiel *zwei*!« und »Beispiel *drei*!«. Alles zum Mitschreiben. Es sollten Ordnung und Übersicht in den Schülerheften herrschen. Ein Klaps auf die Seitentasche, »Isaak Abravanel. Nicht nur einer der bedeutendsten Bibelausleger seiner Zeit, sondern auch Schatzmeister, heute würde man sagen: Finanzminister, von König Ferdinand und Königin Isabella von Spanien. Als solcher war er natürlich hauptverantwortlich dafür, daß die spanische Krone schließlich die Schiffe von Christoph Kolumbus finanzierte. Er war ein universal gebildeter und weitblickender Mann. Er kannte die Theorien des italienischen Kosmographen Toscanelli und die antiken Karten genauso gut wie seine Bibel. Und er wußte als Minister am spanischen Hof sehr früh, daß die Vertreibung der Juden durch das katholische Königspaar nur noch eine Frage der Zeit war. Vielleicht hielt er die Entdeckung einer Westpassage nach Indien wirklich für möglich, vielleicht aber dachte er noch pragmatischer: Egal, was Kolumbus entdeckt, es wäre auf jeden Fall auch ein neuer, ein zusätzlicher Fluchtweg für die Juden. 1484 oder 85, ich weiß nicht mehr so genau, jedenfalls Mitte der achtziger Jahre, gelang es ihm, Isabella davon zu überzeugen, in das Projekt zu investieren. Und als im Jahr 1492 die Vorbereitungen abgeschlossen waren und Kolumbus in See stechen konnte, fiel das prompt zusammen mit dem königlichen Ultimatum an die Juden, Spanien zu verlassen. In all den Jahren hatte Isaak Abravanel natürlich auch seinen eigenen Abgang perfekt vorbereitet. Er war, schon einige Tage bevor das Ultimatum verlautbart wurde, eine Staubwolke. Nicht nur das: Er hatte von langer Hand auch die Flucht von Hunderten seiner Glaubensgenossen vorbereitet, nicht nur die Rettung ihres nackten Lebens, sondern auch die Kapitalflucht. Bist du stolz auf deinen Namen, wenn du so eine Geschichte hörst?«

»Ich weiß nicht, ich meine, ich weiß das alles ja nicht, und –«, Viktor war verwirrt. Meinte Hochbichler das ernst mit der Abstammung, und worauf wollte er hinaus? Gleichzeitig hätte er sich am liebsten auf die Zunge gebissen wegen seiner Antwort, denn wenn er etwas gelernt hatte, dann dies: Daß man Erwachsene, wenn sie rhetorische Fragen stellten, nicht enttäuschen durfte. In diesem Fall hätte er natürlich sagen müssen, daß er stolz sei, offenbar war es das, was Hochbichler hören wollte. Also krächzte er noch schnell, allerdings fast unhörbar: »Ja. Schon!«

»Hör mal zu, Abravanel! Vielleicht kommt dir das bekannt vor, oder sagen wir so: Vielleicht kannst du das besser nachvollziehen: Don Isaak Abravanel war ein Zerrissener, ein Gespaltener. Er war jüdischer Herkunft. Aber er lebte in einer katholischen Gesellschaft – mit der er so vertraut war und mit der er so gekonnt umgehen konnte, daß er immerhin eine beachtliche Karriere machte. Er beschäftigte sich mit der Bibel, natürlich mit dem Alten Testament, aber er trug sein Judentum nicht vor sich her wie diese Kaftanjuden mit ihren Schläfenlocken. Seine Interpretation der Sprüche Salomos oder seine Auslegung des Buches Hiob sind heute auch in der christlichen Welt anerkannt und Unterrichtsstoff etwa in den Jesuitenkollegs. Und als Politiker war er sowieso ein völlig weltlicher, weltgewandter, pragmatischer Mann. Als Staatsmann hatte er maßgeblichen Anteil an der Entwicklung und dem Ausbau des ersten modernen Zentralstaats – und er wußte sehr genau, was das bedeutet: Ein Staat, ein Volk, eine

Religion. Spanien, Spanier, Christentum. Was war jetzt dieser assimilierte Jude? Ein Jude? Oder war er schon so assimiliert, daß er bereits Christ war? Ein Christ, dem nur noch eines fehlte, nämlich die Taufe? Warum konnte er sich zu diesem Schritt nicht durchringen, der so nahelag und der ihm die Fortsetzung und Vollendung seines Lebensglücks garantiert hätte? Du wirst sagen –«

Nun war Viktor gespannt. Er selbst nämlich hätte nicht gewußt, was er jetzt sagen würde.

»Du wirst sagen, daß Don Isaak ein treuer Jude war, denn er ging mit den anderen Juden, als sie Iberien verlassen mußten. Wohin ging er? Nach Venedig. Dort aber saß er nicht im Ghetto, er wurde in kürzester Zeit einer der reichsten Kaufleute der Stadt. In Spanien hatte er fast acht Jahre gebraucht, um drei Schiffe für Kolumbus zu finanzieren, in Venedig besaß er nach knapp drei Jahren fünfzehn Schiffe, die, vollgeladen mit Handelsgütern, für ihn über die Weltmeere fuhren. Er war so vermögend, daß er sich das freie Niederlassungsrecht in Venedig, außerhalb des Ghettos, kaufen konnte. Ein treuer Jude? Warum kaufte er sich vom Ghetto frei, wo seinesgleichen saß? Er war mit den Juden gegangen, aber saß dann wieder unter Christen, wurde wieder ein Mittelpunkt der christlichen Gesellschaft, ging beim Dogen aus und ein. Was war das für ein Mann?«

Ich weiß es nicht. Das ist Geschichte. Ich weiß nichts darüber. Warum fällt Hochbichler nicht in Ohnmacht nach diesem unglaublichen Schnapskonsum? – Viktor sagte kein Wort.

Dann saßen sie lange schweigend nebeneinander. Hochbichlers Flachmann war leer. Nun holte er von Zeit zu Zeit ein weißes Taschentuch hervor, rieb sich damit über das Gesicht und die Haare. Das Taschentuch wurde naß, das Gesicht aber nicht trocken.

»Das hast du dir alles gemerkt? Die ganze Geschichte von diesem – wie hieß er? Isaak?«

»Nein, natürlich nicht. Ich habe mir gerade so viel gemerkt,

daß ich diese Geschichte später suchen und nachlesen konnte.
Ich meine, der Familienname von Don Isaak war ja leicht zu
merken. Anderereits: Manche Geschichten, die wir mit siebzehn gehört haben, sind uns doch, dir sicher auch, viel stärker
in Erinnerung geblieben, als die, die wir mit dreißig oder fünf-
unddreißig erlebt haben. Oder nicht?«

»Ja. Ich weiß nicht.«

»Ich auch nicht.«

Hochbichler schien zu dösen. Plötzlich sah er Viktor an, sein
Gesicht war rot und naß. »Beispiel zwei!« rief er. »Don Judah
Abravanel. Der Sohn von Isaak«, Hochbichler nahm den
Flachmann aus der Sakkotasche, obwohl er wußte, daß er leer
war. Er schraubte ihn gar nicht erst auf, sondern schüttelte
ihn nur neben seinem Ohr und rief dann dem Busfahrer zu,
daß er bei der nächsten Raststätte abfahren solle. Klopause!
»Don Judah war der Sohn von Don Isaak. Er allerdings ging
mit seinen Kindern nicht nach Italien, sondern nach Portugal.
Lissabon. War ja im Grunde logischer. So wie viele Juden,
als Hitler in Deutschland an die Macht kam, zunächst nach
Österreich gingen. Judah war Arzt, aber bis heute berühmt ist
er als Philosoph und Dichter. Als Autor der *Dialoghi di Amore*.
Im Jahr 1497 galt dieses Werk bereits als moderner Klassiker,
war weltberühmt. Und der weltberühmte Autor fand sich in
ebendiesem Jahr 1497 mit Hunderten anderer Juden zusammengetrieben in der Kirche Nossa Senhora de irgendwas, in
einem Dom jedenfalls in Lissabon, und sah sich vor die Alternative gestellt: Taufe oder Tod. Das war so ein Zugeständnis
vom portugiesischen König Manoel an die spanische Krone,
er war sozusagen der Schuschnigg von damals. Hat natürlich
nichts genützt, Portugal wurde dann an Spanien angeschlos-
sen, aber egal. Da stand jedenfalls Don Judah Abravanel mit
seiner Frau und seinen Kindern in diesem Dom, und weißt
du, was sich dann abgespielt hat?«

Viktor kam gar nicht dazu, zu verneinen, Hochbichler erzählte schon weiter.

»Die Juden in diesem Dom, Hunderte von Juden, begannen ihre Kinder eigenhändig zu erwürgen, oder, so sie Messer hatten, zu erstechen, sie stachen ihnen ins Herz oder schnitten ihnen die Halsschlagader auf, nur um ihnen die Schmach der Zwangstaufe zu ersparen. Weinend und vor Schmerz schreiend, warfen sie sich dann über ihre Frauen, um sie zu erdrosseln oder zu erstechen, dann legten sie Hand an sich selbst. Augenzeugen berichteten später, daß in diesen Momenten die beeindruckendsten Choräle an Gott gesungen wurden, die je in einer Kirche gehört worden sind. Das vergossene Blut soll sieben Jahre und neun Tage allen Versuchen, es vom Kirchenboden zu entfernen, getrotzt haben. Sieben und neun hat irgendeine Bedeutung in der jüdischen Kabbalistik. Jedenfalls: Was hat dein Vorfahre Don Judah Abravanel getan? Er zog, Hand in Hand mit seinen Kindern und seiner Frau, nach vorne zum Altar, das christliche Glaubensbekenntnis singend, über Sterbende und Leichen steigend, ging er singend nach vorne, um freudig, so ist es überliefert, freudig das Sakrament der Taufe entgegenzunehmen. Und als der große Don Judah sich bereit zeigte, die Taufe zu empfangen, hat er wahrscheinlich Dutzenden Juden das Leben gerettet. Denn, so wird überliefert, sie hielten inne und taten es ihm nach und nach gleich. Jedenfalls hat er sich selbst und seine Familie gerettet, und bis tief ins 18. Jahrhundert hinein taucht der Name Abravanel immer wieder in der Geschichte auf, fast in jeder Generation, einmal als Philosoph, dann als Dichter, Staatsmann, Arzt, Kaufmann, als Rabbiner und auch als Kardinal, in Lissabon, Alexandrien, Istambul, Amsterdam, Venedig und was weiß ich wo noch. Die Abravanels haben sich über die ganze Welt verstreut, haben sich überall angepaßt, assimiliert, und waren doch immer – wie soll ich sagen? Herausragend? Unterscheidbar? Du verstehst schon. Gespalten. Immer christlich. Und immer dieser Fetisch: Herkunft jüdisch. Fetisch. Warum nicht akzeptieren, wie die Welt ist, in der man Erfolg hat? Akzeptieren. Den Messias. Den haben doch die Juden erwartet. Und dann war er da. Warum ewig alles gleichzeitig wollen, Abravanel? Die erlöste Welt, Karriere, Glück, Christentum *und* das alte Gesetz, die Klagemauer, eine Blutstreue, wo es doch nicht um das Blut geht, sondern um die Seele, den Geist, den Glauben! Und –« Hochbichler war müde, er sprach nur noch ganz leise, mit geschlossenenen Augen, und Viktor starrte nach vorne, durch die Windschutzscheibe, hörte Hochbichlers Sätze wie eine innere Stimme.

»In Rom. Da habe ich eine Überraschung für dich. Eine Überraschung.« Dann schien er zu dösen. Viktor starrte vor sich hin, durch die Windschutzscheibe des Busses. Was für eine Überraschung? Sie näherten sich Rom. Einfahrtsstraßen, Vororte, anwachsender Verkehr. Viktor hatte Ruinen erwartet, aber antike, nicht zeitgenössische, nicht verrottenden Beton, verrostenden Stahl, Müllhalden, Autofriedhöfe, Fernsehantennenwälder auf verkommenen, ziegelroten, menschlichen Termitenhügeln. Er hatte das Land erwartet, wo die Zitronen blühten, aber da verstaubten Disteln und Brennesseln auf zerrissenem Beton. Viktor empfand Angst. Warum? Vielleicht, weil die Welt außerhalb des Internats keine Ähnlichkeit aufwies mit der Welt, wie sie im Internat vermittelt wurde oder wie er sie in den Büchern dargestellt fand, die er, um das Internat verlassen zu können, im Internat so fanatisch las. Rom, das war ja die heilige Stadt, nicht bloß für Katholiken, sondern vor allem auch für Schüler eines humanistischen Gymnasiums. Vielleicht aber auch deshalb, weil ihm nicht aus dem Kopf ging, was Hochbichler erzählt hatte, diese Geschichte, die ihn plötzlich kurzschloß mit wieder einer anderen Welt, einer, die er überhaupt nicht kannte, nicht einmal so klischeehaft, zweifelhaft idealisiert und beschränkt wie die, die in der Schule unterrichtet wurde. Rom. Nein. Die Frage war: Lebenstüchtigkeit. Viktor dachte dieses Wort: Lebenstüchtigkeit. Viktor empfand Angst, weil es ihm plötzlich als völlig aussichtslos erschien, daß er sich dann, wenn die Tore des Internats sich öffneten und er in die Freiheit entlassen sein sollte, weltgewandt in der Welt bewegen würde können, als einer, der wußte, wer er war, wo er war und was er wollte.

Auch Hochbichler schien noch im Dösen nicht aus dem Kopf zu gehen, wovon er zuvor gesprochen hatte, er schreckte hoch, murmelte »Blutstreue«, tastete nach seinem Flachmann. »Ein seltsamer Saft«, sagte Hochbichler, während er betrübt die Öffnung des Flachmanns gegen seinen Handrücken stieß, um ihm noch einen letzten Tropfen zu entlocken, den er dann abschleckte, »Limpieza de sanque, haben die Spanier gesagt, Reinheit des Bluts, und bei den Nazis hieß es auch so, oder so ähnlich, Rassentheorie, jedenfalls. Die größten Verbrechen wurden begangen, weil man an das Blut glaubte. Abravanel!«

»Ja?«

»Wird bei dir zu Hause über die Nazi-Zeit geredet? In deiner Familie wird sicher erzählt, was da passiert ist …«

»Ja«, log Viktor.

»Na, dann hast du ja eine Vorstellung. Aber! Und du darfst jetzt nicht glauben, daß ich irgendwie entschuldigen will oder relativieren, was da passiert ist, aber ich fürchte, daß diese Verbrechen nur deshalb in dieser Größenordnung möglich waren, weil auch die Opfer irgendwie daran geglaubt haben, daß da was dran ist, an der Geschichte mit dem Blut. Nicht jedes einzelne Opfer, natürlich nicht, aber irgendwie, wie soll ich sagen, im allgemeinen haben die Opfer und die Henker das gemeinsam gehabt, diesen irren Glauben. Glauben«, wiederholte er ungläubig, dann rief er: »Beispiel drei!«

»Weißt du, was ich glaube?« sagte Viktor, »Hochbichler ist Alkoholiker geworden, weil er selbst mitschuldig geworden ist an diesen Verbrechen, damals, als Militärseelsorger. Und als ihm das später klar wurde und er Konsequenzen daraus zog, ist er noch einmal schuldig geworden, diesmal nach den Gesetzen seiner Religion. Er kam in einen Teufelskreis, der Christ im Teufelskreis. Er konnte sich aussuchen, ob er schuldig bleiben wollte oder sühnen. Und er wußte, daß er sühnend auf andere Weise schuldig werden mußte. Hast du gewußt, daß Hochbichler mehrmals das Beichtgeheimnis verletzt hat?«

»Viktor, du spinnst!«

»Nein. Hör zu! Nach 1945 haben sich immer wieder Männer in einen Beichtstuhl der St. Rochus-Kirche gesetzt und haben von den Verbrechen erzählt, die sie die Jahre zuvor begangen haben. Morde, aus Befehlsnotstand, vermeintlichem Befehlsnotstand, aber auch aus Lust und Größenwahn. Vergewaltigungen, Raub und Betrug unter dem Titel Arisierung und so weiter. Sie schliefen schlecht, wurden innerlich nicht damit fertig, hatten Angst vor den Entnazifizierungsbehörden und wollten zumindest kirchlichen Ablaß – was auch immer. Hochbichler hat sie alle angezeigt, er hat sie im Beichtstuhl ausgefragt, bis er alle Daten und Fakten hatte, und als sie bis ins Detail alles gebeichtet hatten, hat er sie angezeigt –«

»Hör auf! Du lügst! Kein Priester würde das tun! Das Beichtgeheimnis ist –«

»Hör doch zu! Was heißt, kein Priester würde das tun? Hochbichler hat das getan. Okay, vielleicht war er kein Priester, sondern ein Engel der Geschichte im Priesterkostüm. Jedenfalls. Ich habe 85 eine Arbeit über die Entnazifizierung in Österreich nach 45 geschrieben, und ich habe zufällig – und glaube mir: zu meiner allergrößten Überraschung – im Archiv eine Akte Hochbichler gefunden. Er hat ein knappes Dutzend Verbrechen angezeigt, und ich habe das überprüft: Es waren Verbrechen, von denen er auf Grund seiner eigenen Biographie nichts wissen oder gar bezeugen hätte können. Aber alle diese Anzeigen waren perfekt auf überprüfbare Fakten gestützt. Er wußte die Fakten aus dem Beichtstuhl.«

»Warte! Hör zu! –«

»Nein! Du hörst mir zu! Dieser Mann wurde mit sich selbst nicht fertig. Das spricht doch für ihn. Und sein Kampf um meine Seele war in Wahrheit ein letzter Kampf um seine eigene!«

»Beispiel drei!« sagte also Hochbichler. »Der Sohn von Judah Abravanel, Isaak Abravanel. Er wurde der Familie weggenommen. Don Judah hatte zwar die Zwangstaufe akzeptiert, und er bemühte sich, nach außen hin ein untadeliges christliches Leben zu führen. Aber man traute ihm nicht. Und man wollte sichergehen, daß er nicht doch heimlich die mosaischen Gesetze weitergab. Also kamen eines Tages Männer in das Haus der Familie Abravanel und entführten den Sohn Isaak. Die Eltern erfuhren nichts von seinem Verbleib und sollten ihn nie wiedersehen. Das war die Absicht der Kirche: Die Kette zu brechen. Isaak kam in christliche Erziehung, erhielt den altspanischen Namen Gomez de Medeiros, seine Vergangenheit wurde gelöscht, und es wurde auch nie mit ihm über seine Herkunft gesprochen. Isaak, beziehungsweise Joaquim Gomez de Medeiros wuchs heran, aus dem kleinen Kind wurde ein Jugendlicher, der seinen neuen Eltern und seinen christlichen Lehrern und Erziehern viel Freude machte. Aus dem Jugendlichen wurde ein Erwachsener mit blendenden Manieren, einer umfassenden Bildung und einer tiefen Spiritualität. Es hieß, er war ein junger Mann, der zu den allergrößten Hoffnungen berechtigte, weshalb der Erzbischof von Coimbra ein Stipendium aus seiner Privatschatulle bereitstellte, um diesem Wunderkind ein Studium an der besten Universität des Landes zu ermöglichen. Joaquim war sozusagen ein ehrgeiziges Projekt, ein heiliges Experiment der Kirche, das von den höchsten kirchlichen Stellen betrieben und kontrolliert wurde. Aus diesem Grund ist seine Biographie auch so gut dokumentiert. Nun gut. Joaquim sollte also nach Coimbra gehen, das Haus seiner Eltern verlassen, der Gomez de Medeiros, die er, wie man glaubte, für seine echten Eltern hielt und nach all den Jahren auch halten mußte, ohne Erinnerung an seine frühkindliche Zeit, als er von seinen wahren Eltern getrennt worden war. Er küßte diese Eltern unter Tränen, reiste ab – und kam nie in Coimbra an. Eines Tages tauchte er in Venedig auf und – jetzt halte dich fest! – er verkündete, daß er Isaak Abravanel heiße und ließ sich beschneiden. Er wurde ein berühmter Arzt, übrigens der Begründer der Gerichtsmedizin, aber egal – Sag mir nur eines, Abravanel! Wie erklärst du dir das? Blut? Nein, bitte, sage nicht Ja! Das

Blut hat keine Stimme. Weil, wenn das so wäre, dann hätte die Inquisition recht gehabt, dann hätten die Nazis recht gehabt, und bewiesen hätten das zuvor schon ausgerechnet die Opfer.

Rom«, sagte er plötzlich, »wir sind da. Hier wartet eine Überraschung auf dich. Und danach kannst du mir deine Antwort auf meine Frage geben.«

Der Papstsegen auf dem Petersplatz. Und keinem in der um Professor Spazierer gescharten, händehaltenden Reisegruppe fiel in diesem Getümmel und der allgemeinen Ekstase auf, daß zwei fehlten. Hochbichler hatte Viktor am Oberarm gefaßt, hart, unduldsam zerrend war dieser Griff. »Komm! Komm mit! Schnell!« Er zog Viktor seitlich weg. Die Soutane, die er an diesem Tag trug, verlieh ihm offenbar so viel Autorität, daß er bloß die Rechte immer wieder nach vorne stoßen mußte, um die Masse zu teilen wie das rote Meer. Viktor ließ sich mitzerren, ab und zu blickte er zurück, hinter ihnen schloß sich das Menschenmeer augenblicklich, er schaute nach vorne, und da war die von Hochbichler wie mit Axthieben hergestellte Schneise in der Menge, durch die sie durchhasteten. Die Überraschung. Sie drückten sich schließlich seitlich am Petersplatz entlang, bis sie vor einem Gebäude rechts vom Petersdom ankamen. »Hier«, sagte Hochbichler, zog sein großes weißes Taschentuch hervor und wischte sich damit mehrmals über das Gesicht. Er lächelte Viktor aufmunternd zu. So naß sein Gesicht war, seine Lippen waren doppelt so naß, das war nicht nur Schweiß, das war Schweiß und Speichel. Schaum vor dem Mund. Hochbichler ließ das große weiße Taschentuch in der schwarzen Soutane verschwinden, nahm Viktor am Oberarm und zog ihn zu einer Tür. Viktor ließ sich ziehen, drehte sich dabei aber um, als wollte er einen letzten Blick auf die Welt werfen, die er nun verlassen mußte. Er sah die Seitenfront der Peterskirche, ein Stück Himmel, Pflastersteine, hörte das dröhnende Raunen der Touristenmasse am Petersplatz, metallen hallend die über Lautsprecher übetragene Stimme des Papstes, er spürte Hochbichlers Griff an seinem Oberarm und das Weitergezogenwerden, über ihn hereinbrechender kühler Schatten, er sah wieder nach vorn. Die Tür war offen, Hochbichler hatte ihn in dieses Gebäude hineingezogen, ließ ihn los und schloß die Tür. »Der Damasus-Hof«, sagte Hochbichler, »und was du hier sehen wirst, das wirst du noch den Abravanels erzählen, die deine Enkel sein werden. Komm weiter!« Er ging mit Viktor auf eine große Bronzetür zu. »Weißt du, was sich hier hinter dieser Tür befindet? Nein?« Er sah auf die Uhr. »Ein Keller. Ein sehr tiefer Keller. Hier befindet sich das Unterbewußte der römisch-katholischen Kirche: das Vatikanische Archiv.« Nochmals sah er auf die Uhr. Viktor starrte die Bronzetür an.

»Geschlossen!« krächzte Viktor.

»Ja.«

»Und Sie wollen da rein?«

»Wir wollen da rein. Ja.«

»Aber heute, ich meine, ausgerechnet heute? Das wird nicht gehen, das wird, da, da sind doch sicher alle beim Papstsegen.«

»Was wir hier wollen, das geht nur heute. Ebendeswegen.«

In diesem Augenblick ging die Bronzetür auf, und Viktor sah einen großen Mann in Jesuitentracht. Das lernte er später: daß das die klassische Jesuitentracht war. Eine sackartig locker geschnittene schwarze Kutte mit einer verdeckten Leiste in der Mitte, um den Bauch eine schwarze Schärpe aus geripptem Stoff, am Hals ein weißes Kollar. Der Mann war in allem das Gegenteil von Hochbichler, seine Gestalt war hager, sein Gesicht bleich, sein Haar dicht und weiß, seine Stirn und seine Lippen trocken. »Giovanni!« rief er, »Hans, fratello!« Er umarmte Hochbichler, küßte seine Wangen. »Und selbst im größten Getümmel auf die Minute pünktlich. Die alte Präzision. Ja, gelernt ist gelernt, Hänschen. Geht es gut? Va bene?« Er hielt Hochbichler an beiden Händen. Viktor sah schwarz: Die schwarze Soutane, die schwarze Kutte, der schwarze Schatten vor der Tür. Aber woher kam das Rot? Er hatte auch rote Flecken, rote Schlieren vor den Augen, er schloß sie, konzentrierte sich darauf, nicht umzufallen, atmete tief durch. Er hörte seinen Namen, es wurde über ihn gesprochen, dann hörte er wieder seinen Namen, aber als Zuruf, noch einmal, er öffnete die Augen.

»Das ist mein alter Freund Padre Ignazio. Wir waren zusammen am Kolleg. Und jetzt komm. So komm doch weiter!«

Hinter der Bronzetür befanden sich Treppen, die tief in einen Keller hinunterführten, bis zu einer grüngestrichenen Stahlpanzertür, die Pater Ignazio mit einer Handbewegung aufdrückte, die nahtlos in eine einladende Geste überging.

»Ecco! Tretet ein und laßt eure Hoffnungen nicht fahren!« Die dünnen Lippen dieses hageren Paters schienen als ewiges Grinsen in sein Gesicht gemeißelt, ein überheblich-wissendes, zynisches Grinsen, das Viktor noch viele Jahre später, als er schon studierte, immer wieder deutlich vor Augen stand, als vorbildlich, vor allem bei Teach-ins.

Was Viktor jetzt sah, hatte er noch nie gesehen. Er war sechzehn, und er sollte Vergleichbares nie wieder sehen. »Achtundvierzig Kilometer«, sagte Pater Ignazio mit seinem Grinsen, »diese Regale haben eine Gesamtlänge von achtundvierzig Kilometern oder Kilometer, come si dice?«

»Die ältesten Handschriften der Welt«, sagte Hochbichler.

Millionen von Handschriften und Manuskripten, manche davon in Leinen, manche in Leder gebunden, manche in Pappordnern, sehr viele einfach in aufeinandergestapelten Mappen. Viktor dachte, daß die Geschichte hier kopfsteht: Diese Regale und die auf die Regalbretter vorne aufgenagelten Metallplättchen mit Buchstaben und Zahlen schienen für die Ewigkeit gemacht – wie fragil, wie zerstörbar dagegen die auf diesen Brettern gelagerten Bände und Papiere, als würden sie augenblicklich zerbröseln, wenn man sie herauszöge.

»Hier, auf diesen achtundvierzig Kilometern ist Kirchengeschichte und Weltgeschichte identisch. Fratello!« sagte er und legte seinen Arm um Hochbichlers Schultern, »hier sind alle Sünden der Welt arciviati, come si dice?«

»Archiviert.«

»Arkiviert. Bene. Was hast du gestern getrunken?« Er nahm achtlos eine Mappe aus dem Regal, schlug sie auf, »mezzo litro, Schnaps! Giovanni! Du wirst schmoren im Inferno!« Er grinste.

Das große weiße Taschentuch. »Hör mal! Wir wollen doch den jungen Abravanel –«

»Certo! Der junge Abravanel. Das beeindruckt dich?« (zu Viktor) »Vergiß es. Du wirst erst beeindruckt. Das ist alles öffentlich. Das kann jeder sehen. Leo XIII. gab 1881 die Akten bis 1800 frei für die historische Forschung. Pius XI. 1924 die Akten bis 1846, und unser Paul VI. die bis 1878. Pero. Aber!« er tippte sich mehrmals mit dem Zeigefinger auf die Stirn, »ist immer gut, wenn man hat ein As im Ärmel. Oder mehr«, wieder dieses Grinsen.

Pater Ignazio ging weiter, ging immer schneller, an diesen unendlichen Regalen entlang, Hochbichler und Viktor hasteten ihm nach, bis Ignazio vor einer Regalwand an der Breitseite dieses Kellers zu stehen kam. Er sagte zu Viktor: »In den Wochen jedesmal bevor wieder ein Teil freigegeben wurde vom Archiv, liefen hier Dutzende Patres auf und ab, come si dice? Hin und her, du mußt dir vorstellen, Dutzende Patres, und trugen weg, was der Papst nicht wollte, daß gesehen wird. Trugen es dahin, darein!« Und er berührte seitlich einen Ständer des Regals, vor dem sie sich befanden, das Regal schwang auf, Ignazio stieß Hochbichler und Viktor einen Schritt zurück, dann sagte er: »Ecco!«

Vor ihnen ein Durchgang, Stiegen, die steil weiter hinunter in diesen Keller führten. Sie liefen, sie stolperten, sie tasteten sich hinunter, blieben stehen, als sie auf Pater Ignacios Rücken stießen. Der Pater legte einen altertümlichen Hebelschalter um, und es wurde Licht. »Noch vierzig Kilometer Regale«, sagte er und beugte sich zu Viktor hinunter, »das oben kann jeder sehen, bist du Historiker, du hast ein Papier, va bene. Aber das hier, das wirst du in deinem Leben nie gesehen haben. L' archivio segreto. Vierzig Kilometer Regale. Leo

143

XIII. und Pio XI. haben hier verschwinden lassen Millionen Dokumente. So funktioniert Kirche: Zwanzig Stichworte und ein Befehl, und Millionen Akten sind verschwunden. In wenigen Wochen. Vierzig Kilometer Regale Geschichte, und ist geheim. Abravanel, A-, Ab-, Abra-, Abrakadabra! Eccolo qua!« Dieses Grinsen.

»Und? Erzähl schon! Ist das wahr? Also: Was hast du da unten gesehen, in diesem geheimen Keller, was haben sie dir gezeigt? Sag schon!«

»Die ganze Familiengeschichte Abravanel. Da unten waren so Lese- oder Arbeitstische, Holz, mit so einem Aufbau mit Glasplatte, und jedes Dokument wurde auf den Holztisch gelegt, dann hat der Pater seitlich vom Tisch eine Kurbel bewegt, und die Glasplatte hat sich hydraulisch auf die Handschrift gesenkt. Auf diese Weise hatte man immer ein Dokument im Orginal vor sich auf dem Tisch liegen, aber man konnte nichts kaputtmachen, weil diese Glasplatte drüber war.«

»Ja, toll, aber. Was haben sie dir da gezeigt?«

»Habe ich doch schon gesagt. Die Familiengeschichte. Generationen Abravanels.«

»Und?«

»Und? Die Geschichte war die Hölle. Ich sah Spitzelakten und Folterprotokolle. Da wurden Menschen zerbrochen und Seelen neu zusammengesetzt. Eine fast industriemäßige Produktion von Seelen. Ich will mit dir ins Bett. Heute noch!«

»Viktor! Sei nicht so blöd.«

»Entschuldige. Ich wollte das nicht sagen, nicht: Heute noch – sondern: Heute endlich!«

»Und? Sag schon. Da muß es doch noch eine Pointe geben. Was war da noch, in diesem Keller?«

»Es gibt keine Pointe. Sonst wäre doch die Geschichte schon längst zu Ende. Nein, nichts. Hölle – und die Vertreibung aus der Hölle! Und dazu ein kleines Geheimnis.«

»Was für ein Geheimnis? Sag schon!«

»Das erzähl ich dir vielleicht später. Wenigstens ein As muß ich dir gegenüber in der Hinterhand behalten!«

Auf der Rückreise trank Hochbichler Medizin. Er hatte in seiner Seitentasche ein kleines Fläschchen aus dunkelbraunem Glas, das irgendein magenberuhigendes Kräuterelixier enthielt. Immer wieder zog er dieses Fläschchen hervor, nahm einen Schluck, schüttelte sich und döste mit hochrotem nassen Gesicht weiter. Nach der Übernachtung in Judenburg steckte er bei der Weiterfahrt die Flasche nicht mehr in die Sakkotasche zurück. Er hielt sie in den auf dem Bauch gefalteten Händen, um die ein Rosenkranz gewickelt war. Es sah aus, als wären seine Hände mit dieser Flasche an seinen aufgedunsenen Bauch gefesselt. Er sprach kein Wort. Jetzt hätte Viktor gern mit ihm geredet. Hochbichler starb fünf Monate nach dieser Reise. Bei der Seelenmesse in St. Rochus saß Viktor in der ersten Reihe, obwohl der Klassenvorstand, Professor Spazierer, gesagt hatte, daß die Teilnahme für ihn und Feldstein nicht obligatorisch sei. Viktor aber hatte unbedingt hingehen wollen – um Hochbichler zu enttäuschen, ihm zu sagen: »Leider, ich habe keine Antwort auf Ihre Frage!«

»An diese Messe kann ich mich gut erinnern. Sie war endlos und unerträglich pathetisch. Und du hat sie freiwillig mitgemacht – obwohl: Den Kampf um deine Seele hat Hochbichler offenbar nicht gewonnen, atheistisch wie du bist!«

»Ich bin kein Atheist. Ich bin nicht einmal Atheist. Aber irgendwie hat er den Kampf doch gewonnen. Weil. Er hat meiner Geschichte eine Richtung gegeben.«

»Wie meinst du das?«

»Ich habe daraufhin Spanisch gelernt, ich habe Geschichte studiert, und alleine seine Frage, ob mir zu Hause von der Nazi-Zeit erzählt wird, hat dazu geführt, daß ich nachgefragt habe, immer wieder.«

»Sag, warum bist du eigentlich ins Internat gekommen?

Deine Eltern waren doch beide in Wien, warum haben sie dich dann in Wien in ein Internat gesteckt?«

»Sie sind mir abhanden gekommen, beide, durch ihre Scheidung. Meine Mutter mußte dann auch wieder arbeiten gehen, den ganzen Tag, und die Schule ist zu Mittag aus, da wäre niemand zu Hause gewesen. Also wurde ich in die geschlossene Anstalt expediert, damit ich alles habe, was ich allein zu Hause nicht gehabt hätte: Essen, Lern-Aufsicht, Drill, Gewalt ...«

Die Kutsche, mit der Mané von Começos weggebracht wurde, war nicht so schön, so komfortabel, so leichtgängig und gut gefedert wie die, mit deren Ankunft in Começos das Verhängnis begonnen hatte. Sie hatte nicht einmal Vorhänge, so daß die Sonne immer wieder durch das Fenster hereinexplodierte, grell in den Augen schmerzte und auf der Gesichtshaut, die brannte und sich mit Staub und Schweiß überzog. Verschwand die Sonne hinter den Kronen von Bäumen, an denen die Kutsche vorüberrumpelte, dann schien das Stakkato von Lichtblitzen und Schatten die Schläge noch zu verstärken, denen das Kind und der Mann in dieser rollenden Kabine ausgesetzt waren, die Stöße gegen den Steiß und den Rücken und in den Magen. Mané schaute hinaus auf die Landschaft, die draußen vorbeihüpfte, und es wurde ihm speiübel. Começos und alles, was mit Começos zu tun hatte, verschwand, und Mané hatte keine Ahnung davon, wie buchstäblich, wie endgültig dieses Verschwinden sein sollte.

Der Mann, der Mané abgeholt hatte und nun ihm gegenüber saß, litt ganz offensichtlich. Sein Gesicht war prall aufgedunsen, dunkelrot und drohte zu platzen. Ab und zu blickte der Mann auf, holte ein Tuch hervor, mit dem er sich den Schweiß abwischte, er rollte mit den Augäpfeln, stöhnte, schloß die Augen und ließ den Kopf wieder zurücksinken. Aber nicht um zu dösen, sondern um ganz in dieser einen Tätigkeit zu versinken: die Zähne zusammenzubeißen. Vielleicht betete er auch. Laß diese Reise bald vorüber sein! Andererseits: Dieser Mann mußte doch wissen, wie lange die Reise dauern würde, während es für Mané selbst die Ungewißheit war, die ihn krank machte. Hatte es einen Sinn, mit jedem Atemzug den Brechreiz mühsam niederzukämpfen, wenn die Fahrt noch Tage dauerte? Andererseits: Wenn sie bald ankämen – wo auch immer ...

Mané betrachtete diesen Mann, versuchte sich vorzustellen, wer er war, was er machte, wie er lebte. Immer wieder diese Lichtblitze, der Fahrtwind auf dem Schweißgesicht, das vom Staub kratzte, wenn er es sich mit dem Handrücken abwischte. Aber Mané hatte zu wenig Phantasie. Er sah nur, was er sah. Dieser Mann war ungefähr so alt wie sein Vater. Er sah heruntergekommen aus. Hemd und Hose waren aus grobem Stoff und starrten vor Schmutz. Aber der Gürtel und die Stiefel waren aus feinem Leder. Und er trug einen Siegelring. Der Mann vergaß immer wieder, daß er einen Siegelring trug: Wenn er sich mit dem Handrücken über das nasse Gesicht fuhr, dann leuchtete auf der roten Haut dort, wo er mit dem Ring über sein Gesicht gekratzt hatte, eine Zeitlang ein dunkelroter Streifen auf.

Der Mann aß und trank gern und viel. Das war zu sehen. Aber woher kam sein Wohlstand? Und wenn er so wohlhabend war, warum war er zugleich auch so verwahrlost? So lange Mané diesen Mann auch betrachtete, er konnte sich nichts vorstellen, er konnte nur registrieren, was er sah. Einen einzigen Gedanken hatte er, der ihn überraschte: Er selbst war schon einige Male gefragt worden, was er einmal werden wolle, wenn er groß sei. Nun stellte er sich vor, wie dieser Mann als Kind gefragt wurde und daraufhin antwortete – Nein, das war unvorstellbar, daß er geantwortet haben könnte: Ich will, wenn ich erwachsen bin, Kinder wegtransportieren!

Mané preßte die Lippen zusammen und versuchte, die Schläge der Kutsche im Sitzen irgendwie abzufedern, um seinen Magen so wenig wie möglich zu erschüttern. Gut gepolstert war er ja. Das sollte sich ändern. Ohne etwas zu begreifen, ohne etwas zu wissen, das er horten konnte, sollte er immer weniger werden, buchstäblich leer.

Der Mann öffnete die Augen, beugte sich ächzend vor, sah aus dem Fenster. Es war etwas kühler geworden, die Sonne stand tiefer, statt greller Lichtblitze warf sie nun quer vom Horizont her breite Lichtbahnen über die Landschaft.

»Das ist mir das liebste Licht«, sagte er unvermutet, aber so selbstverständlich, als hätte er sich die ganze Fahrt über mit dem Jungen unterhalten, »diese Streifen Licht wie auf den Gemälden in der Kirche!«

Mané preßte die Lippen zusammen, dann machte er einen Fehler – er sagte »Ja, Senhor!«, und da brach es aus ihm heraus, ein Schwall, den er so viele Stunden tapfer unterdrückt, hinuntergepreßt, in sich versperrt gehabt hatte. Er erbrach mit einer solchen Gewalt, daß er vornüberkippte und mit einem zweiten Schwall die Sache erst so richtig schlimm machte.

Der Mann schrie, er schrie nach Gott und dem Satan, er schrie nach dem Kutscher, er streckte den Kopf aus dem Fenster und schrie: »Anhalten! Hört Er denn nicht? Sofort anhalten!«

Als die Kutsche stand, stieß der Mann den Jungen hinaus, er streckte die Hand hinauf zum Sitz des Kutschers und machte ungeduldig diese »Gib-mir!«-Handbewegungen, stieß Mané vor die Brust, und dabei immer diese herwinkenden Finger seiner zum Kutscher hingestreckten Hand – »Senhor? Was – ?«, »Verdammt sollst du sein! Gib mir endlich die Peitsche! Die Peitsche! Hörst du?«

Und da hatte er die Peitsche schon in der Hand und ließ sie niedersausen auf das Kind, »Du Judenbengel, dich werde ich lehren, einen Christenmenschen –«, und wieder traf die Peitsche Mané, »zu beflecken, du Schwein!«, Peitsche, »Du Judenschwein!«, und die Pferde hörten die Peitsche und bäumten sich auf, ruckten an, der Kutscher hatte alle Hände voll zu tun, sie zu bändigen, »Rrrrrrrruuuuuhig!«, aber der Mann beruhigte sich nicht, »Sieh, was du angerichtet hast!«, und Peitsche – und da geschah etwas Seltsames: Mané hätte davonlaufen können, der kurzatmige dicke Mann hätte keine Chance gehabt, laufen! Aber wohin? Mané hatte keine Vorstellung. Die einzige, die er hatte, war: Wenn er das ertrug, wenn er nicht lief, wenn er ergeben mit gesenktem Kopf diese Hiebe einsteckte, dann würde die Wut dieses Mannes schneller verrauchen. Und der Mann sah die Ergebenheit dieses Kindes, mit der es die Peitsche empfing, und er ließ, nach einem letzten, nun schon halbherzigen Schlag, die Peitsche sinken: »So also! Willst mich das Christentum lehren! Hältst die andere Backe hin! Du Schwein!«

Er ließ die Peitsche fallen, sagte: »Komm her!«, fuhr sich mit der Hand über das von Schweiß und Dreck und Erbrochenem verschmierte Gesicht, während Mané seiner Aufforderung Folge leistete. Und erregt, wie er war, kratzte sich der Mann mit dem Siegelring die Wange auf, die platzte, Blut quoll heraus, ungläubig tastete der Mann nach der Wunde, er stöhnte, dann sauste die flache Hand mit dem Siegelring nieder in Manés Gesicht, und wie in einem Spiegel, den er vor diesem Mann abgab, platzte nun seine Wange auf, knapp unter dem Backenknochen, der noch stärker schmerzte als die Wunde selbst, Blut trat aus und vermischte sich mit dem Blut von der Hand des Mannes, der nun grinste und seine Hand in der Wunde des Jungen abwischte. Blutsbrüderschaft im Wahnsinn. Ihnen ins Gesicht geschrieben.

Der Mann stieg nicht mehr in die Kutsche ein, sondern kletterte vorn auf den Kutscherbock, für das letzte Stück, das rasch zurückgelegt war. Bis zu einem Gasthof, wo Mané die Kutsche reinigen mußte, danach wurde er mit einem Pferdehalfter an den Händen gefesselt und in eine Koppel gestoßen, wo er, den Zechgesängen nachlauschend, die von der Gaststube herüberdröhnten, irgendwann einschlafen sollte. Verständnislos, was ihm geschehen war, ohne Vorstellung, was ihm geschehen wird, einfach so: ergeben.

Warum nahm dieses Kind alles, was ihm widerfuhr, so widerspruchslos hin? Warum träumte Mané, wenn er träumte, davon, einer derjenigen zu sein, die ihn quälten, und nicht davon, sich aufzubäumen, sich zu widersetzen oder zumindest zu flüchten? Warum träumte Mané, dieser Mann zu sein, der ihn ausgepeitscht, der ihn blutig geschlagen hatte? Dieser Mann wußte Bescheid. Er wußte, wohin die Reise ging. Er wußte, wie lange sie dauern würde. Und er wußte gewiß auch, warum dies alles zu geschehen hatte. Er war ein notwendiger Teil der Welt, wie sie war. In der eines ins andere griff. Es gab keine andere – und deshalb wurde offenbar bestraft: nichts zu wissen, nichts zu verstehen, kein notwendiger Teil des Ganzen zu sein. Dieses Kind wußte es nicht, aber: Es glaubte an eine Ordnung. Daß es sie gab. Im Stroh, in dem Mané lag, dicht vor seinen Augen, saß eine Spinne. Er sah dieses Tier an, das wie erstarrt abzuwarten schien, ob er sich bewegen, was er machen würde. Dieses Tier war widerlich. Mané hätte es töten können, ohne Mitleid zu empfinden, er hätte es quälen können, Bein für Bein ausreißen, bis auf zwei, auf menschliches Maß, und dann kalt zusehen, wie dieses häßlich gezeichnete Tier mit nur noch zwei Beinen versucht, seinen pelzigen Körper zu manövrieren, einem langsamen Sterben bestimmt. Mané hatte den Gedanken, daß es nicht verwerflich ist, die Macht zu haben, anderen die Peitsche zu spüren zu geben, daß es aber nobler und edler ist, diese Macht wohl zu haben, sie aber nicht auszuüben. Wäre er dieser Mann ... – Mané beschloß, die Spinne zu verschonen und darüber vergaß er ganz, daß seine Hände gefesselt waren.

Mané erwachte, weil er Stöße gegen seinen Rücken spürte. Vor ihm stand ein Mann, der immer wieder seine Fußspitze in Manés Rücken stieß. »Wach auf, Junge! He! Aufwachen!« Den Mann schien das sehr zu erheitern, seine Aufforderung ging in lautes Lachen und dann in Husten über, er spuckte aus und sagte wieder »He! Aufwachen! Wacht auf, ihr Hasen, hört ihr nicht die Jäger blasen!« und wieder dieses Lachen, Husten und Ausspucken. Mané blickte auf und schloß sofort wieder die Augen – das konnte nur ein Traum sein, nein, kein Traum, nichts, ein Irrtum. Es war warm gewesen im Stroh, er hatte sich geborgen gefühlt in einem tiefen Vergessen, er wollte zurück in dieses Warme, Tiefe, in dem er vergraben war, edel und frei. Aber da war diese Stimme, da waren diese Schläge gegen seinen Körper, das heisere Lachen und der rasselnde Husten. Noch einmal blickte er auf, sich herumdrehend, um besser zu sehen, was da über ihm war, aber vor allem auch um seinen Rücken zu schützen, und –! Er sah ein Gesicht, wenn es denn eines war, es war eingerahmt von Haaren und Bartstoppeln, aber das Schauerliche war: Das Gesicht hatte nur ein Auge, die zweite Augenhöhle war leer, ein tiefes, vernarbtes Loch. Das eine Auge schien zu rollen, hüpfen und springen, und daneben diese tote kleine Höhle. Dadurch erschien auch der Mund wie eine sich ununterbrochen öffnende Narbe, eiternd, das war der Speichel, der Auswurf seines Hustens. Wie gespenstisch dieses Gesicht Erheiterung zeigte vor Manés Entsetzen. »Ja, schau nur, ich habe ein Aug auf dich. Das andere habe ich schon auf solche Kreaturen wie dich geworfen!« Mané sprang auf, seine Fesseln vergessend, fiel wieder hin. Der Einäugige stellte einen Fuß auf seine Brust, kaum halten konnte er sich vor Lachen und Husten, und löste die Fesseln. »Lauf rüber zur Gaststube, du Tier, es gibt Futter!«

Der Einäugige gab Mané noch einen Tritt. »Na, so lauf!« Lief ihm dann aber voran, quer über den staubigen Platz von den Ställen zur Gaststube, wo er ihn erwartete mit den Worten: »He, Moment mal! So verdreckt tritt man nicht ein in eine gutchristliche Stube! Da heißt es vorher sich waschen!« Und er nahm einen Eimer Wasser, der bereit stand, und schüttete ihn über das Kind, das durch diesen Schwall und auch vor Schreck ein,, zwei Schritte zurücktaumelte, zu Boden fiel, gleich wieder aufstand, nun nicht nur naß, sondern auch völlig verdreckt. Was dieser Mensch lachen konnte, so heftig, daß man meinte, er müsse augenblicklich vor Husten sterben. »Oooohhh!« sagte er traurig, nachdem sich sein Husten beruhigt hatte. »So triefend naß! Wie schade! So kannst du natürlich auch nicht eintreten in eine gutchristliche Stube, die, gelobt sei der Herr, vor Sauberkeit blitzt!« Er griff in die Hosentasche, zog ein Stück Brot hervor, warf es Mané hin und sagte: »Iß da draußen und warte!« Die Tür ging auf, fiel zu, der Spuk war zu Ende, und Mané stand da, rieb mit den Fingern über das Stück Brot, rieb den Schmutz vom Brot, biß ab.

Das Brot schmeckte gut. Wie gut es schmeckte.

Noch eine Tagesreise. Mané mußte sich diesmal in der Kutsche auf den Boden legen, während der Mann, der ihn begleitete, seine Beine über ihn hinweg auf der gegenüberliegenden Sitzbank hochlagerte. »Falls du wieder kotzen mußt! Dann ist nur der Boden versaut, und ich kann dich gleich als Aufreibefetzen verwenden!« Der Mann war sichtlich gut aufgelegt. Sein Gewand war in der Nacht gewaschen und über dem Feuer getrocknet worden, er hatte gut gegessen und getrunken, schnalzend saugte er an den Speiseresten zwischen den Zähnen, während er von den Würsten schwärmte, namentlich von der Alheira, eine Alheira hätten sie hier, genau wie sie sein sollte, die könnte mit manchen feinen Häusern in Evora, wenn nicht gar in Lisboa mithalten.

Mané dachte an Rauchfänge. An den Rauchfang zu Hause, wo seine Mutter die Alheiras hängen hatte, bis sie richtig geräuchert waren, an die Rauchfänge der Häuser, in denen die Eltern verkehrten, überall hingen die Alheiras, groß und deutlich sah er sie vor sich, die prallen Därme im Rauch, die immer schwärzer wurden, er meinte sie riechen zu können, während das Gesicht seiner Mutter, die Gesichter seiner Familie und all der Menschen in diesen Häusern undeutlich blieben, verwischt, als würden sie sich im Rauch auflösen.

»Zu Hause hatten wir auch immer Alheiras im –«

»Was hast du gesagt?«

»Im Rauchfang zu Hause, da hatten wir auch immer Alheiras!«

Mané spürte einen Tritt in seinen Rücken. »Wer hat dich gefragt?« Und nachdem der Mann sich wieder bequem gesetzt, die Füße hochgelagert hatte: »Heute abend wirst du abgeliefert, ich kassiere meine Belohnung, und das wars dann mit uns. Bis dahin will ich nichts mehr von dir hören!«

Also nur noch eine Tagesreise. Und so erniedrigend Manés Position auf dem Boden der Kutsche unter den Beinen des Mannes auch war, sie erleichterte ihm doch die Reise gehörig. Liegend setzten ihm die Schläge der Kutsche und auch die grelle Sonne nicht so zu, zeitweise gelang es ihm sogar, zu schlafen oder zumindest zu dösen. Nur die Wunde auf der Wange schmerzte, brannte immer stärker, und Mané bekam Angst, daß es dem Mann mit seiner Wunde ebenso erging. Womöglich wird er, wenn der Schmerz immer stärker wird, wieder zornig werden und ihn treten, bestrafen wollen. Mané lag auf dem Boden der Kutsche, unter den Beinen des Mannes, und versuchte, den Schmerz zu unterdrücken.

Als Mané aus der Kutsche kroch und sich aufrichtete, stand er vor einem großen Gebäude, hinter dem die Sonne bereits verschwunden war, während die umliegenden freien Flächen noch im Untergangslicht lagen.

In dieses Gebäude, das dunkel den Tag verschluckte, wurde Mané von einem Mann in schwarzer Soutane hineingeführt. Durch lange Arkaden im Innenhof und endlose Gänge schritten sie, Treppen hinauf und vorbei an zahllosen Türen, bis sie schließlich einen Raum betraten, in dem ein Mann, seinen Rücken den Eintretenden zugewandt, am Fenster stand. Es schien, als wollte dieser Mann, der ebenfalls eine Soutane trug, mit seinem breiten schwarzen Körper noch rasch das letzte Licht abwehren, das durch dieses Fenster hereinfallen wollte.

Langsam wandte der Mann sich um, nickte, setzte sich an einen Schreibtisch, blickte Mané streng an – wieso streng? –, blickte ihn an und sagte: »Name«

Der Mann stellte diese Frage auf lateinisch, aber mit portugiesischer Aussprache, das machte für das Kind keinen Unterschied. Nicht deshalb war Mané augenblicklich überfordert, geriet in Panik, sondern weil ihn diese Frage vor eine Entscheidung zu stellen schien, die er unmöglich treffen konnte.

Das Kind hatte viele Namen.

Der Mann wartete, blickte Mané an, inzwischen wurde es

dunkel in diesem Raum, es siegten die schwarzen Soutanen der Männer.

Konnte es sein, daß dieses Kind auf Grund seiner geheimen jüdischen Erziehung ihn gar nicht verstand? »Habt ihr, deine Familie und du, nach dem Gesetz Mose gelebt?« fragte der Mann also auf portugiesisch. Das Kind wußte nicht, was das sein sollte, »Mose«, aber »Gesetz« verstand es, und das verstand es erst recht: Daß es vernünftiger ist, nach dem Gesetz zu leben, der Ordnung und ihren Regeln zu gehorchen – und hatten sie es nicht versucht?

Mané nickte.

Der Mann blickte ihn an. Na also. »Hah Schimcha?«

Wieder antwortete Mané nicht. Er verstand nicht. Schließlich sagte der Mann, der ihn in diesen Raum geführt hatte: »Sein Name ist Manoel Dias Soeiro, Vater!«

»Ein ehrwürdiger, schöner Name. Soll er gelöscht werden?«

»Das Urteil ist noch nicht ergangen, Vater!«

»Dann werden wir nicht vorgreifen. Also: Zögling Manoel. Und ihr werdet, bitte, den Zögling mit allem vertraut machen, damit er seinen Platz bei uns findet und sich einfügen kann in ein Leben, das er bald als Glück begreifen wird. Noch Fragen?«

»Und Vater – ?« Mané wollte nach seinem Vater fragen, nach seiner Mutter, seiner Schwester, nach deren Verbleib, und wann er sie wiedersehen werde und wie er mit ihnen in Verbindung treten könne – aber schon nach dem Wort »Vater« war er so erschöpft, daß er innehielt. Der Mann hinter dem Schreibtisch aber verstand das nicht als Frage, sondern bloß als Anrede – er lernte schnell, der Junge! – und sagte freundlich: »Es wird alles gut, mein Sohn!«

Das war Manés Eintritt in das Jesuitenkolleg.

Es klang so logisch, ein einfacher Sachzwang: Eltern geschieden, beide berufstätig, Kind ins Internat. Dennoch, Viktor sollte diese Logik nie verstehen, nie akzeptieren können, und auch an diesem Abend, fünfundzwanzig Jahre nach der Matura, ein Vierteljahrhundert nach der »Befreiung« aus der geschlossenen Anstalt, fiel es ihm schwer, von Hildegund darauf angesprochen, nicht augenblicklich in Wut und Selbstmitleid zu versinken. Noch dazu nach diesem Alkoholkonsum. Manche werden durch Alkohol aggressiv, manche werden weinerlich. Viktor gehörte eher dem zweiten Typus an. Nur wenn er auf das Internat angesprochen oder daran erinnert wurde, konnte er beide klassischen Alkoholreaktionen zur Synthese bringen. Seine Selbstgeißelungen drohten dann hemmungsloser zu werden als die wildesten Praktiken bei Opus Dei, und seine heftigen Anklagen gegen die an ihm begangenen Verbrechen kompromißloser als die Österreichkritik österreichischer Schriftsteller. Viktor nahm die Brille ab, massierte seine Augen. Er wollte das jetzt nicht, er mußte aufpassen. Im Grunde verbrachte er doch einen wunderbaren, einen außergewöhnlichen Abend, der, nach dem anfänglichen seelischen Streß, nur noch heiter war und auch alles hatte, um es zu bleiben. Hildegund verhandelte mit dem Oberkellner, sie bat, das Dessert noch ein wenig aufzuschieben, und fragte nach Rotweinen, sie wollte jetzt auf Rotwein umsteigen. »Was meinst du?« D'accord!

Was Viktor mittlerweile nicht verstand – seinerzeit hatte das in seinem Denken noch keine Rolle spielen können –, war, wie sein Vater, der als Kind von seinen Eltern getrennt und mit einem Transport weggebracht worden war, es dann als völlig normal hatte empfinden können, sein eigenes Kind in ein Internat zu schicken. Und seine Mutter, die Glucke? Als er achtzehn war, hätte sie ihn am liebsten an der Hand zur Uni gebracht, damit ihm nichts passiert, aber für den Achtjährigen nur ein flüchtiger Kuß am Tor eines kasernenartigen Gebäudes ... Und schon war sie verschwunden, die schöne Frau, auf die er so stolz war, die Mutter, die fort war, als er eine gebraucht hätte. Und die pastellfarbene Welt wurde dunkel, im Dunklen ab und zu das Schimmern ihres Kußmunds, das Schimmern ihrer feinen Strümpfe, als er ihr nachgesehen hatte, wie sie wegging, auf Nimmerwiedersehen bis zu den nächsten Ferien. Später, nach dem Internat, als er so gern ein Tier in Gefangenschaft gehabt hätte, einen Fisch im Aquarium, einen Vogel im Käfig, eine Katze in der Wohnung – da war sie gleich zur Stelle: »Das wirst du dir doch nicht antun!« Sie betonte jedes Wort: »Du!«, »Dir nicht antun!«

Hildegund studierte die Weinkarte. »Soll ich den teuersten nehmen oder von denen, die ich kenne, den besten?«

»Mach einen Vorschlag!«

»Hmh, laß mich sehen ...«

Einmal hatte er seinen Vater angesprochen auf das Achtunddreißiger Jahr, den Kindertransport, aber der Vater hatte sich als unfähig erwiesen, darüber zu sprechen. Nur kalte Sprachlosigkeit. Aber was hast du gefühlt, damals? Wie ist es dir da gegangen, was hast du gedacht, empfunden? Hast du Angst gehabt? Oder Wut? Wie war für dich die Trennung von den Eltern?

Ein langes Gespräch, das aber nie eines wurde. Im Grunde war alles, was zum Vorschein kam, keine vernarbte Wunde, sondern eine versteinerte Wunde. Und dann sein Vater: »Was willst du eigentlich von mir wissen?«

»Ich will wissen, wie es dir da gegangen ist, deine Gefühle und –«

»Gefühle?«

»Was hältst du vom ›Red‹ ... vom Weingut Heinrich?« fragte Hildegund.

»Her damit!«

Jetzt ja nicht trübsinnig werden. Viktor schloß wieder die Augen – und hörte, wie der Oberkellner dem Piccolo zurief: »Hol mir einen roten Heinrich aus dem Keller!«

Nein, nichts war logisch gewesen, die Eltern sind von der Geschichte herumgestoßen worden, aber dieses Kind nur von den Eltern. Menschen, die, befreit, sich gleich wieder unter Druck fühlten. Warum nicht? Sie waren jung und hatten jeden Glücksanspruch. Und die Großeltern waren alt. »Wir sind alte

Menschen«, sagten sie, als sie begannen, sich davon überfordert zu fühlen, täglich das Kind von der Schule abzuholen und zu beschäftigen, bis es um sechs im Espresso bei der Mutter abgeliefert werden konnte.

Eines Vormittags fühlte sich der Großvater unwohl, er hatte noch nicht einmal vier Kaffees getrunken – der Kreislauf, oder gar das Herz? Er wurde nervös, unterbrach seine Kaffeehaustour und hastete zum Arzt. Ein Mann, wie er, der so stolz darauf war, in seinem Alter immer noch »gut zu Fuß« zu sein, kam selbst in einer solchen Situation nicht auf den Gedanken, ein Taxi zu nehmen. Schweißüberströmt und einem Kollaps nahe, kam er bei seinem Hausarzt an, nahm im Wartezimmer Platz und hatte nach zwei Minuten »bereits eine kleine Ewigkeit gewartet«. Als »der Nächste bitte« aufgerufen wurde, sprang er auf, stieß eine Frau, die nun an der Reihe gewesen wäre, zur Seite, angeblich mit den Worten: »Sie können besser warten als ich!«, was zweifellos eine unbestreitbare Tatsache war. Jeder Mensch auf der Welt konnte besser warten als er. Bevor ein Skandal im Wartezimmer ausbrechen konnte, brach er zusammen, die Frau, die er eben weggestoßen hatte, mit zu Boden reißend. Nach eingehender Untersuchung stellte sich heraus: Der Großvater hatte nichts. Aber es war eine besonders schmerzhafte, chronische Form von Nichts: Es setzte sich in Großvaters Kopf fest, weil er plötzlich nichts anderes mehr sah als dieses Nichts, das vor ihm lag. Und so hastig und ungeduldig, wie er immer lief, »gut zu Fuß«, lief er viel zu schnell darauf zu, ohne die Richtung ändern zu können. Die Zukunft als schwarzes Loch ... die Zukunft – sein Enkelkind! Als ihm einfiel, daß er Viktor von der Schule abholen hätte sollen, sprang er von der Liege, eilte, wieder nicht mit dem Taxi, sondern zu Fuß, zur Schule, wo Viktor seit fünf Stunden reglos und ergeben auf der Steinschwelle des Schulportals gesessen hatte. Da kam endlich der Opa, gerade rechtzeitig, um Viktor bei seiner Mutter abzuliefern, kurz vor ihrem Dienstschluß.

Gottseidank ist nichts passiert.

»Was heißt, es ist nichts passiert? Das Kind ist stundenlang auf der Straße gesessen!« (Die Mutter)

»Das kann doch passieren. Vater ist ein alter Mann!« (Der Vater)

»Du sagst alter Mann? Ich sag alter Depp! In seinem Alter reißt man keine wildfremden Frauen nieder und wirft sich auf sie drauf!« (Großmutter)

»Aber das war die Ohnmacht!« (Großvater)

»Deine Ohnmacht kenn ich. Du glaubst, das ist die deutsche Übersetzung von Omnipotenz!« (Großmutter)

»Das Kind! Wir reden vom Kind!« (Die Mutter)

»Wir reden von mir. Ich bin ein alter Mann!«

Es war klar, daß es so nicht weitergehen konnte. Damals entstand die Idee vom Internat. Aber dann gab es doch noch einen Aufschub, eine Galgenfrist – dank der »Puppiburli-Oma«, Mutters Mutter. Eines Sonntags läutete es an der Tür, »Viktor, schau nach, wer das ist, und wenn es ein Mann ist, den du nicht kennst, dann sag: Ich bin nicht zu Hause!«, und Viktor öffnete, draußen standen die Oma, ein fremder Mann und vier Koffer, zwei davon alte Pappkoffer, die noch mit Spagat umschnürt waren, damit sie nicht aufplatzten. »Puppiburli! Da bin ich!« rief die Oma, und Viktor wußte nicht, was tun, wegen des fremden Manns, den er nicht kannte – da war die Oma schon an ihm vorbei, sagte zu dem Mann, er solle die Koffer hereintragen, dann bekomme er auch sein Geld, rief »Hasi! Da bin ich!« und umarmte die völlig verdutzte Mutter. Der Taxifahrer, der Oma vom Bahnhof hergebracht und die Koffer in die Wohnung geschleppt hatte, wurde entlohnt – eine Staatsaktion, weil Mutter einen Hundert-Schilling-Schein nicht »anreißen« wollte, daher ihre Münzen aus dem Portemonnaie kippte, sie ordnete und zählte, so hastig wie doch auch pedantisch-langwierig, es ging sich aus, allerdings knapp, ohne Trinkgeld, also suchte sie noch in der anderen Handtasche und in den Manteltaschen, wo sie noch zwei Münzen fand, wie mickrig das war, Viktor starb vor Scham. Gleichzeitig stellte sie vor diesem Mann, der immer ungeduldiger wurde, echauffierte Fragen an Oma, was das solle, ob sie sich bitte erklären könne. Oma blieb von Peinlichkeiten wie auch von Hektik und Irritationen völlig unbeeindruckt und fragte Viktor seelenruhig, ob »Puppiburli« sich freue, daß Oma nun in Wien sei.

Diese Großmutter hatte Viktor nie bei seinem Namen genannt. Nach seiner Geburt hatte sie mitreden wollen bei der Entscheidung, welchen Namen er bekommen solle, und Friedrich vorgeschlagen. Ein Mann sollte, ihrer Meinung nach, einen klassischen Männernamen haben, der Respekt einflößt, und keinen Modenamen, der noch dazu so blöd abgekürzt werden könne, daß nicht einmal mehr das Geschlecht ersichtlich sei. Sie war für Friedrich, oder Emmerich, ja sogar Roderich schlug sie vor. Das wußte Viktor von seinem Vater (»Alle ihre Vorschläge liefen auf -ich hinaus, ich glaube, sie ist so von Männern besessen, daß sie zu jedem Ich sagen will!«)

Großmutter lebte in Oberösterreich, in Amerling, Bezirk Ried, an der bayerischen Grenze. Dort hatte sie, bekannt als »die lustige Witwe«, eine Greißlerei, einen Gemischtwarenladen, der damals, als es noch nicht in jedem Ort Supermärkte gab, recht gut ging, jedenfalls gut genug, um auch der alleinerziehenden Tochter immer wieder finanzielle Hilfe geben zu können, wenn sie schon, auf Grund der räumlichen Entfernung, den klassischen Großmutterpflichten nicht nachkommen konnte. Ihr Mann Heinrich, Viktors Großvater, war in diesem Ort Bürgermeister gewesen, bis die Sozialistische Partei verboten wurde. Bald nach Kriegsbeginn wurde er in die Wehrmacht einberufen, kam schließlich in die Kanonenfutter-Kompanie, die in Jelnja, Rußland, aufgerieben wurde.

Amerling. Dort hatte Großmutter eine Greißlerei. Aber ab diesem Tag, an dem sie mit ihren vier Koffern plötzlich in Wien in der Wohnung ihrer Tochter stand, mußte man sagen: Dort hatte sie eine Greißlerei gehabt. »Da bin ich!«, das hieß:

Sie zog jetzt hier ein. Sie hatte die Greißlerei verkauft, sie hatte das Haus mit dem Garten verkauft, die Wiese hinter dem Haus, wo ihre Hühner herumgelaufen waren und wo sie eine Ziege gehalten hatte, damals »in der schlechten Zeit«, und den kleinen Wald dahinter hatte sie verkauft, das sogenannte »Bicherl«, wo sie ihr Brennholz machte, alles hatte sie verkauft –

»Und die Möbel?« fragte die Mutter, als bemühte sie sich, bei einem Scherz mitzuspielen, den sie noch nicht verstand.

»Die besseren Sachen hat sich der Erich geholt, und den Rest habe ich mir ablösen lassen vom Käufer.«

»Erich. Willst du damit sagen, er hat gewußt, daß du unser Elternhaus verkaufst? Und das hat er zugelassen? – Unser Elternhaus?« Sie schaute nervös Omas Koffer an. »Sag! Sag endlich: Das ist nicht wahr!« Das klang schon sehr schrill, aber dann kippte ihre Stimme: »Rede endlich!«

»Paß auf, Hasi! Erich hat Geld gebraucht. Er will sich selbständig machen. Das mit der Greißlerei wäre ohnehin nicht mehr lange so weitergegangen, jetzt kommen überall diese Supermärkte. Das hat Erich klar erkannt. Das hat keine Zukunft. Er will eine Firma gründen, und dazu braucht er Kaputtal und –«

»Hast du jetzt Kaputtal gesagt? – Ich fasse es nicht. Ich höre diesen Analphabeten, wie er sagt: Mutter, ich brauch Kaputtal! Und du läßt dich von ihm zwingen, alles zu verscherbeln, und drückst ihm das Geld in die Hand? Einem Wahnsinnigen, der nicht einmal buchstabieren kann, was –«

»Rede nicht so von deinem Bruder. Er hat recht, die Greißlerei hätte keine Zukunft, aber jetzt haben wir noch Geld dafür bekommen. Es war schlau, jetzt zu verkaufen. Er hat mich nicht gezwungen. Er hat mich überzeugt.«

»Das ist kein Spaß: Du hast alles verkauft? Unser Haus, alles?«

»Ja. Mein Haus, alles!«

»Und wo ist das Geld?«

»Das habe ich dem Erich gegeben, damit er sich selbständig machen kann –«

»Aber doch nicht alles? Du hast dir doch sicher so viel behalten, daß du dir eine kleine Wohnung kaufen kannst und daß du Rücklagen hast –«

»Nein. Ich habe ihm alles gegeben. Er braucht es doch, damit er sich selbständig machen kann –«

»Und wenn ich mich auch selbständig machen will? Wenn ich auch Kapital brauche?« Oma wich ein paar Schritte zurück.

»Hör zu, Hasi! Du hast eine gute Stelle, wo du mit Trinkgeld und allem Drum und Dran nicht schlecht verdienst. Außerdem bist du eine Frau, du wirst früher oder später wieder einen Mann –«

»Raus! Geh sofort raus! Nicht du, Mutter. Viktor! Raus mit dir!«

»Hasi! Bleib ruhig! Horch! Ich kann dir viel abnehmen, wenn ich da bin, dir helfen, und ich werde mir eine Arbeit suchen, dann kann ich wieder was beisteuern, es wird uns gut –«

»Raus mit dir Viktor! Was ich jetzt zu sagen habe, ist nichts für deine Ohren!«

Die Galgenfrist. Das bißchen Kindheit, das Viktor noch blieb, begann damit, daß seine Mutter erfuhr, daß ihre unwiederbringlich verloren war. »Alles fort!« sagte Mutter. »Und Oma da!« sagte Viktor.

Man sollte glauben, daß die Entscheidung dieser Frau, ihr Haus zu verkaufen, den gesamten Erlös ihrem Sohn zu geben und mit nichts als vier Koffern einfach bei ihrer Tochter einzuziehen, als Form von Wahnsinn, zumindest als gehörige Verrücktheit angesehen wurde. Daß in Gesprächen zumindest der Gedanke an Entmündigung aufgekommen wäre. Oder daß jemand die Frage angesprochen hätte, wie man verhindern könnte, daß Onkel Erich das ganze Geld in den Sand setzte, um zumindest genug für ein kleines Haus oder eine Wohnung für Oma zu retten. Aber nein. Alle waren begeistert, und Mutter mußte die Erfahrung machen, daß sie, außer im Espresso bei den »Gatschwellen«, mit ihrem Unverständnis nur auf Unverständnis stieß. Nicht Oma war verrückt, sondern Mutter hysterisch. Nicht Oma war kurzsichtig, sondern Mutter blind. Oma war keine Zumutung, sondern eine große Hilfe, und Mutter undankbar. Hatte das Kind jetzt nicht jeden Tag ein warmes Mittagessen, wenn es von der Schule kam? Hatte es jetzt nicht jeden Nachmittag Betreuung? War es nicht vernünftiger, das Kind konnte zu Hause seine Aufgaben machen und spielen, statt in Kaffeehäusern herumzusitzen? Waren damit nicht auch die Großeltern entlastet, gerade jetzt, wo sie so kränkelten? Hatte die Mutter jetzt nicht stets eine tipptopp geputzte Wohnung, ohne selbst einen Handgriff machen zu müssen, und abends, wenn sie heimkam, ein warmes Essen? Und hatte Onkel Erich jetzt nicht die Chance seines Lebens? Wozu ist er Kaufmann geworden? Jetzt kann er sich selbständig machen, in diesen wirtschaftlichen Aufbruchzeiten, ohne – so ein Glück! – von Anfang an auf einem Schuldenberg von Krediten zu sitzen.

»Kaufmann. Daß ich nicht lache. Mutter hat ihn im Geschäft formal als Kompagnon hineingenommen, da hat er sich sofort in seinen Paß Kaufmann eintragen lassen. Aber Angeln war er den ganzen Tag und am Abend im Wirtshaus. Kein Achtel Butter hat er verkauft, jetzt erst hat er zum ersten Mal in seinem Leben etwas verkauft: das Geschäft von Mutter und das Elternhaus! Der Verkaufmann!« (Viktors Mutter)

Es wurde eng, zu dritt in der kleinen Zwei-Zimmer-Wohnung.

Oma war eine resolute Frau. Wo sie war, gab es, in einem Zimmer, in einer Wohnung, keinen Weg an ihr vorbei. Sie hatte einen schrankförmigen Körper mit einem enormen Busen, das war sozusagen der respektgebietende Teil. Da stand was da. Aus diesem Brustkorb konnte es dröhnen. Dieses dicke, massive Viereck wurde getragen von zwei dünnen, sehnigen Beinen, die unausgesetzt in Bewegung waren, oder, wenn Oma gerade saß, immer bereit waren, diesen Körper hochschnellen zu lassen. Oma saß am Kachelofen und stopfte Socken, Viktor saß am Tisch und machte Hausaufgaben, er stand auf, um aufs Klo zu gehen, schon stand Oma vor ihm: »Brauchst du was, Puppiburli?«

Das war der nervende Aspekt. Und ein Kapitel für sich waren ihre Haare. Sie war stolz darauf, sie »ihren Lebtag« noch nie geschnitten zu haben. Sie trug sie kunstvoll geflochten und hochgesteckt, immer wieder fand Viktor Haarnadeln, die sie verloren hatte, er sammelte sie, und wenn er zumindest ein Dutzend hatte, überreichte er sie ihr. Ein Spektakel war es, wenn Oma das Haar öffnete. Wie sie den Kopf warf, um das Haar einmal vor die rechte, dann die linke Schulter zu werfen, die Handbewegungen, wie sie es bürstete, wie ihr Gesicht hinter dem Haar verschwand und dann wieder auftauchte, das alles wurde für Viktor zum Inbegriff von etwas, dessen Bedeutungen, Varianten und Ersatzformen er noch lange nicht kannte.

Das Badezimmer war vollgehängt mit Kleidungsstücken, die er noch nie gesehen hatte, die man normalerweise auch nicht sieht und deren Namen er von Oma lernte: Mieder, Strumpfbandgürtel, Büstenhalter, alles in Rosa, nein!, sagte die Großmutter, »das ist fleischfarben!«, es sah im Badezimmer mit diesen herumhängenden fleischfarbenen Torsos aus wie in einer Metzgerei, aber sonst war die Wohnung tatsächlich tipptopp. Einer der vier Koffer war voll von Düften, Reinigungs- und Poliermitteln aus der Ware ihrer Greißlerei, für das Klo, die Küche, die Polstermöbel, Holzflächen und Fußböden. Nie hätte Mutter, die groschenzählend auf Wasser und Kernseife vertraute, solches gekauft. Das alles machte sich jetzt bemerkbar. Es gab ein Leben, das gut roch. Und so eng war es dann doch nicht: Mutter war fast nie zu Hause, sie kam fast nie nach der Arbeit heim, zumindest solange Viktor noch wach war. »Sie ist eine junge Frau«, sagte Oma achselzuckend. Mutter war Anfang dreißig, als plötzlich ihre Mutter bei ihr eingezogen war. Sie reagierte mit Fluchtversuchen, und wieder verstand sie keiner: Plötzlich galt sie als leichtlebig und verantwortungslos.

Aber bald wurde es wirklich eng in dieser kleinen Wohnung. Es wurden Kartons geliefert. Dutzende, Hunderte Kartons, die im Vorzimmer aufgeschichtet wurden, und dann, als im Vorzimmer nur noch ein schmaler Durchschlupf frei war, im Wohnzimmer. Und als es im Wohnzimmer dunkel wurde, weil vor einem der beiden Fenster die Schachteln schon bis zur Decke reichten, wurden die restlichen im Schlafzimmer gestapelt. Viktor hatte von Oma ein Eis bekommen, als die Männer mit diesen Kisten kamen, und er stand schleckend und neugierig zuschauend da, er hatte damals noch nicht den Anspruch, die Welt zu verstehen.

Mitten in der Nacht wurde er durch gellende Schreie geweckt. Mutter war heimgekommen. Er lief schlaftrunken aus dem Schlafzimmer, prallte gegen Kartons, tastete sich vor bis zu dem Hohlraum, wo seine Mutter stand und mit Oma schrie. »Nur vorübergehend«, sagte Oma immer wieder, »nur vorübergehend!« Erich hatte noch kein Lager, und deshalb –

»Dann soll er sich das in seiner eigenen Wohnung einlagern!«

»Hat er ja. Aber die ist zu klein. Alles vollgestellt. Und irgendwo muß er doch –«

»Ich halte das nicht mehr aus. Was ist das überhaupt?«

Mutter begann, einen Karton aufzureißen, es war schwierig, wegen der Klebebänder und der Klammern. »Buchhalter!« sagte Oma.

»Buchhalter? In diesen Kisten sind Buchhalter? Ihre Leichen, oder was?«

Mutters Stimme war nun so schrill, daß er beschloß, sich lieber ins Bett zurückzutasten.

Onkel Erich hatte immer davon geträumt, eine »geschickte« Generalvertretung zu haben, Coca-Cola zum Beispiel. Da konnte man sich entspannt ganz nahe an sein Kapital setzen und hören, wie es arbeitet. »Die Leute trinken Coca-Cola, da kann man gar nichts falsch machen.« Das nannte er eine »geschickte Vertretung«. Nur: Coca-Cola war nicht mehr

164

frei, also suchte er ein anderes »geschicktes Produkt«. Er inserierte in der Zeitung »Firma, spezialisiert auf Generalvertretungen, hat noch Ressourcen frei«.

»Wo ist das Inserat? Das will ich sehen. Der Idiot weiß doch gar nicht, wie man Ressourcen schreibt!«

»Rede nicht so von deinem Bruder!«

Viktor stand in der Schlafzimmertür und lutschte Daumen. In seinem Alter.

»Es hat sich ein Erfinder gemeldet. Der hat die Buchhalter erfunden. Ein geschicktes Produkt. Die wurden jetzt produziert, und stell dir vor! Erich hat die Generalvertretung für Österreich und Deutschland bekommen!«

Die Buchhalter stellten sich als primitive Plastikgerüste heraus, die man aufklappen und auf dem Schreibtisch so hinstellen konnte, daß sie ein Buch aufrecht stützten, so wie eine Staffelei oder wie ein kleiner Notenständer. »Ideal für Kinder, die dadurch nicht auf ungesunde Weise über ein Buch gebeugt sind, sondern in gesunder Haltung darin lesen können, oder bei ihren Hausaufgaben aus einem Buch etwas kopieren müssen.« (Der Beipackzettel)

Am Besuchstag sagte Viktors Vater: »In meiner Familie sind alle meschugge. Aber: Das Problem ist: In deiner Familie sind alle verrückt!«

Das war ein starker Satz für ein Kind, das nicht das Gefühl hatte, eine Familie zu haben.

Es wurde sehr eng, und schließlich spielte sich alles nur noch im Schlafzimmer ab. Oma beschloß, eine Ausbildung zur Heilmasseuse zu machen, nach Diplom Anstellung garantiert. »Ein schönes Gehalt, dazu noch die Trinkgelder der Damen, und gar nicht zu reden davon, daß ich die eine oder andere Massage schwarz machen kann! Hasi, was sagst du?«

Viktor verstand nicht, warum seine Mutter immer so skeptisch war, warum sie immer so irritiert reagierte auf alles, was andere wollten, und was doch zweifellos eine Verbesserung des Lebens zur Folge haben konnte.

Großmutter begann diese Ausbildung, jeden Vormittag ging sie in den Kurs, jeden Nachmittag übte sie mit Viktor das Gelernte. Nach dem Mittagessen und den Hausaufgaben mußte sich Viktor im Schlafzimmer auf das Bett legen, und Oma übte die Technik ein, die sie am Vormittag gelernt hatte. Sie hatte Schwierigkeiten, sich die Fachbegriffe zu merken, die sie bei der Prüfung alle wissen mußte. Einer hieß zum Beispiel »Petrissage«. Am Nachmittag lag Viktor, von Öl triefend, auf dem Bett, und Oma übte stundenlang diese eine Technik, und rief, dabei immer wieder memorierend, den Begriff aus, den sie sich an diesem Tag merken mußte: »Pe-tri-ssage!« Sie übte täglich nur den einen, eben gelernten Griff: Pe-tri-sasch, Pe-tri-sasch, Pe-tri-sasch! Dabei walzte sie resolut über einen Körperteil Viktors hinweg, immer wieder, bis Griff und Begriff eins geworden waren. Das Kind war auf eigentümliche Weise glücklich, wenn es einschlief, so völlig schief massiert. Ein Teil des Körpers weich, der Rest hart und verspannt. Viktor hörte Omas Stimme, hörte den Begriff des Tages nachhallen, während er sich im Bett zusammenrollte, auf die weiche Seite.

»Warum hinkt das Kind? Warum geht es so schief?« (Der Vater)

Das gab sich. Bald lernte Oma, die verschiedenen Griffe gleichsam zusammenzusetzen, übte Ganzkörpermassagen, jeden Nachmittag stundenlang, sie massierte das Kind windelweich. Und schließlich Fußreflexzonenmassage. Eine ganz neue Technik, die Vollendung und Krönung des Kurses. Das liebte Viktor. Er lag entspannt im Bett, träumte, während Oma seine Füße drückte und knetete. Er dachte nicht an Eros. Oder den Tod. Oder den Kalten Krieg. Oder an die Vergänglichkeit von was auch immer. Das war die schönste Zeit. Dieses Kind hatte keinen Fußball, aber es hatte Fußmassage.

Oma bestand die Prüfung und bekam eine Anstellung als Masseuse im Diana-Bad. Wie stolz sie war.

»Wie kannst du eine Ganztagsstelle annehmen? Was mach

ich jetzt wieder mit Viktor? Du mußt dir was halbtags suchen!«

Die Stelle im Diana-Bad bekam Oma ganztags oder gar nicht. Und sie wollte dort arbeiten. Sie wollte Geld verdienen. Alles habe sie hergegeben für die Kinder, alles für die Kinder gemacht, sich immer nur geopfert. Jetzt müsse sie endlich auch einmal an sich denken. Es dröhnte aus ihrer Brust.

»Gut. Dann wirst du ja auch genug verdienen, um dir eine eigene Wohnung mieten zu können.«

Wieder mit Großvater von einem Kaffeehaus zum anderen. Dann entweder zum Diana-Bad zu Oma, oder ins Espresso zu seiner Mutter.

»So geht das nicht weiter! Du kannst nicht dauernd mit dem Großvater im Café Eier im Glas essen, und dann im Diana-Bad ein Eis. Du bist ja schon ganz gelb im Gesicht!« Mutter schoß entnervt den rechten Schuh vom Fuß, der aber nicht in der Ecke landen konnte, weil es da keine Ecke mehr gab. Der Schuh schlug gegen den Karton-Stapel, gleichsam ihr Elternhaus, das ihre Wohnung unbewohnbar machte, von wo er zu ihr zurückprallte. Der Schuh traf sie am Knie, aber nicht weil dies so schmerzhaft war, sondern weil ihr Schmerz so groß war, schrie sie. Wie sie schrie!

Tapfer war er die vielen Treppen hochgestiegen, zügig und konzentriert wie ein zielbewußter Erwachsener, so wie die Mutter neben ihm, deren Schritte mit den seinen einen geradezu militärischen Gleichschritt ergeben hatten, tapfer war er neben ihr den langen Gang weitergeschritten, zielstrebig hin zum Unvorstellbaren, vorbei an den vielen Türen, aus denen plötzlich Dutzende Kinder geströmt waren, die von Erwachsenen augenblicklich aufgefordert wurden: »In Viererreihen antreten!«, und dann in Kolonnen fortmarschierten. Tapfer war er schließlich mit seiner Mutter in einen Raum eingetreten, wo sie Platz nehmen durften. »Mein tapferer großer Bub!« hatte seine Mutter auf dem Weg hierher, zu diesem großen Gebäude mit den vielen Treppen, Gängen und Türen, gesagt. Viktor hatte nicht gewußt, was ihn erwartete, er hatte auch nicht gewußt, daß er tapfer war oder es sein sollte, aber nachdem die Mutter diesen Satz gesagt hatte, bekam er Angst und versuchte zugleich, sich dieses Lobs würdig zu erweisen und seine Mutter nicht zu enttäuschen. Und dann war alles auf diese Frage hinausgelaufen, die dieser Mann, vor dessen Schreibtisch sie schließlich saßen, an Viktor richtete: »Name?«

Der Mann war feist, ein massiger Körper, der von einem festen dunkelblauen Anzug mit steifer Anzugweste in einer Weise zusammengepreßt war, daß sein Kopf wie oben herausgequetscht wirkte, gerade noch zusammengehalten von der Gesichtshaut, die bis zum Äußersten gespannt war. Das Gesicht selbst war wie eine strenge, bedrohliche Maske in diese oben herausgequollene Masse hineingedrückt, ein angsterregendes kleines Porträt in einem ausladend barocken Rahmen.

Viktor sah seine Mutter an, dann wieder diesen Mann, dessen Schädelmasse nun eine Spur röter schien als noch eben zuvor. Viktor interpretierte das als ein Zeichen von Ungeduld und sagte rasch: »Abravanel.«

»Ein sehr seltener Name«, sagte der Mann, »wo kommt der her?«

Gut möglich, daß diese Frage freundlich sein sollte, oder einfach neugierig, aber das hörte Viktor nicht. Er hörte nur, was er hörte. Was stimmte mit seinem Namen nicht? Was soll das heißen: Wo kommt er her? Als hätten sie ihn irgendwo gekauft, aber ein schlechter Kauf: der Name gefiel dem Mann nicht, der jetzt hinzufügte: »Das ist kein österreichischer Name, oder?«

Er hatte nie einen anderen Namen gehabt, war nie in einer anderen Stadt, in einem anderen Land gewesen, was glaubte dieser Mann? Worum ging es da? Was für eine Prüfung war das? Würde er jetzt bestraft werden? Seiner Mutter weggenommen? Weil er den falschen Namen gesagt hatte, oder den richtigen, aber das war einer, den man besser nicht sagte?

Er sah die hinter dem Schreibtisch aufgetürmte Masse mit dem hineingedrückten kleinen Gesicht an, schluckte, sagte tapfer:

»Bitte! Ich heiße auch Viktor!« und begann zu weinen.

Am Sonntagabend sollte er »einrücken« in das Internat, den Samstagnachmittag konnte er, wie jede Woche, noch mit seinem Vater verbringen. Das war der vom Scheidungsrichter festgelegte »Besuchstag«, und der Vater wollte grundsätzlich nicht auf das Recht verzichten, seinen Sohn einmal in der Woche zu sehen. Andererseits: Ein ganzer Nachmittag, das war sehr lang, und noch dazu am Samstag, wenn nach der Arbeitswoche so viele Vergnügungen und Genüsse auf ihn warteten. Wie dieser Sohn ihn beengte! Er liebte ihn, wer mochte das bezweifeln, er brachte Opfer für ihn – jeden Samstagnachmittag, wenn er sich irgendwo rasch einmal losriß, um Viktor zu sehen, bis er wieder zu seinen Vergnügungen zurückhastete. Er liebte seinen Sohn geradezu demonstrativ: Er zeigte gern Fotos von seinem Sohn her, immer hatte er ein aktuelles Foto von ihm, das er, wenn er im Freundeskreis Lob dafür eingeheimst hatte, selbst noch einmal versonnen oder gar gerührt betrachtete, bevor er es wieder in seine Brieftasche steckte. Aber dem Kind selbst erschien der Vater immer auf der Flucht, auch wenn dieser selbst noch dieses Flüchten als konsequent liebevolle Besuchsdiplomatie empfand.

Ein Samstagnachmittag war sehr lang, aber er war schon kürzer, wenn Viktor noch bei seiner Mutter Mittag aß. Also wurde ausgemacht, daß der Vater Viktor erst nach dem Mittagessen abholte.

Nichts liebte die Mutter am Wochenende so sehr, als zu kochen, dicke heiße Suppen, in denen sie alles mitkochte, was sie gerade zu Hause hatte, immer wieder fand sie noch etwas, das sie hineinschneiden, hineinrühren konnte, immer wieder schmeckte sie ab, rührte um, kostete, bis sie am Ende noch ein Ei mit etwas Mehl verrührte und hineintropfen ließ.

Zuppa de Fantasia nannte sie diese grundsätzlich knoblauch-
verseuchten Kreationen, die zu starken Blähungen und zu
langanhaltenden Schweißausbrüchen führten, und so saß Viktor dann immer schwitzend und furzend da – »Pups, das ist
gesund!« (Mutter) –, wenn er auf den Vater wartete.

»Was dieses Kind schwitzt! Was ist es so nervös?« (Der Vater)

»Er hat gerade eine heiße Suppe gegessen!«

»Verstehe. Deine Suppen haben mich auch immer nervös
gemacht!«

»Hans!«

»Na wie wars gestern im Konvikt? Wir sind sehr froh, daß
wir dich da untergebracht haben, ist immerhin eine der besten
Schulen! Wo wäre ich heute, wenn ich deine Chancen gehabt
hätte!« Viktor hatte keine Chance, diese Frage zu beantworten, abgesehen davon, daß sie unbeantwortbar war: Woher
sollte er wissen, wo sein Vater, der da vor ihm herlief, heute
wäre, wenn er – Egal! Ihm nach! Das Stiegenhaus hinunter,
die Straße ein Stück hinauf bis zu der Stelle, wo das Auto ge-
parkt war, dann das Ausparken, das Lenkrad-Kurbeln in eine
Richtung und dann in die andere und dabei die hektische
Rückspiegelkontrolle, schließlich erleichtert in den Sitz
zurücksinken, Gas geben – so! »Und warum gibst du keine
Antwort, wenn man dich etwas fragt? Also, wie wars?«

Viktor wollte berichten, wie schrecklich der Direktor im
Internat war: »Stell dir vor: Als allererstes hat er gefragt:
Name?«, aber noch bevor Viktor weitererzählen konnte, daß
es doch seltsam sei, daß er nicht fragt: Wie heißt du? Sondern:
Name? – sagte sein Vater schon: »Na, diese Frage war doch
leicht zu beantworten. Einen Namen hast du ja.« Der Vater
grinste. »Alle Fragen in dieser Schule sollst du so leicht beantworten können!«

Immer wenn Viktor mit seinem Vater zusammen war, hatte
er das Gefühl, in sich zusammenzurutschen. So schnell er
auch wuchs – viel zu schnell, meinte jedenfalls seine Mutter,
er brauchte schon wieder eine neue Hose! –, ein »Besuchstag«

genügte, und schon war alles hinfällig, der große Junge war wieder klein und schlotterte in seiner Hülle.

»Du! Papa!« Viktor hatte das Gefühl, bloß gepiepst zu haben. Er wollte seinem Vater noch erzählen, daß der Direktor seinen Namen – »unseren Namen« – nicht in Ordnung gefunden habe, irgendwie verdächtig, »nicht österreichisch« –, aber es war aussichtslos. Viktor starrte trotzig vor sich hin, durch die Windschutzscheibe, es hatte keinen Sinn, diesem Mann etwas zu erzählen, er würde nur wieder einen Witz machen, und wenn er gar die Geduld verlor, würde er nur wieder sagen: Warum bist du immer so hilflos? Wann wirst du endlich ein richtiger Mann?

Der richtige Mann blickte genießerisch durch das Seitenfenster einer Frau nach, die da auf dem Gehsteig ging – »Papa!«, zu spät, es krachte, sie waren dem Auto vor ihnen aufgefahren.

Nicht schon wieder!

Mané lernte bei den Jesuiten Regeln. Und daß er höllische Angst haben mußte vor Ausnahmen. Ausnahmen wurden gehaßt. Der Haß auf die Ausnahmen machte die Regel erst ehern. Nicht daß Ausnahmen bloß störten oder das Leben erschwerten. Ausnahmen konnten Existenzen zerstören. Die Unterrichtssprache war Latein. Wer immer wieder über Ausnahmen stolperte, konnte seine Zukunft verlieren, auch und gerade weil er die Regeln kannte. Er reagierte falsch, wenn er auf eine Ausnahme stieß und nichts als die Regel kannte. Ausnahmen waren heimtückisch. Die Regeln gingen in Fleisch und Blut über, die beherrschte man blind. Aber die Ausnahmen – da mußte man unausgesetzt die Augen offenhalten. Grund genug, jede Ausnahme zu hassen. Sich selbst. Man mußte sich selbst hassen, Angst vor sich selbst haben, wenn man auf den Gedanken kam, daß man selbst eine Ausnahme war oder eine sein könnte. Wenn man gleichsam auf -a endete, obwohl man masculinum war.

Wie dieser Deutsche, Johann Leberecht Bauer, der etwa

gleich alt war wie Mané. Seine Eltern waren von Hamburg in die Neue Welt aufgebrochen und sind in Brasilien gelandet, in der Stadt Recife, wo sie ihr Glück zu machen hofften. Von dort, wo Johann zur Welt gekommen war, ist er siebenjährig mit seiner Familie und zweiunddreißig weiteren Personen, die in Recife eine geheime Judaria gebildet hatten, von den Portugiesen nach Lisboa verschleppt worden. Wie Manés Eltern warteten nun auch seine Eltern in einem Verlies auf ihren Prozeß, und wie Mané wurde auch Johann »Zungenbrecher« Bauer in dieses Jesuitenkollegium verbracht. Von seiner Herkunft und seiner Muttersprache her galt er als teuto, als Deutscher. Von seinem Geburtsort her und von allem, was er kannte, war er do novo mundo, einer aus der Neuen Welt, ein Brasilianer. Für die Behörden war er als Bürger der portugiesischen Kolonialstadt Recife ein Portugiese. Und im Wortlaut der Anklage, die seinen Eltern nicht nur das Judaisieren vorwarf, sondern, wegen der intensiven Geschäftskontakte seines Vaters zu Kaufleuten in Amsterdam und Leiden, auch Kollaboration mit den Holländern, war er zugleich ein Holländer, also der größte Feind der iberischen Nation.

Ausgerechnet dieser Junge, der zu viele Identitäten hatte, um eine haben zu können, suchte so verzweifelt wie unbeirrbar die Freundschaft mit Mané. Da war ein höllischer Instinkt am Werk. Einen Beschützer hatte er nicht finden können, also suchte er einen Komplizen im Leid. Und dieser Neue, dieser schweigsame, ängstliche, schwammige Junge, Zögling Manoel, wurde von dem Deutschen augenblicklich erkannt. Noch bevor die anderen Mané ausgelotet hatten, wußte João: Der ist Holz von meinem Holz. Weichholz. Trauerweide. Und schon war Mané, der dies nicht zurückzuwies, dessen Komplize in der Angst, und daher auch gleich für die anderen Holz von dessen Holz, ein dürrer gebrochener Ast.

Johann, João, Bauer, Agricola. Masculinum, endend auf a.

»Joana«, verhöhnten die anderen, die Älteren, dieses Kind mit den weichen Gesichtszügen, dem Babyspeck an den Hüften, »Weiberschoß« höhnten sie und griffen auf seinen unbehaarten Köper, und wenn er eine abwehrende Bewegung machte, schlugen sie ihn, und am Ende hatten sie, so oder so, Zugriff auf einen unbehaarten, weichen Körper – Joana.

Joana und Mané waren nicht die Jüngsten ihrer Klasse, aber sie waren die völlig Schutzlosen. Die Schüler wurden nicht nach dem Alter, sondern nach ihrem Wissensstand in Klassen zusammengefaßt. So saßen im Studierzimmer oder lagen im Schlaafsaal Halbwüchsige neben Kindern. Die einen hatten von geheimen »Ausritten« aus dem Kollegium bereits Syphilis, die anderen noch lange nicht ihren Stimmbruch. Joana erklärte Mané, wie das System funktionierte, und so begann Mané es zu sehen: Wie die Jüngeren, die Schwächeren, sich in den Schutz von Älteren begaben und diesen Schutz mit »servitium« bezahlten, mit vielfältigen Diensten, Leibeigenschaft zum Schutz ihres Leibs. Wie »numerus servorum« den Grad der Anerkennung der Älteren und ihre auch über die Klasse hinausreichende Macht definierte. Wie die beiden »principes«, die Schüler mit den meisten Sklaven, sich in einer ewigen labilen Patt-Situation befanden, die die Sklaven beider tunlichst zu erhalten suchten. Denn diese Situation erwies sich als größerer, allgemeinerer Schutz als der, den der eigene »princeps« allein gewährleisten konnte. Denn ein princeps konnte niemanden mehr schützen, wenn der andere all seine servi losschickte, was dieser tun mußte, wenn einer der Seinen von den anderen angegriffen oder erniedrigt wurde. So entstand ein aggressiver Klassen-Friede, an dessen äußerstem Rand, an der Grenze, manchmal jenseits der Grenze, sich Joana und Mané befanden. Joana, das Weib, und Mané, der Neue. Das waren die dürftigsten, die niedrigsten Positionen, zu minder selbst für submissest servitium, also für den geringsten Schutz.

Es gab, und das war Mané bald klar, nur einen Weg, dieser Hölle zu entkommen: sein Pensum so rasch und so gut zu lernen, daß er in die nächsthöhere Klasse versetzt werden würde. Dort wäre er dann zwar der Jüngste, der Altersunterschied zu den Älteren wäre noch größer, aber er wäre nicht mehr der »Neue«, sondern ein Aufsteiger, der nicht nur den Schutz durch einen princeps der Klasse, sondern vielleicht sogar das Amt eines informators erringen könnte, eine vom pater prior an die besten Schüler verliehene Auszeichnung – offizieller Klassenpetzer, eine wichtige Funktion, die den besten Schutz gewährte. Ein informator wurde regelmäßig vom pater prior zum Gespräch empfangen, und alles, was er dort berichtete, führte unmittelbar zu Konsequenzen. Selbst die principes mußten, um ihre Macht in den Klassen zu erhalten, durch Geschenke und kleine Privilegien um die Gunst des informators buhlen. Der Spitzeldienst, den der informator leistete, war keine geheime Aufgabe, er war eine Auszeichnung, durch die man die besten Überlebenschanchen im Kollegium hatte.

»Weißt du, was mich bis heute wundert?« (Hildegund) »Daß du mit deinem anarchistischen Wesen dich so darum gerissen hast, Klassensprecher zu werden. Du hast alles so verachtet, alles abgelehnt, dich von allem in der Klasse so demonstrativ zurückgezogen – aber trotzdem wolltest du in diesem System ein Amt! Darum hast du gekämpft: Klassensprecher zu werden.«
»Das kann ich dir schon erklären, warum!«

Noch war es nicht so weit. Die Tage vergingen. Die Nächte waren die Gefahr. Die rigide Ordnung der Tage war eine Entlastung, eine Bändigung von Heimatlosigkeit und Angst. Morgenmesse, Studium, Gebet, Mahlzeit mit Sprechverbot, Studium, Gebet, »begrenzte Dialoge«: zweimal pro Tag kurze freie Konversation, Glocke neun Bettruhe. Bis hierher war strenge Ordnung, Aufsicht. Wenn die Schüler in militärischer Formation vom Schlafsaal zum Morgengebet, vom Morgengebet zum Frühstück, zum Studium und so weiter geleitet wurden, war Mané immer in der ersten Reihe, dieser Rhythmus unter Aufsicht hielt ihn aufrecht, das war Ordnung, so streng, so klar, daß nicht nur die Angst, sondern auch jede Er-

174

innerung an etwas außerhalb dieser Ordnung in kürzester Zeit hinter einer Trance verschwand, die alle Schritte lenkte und alle Sätze, alle Antworten korrekt aus den Mündern abrief, auch wenn die Lippen geradezu steif vor Angst waren. Aber die Nächte. Die Patres versammelten sich in einem Regentenzimmer, um im stillen ein Gläschen Wein miteinander zu trinken – und im Schlafsaal penetrierte die erwachende Sexualität die Unschuld.

Mané versuchte sich zu ducken, zu verstecken, klein, unscheinbar zu sein.

Die Mahlzeiten waren frugal, und die wenigen Leckerbissen, zum Beispiel ein Stück Alheira in der pampigen Erbsensuppe, wurden den Kleinen von den Stärkeren geraubt. Mané hatte keine Chance. Er magerte ab. Statt zu wachsen, wurde er schmäler, wirkte immer kleiner im Verhältnis zu den anderen. Nachts lag er in seinem Bett und träumte von einer Zukunft, die, so wie er sie träumte, grotesk war, ein Machtrausch, begründet auf der Automatik der Natur. Er träumte davon, einen Bartflaum, schließlich einen Bart zu bekommen, eine männliche Stimme, Schamhaare und ein großes Geschlecht. Und damit Macht – zumindest die Macht, die es ihm ermöglichen würde, durchzusetzen, daß er unbehelligt blieb. Ein wenig mehr: daß er sorgsam und nobel die Privilegien des mächtigen Geschlechts einsetzen könne wie ein weiser Herrscher, der dem Volk Frieden bringt. Der Friede ist die Ordnung, wie sie ist – nur ohne all die bedrohlichen Ausnahmen. Die Nächte.

»Wie lange wird dies alles noch dauern?« fragte Mané, und Joana antwortete: »Sehr lange noch. Und weißt du, warum?«

Freie Konversation. Die Zöglinge gingen zu zweit oder in kleinen Gruppen langsam durch die Arkaden im Innenhof, mit gesenktem Kopf, die Hände auf dem Rücken, vorbei an den schwarzen Soutanen, die sie beaufsichtigten. Die Zöglinge schmiedeten Ränke, lancierten Gerüchte, erzählten einander Träume oder Phantasien über die Welt, wie sie dachten oder behaupteten, daß sie außerhalb dieser Mauern sei. Die

Älteren sprachen schon von der Zukunft, die Jüngeren von der Vergangenheit, von ihren Erinnerungen an die Zeit, bevor sie hierhergebracht wurden. Das Flüstern, ein die Arkaden erfüllendes Rauschen im Rhythmus der Holzpantoffeln, die auf den Stein schlugen – Mané war immer wieder versucht, die Augen zu schließen, blind hineinzugehen in dieses sanft getrommelte Raunen. Immer wieder stieß dieses Kind irgendwo an. »Paß auf, wohin du deine Schritte lenkst, Zögling Manoel!«

Sie flüsterten unter ihren gesenkten Köpfen hervor. Nur wenn sie an einer schwarzen Soutane vorbeikamen, hoben sie ein klein wenig die Stimme und sagten »Tacitus dixit« oder »testamento novo demonstratum est«, als würden sie den Unterrichtsstoff diskutieren, nickten, nickten der Soutane zu, um zwei Schritte weiter mit ihren Träumen und Phantasien fortzufahren.

»Warum?

»Weil der Adler müde ist!«

»Ist das wieder eine Geschichte von deinem Kindermädchen?«

»Ja. Pst! Tacitus dixit!«

»Dixit!«

»Ja, hör zu, Manoel, das stimmt hundertprozentig. Das hat mir Frau Ubatutu erzählt –«

Darum beneidete Mané dieses Kind Joana, das so deutlich nichts hatte, was Neid erwecken konnte, dieses geschlagene, vergewaltigte schwache Kind, mit dem niemand hätte tauschen wollen, nichts schien es zu haben, das ihn stark machte, das ihn erlösen konnte aus seiner Existenz als willkürliche Ausnahme – aber auch wenn Joana nichts hatte, etwas hatte er gehabt: eine Indio-Frau als Amme, als Kindermädchen, in der Neuen Welt, die voller Hoffnung war. Frau Ubatutu, voll süßer Milch und süßer Geschichten.

»Das hat sie mir erzählt: Daß die Zeit ein Adler sei, aber wie rasch er ermüdet, der Adler, weil er in den Krallen eine uralte riesige Schildkröte tragen muß. Also muß er wieder landen, rasten auf seiner Schildkröte, die zwar immer weitergeht, aber die Zeit scheint stillzustehen. Bis der Adler wieder Kraft hat, um sich aufzuschwingen, aber wie lang kann ein Adler fliegen mit einer alten Schildkröte in den Krallen, also: Landen, und weiter geht die Schildkröte mit dem Adler auf ihrem Rücken – das ist die Zeit. Weißt du, wieviel Zeit vergangen ist seit der Erschaffung der Welt, pocahatu tuba muna? Beide sind sehr alt, der Adler und die Schildkröte. Wenn der alte Adler müde wird, muß er landen und rasten, dann sind die schnellen hochfliegenden Zeiten vorbei, und die Zeit kriecht weiter auf dem Panzer der Schildkröte, sie kriecht unbeirrbar, aber so langsam, daß für uns Menschen die Zeit fast stillzustehen scheint. Vestehst du, Manoel? Der Adler ist müde. Unser Pech. Jetzt marschiert die Schildkröte. Darum wird alles lange dauern. Unsere Gefangenschaft. Der Krieg der niederländischen Provinzen gegen die Spanier, das Wiedererstehen Jerusalems, die Befreiung der Neuen Welt. Das hat mir Frau Ubatutu gesagt: Du hast Pech, Sohn, der Adler ist müde, deine Lebenszeit ist die Zeit der Schildkröte. Richte dich drauf ein! Weißt du, Manoel, was die Indios machen in der Zeit, die stillzustehen scheint, weil der Adler müde ist? Pst! En arché –«

»– éhn logos!«

»Sie strecken und dehnen ihre Zeit, sie wissen, die Schildkröte marschiert, und sie werden daher selbst langsamer. Sie stillen ihre Kinder nicht drei, nicht sechs Monate, nicht ein Jahr, nein, sie stillen die Säuglinge drei Jahre lang. Sie weben Teppiche mit den allerkompliziertesten Mustern, sie weben nicht zwei, nicht vier Wochen, sie weben ein Jahr an einem Stoff. Ich selbst lag als Kind auf einem Teppich, der gewebt wurde in vier Jahren – nie bin ich heruntergekrabbelt, so viele Bilder waren da zu sehen. Sie sagen: Suche immer den Takt deiner Zeit, hat mir Frau Ubatutu erzählt.«

»Was für Bilder? Sag! Was hast du gesehen auf diesem Teppich?«

»Das Paradies, Manoel, Bilder vom Paradies. Und wie in Sichtweite vom Paradies die Indios ausgepeitscht und aufgespießt wurden von den Weißen, denen die Indios zu langsam waren, zu faul. Schneller, schneller! Und die Peitsche! Aber es ist die Zeit der Schildkröte! Pst!«

Wie ein Schlafwandler ging Mané. Den Kopf gesenkt, die Augen geschlossen, das gleichmäßige Schlagen der Pantoffel auf den Steinboden, er sah die uralte Schildkröte vor sich, mit dem Adler auf ihrem Rücken, aber er sah nicht den nächsten vor sich, dem er plötzlich mit dem Holzpantoffel auf die Ferse trat, der mit einem Aufschrei fast niederbrach, hochschnellte und Mané einen Schlag versetzte, »He!«, und noch ein Schlag, Mané fiel in die Arme von Joana, der ihn mit seinem Körper zu schützen versuchte – »Schluß!« und »Antreten!«, die Soutanen ließen Mané und den Jungen, den er niedergerannt hatte, Zögling Bartolomäo, stillstehen – und riefen nach dem »Blauen Mann«.

Mané sah, wie die Zöglinge auf Geheiß im Innenhof antraten, einer neben dem anderen, und einen großen Kreis bildeten, in dessen Mitte Mané, der Pater und Bartolomäo standen, er sah grinsende Gesichter, Schadenfreude, er sah auch angststarre Mienen, gesenkte Köpfe, er roch Schweiß, ätzenden Schweißgeruch, er sah schließlich den Blauen Mann in den Kreis eintreten und Aufstellung nehmen, vor ihm, dem Pater und Bartolomäo. Mané sah die blaue Maske, diese glatte, jede menschliche Regung abdeckende blaue Gesichtsfläche mit den Augenlöchern und dem Mundschlitz. Blau wie der ferne Himmel, blau wie kein Menschenantlitz ist, diese Maske machte aus dem versoffenen Schuldiener eine abstrakte, objektive Gewalt, aus dem individuum eine persona.

Der Blaue Mann hielt auf seinen Handflächen, die er dem Pater hinstreckte, einen Rohrstock, den der Pater segnete.

Sie standen im Freien, im Innenhof, aber Mané meinte in einer Latrine zu stehen und zu ersticken in diesem beißenden Gestank, den er nun in der Nase hatte, er spürte, wie ihm der Schweiß von der Stirn lief, er sah Gesichter, die trocken waren, keine einzige Perle, und er sah die blaue Maske. Er hörte eine Stimme, sie versuchte eine andere Stimme zu übertönen, die andere Stimme wollte er hören, die leise, wo kam sie her? So leise, übertönt von der Stimme über ihm, Mané horchte mit geschlossenen Augen, »Mané!«, es war ein Schrei, ein gewaltiger Schrei, der aber von unendlich weit herkam, deshalb kaum zu hören, »Sei aus Stein!«, das war die Stimme seiner Schwester, »Sei aus Stein! Wann lernst du das endlich?«

»Nie!« sagte Bartolomäo.

»Und du, Zögling Manoel?«

Erst nachdem er dieses ferne Echo gehört hatte, die Stimme seiner Schwester, verstand er, gleichsam wieder im Nachhall, die Frage, die der Pater gestellt hatte: Ob er das Vergehen wiederholen werde, dessen er sich eben schuldig gemacht habe?

»Nie!«

Der Pater zeigte dem Blauen Mann schweigend, nur durch die Anzahl der ihm hingestreckten Finger, die Zahl der Schläge, die er ausführen sollte. Drei Finger sah Mané aus einer Faust springen, er sah die Zöglinge im Kreis einander an den Händen fassen, er roch den Gestank seiner Angst, er hörte, wie auf ein Zeichen des Paters ein Gesang anhob, aus Dutzenden Kehlen, inbrünstig, krächzend, höhnisch, »Laudate pueri Dominum: laudate nomen Domini«. Der Schuldiener wartete, bis der Gesang lauter anschwoll, bis der Hof dröhnend erfüllt war von diesem Singen, denn es sollte die Schmerzensschreie der Kinder übertönen .

»Sicut erat in principio, et nunc et semper, et in saecula saeculorum.«

Mané hatte Glück gehabt: keiner der drei Schläge hatte die Haut am Gesäß aufplatzen lassen. Der Blaue Mann hatte sich nicht sonderlich ins Zeug gelegt.

Und die Wunde im Gesicht war längst verheilt und vernarbt. Manchmal, wenn Mané aus dem Fenster sah, schien es ihm, als würde sein Vater durch das Fenster zu ihm hereinschauen, schemenartig dieses Gesicht mit der Narbe auf der

Wange, die von der Verletzung herrührte, die dem Vater am Tag seiner, Manés, Geburt im Straßengetümmel zugefügt wurde. Stumpf und leblos blickte der Vater, mit weit hochgezogenen Augenbrauen, als wären die Brauen zwei Schlaufen, auf denen das Gesicht aufgehängt war. Mané starrte dieses Vatergesicht an, bis es wieder seines wurde, sein eigenes Spiegelbild.

Joana wurde krank. Es ging sehr schnell. Über Nacht. Mané vergrub sich unter seiner Decke, preßte das Kissen auf seinen Kopf, betend, daß die Großen nicht an sein Bett kamen. Ein Weib! Sie suchten ein Weib. Ein Zögling stand draußen vor der Schlafzimmertür Wache. Wie Mané ihn beneidete. Er hatte solche Angst, daß er in der Wache nicht den Komplizen sah, sondern bloß den, der draußen sein konnte, außerhalb der Gefahrenzone, nicht bedroht, nichts sehend, nichts hörend, kein Opfer, kein Täter, kein Zeuge. Mané keuchte vor Angst unter seinem Kissen, unter seiner Decke, er wollte nicht hören, was er hörte, er ertrug es nicht, zu wissen, was er wußte. Und er war froh, einfach froh und dankbar, daß sie nicht an sein Bett kamen, nicht seine Decke zurückrissen. Worüber lachten sie immer wieder so laut? Dieses übertriebene, krampfhafte Lachen. Über das Zittern der anderen. Wer lachte, demonstrierte: Ich gehöre nicht zu denen, die zittern. Dann hörte das Lachen auf. Schläge waren zu hören und Keuchen. Flehen. Das war Joana. Wimmern und Stöhnen. Das Klatschen von Haut auf Haut, Körper auf Körper. Das war der größte Gegensatz: Körper und Körper: ein verletzender Körper und ein verletzter. Ein Schrei, das Ersticken des Schreis, Weinen, Befehle, und immer wieder dieses Klatschen und Wimmern, das alles hörte Mané unter seiner Decke, unter der er nichts hören wollte, unter der er angestrengt nichts zu hören versuchte, auf dem Bauch liegend, während er mit einer Hand die Decke über seinem Hintern ein wenig in die Höhe hob, weil schon ihr bloßes Gewicht ihm auf seinen Striemen wehtat.

Am nächsten Tag kippte Joana während des Morgenunterrichts nach vorne, fiel in einer seltsamen Verrenkung über sein Pult, schwitzend und röchelnd. Er wurde in den Schlafsaal getragen, auf sein Bett gelegt, wo man versuchte ihn auszuziehen. Joana, der bis zu diesem Moment alles willenlos mit sich hatte geschehen lassen, wehrte sich dagegen, ausgezogen zu werden, schreiend, speichelnd, sich übergebend, so daß man schließlich aufgab und einfach eine Decke über diesen stinkenden, sich in seine Kleidung verkrallenden Jungen warf. Auch die Decke schlug er weg. Wieder wurde er zugedeckt, wieder riß er die Decke weg. »Der Bauch, o mein Gott der Bauch!« Der Bauch dieses weichen Kinds war bretthart gespannt wie das Fell einer Trommel, Joana schrie auf, als einer die Hand auf seinen Bauch legte. Nicht den leichtesten Druck, nicht das geringste Gewicht konnte er ertragen, selbst eine Feder wäre ihm zu schwer geworden –

»Was sagt er da von einer Feder?«

»Hast du Feder verstanden?«

»Ja. Ich auch. Irgendwas mit Feder!«

»Was will er mit cincr Feder?«

»Vielleicht sein Testament schreiben?«

»Was für ein Testament? Er hat doch nichts. Nichts. Und wie will er schreiben? In seinem Zustand!«

Mané verstand das Röcheln Joanas als Botschaft an ihn: Die Federn – des Adlers? Der Adler verliert seine Federn? Vergiß es, Bruder, daß der Adler sich aufschwingt – er verliert sogar schon seine Federn.

Hose! Nun wollte er doch von seiner Hose befreit werden. Ausziehen. Aber nicht das Hemd. Aber bitte nicht das Hemd. Joana schrie, stöhnte, versuchte zu erbrechen. Er lag auf dem Rücken. Sollte er erbrochen haben, dann hat er das Erbrochene wieder geschluckt. Er glühte, aber sein Gesicht war weiß wie eine Wolke.

»Als würde ein Dämon ihn schütteln!«

Joana brauchte einen Arzt. Aber es gab kaum noch Ärzte, Portugal war ein Land ohne Ärzte geworden: Ärzte waren Juden, Juden wurden verfolgt und vertrieben. Pater Innozenz saß auf einem Stuhl an Joanas Bett und betete ein ums andere Mal den Rosenkranz. Einige Mitschüler brachten vom Mittagstisch Brot für Joana mit. Er konnte nicht mehr essen. Mané ließ ihn am Brot riechen. Dann biß er ab, kaute, starrte den Freund an, den er nie haben wollte. Ließ ihn wieder riechen am Brot, biß wieder ab. Pater Innozenz murmelte mit gesenktem Kopf die Gebete, ließ die Kugeln durch seine Finger gleiten, und Mané ließ Joana Brot riechen, biß ab, kaute, reichte das Brot seinem Freund, hielt es ihm unter die Nase, führte es dann zum eigenen Mund, biß ab.

Es gab keinen Arzt. Der Bader, der schließlich kam, hatte keine Medizin, sondern Bibelsprüche, empfahl keine Therapie, sondern das Kruzifix. Sein Bart war kunstvoll gezwirbelt, um seinen Hemdkragen hätten ihn sogar Adelige beneidet. Seine Handschuhe waren aus feinstem Rehleder. Das sagte er selbst, als er sie an Joanas Bett auszog und nervös einen Platz suchte, wo er sie, ohne daß sie beschmutzt würden, ablegen konnte. Bei einer gebratenen Gans erklärte er den Patres, daß dieses Kind das Privileg habe, sehr bald schon Gott zu schauen.

Es ging sehr schnell. Aber das war nicht der Adler, Bruder, das war der Mensch. Am nächsten Tag trat helles Blut aus Mund und Nase Joanas aus, später kam es zu großflächigen Hautblutungen. Joana war nicht mehr ansprechbar. Sein Bauch war hart wie der Panzer einer Schildkröte. Er erhielt die letzte Ölung. Joana war »versehen mit den letzten Tröstungen«. Mané fragte sich, wann er zuvor je getröstet worden war. Als die Sonne unterging, wurde Joanas Tod festgestellt. Als man den Körper wegbrachte, sah man, daß er auf einer Brühe aus Blut und Kot gelegen hatte. Er war gestorben an zerfetzten Därmen.

Masculinum, endend auf a.

Auf dem Stein, der Wochen später über seinem Grab errichtet wurde, war eingemeißelt: »Discipulus Jonas Agricola. *1604 †1613. RIP«.

Jonas! – Dem Kind Johann, João, genannt Joana war alles geraubt: Am Ende selbst der Name. Wahrscheinlich ist Jonas sein geheimer, also sein wahrer Name gewesen. Gebraucht hatte er ihn nie. Er hätte ihn gebraucht, wenn er gerettet worden wäre.

Vor dem Grabstein verschimmelte ein Stück Brot.

Nun herrschte für einige Zeit Ruhe im Schlafsaal. Eine Atempause. Manchmal war ein verhaltenes Stöhnen zu hören, wenn ein Kind allzulang den Atem angehalten hatte und dann nach Luft schnappen mußte. Oft war es Mané, der immer wieder vergaß zu atmen. Dann ein hechelndes Seufzen, ein Geräusch wie das Rascheln von Laub auf einem Friedhof, nach einem kurzen Windstoß.

Die Kinder lagen in ihren Betten wie aufgebahrt. Was geschehen war, sollte nie wieder geschehen können. Auf den Gängen vor den Schlafsälen patrouillierten die Schwarzen, bereit, beim kleinsten Geräusch, das aus einem Schlafsaal hinausdrang, die Tür aufzureißen. Mehr als bereit. Begierig. Sie waren geprellt um ihr abendliches Glas Wein. Sie wollten Schuldige. Es gab keine. Sie wollten Opfer für ihre Wut und dann für ihr Erbarmen. Es gab keine. Nur Totenstille.

Der Tote lag auf dem Friedhof, die Stille war sein Nachleben.

Täglich wurde der informator zum Rapport bestellt. Er konnte jedesmal nur melden: Schlafruhe eingehalten!

Bis die Erinnerung verblaßte. Bis das Stöhnen im Schlafsaal wieder enthemmter und lauter wurde. Bis das Geschehene sich doch wiederholte, so ähnlich, ganz anders. Bis dahin konnte Mané zu Bett gehen, schlafen, träumen, ohne befürchten zu müssen, daß ein Älterer zu ihm ins Bett schlüpfte, oder, noch schlimmer, daß sein Bett umzingelt, die Decke weggerissen wurde, die vielen Hände, das Gejohle, nein, das sollte es lange nicht mehr geben, bis es wieder geschehen konnte.

Endlich konnte Mané angstfrei einschlafen. Aber er konnte

es nicht. Jetzt bekam er Angst vor sich selbst. Er wuchs nicht, er entwickelte sich nicht. Im Gegenteil: Er bildete sich zurück. Er wurde mager, aber nicht wendiger, sehniger, zäher. Das Fett schmolz weg, aber darunter kamen keine Muskeln zum Vorschein.

Er fühlte sich wie ein Jutesack, der prall gefüllt gewesen ist und nun zur Hälfte geleert wurde. Es war derselbe Sack, nur war er jetzt kleiner, schlaffer, in sich zusammengesunken.

Als er eines Nachts im Bett den Gedanken hatte, daß ihm von einer unfaßbaren Macht offenbar ein Wunsch erfüllt worden war, und zwar buchstäblich, begann er vor Erregung und Angst augenblicklich zu glühen. Immer hatte er sich klein machen wollen, und nun wurde er klein. Immer hatte er am liebsten wegschrumpfen wollen, um übersehen zu werden, wenn es gefährlich wurde, und jetzt schrumpfte er wirklich. Sein Gesicht glühte, er schwitzte vor Aufregung, sein Herz schlug so stark, als wäre in dem verschrumpelten zusammengefallenen Sack nichts anderes mehr als dies: ein riesiges, panisch pochendes Herz. Er hatte groß und stark und mächtig werden wollen, natürlich, das hatte er sich auch gewünscht. Aber das war eine gelegentliche Phantasie, ein sporadischer Sehnsuchtstraum gewesen, während er sich täglich, stündlich, unausgesetzt mit aller Gewalt seiner Angst das Gegenteil gewünscht hatte: so klein zu sein, daß man ihn übersah. Immer hatte er sich geduckt, kleiner gemacht, hatte versucht, gleichsam in sich selbst zu verschwinden, um nicht mehr wahrgenommen zu werden. Und jetzt war er tatsächlich der Kleinste in der Klasse. Er seufzte. Er hatte wieder einmal zu atmen vergessen. Konnte es sein, daß er nur deshalb nicht wuchs, weil er zu wenig atmete? Aber nicht zu wachsen, das war eins, kleiner zu werden, das war wieder etwas anderes. Konnte man schrumpfen, nur weil man sich täglich klein und unscheinbar zu machen versuchte? Waren die an keinen Gott adressierten Stoßgebete seiner Panik von Gott als Gebete erhört worden? Wenn ja, dann war es eine Wunscherfüllung wider die Natur, ein Gottesbeweis gegen den Plan Gottes. Denn die Natur sah

Wachstum vor und ließ mit stummer Selbstverständlichkeit Kinder immer größer und stärker werden. Die Natur sah vor, daß man sich in der Kleiderkammer melden mußte, um ein größeres Hemd, eine längere Hose auszufassen. Die Natur sah vor, daß man ab einem gewissen Alter, dem Alter Manés, beim wöchentlichen Bad der Klasse zeigen konnte, daß einem die Schamhaare wuchsen. Wachstum gab Macht. Die Größe. Die Größe des Geschlechts. Der kleine Vorsprung im Wettrennen der Natur. Sicherheit. Anerkennung. Wenn die Natur einem Plan Gottes gehorchte, wenn sie gottgewollt war und unbeirrbar dem Schöpfungsplan folgte – wie konnte Gott dann noch seine Allmacht beweisen? Wenn alles geschah, wie es geschah, wenn alles passierte, wie es passieren sollte, alles wuchs und entstand, wie es wachsen und entstehen mußte? Wenn die Welt einem Schöpfungsplan gehorchte, dann war Gott überall, in jeder austreibenden Knospe ebenso wie in jedem stolz beim wöchentlichen Bad ausgestellten Geschlecht. Seht her, wie es gewachsen ist! Zum Därmezerreißen! Wie aber kann Gott, wenn alles den Gang geht, den er einmal vorgesehen hat, immer noch seine Allmacht beweisen?

Mané beschlich ein furchtbarer Verdacht. Gott muß Exempel statuieren. Nein, keine Exempel, die Natur war sein Exempel. Ausnahmen mußte er statuieren. Gott mußte mitteilen: Ich habe euch einen Plan gegeben: Alles wächst. Aber um euch meine Allmacht zu beweisen, mache ich da und dort eine Ausnahme. Ich zeige euch einen, der nicht wächst, sondern im Gegenteil kleiner wird. Der schrumpft. Ihr sollt wissen, daß ihr euch nur auf eines verlassen könnt, auf meine Allmacht. Lobet den Herrn!

Mané wischte sich mit spitzen Fingern den Schweiß von der Stirn, als würde er sich bloß nachdenklich an der Stirn kratzen. Er versteckte seine Nervosität noch mitten in der Nacht, wenn alle anderen schliefen. Er horchte. Nichts zu hören. Er hatte einen Gedanken gehabt, aber er glaubte, eine Botschaft empfangen zu haben. Er war die Ausnahme. Das Opfer von Gottes Allmacht. Die anderen Kinder, die heranwuchsen, immer stärker wurden, die ihrer Wege gingen, mit der Selbstverständlichkeit, mit der sie atmeten, aßen, schliefen, aufwachten, Erregung spürten oder Abscheu, Überlegenheit oder Wut, diese Kinder, die sich einfügten und einfügen konnten, als wäre es das Selbstverständlichste, und es war das Selbstverständlichste, wenn man lebte, ohne eine Botschaft erhalten zu haben, diese Menschen um ihn herum, die gesund waren, weil sie gesund waren, und gesund wurden, wenn sie krank waren, diese Klassenkollegen, die augenblicklich listig oder verschlagen oder scheinheilig oder brutal wurden, wenn List oder Verschlagenheit oder Scheinheiligkeit oder Brutalität ihnen etwas versprach, einen Lebensvorteil oder einen Spaß, was sich dann so selbstverständlich einstellte wie das Pochen des Herzens, solange man atmete, diese Schnarch- und Seufzexistenzen in diesem Schlafsaal, die morgen wieder lachen würden, wenn es Anlaß gab zu lachen, oder prügeln, wenn sie glaubten, prügeln zu müssen, sie waren die blinden Nutznießer eines Schöpfungsplans, tierische oder pflanzliche Existenzen, wie Eier, die ausschlüpften, oder Triebe, die hochschossen, sie hatten keinen Plan, sie gehorchten einem Plan – der immer wieder eine Ausnahme brauchte, um an die Allmacht dessen zu erinnern, der diesen Plan ins Werk gesetzt hatte. Und diese Ausnahme war er. Er, der sich auf nichts verlassen konnte, was für die anderen selbstverständlich eintrat, was den anderen selbstverständlich widerfuhr, was die anderen selbstverständlich hinnahmen. Er war das Opfer eines Gottes, der Gott sein wollte. Aber – Mané schwitzte und schlug die Decke weg, dann horchte er: Hatte diese abrupte Bewegung jemanden geweckt? Auf ihn aufmerksam gemacht? Nein. Er fror. Er deckte sich wieder zu – aber wenn Gott solches Augenmerk auf ihn hatte, wenn er ihn als Ausnahme, als Beweis seiner Allmacht erwählt hatte, dann stand er doch auch gewissermaßen unter seinem Schutz. Dann brauchte er ihn, ihn, den kleinen Mané. Dann –

Mané atmete tief durch. Gott hatte Joana geopfert, um ihn, Mané, zu retten. Dieser Gedanke war eine Befreiung, zugleich möglicherweise eine Sünde. Wer war er, um solches zu denken? Mané, Manoel, Samuel, vielleicht ganz ein anderer – und Gott hatte etwas mit ihm vor. Deshalb mußte Gott ihn in Sicherheit bringen, nur so konnte er nachhaltig durch ihn etwas beweisen.

Hatte Joana es ihm nicht selbst erzählt? Er hatte es damals bloß noch nicht verstanden.

Weißt du, was die Männer in Brasilien tun, wenn sie eine Rinderherde durch einen Fluß treiben müssen, in dem Piranhas sind? Sie fügen einem der Tiere eine Wunde zu, damit Blut austritt, hatte Joana erzählt, dann peitschen und drängen sie es in das Wasser. Das Blut lockt die Piranhas an, bald ist der riesige Rinderleib in der Masse der kleinen Fische nicht mehr zu sehen, kurz hört man ein Brüllen, dann nur noch tosende Stille, sobald die Kehle durchgebissen ist, rot und braun das Fließen, darin ein wildes Zucken – so war es vorgesehen. So war es gewollt. Und während die Piranhas von überall herschwimmen, sich in dieses Tier verbeißen, es zerfleischen, zerfetzen, zerreißen, treiben die Männer die Herde ein Stück stromaufwärts sicher durch den Fluß. Boi de piranha wird das Tier genannt, das zur Rettung der anderen geopfert wird, so Joana, boi de piranha. Und tief unten am Grund rollen dann seine Gebeine.

Wer hatte auf Joanas Grab gespuckt? Einen Olivenkern. Aus Joana wurde ein Baum. Niemand jätete das Grab, kümmerte sich darum, was da austrieb. Das Bäumchen wuchs rasch. Gute, nahrhafte Erde. Der Baum: arbor, substantivum endend auf -or. Hauptregel: »Als männlich merk die Wörter wohl/ auf -or, -os, -er, nebst sal und sol!« Allerdings: Hier galt die gern vergessene Ausnahme: »Doch arbor gilt – das merk genau! –/ wie jeder Baum als eine Frau.« Jonas, der männliche Vorname auf dem Grabstein: der ewige Hohn der Überlebenden.

Das Jahr ging, ein neues Jahr kam. Noch lag, was geschehen war, im Schatten. Das Bäumchen wuchs, wenn auch nicht so sehr, wie es dem Jungen schien, der ab und zu hinkam, ein Stück Brot auf das Grab legte, neben den aufschießenden Trieb. Der Junge wurde immer kleiner. Die Schatten wurden länger, das Keuchen im Schlafsaal wurde wieder lauter. Und der Kleine, der in den Stunden der freien Konversation immer wieder den kleinen Joana-Baum aufsuchte, wurde – informator? War es endlich soweit? Hatte er es geschafft? Er war zum Pater Prior gerufen worden. Informator. Was sonst? Seine schulischen Leistungen waren exzellent. Er war in seiner Klasse als Ausnahme anerkannt: als der einzige, der alle Ausnahmen wußte. Und kein einziges Mal mehr, seit jener Strafe durch den Blauen Mann, ist er an etwas beteiligt gewesen, das eine Rüge, die Rute oder gar den Karzer nach sich gezogen hätte. Er war absolut unauffällig, das hatte er erreicht. Immer dabei, nie beteiligt, stets übersehen. Was sonst, als die Zuerkennung dieses Amts sollte ihn erwarten? Zögling Manoel ging den langen Wandelgang zum Zimmer des Pater Prior und hatte Angst. Nein, er ging nicht, er dachte, daß er trampelte. Wie laut seine Schritte hallten! Es war die Angst, die jeder hatte, der diesen Weg zu diesem Zimmer ging. Der lange, hohe Gang, in dem sich auch Größere sehr klein fühlten, Mané spürte die Höhe, ohne aufzuschauen. Vorbei an Türen, deren Klinken über Manés Augenhöhe angebracht waren. Im düsteren Licht glänzten kalt die Mulden und Unebenheiten des Bodens. Welche Riesen hatten in diesen Steinplatten ihre Fußspuren hinterlassen? Die Angst. Würde er, dachte Mané, der großen Aufgabe gewachsen sein, die ihn erwartete?

Neben dem Pater Prior saß Pater João. Sie saßen vor dem Fenster, für Mané im Gegenlicht, gegen den Tag, von dem Mané gedacht hatte, daß er gekommen sei.

»Setz dich, Zögling Manoel!«

Pater João reichte Manoel einige Blätter, die mit akkurater Schönschrift beschrieben waren. Die Blätter kamen aus dem Dunklen und blitzten plötzlich grell auf –

»Kannst du das lesen?«

– als Mané sie auf seinen Schoß legte. Er nickte.

»Dann lies vor!«

Maria. Nein! Das ging ihn nichts an! Das konnte es nicht sein. Seine Augen hasteten weiter. *Josef.* Dann wieder: *Maria.*

»Wo soll ich beginnen?«

»Am Anfang!«

Maria. Er glaubte zu lallen, als er die zwei Sätze las, die nach Maria und dem Doppelpunkt standen. »Weiter?«

Pater João nickte.

Josef: Mané ahnte, daß er den Part Josefs überspringen könnte, daß mit »Weiter!« gemeint war: »Weiter mit *Maria.*« Aber er wollte es nicht wahrhaben, noch nicht. Solange es ihm nicht ausdrücklich gesagt worden war. Mit fester Stimme las er den Part Josefs. Hielt inne.

»Weiter!«

Maria: Was sollte das? Er haspelte die Sätze runter, fragte nicht mehr, ob er weiterlesen sollte, sondern hechtete lesend weiter zu *Josef,* um gleichsam wieder festen Boden zu gewinnen –

»Halt!« sagte Pater João. Der Pater Prior nickte. Pater João: »Er hat eine helle Stimme, ein weiches Gesicht. Und die Sorge, die Furcht unserer heiligen Muttergottes, daß sie kein Nachtquartier finden würden, kann der Zögling, wie ich meine, sehr gut ausdrücken.«

»Ja!« sagte der Pater Prior, »und wenn ich mir ein Kopftuch und den blauen Umhang dazu vorstelle – Ja!«

»Soll ich vielleicht noch ein Stück weiterlesen? *Josef:* –«

»Nein danke, Zögling Manoel! Du kannst gehen!«

»Und –« informator?

»Gott mit dir, Manoel!«

»Gott mit Euch, Vater!«

Der Kleine, der in den Stunden der freien Konversation immer wieder den Schatten des Joana-Baums aufsuchte, wurde – Maria. Zum Weib. Zur Mutter. Eine Hauptrolle im Krippenspiel, zugleich die eine, die mit Hohn und Spott bedankt wurde, die Aufmerksamkeit im Schlafsaal auf sich zog, die

Rolle, die wie eine blutende Wunde war, die die Piranhas anzog.

»Maria!« sagte Viktor zu Hildegund. »Also gut, ab jetzt sag ich Maria zu dir! Vorbei die Demütigungen durch Hilli und Gundl. Maria! Wir wollen neu beginnen!«

»Welche Demütigungen?«

»Tu nicht so ahnungslos! Du weißt genau –«

Die Küche schließe in einer halben Stunde, sagte der Maître, wenn die Herrschaften also noch die Nachspeise wünschten –

»Unbedingt!« sagte Viktor. »Und Kaffee! Groß. Schwarz.«

»Dreißigmal?«

»Verrechnen sie dreißig Kaffees, aber bringen Sie mir einfach eine große Kanne. Wenn ich dich ab jetzt Maria nenne«, sagte Viktor, »dann gebe ich dir sozusagen diesen Namen zurück!«

»Warum mir? Du tust so, als wäre das nur meine Idee gewesen. Aber es haben dich doch alle damals Maria genannt, nach deiner Glanzrolle beim Krippenspiel. Einige zumindest. Eine Zeitlang. Ich weiß gar nicht mehr, ob ich auch –«

»Ja, hast du! Gerade du. Das weiß ich noch ganz genau. Du hast dich geweidet daran, ach wie lustig das war! Krank war das. Die Internatszöglinge studieren das Stück ein, lauter Buben, auch die weiblichen Rollen müssen mit Buben besetzt werden, und dann das Gastspiel in der Schule: Da sitzen Mädchen im Publikum und Mütter, und lachen sich tot über den Transvestiten auf der Bühne. Es hat mich fertig gemacht. Ich habe mich so geschämt, wenn ich in die Klasse kam, mich so gefürchtet vor dem Spott, ich konnte auch nicht mehr in der Fußballauswahl mitspielen, weil ich keinen Ball mehr getroffen habe, wenn ihr begonnen habt mit euren Anfeuerungsrufen: Mitzi Mitzi Mitzi! Ich wollte mich umbringen!«

»Übertreib nicht! Du warst wirklich herzig als Maria, und dieser Moment, als du zu weinen begonnen hast, war schauspielerisch eine Sensation. Nein, hier ist kein Platz für euch,

schaut, daß ihr weiterkommt, wir haben kein freies Quartier –
und du brachst in Tränen aus, das war –«

»Das war doch nicht gespielt: Es war der Spott, das
Gelächter aus dem Publikum, das blöde, hilflose Schschscht!
des Direktors –«

»Der war ganz begeistert von dir. Wer weiß, ob du sonst in
der Schule durchgekommen wärst. Ich glaube, er hat dich«, sie
grinste mit schiefem Mund, »bereits als Gretchen gesehen in
einer großen Faust-Inszenierung!«

»Maria! Wie streng, wie gnadenlos er sonst sein konnte,
aber da machte er bloß Schschscht! Das hat doch in dem
dunklen Saal diese pubertierende Meute erst recht aufgesta-
chelt, sie konnten gefahrlos die Aufmüpfigen spielen, während ich –«

»Du mußtest irgendeinen Satz mit *Leibesfrucht* sagen, und
du hast geheult und deine Stimme ist gekippt … Auch wenn
es heute vielleicht blöd klingt und du mir nicht glaubst, aber
dieses idiotische Wort habe ich nie wieder auf so berührende
Weise gehört, *Leibesfrucht*, drum habe ich dich später auch
daran erinnert, ich dachte, wenn ein Mann es versteht, was es
heißt –«

»Hör auf! Bitte hör auf! Erinnern nennst du das? Erinnern? Du bist wirklich eine blöde katholische –«

»Was? Ich habe dich nicht verstanden!«

»Ein typisch österreichisches Nazifamilienkind.«

»Was? Du mußt lauter reden!«

»Erinnern!« schrie er über den Tisch. »*Erinnern* nennst du
das? *Das*?«

Erinnerung. Damals, als der Junge, der immer davonlaufen
mußte, langsamer gelaufen war, um sie an sich herankommen
zu lassen, ist er ihr zum ersten Mal nahe gewesen. Zugleich
hatte er sie just damals auch schon verloren. Als die Kutsche
kam. Weil die Kutsche kam. Maria. Sie hieß nun Miriam, und
Maria hieß er. Die Vorstellung, die Strümpfe der Mutter Maria
anzuziehen, hatte etwas Erhebendes gehabt, unter dem Kopf-

tuch und dem blauen Umhang aber glaubte er zusammenbrechen zu müssen. Er wollte weglaufen, er konnte nicht. Maria stand hölzern hinter der Krippe, in der, zwischen Stroh
und einer Puppe, vom Publikum unbemerkt, der Spickzettel
mit dem Text lag. Das war praktisch, Maria mußte sich daher
nicht soviel Text merken. Hätte Maria sich doch den Text gemerkt, irgendeinen Text, etwas, das sie zu sagen hatte. Maria
konnte den Spickzettel nicht lesen, mit ihrem verschleierten
Blick. Sehen – das konnte Maria vergessen. Außer: Maria
schloß die Augen.

Im Publikum saß Maria, die damals Hilli hieß, mit einem
Pullover über den Schultern, die Arme des Pullovers hingen
ihr über die Brust, und Maria auf der Bühne träumte davon,
daß die Maria im Publikum davon träumte, daß sie von hinten
umarmt würde.

Das war das Jahr 1968. Oder vielleicht auch 1969. Egal, denn
im modernen Heiligenkalender war das ohnehin dasselbe
Jahr. Identitäten stürzten, Seelen zerbrachen, alles erhielt neue
Namen. Ein kleiner Junge wurde Maria gerufen. Sein letztes
Spiel in der Fußballauswahl der Schule. Er erkämpfte sich den
Ball, der Gegenspieler rutschte aus, Viktor lief auf und davon, er lief um sein Leben, er, der Kleine, lief auf seinen
großen Triumph zu. Wieviel Platz er plötzlich hatte. Er sah:
Vor ihm war nur noch ein Verteidiger, ein bulliger Kerl der
überheblichen Theresianisten. Die Theresianisten hatten
schöne blau-weiße Dressen, »echte« Dressen mit dem Wappen der Schule und mit Rückennummern und allem Drum
und Dran, während die Konviktler mit den peinlichen geripp-
ten weißen Unterhemden spielten, die jeder Junge für die
kühlen Tage hatte. Viktor lief mit seinen Turnschuhen auf
diesen Bullen mit echten Puma-Fußballschuhen zu, die Nummer Drei im blauen Dress, von den anderen »Stotz« gerufen,
nach dem legendären Stopper des österreichischen National-
teams. Sollte Viktor abspielen, oder – und er war sicher, es
schaffen zu können – es alleine versuchen und diesen »Stotz«

einfach überlaufen? Da hörte er die Anfeuerungsrufe seiner Mitschüler, die Schreie aus dem Publikum: »Mitzi, geh allein!« Viktor wäre allein gegangen, Mitzi aber blieb stehen, sah mit Tränen in den Augen, wie der Ball von seinem Fuß weglief, wie alle Bewegung plötzlich ganz langsam wurde, behäbig, fast wie in Zeitlupe, ruhig und elegant nahm »Stotz« den Ball an, schlug ihn weg, und Mitzi irrte noch eine Zeitlang orientierungslos über das Feld, bis er ausgetauscht wurde.

Der erste Fernsehapparat der Mutter Maria. In den Ferien, wenn Viktor zu Hause sein konnte, war dieses Gerät, diese Errungenschaft, ein Guckloch, durch das er hinausschauen konnte aus dem Raum, in dem er eingesperrt war. So wie der »Spion« in der Eingangstür der Wohnung, durch den man aber bloß sehen konnte, wer – furchterregend, weil verzerrt und vergrößert – vor der Tür stand und soeben geklingelt hatte. Der Fernsehapparat war der Spion, durch den man die ganze Außenwelt sah, wie sie mit Fäusten an die Tür hämmerte. Hochgereckte Fäuste, Münder, die rhythmisch etwas schrien, Gerenne, Polizei, Schlagstöcke. Und dann das: Junge Frauen, die ihre Blusen öffneten und ihre nackten Brüste zeigten. Sehr schnelle Bilder, schon waren andere Bilder zu sehen, die Straße voller Studenten, Fäuste. Im Grunde hatte Viktor nur dies gesehen: Das ist zu sehen gewesen. Die Wut, diese riesige Wut, die Viktor hatte. Nichts nämlich wünschte er sich sehnlichster als dies: auf die Straße gehen zu können. Aber er mußte hinter Mauern sitzen, und in den Ferien vor einem »Spion«. Kann ein freier Mensch ermessen, was es für einen Eingesperrten bedeutete, wenn er bloß dies dürfte: auf die Straße gehen. Aber dann, bitte sehr, soll die Straße friedlich sein, ungefährlich, anders eben als das Leben hinter den Mauern des Internats. Und da waren Menschen, die durften, was er erträumte. Und was machten sie? Demonstrierten. Schwangen die Fäuste. Schrien. Wenn Viktor in seinem Gefängnis Lebenswillen zeigte, ja überhaupt haben konnte, dann nur deshalb: am Ende würde er auf die Universität gehen dürfen, als ein freier Mann, der sich mit Dingen beschäftigen kann, die ihn interessieren. Würde er jetzt aus dem Internat flüchten, würde er sich weigern, hierzubleiben, er hätte sich auch den Weg an die Universität verbaut. Er käme zwar raus, aber nie ins Freie. Er mußte durchhalten, er hatte eine einzige Aufgabe, nicht Latein, nicht Griechisch, nicht Mathematik, seine Lebensaufgabe war: überleben. Für danach. Und da waren diese Typen, die bereits im Danach lebten, er sah sie durch den Spion – aber sie studierten nicht. Sie machten nur die Straße, die Freiheit, nach der er solche Sehnsucht hatte, zu einem bedrohlichen Ort, bedrohlicher noch als das Internat. Warum durfte Viktor nicht auf die Straße? Warum mußte er unausgesetzt hinter Mauern sitzen und nichts anderes tun, als dies: überleben. Wenn er hinausdürfte, ach wie vorbildlich würde er sich verhalten, so, daß alle sagen würden: Seht euch diesen jungen Mann an, wie der über die Straße geht, vorbildlich, ohne zu schreien und die Fäuste zu ballen, das ist ein Studiosus wie er sein soll. Berühmt würde er werden, wenn er nur hinausgehen dürfte, alleine dadurch: Hinausgehend. Geliebt würde er werden mit seiner Angst vor Aggression und seiner Gier nach Liebe, und er würde die Welt lieben, so wie sie ist, denn ihr einziger Makel, den er kannte, war, daß er nicht geliebt wurde. Er würde lernen, schöne Frauen zu hofieren, genauso wie es beschrieben war in der altdeutschen Literatur, die er für die Schule lesen mußte, gute Minne, richtige Frauen, nicht solche, die vor Fernsehkameras ihre Brüste entblößten, so schnell noch dazu, daß man gar nichts sah, sondern nur gesehen hatte, daß sie es getan hatten.

Osterferien 1969. Die Mutter mußte natürlich arbeiten, ausgenommen die beiden hohen Feiertage Ostersonntag und Ostermontag, und da war dieses Kind, das einfach Ferien hatte und betreut werden mußte, das ferngehalten werden mußte von der Straße, wo die Gefahren lauerten, und der Vater hatte keine Zeit. »Du weißt, Viktor, daß ich nie ein schlechtes Wort über deinen Vater gesagt habe und nie sagen werde. Diesen Vorwurf, daß ich nach der Scheidung bei meinem Kind Haß gesät habe gegen seinen Vater, diesen Vorwurf soll mir keiner je machen können. Nein, wir wollen alle gut zueinander sein. Aber –« der Vater hatte leider nur Zeit für seine Vergnügungen, Frauen, Tennis, Kartenspielen, Pferderennen. Wo steckt er jetzt? In Baden bei Wien, keine halbe Stunde von Wien entfernt, da sitzt er in den Osterferien in einem Kurhotel, mit irgendeiner Tussi. »Ich will nicht schlecht über sie sprechen, wenn dein Vater sie liebt«, und dort gibt es ein Kasino, und eine Pferderennbahn, und am Abend hat er seine Tarockpartien, und er glaubt, er ist ein Held, wenn er am Samstag eine halbe Stunde mit dem Auto nach Wien fährt, weil Besuchstag ist, »an dem Tag, an dem ich selbst frei habe und für dich da sein könnte!« Die Puppiburli-Oma aber konnte sich freinehmen und das Kind in den Ferien betreuen. Spannende Tage. Ein Besuch des Lainzer Tiergartens. Spazierengehen. Manchmal sieht man ein Wildschwein. Deshalb heißt dieser riesige Park »Tiergarten«. Sie sahen keines. Viktor fühlte sich einmal mehr betrogen. Es war ein ganz normaler Spaziergang, das Langweiligste, das es geben konnte. Da zog ein Gewitter auf, Puppiburli-Oma und Viktor begannen zu laufen, aber unfaßbar schnell wurde es dunkel, schwarze Wolken schlossen den Himmel, als würde mit einem raschen Ruck ein Vorhang zugezogen, sie liefen, keuchend, einander anfeuernd, wohin? Richtung Parkausgang, als ob da ein Dach wäre, nicht einmal ein Auto erwartete sie dort, sie waren mit der Stadtbahn gekommen. Und schon schlugen dicke Regentropfen nieder, prasselten hart und dicht, dagegen war der Waschraum im Internat mit den zwanzig Duschköpfen an der Decke, in den sie zweimal wöchentlich hineingetrieben wurden, ein Trockenraum. Plötzlich blieb Oma stehen, sagte: »Jetzt hat es keinen Sinn mehr zu laufen, naß sind wir schon. Bis auf die Knochen!« Viktor blickte sich um, es war sonst niemand zu sehen, kein Mensch, keine Menschenseele, kein Schwein, nur Wiese und Wald.

»Wenn wir schon patschnass sind –«, sagte die Oma und blickte sich um, »dann – Sag: Hast du schon einmal eine nackte Frau gesehen?« Sie standen schnaufend im Regen, und

Viktor sah seine Oma fassungslos an, die das zu Recht für ein Nein nahm und fortsetzte: »Na ja, da wirst du noch ein bißchen warten müssen. Aber jetzt wirst du ein nacktes altes Weib sehen. Ein altes Weib«, sagte sie und löste ihren Haarknoten, »ist kein Anblick, der einen jungen Mann verderben kann«, sie schüttelte ihren Kopf, so daß ihr langes Haar im Regen hin- und herschnalzte, »das ist – wie soll ich sagen –«, Viktor sah, wie die Haarnadeln wegsprangen, er versuchte, durch den Regenvorhang hindurch zu verfolgen, wo sie hinflogen, wo sie landeten, um sie dann im Gras wiederfinden und einsammeln zu können, »das ist einfach eine Erfahrung wie, wie –«, die ersten Haarnadeln, die Oma aus ihrem Knoten gezogen hatte, hatte sie noch zwischen die Lippen gesteckt, deswegen hatte ihr Reden etwas Mümmelndes, wie eine zahnlose Greisin mit häßlichen langen Damenbartfäden, »Pfui Teufel!« sagte sie und spuckte die Haarnadeln aus, wo sind sie hingefallen? Viktor fixierte die Stellen im Gras, und Puppiburli-Oma sagte: »Das ist eine Erfahrung wie – ein alter Baum zum Beispiel. Der dort drüben! Gefällt er dir? Ein Kind sieht junge und alte Bäume, und nicht alte Bäume erst ab einem gewissen Alter!« Sie knöpfte ihre Bluse auf. »Oder Blut! Du hast doch schon Blut gesehen? Eben. Und nicht erst, als du dich zum ersten Mal selbst geschnitten oder verletzt hast«, die Bluse stürzte naß und schwer zu Boden, Oma riß ihren Rock energisch um die Hüften herum, so daß der Zippverschluß von hinten nach vorne kam, sie öffnete den Zipp, »du hast schon die Sterne gesehen am Nachthimmel, noch bevor du gewußt hast, daß manche schon tot sind oder wie sie heißen oder was Sterne überhaupt sind oder welchen Einfluß sie vielleicht auf unser Leben haben«, sie wurde regelrecht poetisch, Viktor meinte zu weinen, aber das war der Regen, der ihm über das Gesicht lief, »Kinder sehen das ganz unschuldig, die Sterne, und nicht erst, wenn sie reif genug sind, sie zu verstehen, also so, genau so –« der Rock glitt zu Boden, »siehst du jetzt ein altes Weib!« Und da stand die Oma, ein fleischfarbener Schrank, nackt wie Gott – nein, jetzt erst

196

fielen der Büstenhalter, das Mieder, der Strumpfbandgürtel, und da erst stand Oma nackt da, und bei Gott sie war gar nicht fleischfarben, sie war weiß. Und mitten drin ein schwarzes Wildgewucher, ein Regenwald, das Gefahrendreieck.

Und noch bevor er sich daran hungrig sehen konnte oder überhaupt etwas sehen konnte, sprang die Puppiburli-Oma über die Wiese, im Regen, in sein Prasseln hinein, die Arme hochwerfend, sich drehend in einem grotesken Tanz, die Musik dazu waren ihre ekstatischen schrillen Schreie, das Trommeln der Tropfen, die Bässe des Gewitters. »Na, was ist?« schrie sie Viktor zu, und Viktor stand im Regen, durchnäßt und kalt hing sein Gewand an ihm herunter, und die Puppiburli-Oma hüpfte schreiend und glücklich nackt durch den Regen, eine alte Elfe, eine fette Ballerina, eine – Hexe, er dachte, »Mein Gott, sie ist eine Hexe!«

Ihr silbernes Haar fiel ihr den ganzen Rücken hinunter, sie schwenkte und schlug es hin und her, und immerzu hüpfte sie, lief, sprang, und warf ihre Arme in die Höhe. Plötzlich stand sie knapp vor Viktor, »Komm! Das ist ein Hochgenuß, nackt im Regen, wenn er so prasselt!«, und da sah sie, wohin Viktor starrte, sie machte eine Bewegung mit den Hüften und den Oberschenkeln, die sie irgendwie nach innen drehte, und das schwarze Dreieck verschwand, und schon sah er sie wieder wegspringen, schwabbelndes Fett, hüpfende müde Brüste, »Hexe«, dachte er. Es war das Abstoßendste und zugleich auch das Schönste, das er je gesehen hatte.

»Stell dir vor, was gestern passiert ist!«, sagte Viktor zu seinem Vater nicht, »Was die Puppiburli-Oma gestern gemacht hat«, erzählte Viktor nicht, »Was ich gesehen habe«, nichts davon. Das blieb sein Geheimnis. Am Besuchstag gab es in der ganzen Welt, die mit Fäusten an die Tür hämmerte, nur ein Thema: das Attentat auf Rudi Dutschke, die Bilder von dem Turnschuh, der neben der Bushaltestelle auf dem Kurfürstendamm lag, der Schuh, aus dem Rudi Dutschke buchstäblich rausgeschossen wurde. Man konnte nicht behaupten, daß der Vater ernsthaft mit Viktor darüber sprach, es konnte nichts geben, über das der Vater ernsthaft sprach, wenn es nur darum ging, daß die Zeit verging, die paar Stunden, bis er Viktor wieder der Mutter zurückbringen konnte. Sie saßen in Vaters Club, beide im Tennis-Dress, der Vater verschwitzt und glücklich, der Sohn verschwitzt und unglücklich. Der Vater hatte gerade ein Match gewonnen, der Sohn hatte währenddessen einen Ball unausgesetzt gegen eine Wand geschlagen, einfach deshalb, weil er nicht wußte, was er sonst tun könnte. Seine Schläge wurden immer härter, verzweifelter, wütender, und durch diese Art des wilden Trainings wurde er unbrauchbar für ein richtiges Spiel: Da schlug er dann jeden Ball weit ins Out. Sie tranken Coca-Cola, das durfte er bei seinem Vater, bei der Mutter bekam er Cola nicht einmal im Espresso, wo es für sie sogar gratis gewesen wäre. Hätte Viktor nun über Tennis oder Fußball geredet, der Vater hätte das Attentat, über das die Welt sprach, nicht angesprochen. »Er hat Menschen aufgehetzt«, sagte Viktor, »ich habe es im Fernsehen gesehen«, sagte Viktor, »diese Unruhe, diese Bedrohung«, sagte Viktor, »auf den Straßen. Warum hat er das gemacht? Warum konnte er keine Ruhe geben? Keinen Frieden?« Und dann: »Recht geschieht ihm!« Das hat Viktor gesagt. Der Vater streckte den Arm aus, griff Viktor auf den Kopf, fuhr ihm mit den Fingern in die Haare, zog den Kopf ein Stück zu sich heran. Der Vater wurde zärtlich, dieser so angstvoll bewunderte Mann, der richtige Mann, dieser ferne, auch an Besuchstagen so unendlich weit entfernte, immer auf dem Nebenplatz spielende Vater streichelte ihn: Viktor war sprachlos. Glücklich. »Hat man da noch Worte!« sagte sein Vater und er verstärkte den Druck auf Viktors Kopf. »Stell dir vor, es schießt dir jemand eine Kugel da hinein! Da!« Viktor spürte, wie der Vater immer stärker mit einem Finger auf seinen Kopf drückte, als wollte er einen Schußkanal hineinbohren, es begann weh zu tun. »Und man sagt: Recht ist dir geschehen – du warst dafür, du hast es gepredigt, hier zum Beispiel, daß man auf einen Menschen schießen darf, Recht, hast du gesagt, Recht ist das!« Der Vater löste den Griff, Viktor sank zurück,

Vater schüttelte den Kopf, sah auf die Uhr und sagte: »Geh dich brausen und umziehen. Ich bring dich zurück zu Maria!«

Viktor stand unter der Dusche, nackt unter dem hart und heiß prasselnden Regen, und weinte. Er hatte Angst. Angst vor der Welt.

»Leibesfrucht« – Dieses Wort genügte, und Viktor fühlte sich elend, war es wirklich nur das Wort? Ihm war, als ob da etwas in seinem Bauch strampelte und randalierte. Er mußte aufpassen, daß ihm jetzt nicht alles hochkam, ein Schwall und noch einer, all die Geschichten, Vorgeschichten, Nebengeschichten, Nachgeschichten, sie alle anrüchig, um nicht zu sagen stinkend, Kotzbrocken von Erlebnissen, Handlungen und Ereignissen, aber ganz natürlichen Inhalts, nichts Unverdauliches, bloß Unverdautes. Würde er jetzt seinem Impuls nachgeben und alles rauskotzen – der Abend wäre vorbei. Es wäre sehr peinlich, sehr abstoßend, man würde schnell alles wegwischen, jedenfalls: der Abend und sonst nichts wäre vorbei. Nein, es war besser, noch einmal runterzuschlucken.

Das Krippenspiel in der Schule, darum ging es ja gar nicht. Hillis »Mitzi!«-Rufe beim Fußball, er hätte es vergessen, und wenn nicht, er würde heute darüber lachen. Nein, was Gundl dann später daraus gemacht hatte, die aufgebauschte, eigentliche »Leibesfrucht-Geschichte«, dieses Verkrüppelungs-Spiel, das ist es und bleibt es, was in ihm randalierte, und es war unglaublich, daß sie jetzt beieinandersaßen und redeten und Geschichten erzählten, als wäre nichts gewesen, außer das, was sie erzählten. Alles, er war überzeugt davon, alles würden sie in dieser Nacht noch erzählen können, einander an alles erinnern, wenn sie nur diese eine Geschichte aussparten. Dieses Brennen in der Kehle. Viktor schluckte angestrengt, er schluckte gewaltsam zurück, was hochkam.

Da wurde der Kaffee gebracht. Und die Nachspeise. Sorbet mit Waldbeeren. Die Kellner brachten zwei, zugegebenermaßen große Portionen, aber nur zwei. Wieso nicht dreißig?

War doch egal. Kurz vor der Sperrstunde. Der Witz war so müde geworden wie der Oberkellner und die Piccolos.

»Digestif gewünscht? Vogelbeerschnaps? Sehr zu empfehlen!«

Wie eilig es die Kellner jetzt hatten. Viktor hatte den Eindruck, daß sie am liebsten den Schnaps gleich in die halbvollen Weingläser oder in die Kaffeetassen geschüttet hätten. Nein, da standen ja auch Schnapsgläser. Woher sind die plötzlich gekommen? Ganz kurz, als ein aufblitzendes Erinnerungsbild, sah Viktor die Internatszöglinge, die, wenn die Hauptspeise kam und sie mit der Suppe noch nicht fertig waren, einfach einen Schöpfer der Hauptspeise in ihre Suppe geschlagen bekamen. Danach gingen die schwarzen Männer im Speisesaal nur noch zwischen diesen Zöglingen hin und her und kontrollierten, daß diese den »Eintopf« (»Eintopf ist wohl deine Leibspeis?«) bis zum letzten Auskratzen des Tellers aufaßen … Schon damals hatte Viktor nicht wirklich hinschauen können, es war zum Kotzen, er hatte es gesehen und doch nicht gesehen, da er in solchen Situationen augenblicklich einen Schleier vor den Augen gehabt hatte, so wie jetzt.

»Ich darf mir erlauben, darauf hinzuweisen, daß das Restaurant schließt –« sagte der Maître. Diese österreichische Oberkellnersprache, dachte Viktor, das ist die Kehrseite. Der schwarze Mann in der devoten Variante. Viktor schluckte sauer, würgte.

»Ich darf allerdings«, sagte der Maître mit niedergeschlagenem Blick – warum hatte er einen niedergeschlagenen Blick? Er blickte auf Viktors Teller mit dem schmelzenden Sorbet – »bitten, Ihr Dessert in aller Ruhe zu genießen«, er hüstelte.

Viktor nahm einen großen Löffel vom Sorbet. Wie gut das der Kehle tat. Noch einen. Das kühlte. Die aufgewärmten Vorgeschichten. Die vielen Mißverständnisse. Es hatte keinen

Sinn, das alles noch einmal hochkommen zu lassen, man würde es nie wirklich aufklären, nie spurlos wegwischen können. Es würde ihn immer nur aufs neue recken – Die Erinnerung als Pfauenfeder in der Kehle. Zum Kotzen. Besser dieses Sorbet. Kühl. In aller Ruhe. Genießen. Nichtsdestotrotzquam.

»Viktor, du lallst! Ich verstehe kein Wort!«

Sie hatte keine Ahnung. Mißverständnisse. Sie konnte keine Ahnung haben, das war ja der Grund dafür, warum er jederzeit, gerade jetzt, bereit war, ihr zu verzeihen. Er hatte so starke Aggressionen, er spürte, wie sie tief unten in ihm randalierten, daß er dachte: Gnadenlos! Ich werde ihr heute gnadenlos verzeihen!

Plötzlich verzog er das Gesicht, sprang auf, lief hinaus aus dem Hinterzimmer, stieß den Maître zur Seite, der schon wieder mit verhohlener Ungeduld im Türrahmen erscheinen wollte, und kniete dann auch schon vor der Klomuschel. Alles kam wieder heraus, die ganze Geschichte: Suppe, Tafelspitz mit den klassischen Beilagen, viel Sorbet mit wenig Waldbeeren, Rotwein, Blut, Kaffee, Schleim, Schnaps, nichts Unverdauliches, nur Unverdautes.

Die »Leibesfrucht«, darüber müssen wir doch noch reden, dachte Viktor, als er zurückkam.

Der Maître brachte die Rechnung, um sie abzeichnen zu lassen.

»Geht es dir besser?«

»Ja. Bestens!« Achtlos unterschrieb Viktor die Rechnung. Als aber der Maître um die Kreditkarte bat, um einen Abdruck zu machen, war klar, daß diese Rechnung zum Bumerang werden würde.

»Warum?« sagte Hildegund. »Die Rechnung geht doch an Direktor Preuß!«

»Gewiß!«, (Der Maître), »Die Kreditkarte dient nur zur Sicherstellung, der Abdruck wird sofort vernichtet, sobald die Rechnung vom Herrn Direktor des Gymnasiums bezahlt wurde.«

»Oder eben nicht! Das kommt doch überhaupt nicht in Frage! Der Direktor hat das bestellt, er wird das bezahlen! So war das vereinbart. Sie können doch jetzt nicht von seinen Gästen –«

Viktor machte eine ungeduldig abwinkende Handbewegung. Wie peinlich ihm das war. Es gab wenig, das ihm in diesem Moment peinlicher hätte sein können. Da saß er mit seiner – nun ja: großen unerfüllten Liebe, und sie zwang ihn plötzlich dazu, sich wieder als der kleine Junge zu fühlen, der sich wegen Mutter Maria in Grund und Boden schämte, wenn sie wegen einer Rechnung in Panik verfiel, jeden Posten kontrollierte, Groschen zusammenkratzte, entrüstet von sich wies, wenn etwas zu bezahlen war, das alle anderen selbstverständlich bezahlten – wie zum Beispiel die Geschichte in der Straßenbahn: Damals gab es noch Schaffner. »Eine Erwachsene, ein Kind«, sagte die Mutter.

»Der ist doch kein Kind mehr!« sagte der Schaffner

»Es ist mein Kind«, sagte Mutter.

»Bitte, gnädige Frau, der Junge ist doch größer als einen Meter fünfzig! Das sieht doch jeder! Bis eins fünfzig zahlen Kinder als Kinder!«

»Er ist eins neunundvierzig!« sagte die Mutter ungerührt und – was das Schlimmste war: absolut davon überzeugt, im Recht zu sein. »Ich zahle doch nicht vier Schilling für das Kind. Kinder zahlen achtzig Groschen!« Das Kind, das kein Kind mehr war, aber als Kind durchgehen sollte, das klein geblieben war, wenn nicht gar zurückgeblieben, aber zugleich viel zu schnell wuchs, weshalb es Hosen und Hemden immer viel zu groß bekam, »zum Reinwachsen«, dieses Kind, das gleichzeitig zu groß und zu klein war, raubte der Mutter Groschen aus der Tasche. Viktor hätte sie jetzt am liebsten gewürgt, aber im Gegensatz zu seiner Mutter genierte er sich vor den Reaktionen der anderen, die schon alle herschauten, also senkte er den Kopf, rutschte in sich zusammen, wurde vor Scham immer kleiner – noch zwei Sätze seiner Mutter und sie würde es geschafft haben, daß man ihn abmessen konnte und er tatsächlich geschrumpft war auf eins neunundvierzig. »Das ist ein Skandal, komm, Viktor, wir steigen aus!« Sie sagte auch noch seinen Namen! Dutzende Menschen werden zu Hause erzählen, was sie in der Straßenbahn erlebt hatten: Da war eine Verrückte, ihr Sohn heißt Viktor! – Wie lange würde es dauern, bis er, wenn er seinen Namen sagen sollte – »Name?«, und er antwortete »Viktor«, weil »Abravanel« natürlich zu fremdländisch war –, gefragt werden würde: Viktor? Bist du der aus der Straßenbahn?

Aber das furchtbarste war: Sie stiegen gar nicht gleich aus. Der Mutter gelang es, die Diskussion mit dem Schaffner noch eine weitere Haltestelle lang fortzusetzen, bis es nur noch eine Haltestelle war, die sie zu Fuß gehen mußten. Dann erst, unvermeidlicherweise, endlich: »Unglaublich!« sagte die Mutter und blickte entrüstet zu ihrem Sohn auf. »Der will für dich den Preis für einen Erwachsenen! Komm, wir gehen zu Fuß, es ist schönes Wetter!«

Viktor gab dem Oberkellner seine Kreditkarte. »Buchen Sie die Rechnung gleich davon ab!« sagte er, das »Goldene Kalb« solle keine Umstände haben, er selbst werde das dann mit der Schule verrechnen.

»Viktor, du spinnst! Das wird Preuß nie –!«

»Und«, sagte Viktor, riß achtlos eine Tausend-Schilling-Note aus seiner Brieftasche, »das ist für Sie!«

»Danke höflichst, danke verbindlichst, besten Dank!«

»Viktor, das geht nicht, du kannst doch nicht das alles bezahlen! Ich hätte doch nie –Wieviel macht das überhaupt aus? Nein, warte! Ich gebe dir zumindest einen Teil!«

Bitte, Mutter Maria, jetzt nicht auch noch öffentliche Diskussionen über die Modalitäten des Zahlens und über Teilen, und wieviel ein Anteil ist und ob wir einen Taschenrechner brauchen und ob es sich in bar ausgeht, bitte nicht! Er schüttelte den Kopf. »Würden Sie uns bitte ein Taxi rufen?« Und zu Hildegund: »Laß nur, Frau Religionsprofessor, das zahlt der Rabbi!« Er mußte grinsen, als er ihr verdutztes Gesicht sah. »Das erkläre ich dir später. Komm, wir gehen!« Wir sind lang genug gestillt und gefüttert worden – Hinaus in die Welt! Ende der Kindheit!

Die Kindheit der Mutter, in Kartons verpackt, diese Türme und Wände von Kartons, die zugleich auch Viktors Kindheit waren, sein »Zuhause«, das alles war eines Tages plötzlich verschwunden. Viktor kam in den Schulferien nach Hause und sah zunächst nur das Verschwinden. Keine aufgestapelten Kartons und Kisten, kein einziger »Buchhalter« war mehr in dieser Wohnung, die dem Jungen, der da staunend durch sein »Zuhause« ging, nun eigentümlich geräumig, fast weitläufig vorkam, als wäre er selbst geschrumpft. Im Schlafzimmer stand ein neues, sehr breites Bett, statt der beiden alten, die durch eine Kartonwand getrennt gewesen waren, aber er sah zuerst nur, daß die alten Betten und die Kistenhöhle fehlten. »Ein französisches Bett«, sagte die Mutter stolz. Im Wohnzimmer gab es einen geradezu schockierend freien Blick auf den dunklen Mahagoni-Wandverbau, auf den jetzt etwas mehr Licht durch das Fenster fiel, weil die große Zimmerlinde vor dem Fenster fehlte – »Sie ist erschlagen worden!« sagte die Mutter. »Sie ist erschlagen worden?« »Ja, als diese ganzen Schachteln abtransportiert wurden, ist ein Stapel umgestürzt und hat die Zimmerlinde erschlagen!«

Im Vorzimmer, wo die Kartonmauer niedriger gewesen ist, weil ab und zu Schachteln »abgebaut« wurden, wenn Onkel Erich doch eine Bestellung bekam, dort, wo man so praktisch den Mantel einfach drüberwerfen konnte, wenn man heimkam, war nun eine echte Garderobe: An die Wand geklebtes oder geschraubtes Kunstleder, in der Farbe »Hornhautocker« (der Vater, kopfschüttelnd), von Holzleisten eingefaßt, darauf eine Reihe von fünf Messinghaken. Davor stand, dazu passend, ein Messingeimer – »für Regenschirme«. Aber es war kein Regenschirm drinnen, die Mutter hatte einen »Knirps«, und der wäre in diesem Eimer spurlos verschwunden. Dieser Eimer sei »dabeigewesen«, als sie die Garderobe gekauft habe. Als Viktor seinen Dufflecoat auf einen Haken hängte, nahm die Mutter den Mantel gleich wieder runter und verstaute ihn im Schrank – »damit die neue Garderobe nicht gleich so vollgehängt ist«.

Viktor erfuhr nie, und hätte es wohl auch nicht verstanden, mit Hilfe welcher Konstruktionen und Interventionen Onkel Erich vor einer betrügerischen Krida bewahrt worden war. Aber der sanfte »Ausgleich«, mit dem er davonkam, fraß doch auch den Rest von Puppiburli-Omas Vermögen auf, und auch ihre ersten Ersparnisse als Masseuse.

»Wie oft habe ich schon bei Null begonnen!« sagte die Oma achselzuckend.

»Bei Null, bei Null, immer bei Null!« schrie die Mutter. »Ich möchte erleben, daß diese Familie einmal lernt, bis drei zu zählen!«

Es begann aber eine für Mutter Maria glückliche Zeit: Ihr Bruder Erich war nun längere Zeit nicht in Wien, konnte ihr daher nicht auf die Nerven gehen. Fast hatte sie den Eindruck, daß sich ihr Leben normalisierte: Sie konnte, als Erich alles verlor, sich das französische Bett kaufen, und die Garderobe. »Jetzt hat meine Wohnung endlich ein Gesicht – wenn jemand zu mir kommt!«

Wer kam zu ihr? Viktor nicht. Er saß im Internat. Außer in den Ferien, und dann hörte er, wenn er heimkam, was in der Zwischenzeit geschehen ist, das war wie ein fernes Rauschen, von dem man nicht sagen könnte, ob es von einer Autobahn kam oder von einem Wald oder vom Meer.

Erich fand eine Stelle als Vertreter für Trockenhauben. Der Verkauf von Trockenhauben war allerdings eine fast aussichtslose Aufgabe. Im Vergleich dazu sind noch die Buchhalter gegangen wie die warmen Semmeln. Es war noch nicht so lange her, daß die Friseure ihre Wiederaufbau-Trockenhauben ausgemustert und die neue Generation der Trockenhauben gekauft hatten, für die sie zumeist noch immer Raten zahlten. Gut möglich, daß Erich diese Stelle nur deshalb bekommen hatte, weil sein Vorgänger den Markt gesättigt hatte und sich zur Ruhe setzen konnte. Erich durchquerte ganz Österreich

mit dem ziegelroten VW-Käfer der Firma »Kampits Friseur-
bedarf«, im Grunde lebte er vom Kilometergeld. Er brauchte
fast ein Jahr, um, bei winzigen Provisionen, vom Kilometergeld den schönen dunkelblauen Anzug abzubezahlen, »mit-
ternachtsblau«, den er sofort gekauft hatte, als er diese Stelle
bekam. »Das Um und Auf«, sagte er eines Abends, an dem er
sich bei Maria und Viktor verköstigten ließ, »sage ich immer,
ist das Auftreten!« Er ließ versonnen den Blick durch das
Zimmer wandern, das bis vor kurzem die Heimstätte seiner
Buchhalter gewesen war, öffnete noch eine Flasche Bier,
nahm einen Schluck, rülpste glücklich. »Ein guter Anzug, gute
Schuhe, und –«, er hob den Zeigefinger: »In meinem Fall
nicht zu vergessen: Eine gute Frisur! Wie soll ich einem Friseur was verkaufen, wenn ich selbst schlecht frisiert bin. Ganz
klar!« Er fuhr sich mit der Hand, auf der er einen enormen
Siegelring hatte, durch das Haar, trank Bier und war demonstrativ selbstzufrieden.

»Wann geht er endlich?« flüsterte die Mutter, als Viktor ihr
half, die Teller in die Küche zu tragen. »Wenn er jetzt noch
einmal zu dir sagt: Bring mir noch ein Bier! Dann sagst du: Es
ist keines mehr da! Hörst du!«

Erich war inzwischen auf der Toilette gewesen und kam,
wie immer, mit nassem Haar zurück. Das war in der Tat
Erichs Problem: seine Frisur. Er hatte extrem krauses Haar,
das unbändig in alle Richtungen strebte, »im Grunde«, soll
Erich einmal so selbstkritisch wie verzweifelt gesagt haben,
»ist das keine Frisur, sondern eine Ribiselstaude!« Ein Schnitt
im Afro-Look wäre die naheliegende und attraktive Antwort
gewesen, aber – »Afro-Look« für diesen Mann, der so gern
ein Herr von einem Mensch sein wollte! Nein, unmöglich!
Ununterbrochen schlug er sich Wasser ins Haar, er hatte immer eine kleine Plastikbürste bei sich, handtellergroß, mit einer Schlaufe, durch die er die Hand durchstecken konnte, und
bügelte seine Ribiselstaude nieder, das Haar mußte irgendwie
glatt werden, glatt und ohne Aufstand auf seinem Kopf kle-
ben, naß und flachgebürstet! Andere Männer mochten Schup-

pen auf den Schultern haben und darunter leiden, Erich aber hatte auf den Schultern seines mitternachtsblauen Anzugs Wasserflecken, und es erhöhte seine Selbstsicherheit.

»Mein Erich wird sich noch sein ganzes Haar abfrieren!« sagte die Puppiburli-Oma verzweifelt. »Immer macht er sich das Haar naß, und dann läuft er in jedem Ort, in jeder Stadt, wo er hinkommt, stundenlang im Freien herum, von Friseur zu Friseur, auch im Winter, im ärgsten Frost!«

»Ich hab so eine innere Hitze! Ich glühe, kein Problem.« (Erich)

»Unlängst ist er zu mir gekommen zum Essen, und er hatte Eiszapfen im Haar. Eiszapfen! Ich konnte sie ihm vom Kopf abbrechen, und da waren Haare drinnen in den Eiszapfen!« (Oma)

Ein Jahr später, in den nächsten großen Ferien, erfuhr Viktor: Erich, der so heftig dem sozialen Aufstieg entgegenglühte, hatte einen abgezahlten blauen Anzug, eine Halbglatze, und, nach kurzer Arbeitslosigkeit, einen neuen Job: Er war Rattenvernichter geworden.

»Wenn er einmal in seinem Leben eine Arbeit ernst nehmen würde, dann müßte er sich jetzt selbst umbringen!« (Die Mutter) Das war das erste Mal, daß Viktor froh war, ein Einzelkind zu sein.

Nun hatte Erich einen blauen Overall, und seine Aufgabe war, in Kellern, oder, was ihn viel mehr interessierte, in den Küchen von Gasthäusern und Restaurants Köder auszulegen, Fallen zu stellen, Gift zu spritzen.

»Willst du einmal im Sacher einen Tafelspitz essen?« fragte er Viktor, Erichs Gesicht glühte dunkelrot vor Begeisterung. »Gestern war ich dort! Da rennen Ratten durch die Küche – solche Dinger!« Er lachte ekstatisch, hustete. »Oder lieber im Bristol? Das feine Bristol! Dort kommen auf einen Gast hundert Kakerlaken!« Er erstickte fast vor Lachen. Das war sein Triumph: Er hatte Eingang in die große Welt, in seinen großen Lebenstraum, zumindest in einige Vor- und Hinterzimmer oder Keller der großen Welt – und, Junge! Sosehr diese Welt ihn auch verachtete, ihn nicht hochkommen ließ, er wußte und er erzählte es: Diese Welt war voller Ratten und Schaben.

Viktor erfuhr nie, ob es der Untüchtigkeit von Onkel Erich anzurechnen war, oder im Gegenteil seiner besonderen Tüchtigkeit – aber in den nächsten Ferien hörte er, daß Erich schon wieder arbeitslos war. Gab es keine Ratten mehr in Wiens besseren Häusern, hatte er sie alle vernichtet, so daß für Erich nichts mehr zu tun blieb? Hatte nun er gleichsam den Markt gesättigt? Oder hatten sich die Ratten trotz seiner Bemühungen im Gegenteil noch vermehrt, so daß man sich entschließen mußte, einen echten Vernichter einzustellen statt dieses oberösterreichischen Großmauls?

Wie auch immer: Erich zog das große Los: Er wurde Nachtportier in einem Stundenhotel. Im legendären, nahe dem Westbahnhof gelegenen Hotel »Wien West«, bekannt unter Kennern als »Wild West«.

Dort gab es ein Hinterzimmer – an der Tür stand »Frühstücksraum« –, in dem wurde Stoß gespielt, ein verbotenes Glücksspiel, das zahllose Existenzen so nachhaltig vernichtete, wie es Erichs Existenz vergoldete. Er hatte es als »Generalvertreter« nicht geschafft, er hatte als angestellter Vertreter sie kaum errungen, aber jetzt, als Nachtportier in einem Stundenhotel, hatte er sie, und sie sprudelten unaufhörlich: die Provisionen. Das war endlich seine »geschickte Vertretung«. Er saß entspannt an der Rezeption, Whisky trinkend, und hinter der Tür mit der Aufschrift »Frühstücksraum« verlor einer seine Existenz, ein anderer gewann ein Haus, und egal, wer was gewann oder verlor, Erich erhielt seine »Provision«. Dafür war er, wie Erich lernte, unzweifelhaft talentiert: gleichzeitig aufzupassen und wegzuschauen. Sein größtes Talent aber, und das begriff er auch erst hier hinter dieser verkommenen Rezeption, war das Kabarett. Er erwies sich als spät entdecktes Naturtalent der Stimmenimitation und der mimischen Parodie. Er erntete Lachstürme, wenn er den Spielern im Frühstücksraum Getränke servierte und dabei einen betrunkenen Freier imitierte, der soeben von einer Prostituierten in das Hotel geschleppt worden war. Es war, als er es das erste Mal gemacht hatte, eine Laune gewesen, vielleicht beflügelt vom Whisky-Konsum, wodurch er der Betrunkene, den er spielte, zugleich auch wirklich war. Aber der Erfolg spornte ihn an. Und er entwickelte schließlich seine Hauptnummer: Die Nummer »Direktor Grün«. Er verbesserte und verfeinerte diese Nummer jedesmal, wenn er sie spielen mußte, und er mußte sie oft spielen, denn die Herren im Frühstücksraum waren süchtig danach, forderten sie immer wieder ein, bezahlten sie mit weit über die »Provision« hinausgehendem Trinkgeld.

Direktor Grün war der Eigentümer, oder, und das wußte niemand so genau, der Eigentümer-Vertreter des Hotels »Wien West«. Er kam einmal in der Woche für die »Abrechnung«. Die Abrechnung funktionierte ganz einfach: Direktor Grün zählte die Leintücher. Er tat es mit Widerwillen. Er tat es mit Abwehr. Er tat es sehr genau und sehr mißtrauisch. Das war schon einiger Stoff für mimetische Talente. Jedes gebrauchte Leintuch war ein Gast, war 150 Schilling. Direktor Grün wollte keine Listen sehen, keine Eintragungen ins Meldebuch, keine Abrechnungen der Rezeption. Es unterschrieb doch keiner einen Meldezettel, der auf eine halbe Stunde mit einer Prostituierten ins Hotel ging! Er zählte die Leintücher. Nach jedem Gast wird ein neues Leintuch gespannt, das war Gesetz des Hauses, daher war ein Leintuch ein zahlender Gast, also 150 Schilling. Unnötig zu sagen, daß Erich blitzschnell entdeckt hatte, daß es nicht den geringsten Grund gab, nach jedem Gast das Leintuch zu wechseln. Wie viele ejakulierten, noch bevor sie im Bett waren, wie viele ejakulierten gar nicht, weil sie so besoffen waren, daß sie gar nicht mehr konnten. War nicht gerade dies der Stolz, das Ziel, die vielbesprochene Meisterschaft der Prostituierten, daß sie »sauber blieben«, sauberer als die »echten Nutten«, nämlich die Ehefrauen der Freier, indem sie es immer wieder schafften, zu kassieren, ohne penetriert zu werden?

Erich verbündete sich mit Susi, dem Zimmermädchen, dessen Aufgabe es war, nach jedem Gast das Leintuch zu wechseln, die Aschenbecher zu lehren und die Haare aus dem Abfluß der Dusche zu fischen. Jedes nicht gewechselte, bloß glattgestrichene Leintuch, dividiert durch zwei, Susi und Erich, mal zwanzig pro Nacht, das Ganze mal dreißig pro Monat, da kam einiges zusammen, vor allem wenn man der war, der das Geld zunächst kassierte und verwaltete. Zwei oder drei Tausender »Irrtum« monatlich zu Erichs Gunsten waren völlig normal – und Susi war glücklich. So sehr, daß sie mit Erich tat, was die Prostituierten in den Zimmern mit den Herren vermieden – das war Erichs Extra-Profit.

Grün zählte die Leintücher, wiegte nachdenklich den Kopf, zählte:

»Die Geschäfte sind gegangen besser, friher!«

»Es ist Monatsende, Herr Direktor, die Leute haben kein Geld mehr. Nächste Woche schaut alles ganz anders aus, da können Sie Gift darauf nehmen, Herr Direktor Grün!«

Lachstürme, wenn Erich dann im Frühstückszimmer Getränke servierte, und dabei die Unterlippe vorstülpte, die Lesebrille am äußersten Nasenspitzenrand, und sabbernd sagte: »Noch einen Wunsch? Nein? Die Geschäfte sind gegangen besser, friher!« In Wirklichkeit sabberte Direktor Grün natürlich nicht. Aber alle wußten, daß der Direktor ein Jud war. Also war Erich als Direktor Grün in den Augen der Gäste echter als der Direktor selbst. Das Jiddeln des Direktors, in Wortwahl, Aussprache und Satzbau, war dezent, im Grunde charmant, erst durch Erichs Übertreibung wurde es authentisch: So, genau so hatte ein Jud zu jiddeln! Für Erichs Publikum war erst die Imitation vorbildlich.

»Herr Erich! Machen S' den Direktor!«

»Ja! Die Nummer mit dem Grünling! Kommen S', Herr Erich!«

Manchmal, wenn Direktor Grün zur Abrechnung kam, erschien plötzlich auch sein Sohn Anastasius, vom Personal Grünling genannt. Grünling war ein unsicherer, in steter

Flucht nach vorne frech auftretender Mann Anfang zwanzig, Künstler, ein Maler, der immer eine weiße Ratte bei sich hatte. Sie saß auf seiner Schulter oder schaute aus seiner Sakkotasche, lief plötzlich durch die Lobby des Hotels – »Stani! Kannst du bitte pfeifen zurück dein Tier!«

Er kassierte zwei große Scheine von seinem Vater, pfiff, die Ratte lief zu ihm hin, und er ging, einen kopfschüttelnden Vater zurücklassend. »Sie folgt ihm aufs Wort, die Ratte. Soll sein ein intelligentes Tier, noch intelligenter von allen Tieren sollen sein nur die Delphine!«

Das waren Erfolge, wenn Erich den Herrn Direktor gab, im Dialog mit seinem Sohn Grünling: »Stani! Was ist das, was du da hast auf der Schulter? Schaut aus so intelligent! Ist das womöglach ein Delphin? – Habt ihr gesehen meinen Sohn? Hat auf der Schulter einen Delphin! No wenn das nicht ist ein Künstler!«

Es war für Erich eine Art Wiedergutmachung für all sein bisheriges Scheitern, ein spät errungener Triumph. Alles, was das Leben ihm die längste Zeit verwehrt hatte, jetzt bekam er es so mühelos und so reichlich, als bekäme er auch gleich Zinsen für das verlorene Vermögen seiner Mutter und alle erlittene Schmach: Er kassierte Provisionen, ohne etwas zu verkaufen, er verhöhnte Ratten, ohne daran zu scheitern, sie vernichten zu müssen, und er bereicherte sich, indem er die Welt parodierte, statt erfolglos zu versuchen, sich in ihr durchzusetzen.

Susi und das »Frühstückszimmer« machten Erich reich. Aber statt ruhig, entspannt, distanziert und zynisch diese Situation auszunützen, fiel Erich ihr zum Opfer. Die Nummer »Direktor Grün« sollte sein Leben zerstören. Die Unterwelt wollte ihn nur noch als Stürmer-Karikatur eines Juden sehen, und er hatte keine Oberwelt, kein Korrektiv. Er lernte, Juden zu verachten, und gleichzeitig, Erfolg zu haben, wenn er einen darstellte. Der glühende Erich wurde zum glühenden Antisemiten, ohne zu merken, daß er selbst immer mehr zu dem wurde, was er so sehr verachtete: der jiddelnde Idiot.

So kam es, daß der erste Jude, den Viktor sah und dabei bewußt als Juden wahrnahm, sein antisemitischer Onkel Erich war.

Erich, wie er sabbernd und schlürfend dasaß, über eine Zuppa de Fantasia gebeugt, und ununterbrochen mit vorgeschobener Unterlippe redete. Er hatte, auf dem Weg in den »Nachtdienst«, bei seiner Schwester vorbeigeschaut, in der Hoffnung auf ein Nachtmahl, und er war, als hätte er es gerochen – spätestens im Stiegenhaus hatte er es tatsächlich riechen können –, im richtigen Moment zu einer von Marias berühmt berüchtigten Suppen gekommen. Viktor durfte, wie Erich brühwarm erfuhr, die nächsten Sommerferien nach England fahren, zwei Monate Oxford – das waren Neuigkeiten! »No, da wird der Jingelach quelln!« sagte er. Erich unterschied nicht mehr, wo oder mit wem er redete, das Jiddeln war ihm in Fleisch und Blut übergegangen, der Beifall, den er dafür erhielt, hatte ihn süchtig gemacht. »England! No, das sind Geschichten! Sag, Jingelach: Was verstehen Engländer von Sex?« Erich glühte in Erwartung von Gelächter. »Essex, Wessex und Sussex!« er verschluckte sich vor Lachen, hustete, »No, wirst du alles noch lernen dort!«

Es waren die letzten Sommerferien vor der Matura. Sommer 1972. Zum ersten Mal war Viktor draußen in der Welt. Noch dazu in England, damals das Synonym für Welt und wo sie passierte. Da spielte es keine Rolle, daß es doch wieder ein Internat war, ein Lager, eine Summerschool, nein, für ihn war es der Wechsel aus einer Zelle in einen versperrten Raum, der jetzt immerhin schon Freiheit hieß – nur so konnte er Freiheit einüben. Und nur so, auf diesem engen Feld einer gemeinsamen Schnittmenge, waren die Mißverständnisse möglich, wie sie zwischen Menschen, die sich zu befreien versuchen, und jenen, die sich frei fühlen, entstehen.

Es ging nur um ihn, seine Hoffnungen, seine Phantasien von Freiheit. Er dachte, als er in Wien in den Zug nach England einstieg, kein einziges Mal an den Zug, der 1938 seinen

Vater nach England und in die Freiheit gebracht hatte. Und auch sein Vater sagte darüber kein Wort.

Seine Mutter hatte ihn auf dem Bahnsteig geküßt, ihren sich windenden kleinen Buben, einsneunundvierzig bis auf Widerruf, weinend, weil sie immer gerne weinte, wenn sie im Lebenskampf Zeit hatte für Rührung, und sagte:»Bitte gib auf dich acht, gib um Himmelswillen acht auf dich – und paß auch auf dein Geld auf: Du mußt, wenn du ein Mädchen kennenlernst, ihr nicht immer alles bezahlen. Du mußt nicht großtun und sie immer einladen! Am Ende ist sie nicht die Richtige für dein Leben, und du hast nur dein ganzes Geld ausgegeben!«

Schief grinsend riß der Vater einen Geldschein aus der Tasche, steckte ihn Viktor zu und sagte:»Da! Man kann nicht oft genug Geld verjubeln mit Mädchen, die nicht die Richtigen sind fürs Leben!«

Die Summerschool. Als in seiner Schule die Werbeprospekte dafür auftauchten, war für Viktor sofort klar: Da mußte er mit, so käme er einmal hinaus ins Freie, endlich! Ein Sommer bei den Befreiern!

Der Mutter erzählte er, daß diese Sprachferien in Oxford von seiner Schule empfohlen wurden, damit die Schüler in den letzten Ferien vor der Matura ihr Englisch aufpolieren konnten, der Vater sah blitzschnell die Perspektive, zwei ganze Monate ohne stressige Besuchstage vor sich zu haben, beiden erzählte Viktor, daß die ganze Klasse nach Oxford fahren würde, und er wolle nicht der einzige sein, der nicht mitfahren durfte, also war alles klar:

»Wenn es für die Matura so wichtig ist –« (Die Mutter)

»Du sollst nicht der einzige sein, die Ausnahme –« (Der Vater)

Nur zwei aus seiner Klasse hatten ebenfalls diese Reise gebucht, und eine von ihnen war Hilli.

An der Tür verabschiedete sich der Maître, der in seinem Smoking jetzt wie ein gebeugter, flügellahmer schwarzer Vogel wirkte.

»Nochmals verbindlichsten Dank! Wir hoffen, es hat gemundet. Darf ich, als kleine Courtoisie des Hauses –«, der Maître war schon zu müde, um seine Sätze bis ans Ende zu drechseln, er drückte Viktor eine Flasche Rotwein in die Hand und wünschte »verbindlichst eine gute Nacht«.

Ja, verbindlichst eine gute Nacht, genau das wünschte sich Viktor. Er fühlte sich erleichtert, vom Kotzen, der Nachtluft, seiner Promotion zum Erwachsenen – er war glücklich. Das durfte jetzt nicht enden. »Wo trinken wir die jetzt?« sagte Viktor, die Flasche schwenkend, und stieg ins Taxi ein.

Hildegund schien sich auf dem Rücksitz des Taxis sofort an ihn zu schmiegen – nein! Sie kramte bloß in ihrer Handtasche, wobei sie sich dabei ein wenig an ihn drücken mußte, als sie die Tasche, die wie ein dickes Schutzschild zwischen ihnen steckte, hochzerrte und auf die andere Seite ihres Körpers hievte, eine häßliche Tasche aus schwarzem Kunstleder in der Form einer Supermarkttüte. Seltsam. Er hätte von ihr erwartet, daß sie eine kessere, sehr modische Tasche trug. Aber vielleicht waren solche Taschen gerade modern, oder es war originell, eine solche Tasche zu haben, eben weil sie nicht modern war, oder sie hatte als Gattin eines Religionsprofessors und fünffache Mutter völlig den Kontakt zu allem Weltlichen verloren. Er atmete tief durch.

»Na bitte, hier ist es ja!« sagte sie triumphierend und zog ein dickes Schweizer Messer hervor, von dem sie – Oh, nein! Sie brach sich dabei den Nagel des Zeigefingers ab,

»Nicht so schlimm!« sagte sie. »Da ist auch eine kleine Nagelschere drin!« – von dem sie einen Korkenzieher aufklappte. »Hier!« Sie grinste.

»Und wohin soll es bitte gehen?« Der Taxifahrer war nicht wirklich ungeduldig, da der Taxameter bereits lief. Seine Stimme klang wahrscheinlich nur deshalb mürrisch, weil sie immer mürrisch klang. Viktor und Maria sahen nach vorn, auf den breiten Stiernacken des Taxifahrers, er drehte sich ächzend herum, sie sahen das pralle Schädelfleisch des Mannes und den enormen Bauch, der ihm in vielen Berufsjahren hinter dem Lenkrad gewachsen war. Es genügte ein Blick, und beide wußten: Sie dachten dasselbe, sie hatten dieselbe Assoziation:

»Ox-«

»-ford!«

»Du erinnerst dich!«

»Aber ja!«

Man sollte sich nicht darauf verlassen, aber manchmal hat es doch den Anschein, als gäbe es eine innere Logik in der Komposition des Lebens. Das Messer. Dieser Taxifahrer. Die »Leibesfrucht-Geschichte«. Das Ende der Kindheit.

»Fahren Sie los!« (Viktor)

»Bitte! Bitte sehr! Und wohin?« Er trommelte mit schlecht gemimter Gelassenheit seine Wurstfinger an das Lenkrad.

»Sie haben doch gehört, fahren Sie! Sie sollen einfach fahren!« (Hildegund)

»Eine Rundfahrt!« sagte Viktor, während er Hildegund das Schweizer Messer aus der Hand nahm. »Zum Beispiel immer geradeaus, zur Ringstraße, und dann den ganzen Ring und dann die Lände, fahren Sie einfach!« sagte Viktor, während er den Korkenzieher in die Flasche hineindrehte. »Und was ist das für eine Musik? Radio?«

»Nein«, sagte der Fahrer, »ein Tonband. Hab ich aufgenommen von einer CD. Kuschelrock drei!«

»Kuschelrock!« sagte Hildegund und sah den Taxifahrer an, »ich fasse es nicht!«

»Das ist wunderbar! Ist es nicht?« sagte Viktor. »Drehen Sie bitte lauter, ja, noch lauter, so ist es gut! Und fahren Sie endlich!« sagte Viktor, während mit einem leisen Plop! der Korken aus der Flasche sprang. Schnaufend drehte sich der Fahrer um und betrachtete mißtrauisch seine Fahrgäste. Viktor ließ einen Tausender auf den Beifahrersitz segeln. »Fahren Sie, bis wir stop sagen!« Der Wagen machte einen Satz nach vorne, jetzt schien sich Hildegund wirklich an Viktor zu drükken, endlich! Nein! Sie kramte wieder in ihrer Handtasche: die Zigaretten.

Ihre ersten Zigaretten, zumindest sind es seine ersten Zigaretten gewesen, rauchten sie beide gemeinsam nachts auf einem Rasen in Oxford, beim Magdalen-River, nebeneinander gelehnt an den Stamm eines uralten Baums mit einer Krone so riesig wie die Kuppel einer Kathedrale. *Pall Mall* ohne Filter, eine Zigarette zu zweit, die zwischen ihnen hin- und herwanderte, wodurch das Rauchen etwas vom Schwenken eines Weihrauchkessels bekam.

Ein Zug, der nach England fuhr, voller österreichischer Jugendlicher. Und sie wurden immer mehr. Sie stiegen, nachdem der Zug in Wien West losgefahren war, überall zu, in St. Pölten, Linz, Wels, Attnang-Puchheim, Salzburg. Aber von Anfang an auffällig war ein Junge, der größer und breiter als alle anderen war, auch älter, wie sich herausstellte, er war bereits achtzehn, ein fettes und überhebliches Riesenbaby: Wallenberg Junior, der Sohn eines mächtigen österreichischen Politikers, zunächst von allen nur Junior genannt. Dieser verwöhnte pralle Junge, der sich mit der Frage »Was kostet die Welt?« gar nicht erst aufhielt, sondern davon ausging, daß sie ihm gehörte, und er verkaufte nicht!, dieser feiste Prinz bekam schließlich den definitiven Spitznamen »Mister Oxford«. Mit Betonung auf Ochs! So verächtlich es gemeint war, so sehr fühlte er sich geschmeichelt: Oxford – und das Wort, das die Welt dieses Sommers bezeichnete, war sehr viel Fleisch geworden.

Nach der Ankunft in London mußten die Schüler in Shuttle-Busse umsteigen, mit denen sie nach Oxford gebracht wurden. Junior setzte sich natürlich im ersten Bus sofort in die erste Reihe, die von den anderen Schülern scheu für die Reiseleiter freigehalten wurde. Viktor, der unbedingt neben Hilli sitzen wollte, hatte sie übersehen, irrte zwischen den Bussen hin und her und wurde schließlich in den Bus hineingestoßen, in dem kein anderer Platz mehr frei war als der neben Junior in der ersten Reihe. Das war ein Paar: der Junge, der die Welt kennenlernen wollte, und der Junge, dem sie gehörte. Der Junge, dem alles neu war und den alles erregte, und neben ihm der, den alles bereits langweilte. Der Junge, der keine Erfahrungen hatte und nichts wußte, der klein in seinem Sitz in sich zusammenrutschte, und an seiner Seite der breit und mächtig dasitzende Koloß, dieses Monument demonstrativer Welterfahrung: »Gehst du gern in Wimpy-Bars?« Viktor hatte keine Ahnung, was das war, eine Wimpy-Bar, er hatte augenblicklich Angst, daß er sich nicht zurechtfinden, nicht wissen werde, wie man sich dort zu verhalten habe, wenn sie in eine solche Bar geführt werden sollten. »Ich auch nicht!« sagte Junior. »Eine Kinderei. Wir müssen schauen, daß wir gleich ein anständiges Pub in der Nähe vom College finden.« Er grinste, und Viktor war so verunsichert, daß er ihm sofort eilfertig zustimmte.

»Wie weit ist es eigentlich von London nach Oxford?« fragte Viktor, um in dieser Enzyklopädie des Weltwissens, genannt der Große Wallenberg, Informationen nachzuschlagen, die ihn nicht sofort überforderten.

Das Taxi fuhr durch die Nacht, und Viktor fühlte sich plötzlich wieder genauso wie damals in diesem englischen Sommer: so hilflos und doch voller großer Erwartungen, erfüllt von Angst und zugleich von Sehnsucht. Die Angst pochte, und die Sehnsucht pochte, es war ununterscheidbar, was was war, was stärker war – es war eins, ein einziges Pochen.

»Eineinhalb Stunden schätze ich«, sagte Junior und packte die Gelegenheit sofort beim Schopf, um sein Englisch vorzuführen: »Hey! Listen! How many kilometers«, rief er dem Busfahrer zu, »are from London to Oxford?«

Der Fahrer verstand kein Wort. Überhaupt: Kilometer war keine Maßeinheit in England. Junior, bright wie er war, begriff, suchte nach einem englischen Längenmaß und wiederholte seine Frage: »How many inches are ...«

Das war Wallenberg Junior, der Ochs. Gleich am nächsten Tag, während alle anderen beim Vormittagsunterricht saßen, verschwand er – um sich in der Stadt eine englische driving licence zu besorgen: Er war achtzehn und hatte in Österreich

bereits den Führerschein gemacht. Dann nahm er einen Mietwagen, einen Ford Austin, der in einem eigenartigen Rot-
braun lackiert war.

Beim Mittagessen aß Viktor zum ersten Mal in seinem Leben Schaffleisch. Er war auch der einzige, der reichlich von
der ihm ebenfalls neuen Peppermint-Sauce nahm, die bei den
Mitschülern Widerwillen, wenn nicht gar Entsetzen auslöste,
und einige zynische Kommentare über die »englische Küche«,
die außer »breakfast« nichts Eßbares hervorgebracht habe.
Viktor fragte sich nicht, ob ihm etwas schmeckte. Er, der
Kenner von nichts anderem als Internatseintöpfen und Mutters Phantasiesuppen, fühlte sich nicht kompetent, um zu sagen: Das ist gut, oder das ist schlecht, das schmeckt mir, oder
das mag ich nicht. Peppermint-Sauce war für ihn einfach einer
der unzähligen Bestandteile der Welt, die er nicht kannte.
Wohlgeschmack war da eine völlig nebensächliche Frage. Viktor wollte sich die Welt bedingungslos einverleiben, ihren Ge-
schmack, ihre Gerüche, ihr Brennen und ihr Blähen. Gut
möglich, daß er sich dereinst dem allgemeinen kontinentalen
Geschmacksurteil anschließen und blasiert anmerken würde,
daß Peppermint-Sauce zwar sehr british, aber nicht sein Fall
sei, aber damals ging es für ihn ausschließlich darum: einverleiben und verarbeiten.

Sie kamen vom Mittagessen hinaus in den Garten, just als
Mr. Oxford mit seinem Mietwagen vorfuhr. »Cabrio hatten sie
keines, also habe ich mir den Wagen nach der Farbe ausge-
sucht! Englisches Karminrot!« sagte Junior so beiläufig, daß er
den Satz dreimal wiederholen mußte, bis er eine Reaktion erntete. Hilli meinte, es sei die Farbe der Flecken von Metzger-
schürzen. Mit diesem Wagen sollte Junior den Kiesweg vor
dem College so stolz wie nachhaltig zerstören. Es gab keine
Handhabe gegen ihn. Der machtvolle Arm des Vaters schien
bis nach England zu reichen, zumindest war es so, solange es
nicht falsifiziert wurde.

Mit diesem Wagen wurde Junior zu Mr. Oxford, zum Inbegriff dieses Sommers, zur zentralen Figur, durch ihn wurde

zusammengefügt und zueinandergebracht, was sonst zerrissen und getrennt gewesen wäre. Die Mädchen schliefen in einem eigenen Gebäude im Stadtzentrum, das Plater College selbst, wo die Jungen schliefen und wo tagsüber die gemeinsamen lessons und die Mahlzeiten stattfanden, befand sich außerhalb von Oxford.

Jede Nacht wurden Viktor und andere von Mr. Oxford und seinem röhrenden metzgerschürzenblutfarbenen Wagen zum Mädchenhaus chauffiert. Oxford war der Taxifahrer der Liebenden, der Butler der Pubertierenden, der, ausgenützt und verachtet, sich selbst für den Helden dieses Sommers hielt, und so tat, als hätte die Menschheit bereits aussterben müssen, wenn es ihn nicht gäbe. Sicherlich hätte der eine oder andere abgebrühte Gymnasiast den Weg zur Mädchen-Dependance auch mit dem Bus gefunden, aber Mr. Oxford ermöglichte ein exzessives Nachtleben, das es so ohne ihn gewiß nicht gegeben hätte. Neben »The house of the rising sun«, immer wieder auf der Gitarre dargeboten vom Sohn eines Salzburger Wirtes, war das sich nähernde und dann wieder entfernende Motorengeräusch des Austin und das Türenschlagen der aus- und einsteigenden Jugendlichen die Musik dieses Sommers.

In ungefähr dem Alter, das sein Onkel gehabt hatte, als er in die britische Armee eingetreten war, um für die Freiheit des Kontinents zu kämpfen, fuhr Viktor im nächtlichen England »mit dem Taxi« zu seiner Geliebten, chauffiert von einer lächerlichen fetten Gestalt, die, mit dem Gehabe eines Veterans, über das »Ficken« räsonierte – und da war nichts, keine Unfreiheit und keine Freiheit, nur das diffuse Gefühl, daß für ihn, Viktor, jetzt irgendwie das eine in das andere überging.

Bei jeder roten Ampel musterte der fette Taxifahrer über den Rückspiegel seine Fahrgäste. Er war hochgradig irritiert. Ein Taxifahrertraum wurde wahr, Menschen wollten ohne Ziel- und Zeitangabe einfach durch die Stadt fahren, für Hunderte, womöglich gar für Tausende von Schilling, und er verstand nicht. Was waren das für Menschen? Warum machten sie das? Schließlich brach es aus ihm heraus: »He! Was ist das? Eine Liebesfahrt?«

»Nein! Eine Haßfahrt!« (Hildegund) »Wir hassen einander. Das müssen wir auskosten. Fahren Sie einfach immer weiter!«

Jetzt hatten sie wieder mindestens fünf Minuten Ruhe. Bei voller Lautstärke von Kuschelrock drei.

Hilli war ohne Zweifel die Schönheit dieses Sommers, in dem Sinn, daß sie dem damaligen Schönheitsideal perfekt zu entsprechen verstand. Sie hatte schulterlanges braunes Haar. Unter ihrem T-Shirt zeichnete sich ein kleiner straffer Busen ab, von keinem BH beengt, in der Form und, wie Viktor mit hochnervöser Faszination dachte, wohl auch der Konsistenz einer Luftmatratzenpumpe, die, wenn man draufdrückt, immer wieder elastisch in die ursprüngliche runde Form zurückspringt. So sehr Viktor dieses pralle Hüpfen ihres Busens faszinierte, er schaffte es nicht, hinzugreifen, auch wenn er sich stundenlang in seiner Phantasie zu dieser Möglichkeit vortastete, es gab, wenn er schließlich in der Nacht mit Hilli zusammensaß, keinen Satz, keine Bewegung, keinen Anlaß, nichts, dem ein solcher Zugriff logisch und selbstverständlich entsprungen wäre. Ihm waren gleichsam die Hände gebunden, während der Nachwuchswirt, der mit der Gitarre, sich alsbald damit brüstete, nicht nur Hand angelegt zu haben, sondern nichts Geringeres als seinen Schwanz zwischen diese Brüste gepreßt zu haben. Viktor versuchte sich vorzustellen, sitzend, liegend oder stehend das zu tun, was Jonny Guitar mit Hilli gemacht haben wollte, und kam zu dem Befund: Unmöglich. Groteske Verrenkungen. Reine Phantasie. Er war nicht eifersüchtig, er bewunderte diese Phantasie: Darauf wäre er nie gekommen. So phantastisch ist die Welt.

Hilli war sehr schlank, fast dünn, extrem langbeinig. Sie trug Miniröcke oder kurze, sehr enge Hosen, sogenannte hot pants. Dazu Sandalen, deren Riemen kreuzweise bis hinauf zum Knie geschnürt wurden. Sie war die einzige, deren Beine mit diesen Sandalen nicht wie abgeschnürte Netzbraten aussahen, sondern eben wie Beine, um die man sich selbst ringeln und schlängeln wollte wie die Riemen dieser Sandalen. Hilli hätte als bloßes weibliches Abziehbild dieser Zeit gelten müssen, wäre nicht ihr Gesicht gewesen, diese eigenwillige und stolze Demonstration von unverwechselbarer Individualität: ihre eng beieinander liegenden Augen, und vor allem ihr Mund, der seitlich einen kleinen Haken bildete, wodurch das Gesicht grundsätzlich einen frech ironischen Ausdruck hatte, obwohl es doch nur eine physiognomische Eigentümlichkeit war. Und nicht zu vergessen der kleine Leberfleck auf ihrer linken Wange – oder war es die rechte? Wenn Viktor an sie dachte, und er dachte an sie sogar, wenn er neben ihr in einem Taxi saß, konnte er nicht mit Sicherheit sagen, ob dieser Leberfleck rechts oder links war, das sprang so hin und her, es war immer Bewegung in ihrem Gesicht. Er starrte sie an. Jetzt werde ich es mir merken, dachte er, und vergaß es augenblicklich wieder.

Als hätte Viktor je gewußt, wo rechts und links ist. Wenn er es gewußt hatte, dann höchstens buchstäblich. In diesem fetten Sommer lernte er, daß das Buchstäbliche nicht nur unwichtig ist, es ist schlicht das Falsche. Liebe zum Beispiel, sie ist in Wirklichkeit nicht zu haben, so wie sie im Buch steht. Oder »Sissy Aar« – auch wenn alle von ihr redeten, es gab sie gar nicht, das war keine Sängerin, sondern eine Gruppe namens Creedence Clearwater Revival, von den welterfahrenen Experten kurz CCR genannt – woher hätte der Zögling das wissen sollen? Wenn er im Internat Musik hörte, dann die Bundeshymne, oder die Kirchenlieder bei den Schulmessen, oder im Fach Musikerziehung das Chorsingen: »Froh zu sein bedarf es wenig, und wer froh ist, ist ein König!«, gegrölt von dreißig depressiven Jungen. Oder der Mitschüler Humboldt – er war der einzige, der Schallplatten besaß. Aber es gab im Konvikt keine Möglichkeit, sie zu spielen. Dennoch brachte er jedesmal nach den Ferien neue Platten in das Internat mit.

Dann saß er da in der Freizeit, preßte mit der flachen Hand eine Platte an sein Ohr, drehte sie mit der anderen Hand und lächelte genießerisch. Humboldt konnte das stundenlang tun und glücklich sein. Sie wurden verrückt in dieser Anstalt, sie wurden für eine Welt vorbereitet, die, wenn sie dereinst entlassen würden, wieder nur in geschlossenen Anstalten existierte. So saß der siebzehnjährige Viktor auf einem Rasen in Oxford, völlig benebelt und halb ohnmächtig von den filterlosen Pall Mall, wußte alle Catull-Gedichte über das Küssen auswendig, natürlich auf lateinisch und nicht in Schmierer-Übersetzung, und war, den feuchten Rasen auf dem Hosenboden und die harte knorrige Rinde des Baumstamms auf seinem Rücken spürend, von einem wirklichen Kuß so weit entfernt wie Sissy Aar von CCR. Das Buchstäbliche: Ist zum Beispiel ein Ring ein Ring? Ja? Weit gefehlt! So weit gefehlt, daß aus dieser Differenz zwischen Ring und Ring, diesem Abgrund zwischem dem Buchstäblichen und der Wirklichkeit, die Verachtung aufsteigen konnte, die Hildegund dann über so viele Jahre gegenüber Viktor empfinden sollte. Die Geschichte mit dem Ring, gleichsam seine Ringparabel, passierte erst ganz am Ende dieses Sommers. Aber schon die Wochen davor ging Viktor vor allem diese Frage durch den Kopf: Warum die Welt nicht buchstäblich funktionierte. Er hatte eine Muttersprache, er verbesserte hier eine Fremdsprache, übrigens seine Vatersprache, und doch wurde immer nur das Gefühl stärker, daß ihm die Worte fehlten. Und wenn er hundert Sprachen beherrschen würde, die Wirklichkeit, das Leben selbst würde er doch nicht beherrschen können, da schwang in Wirklichkeit zu viel mit, da gab es Codes, die er nicht verstand, Bedeutungen, die mit den Wortbedeutungen nicht übereinstimmten.

»Woran ich gerade denke? Mir ist gerade eine Geschichte eingefallen, eine Erinnerung«, sagte Viktor zu Hilli. »Irgendwann fuhr ich mit meinem Vater im Auto, ich weiß nicht mehr wohin. Ich war damals vielleicht zwölf oder dreizehn. Jedenfalls –«, Hilli lächelte ironisch. Warum jetzt schon? »Jedenfalls verfuhr sich mein Vater, oder er glaubte, sich verfahren zu haben, er nahm eine Straßenkarte aus dem Handschuhfach und versuchte, langsam immer weiterfahrend zugleich die Karte zu studieren. Das war nicht leicht, immer wieder schaute er auf und dann wieder zurück auf den Plan, ich weiß nicht, warum er nicht einfach angehalten hat. Es war eine einsame Landstraße, kein Verkehr, er hätte einfach stehenbleiben können.« Da kam wieder der Austin vorgefahren, zwei Pärchen sprangen heraus, und schon war Mr. Oxford, zweimal kurz hupend, wieder unterwegs, die nächsten zu holen. Überall saßen oder lagen auf dieser Wiese beim Flußufer die österreichischen Sommerschüler, zu zweit oder in kleinen Gruppen, redeten, rauchten, schmusten oder hörten Jonnys Gitarrenspiel zu. »Natürlich fand mein Vater sich auf der Straßenkarte nicht zurecht, weil er immer aufschauen mußte, also sagte er plötzlich zu mir, ich solle das Lenkrad festhalten.« Hilli wiegte den Kopf. Im Rhythmus der herüberwehenden Gitarrenklänge. »Popcorn«, sagte sie.

»Wie bitte?«

»Popcorn«, sagte sie, »das Lied, das Jonny gerade spielt, heißt Popcorn. Ich mag das. Ist gar nicht leicht, auf der Gitarre!«

»Ja«, sagte Viktor, »jedenfalls: Ich griff mit beiden Händen rüber, hielt das Lenkrad ganz fest, der Wagen rollte langsam immer weiter, und mein Vater studierte die Karte. Bis dahin ist diese Straße immer geradeaus verlaufen, jetzt aber kam eine Kurve. Ich war verzweifelt. Ich bekam Angst, begann zu schwitzen. Was sollte ich machen?«

»Das fragst du nicht im Ernst!«

»Hör zu: Mein Vater hat gesagt, ich soll das Lenkrad festhalten. Er hat nicht gesagt, ich soll lenken. Das sind doch zwei verschiedene Dinge: Lenkrad festhalten oder lenken. Ich war so begierig darauf, ein folgsamer, braver Junge zu sein, zu beweisen, daß der Vater sich auf mich verlassen kann. Und wenn er sagt, Halte das Lenkrad, dann halte ich das Lenkrad, komme was wolle!«

Hilli wiegte den Kopf. Hörte sie noch zu?

»Hör zu! Das Lenkrad zu halten, das kann man einem Kind anschaffen, das ist eine Aufgabe, damit kann man einem Kind signalisieren: Ich traue dir was zu! Aber: Du würdest doch nie zu einem Kind sagen: Kannst du bitte kurz mal das Auto lenken? Ich meine, das ist doch klar, das versteht jedes Kind: Lenken, wirklich Lenken ist das Privileg der Erwachsenen!«

»Pop pop pop pop pop pop pop!«

»Wie bitte?«

»Das Lied«, sagte sie, »ich mag es!«

»Ja. Jedenfalls. Ich begann Blut zu schwitzen. Der Wagen rollte langsam immer geradeaus, ich hielt das Lenkrad fest, und da vorn kam die Kurve. Ich wußte: Wenn mein Vater jetzt nicht aufschaut, dann rollen wir gleich von der Straße, dann kippt der Wagen in den Straßengraben. Mir war klar, ich mußte jetzt lenken. Aber mein Vater hat nicht lenken gesagt, sondern Lenkrad halten! Ich hätte jetzt natürlich sagen können: Papa! Da kommt eine Kurve! Aber ich brachte kein Wort heraus. Ich war so gefangen von der großen Aufgabe, das Lenkrad zu halten, daß ich ihn nicht enttäusche, daß ich imstande bin, die gestellte Aufgabe auszuführen, komme, was da wolle – andererseits war klar: Ich müßte jetzt lenken! Ich habe –«

»Gelenkt!«

»Nein. Das Lenkrad stur festgehalten. Da schaute mein Vater zum Glück auf, riß in letzter Sekunde das Lenkrad herum, der Wagen schlingerte am Straßengraben vorbei, gewann Fahrt auf der Straße, und mein Vater sagte: Wie kann mein Sohn so blöd sein? Kann es sein, daß du im Spital mit einem anderen Baby vertauscht worden bist?«

»Komm, setzen wir uns rüber zu den anderen!«

Es gelang Viktor nicht, Hilli zu beeindrucken. Und geradezu trotzig dachte er noch einmal bei sich, während sie aufstanden und zur gnadenlosen House-of-the-rising-sun-Gitarre hinübergingen: Aber er hat doch nichts von Lenken gesagt, sondern Lenkrad halten, festhalten! Und du hast mich vorhin gefragt: Was denkst du gerade? Und nicht: Was wünscht du dir jetzt?

»Bring mich heim!« sagte er zu Mr. Oxford.

Viktor trank einen Schluck Rotwein aus der Flasche, gab die Flasche Hildegund, die ironisch grinste. Das war der Haken bei ihrem Mund. »Im Grunde«, sagte er und rülpste, »ist es gleichgültig, ob wir über das Jahr 1972 reden oder über das Jahr 1622. So oder so Geschichte, im Grunde wie die Krater auf einem anderen Planeten!«

»Du wirst ja philosophisch!«

»Nein, das sage ich dir als ausgebildeter Historiker«, sagte er, beinahe schreiend – das hatte er sich an der langen Tafel im ›Goldenen Kalb‹ angewöhnt –

»Schrei doch nicht so!«

»Ja. Entschuldige!« sagte er, nun beinahe konspirativ flüsternd. »Geschichte, nein, Geschichtsschreibung funktioniert letztlich immer so: Ein Vierzigjähriger erzählt mit der Autorität dessen, der erlebt hat, was ein Siebzehnjähriger mit der Gewißheit erzählt hat, daß er es mit zwölf erlebt hatte. War das klar?«

»Nein!«

»Kannst du dich an unsere Ringparabel erinnern?«

»Nein!«

Sie log. Jetzt schmiegte sich Hildegund an ihn. Endlich. Doch nicht. Das war eine Kurve. Die Fliehkraft. Viktor fragte sich, ob er Hildegund deshalb so bewunderte, weil sie die Physik jederzeit auf den Kopf stellen konnte: Sie war auch imstande, zuerst Fliehkraft zu entwickeln, bevor das Leben eine Kurve nahm.

Die sogenannte Ringparabel war im Grunde eine banale Geschichte, ein simples Mißverständnis. Man mußte siebzehn sein, mehr noch: man mußte damals siebzehn gewesen sein und aus zwei verschiedenen Welten kommen, damit ein solches Erlebnis einen tiefen Krater in zumindest einer der beiden Welten zurücklassen kann.

Froh zu sein bedarf es wenig, lernte Viktor, man mußte nur emphatisch mitsingen, wenn Jonny *Born to be wild* sang. Und noch etwas lernte er: Daß diese Wollust »Lebensgefühl« heißt. Endlich hatte er ein Lebensgefühl. Die nächtlichen Exzesse wurden routinierter, jeder kannte bereits alle Songtexte von Jonny auswendig. Jonny wurde ein Gebrauchsgegenstand, er war die Jukebox, so wie Wallenberg das Taxi war. Nun mischte sich Wehmut in die routinierten Ekstasen: Der Sommer ging zu Ende. Nervös beobachtete Viktor, wie alle das Tempo beschleunigten, das war der Endspurt vor dem Ziel dieses Sommers. Das Ziel hieß »Erfahrung«. Und er hatte Hilli noch nicht einmal berührt. Geküßt. Er konnte sich nicht beschweren, er war bereits glücklich, wenn sie bei ihm saß und ihm zuhörte, und sie hatte bei ihm wahrlich genug zum Zuhören, denn er hatte Angst vor dem Schweigen. Wenn sie beide schwiegen, was dann? Da wäre plötzlich so ein Druck. Ein Überdruck, so stark, daß ein schweigender Blick ihn atomisiert hätte. Aber jetzt entstand selbst dann ein Druck, wenn er redete. Das kam daher, daß rundum kaum noch geredet wurde. Der Endspurt. Da wurde gesungen, geschmust – verschwunden. Anfänglich sind dreißig um Jonny im Kreis gesessen, jetzt war es höchstens die Hälfte, weniger als die Hälfte, viel weniger. Eine Handvoll. Und die anderen? Viktor betrachtete seine Hände. Warum konnte er nicht zupacken? *Somebody to love.* Laut sang Viktor mit. Das Lebensgefühl.

»Hör zu«, sagte Hilli, »deine Aussprache im Englischen ist wirklich sehr gut, aber es tut weh, wie falsch du singst! Wenn man nicht singen kann, dann soll man es lassen!« Es war nett von Hilli, daß sie ein kleines Lob vorausschickte, bevor sie ihn vernichtete. Sie himmelte Jonny an, das war klar. Sie wollte nur Jonny hören. Sie wollte nicht mehr mit Viktor abseits sitzen, bloß in Hörweite der Musik, und mit ihm reden. Ihm zuhören. Sie wollte im Kreis sitzen, bei Jonny. Viktor erkannte es auch an der Art, wie Jonny sie ignorierte, bevor er mit ihr verschwand.

In den Filmen, die Viktor in den Ferien durch sein Guckloch sah, wurden immer Liebesgeständnisse gemacht, ein Ring überreicht – und dann erst bekam der Mann den erlösenden Kuß. Und wenn er, was selten genug passierte, an ein »Bravo«-Heft herankam, dann riet ihm Dr. Sommer, unter dem Vorwand, den Brief eines gewissen Kai-Uwe (16) in Ravensburg oder Hans-Dieter (17) in Buxtehude zu beantworten: »Nein, deine Freundin ist nicht frigid, wenn sie dich nicht küßt! Du mußt ihr zuerst zeigen, was du für sie empfindest, dann ergibt sich alles weitere von selbst!«

Wie hatte Jonny das gemacht? Zeigen, was er für sie empfand. Glaubte Hilli vielleicht, daß diese Jukebox nur für sie spielte? Und wenn ja: Wie hatte Johann Göls, genannt Jonny Guitar, das gemacht? Dieser egozentrische Junge, der mit siebzehn schon übergewichtig war, den man, wenn man nicht gewußt hätte, daß er ein Wirtshaus übernehmen wird, für einen künftigen Massenmörder halten hätte können, und dessen Familienname wie der Name eines österreichischen Provinzbahnhofs klang. Göls! Eine Minute Aufenthalt!

Summertime Blues. Viktor durfte ohnehin nicht mitsingen, er stand auf und ging ein paar Schritte, das Gefühl einübend, eine so tiefe wie tragische Existenz zu sein – da sah er etwas im Rasen blinken. Er blieb stehen, starrte hin. Ein Glühwürmchen? Eine Haarnadel? Nein. Nein. Da glitzerte etwas im Nachtlicht, das war – er bückte sich, das war – er hob es auf, betrachtete es, wie es auf seiner flachen Hand schimmerte, das war – ein Wink des Schicksals. Ein Geschenk der Vorsehung. Post von Dr. Sommer.

So. Natürlich war alles, was Viktor bis dahin als außergewöhnlich erlebt und empfunden hatte, in Wahrheit ziemlich banal, aber das war jetzt das Banale, das tatsächlich außergewöhnlich werden sollte, als Erlebnis, als Empfindung und in den eigentümlichen Konsequenzen. Viktor hatte einen Ring gefunden. Ein seltsamer Ring, aber kannte er sich aus? Wahrscheinlich Modeschmuck. Um so besser. Etwas Modernes. Jetzt, dachte er, konnte er es ihr zeigen. Was er für sie empfand. Alles andere würde sich dann von selbst ergeben. Ohne lang zu überlegen, ging Viktor zu Hilli hin, nahm ihre Hand, schob ihr den Ring über einen Finger und sagte – nicht »Ich liebe dich!«, das wagte er dann doch nicht, sondern, gleichsam als Echo seiner Überlegungen: »Was ich für dich empfinde!«

Wie reagiert ein Mädchen, dem ein Junge mit den Worten »Was ich für dich empfinde!« Müll über den Finger streift, wie reagiert ein Mädchen auf Abfall, überreicht mit dem Gestus: »Was du für mich bedeutest!« –?

Viktor begann bereits zu verdrängen, was Hilli sagte, während sie es noch sagte. Jonny spielte *Neanderthal Man* von den *Hotlegs*, und Mr. Oxford rief: »Come on, kleiner Idiot, ich bring dich heim!«

Viktor hatte nicht gewußt, daß dieser Ring von einer Cola- oder Bierdose war, zum Öffnen der Dose, woher hätte er das wissen sollen? Es gab keine Getränkedosen im Konvikt. Er hatte es nicht gewußt, ehrlich! Er hatte gedacht, ein Ring! Das hat etwas zu bedeuten. Und sie hatte gedacht, Müll! Das hat etwas zu bedeuten.

Er hatte einen Schlafraum für sich allein. Sein Traum. Seit Jahren. In dieser Nacht ging dieser Wunsch in Erfüllung. Ein Zimmer alleine zu haben. Die anderen, mit denen er dieses Schlafzimmer teilen mußte, waren irgendwo da draußen, sangen und schmusten. Er schrieb noch einen Brief nach Hause, an Mutter Maria. *Es geht mir gut, mach dir keine Sorgen. Wir haben sehr viel Spaß. Heute haben wir uns totgelacht, als ein paar kleine Idioten ihre Briefe statt in den Postkasten (»Letter«) in den Mülleimer (»Litter«) warfen. Ja, ja, ich weiß, man soll nicht schadenfroh sein! Natürlich habe ich sie aufgeklärt, und so ist alles gut ausgegangen, aber, wie gesagt, es war eine mörderische Hetz!*

Die nächsten Tage, die letzte Woche der Summerschool, verbrachte Viktor wie ein U-Boot. Er ging nach den lessons

sofort ins Zimmer und verließ es auch dann nicht, wenn das
»Taxi« kam. *All you need is love,* but froh zu sein bedarf es wenig. Allein in einem Zimmer. Er las Shakespeare, die Königs-
dramen, und schrieb mit randalierender Phantasie Briefe nach
Hause. Die Briefe warf er schließlich weg. Es gab keinen
Briefkasten in diesem Zimmer, hinaus kam er nicht, und
überhaupt würde er selbst früher zu Hause ankommen als
diese Briefe. Nach drei Tagen tauchte er nicht einmal mehr zu
den lessons auf. Er verpaßte den Abschlußtest, die Voraussetzung für das »Zeugnis«, mit dem alle anderen dann zu Hause
nach Anerkennung bei Englisch-Lehrern und Eltern fischen
sollten. Wenn er die Zähne putzte und sich dabei im Spiegel
sah, dachte er: »Du kleiner Idiot.« Er wußte aus der Literatur,
daß er irgendwann einmal in der Erinnerung diesen grauenhaften Schmerz, den er jetzt hatte, als »süß« empfinden werde.
Beides, dachte er, sowohl der Schmerz jetzt, als auch die Perspektive, die er angeblich für das künftige Gedächtnis hatte,
wären jeweils Grund genug, dem Leben ein Ende zu setzen.
Er setzte dem Zähneputzen ein Ende. Überhaupt: Waschen,
wozu? Er bekam etwas Verwahrlostes, Unappetitliches, wie
ein Alkoholiker, und hatte doch noch nie Alkohol getrunken.
Das sollte sich ändern, schnell, gerade noch rechtzeitig vor
Ende der Ferien. *Joybringer,* das wehte durchs offene Fenster
herein, Manfred Mann's Earthband. Viktor schloß das Fenster, und zur Tür herein kam Wallenberg.

»He, come on! Was ist das Problem?«

»Laß mich allein, bitte!«

»Hör zu, Kleiner! Kannst du bitte schön langsam mit dem
Pubertieren aufhören? Ist ja furchtbar zum Anschauen. Ich
wette –«

»Oxford, bitte!«

»Ich wette – fast hätt ich gesagt: Ich wetze! Kleine Freud-
sche Fehlleistung!« Er lachte. »Was wollt ich sagen? Ach ja. Ich
wette, du willst sie noch immer ficken! Stimmt's? Dann tu's
doch. Do it! Statt hier zu versauern. Come on, little boy, ich
erklär dir, wie's geht!«

Viktor sah den Koloß an und mußte lachen.

»So gefällst du mir schon besser! Erstens Duschen. Zweitens fahren wir in die Stadt. Drittens kaufst du ihr was Schönes. Ein nettes Geschenk. Oder soll sie ewig glauben, daß du nur auf Müllhalden Geschenke für sie suchst? Hey man, let's do the final shopping!«

Finale. Es regnete. Es schüttete. Die Krater und Meteoreinschläge auf dem fernen Planeten Liebe wurden kräftig ausgewaschen. *Gimme shelter.* Viktor flüchtete in einen Geschäftseingang, um sich unterzustellen. Was sah er da in der Auslage? Messer. Alle möglichen Messer, aber auch: Schweizer Messer. Sein Herz klopfte, als er sie sah. Natürlich klopfte sein Herz immer, aber als er diese Messer sah, spürte er, wie es klopfte. Schon immer hatte er ein Schweizer Messer haben wollen. Ein Internatstraum. Hier gab es sie in allen möglichen Varianten und Versionen, schmal mit bloß zwei Klingen bis hin zu den ganz dicken mit zwölf verschiedenen Funktionen. Er trat ein. Es war ein Glücksmoment. Er verbesserte sogar sein Englisch. Er lernte, daß Schweizer Messer auf englisch nicht *swiss knife* hieß, sondern *swiss army claspknife.* Viktor hatte, was Geschenke betraf, eine sehr romantische Vorstellung: Er dachte, daß die schönsten Geschenke die sind, die man am liebsten selbst behalten hätte.

»Du kaufst ein *Messer* für eine *Frau?«*

»Hast du Schwanz-ab-Phantasien, oder was?«

»Ist dir noch zu helfen? Du bist wirklich ein kleiner Idiot!«

Wallenberg schüttelte den Kopf, daß die Fettaschen in seinem Gesicht hin- und herrollten.

Wallenberg hatte im Supermarkt eine Flasche Gin gekauft und einige Dosen Guinness, die er im Schlafzimmer lagerte.

»Bedien dich!« sagte er. »Übrigens: Man braucht kein Messer, um diese Dosen zu öffnen, man zieht bloß an diesem Ring! Aber vergiß nicht, das ist kein Verlobungsring, sondern man wirft ihn dann weg! Alles klar?« Und fort war er, wieder Taxi fahrend und wahrscheinlich die neueste Geschichte vom kleinen Idioten verbreitend ...

»Sag! Habe ich dir damals dieses Schweizer Messer geschenkt?«

»Na sicher! Hast du das vergessen?«

»Ich weiß noch, daß ich es für dich gekauft habe. Aber ich war mir nicht mehr sicher, ob ich es dir dann wirklich gegeben habe. Ich dachte –«

»O doch, am letzten Abend. War ein Riesenerfolg! Ein *Schweizer* Messer als Abschiedsgeschenk nach einem Sommer in *England*! Was haben wir gelacht! Ich weiß nicht, warum, aber ich habe dieses Messer bis heute. Überhaupt dieser letzte Abend. Da hast du mich zum ersten Mal sehr verunsichert. Ich war mir plötzlich nicht sicher, ob du ein Idiot bist oder ein Anarchist!«

»Ist das nicht dasselbe?«

»Nein! Ich dachte dann: Anarchist. Vielleicht habe ich deshalb das Messer aufgehoben!«

Der letzte Abend. Im Grunde eine trübsinnige Veranstaltung, etwa so wie ein »bunter Abend« bei einem Schulschikurs, in der Peinlichkeit gemildert und in der Emphase gesteigert durch die simple Tatsache, daß es eben Oxford war und nicht Radstadt oder Zauchensee. Da prasselte ein offener Kamin, aber es war nicht Winter. Man war kindisch, aber man hatte zum ersten Mal gespielt, erwachsen zu sein. Viktor hatte das Gefühl, daß seine Seele endgültig zerbrochen war, aber das war kein Beinbruch.

Da war eine improvisierte Bühne in der Halle des Plater College, alle verfügbaren Stühle aus den Klassenzimmern waren davor aufgestellt, in der ersten Reihe saß mit gequältem Lächeln der College-Direktor, Mr. Saint Quentin, dessen Gesichtsausdruck eine heilige Überzeugung verriet: Richtiges Englisch lernen diese kontinentalen Halbaffen nie, aber noch aussichtsloser ist es, daß sie jemals den Anflug einer Vorstellung bekommen, was es heißt, lady- or gentlemanlike zu sein.

Zeugnisverteilung. Ein paar mehr oder weniger launige Worte der Klassenlehrer. Stimmung kam auf, als die Lehrerin Miss Summerled sagte: »Well, was wollte ich sagen? Keine Ahnung, he, schätze, ich bin zugekifft!«

Mr. Saint Quentin klatschte in die Hände, es war eine Mischung aus höflichem Beifall und Anfeuerung: Macht schnell weiter, ich will weg! Er war gefährdet. Er bekam Hautausschläge, wenn er allzu lange mit diesen kontinentalen Menschen hier saß, er wollte zurück in sein Zimmer oben unter dem Dach und eine Tasse Tee trinken, ästhetisch am Teetisch unter der Reproduktion eines Wellington-Porträts. A cup of tea, das Penicillin der englischen Konservativen. – War das wirklich so, oder war das bereits eine Parodie, ein sketch? Das »bunte Programm«. Alle möglichen Schüler hatten einen Beitrag vorbereitet, natürlich auch Jonny Göls. Nein, er sang nicht, beziehungsweise nicht nur – das wäre ja noch gegangen. Nein, er führte eine »Miß-Wahl« durch, ließ alle Mädchen, die ihn im Lauf dieses Sommers angehimmelt hatten, auf- und abmarschieren, die Pos schwenken, sich umziehen, mit Bikinis unter Gejohle noch einmal auftreten – Viktor war fassungslos. Als Hilli glücklich Jonny auf der Bühne küßte, weil er sie zur Miss Plater College ausgerufen hatte, ging er hinauf in das Schlafzimmer. Als er wieder hinunterkam, hatte er zwei Dosen Guinness getrunken und einen Schluck Gin, von Mr. Oxfords Reserven.

»He Leute, gibt's noch einen Beitrag? Wenn nicht, gehen wir zum Tanzen über – und zu allem weiteren, haha!« rief Jonny ins Mikrophon.

Mr. Saint Quentin stand auf, das war es wohl, endlich, er nickte höflich in alle Richtungen und klatschte, wohl auch als Reaktion gegen die beginnenden Hautausschläge auf der Innenseite seiner Handflächen. Da rief Viktor: »Please! Shakespeare, ich habe einen Monolog von Shakespeare vorbereitet. Darf ich –«

Mr. Saint Quentin setzte sich wieder, dann saßen alle, und Viktor stand auf der Bühne.

Er holte tief Luft, dann sagte er: »Richard of Gloster. Alone.«

Es war plötzlich so still, daß man hören konnte, wie Wallenberg verächtlich »Streber!« sagte.

Rich (*schluchzt*): goodblooddiemodderfokking fauliges
    vermodern
o gott: das greuel… das kläglich lovegemetzel
die lippen rosenblätter wie am spieß
aus schleim und bibeldreckbouillon compassion
thanks god for alle the bescherung mittags
evening and at night… that was the summer? (*stöhnt*)
there was no spring or sprung at all grad jetzt
»Das ist nicht exakt das, was wir Oxford-English nennen, I presume!« (Mr. St. Quentin)
grad jetzt when me was so voll hope –
daß the fokking winter meines würgens
befreit vom eis zu einem heißen Sommer – hot? so what?
dank prinz jonny – dieser »sonne new orleans'«
in unserm haar klebt glitter und konfetti
»In English please« (Mr. Saint Quentin) (Erste Lacher)
our speech of love schlägt um in trunknes lallen,
dank junior dem Prinz der Gleichmut fett wie buddha
it is an austin not a horse dem er die sporen gibt
derweil prinz jonny galoppiert durch weiberzimmer
und bringt den frauen flötentöne bei! Amor! O
god of love verletzt von eignem pfeile
(Lacher. Rufe. Mr. Saint Quentin hebt die Hände – um die Darbietung abzubrechen? Um Ruhe zu bitten? »Please! I suggest…«, Miss Summerled ruft kichernd: »Give him a chance!«)
No chance – me, all to grob gestrickt
mir mangelt minnens federfüßger schritt
Viktor kicherte, er torkelte, stöhnte theatralisch auf.

»Es hatte etwas Irres«, sagte Hildegund, »wie du da auf der Bühne herumgetaumelt bist, geschrien und aufgestampft hast in einem Rhythmus, der sozusagen deine Sprache hervorgehämmert hat, und wie du dich dabei dauernd an den Haaren gerissen hast –«

»Das würde ich heute nicht mehr machen!« (Viktor)

»Wieso? Du hast doch heute wieder –«

»Ich meine: Mich an den Haaren zu reißen! Meine letzten sind mir allzu lieb und teuer!«

Rich (*singend*) Singin' in the pain ...

(Jonny beginnt Viktor auf der Gitarre zu begleiten, rhythmischer Beifall)

     Es ist die Angst sie ist bigott, so bi o god it's me
     von rabenmother nature plump gefokkt

(Anfeuerung, nochmals Saint Quentin: »In English please!«)

     o german ... german love and peace –
     die schlaffen zeiten mögen meinethalben
     ihrn friedenssingsang plärrn – I kill my time
     mit starren at my shadow in the sun

»Thank you very much!« (Saint Quentin, sich erhebend)

     o please bin noch nicht ready yet
     there is a lot to tell about die liebe and
     her fokking way to hell – the greed –

»Thank you very much indeed!« (Saint Quentin) Das war's. Viktor stand da, hochrot glühend, zitternd, er verbeugte sich, sehr ironisch, sehr tief, richtete sich auf, seine Augen waren naß, er sah nichts, nur eine Wand von Menschen vor sich, hörte das Gejohle, Klatschen und Trampeln, »Amor o god of love« – das war Jonny, er probierte zwei andere Akkorde, nickte, »Amor O god of love tschumm tschumm tschumm verletzt vom eigenen Pfeile oh!«, »I kill my time –« (sang Hilli), »I kill my time o yeah mit Starren at my shadow in the sun und jetzt alle!« – »I kill my time o yeah –«

Viktor ging, nein wankte hinauf in das Schlafzimmer. Er sah nicht, wie Hilli ihm nachschaute, aber das war egal, darum ging es jetzt nicht mehr. Er hatte um sein Leben gespielt, in

234

seinem ersten kleinen Rausch, sich freispielen wollen von seiner modderfokking Maria-Rolle.

»Damals«, sagte Hildegund, »hast du gelernt, daß du irgendsoeine anarchistisch-exhibitionistische Ader hast. Im Grunde hast du damals bereits deinen heutigen Auftritt geübt!«

»Nein! Ich habe damals gelernt, was ein Bierdosenring ist, und ich habe geübt, Dosen zu öffnen! Diese Ringe zum Öffnen, die man so abziehen mußte, gibt es heute nicht mehr. Deshalb könnte das heute keinem Jungen mehr passieren!«

»He! Meinst du das jetzt geschichtspessimistisch oder optimistisch?«

Auf der Lände dirigierte Hildegund den Taxifahrer um. Er solle nicht wieder rechts auf die Ringstraße fahren, sondern nach links, hinunter zum Prater und dort zur Jesuitenwiese.

»Gute Idee«, sagte Viktor. Er dachte an die viel zu seltenen Tage seinerzeit, an denen die Zöglinge mit dem Erzieher zur Jesuitenwiese gegangen waren, etwa zehn Fußminuten vom Internat entfernt, um dort Fußball zu spielen. Die Gerüche von Gras, Erde, Blüten oder Laub, vom Schweiß der Kinder, die sich bewegen konnten. Die Unterwürfigkeit, wenn die Kinder den Erzieher pflichteifrig bewundern mußten, weil er beim Kicken einen Haken machte, der gegen Zwölfjährige wunderbar funktionierte, oder einen Schuß aufs Tor, der auch für einen Vierzehnjährigen unhaltbar war, diese Unterwürfigkeit grenzte bereits an Lebenslust, weil man dabei den Körper spürte, und nicht nur dann, wenn man geschlagen wurde. Die Bäume rundum, so alt, daß sie, von Ferdinand Waldmüller gemalt, bereits die Wohnzimmer und Salons im Wien des Biedermeier geschmückt hatten – und das war jene Epoche, nach der Viktor auf Grund des Heimatkunde-Unterrichts die größte Sehnsucht hatte. Der von Waldmüller gemalte Praterbaum sah immer noch genau so aus wie auf dem Bild, das im Lehrbuch reproduziert war. Als hätten hundert Jahre Geschichte beschlossen, für weitere Jahrhunderte zu erstarren, weil sie eine Vollendung erreicht hatten. Gab es da nicht wenigstens einen neuen Trieb? Wenn ja, dann war er für den Jungen nicht sichtbar, der vom Internat zur Jesuitenwiese kam und den Baum anstarrte, dessen Abbild er, über hundert Jahre zuvor gemalt, aus einem Lehrbuch kannte. Jesuitenwiese: Das war auch die erste Erfahrung mit zutiefst philosophischen Diskussionen – wenn etwa darüber debattiert wurde, ob ein hoher Schuß auf das Tor tatsächlich ein Tor war, oder drüber oder daneben. Das waren abgründige Auseinandersetzungen, auf der Basis des dialektischen Verhältnisses von konkret und abstrakt, also der Grundschule der Philosophie, wenn man folgende zwei Voraussetzungen mitbedenkt: Jedes Kind wußte die Maße eines echten Fußballtors im Schlaf, zugleich waren die Tore, auf die die Schüler auf dieser Wiese spielten, durch zusammengeknüllte Pullover markiert, die auf der Wiese lagen ...

Jesuitenwiese: Das war Leben, eine Ausnahme in der Sargexistenz des Konvikts.

»Ja«, sagte Hildegund, »und da fahren Sie bitte die Rustenschacherallee hinein, ja, noch ein Stück, noch, noch, stop! Bleiben Sie hier kurz stehen! «

»He, was soll das? Willst du jemanden besuchen?« (Viktor)

»Ja. Wenn wir schon hier vorbeikommen!«

»Der wird tief und fest schlafen!«

»Das tut er garantiert!« Hildegund sprang aus dem Taxi.

»Warte!«

»Ein irrer Haß!« sagte der Taxifahrer.

»Warten Sie hier bitte!« sagte Viktor und stieg ebenfalls aus.

»Maria! Wo gehst du hin? Soll ich mitkommen? Oder – He! Warte!« rief Viktor, sah, daß sie vor einem Baum stehenblieb, an sich hinabschaute, die Hände vor dem Unterleib – Viktor hatte den Eindruck, daß sie gegen den Baum pinkeln wollte, im Stehen, wie ein Mann – ein Transvestit, mein Gott, das kann doch nicht sein, dachte Viktor, sie kann doch nicht – Er wollte zu ihr hinlaufen, stand aber da wie angewurzelt. Nie

236

wieder Alkohol, dachte er, während er aus seiner Schockstarre erwachte und mit der Rotweinflasche in der Hand langsam zu ihr hinging.

Die Kutsche wartete. Sie sollte ihn nach Lisboa bringen. Manés Abschied von den Jesuiten. Er wußte nicht, wie es gekommen war. Er wußte nicht, daß seine Eltern auf Entscheid des Heiligen Offiziums für das Feuer bestimmt gewesen waren, daß sie zusammen mit achtundneunzig anderen »Neuchristen« bereits vor den Scheiterhaufen gestanden und ihr Urteil erfahren hatten. Er wußte nicht, daß Juden in Venedig, Genua und Amsterdam, in Konstantinopel und in Alexandria regelmäßig sammelten, um ihre Brüder und Schwestern von den Flammen der Autos de fé freizukaufen. Das war ein riesiges Geschäft der spanischen Krone: Menschen ihres Vermögens zu berauben und dann noch extra Gold dafür zu kassieren, sie am Leben zu lassen. Was für ein Leben? Alle jene, denen auf Grund der unermeßlichen Milde seiner Majestät und dank des Goldes, mit dem internationale Spediteure die spanische Schatzkammer füllten, im Angesicht der Flammen begnadigt wurden, waren so tot wie die Verbrannten, mehr noch, sie beneideten die Toten um ihren Frieden in den Wolken: Sie waren ohne eigenes Haus und ohne Habe, und jegliche Erwerbstätigkeit war ihnen verboten. Sie mußten außer Haus stets ihre sacos benditos tragen, ihre Buß- und Sträflingskleidung, wissend, daß bei Strafe keiner mit ihnen sprechen oder gar sie berühren durfte. Zugleich war ihnen verboten, das Land zu verlassen – das Land? Ihren Heimatdistrikt! Diese Menschen waren tot, nachdem für ihr Leben Tonnen von Gold in aller Welt gesammelt und an die spanische Krone bezahlt worden waren. Sie zu verbrennen wäre nur ein tautologischer Akt gewesen, der zum Himmel gestunken hätte.

Von den sechsundvierzig Männern und vierundfünfzig Frauen, die vor dem Blutgerüst der Inquisition das Urteil »Schuldig des Judaisierens« vernommen hatten, wurden vier

Männer und vier Frauen durch die Garotte zu Tode gebracht und anschließend auf dem Scheiterhaufen verbrannt. Den anderen wurde das Leben geschenkt. So also waren Manés Eltern nun in Lisboa, freigekauft, aber nicht frei. Am Leben, aber tot. Es war ihnen verboten, die Stadt Lisboa und ihre Vororte zu verlassen. Sie mußten die Gerichtskosten (3018 Milreis) bezahlen, womit die Enteignung umschrieben wurde, denn das eingezogene Vermögen inklusive Haus, Lager, beweglicher Habe etc. wurde mit 5018 Milreis veranschlagt, wobei 2000 Milreis vom Heiligen Offizium als Kaution einbehalten wurden, die verfallen sollte, so sie innerhalb von zehn Jahren den Kreis Lisboa verließen. Weiters waren sie zum Tragen des *saco bendito* in der Öffentlichkeit verurteilt und zum regelmäßigen Besuch der Heiligen Messe an allen Sonntagen, wobei sie sich zuvor beim Pfarrer zu melden und ihre Anwesenheit bestätigen zu lassen hatten. Schließlich mußten sie an festgesetzten Tagen das *Seminario Geral*, die Grundschule für katholische Glaubenslehre, besuchen und regelmäßig Prüfungen ablegen.

Nach sechs Monaten machte Gaspar Rodrigues die Eingabe, das Sorgerecht für seine Kinder wieder übertragen zu bekommen. Unterschrieben war dieses Gesuch von Vater Antonio, Pfarrer der Kirche Santa Marinha, mit dem Vermerk »in Anbetracht der mehrfach gebrochen gewesenen und nunmehr steifen Finger der rechten Hand von Sr. Gaspar, Folge des dritten strengen Verhörs«. Vater Antonio bestätigte auch, daß Gaspar Rodrigues und Antonia Soeira regelmäßig die Beichte ablegten, jeden Sonntag das Sakrament der Heiligen Kommunion empfingen, in- und außerhalb der Kirche die *sacos benditos* trugen und in allen Fragen der katholischen Dogmen bestes Wissen zeigten. Dem Antrag wurde stattgegeben. In der Folge stellte Gaspar Rodrigues in seinem und dem Namen seiner Frau den Antrag an die Inquisition, für drei Wochen vom Besuch des *Seminario* und der Heiligen Messe befreit zu werden, damit sie im königlichen Spital in den Genuß des Privilegs der Behandlung diverser Leiden kommen konnten, sie alle »Folgen der strengen Verhöre« während ihrer Gefangenschaft. Pater Antonio und Doutor Álvaro Freitas bestätigten, daß die Petitenten besten Willen zeigten, ihrer Pfarre nützlich zu sein, »so sie durch medizinische Behandlung in die entsprechende Lage gebracht werden konnten«. Dem Ansuchen, dem 800 Milreis beigelegt waren, wurde stattgegeben.

»Zögling Manoel!«

»Ja?«

»Du warst ein Schüler, der zu den schönsten Hoffnungen berechtigt hat. Zu den schönsten Hoffnungen berechtigt. Vergiß auf deinem Lebensweg nie, was wir dir mitzugeben versuchten!«

»Ich werde es nicht vergessen, Pater!«

»Ich segne dich im Namen des Vaters, des Sohnes und des Heiligen Geistes!«

»Amen!«

Mané stieg in die Kutsche ein. Die Sonne ging unter, als er in Lisboa ankam. Mané war bereit zu einem Leben im Tod, als er die Frau und den Mann wiedersah, die seine Eltern waren. Sie hatten drei Wochen Zeit. Drei Wochen für den Aufbruch in ein neues Leben.

Jetzt erst sah Viktor, daß Hildegund betete. Zumindest sah es jetzt so aus, als ob sie betete. Den Kopf gesenkt, die Hände mit verschränkten Fingern schlampig gefaltet, stand sie vor dem Baum in rätselhafter Andacht. Dann blickte sie auf und bat Viktor um einen Schluck Wein. Viktor gab ihr die Flasche, Hildegund hob sie kurz in die Höhe, als wollte sie dem Baum zuprosten –

»Das ist das Blut, das wir Grünen für euch Bäume –« (Viktor)

Hildegund verschluckte sich, als sie die Flasche ansetzte. »Sei doch nicht so kindisch! Hier, unter diesem Kastanienbaum, haben wir Mandi begraben.«

»Ich habe Mandi verstanden, und: begraben! Das heißt, ich verstehe nicht!«

»Ja, Mandi. Das war unser Kater. Als er gestorben ist, haben wir ihn hier begraben. Vor zwei Jahren. Was macht man mit einem toten Tier, mit dem man jahrelang zusammengelebt hat? Ich meine –«

»Du hast jahrelang mit einem toten Tier zusammengelebt?«

»Hör zu, es ist wirklich bewundernswert, daß du noch im Vollrausch zur Sprachkritik fähig bist. Aber, wie immer bei dir, ist es nicht, was es scheint: Du bist nicht sprachkritisch, sondern einfach zynisch. Sinnlos zynisch.«

»Entschuldige. Also was war mit diesem Mandi?«

»Ja, was wollte ich sagen? Er ist gestorben. Und man kann doch dann nicht so ein Tier, mit dem man so lange zusammengelebt hat, einfach in den Mülleimer werfen! Also haben wir ein Begräbnis veranstaltet. Ja, ich weiß, da gibt es die Tierkörperverwertung, die müßte man anrufen und – wie das schon klingt: Tierkörperverwertung! Also haben wir ihn in einen Sarg gelegt und –«

»In einen Sarg?«

»Ja, in einen Sarg. Mein Ältester ist sehr geschickt im Werken, er hat aus Spanholz einen Sarg zugeschnitten und zusammengeleimt. Sicher hätte es eine Schuhschachtel auch getan, aber der Sarg hatte mehr Stil!«

»Natürlich!«

»Dann sind wir zur Jesuitenwiese gefahren, den Wagen haben wir weiter vorn Ecke Wittelsbachstraße und Rustenschacherallee stehengelassen, damit wir noch ein kleines Stück zu Fuß gehen müssen, damit es ein bißchen feierlicher wird, sozusagen als Trauerzug. Der Jüngste hat den Sarg tragen dürfen. Ich hatte im Rucksack die Schaufeln mit, mit denen die Kinder früher in der Sandkiste gespielt haben, die Schaufeln habe ich dann verteilt, hier, vor diesem Baum, und dann mußte es sehr schnell gehen. Das ist natürlich illegal, man darf ja in einem öffentlichen Park nicht einfach Katzen verscharren –«

»Wußte ich gar nicht!«

»Ja. Also die Kinder haben mit ihren Sandkastenschaufeln ein Loch gebuddelt, den Sarg hinein, schnell das Loch zugemacht, mit den Schaufeln, mit den Füßen, und dann sind wir noch eine Zeitlang dagestanden, die Kinder haben Flöte gespielt, und ich habe an Mandi gedacht, was ich alles mit ihm erlebt habe oder er mit mir, drei Umzüge, also dreimal eine andere Wohnung, an die er sich, an die wir uns gewöhnen mußten, eine Beziehung mit einem Mann, der allergisch gegen Katzen war, dann mein Mann, dann sind die Kinder gekommen, und du kannst dir vorstellen: jedes der fünf hat sein aktives Leben damit begonnen, den Kater am Schwanz zu ziehen. Als er gestorben ist, haben die Kinder das zuerst gar nicht verstanden. Sie dachten, na gut, er ist tot, aber er wird gleich wieder zu leben beginnen, sie sind damals schlafen gegangen und haben geglaubt, am nächsten Tag wird der Mandi wieder leben, sozusagen auferstehen. Der Kater ist ja immer dagewesen, so wie ich oder mein Mann, sie konnten sich einfach nicht vorstellen, daß plötzlich – na ja, sie haben mit Mandi zu leben begonnen und sie haben mit ihm gelernt, was der Tod ist.«

»Woran ist er gestorben? Altersschwäche?«

»Nein. Das hätten wir erwartet. Wir dachten, bald wird er an Altersschwäche sterben. Nein, er ist aus dem Fenster gefallen. Aus dem vierten Stock. Da war er sofort tot.«

»Selbstmord?«

»Viktor!«

»Ich meine, man sagt doch, daß Katzen, wenn sie aus dem Fenster fallen oder springen, immer auf ihren Pfoten aufkommen, daß sie das überleben, daß sie sieben Leben haben, also denke ich, daß eine Katze eigentlich nicht stirbt, wenn sie vom Fenster auf die Straße – außer . . .«

»Du sagst immer Katze. Mandi war ein Kater. Und er war der tolpatschigste Kater, den man sich vorstellen kann. Er war so – ungeschickt. So – Nein, der ist sein Lebtag nicht auf den Pfoten aufgekommen. Und er war dumm. Dauernd hat er was umgeschmissen, ist wo runtergefallen. Dann sieht er eine Taube auf dem Fensterbrett und macht einen Sprung – in seinem Alter. Auf dem Fensterbrett. Ich bin grad dabei gestanden. Ich habe es gesehen. So dumm. Springt. Ins Nichts. Wegen einer Taube. Ich bin gleich hin zum Fenster und habe runtergeschaut. Ich habe ihn noch fliegen sehen. Weißt du, was seltsam war? Er war, als er da flog, doppelt so groß wie normal. Er hat alles von sich gespreizt, es hat ihm das Fell aufgestellt, richtig aufgeplustert, er war da im Sturz in den Tod plötzlich ein ganz anderes Tier, ein Fluglöwe oder sowas, und ich habe gedacht – nein, ist ja egal!«

»Na komm, sag's!«

»Ich habe mir gedacht, das ist kein Haustier mehr, das ist der Sprung in eine andere Existenz, wie soll ich sagen, eine Verwandlung, – man denkt ja in so einer Situation nicht so genau in Worten! – Und dann gab es schon dieses Geräusch, so banal, so dumpf, er war aufgeprallt und tot und klein und die Taube trudelte hinunter, so plump, und dann ist sie weggeflogen, und ich bin hinunter und habe den Mandi –«

»Ja?«

»Ich habe mir gedacht, wenn wir da schon herumfahren, besuche ich ihn! Komm, fahren wir weiter, bevor ich ihn ausgrabe, rauskratze mit den Fingernägeln ...«

»Einen Nagel hast du dir schon abgebrochen ...«

»Komm, das Taxi wartet!«

Sie alle zusammen – unmöglich! Das wäre viel zu auffällig.

Spätestens nach zwei Tagreisen wären sie für jeden, der sie sah, verdächtig gewesen, Fremde, Anlaß zu Mißtrauen, Fragen, Anzeigen, Verfolgung. Wer waren sie? Warum kamen sie hier vorbei? Wohin wollten sie? Waren sie solche, für die es Belohnung gab? Ein Mann allein mochte vazieren, um Arbeit zu suchen, eine Frau allein konnte eine Witwe sein, die irgendwo entfernte Verwandte besuchen, sich in deren Schutz begeben wollte – aber ein Mann und eine Frau und zwei Kinder? Das war eine Familie, und Familien waren bodenständig, zogen nicht herum – außer sie waren auf der Flucht. »Neuchristen«, heimliche Juden, die das Land zu verlassen versuchten. Die Geld hatten, eingenäht in ihre Mäntel, aber nicht den rechten Glauben. Die Gesichter verbrannt von der gleichen iberischen Sonne, aber das Blut, das war nicht das gleiche Blut, das alte gute Blut der iberischen Christen. Schlagt sie tot! Liefert sie aus!

Getrennt, jeder für sich – ebenso unmöglich! Mané war zu klein. Vater zu krank. Sagte die Mutter. Mutter viel zu krank und hilfsbedürftig. Sagte der Vater. Esther, ja sie, sie könnte es alleine schaffen. »Ich schaffe es alleine, Senhor!« Esther machte sich auf den Weg.

Mané sah sie an, die Schwester, die er nicht kannte, weil er sie nicht wiedererkannt hatte nach den drei Jahren im Konvikt, die Schwester, die in diesen drei Jahren im Kloster der »Filhas da Nossa Senhora das Lagrimas« zur Schwester ausgebildet worden war, zu einer Frau ohne Geschlecht, zu einem Menschen ohne Alter, zu einem vergeistigten Wesen, mit einem dunklen Blick unter dem Kopftuch – jeder würde auf ihrem Weg Schwester zu ihr sagen, ehrerbietig, hilfreich. Die Schwester hatte als Schwester die perfekteste Tarnung. Sie küßte Mané, lächelte, nun gar nicht schwesterngleich. »Ich weiß, was du denkst, Bruder«, sagte sie, eine stolze junge Frau, »und du hast recht! Wir kennen das Geheimnis der Wiederauferstehung, und wir werden sie gemeinsam feiern!« Im neuen Leben, in der Freiheit – Das sagte sie nicht dazu. Das war klar. »Pathos«, hatte sie bereits zu Mané gesagt, bald nachdem die Familie in Lisboa wieder zusammengekommen ist, »Pathos ist nur erlaubt, wenn das Gegenteil gemeint ist!« Wie verunsichert, wie rührselig der verängstigte Junge gewesen ist. Die Schwester hatte ihm eine Lektion gegeben, die drei Jahre Konvikt auslöschten. Danach war er zurückgeworfen auf Null plus Latinum. »Pathos ist das Gefühl der Gefühllosen, die heilige Ekstase der Verächter des Lebens«, hatte sie gesagt, als Mané ihr unter Tränen die Liebe versicherte, die er nicht empfand, weil diese Frau so fremd war, daß er die Liebe nicht fand, die aber dasein, herbeigeredet, vorgebetet sein mußte, nicht nur weil sie von gleichem Fleisch und Blut waren, sondern wegen des gemeinsamen Erlebnisses damals auf dem Friedhof, am Vorabend ihrer Trennung, am Ende ihres Vorlebens. »Hör auf!« hatte sie gesagt. »Was heißt Himmelsmacht? Was redest du so geschwollen? Hör zu! Du bist jetzt alt genug, um das zu begreifen, und wenn du nicht alt genug wärst, dann müßtest du es jetzt trotzdem begreifen: Wir sind keine Christen! Die Christen«, sagte sie, »fassen alles nach dem Buchstaben auf, das ist das Problem mit ihnen. Wenn sie lesen, daß Menschen, die nicht an Christus glauben, wie dürre Äste sind, die verbrannt werden, dann verbrennen sie Menschen wie dürre Äste. Wenn man alles wörtlich nimmt, selbst wenn es dann zu solchen Konsequenzen führt, dann muß man sehr gefühllos sein. Also brauchen sie andere Gefühle. Ersatz. Das ist das Pathos. Das ist Christengefühl. Sozusagen das schöne Firmament über der Welt des Buchstabengefühls. Ohne Sinn und Empfindung für das Menschliche. An Gott zu glauben, an das Schöne der Schöpfung, an das Schöpferische überhaupt, an sich selbst als Mensch, und dabei Menschen zu verbrennen, zu vernichten, tief zu empfinden und dabei kein Mitleid zu haben – das kann nur, wer bloß an den Buchstaben glaubt und gelernt hat, ihm zu folgen. Liebe! Sim, Senhor! Hasse! Sim, Senhor! Hier steht es so, und hier steht es so! Immer muß die Antwort Ja sein! Das ist dumm. Keiner hat das Recht zu gehorchen. Wenn das Wörtliche mörderisch ist. Nur diese Menschen sagen Himmelsmacht, wenn sie von der Liebe reden, weil sie dann auf Erden weiter morden können. Habt ihr *Die göttlichen Gefühle* durchgenommen in der Schule?«

Der Vater schwankte auf seinem Stuhl. Er schlief ein, sank nach vorne, dann riß es ihn hoch, er lehnte sich zurück, die Augen fielen wieder zu, er sank nach vorne, doch bevor sein Kopf auf die Tischplatte fiel, schreckte er wieder hoch, nur um erneut langsam noch vorne zu sinken. »Wir werden das heute nicht mehr klären!« sagte die Mutter. Dann waren Estrela und Manoel alleine.

»*Die göttlichen Gefühle* – hast du sie gelesen?«

»Ja! Wir mußten das lesen!«

»Und wovon spricht dieser Text?«

»Von der Wonne der Liebe zu unserer Heiligen Jungfrau Maria, und wie die Welt in dieser Liebe schön wird, und wie uns alles in einem besonderen Licht erscheint, und wie wir verschmelzen mit dem anderen und der Welt in der Liebe, die Gott uns geschenkt hat und –«

»Genau. Wörtlich genau! Und jetzt stelle dir vor: La Celestina, die Himmlische, ist nicht die Mutter Gottes, sondern eine Prostituierte. Eine käufliche Frau in einem Freudenhaus. Und die Männer, die zu ihr hingehen, sind süchtig nach ihr, weil sie die Liebe so gut beherrscht, die körperliche Liebe, die Wollust, ›wie die Himmlische das Fleisch veredelt, wenn sie es berührt‹, ›O Maria Celestina, wer unter deinem Mantel steckt, wird erlöst! Ewiger Augenblick der Seligkeit!‹, ›Wie stark ich bin, wenn ich nur an dich denke, Celestina!‹ Na, verstehst du? Der Autor dieses Texts, Fernando Arantes de Montalbán, Sohn getaufter Juden, muß sich totgelacht haben, als er das schrieb! Er wußte: Die Christen lieben den Buchstaben, werden darüber beten, aber seinesgleichen lacht über dessen Bedeutung, wissend, daß es nur darum geht: Liebe auf Erden … Oder denk an den *Don Quijote de la Mancha* –«

»An wen?«

»Don Quijote. Nicht gelesen? Hat das keiner bei euch hineingeschmuggelt ins Konvikt? *Das* neue Buch, über das jetzt alle Welt spricht. Jeder liest es. Eine Mitschülerin im Kloster hatte plötzlich ein Exemplar. Wir haben das Buch zerlegt in lauter einzelne Seiten, damit jede gelesene Seite gleich zur nächsten Mitschülerin weiterwandern konnte. Das ist ein Roman über einen Hidalgo, einen Altchristen, der natürlich alles wörtlich nimmt, was er liest. Und so und nur deshalb wird er zur lächerlichen Gestalt. Ein typischer Christenmensch. An seiner Seite einer, der es, wenn auch unbedankt, besser versteht: Samuel, genannt Sancho! Er weiß, wir wissen: Große Worte – lächerliche Taten! Ganz große Worte – mörderische

245

Taten! Und wer hat dieses Buch geschrieben? Miguel de Cervantes Saavedra, wieder ein getaufter Jude!«

»Wieso weißt du das? Daß er ein Jude ist.«

»Wir wissen das. Weil wir lesen können. Wir mußten das lernen, hinter die Buchstaben zu schauen und hinter die Masken der Menschen. Und jetzt mußt du in diese Schule gehen, Bruder!«

Esther strich ihr Kopftuch herunter, schüttelte ihr Haar, das ihr plötzlich wie eine Löwenmähne um den Kopf stand. »Verwende also die großen Worte nur, wenn du damit etwas anderes meinst«, sagte sie. »Wirst du das lernen?«

»So der Herr will!«

»Das war schon ganz gut, mein Herr!«

Der Abschied. Esther küßte Mané. »Bring die Eltern sicher nach!« flüsterte sie. »Und hab keine Angst. Tote kann man nicht mehr töten!«

Manoel verstand, oder glaubte zu verstehen.

»Also?«

»Auf das Leben nach dem Tod!« sagte er brav.

»Daran glauben wir, darauf vertrauen wir!« sagte Esther und dann rief sie übermütig: »Habt ihr gehört, ihr Christenmenschen? Wir glauben an das Leben nach dem Tod!« – und wie sie lachte. Einen Augenblick später war sie die Schwester, und sie ging ihren Weg.

Blieben ein Mann, eine Frau, ein Kind – das war keine Familie? Sie würden nicht auffallen, zwei, drei, vier Tagreisen von Lisboa entfernt? Sie hatten noch achtzehn Tage Zeit. Jede Überlegung, jede Idee, jeder Plan, der sich gleich wieder als undurchführbar erwies, kostete einen Tag. Oder zwei. Sie hatten keine Chance.

Wem es gelang, auf ein Schiff zu kommen, hatte gewonnen. Schiffe fuhren in die Freiheit. In die Neue Welt. Legten in fremden Ländern an, in denen andere Gesetze galten, in Häfen, in denen Fremde nicht auffielen und Verdacht erregten, weil es dort so viele Fremde gab aus aller Herren Länder. Nichts war den Einheimischen der großen Häfen so vertraut wie dies: die Fremden. Manoel träumte von Häfen, während sein Vater Tage damit verlor, Zugang zu einem Schiff zu finden. Manoel konnte sich unter dem Begriff Paradies nichts anderes vorstellen als dies: ein Hafen in einer anderen Welt. Fremde, die nicht auffielen, Menschen ohne Angst. Und Buchstaben mit allen möglichen Bedeutungen, ausgenommen der einen: der buchstäblichen. Das verwirrte ihn so, das regte ihn so sehr auf, daß er kaum einschlafen konnte. Und während er auf seinem Lager grübelte, gab es junge Menschen in einer fernen Hafenstadt, die sangen: »Uns wird keiner jemals sehen / wie wir in der Hölle schmoren!« Und das meinte nicht, daß sie ein christliches, ein besonders gottgefälliges Leben führen wollten – auch wenn die Christen es so verstanden –, sondern daß sie wußten: Es gibt keine Hölle. Deshalb wird man sie nie darin sehen können. Wie es auch kein Paradies gibt, außer – wir erschaffen es hier und jetzt. Das wäre dann wirklich. Wirksam. So viele Bedeutungen. So wenig Wirklichkeit. »Nimm mich mit!« sagte er morgens zu seinem Vater, der das Schlupfloch suchte.

Es wurden Tausende von Matrosen gesucht. Aber Gaspar Rodrigues schaffte es nicht einmal, in Sichtweite der Schiffe zu gelangen. Die Flotte Seiner Majestät suchte Männer, die die Takelage genauso beherrschten wie die Bedienung von Kanonen. Für den Krieg gegen die Aufständischen, die Vereinigten Niederländischen Provinzen, wurden immer neue Schiffe ausgerüstet. Nach der vernichtenden Niederlage der glorreichen Armada gegen England hatte der Schiffbau absolute Priorität. Riesige Wälder diesseits des Tago und drüben in Kastilien, Katalonien, Estremadura und León verwandelten sich in Steppe, weil jede Buche, jede Eiche, jeder Kastanienbaum für den Schiffbau gefällt wurde. Förster, Hirten, Bauern wurden Arbeiter in den Werften und den Docks, ihre Söhne wurden Handwerker, Segelwirker, Messingschmiede, Eisengießer und Schreiner. Vagabundierende Landarbeiter wurden

Seemänner, Landstriche verödeten durch die Anstrengung, neue Länder zu erobern. Das Schwarz der Frauen, die auf den Bänken vor ihren toten Häusern saßen, wurde Landestracht. Schiffe! »Ich will jede Stunde ein neues Schiff!« wurde Philipp zitiert, der König der Gläubigen, die alles, was sie hatten, doppelt dem Reich zu geben hatten. Für die Schiffe, und auch für die Schiffe, die die Schiffe schützten. Jedes Handelsschiff mußte von Kriegsschiffen begleitet werden, seit die Engländer und die Niederländer den Spaniern den Welthandel streitig machten. Dann die Schiffe in die Neue Welt. Die Conquista. Es mußten Flotten gebaut werden, um all das Gold über das Meer zu schaffen, das die Krone brauchte, seit ihre Finanzminister und ihre Buchhalter verbrannt worden sind. Jetzt gingen täglich die Schiffe der Krone in Flammen auf – Ein Schiff versenkt, drei neue! Jede Stunde ein neues Schiff! Männer! All diese Schiffe brauchten Männer, und jeder junge Mann, der dieses sterbende oder tödlich bedrohliche Land verlassen wollte, wußte: Ein Handels- oder Expeditionsschiff war die Rettung. Es verließ den Heimathafen – und man war entkommen. Wo immer es haltmachte, in Glückstadt oder Recife, in Hamburg, Venedig oder Santiago de Chile – wer von Bord ging, war nach wenigen Schritten im Geschiebe und Getümmel der Häfen verschwunden, war frei.

Eben deswegen gab es keinen Zugang zu den Häfen, keinen Zutritt zu den Schiffen. Starke Mauern wurden gebaut, Wehranlagen, streng bewachte Tore, die keiner passieren konnte, der nicht das *protocollo de limpieza* hatte, den Nachweis, daß sein Blut rein und daß kein Verfahren des Heiligen Offiziums gegen ihn anhängig war, daß er im Ausland keine Verwandten hatte, und im Reich keine, die nicht wenigstens in vierter Generation getauft waren. So sehr der Herrscher der Rechtgläubigen, der Gott der christlichen Seefahrt, auch Männer für seine Schiffe suchte, es war den Männern fast unmöglich, die Häfen auch nur zu betreten, die Schiffe zumindest zu sehen. Die Schiffe suchten Männer, aber für die Männer in

248

den Hafenstädten schien die Halbinsel zum Binnenland geworden zu sein.

Stunden und Tage gingen Gaspar und sein Sohn die Hafenanlagen ab, die Mauern, die bewachten Tore. Sie gingen bis Belem, bis São Antonio, bis Cascais. Es gab keinen Zugang zum Meer. Wenn es einen Zugang zum Meer gab, gab es keine Schiffe. Wenn es Schiffe gab, dann keine, die hochseetüchtig waren. Da gab es Fischer, denen das Weiße in den Augen rot und gelb geworden ist von der Gier nach dem Geld der Verzweifelten, die sich von ihnen »rausbringen« ließen. Die eine Passage kauften, die gerade so weit ging, wie die Fischerboote taugten. Die Fischerboote kamen zurück und die Flüchtlinge hatten eine letzte Lehre empfangen: Ihnen fehlte nicht nur der Glaube an Jesus Christus, ihnen fehlten auch und vor allem Kiemen.

»Es hat keinen Sinn, Senhor!« Noch dreizehn Tage. Mané sah seinen Vater an. Selbst wenn sie irgendwo da durchkämen, die Mauer listig passieren konnten, selbst wenn sie dann einen Reeder fänden, der keine Papiere verlangte, selbst wenn sie dann noch Zeit hätten, die Mutter zu holen, selbst wenn es gelänge, auch die Mutter und sich selbst ein zweites Mal durch die Kontrollen zu schwindeln, selbst wenn sie genügend Geld hätten, um das alles zu bezahlen – dieser Mann, sein Vater, mit der gebrochenen rechten Schulter und der verkrüppelten Hand, war kein Seemann, sowenig wie ein Edelmann. Er ging als Teil der Besatzung nicht durch, und nicht als adeliger Passagier. Es würde ein Vermögen kosten, Papiere zu fälschen, Wächter zu bestechen – aber spätestens nach der »Abnahme« des Schiffs, der Kontrolle, bevor es auslaufen durfte, säßen sie im Kotter. Es hatte keinen Sinn. Noch zwölf Tage. Senhor, begreifen Sie, es hat keinen Sinn!

Es blieb nur der Landweg. Zwölf Tagesreisen mit einer Kutsche mit guten Pferden. Und noch elf Tage Zeit. Zehn Tage.

Sie brauchten eine Kutsche. Zwei Pferde. Eine »Legende«, eine gute Tarnung. Saubere Papiere. Noch neun Tage, die die

Eltern sich nicht melden mußten. Der Vorsprung, den sie gegenüber der Verfolgung zu haben hofften, schmolz, und sie waren noch immer in Lisboa. Gaspar Rodrigues und sein Sohn Manoel durchkreuzten suchend die Stadt, als wäre ihre Rettung irgendein Ding, das sie verloren hatten und nun, auf und ab gehend, wiederzufinden hofften. Vielleicht liegt sie da! Vielleicht finden wir sie dort! Haben sie sie gesehen? Wie sieht sie aus? Wir wissen es nicht!

O doch, wir wissen es, dachte Manoel, die Rettung ist aus Papier. Saubere Papiere. Er saß mit seinem Vater erschöpft auf der Praça Ampla, dem Platz, auf dem am Tag seiner Geburt der große Auto de Fé stattgefunden hatte. Jetzt gab es da keine Bäume mehr, die Platanen waren gefällt worden. Es gab keinen Schatten. Später vielleicht, wenn die Sonne etwas tiefer stand, würde das Holzdach über dem Brunnen einen kleinen Schatten werfen, aber noch fiel der Schatten dieses Daches bloß auf den Brunnen selbst, während die Menschen, die auf dessen Stufen saßen, mit geschlossenen Augen in der Mittagshitze schwitzten. Die Stadt. Im Grunde war diese Stadt im Sommer eine riesige Staubwolke. Ein dichter Staubnebel, aus dem Menschen hervortraten, um gleich wieder darin zu verschwinden. Jeder Schritt jedes Fußgängers wirbelte Staub auf, noch mehr die berittenen Edelmänner, selbst wenn die Pferde Schritt gingen, manche aber kreuzten den Platz im Trab, dann stieg Staub auf, als würde es Sand regnen. Und die Kutschen, Vierer- und Sechsergespänne – der Staub nach einer Kutsche hatte sich noch nicht gelegt, wenn die nächste kam. Man konnte die Stadtluft greifen, und sie war heiß. Wenn Mané im Konvikt versucht hatte, sich das Leben »draußen« vorzustellen, dann hatte er alle möglichen Phantasien gehabt, aber keine einzige ist so kühn gewesen, daß sie herangereicht hätte an das, was er hier sah: All die Loucos, diese sonderbaren Menschen, die das Zentrum der großen Stadt bevölkerten, manche schrien, ohne ersichtlichen Grund, zumindest sah Mané keine Waren, die sie feilboten, da waren allerdings auch Schreihälse, die Reden hielten, die Worte »Hölle«, »Qualen«,

»Finsternis«, »Einkehr«, »Umkehr« und »Erlösung« schlugen und stampften über den Platz, andere führten Selbstgespräche, gingen auf und ab ohne Ziel und redeten gestikulierend mit sich selbst, da waren Bettler mit und ohne Musikinstrumente, Gaukler, und wie sie aussahen! Menschen ohne Zähne, das ging ja noch, Einarmige, Einbeinige auf Krücken, aber auch Männer ohne Beine, auf kleinen Wägelchen sitzend, ununterbrochen warfen sie die Arme nach vorne, griffen in den Staub, und rollten weiter, schreiend, kichernd. Der Alte in Começos mit der Sanduhr war bloß ein Sonderling gewesen, ein Unikum, aber in der Stadt waren sie Legion. Menschen sogar ohne Kopf – nein, sie hatten den Kopf tief gesenkt, zwischen den Schultern eingezogen, ein Umhängetuch darübergeworfen, so hasteten sie durch den wirbelnden Staub. Patres in weißen, braunen oder schwarzen Kutten, immer in Gruppen, sie traten heraus aus der Staubwand und wurden gleich wieder von ihr verschluckt, Edelmänner, gehüllt in prächtige rote Capes, Bürger, deren Gesichter zwischen den schwarzen Mänteln und den schwarzen Hüten grellrot hervorleuchteten, so rot wie die Vorhänge der Kutschen. Warum hatten alle Kutschen rote Vorhänge? Die Bürger zückten gerne ihre Stöcke, die Adeligen ihre Degen, um einen Hieb zu führen gegen die Wand aus Staub, in die sie eintreten wollten, Kinder stieben zur Seite, Bettler schrien auf, Erbarmen, Erbarmen, mein Herr! Die Bettler hatten eine Büchse, ein Bajonett oder einen Säbel vor sich liegen, die sie manchmal hochhoben, über ihren Köpfen schwangen: Damit hatten sie soundso viele Ungläubige erschlagen, erstochen, erschossen, zum Ruhm der Stadt Lisboa und des Christenlandes, eine Kupfermünze für einen Veteranen, einen Helden des Christentums, bitte, mein Herr! Und ihre Geschichten, diese grauenhaften Erzählungen. »Wo bist du her, Junge? Começos? Ach ja? Mein Vater ist einmal dorthingekommen, als Händler, jawohl, Junge, und ist dort von Straßenräubern erschlagen worden!«

Und die Hunde. So viele Hunde. Mané hatte den Eindruck,

daß aus einem Hund, dem ein Passant einen Tritt gab, sofort drei oder vier neue Hunde heraussprangen. Gleich wurden sie verschluckt vom Staub, um sofort wieder kläffend herauszuhüpfen, wieder drei mehr.

Da kam eine Dame am Brunnen vorbei, die ein Tuch an die Nase preßte, das so stark parfumiert war, daß Mané schnuppernd zu husten und zu spucken begann. Wie scharf der Staub dieses Platzes war.

Plötzlich: ein verschwitzt verschmiertes Gesicht über Mané gebeugt, der, erstarrt, den Eindruck hatte: Noch eine Bewegung, und die Bartstoppeln dieses Gesichts zerkratzen meine Wange. Ein Reibeisen, fett- und schleimverschmiert, darin ein Mund, der sich einen Spalt breit öffnete. »Ganz ruhig, Junge«, sagte das Gesicht. »He! Ganz ruhig!« Das Gesicht kicherte lautlos, Rotz, mit Staub verschmiert, lief braun aus seiner Nase. »Der Idiot da neben dir schläft! Warte!« Da richtete sich der Mann auf, er hatte dem Vater das Geld aus der Hosentasche geholt, er kicherte, warf Mané eine Münze zu: »He! Das ist für dich. Brot für eine Woche!«

»Senhor!« sagte Mané, er war fassungslos, was sollte er sagen? Er wollte sagen –

»He! Einen wie dich könnt ich brauchen. Willst mitkommen? Ich bring dir bei, wie du der Welt die Taschen leerst!«

Mané schüttelte den Kopf, stieß den Vater an, nahm ihn an den Schultern, rüttelte –

»He!« sagte der Mann. »He! Du kleiner Idiot!« Er wich zurück, verschwand. Wie eine riesige Kröte, jeder Schritt ließ den Oberkörper nach vorne schnellen, so ging das drei oder vier Schritte, dann war er verschwunden. Eine Staubwolke. Verschluckt vom Staub, aus dem Hunde hervorsprangen.

Mané sah seinen Vater an. Der schwankte röchelnd nach vorne und zurück. Wenn er nach vorne kippte, langsam zuerst, weiter, noch weiter nach vorn, dann stieß er den Atem aus, der schrill krächzend aus seinem Mund raspelte. Plötzlich machte er einen Ruck, schreckte hoch, warf den Oberkörper zurück – wachte er auf? Nein. Der Mund war offen, die Wangen zitterten, dann schloß er den Mund und sank wieder raspelnd vornüber.

»Bring die Eltern sicher nach!« Ja. Aber wie? Sie hatten keine Chance. Hatte der Vater noch Geld zu Hause? Oder waren sie jetzt völlig ausgeraubt und reif »für das Wagerl«? Das hatte sein Vater gesagt: »Bevor ich bis ans Ende meiner Tage mit dem saco bendito herumgehe, schneide ich mir lieber die Beine ab und setz mich auf ein Wagerl!« Ein Veteran des Glaubenskriegs konnte auf mehr Almosen rechnen, als ein Jud im saco.

Der Zauberer. Da lag plötzlich ein Teppich auf dem Platz. Darauf stand eine kleine Holztruhe. Da stand plötzlich ein Mann. Der Mann schrie. Hielt die Hände in die Höhe. Seine Finger flatterten. »Eine Münze! Nur eine Münze, der Herr. Für einen braven Christenmenschen. Nur eine kleine Münze, und ihr habt einen Wunsch frei!«

»Laß mich, ich hab nichts!«, sagte der Passant, den der Mann mit den Flatterhänden angegangen war.

»Warum redet ihr so undeutlich?« sagte er, griff dem Passanten ins Gesicht, auf die Wangen, zwickte zu, der Mann riß den Mund auf, da hatte er schon eine Flatterhand zwischen den Lippen, und eins zwei hastdunichtgesehen schwenkte die Hand eine Münze, sie blinkte im Staublicht, »Er hat nichts, hat er gesagt!«, die Hand schwenkte die Münze für jeden sichtbar, »Der feine Herr hat ganz vergessen, daß er eine Münze unter der Zunge trug!«, Gelächter, Menschen blieben stehen, »Unter der Zunge! Sitten sind das!«, Gelächter, nun war der Zauberer umringt von Publikum, »Sag einmal, wie ist das, wenn du deine Frau küßt?«, rief er, die Menschen im Halbkreis lachten, »Dann schiebst du ihr statt der Zunge eine Münze in den Mund oder was?«, Gejohle. Der Mann stand konsterniert da und ehe er es sich versah, hatte der Gaukler den Mund mitten auf sein Gesicht gepreßt, schon prallte er zurück, würgte in übertriebenem Entsetzen, er schien gleich zu kotzen, er schlug sich eine Hand vor den Mund, griff hinein, zog die

Flatterhand zurück, tatsächlich, da blinkte eine Münze zwischen den Fingern. »Ich glaub es nicht, der Mann küßt mit Geld, statt mit der Zunge! Seht her! Ein Kuß, und ich kann die Mäuler meiner Kinder einen Monat lang stopfen! Liebe deinen Nächsten, sagt der Herr! Dieser gute Mann hat die Botschaft verstanden! Gib mir noch einen Kuß!« sagte er, »heute mache ich mein Glück!« Er sprang zu ihm hin mit gespitzten Lippen, der Mann wich zurück, drehte sich um, machte zwei, drei Schritte, dann lief er, und wie er lief! Und die Hunde ihm nach. Der Gaukler gab einer alten Frau einen Klaps, »Lauf ihm nach, gute Frau, küß ihn, seine Küsse sind Goldes wert!« Wie die Alte lachte! Fast hätte sie ihre letzten Zähne verschluckt vor Lachen. »Was man alles erlebt, wenn man auf den Markt geht!« rief der Gaukler. »Da sagt meine Frau: geh zum Markt und kaufe Eier, ich brauch Eier für das Abendessen, und was bekomm ich? Küsse von einem Mann und zwei Münzen! Kann man Münzen in die Pfanne schlagen? Kann man Münzen braten und Kinder damit satt machen? Nein. Ich brauch Eier. Wer verkauft mir Eier? Und daß ja keiner meiner Frau erzählt von den Küssen! He du, hast du Eier?« Der Zauberer griff einem Mann im Publikum zwischen die Beine, hielt ein Hühnerei in die Höhe, jubelte: »Mann, ist das ein schönes Ei, meine Frau wird glücklich sein. Ich wette, du hast ein zweites!« Wie der Mann lief! Gejohle, Gegröle, »He du, lach nicht so! An deiner Stelle würde ich mich zurückhalten«, rief er, schlug einem Zuschauer in den Schritt und hielt ein Wachtelei in die Höhe. »Großes Gackern, kleine Eier!« rief er ins gellende Gelächter, hielt mit spitzen Fingern das Wachtelei in die Höhe. »Da wird meine Frau nicht zufrieden sein! – Besser, wir lassen das verschwinden. Keine Kunst!« rief er. »Wir machen Nichts aus fast Nichts!«, und schon flatterten seine Hände leer in der Luft.

Mané sah dem Gaukler zu, mit offenem Mund, sah, wie er einem Mann ein Ei in das linke Ohr stopfte und beim rechten Ohr herausholte, er sah, wie er ein Ei auf den Boden warf,

aber bevor es auf dem Boden aufschlug und zersprang, fiel es
plötzlich vom Himmel, und er fing es kunstvoll auf, er warf es
in die Höhe, und da waren es zwei, und wieder in die Höhe, da
waren es drei, vier, fünf, sechs, er jonglierte mit diesen Eiern,
plötzlich flatterten seine Hände leer in der Luft – kein Ei
mehr, sie waren verschwunden, »Oh Gott, was sag ich jetzt
meiner Frau?«

Mané stand auf und ging hin. Der Zauberer holte die Mün-
zen aus dem Hut, die Menschentraube löste sich auf, der
Mann rollte den Teppich auf, und Mané zupfte ihn am Ärmel.
»He Zauberer!«

Der Mann sah hinunter auf den Jungen, gab ihm eine
kleine Münze aus seinem Hut.

Mané warf die Münze zurück in den Hut, sagte: »Wenn du
zaubern kannst, dann zaubere Papiere her. Für mich, meinen
Vater und meine Mutter. Saubere Papiere.«

»Papiere?« sagte der Zauberer. »Die kann ich nicht herzau-
bern!« Dann sah er den Jungen an, sah ihn lange an und sagte:
»Aber einen Mann mit Papieren! Ein Mann mit guten Papieren ist so gut wie eigene Papiere! Merk dir, was ich dir jetzt
sage. Merk dir jedes Wort!«

Am nächsten Tag hatten sie einen *almocreve*. Einen Schlepper. Einen Mann mit sauberen Papieren. Mit einer hieb- und
stichfesten Legende.

Wenn alles gutging, hatten sie danach noch sechzig Milreis
für den Start in das Neue Leben. Wenn alles gutging. Vor ihnen lagen zwölf Tage. Sie hatten noch acht Tage. Aber die
Chancen standen gut. Sie mußten sich nur totstellen. Buchstäblich. Auf der Reise in die Wiederauferstehung. Schon am
übernächsten Tag ging es los. In einem Sarg lag der Vater, in
einem Sarg lag die Mutter, und in einem lag Mané.

Afonso de Cintra hieß der Mann mit den Papieren, die jeder Kontrolle standhielten. Altchrist, verheiratet, von Beruf
Sargtischler. Er lieferte eine Bestellung aus. Wenn der Wagen
durch ein Dorf kam oder ihnen auf der Straße jemand begegnete, legten sich Vater, Mutter und Sohn in die Särge, bis ein

Klopfen von Senhor Afonso sie wieder erlöste. So ging es Tage, und es ging gut. Sie verließen den Kreis, sie verließen den Bezirk, sie verließen die Provinz.

Da lagen die Juden in den Särgen und die Menschen am Straßenrand bekreuzigten sich.

Hinaus ins Freie. Sie bekamen ihre Maturazeugnisse und verließen die Schule. Kein Blick zurück. Einer (Edi?) schlug vor, gemeinsam etwas trinken zu gehen, zur Feier des Tages. Aber das interessierte keinen. Oder?

»Ich weiß nicht. Ich jedenfalls bin nicht mitgegangen!« (Hildegund)

»Ich auch nicht!«

Viktor sah keine Veranlassung, die erste Minute der Freiheit mit sentimentalen Retrospektiven zu beginnen. Er brauchte keine Retrospektiven, er konnte sich noch zu gut daran erinnern, was auf dem Weg zu diesem Zeugnis geschehen ist. Und Emphasen wie: *Wir* haben es geschafft, *Wir* sind durchgekommen, *Wir* haben es ihnen gezeigt und *Wir* werden es der Welt zeigen – ein solches Wir-Gefühl wäre die Krone der Verlogenheit gewesen. In dieser Klasse hatte jeder für sich und gegen alle anderen um sein schulisches Überleben, sein Fortkommen gekämpft. Früh verbogen von der verheerenden, von den Lehrern geradezu als Naturgesetz vermittelten Ideologie des *survival of the fittest.*

»Entschuldige, aber die deutsche Formulierung für diese Ideologie kommt mir einfach nicht über die Lippen!«

Neunundzwanzig Schüler hatten in dieser Klasse begonnen, am Ende sind siebzehn durchgekommen. Und das war die Strafe: Diese waren gar nicht *the fittest,* sie waren vielmehr die Kaputtesten, die am meisten Gebrochenen und menschlich völlig Zerstörten, diejenigen, die am meisten mit den kaputten Lehrern kompatibel waren.

»Du bist ungerecht. Einige haben sich dann wirklich als sehr *fit* erwiesen und beeindruckende Karrieren gemacht ...«

»Zur menschlichen *fitness* gehört für mich auch Solidarität –«

»Entzückend! Man merkt bei dir immer wieder so schön, in welchem Jahrzehnt du studiert hast!«

»Im selben wie du. Oh, ich verstehe! Schnee von gestern. Heute bist du die Frau Religionsprofessor! Das ist natürlich ein sehr zeitgenössischer Standpunkt: Treue zum – zum Papst, das erübrigt diesen altmodischen Begriff Solidarität!«

»Nein. Aber ich habe ihn durch den netten kleinen immergültigen Begriff Nächstenliebe ersetzt. Und Sie, hallo Sie! –« rief sie nach vorn zum Taxifahrer. »Sie drehen die Musik wieder lauter! Auch wenn Sie uns zuhören wollen – Wir wollen die Musik hören!« Die Fliehkraft. He! Da war gar keine Kurve!

»Viktor, was studierst du eigentlich?« (Der Großvater)

Er wollte Geschichte studieren, dazu brauchte er ein Nebenfach. Er dachte zunächst an Spanisch. Er hatte nach der Osterreise mit Professor Hochbichler ein altes Langenscheidt-Spanisch-Lehrbuch aus der Schulbibliothek entlehnt und seither zweimal durchgearbeitet – er war, ohne es noch zu wissen, Spezialist für dialektische Logik: Er kam von einer Rom-Reise zurück und lernte Spanisch. Er verschenkte ein Schweizer Messer am Ende eines Sommers in England ...

Aber Spanisch war kein Studienfach. Es gab nur »Romanistik«. Da hätte er sich, soweit er die Studienberater verstand, mit allen möglichen romanischen Sprachen herumschlagen müssen, vor allem auch mit Französisch, ohne das geringste Vorwissen zu haben. Er besuchte das Romanistische Institut, sah sich augenblicklich umzingelt von Studenten, die neusprachliche Gymnasien absolviert, also Französisch bereits in der Schule gelernt hatten, oder gar von eitlen Absolventen des Lyceé, die überhaupt auf alle hinabblickten, die auch nur den kleinsten Akzent hatten.

Nein. Er würde Semester und Semester verlieren, nur um den Rückstand in einer Sprache wettzumachen, in der er dann so wenig wie in seiner Muttersprache zu sagen hätte. Nur um sie irgendwann einmal in ihrem Funktionieren vorführen zu können. Viktor entschied sich für Germanistik, die übliche Kombination mit Geschichte. Warum nicht? Da würde er lernen, dachte er, wie es die großen Schriftsteller gemacht hatten. Das wird er brauchen können, wenn er seine historischen Untersuchungen schrieb. Hatte nicht auch der Historiker Theodor Mommsen den Literaturnobelpreis erhalten?

»Germanistik«, dachte Viktor, wird der Großvater nicht verstehen. Also sagte er »Deutsch«. »Deutsch und Geschichte« studiere er.

»Du studierst deutsche Geschichte? Dolly, hast du gehört? Dein Enkel studiert deutsche Geschichte! Ein besonders erbauliches Wissensgebiet!« Er drehte mit einem Ruck seinen Stuhl um, so, daß er Viktor nicht mehr ansah und sagte zu Großmutter: »Kannst du ihn bitte fragen, wenn er schon Geschichte studiert, warum er nicht gleich studiert Weltgeschichte? Oder glaubt er, es gibt nur deutsche Geschichte? Ich möcht verzichten auf das, was ich erlebt habe von deutscher Geschichte!«

»Nein, Opa! Nicht deutsche Geschichte! Ich studiere deutsche Literatur und Geschichte!«

»So paß doch auf, Richard!« (Großmutter) »Er hat gesagt: Deutsche Literaturgeschichte!«

»Deutsche Literaturgeschichte? Ist ja noch weniger als deutsche Geschichte! Er will also nicht studieren, was passiert ist, sondern nur, was geschrieben wurde? Und da will er auch nicht wissen, was hat Shakespeare geschrieben, man muß nicht lesen, was hat Cervantes geschrieben, man muß nicht gehört haben einen Namen wie Dostojewski? Das ist ein Studium? Wo man alles mögliche nicht liest? Damit bekommt man einen Doktortitel heutzutage?«

»Hör zu, Opa, du hast mich falsch verstanden! Ich studiere Deutsch und Geschichte. Und! Verstehst du? Deutsch, das ist ein Fach, und Geschichte, ein anderes Fach!«

»Verstehst du nicht, Richard? So hör doch zu! Er studiert Deutsch! *Und* –«

»Dolly, laß mich! Ich versteh sehr gut! Wär besser, ich möcht nicht so gut verstehen!« Jetzt kam Opas Zaubertrick: Von einem Augenblick auf den anderen wurden seine Tränensäcke dreimal so groß. Er schlug die Beine übereinander und schüttelte traurig den Kopf. »Dein Enkel ist ehrgeizig! Will studieren, was er schon kann. Deutsch. Seine Muttersprache!« Müde wendete er sich wieder Viktor zu, sah ihn an. »Sag mir eins, Viktor, mein Goldstück, hat zum Beispiel Einstein studiert seine Muttersprache? Erinnert man sich heute an ihn, weil man sagt: Keiner konnte so gut wie dieser Einstein, was wir schon wissen, nämlich unsere Muttersprache?«

»Opa! Ich studiere Geschichte. Ich will ein Historiker werden. Ich will vergangene Epochen erforschen und darüber schreiben –«

»So versteh doch endlich, Richard! Er erforscht die Weltgeschichte, und darüber schreibt er natürlich auf deutsch, weil das ist seine Muttersprache! Seit wann bist du schwerhörig?«

»Ach, Dolly, laß mich!«

»Viktor! Sag ihm, daß ich dich richtig verstanden habe! Deine Großmutter wenigstens hat dich doch richtig verstanden, stimmts?«

»Ja, Oma«.

Die erste Zeit als Student wohnte er bei seiner Mutter. Sie kaufte sogar eigens einen Schreibtisch für ihren Studiosus. Aber es war sehr bald klar, daß er so schnell wie möglich eine eigene kleine Wohnung suchen mußte. Nicht nur, weil Mutter und Sohn im Zusammenleben kaum mehr ihre jeweilige Intimsphäre schützen konnten, seit die Buchhalter nicht mehr da waren – wie sollte Viktor zum Beispiel vor dem Einschlafen onanieren, wenn da neben seinem Bett keine Wand aus aufgestapelten Kartons mehr stand? Nein, es war schon allein wegen des Parfums, und dann wegen der Ohrfeigen. Zunächst wegen des Parfums. Mutter Maria liebte französische Parfums. Und auch »das Bidet«. Parfum und Bidet, das waren für sie, die Tochter einer Provinz-Greißlerin, die in der Stadt mit ewig angespannten Muskeln ihr Leben zu machen versuchte, der Inbegriff von Lebensstil, der vollkommenste Ausdruck von städtischer Gepflegtheit, die geglückte Symbiose von Alltag und Luxus, das private Geschichtsziel einer öffentlich in Legionen auftretenden Biographie. Das Bidet mußte aber warten. Das wollte sie erst erwerben, wenn sie eine Generalsanierung des Badezimmers in Angriff nehmen konnte. Wenn sie sich auch schöne Fliesen leisten konnte – nein! Bei ihren Konsumanstrengungen ließ sie, um die objektive Kraft, die dahinter steckte, entsprechend auszudrücken, stets das rückbezügliche Fürwort weg – wenn sie also schöne Fliesen leisten konnte, und eine schöne Etagere unter einem geschliffenen Spiegel, dann würde sie auch das Bidet leisten, und dann würde sie natürlich noch bequeme neue Fauteuils im Wohnzimmer leisten, und so würde die Wohnung nach und nach »fertig« werden.

Viktor fragte sich, ob er nicht doch ein Romanistik-Studium beginnen sollte, so sehr war er buchstäblich muttersprachlich von französischen Begriffen umzingelt: Parfum, Bidet, Etagere, Fauteuil.

Der Erwerb des Bidets mußte leider noch aufgeschoben werden, bei Parfums jedoch schlug die Mutter hemmungslos zu. Sie hatte, was keine Pariserin sich je vorstellen konnte: Parfums in Viertelliter- und Halbliterflaschen. Das leider noch nicht sanierte Badezimmer sah fast aus wie ein Weinkeller.

Das hatte damit zu tun, daß damals vor allen Großkaufhäusern Wiens, vor dem »Gerngroß« oder dem »Herzmansky«, vor dem »Stafa« oder dem »Steffl« Straßenhändler standen – gehörten sie zum Kaufhaus oder nutzten sie nur die enorme Menschenfluktuation vor Kaufhauseingängen? –, die betörende Parfum-Sonderangebote anpriesen. »Dieses echte französische Parfum, das Parfum der Filmstars, dieser Duft original französischer Eleganz, diese liquid gewordene Sinnlichkeit, dieses in Flaschen abgefüllte *Savoir vivre*, um – ich lüge nicht! – um *nur* neunundneunzig Schilling, meine Damen! Sie haben sich nicht verhört! – neunundneunzig Schilling. Nicht neunhundert, nicht fünfhundert – da müßte man schon zugreifen, meine Damen!, Expertinnen wissen – und Sie alle sind Expertinnen, da mache ich mir nichts vor! daß ein echtes Parfum zu diesem Preis schon ein Geschenk wäre! Aber nein, es kostet auch nicht die Hälfte, es kostet nicht ein Drittel«, er steckte eine Flasche in eine Einkaufstasche, hielt sie hoch: »Nur neunundneunzig!« Schon wurde ihm ein erster Hunderter hingehalten, »Bitte meine Dame, nur ein Momenterl! Schauen Sie, was ich jetzt mache! Ich gebe jetzt zu diesem original französischen Parfum eine Flasche Eau de Cologne dazu – was kostet diese Tasche jetzt?« Die Frau zog unsicher ihren Hundert-Schilling-Schein wieder zurück. »Noch immer neunundneunzig Schilling, meine Dame!« Ungläubiges Murmeln im Publikum. »Das ist aber noch nicht alles! Jetzt gebe ich noch ein Deo Cologne für den Gemahl dazu, er soll ja schließlich auch gut riechen! Wenn sie es aber dem Hausfreund schenken – bitte: Ich weiß von nichts! Und der Gatte wird auch nichts merken, jedenfalls nicht am Haushaltsgeld, denn der Inhalt dieser Tasche kostet jetzt? Rich-tig! Noch immer neun-und-neun-zig-Schilling! Also gut, wenn Sie das für den Freund brauchen, dann geben wir dem Gatten halt ein Aftershave dazu – und was kostet das alles zusammen jetzt?« Jubelnde Rufe: Neunundneunzig Schilling! »Richtig, meine Damen! Sie sollen unsere Produktpalette kennenlernen, nur deshalb, zur Einführung, dieses einmalige Angebot. Nur solange der Vorrat reicht!« Dem Mann wurden die Hunderter nur so hingehalten, Ich, bitte Ich, Ich auch, bitte Ich, damals war es eine Wollust, *Ich* zu sagen, das waren die Mütter der Mädchen, die den Beatles die Hände entgegenstreckten und in Ohnmacht fielen, und immer war – zu Viktors Leidwesen – seine Mutter in der ersten Reihe der kreischenden Fans und kaufte dieses Parfum, für das man vier, fünf oder sechs bierflaschengroße Flaschen mit hellgelben, mittelgelben, dunkelgelben, rötlichgelben und wässriggelben Flüssigkeiten, also Flaschen in allen Urin-Schattierungen gratis mitbekam. Das sammelte sich so an. Immer wieder, wenn Mutter Maria heimkam, war sie zufällig an einem Kaufhaus vorbeigekommen und hatte einfach nicht widerstehen können.

Der alte Ölanstrich im Bad schwitzte. Viktor hatte dafür volles Verständnis. Das Badezimmer, in dem all diese Flaschen gelagert wurden, war offenbar genauso nervös wie er. Diese Düfte wollten verwendet werden. Wenn Viktor in der Früh aus dem Bad kam und sich bereit machte, um auf die Uni zu gehen, stand plötzlich die Mutter mit einer Flasche da, schüttete einen Schwall auf ihre hohle Hand, die sie dann Viktor in den Nacken zu schlagen versuchte. »Nimm ein bißchen Eau de Cologne«, sagte sie, »komm schon, das wirkt gleich viel gepflegter, wenn du schon nicht zum Friseur gehen willst!« Viktor tauchte weg, schrie: »Laß mich!« Sie schüttelte die Flasche in seine Richtung, ungefähr so wie die Autorennfahrer bei der Siegerehrung die Champagnerflaschen schüttelten und verspritzten.

Er brauchte eine eigene Wohnung. Aber das war nur eine Notwendigkeit. Da war noch keine zwingende Tendenz in der Wirklichkeit: Er tat nichts, er dachte es zwar immer wieder, er redete davon – und litt dann passiv mit demonstrativ versteckter Aggression unter Mutters Verdikt: »Na freilich, was denn? Eine eigene Wohnung! Wenn du eine leisten kannst!«

Aber am Tag nach den Ohrfeigen begann er eine zu suchen. Und wenn er einen Kredit aufnehmen mußte und seinen Vater zwingen, für diesen Kredit zu bürgen.

Die Ohrfeigen. Viktor wurde als Kind dreimal von seinen Eltern geschlagen. Das war das dritte Mal, das zweite Mal von seiner Mutter. Er war kein Kind mehr, aber die Mutter schlug das Kind, das sie nicht gehabt und erst als jungen Mann vom Internat zurückerhalten hatte. Sie prügelte auf ihren Studenten ein in einer Raserei, bei der ihr Schmerz, die Kindheit ihres Kindes versäumt zu haben, größer war als die Schmerzen, die sie ihm zufügte. Patsch! Die hatte gesessen! Und nur, weil Viktor im »Wild West« war ...

»Willst du mit mir in ein Hotel gehen?«

Viktor hatte Hilli zufällig auf der Uni getroffen. Sie hieß jetzt Gundl. Aber das war nicht der Grund, warum sie so ganz anders auf Viktor wirkte als noch vor einem halben oder dreiviertel Jahr, als er sie am Ende der Schulzeit zuletzt gesehen hatte. Es waren auch nicht die kurzen Haare, die sie jetzt hatte. Was war anders? Er war fast unfähig, mit ihr zu reden, weil er, sie anstarrend, unausgesetzt dieser Frage nachhing: Was stimmte, von Äußerlichkeiten wie den kurzen Haaren abgesehen, nicht mit seiner Erinnerung überein, selbst wenn er all die Idealisierungen abzog, zu denen seine Erinnerungen an sie grundsätzlich neigten? Sie war kleiner geworden. Sie hatte ihre Größe verloren. Es fiel ihm auf, als sie fragte: »Sag, bist du noch gewachsen? Ich hatte dich nicht so groß in Erinnerung!« Er, Viktor, war in der Tat noch einige Zentimeter gewachsen, seit sich die Tore des Internats geöffnet hatten. Als wollte sein Körper jetzt nachholen, was in ihm angelegt, ihm aber in der Zeit des Duckens, Klein- und Unscheinbarmachens verboten oder zumindest nicht ratsam gewesen war. Zweifellos war das ungewöhnlich, aber doch auch nicht so sehr, daß sich die Wissenschaft für ihn interessiert hätte. Und dem Vater zum Beispiel ist der Wachstumsschub seines achtzehnjährigen Sohnes überhaupt nicht aufgefallen. Wenn man von der Bemerkung absieht: »Warum glaubt Maria eigentlich, daß sie dir jetzt Hochwasserhosen kaufen muß, nur weil du keine Hosen zum Reinwachsen mehr brauchst?«

Aber das war es nicht wirklich. Es war nicht die Relation. Nicht weil er einige Zentimeter größer war, schien ihm Hilli beziehungsweise Gundl jetzt kleiner zu sein. Sie war es objektiv. Dieses schöne, stolze, selbstbewußte Mädchen, zu dem er immer aufgeblickt hatte, auch als er kleiner als heute und doch schon größer als sie war, diese Personifikation seiner buchstäblich *hohen* Minne wirkte in dem alten, ehrwürdigen Wiener Universitätsgebäude seltsam verloren, so klein unter den hohen Arkaden, geradezu geduckt unter dem Gesummse der selbstbewußt lauten Achtundsechziger-Veteranen. Schule und Uni: Das waren andere Welten. Hilli war sozusagen in einem Dorf die Erste gewesen, aber Gundl war in der Stadt nicht nur nicht die Zweite, sie schien da geradezu verschluckt. Viktor hatte selbst genug Grund, verunsichert zu sein, er konnte sehr gut nachempfinden, was Gundl so klein machte, andererseits merkte er, daß er selbst hier bei aller Angst, bei aller Nervosität und Hilflosigkeit wachsen konnte, hier konnte er sich befreien. Hier hatte Sich-Ducken keinen Sinn mehr.

Wie freundlich Gundl war, wie sehr voller Hinwendung. Und wieviel es zu erzählen gab. Als hätten sie einander zwanzig Jahre nicht gesehen. Dabei waren sie beide erst achtzehn.

Viktor bekam von seiner Mutter und seinem Vater je eintausendfünfhundert Schilling im Monat zum Studieren. Das waren hundert Schilling am Tag. Ein Päckchen Parisienne kostete neun, der Wiener Kurier einen Schilling. Ein Kaffee im Kaffeehaus kostete neun Schilling – zehn! Stimmt schon! Ein Taschenbuch kostete um die dreißig Schilling. Viel mehr Bedürfnisse hatte Viktor nicht, zumindest nicht, solange er nicht mit der Nase auf andere, die er durchaus hatte, aber von denen er noch nichts wußte, gestoßen wurde. Da blieb einiges übrig vom Taschengeld. Zu wenig für eine eigene Wohnung. Für Musils »Törless« hatte Viktor nach wenigen Tagen ein neues Opfer gefunden. Ein Kommilitone kaufte ihm diese »skandalöse Verharmlosung des Internats« (Viktor, bei sich) um fünfzehn Schilling ab – so war der Schaden gering. Jedenfalls saßen Viktor und Gundl plötzlich im »Batzenhäusl«, einem Lokal genau gegenüber der alten Universität, und tranken Rotwein um siebzig-stimmtschon! Das war nicht nur ökonomisch ein Einschnitt in Viktors Leben. Er hätte diese Frage nie über die Lippen gebracht, aber jetzt kollerte, nein: perlte sie schön selbstverständlich heraus: »Willst du mit mir in ein Hotel gehen?«

»In ein Stundenhotel?«

Viktor grinste besoffen.

»Hätt ich dir gar nicht zugetraut, solche Erfahrungen. Wie ist das so, in einem – Stundenhotel?«

Viktor grinste.

»Kennst du eines?«

Viktor nickte. Er war viel zu betrunken, zum ersten Mal in seinem Leben, andererseits so betrunken auch wieder nicht – er bereute augenblicklich seine Frage, und er bereute sie um so mehr, als er Gundls Antwort »Ja, also gut! Gehen wir!« hörte, die sich durch den Nebel, durch die Watte, durch die Bretter, und schließlich durch den Beton in sein Herz kämpfte. Sie nahmen kein Taxi, so dick hatte er es auch wieder nicht. Er war sexuell nervös, aber er hatte von seiner Mutter auch eine starke finanzielle Nervosität übernommen, das hielt sich so die Waage, eine Balance, mit der er wie ein Seiltänzer auf einer winzig schmalen Linie gehen konnte.

Im »Wild West« war alles anders als erwartet. Onkel Erich kannte in diesem Job keine Verwandten, er sah Viktor unverwandt an und kassierte. Dann verzog er das Gesicht zu einem wissend-ironischen Lächeln und sagte »Mazeltov!«

»Hab ich mich jetzt verhört, oder hat der Portier wirklich mazeltov gesagt?«

»Ja. Ich habe auch mazeltov verstanden!« sagte Viktor, während er hektisch vibrierend immer wieder den Knopf drückte, um den Lift zu rufen. Er schlang einen Arm um sie, der an ihrem Rücken geradezu abstürzte, um sie in den Hintern kneifen zu können. Ihre rote Schnürlsamthose ließ ihren Hintern so besonders – He! Laß das! Nicht hier!

Im Zimmer passierte nicht mehr viel. Leintuchmäßig ein voller Gewinn für Onkel Erich. Aber der Teppich! Sie ließen sich aufs Bett fallen. Küßten einander. Ein Fuß streifte dem anderen die Schuhe ab, die polternd zu Boden fielen. Viktor hatte gerade noch Zeit, zwei Knöpfe von Gundls Bluse zu öffnen, fast zu ihrem Busen vorzudringen, als der Geruch bereits überdeutlich und unignorierbar war und jede weitere Anstrengung im Keim erstickte.

»Ich dachte, daß du Schweißfüße hast! . . .«

»Du Schwein!« sagte Gundl und schlug Viktor die Faust auf die Brust. »Und drehen sie lauter! Sie!« Sie schüttelte ungläubig den Kopf. »Du! Du hattest oder hast, was weiß ich, unglaubliche Schweißfüße! Du hast deine Schuhe ausgezogen, erinnere dich!, und augenblicklich hat es im Zimmer grauenhaft gestunken! Du kannst mir nicht vormachen, daß du geglaubt hast, daß ich –«

»O doch. Das habe ich geglaubt. Und weißt du, was ich dann entdeckt habe?«

Es hatte ein Vierteljahrhundert gebraucht, um dieses Mißverständnis aufklären zu können. Für einen Historiker ein Grund mehr für Depressionen.

Als Gundl davongerannt war und Viktor benommen seine Sachen zusammensuchte, sah er, daß die Sohle eines seiner Schuhe völlig mit Hundescheiße verschmiert war. Offenbar war er vor dem Hotel in einen Haufen Hundescheiße gestiegen, und nun gab es Hundescheißeabdrücke und -flecken an allen Ecken und Enden des Spannteppichs in diesem Zimmer, es stank bestialisch. Viktor saß auf der Bettkante, dachte »Verdammte Scheiße« und weinte. In der Literatur, dachte der Germanistikstudent, würde es heißen: »Und weinte *bitterlich*.« Lebenstechnisch war es ein peinliches Mißverständnis, aber zugleich war es sein Eintritt in die Welt des Romans.

»Wirklich wahr?«

»Ja!«

»Hundescheiße?« Sie kicherte.

»Ja!«

»Scheiße!«

»Willst du mit mir in ein Hotel gehen?«

Als Viktor heimkam, wurde er mit Ohrfeigen empfangen. Solche Sorgen! Gemacht! Zum Abendessen! Erwartet! Um acht! Jetzt! Ist es fast! Mitternacht! Welches? Flittchen? Hat dich? Solche Sorgen!

Onkel Erich hatte natürlich triumphalisch Mutter Maria angerufen.

Viktor! Im Puff! Hat Onkel Erich? Wenigstens? Nichts verlangt?

Viktors Entjungferung im »Wild West« ging schief.

Er wurde zu Hause zum Mann. Ein bißchen. Durch die Ohrfeigen. Am nächsten Tag begann Viktor eine Wohnung zu suchen.

Die Flucht dauerte mehr als doppelt so lang als gedacht. Die Entfernung, die eine gute Reisekutsche in einem Tag zurücklegen konnte – Grundlage der Kalkulation –, war mit dem behäbigen Wagen mit den Särgen an keinem einzigen Tag auch nur annähernd zu schaffen. Aber doch ging die längste Zeit alles gut: Die Toten wurden nicht kontrolliert. Tag um Tag rumpelte die Kutsche näher an das Ende der spanischen Welt. Der Mann, die Frau und das Kind verfielen in eine Trance, in der nichts anderes mehr existierte als diese langsame unbeirrbare Bewegung voller Stöße, ein Herzrhythmus, der immer wieder auszusetzten schien. Alle Gerüche waren Fluchtgerüche, die Gerüche des Holzes, des Leders, der Pferde, des Schweißes. Alle Geräusche Fluchtgeräusche, das Knarren des Wagens, das Poltern der Räder, das Schlagen der Hufe, das Schnaufen der Pferde, das Knallen der Peitsche, das Fluchen und Beten. Die Sonne war eine Sonne der Flucht, sie hieb und prügelte die Familie und ihren Schlepper weiter, schlug mit Grelligkeit zu oder peitschte sie mit einem schnellen Stakkato von Licht-Schatten-Licht-Schatten hinein in ein weites Grauen, in dem alles verschwand, was sie zurückließen, aber auch jede Idee, jede Vorstellung, wie es sein mochte: das Leben danach. Die Flucht verselbständigte sich, wurde zu einem eigenen, zum einzigen Universum: Die Flüchtenden verließen keinen Ort, sie lebten im Verlassen selbst. Sie versuchten nicht, einen Ort zu erreichen, sie lebten von Tag zu Tag im gerade Erreichbaren. Es gab keine Verfolger mehr und kein Ziel. Es gab nur die Flucht. Mané ersehnte nicht mehr das Leben danach, sondern das Leben am nächsten Tag. Und am nächsten Tag war wieder ein Tag der Flucht. In den ersten

Tagen hatte Mané die Himmelsrichtungen beobachtet und den Stand der Sonne. Er hatte Entfernungen und Zeit zu schätzen versucht. Er hatte sich eine Linie vorgestellt, so wie die Linien, die auf den Wandkarten bei den Jesuiten einge- zeichnet waren und die die Strecken zeigten, die Kolumbus oder Cabral auf diesem Lieblingsstern Gottes zurückgelegt hatten. Er hatte, wenn er aus dem Sarg heraus durfte, keine Landstraße vor sich gesehen, keinen Weg hinter sich, sondern nur diese Linie. Er hatte versucht, im Kopf zu protokollieren, was sie auf dieser Linie erlebten, die hinter ihnen länger und vor ihnen kürzer wurde, jeden Moment der Angst, der Panik, der Erleichterung, der Monotonie, der Trance. Jede geschaffte Etappe, jedes Hindernis, jede Hilfe, die sie erhielten, jede Hoffnung, zu der sie Anlaß fanden. Plötzlich aber war der Kopf leer. Als wäre das Archiv vom rumpelnden Wagen hin- untergefallen – Nicht stehenbleiben! Wir müssen weiter! Und es gab nur noch dies: Wir müssen weiter! Keine Linie mehr, keine Himmelsrichtungen, keine Abfolge von Zeit, kein Wachsen oder Schrumpfen von Entfernung. Alles fiel un- unterbrochen immer wieder in sich zusammen, in dieser ein- zigen Bewegung, ein Wirbeln, hochkompliziert und gefähr- lich, der kleinste Fehler, und sie würden sich als so verletzlich und zerstörbar erweisen wie die rohen Eier, mit denen der Zauberer jongliert hatte. Immer wieder hochgeworfen, wir- belten sie immerfort, in genau geplanten Bahnen, ohne An- fang und ohne Ziel. Nicht aufhören! Weiter! Solange sie flo- gen, zerbrachen sie nicht. Flucht, das ist die Lehre von der Ewigkeit.

Und dann dauerte die Ewigkeit fast ein paar Tage zu lang. Es war alles gutgegangen – bis San Sebastián. Man beschloß, die Stadt San Sebastián zu durchqueren und nicht zu umfah- ren, um Zeit zu sparen. Diese Stadt so knapp an der Grenze war das Zentrum eines Volkes, das ketzerischer und treuloser war als die Mauren, sagte Senhor Afonso. Die Basken! Er spuckte aus. Was sollten die sich kümmern um Menschen, die vor der spanischen Krone und dem Heiligen Offizium flohen? Die kümmern sich nicht um Flüchtlinge. Sie bringen Spanier um, sie bringen sich gegenseitig um. Afonso lachte. Nirgendwo ist ein Wagen mit Särgen ein natürlicherer, ein gewöhnlicherer Anblick als bei den Basken. Also rein in die Särge und mitten durch!

Die Stadt war zu groß und zu belebt, um sie zügig durchqueren zu können. Die Menschen zu neugierig. Wann immer die Fahrt stockte im Gedränge der Passanten, Kutschen und Reiter, standen schon die Menschen um den Wagen. Sie bekreuzigten sich nicht. Sie stellten Fragen. Wer da in den Särgen liege? Spanier vielleicht? Bring sie den Geiern und nicht dem Pfarrer!

Ho! Respekt! Im Namen des Herren über die Lebenden und die Toten!

Der Haß gegen die Juden wäre nicht geringer gewesen. Sie mußten in ihren Särgen bleiben und auch noch die kleinen Schiebefenster über ihren Gesichtern bis auf einen kleinen Spalt schließen, um nicht entdeckt zu werden.

Es war ein ungewöhnlich heißer Tag. Keine Wolke am Himmel, und die Sonne hatte eine fixe Idee: die Särge. Mané konnte nicht mehr atmen, da war kaum noch Sauerstoff im Sarg, nur noch Hitze, glühendes Nichts. Er wähnte sich mit einigem Grund bereits tot, und er nahm es als Gottesbeweis, daß er als Toter das noch denken konnte: Ich bin tot.

Dieser Lärm, das Geschrei unverständlicher Worte, war das Hebräisch? Die Sprache der Propheten und des einzigen Gottes? Mané nahm das alles als Vorboten des Gerichts.

Es brauchte einen halben Tag, San Sebastián zu durchqueren, und dann noch zwei Stunden auf der Landstraße, bis es Senhor Afonso endlich wagte, auf die Särge zu klopfen. Er mußte mehrmals klopfen, bis sich endlich Manés Sarg öffnete. Dann trommelte Mané auf den Sarg der Mutter, öffnete ihn, dann schlug er auf den Sarg des Vaters, und Dona Antonia setzte sich auf und keuchte hechelnd. Vater! Vater! Mané und schließlich auch Dona Antonia rüttelten Senhor Gaspar, der kein Lebenszeichen von sich gab. Er schien tot. Erstickt.

Gaspar! Da sahen sie Schweißtropfen, die über die Stirn, die Nase, in den Bart des Toten – Nein! Tote schwitzen nicht! Diese Schweißtropfen bewiesen nichts, aber beide, Mutter und Sohn dachten: Er schwitzt, er lebt!

Afonso gab den Pferden die Peitsche. Nur noch wenige Stunden, und er hatte sein Geld verdient. Er hatte die Schweine, diese armen, jüdischen Schweine an die Grenze des Reichs gebracht. Tot oder lebendig.

Auf dieser Flucht von der iberischen Halbinsel, aber noch vor der Ankunft in Amsterdam wurde der kleine Mané zu Manasseh. Die Flucht war geglückt, aber man war noch nicht angekommen. Sie hatten die Pyrenäen überquert, aber das waren keine Berge, das waren Schritte in die Freiheit, Schritte Schritte Schritte, ein Fuß vor den anderen, und wieder und wieder. Niedersinken, aufstehen, Schritte, niedersinken, beten, aufstehen, Schritte. Macchiengestrüpp und Heide, dann nichts. Kälte. Wald. Schützender Wald. Angst und Wald. Aber da war nichts mehr zu befürchten. Sie hatten es geschafft. Sie stiegen hinunter in eine flache öde Landschaft, wie schön da das Licht war. Heide, Farnkraut, Korkeichen. Es war flach, und Mané dachte: So ist die freie Welt: Ganz flach. Keine unüberwindbaren Steigungen. Keine unüberbrückbaren Abgründe. Flach. Sie zählten die Tage nicht mehr. Sie hatten noch hartes Brot und getrocknete Alheiras für drei Tage. Sie wußten, sie waren ganz nahe am freien Hafen Bayonne. Noch ein oder zwei Tage, dann würden sie schlafen können auf einem Schiff, das sie nach Amsterdam brachte, ins Neue Jerusalem. Da kamen sie an einen großen stillen See, und es wurde Nacht. Die Familie ließ sich am Ufer nieder. Der Vater betete. Als seine letzten Worte verhallt waren, meinte das Kind ein Echo zu hören. Wie war das möglich? Wie konnte es hier, in diesem flachen Land vor einer spiegelblanken Wasserfläche, ein Echo geben? Vielleicht existierte es nur in seinem Kopf, vielleicht aber war es ein Naturwunder. Das Kind machte die Eltern darauf aufmerksam. Es war begierig, es selbst gleich auszuprobieren: Würden auch seine Worte, – welche Worte? – oder auch nur ein Schrei von ihm zurückkehren, eindeutig als Echo vernehmlich?

Er schrie. Scheu zunächst, fast krächzend, dann, nach nochmaligem Luftholen, so laut er konnte. Kein Zweifel, der Schrei kam zurück. Er hörte ihn deutlich. Die anfängliche Freude darüber, ein Echo produziert zu haben, wich der Angst, schließlich einer geradezu panischen Angst: Wieso hörte dieses Echo nicht auf? Der Schrei schien vom Horizont her unausgesetzt über den See herüberzuhallen, wieso hörte er nicht auf, der Klang blieb und blieb und ging immer weiter, wie lange ging das schon so und wie lange würde das noch weitergehen? Das Echo blieb und tönte nun schon – wie lange? Minuten? Jedenfalls ein Vielfaches der Zeit, die sein, wie er meinte, doch nur kurzer Schrei gedauert hatte. Hat er einen Schrei in die Welt entlassen, der nun dem See und der Landschaft gehörte und nicht mehr ihm? Er ertrug es nicht mehr, der Ton schlug in Wellen gegen sein Herz, immer dumpfer, aber ohne zu versiegen, das Kind schlug die Arme hoch, preßte die Handflächen an seine Ohren, aber der Schrei wurde dadurch noch lauter und dunkler, warum gehörte ihm der Schrei nicht mehr? Hat er je ihm gehört? Wo kam er her? Wieso hörte er nicht auf? Wenn er von Zeit zu Zeit zu versiegen schien, dann nur, um sofort wieder noch kräftiger anzuschwellen. Nun war nichts mehr zu sehen. War es mittlerweile Nacht geworden oder hatte er vor Angst die Augen geschlossen? Nun gab es nichts anderes mehr als Hören, ohne aufzuhören. Nie mehr würde er schreien, nie mehr sollte ein Mensch schreien – wenn nur dieses Echo aufhörte. Er schlug sich die Hände gegen die Ohren, als könnte er sich das Echo aus dem Kopf schlagen, als er plötzlich einen harten Druck auf seinem Mund spürte, eine Hand, die gegen seinen Mund gepreßt wurde. Es war die Hand seines Vaters, und er merkte, daß nicht das Echo nie aufgehört, sondern – er selbst nicht aufgehört hatte zu schreien. Die ganze Zeit hatte er geschrien, immerzu geschrien, zuckend, sich herumwerfend, er schrie noch kurz durch die Hand seines Vaters hindurch, endlich begriff er und verstummte. Die Finsternis wurde zurückgeschlagen, der schwarze Stoff des Kleids seiner Mutter, die sich aufsetzte, ihr Gesicht so weiß wie ein ferner Mond. Nun lagen sein Vater und er ineinander verschlungen und weinten. Was hatte der Vater gehört? Seine eigenen, die ungehörten Schreie in den Folterkellern der Inquisition? Das ewige Echo aber hatte der Sohn produziert. Und nie mehr, seit dieser Nacht, wurde er Mané genannt. Manasseh, sagte der Vater. Manasseh.

Das war der Geburtsschrei von Samuel Manasseh Sohn Israels.

Das blutleere Gesicht war eingefallen, der ganze Kopf schien geschrumpft, wodurch Nase und Ohren verhältnismäßig groß wirkten. Die geplatzten Lippen in dem milchweißen Gesicht waren dunkelrote, fast lila Wülste. Die harten kleinen Locken seines Haarkranzes so schwarz. Die geschlossenen Augen wirkten nicht tot, nicht schlafend, sondern still leidend. Das Karikaturhafte, so es noch da war, war gebrochen durch Tragik. Durch das kleine offene Sichtfenster, eingerahmt vom Eichenholz des Sarges, wirkte Onkel Erich erstmals nicht wie eine Parodie, eine gehässige Übertreibung, sondern fast auratisch.

Der glühende Onkel Erich, jetzt war er kalt, viel zu lange vor der Zeit. Die Umstände seines Todes wurden nie geklärt. Als Todesursache wurde »Verkehrsunfall mit tödlichem Ausgang« im Totenschein vermerkt, die Polizeierhebungen wurden sehr bald abgeschlossen. Eine Obduktion war nicht notwendig. Aber nach allem, was man erfuhr, »war ein bißchen Mord dabei«. (Viktors Vater)

Das Verhängnis begann damit, daß Erich nach seiner Schicht im »Wild West« nicht wie gewohnt in »Piroschkas Bar« seinen Irish Coffee trinken konnte, bevor er nach Hause fuhr, um zu schlafen. Zwei Stunden zuvor war in der Bar eine Razzia durchgeführt worden. Die alte Piroschka besaß seit dem Tod ihrer Mutter im Vorjahr noch immer das Schild

»Wegen Trauerfall vorübergehend geschlossen«. Das hängte sie an die Tür, bevor sie mit der Polizei zur Wachstube mitfuhr. Dieses Schild hätte Erich zu denken geben können. Tat es aber nicht. Er hatte schon so vielen Menschen den Tod gewünscht, daß er ein sehr entspanntes Verhältnis zum Tod hatte: Sterben war entweder Verrecken oder Ableben. Das Verrecken war etwas Wünschenswertes: Der Direktor Grün sollte verrecken, überhaupt die Juden, oder der Ivica, der Hausknecht im Hotel, der stahl wie ein Rabe, sogar die Seife, dabei wusch sich der doch nicht, überhaupt die Tschuschen, oder der Neger, der vor ein paar Tagen ins Hotel kam, ein Neger mitten in Wien, mit einer »Unsrigen« im Arm, daheim im Busch hat er nicht einmal ein Hemd, aber da war ihm das Leintuch nicht sauber genug. Hat sich beschwert, ein Neger! Verrecken! Das sagt man so! Daran ist noch keiner gestorben! Und Ableben: Das war das Unvermeidliche. Irgendwann, im Alter. Keiner lebte ewig. Irgendwann ist es aus, und das hieß dann Trauerfall. Im Grunde die Erlösung von Schläuchen und Schüsseln und Apparaten und Infusionen und Schnabeltassen. Also auch wünschenswert. Trauerfall. Sagt man so, weil wer will schon sagen Erlösung! Das mußte Erich in diesem Moment nicht unbedingt gedacht haben, aber er hatte es oft genug gesagt. Und immer mit einem höhnischen Lachen am Ende und einem abgebrüht hingesagten »Na weil's wahr ist!«

Er ging den Gürtel ein Stück weiter und betrat schließlich das »Espresso Gloria«.

Wenn er bei Piroschka jiddelnd eine Kartenpartie kommentierte, erntete er Gelächter, im »Gloria« aber, wo man ihn nicht kannte, ging er den Spielern am Kartentisch bald auf die Nerven. Die Aggressionen wuchsen, Erich nahm sie noch immer als Teil des Spiels. »Ihr Blatt, Herr Herzblatt!« konnte hier allerdings niemand lustig finden. Als ein weiterer Piroschka-Stammgast, der ins Gloria auswich, hereinkam, Erich erblickte und ihn laut als »Direktor Grün« begrüßte, war den Anwesenden endgültig klar: Der Kiebitz ist ein Jud.

Es wurde zwar vertuscht oder zumindest verkannt: Aber Erich war das erste Todesopfer einer antisemitischen Ausschreitung in Österreich seit der Wiedergründung der Republik. Auch wenn die Schläge, Stöße und Rempelein, die die Herren Schandl, Wewerka und Dostal dem angeblichen Grün versetzten, in diesen Kreisen und solchen Orten nichts Ungewöhnliches waren, so fielen doch Ausdrücke wie »Judensau«, »Dreck-« oder »Saujud«. Natürlich war die blutende Lippe so wenig wie die gebrochene Rippe die Todesursache, es war eben nur »ein bißchen Mord«. Die Rückkehr Erichs zu einem hilflosen Hochdeutsch, »Bitte, meine Herren!«, half so wenig wie schließlich sein stummes Zurückweichen mit begütigenden Handbewegungen, die erst recht antisemitische Vorurteile bedienten: Juden redeten eben mit den Händen.

Dann ging alles sehr schnell: Erich lief los, flüchtete aus dem Lokal, er rannte, nach seinen Verfolgern zurückblickend, geradeaus weiter auf die Fahrbahn, wo er von einem Auto erfaßt und gegen eine Stop-Tafel geschleudert wurde. Er starb, er verreckte an seinen inneren Verletzungen, noch im Rettungsauto, bevor er die Geräte und Apparate und Schläuche erreichte.

»Er hat immer gesagt, er ist ein Pechvogel. Das war geprahlt!« (Viktors Vater)

Puppiburli-Oma war vom Tod ihres Sohnes so geschockt und schmerzstarr, daß sie das Angebot ihrer Tochter, sich um alle organisatorischen Probleme der Bestattung zu kümmern, dankbar annahm. Maria richtete das Begräbnis aus mit einer Hingabe, wie sie nur Menschen aufbringen können, die für besonders tiefe Gefühle begabt sind. Marias Haß gegen ihren Bruder war unermeßlich. Nichts ließ sie unbedacht. Unermüdlich kümmerte sie sich um jedes Detail. Zwei ganze Nächte schlief sie nicht, um die Druckvorlage des Partezettels fertigzustellen, Kouverts zu beschriften, jene biographischen Angaben über Erich zu formulieren und abzutippen, um die

sie der Kaplan, der das Begräbnis zelebrieren sollte, für seine
Rede gebeten hatte, und bei der Telefonauskunft die Telefon-
nummern und Adressen jener Menschen aus Erichs Bekanntenkreis zu eruieren, die sie vom Hörensagen kannte und
die sie zu dem Begräbnis einladen wollte. Marias Müdigkeit
schmerzte so sehr, daß sie weinen und wimmern hätte wollen,
aber noch diese Schmerzen erlebte sie als beglückenden Triumph: Sie lebte. Und Erich war tot, er, der die Mutter gehabt
hatte, die jetzt so hilflos in Marias Wohnzimmer saß. Die
Mutter war dagewesen, für Erich, immer nur für Erich, der
Vater aber war »nicht mehr zurückgekommen«, aus Rußland,
weil er erschossen worden war von den Russen, die er so sehr
geliebt hatte, weil sie den Sozialismus aufbauen wollten, aber
leider kaum dazu kamen, da sie Deutsche erschießen mußten,
auch solche, die keine Deutsche waren, sondern Väter wie ihr
Vater, der verhindert hätte, daß der Sohn seine Schwester
schlägt und ein Rassist und Antisemit wird im Schutz der
Mutterschürze und dann unbehelligt bleibt von jedem Entna-
zifizierungsprogramm. Das Mutterbubi war immer im Recht
gewesen gegen die vaterlose Tochter, da konnte sich die Geschichte entwickeln, wie sie wollte, da konnten die Guten ge-
winnen und die Bösen besiegt werden, wie es deutlicher nicht
ging, allzudeutlich ging es ohnehin nicht, denn da hätte sich
die Geschichte ja ungeschehen machen lassen müssen, dann
hätte aus den blutgedüngten Ackerfurchen Rußlands ein
unübersehbares Feld guter Menschen wachsen müssen, und
einer der schönsten und besten wäre der Vater gewesen, und
aus den Wolken über Auschwitz, geschwängert vom Rauch
der Krematorien, hätte es Gottes Volk regnen müssen, lauter
Heilige, nur dann wäre wieder alles gut gewesen, nicht wieder,
sondern endlich gut, und der Bruder hätte kleinlaut werden
müssen und sehr scheinheilig in dieser heiligen Welt, und das
wäre das Minimum, damit eine Familie funktioniert und die
Gesellschaft und überhaupt diese Welt. Maria fieberte, sie
wußte nicht, was sie sah, wenn sie wachträumte, und sie wußte
nicht, was sie tat. Als wäre nach Erichs physischem Abgang

nur sein Glühen zurückgeblieben und auf seine Schwester übergesprungen.

Die Oma saß im Wohnzimmer ihrer Tochter, unfähig, etwas zu tun, stundenlang saß sie da und starrte vor sich hin. Nur manchmal sagte sie: »Ich brauche ein schwarzes Kostüm!« Sie sagte nie, kein einziges Mal: »Maria! Du glühst, du hast Fieber! Du mußt ins Bett. Du mußt auf dich schauen!«

Maria, so empfand sie es, war für ihre Mutter das Letzte: Ihrer Mutter war der Mann genommen worden und jetzt der Sohn – Maria war das Letzte, das ihr geblieben war. Es war nur selbstverständlich, daß sie sich nun um alles kümmerte. Maria tat es. Es war das Letzte.

Beim Räumen von Erichs Wohnung fand sie im Wäscheschrank Sparbücher und Bargeld in einer Größenordnung, daß sich ihre von Fieber verschwollenen Augen glitzernd öffneten: Sie fand das ganze Schwarzgelddepot, den Geldeswert aller seit Jahren im »Wild West« nicht gewechselten Leintücher, mehr als genug, um ein Begräbnis auszurichten, ohne auf jeden Schilling zu schauen. Mit diesem Geld würde man auch das Elternhaus, das Erich verjuxt hatte, zurückkaufen können oder zumindest ein vergleichbares Haus in der Gemeinde finden, aus der sie stammten.

Maria hätte nicht tun dürfen, was sie tat. Und wenn schon, dann hätte sie danach begreifen müssen, was sie getan hatte, aber sie begriff es nie. Erichs Glühen war auf sie übergesprungen, und es verbrannte ihre Seele und ihr Leben.

Puppiburli-Oma stand wie versteinert in der Aufbahrungshalle 2 des Zentralfriedhofs neben dem Sarg ihres Sohnes, ein Monument der Trauer, während die Trauerarbeiter der Gemeinde Wien, diese Männer mit den dunkelgrauen Uniformen und den violett eingefaßten Capes und den professionell erschütterten Gesichtern die Kränze hereintrugen. Es sah so aus, als würden sie einen Kranz nach dem anderen vor diesem Monument niederlegen, und nicht vor dem Sarg. So starr und blind stand die Puppiburli-Oma da und nahm die Kranzniederlegungen entgegen, daß die Trauergäste, die nun nach und nach hereinkamen, sich mit gesenkten Köpfen in die Bänke setzten, ohne dieser Mutter-Statue sofort zu kondolieren. So bemerkten sie vorläufig so wenig wie die Oma, daß auf den Schleifen der Kränze vor allem hebräische Schriftzeichen standen, oder, in »normaler Schrift«, unverständliche fremde Worte, wie: – Viktor kniff die Augen zusammen und versuchte sie zu entziffern – wie: »Mgubo ayayaibge kte« oder so ähnlich, was mochte das heißen? Das hieß gar nichts. Das war eine Verarschung. Eine der Fieberphantasien Marias.

Dann kam ein Kranz, riesig, ganz in Rot, gesteckt vor allem aus Buschrosen, mit großen Hagebutten, die wie rote Lämpchen in diesem Rosenkranz glühten, und auf den beiden Schleifen stand: »Wir holten dir einen runter, Gott holte dich rauf!«, »Die Mädchen vom Hotel Wien West«.

Maria hätte das nicht tun dürfen. Sie richtete einen Toten hin. Sie haßte ihn, aber doch hatte sie ihm, solange er lebte, nie eine Szene gemacht. Jetzt war es zu spät, und darum war die Szene so grotesk, so falsch und sinnlos. Aber noch blieb das alles unbemerkt, außerhalb des Gesichtsfelds der gesenkten Köpfe. Die allgemeine blinde Erstarrung geriet erst in Bewegung, als der Kaplan hereinkam.

Kaplan Josephus Ngabe aus Nigeria war der Seelsorger der schwarzafrikanischen Christen in Wien. Maria hatte ihn über die Abteilung für Öffentlichkeitsarbeit der Erzdiözese Wien aufgetrieben. Sie hatte ihn aufgesucht und ihm eine rührselige Geschichte über ihren Bruder erzählt: Er habe jahrelang in Nigeria gelebt und gearbeitet. Als schließlich die große Hungersnot in Biafra, der Ostregion Nigerias, ausbrach, sei ihr Bruder Erich sofort hingefahren, um zu helfen, wo und wie er nur konnte. Es sei sein letzter Wunsch gewesen, daß ein Priester aus Nigeria die Einsegnung vornehme.

Es sei sein letzter Wunsch gewesen, hatte Maria zum Oberrabbiner von Wien gesagt, daß er nicht nur eingesegnet, sondern auch nach jüdischem Ritus von dieser Welt – fast hätte sie »verschwindet« gesagt, aber dann doch: »verabschiedet wird«! Sie und ihr Bruder seien zwar nach ihren Papieren und auch nach jüdischem Gesetz keine Juden, ihre Mutter sei Katholikin, aber ihr Vater sei Jude gewesen, und das hätte sie beide, vor allem ihn, ihren Bruder, sehr beschäftigt. Vor allem im Licht der jüngsten Geschichte. »Mein letzter Wunsch, meine: *sein* letzter Wunsch«, Maria hatte deliriert in ihrem Glühen und sich immer wieder versprochen, als sie gebettelt hatte um die Erfüllung von Erichs angeblich letztem Willen, Geschichten erzählend, die zusammengekleistert waren aus Fieberphantasien und Brockhaus-Wissen. Wahrscheinlich habe ihr Bruder sich die Infektionskrankheit, an der er gestorben sei, in Biafra geholt, hatte sie zu Kaplan Ngabe gesagt. Bitte! Er müsse! Noch im Spital, todkrank, habe er, ich, also Erich Geld gesammelt für die Hungernden in Biafra! Und sie hatte dem Kaplan ein Kouvert überreicht. Nur eine bescheidene Summe, aber.

Noch die letzten Stunden vor seinem Tod habe ihr Bruder sich mit ihr nur noch über sein Judentum unterhalten, hatte Maria zum Rabbiner gesagt, welche Bedeutung die jüdische Herkunft väterlicherseits für ihn und sein Selbstverständnis gehabt habe. Menschen, die ihn kannten, hätten in ihm viel eher einen Juden gesehen als den Christen, der er den Papieren nach gewesen sei. Bitte!

Der Kaplan hatte wissen wollen, ob die Familie damit einverstanden und entsprechend vorbereitet sei, denn »schwarzes Christentum viel bunter! Nicht dunkle Kleidung. Bunt«, und »Wir nicht weinen, wir singen und jubeln, weil Bruder ist bei Gott, wo wir alle wollen hin. Er ist schon dort, darum wir jubeln!« Ja bitte, hatte Maria gesagt, jubeln, das sei gut, das verstehe sie, sie kenne ihren Bruder, bitte jubeln!

Er verstehe, hatte der Rabbiner gesagt, aber er selbst könne das natürlich nicht tun,

»Natürlich!«

kein orthodoxer Jude würde das tun,

»Natürlich nicht! Aber –«

Aber. Er verstehe. Und. Er hatte in einem Telefonbuch geblättert, einen Namen und eine Telefonnummer auf einen

Zettel geschrieben, ihn Maria gegeben und gesagt: »Rufen Sie da an. Dieser Mann wird Ihnen helfen. Er ist – wie soll ich Ihnen das erklären? Er ist sozusagen ein Kaddisch-Legionär. Ein –«

»Ein – was?«

»Ein Mann, der davon lebt – das ist vielleicht übertrieben, sagen wir: der sich ein Zubrot verdient dadurch, daß er gegen Bezahlung den Kaddisch betet, für Fremde, für Menschen, die er nicht kannte. Man kann ihn bestellen. Sozusagen! Er ist nicht teuer«, sagte er. »Es kommt natürlich darauf an, was Sie wollen. Ich weiß nicht, ob Sie wissen, daß für einen Kaddisch kein Minjan erforderlich ist –«

»Das wollte ich Sie gerade fragen! Also kein –«

»Nein. Nicht erforderlich. Allerdings schadet ein Minjanim auch nicht. Er wird es Ihnen anbieten. Dann allerdings wird es etwas teurer: Weil das sind dann zehn Männer, ich meine – aber wie gesagt: es ist nicht notwendig!«

»Kein Problem«, sagte Maria, am liebsten hätte sie gefragt: Was kosten hundert Männer, im Kaftan, mit Schläfenlocken, jeiernd am Grab ihres Bruders. Wieso zehn? Wieso nur lausige zehn Männer und die noch unnötig? Sie war nicht sattelfest in Hinblick auf jüdische Riten. Aber natürlich hatte sie den Legionär – diesen Begriff hatte sie sich besser gemerkt als »Kaddisch« – mit zehn Männern gebucht.

Geld spielte keine Rolle. Es war genug da. Von den Leintüchern. Die Leintücher, die Erich nicht gewechselt hatte, erwachten nun zum Leben, tanzten und spukten um seinen Sarg, flatterten durch den Zentralfriedhof, verbreiteten Schock, Staunen und Schaudern.

Das Bild des Rassisten, das Maria von ihrem Bruder hatte, ging bei dieser Beisetzung durch ein Fegefeuer. Sowohl Kaplan Ngabe, der mit einem buntgekleideten Chor afrikanischer Sänger eingezogen war, als auch der gedungene Kaddisch-Sager mit seinen zehn Männern, die wenig später kamen, behielten nach erstem Erstaunen die Würde. Die Trauergäste mochten zunächst überrascht oder verwirrt gewesen sein, aber schockiert? Nein. Die Rotlichtszene war Russinnen, Mulattinnen und Thai-Frauen gewohnt, die Frühstückszimmer-Runde und die Piroschka-Stammgäste hatten Erich ohnehin für einen Juden gehalten, Direktor Grün war gerührt, die Rattenvernichter-Kollegen reagierten wie bei einem Fernurlaub: verständnislos fasziniert.

Viktors Vater ging. Er hatte, als der Trauerzug von der Leichenhalle zum offenen Grab aufbrach, die Kranzschleifen betrachtet: »Hat Maria das gemacht?«, den Kopf geschüttelt und zu Viktor gesagt, «du bist alt genug daß ich mit deiner Mutter nichts mehr zu tun haben muß, wenn ich dich sehen will!«

Viktor beschloß, jetzt wirklich von zu Hause auszuziehen.

Und Puppiburli-Oma fiel in Ohnmacht. Direkt in die Arme eines schwarzen Sängers, der sich auf den Boden setzte, Oma festhielt und nach einem Glas Wasser rief. Das blieb in Erinnerung, diese Pietà: der junge Schwarze, der auf seinem Schoß eine alte weiße Frau hielt.

Die Ankunft in der Freiheit schockierte Manasseh. Die Familie verließ das Schiff, stieg über die schwankende Landebrücke hinunter auf das Pier, und er sah Neger, Mulatten, Mauren, Türken, Chinesen – Das war Holland? Er hatte gedacht, sie würden zu einem Volk kommen, ein Volk wie das eigene, nur daß es den Juden Freiheit versprach. Aber er sah dieses Volk nicht, nur einen aufgeregten Menschenzoo. Alle Hautfarben. Die unterschiedlichsten Trachten sah er, orientalische Gewänder, rätselhafte Uniformen. Aber da war keiner, der herschaute, der sie musterte, niemand, der diesen Blick hatte, der bedeutete:»Ich bin von hier!«, diesen einheimischen Blick, dem man ansah, daß er ausstoßen oder eingemeinden konnte. Unter welchen Augen sollten sie sich hier bewähren?

Sein erster Gedanke war: Sie würden scheitern. Wie sollten sie sich einleben und heimisch werden bei einem anderen Volk, wenn es dieses andere Volk gar nicht gab? Nur ein Gemisch. Eine Vielfalt, die ihm kein Ganzes zu ergeben schien. Geschrei und Gedränge. Da sah er Weiße. Weiße? Ohne Halskrausen, ohne Kopfbedeckung, mit kragenlosen Hemden: ihre Gesichter gerötet oder gebräunt, die unbedeckten Arme fast violett, verbrannt von der Kälte, gegerbt von der Sonne. Wie sie alle liefen und schrien. Ohne jede Eleganz und Gemessenheit. Hinter improvisierten Tischen, bloß Bretter, die über Fässer gelegt waren, saßen Männer mit rotgeäderten oder rotblau verfärbten Nasen, sie hatten schwarze Hüte und Bärte – hatten sie das Sagen? Bleich schimmerten die Papiere, die sie prüften, und vor ihnen standen Gruppen von Menschen aller Herkunft, gestikulierten, schwenkten Dokumente, zählten Münzen ab, und immer dieses Geschrei in Sprachen, die er nicht verstand. Das sollte das Neue Jerusalem sein? Nein, dachte er klamm, das war Babel. Er empfand Heimweh, ein sinnlos brennendes Heimweh nach dem glänzenden Lisboa, einen buchstäblich den Atem raubenden Schmerz, weil er nicht dazugehören konnte. Warum hatten seine Eltern, seine Vorfahren, ihm das angetan: Nicht dazugehören zu dürfen dort, wo sie doch zu Hause waren?

Die Eltern. Sind sie nicht eben noch tot in den Särgen des Almocreve gelegen, bloß deshalb nicht begraben, weil ihre Schweißdrüsen noch lebten? Hat er sie nicht fast schon aufgeben wollen an Bord der »La Marie Madeleine deux«, auf See von Bayonne nach Amsterdam, als sie auf dem Unterdeck in ihrem Erbrochenen lagen und nur noch leise röchelten? Er hatte sich schon zu ihnen legen wollen, in die Mitte zwischen Vater und Mutter, und den Atem anhalten, er hatte es darauf ankommen lassen wollen: Wird, wenn die Eltern sterben, auch er aufhören zu atmen, wenn er den Atem anhielt? Nein, er hatte Erbrochenes weggewischt, ihre Atemwege gereinigt, die Nasen, die Mundhöhlen – »Die Zunge, Junge! Du mußt ihnen die Zunge nach vorne ziehen! Weil wenn die Zunge nach hinten fällt, ersticken sie! Hol die Zunge nach vorne, Junge!« Der Mann, der das gesagt hatte, war betrunken, aber Manasseh gehorchte ihm, es war ein Erwachsener, der einzige, der sagte, was er tun sollte. Manasseh wühlte weinend in den Mündern seiner Eltern, sie waren tot, so gut wie tot, und er brauchte einen Erwachsenen, der ihm sagte, was tun – und da war nur dieser Betrunkene unter Deck. Und jetzt –

Und jetzt auf einmal lebten diese Halbtoten wieder, Haut und Knochen sind sie gewesen, jetzt waren sie knochenhart wippende Ruten! Wie sie auflebten! Rechts von ihm und links von ihm, drängendes Leben. Ihn drängend! Weiter treibend! Da weiter! Hier runter! Dort hin! Und Manasseh, am Ende der Flucht, nur einen Gedanken habend: Flucht! Weg von hier! – er wurde weitergetrieben von den Eltern: Hier rein! Menschentrauben splitterten ab, brachen seitlich weg, und jetzt da hinein! Weiter! Ein Riß in der Menschenmauer – Da durch!

Und da steh! Bleib stehen! Warte!

Papiere, Angaben, Dokumente, Belege, Antworten auf viele Fragen: Die Eltern, diese verknöcherten toten Seelen, diese dürren Schultern, auf denen fadenscheiniger Stoff aus besseren Tagen hing, diese harten Finger, die an seinen Händen, seinen Armen zogen, auf seinen Rücken drückten, hatten alles bereit, als hätten sie nur dafür noch gelebt – und tatsächlich hatten sie nur dafür überlebt: Zeugnis abzulegen und ihre Biographien zur Grundlage einer Stunde Papierraschelns machen zu können. Darauf hatten sie sich vorbereitet, all die Zeit, nicht auf die Särge, nicht auf das Stolpern und Fallen im Gebirge, den Schluchten und Hängen, nicht auf das Schaukeln im Unterdeck, die gespannten Taue, über die sie sich drüberwerfen sollten, das wären die Schlafplätze gewesen, ein Meter Platz auf einem Tau, auf das sich hundert Stärkere warfen, um sich fallen zu lassen, hineinfallen, Reinfall, wie viele wurden zurückgetrieben auf das Meer, wo sie als Stärkere verreckten, die Eltern hatten sich nur auf diesen einen Moment vorbereitet: einem Mann, diesem Mann gegenüberzustehen, der einen Siegel auf ein Dokument geben konnte.

Und sie bekamen den Siegel. Der hieß: »Konnten sich erklären.« Jetzt hatten sie Aufenthaltsrecht in Amsterdam. Lebensrecht.

Kein Dach über dem Kopf. Kein Brot. Nur dies, und das war viel, das war alles: »Konnten sich erklären.« Im Jahr 1616, dem zwölften Lebensjahr von Manasseh ben Israel, der nicht begriff, was er sah, nicht verstand, was er hörte, nicht wußte, was auf ihn zukam. Ein einziges Wort, das er in diesem Getöse immer wieder heraushörte, wurde zur Grundlage der Fremdsprachen, die er hier lernen und in denen er hier leben sollte, ein Wort wie ein Refrain, der im Chaos Ordnung stiftete, noch dazu ein muttersprachliches Wort, und doch das allerfremdeste in seinem Herkunftsland: »Liberdade« – so nannten die Immigranten und Flüchtlinge den Hafen von Amsterdam.

Es war nicht weit vom Hafen zur Neveh Shalom, der portugiesischen Synagoge von Amsterdam, wo die Familie Rat und Hilfe suchen und sich nach Esther erkundigen wollte. Und doch fast zu weit.

Ihr Schicksal war besiegelt, und jetzt erst hatten Vater und Mutter die müden Schritte und die schockgroßen Augen derer, die langsam begriffen, daß sie angekommen waren und sich nun zu fragen begannen: wo?

Sie gingen zunächst über den Zeedijk, wo sie den Eindruck hatten, sie wären in einer Stadt im fernen China angekommen. »Warum mumifizieren die Holländer sie?« fragte Manasseh angesichts von Hunderten braungeschrumpelt ölig auf Stangen hängenden Enten. »Nicht die Holländer. Die Chinesen machen das!« sagte der Vater nicht, nicht die Mutter, sie gingen sprachlos an diesen Straßenhändlern vorbei, an Läden mit Aufschriften in fremden Schriftzeichen, an den Lampions und den Schälchen, aus denen eine Art Weihrauch aufstieg, süßer Weihrauch. Die Bündel, die Manasseh trug, das eigene und die seiner Eltern, schlugen bei jedem Schritt auf seinen Rücken, trieben ihn vorwärts, vielleicht wäre er ohne diese Bündel stehengeblieben, hätte geschaut, gerochen, aber die Schläge der Bündel in seinem Rücken trieben ihn weiter.

Nach der Waag, wo sie sich zwischen einer unüberschaubaren Menge von Fuhrwerken zurechtfinden, durch das Gedränge Tausender Menschen durchkämpfen mußten, dort, wo der Platz wie ein Flaschenhals in den Sint-Anthonisdijk überging, kamen ihnen Jugendliche entgegen, provokant in geschlossener Phalanx, so daß entgegenkommende Passanten sich seitlich an die Häuser, in Hauseingänge hineindrücken mußten. Diese Jungen, halbe Kinder noch, skandierten aggressiv eine Art Sprechgesang, das war Porthanol, Portugiesisch mit spanischen Elementen – Manasseh preßte die Bündel auf seinem Rücken an einer Hausmauer flach, während er sie vorbeiziehen ließ und ihnen nachschaute, »Uns wird keiner sündigen sehen«, ihre Schritte wippten im Rhythmus des Sprechgesangs, zugleich schlurften sie, weil sie ihre Schnürschuhe ohne Schnürsenkel trugen, so daß sie aufpassen mußten, beim Gehen nicht aus den Schuhen herauszusteigen, und ihre weiten Hosen hatten keine Gürtel, so daß die Hosen immerzu hinunterzurutschen drohten, »noch jemals in der Hölle schmoren«. Manasseh sah ihnen nach, an den Gesäßen schienen ihre Hosen auf peinigend peinliche Weise schon halb hinunter gerutscht, »Hölle? Nein!/ Wir? Niemals!/ Uns wird/ keiner sehen/ –«, das Menschenmeer, das sie geteilt hatten, schloß sich hinter ihnen wieder, Manasseh sah junge Männer in der Masse der Passanten, die grinsten und einen Moment lang im selben Rhythmus weitergingen, ihre Bewegungen: Hebungen und Senkungen.

Er sah den Vater an, der immer noch dieser Erscheinung nachblickte, blaß, schwitzend, mit offenem Mund. Spiegelte sich in diesen Augen, diesem Mund tatsächlich bloß jenes Erstaunen, das man gegenüber allem empfindet, das einem völlig fremd war? Manasseh hatte den Eindruck, daß es vielmehr ein Wiedererkennen war, das solche Angst, geradezu Panik bei seinem Vater auslöste. Diesen Gesichtsausdruck kannte er aus dem Internat: So hatten diejenigen geschaut, die unvermutet einem Peiniger gegenübergestanden waren, dem sie sich bereits entkommen glaubten. Aber hier, in diesem Moment, war es völlig rätselhaft, was Vater so sehr schockierte, es war gespenstisch. »Junge Menschen!« sagte Vater Gaspar tonlos, nur dies: »Junge Menschen!« Es klang, als hätte er soeben festgestellt, daß die Sonne in dieser Stadt schwarz ist. »Komm weiter! Was weißt du?« sagte die Mutter.

Freiheit. Nichts war gelöst, die Rätsel wurden größer. Wie das ertragen? Die Bündel auf seinem Rücken. Manasseh spürte, wie seine Knie weich wurden, er bäumte sich im Weitergehen dagegen auf, weiche Knie, Aufbäumen, Hebungen und Senkungen – »Laß das!« sagte der Vater. Er hätte es geschrien, hätte seine Kraft ihm das erlaubt: Schreien!

Nur noch wenige hundert Meter zur Neveh Shalom.

Von Esther war dort aber nichts bekannt. Wäre sie bereits in Amsterdam angekommen, hätte sie sich an die Neveh Shalom gewandt. Das war vereinbart gewesen. Zwei Tage und zwei Nächte lagen die Eltern in einem Haus, das die Gemeinde für die Glaubensgenossen unterhielt, die mit wenig mehr als dem, was sie am Leib trugen, in Liberdade angekommen waren. Schlafend oder halb schlafend, fiebernd, unruhig sich hin und her wälzend, immer in Bewegung, den Blick, wenn die Augen sich öffneten, starr in weite Ferne gerichtet, so lagen sie da und waren doch nicht da, kamen nicht zu sich, als wollten sie nicht ankommen, solange die Tochter nicht angekommen war. Manasseh saß an ihren Betten, betrachtete die traurigen Menschenreste, die seine Eltern waren, und neben den Betten die lächerlichen Bündel, die sie mitgebracht hatten, so wenig, und doch so viel für andere, die im selben Saal röchelten und schnarchten und stanken und Kraft genug hatten, begehrliche Blicke auf diese Bündel zu werfen. Von Zeit zu Zeit sah eine Frau nach dem Rechten, sie legte ihre Hand auf manche heiße Stirn, füllte Wasserkaraffen nach, öffnete ein Fenster. Dann kam aber nicht frische Luft herein, sondern der Gestank der Pferdeäpfel des Sint-Anthonisdijks, der Qualm der Brauereien, der Rauch der Färber und die ätzenden Dünste der Gerbereien. Das Geschrei der Händler und Handwerker, das nervtötende Sirren der Schleifmaschinen der Linsen- und Diamantschleifer. Wenig später erhob sich eine Gestalt aus irgendeinem Bett und machte das Fenster wieder zu, und der Saal gärte wieder im Schweiß- und Uringestank der Flüchtlinge, in ihrem Schnarchen und Röcheln. Und Manasseh wanderte vom Bett seines Vaters zum Frauenschlafsaal zum Bett seiner Mutter und wieder zurück, er verließ dieses Haus nicht, er hatte Angst, sich zu verlieren, nicht mehr zurückzufinden, er hatte Angst in diesem Haus, und er hatte Angst vor draußen. So schnell konnte er gar nicht laufen, vom Vaterbett zum Mutterbett, und vom Mutterbett zum Vaterbett, daß er dieser Angst davonlaufen hätte können.

Er hatte seinen Erwachsenennamen bekommen, er hatte die Schmerzen, wie sie Erwachsene haben, wenn sie begreifen, daß sie nicht mehr davonlaufen können, er hatte das Gefühl, nicht den Gedanken, aber ganz deutlich das Gefühl, daß keiner mehr ein Kind sein kann, der die Eltern sterben sieht, und doch war er nur so sehr ein Erwachsener, wie er eine Frau gewesen war, als er die Maria spielen mußte.

Am dritten Tag waren die Betten seiner Eltern leer. Manasseh warf sich auf sein Bett und weinte so viel, daß seine Tränensäcke daraufhin fünfundzwanzig Jahre lang leer und trocken bleiben sollten. Er weinte und weinte und – da spürte er eine Hand auf seinem Rücken. Er versuchte sie abzuschütteln, aber der Druck verstärkte sich, er spürte wie die Hand versuchte, ihn herumzudrehen oder dazu zu bewegen, sich umzudrehen. Noch einmal machte er mit der Schulter eine Bewegung, um diese Hand wegzustoßen, da hörte er seinen Namen und drehte sich um.

Er spürte das naßgeweinte Kissen an seinem Hinterkopf, öffnete die Augen und sah seine Eltern. Sie beugten sich über ihn, er sah ihre Gesichter wie furchterregende, stetig größer werdende Masken. »Bist du endlich wach?«

Sie seien in der Früh aus dem Haus gegangen, »um sich zu kümmern«, sagte die Mutter. Er, Manasseh, habe »geschlafen wie ein Stein«, sagte der Vater, unmöglich, ihn aufzuwecken.

Also habe man ihn schlafen lassen. Nach all den Anstrengungen.

Sie nahmen ihre Bündel und zogen vom Sint-Anthonisdijk ein Stück weiter in die Vlooyenburg, eine für jüdische Flüchtlinge angelegte künstliche Insel, ins »Hotel Makom«. Dort hatten die Eltern zwei Zimmer gemietet. Hier wollten sie auf Esther warten, inzwischen eine Wohnung suchen, Geschäftskontakte anbahnen.

Noch fünf Tage, erfuhr Manasseh, bis das Gesetz erfüllt werden sollte, noch fünf Tage »einleben« (die Mutter), »unsere Lungen an diese Luft gewöhnen« (der Vater), bis das »wirkliche Leben« (Vater), das »neue Leben« (Mutter) begann. Fünf Tage, die Manasseh auf den Stufen des Hotels saß, in die Luft schaute, hinauf zu dem schmiedeeisernen Pilger mit dem Bündel auf dem Rücken und dem Wanderstab, dem Zeichen des Hotels. Fünf Tage sitzen, die Menschenströme beobachten, die Luft einatmen – die Luft! Hier gab es keinen Staub! Straßenszenen waren in seiner Erinnerung mit Staubwolken verbunden, aber hier: Menschenmassen, Fuhrwerke, Hunde, alles, aber sie wirbelten keinen Staub auf. Das war eine eigentümlich schockierende Erkenntnis. Stadt, und doch kein Staub. Wieso? Die Straße war gepflastert. Und sie wurde noch dazu gekehrt. Sie kehrten die Straßen! Er faßte es nicht: Sie kehrten die Straßen! Plötzlich sprang für ihn das Bild um: Statt Menschenströmen, hin- und her hastender Passanten, abstrakter Geschäftigkeit sah er nun Putztrupps, Reinigungslegionen, Säuberungsarmeen. An den Fenstern hingen Frauen, die Fenster putzten, vor den Türen waren andere, die kehrten. Durch die Straßen zogen Männer in blauen Leinenjacken, die alles aufhoben und in Säcke warfen, was Passanten verloren oder einfach weggeworfen hatten. Hinter ihnen andere, die mit breiten Besen schrubbten, sie polierten eine Stadt, die süchtig schien nach Politur, Schuhputzer sah er und »Bürstenmänner«, das waren Arme, die für einen Groschen den Männern die Schultern, den Gehrock abbürsteten, kein Staubfussel hatte da eine Chance, wie hätte es da gar aufwirbeln können? Er hielt die Augen offen. Er hatte die Augen so starr aufgerissen, daß er, abends im Bett, Mühe hatte, sie zu schließen. Und wenn er sie dann doch schloß und wenn er einschlief, sah er, was er bei Tag gesehen hatte, unter dem gußeisernen Pilger mit dem Stab, auf der Straße vor dem »Hotel Makom«.

Neben dem Hoteleingang saß ein Schuhputzer, Aryel Fonseca de Mattos, ein Mann von vielleicht dreißig Jahren, so geduldig wie unerklärlich belustigt, saß er den ganzen Tag auf einem Schemel vor seinem »negozio«: So nannte er die Holzkonstruktion, die eine Abstellfläche für einen Schuh mit Schubladen und Fächern für seine Tiegel und Fläschchen und Bürsten verband. Er war in seiner Heimat Portugal Priester gewesen, »katholischer Priester?«, »Natürlich katholischer Priester! Oder kennst du andere in Portugal?«, in Sintra, »wo man immer die immensen Mauern des Kastells vor Augen hat, bis man nicht mehr weiß, ob sie Schutz bieten oder einen nicht vielmehr lebendig einmauern«, erzählte er, »aber ausgebildet und geweiht wurde ich im berühmten Mosteiro dos Jerónimos im heiligen Belém!« Dann sei er plötzlich wegen »unzuverlässiger Ahnen« in Bedrängnis gekommen. Der Großvater war seinerzeit zwangsgetauft worden und plötzlich verdächtig, die Gesetze Mose an seine Kinder und Kindeskinder weitergegeben zu haben. »Sie haben die Gebeine meines Großvaters ausgegraben und verbrannt«, erzählte Aryel, »eine irre Komödie!«

Manasseh meinte falsch verstanden zu haben, wieso Komödie? Aber der Schuhputzer erzählte schon weiter: Und als sein Vater, dessen Bruder und seine Mutter von der Inquisition verhaftet wurden, habe er beschlossen zu flüchten. »Du wirst mich jetzt natürlich fragen, ob ich sie im Stich gelassen habe? Jemanden im Stich lassen, das kann man doch nur, wenn man auch die Möglichkeit hat, ihn nicht im Stich zu lassen, oder? He, Junge! Oder? Ich hatte aber keine Wahl, also habe ich um ihre Seelen gebetet und dann meine Haut gerettet!«

Aryel spielte den Heiteren, den vom Aberwitz des Lebens unendlich Belustigten. Immer wieder unterbrach er seine Erzählungen mit dem Ausruf »eine irre Komödie!« und lachte. Er hatte als angeblich geheimer Jude flüchten müssen, in die einzige erreichbare Stadt, die solche wie ihn aufnahm – »aber wer brauchte hier im Judenviertel von Amsterdam einen katholischen Priester?« Und wenn er das Viertel verlasse, dann falle er unter die Protestanten, die einen Krieg gegen die Katholiken führten! Alles, was er in Belém und Sintra gelernt habe, sei eine Beförderung seiner Freiheitssehnsucht gewesen, habe sich aber in der Freiheit als völlig unnötig und geradezu unerwünscht erwiesen. Sein Lachen kippte ins Hysterische. Und Manasseh hatte, wenn er endlich schlief, Alpträume.

»Eine irre Welt!« sagte Aryel. Als Christ war er angehalten gewesen, den Ärmsten die Füße zu waschen, als Jude putzte er den Reichen die Schuhe! Für die Yeshiva sei er zu alt gewesen, für die Fakultät zu arm. Aber sowohl die Schüler als auch die Studenten kamen zu ihm, um für eine Kupfermünze ihre Schuhe und gleichzeitig ihr Latein aufpoliert zu bekommen. Er lachte schon wieder bedenklich schrill. »Ich, gleichsam von Schuhriemen gefesselt, erzähle ihnen vom Goldenen Zeitalter, das ohne Fesseln war.«

Ein junger Mann stellte einen Fuß auf Aryels Holzgestell, der Schuhputzer begann mit Tuch und Bürste zu arbeiten, stieß plötzlich die Bürste hoch und fragte schroff: »Hic, haec, hoc?«

»Huius, huic, hunc, hanc, hoc ...«, antwortete der junge Mann stockend, während Aryel mit gesenktem Kopf zuhörte und nickte. »Soll ich auch gleich qui, quae, quod –?«

»Vergiß es«, sagte Aryel, und dann, als der junge Mann gezahlt hatte, zu Manasseh: »Das war der junge Daniel de la Penha, der Sohn des Gewürzhändlers Joseph de la Penha. Hast du schon einmal Gold gesehen? Echtes Gold? Das sind so kleine schwarze Körner. Man nennt sie Pfeffer! Der Vater will, daß sein Sohn Arzt wird. Wenn er mit der Anatomie sol-

che Probleme hat wie mit dem Ablativ – oh! Die liebe ich ja!«
Da kamen wieder diese Jungen mit den schlurfend-wippen-
den Schritten und den Sprechgesängen, die Manasseh gleich
nach der Ankunft das erste Mal gesehen hatte.

»Das ist jetzt so eine Manie bei den Jugendlichen«, sagte
Aryel, »sie nennen es moda. Mir gefällt's. Das hat Witz. Man
kann den Wahnsinn doch nur ertragen, wenn man darüber
lacht. Wenn man ihn verhöhnt! Eine Komödie!« Manasseh erfuhr, daß diese Sprechgesänge die Drohungen des Heiligen
Offiziums parodierten und daß die Schuhe ohne Schnürsenkel
und die Hosen ohne Gürtel an jene erinnerten, die von der Inquisition verhaftet worden waren: Ihnen wurden die Schuhriemen und die Gürtel weggenommen, um sie zu erniedrigen:
Der Gürtel teilt für einen gläubigen Juden den reinen vom unreinen Teil des Körpers, ohne Gürtel war gewissermaßen die
Grenze zum Unreinen geöffnet. Und die Schuhbänder wurden ihnen weggenommen, um zu verhindern, daß die Juden
sie in der Zelle als Gebetriemen verwendeten. Die Inquisito-
ren wußten über jüdische Riten besser Bescheid, als diejenigen, die ihnen als angebliche Juden in die Hände fielen. Und
da marschierten junge freie Menschen und skandierten, daß
sie sich gut fühlen ohne Gürtel und ohne Riemen. »Der
Rabbi«, sagte Aryel, »versteht das nicht. Du wirst hören, wie er
in der Synagoge dagegen wettert, gegen diese Respektlosig-
keit. Was will er? Respekt gegenüber der Inquisition?«

Schon am dritten Tag merkte Manasseh, daß ein neues Archiv in ihm anwuchs, mit Namen und Daten, mit Lebensge-
schichten und Verhaltensregeln, über die wichtigsten Händler
und Kaufleute, die Gelehrten und Künstler, die Gescheiterten
und Verelendeten. Er saß auf den Stufen des Hotels, unter
dem schmiedeeisernen Pilger, der manchmal bei einem Windstoß schwang und knarrte, und sein Brustkorb wölbte sich
wieder, die Hüften wurden breiter, das Haar plusterte sich im
Wind, er war erfüllt von Aryels Erzählungen und Erklärungen, und die Stadt, die er nicht abschritt, ordnete sich in Stich-
wörter, Regeln und Querverweise.

Und dann, am Abend des vierten Tages, bei Kartoffeln, Butter und Milch erfuhr er von seinem Vater, daß am nächsten Tag das Gesetz erfüllt werden sollte.

Er hatte erwartet, jetzt endlich zu erfahren, wie die Freiheit schmeckte, aber bald merkte er: Das war nicht der Beginn der Freiheit, sondern etwas viel Komplizierteres: der Beginn des Bewußtseins der Unfreiheit.

Viktor hatte auf der Uni, auf einem Schwarzen Brett bei der Service-Stelle der Hochschülerschaft den Aushang gesehen: »Zimmer in Wohngemeinschaft frei«. Ein Anruf, ein »Kennenlern-Gespräch«, und wenige Stunden später war er aus der Wohnung seiner Mutter ausgezogen. Keine Ablöse, keine Kaution, 500, – monatlich Miete – Das konnte er leisten. »Ja!« sagte er trotzig, fast schrie er seine Mutter an, »ja, das kann ich leisten! Und du wirst mich nicht aufhalten!«

Er dachte in der ersten Euphorie, er hätte ein Gefängnis verlassen, um dann allerdings, in den darauffolgenden Wochen und Monaten, zu lernen, wie schwer die Ketten waren, die er überallhin mittrug.

Alleine die Tatsache, daß er in diese Wohngemeinschaft gezogen war, zeugte mehr von seiner Ahnungs- und Hilflosigkeit, als von einem vorbildlich durchgeführten Befreiungsschlag. Er hatte ein Zimmer zur Untermiete gesucht und dann zufällig diesen Aushang gesehen. Davor hatte er keine Sekunde darüber nachgedacht, ob er in eine WG ziehen wollte, aber jetzt erschien ihm diese Möglichkeit augenblicklich kühner, radikaler und – ja: freier, als ein biederes Untermietzimmer bei irgendeiner Witwe. Und nun, da er sich selbst schon fast als eine Art von Kommunarden sah, wollte er sich nicht erst lange schlau machen, sich informieren, verschiedene Wohngemeinschaften kennenlernen und sich überlegen, ob er Freunde hatte oder welche finden könnte, mit denen er sich vorstellen konnte zusammenzuwohnen, nein, es konnte nicht schnell genug gehen, solange dieses Feuer loderte. Er rief sofort bei der angegebenen Telefonnummer an, wurde zu einem

Gespräch eingeladen, bei dem er, während die anderen sich einen Eindruck von ihm machten, ängstlich vermied, auch selbst einen Eindruck zu haben, sich etwa die Frage zu stellen, ob ihm die drei jungen Männer, die ihm gegenübersaßen, sympathisch waren, ob ihm das Zimmer zusagte und das Geld wert war. Er hatte tatsächlich Angst davor, bei diesem Gespräch irgend etwas wahrzunehmen, was dazu führen könnte, daß er dann doch lieber nicht hier einziehen wollte. Beklommen sah er sogar darüber hinweg, daß das Klo keine Tür hatte. Müßte er, wenn er feig zurückschreckte, sich dann nicht Kleinbürgerlichkeit vorwerfen?

Und schon wohnte er in dieser Wohngemeinschaft, dachte: So sind Wohngemeinschaften, und sagte gern: Ich lebe in einer WG, oder: Bei mir in meiner WG ...

Sein Zimmer war das sogenannte Dienerzimmer in einer alten, sehr heruntergekommenen Herrschaftswohnung auf der linken Wienzeile. In den drei Prachträumen mit Flügeltüren, Deckenstukkatur und Naschmarkt-Blick wohnten Werner, Hartmut und Friedl, sie hatten prächtige alte Kachelöfen und dazu noch Elektroradiatoren, während in Viktors winzigem Zimmer ein Kohleofen stand. Formal erster Stock, aber de facto – nach »Hochparterre« und »Mezzanin« – dritter Stock, und der Lift war wegen Altersschwäche außer Betrieb. Das Holz für die Kachelöfen wurde in die Wohnung geliefert und hinter den Kachelöfen aufgeschichtet, die Kohlen für den Kohleofen aber in den Keller gekippt. Aber das war nicht das Problem. Das schmächtige Bürschchen bekam Muskeln. Das Problem war, daß nur einer, der wach ist, Kohlen nachlegen kann. Allerdings mußte Viktor ab und zu schlafen. Bevor er zu Bett ging, legte er soviel nach, wie er nur konnte, bis der Ofen fast in Rotglut stand. Wenn er aufwachte, war der Ofen längst ausgegangen und die Zimmertemperatur auf wenige Grad über Null gefallen. Das Fenster war nicht besonders dicht. Man mußte es nicht öffnen, um zu lüften. Er schlief schweißüberströmt ein und wachte unterkühlt auf. Aber auch das war nicht so dramatisch. Mit seinen grippalen Infekten

und dem Dauerschnupfen, der zu einer chronischen Stirn-
höhlenentzündung führte, war Viktor in dieser WG in den besten Händen: Vor allem Werner und Hartmut waren erfah-
rene medizinische Ratgeber, wobei ihrer Ansicht nach alle
Krankheiten letztlich psychische Ursachen hatten. »Auch ein
Beinbruch?« fragte Viktor listig. »Natürlich auch ein Beinbruch«, sagte Werner, »weil man sich im Grunde nur dann ein
Bein bricht, wenn man gerade psychisch die Bereitschaft dazu
hat!«

Das gab Viktor wieder zu denken. Wie immer, wenn ihn
ein Gedanke überraschte, hielt er ihn schon deshalb für wahr.
Nur dann hatte er das Gefühl, etwas gelernt zu haben, was er
nicht gewußt hatte, etwas zu sehen, was zuvor verschleiert
war.

Natürlich waren auch Viktors immer wiederkehrende
Schmerzen in den Stirnhöhlen eindeutig psychosomatisch.
»Der Kopf!« sagte Hartmut mit vielsagendem Lächeln. »Überlege dir das einmal: Immer wieder hast du Probleme mit
deinem Kopf, mit der Stirn!« Er stieß sich den Zeigefinger
ein paarmal auf die Stirn, was natürlich alles mögliche bedeuten konnte. Und genauso war jetzt wieder sein Lächeln: universal bedeutsam. Er hatte »Stirn« gesagt und sich auf die
Stirn getippt – also war das zunächst eine bloße Illustration.
Es hieß aber auch: Denk doch einmal darüber nach! Und
wahrscheinlich schwang nicht zufällig auch mit: Du hast einen
Vogel!

»Du sagst ja selbst immer wieder, daß du nicht denken
kannst, weil dir die Stirn so weh tut. Daß du also nicht denken
kannst. Warum entzündet sich immer wieder dein Kopf? Und
warum reagierst du darauf jedesmal so, daß du sagst: Ich kann
nicht denken! Überleg einmal, was sind das für Gedanken, die
du nicht erträgst, die du dir verbieten willst, vor denen du dich
also in eine Krankheit flüchtest, die dir Denken angeblich
nicht erlaubt!«

Viktor konnte nicht denken mit seinen Stirnhöhlenschmer-
zen, schaufelte immer wieder Kohlen in seinen Ofen und ver-

suchte darüber nachzudenken, warum er sich das antat. Lieber Kopfschmerzen zu haben, als zu denken. Er lernte, daß er nichts gewußt hatte und daß das Wenige, was er zu wissen vermeint hatte, falsch war. Mit sechzehn oder siebzehn Jahren, noch im Internat, ist er einmal mitten in der Nacht mit fürchterlich brennenden Kopfschmerzen aufgeschreckt, war plötzlich im Bett gesessen, sich immer wieder aufbäumend und wieder zurücksinkend, im Dunkel des Schlafsaals, und hatte geschrien, zunächst noch ohne zu begreifen, daß dies wirklich war, um dann, es nach und nach begreifend, nur noch zu wimmern und sich immer wieder panisch in das Kissen zu schneuzen und zu rotzen. Ein anderer Junge hatte ihm, während er schlief, aus bloßem Jux eine Zahnpastatube bei einem Nasenloch angesetzt, die Tube fest zusammengedrückt und ihm so die Paste gleichsam in den Kopf geschossen. Er hatte das Gefühl, die Stirn- und Nebenhöhlen voll von Zahnpasta zu haben. Wie das brannte. Und es ging nicht raus, da konnte er schnaufen und schneuzen, soviel er wollte. Aber da war kein Mitleid, keine Hilfe, nur die Aggression des ganzen Schlafsaals, weil Viktor alle aufgeweckt hatte und nicht und nicht zu beruhigen war. Heiterkeit und Zustimmung erntete allerdings Andreas Denk, der Idiot, der Viktor das angetan hatte. Er sagte: »Das war bei ihm doch überfällig: Eine kleine Gehirnwäsche.«

Und jetzt wohnte Viktor wieder mit Burschen zusammen, wenn auch nicht im selben Schlafsaal, aber doch so eng und ausgeliefert, daß sie ihm ins Hirn drücken konnten, was sie wollten – Nein! Das war ungerecht. Aber aufpassen mußte er. Achtgeben, daß er in dieser Männerherrschaft nicht wieder die Maria-Rolle zugewiesen bekam. Oder sie, modifiziert, gleich selbst beanspruchte. Anfällig dafür war er. Er hatte ein solch ausgeprägtes Unterlegenheitsgefühl gegenüber Männern, so große Angst vor der körperlichen Gewalt von Jungen, wie er sie im Internat kennengelernt hatte, vor der kalt erniedrigenden Verachtung, wie sie der Vater seinem weichen Sohn entgegenbrachte, vor der überheblichen Allwissenheit seiner Kommilitonen in der WG, daß er die selbstbewußten Feministinnen, die den Männern die Stirn boten, geradezu als seine persönliche Befreiungsarmee empfand. Überall sah er diese Frauen: auf der Uni in den Vorlesungen und Übungen, in der Mensa, in den Studentencafés, und auch in der WG, bei den Arbeitskreisen oder bei Abendessen, zu denen Genossinnen in die große Gemeinschaftsküche in die Wienzeile kamen. Die Begeisterung für sie gab ihm allerdings nicht nur Hoffnung, fast Schadenfreude, und in gewisser Weise eine Vorahnung von Befreiung, wie er sich sagte, sondern machte die Sache in gewisser Weise auch noch komplizierter: Denn seine Angst vor Männern rührte, wie er sich eingestehen mußte, vielleicht auch daher, daß er noch immer keine Gelegenheit gehabt hatte, seine eigene Männlichkeit unter Beweis zu stellen. Sooft er eine Frau auf der Uni kennenlernte – eine »Genossin« oder eine »Kollegin«, wenn es keine »Genossin« war, stellte er sich vor, wie es sein mochte, von ihr geliebt zu werden, die Erlaubnis zu haben, sie zu berühren, mit ihr ins Bett zu gehen, ihr beim Frühstück gegenüberzusitzen, aber er traf keine Anstalten, sie zu verführen. Sie hätte womöglich geglaubt, er sehe sie als bloßes Objekt. Das war klar, dieser Eindruck durfte auf keinen Fall entstehen. In dieser Frage war er bereits ein strikter Feminist. Aber wie sollte er jemals mit einer im Bett landen, wenn er nie Absichten zeigte? Irgendwann würde eine dieser starken selbstbewußten Frauen zu ihm sagen, daß sie mit ihm ins Bett wolle. Eine Frau durfte das. Ihn sogar als bloßes Sexualobjekt sehen. Nach der jahrtausendelangen Geschichte des Patriarchats wäre eine solche Umkehrung nur gerecht. Und dann – würde er versagen. So wie er schon bei Männern nicht mithalten konnte, so würde er eben auch bei Frauen als Mann versagen. Dieser Gedanke, diese Angst machten ihn noch feministischer.

Viktor war mit all seinen Problemen und Unsicherheiten in dieser WG bestens aufgehoben. Der Samstag war in der Wienzeile der Arbeitskreis-Tag. Jeden Samstag am späten Vormittag traf sich eine Gruppe von Studentinnen und Studenten in der Küche der WG, um gemeinsam Wilhelm Reich zu lesen und zu diskutieren. Grundlage war das Buch »Die Funktion des Orgasmus«. Die Arbeit wurde mit einem gemeinsamen langen Frühstück verbunden, um, so Werner Ableidinger, der diesen Vorschlag gemacht hatte, der gemeinsamen theoretischen Arbeit eine »sinnliche Qualität« zu verleihen. Schon seit Wochen fiel auf, daß einige Arbeitskreisteilnehmer, die früher regelmäßig gekommen waren, nach und nach fernblieben. Seit vierzehn Tagen war keine einzige Frau mehr in der Runde, was Friedl Wiesner zu der Vermutung veranlaßte, daß »der Erwerb psychoanalytischer Kategorien wahrscheinlich nur dazu führt, daß man mit den Frauen, mit denen man nicht schlafen darf, auch nicht mehr reden kann«.

An diesem Samstag saß die Besatzung der Wohngemeinschaft zum ersten Mal alleine in der Gemeinschaftsküche beim Reich-Arbeitskreis, wodurch »Die Funktion des Orgasmus« zum Frühstückskränzchen der Männer wurde, die hier zusammen wohnten. Es wurde ein frugales Frühstück. Die Arbeitskreisteilnehmer hatten bisher frisches Brot, Schinken, Käse, Eier, Orangen zum Auspressen und Obst beigesteuert, aber diesmal, da niemand kam, gab es nur altes Brot, Butter und Kaffee. Friedl Wiesner vermißte vor allem die Zimtschnecken, die Anna früher stets mitgebracht hatte, und machte sich erbötig, welche besorgen zu gehen. Aber es reflektierte sonst keiner auf Zimtschnecken. Viktor trank Kaffee, schwarz, schlug vor, daß Friedl, wenn er schon runterginge, zumindest Milch einkaufen sollte, rauchte auf nüchternen Magen eine Zigarette und blickte mit verquollenen Augen auf die anderen am Tisch. Es war wie am Ende einer Ehe, egal, wie lange sie noch halten sollte. Jeder wußte alles vom anderen, fühlte sich zu Hause und unglücklich.

Werner Ableidinger war ein großer schlanker Mann von achtundzwanzig Jahren mit einer runden, geradezu knollenartigen Nase, die in eigentümlichem Kontrast zu seinem scharfen Blick, dem harten Mund und dem spitzen Kinn stand. Er hatte glattes, schwarzes, immer etwas fettiges Haar mit einem

Seitenscheitel, der jeden Morgen so präzis saß wie ein Axthieb, den er, wenn er ab und zu mit der Hand durch die Haare fuhr, wieder etwas verwirrte, so daß es aussah, als würde die Narbe jetzt endlich vernarben. Er schrieb schon seit Jahren an einer Doktorarbeit über ein philosophisches Thema, aber bislang war nur der Berg der Exzerpte von Sekundärliteratur gewachsen, und er war gewiß der Belesenste in der Runde. Aber alle Gedanken und Ideen, die in Ableidingers Kopf entbrannten, wurden, wenn er Bücher nachlegte, sofort zu Asche. Er konnte stundenlang über jedes Thema reden, und zwar bestens »unterkellert«, das heißt mit zahllosen Fußnoten, Querverweisen, Literaturangaben und Zitaten. Dabei hatte er etwas Monumentales, aber als Monument repräsentierte er das Gegenteil dessen, was sein Anspruch war: Er war ein Mahnmal der Vergeblichkeit, ein Denkmal des unbekannten Sinns, das viel mehr von der Sinnlosigkeit allen Strebens und Studierens kündete. Die wissenschaftliche Literatur hatte er sich mit hingebungsvollem Fleiß so weit hinaufgedient, daß er wissenschaftliche Kategorien abschreiten konnte wie ein General die Regimenter. Gab er aber einen Befehl, drehten sich die einen links um, die anderen rechts um, manche stürmten vor, andere gruben sich ein und einige desertierten und liefen nach Hause in den Mythos. Das Gefühl von Sinnlosigkeit, unter dem er immer wieder litt, machte ihn schwach, kränklich, ein Grund auch dafür, daß er, der Philosoph, sich für die Psychoanalyse zu interessieren begonnen hatte. Viktor bewunderte Werners enorme Belesenheit, aber insgeheim verachtete er ihn wohl doch als Versager. Und er reagierte ihm gegenüber sogar manchmal aggressiv, wenn dieser im Arbeitskreis allzu sorgsam wurde, zu genau, und nach Viktors Ermessen »alles aufhielt«.

Hartmut Reichl gegenüber hütete sich Viktor allerdings, Aggressionen zu zeigen. Hartmut war jünger als Werner, zweiundzwanzig, etwa zwei Jahre älter als Viktor. Er war Psychologiestudent, hatte sehr viel krauses Haar, eine Nickelbrille, sein Blick war stechend, seine Nase sprang scharf hervor, und seine schmalen Lippen waren im Ausdruck ewigen Hohns und überlegener Ironie gemeißelt. Es war niemandem klar, ob Hartmut auch nur annähernd so viel gelesen hatte wie Werner, ja ob das überhaupt möglich war, aber Hartmut verstand es perfekt, in jeder Situation, in jeder Diskussion den Eindruck zu erwecken, daß er noch etwas in der Hinterhand hatte, das die anderen nicht kannten und nicht wußten, was man aber natürlich gelesen haben sollte, wenn man nicht dauernd die falschen Bücher lesen würde. Wenn er zum Beispiel Walter Benjamin las, dann nicht die Hauptwerke – deren Inhalt bekam er ohnehin bei den Debatten mit, sondern die entlegenen Aufsätze, mit denen er dann den Nachweis führen konnte, daß alle anderen nichts als ein populäres Bild von Benjamin hatten, und ihn daher nicht wirklich verstanden hätten. Es war daher nur konsequent, wenn Hartmut sogar dann zu Viktor sagte: »Du liest das falsche Buch!«, wenn er ihn dabei antraf, ein Buch zu lesen, das er selbst einige Tage zuvor mit ironischem Lächeln empfohlen hatte. Wenn Werner, was das Studium betraf, ein Sammler war, dann war Hartmut der Jäger. Er erlegte jeden, der ihm in Debatten in die Quere kam. Wehe, man kritisierte ihn. Das nahm er sofort als Symptom für eine unterschwellige, gegen ihn gerichtete Aggression, deren Gründe und Hintergründe sofort analytisch an den Tag gebracht werden mußten. Er beherrschte Techniken, eine ganze Gruppe dazu zu bringen, über den Kritiker zu diskutieren, statt über dessen Kritik. So hatte er überall, zumindest aber in dieser Wohngemeinschaft Narrenfreiheit. Wurde er selbst als aggressiv bezeichnet, dann erklärte er, daß er aggressiv nur im Sinn von »aggredere«, lateinisch »an etwas herangehen«, sei, was laut Wilhelm Reich eine gesunde Lebenseinstellung bedeute. Daraufhin schlug er sofort zurück und bezeichnete die Tatsache, daß ihm Aggressivität *vorgeworfen* wurde, als ein Symptom »verpesteter Emotionalität« und leitete eine Diskussion ein, die den neurotischen Hintergrund dieses Vorwurfs erhellen sollte. Schon lange ist ihm daher nicht mehr Aggressivität vorgeworfen worden. Er litt unter Depressionen, was man erst begriff, wenn man ihn besser kannte. Aber so wie er wirkte, war er – mit den Worten von Friedl Wiesner – eindeutig »manisch-repressiv«.

Friedl Wiesner war dreiundzwanzig, ein rundlicher Bursche jenes Typs, der als Junger bereits älter aussieht und dann als Älterer wieder jünger wirkt, wodurch man sich unter Umständen ja auch ersparen kann zu sein, was man gerade ist. Er hatte einen so runden, weichen Körper, daß er Reichl keine Handhabe gab, einen Körperpanzer zu entdecken, weshalb er schon allein deshalb manchen Problemen fein enthoben war. Als Sohn eines Universitätsprofessors für Geschichte hatte er, Student der Geschichte wie Viktor, ein eher zynisches Verhältnis zu Wissen und Bildung, war nachdenklich genug, um in solchen Arbeitskreisen zu sitzen, aber auch unkompliziert genug, um das Gehörte so einfach zu verdauen wie seine Zimtschnecken. Was davon geistig bei ihm anschlug, trug er eben mit sich herum wie seine Hüften und seinen Bauch. Er hatte seine Erfahrungen. Sein Vater hatte fünfzehn Jahre an seinem akademischen Hauptwerk gearbeitet, was hieß, daß Friedl als Kind keinen Vater hatte, sondern nur ein Ungeheuer, das in einer Bücherhöhle residierte, das später, als Friedl fünfzehn oder sechzehn Jahre alt war, herauskam, dem Sohn einen sogenannten »Schnellsiedekurs« in der Kunst des Bibliographierens verpaßte, um ihn dann regelmäßig, mit Karteizetteln »bewaffnet«, nach der Schule in die Nationalbibliothek zu schicken. Als Friedl maturierte, erschien das wissenschaftliche Hauptwerk seines Vaters, eine Mischung aus Enzyklopädie und Forschungsbericht zur altösterreichischen Marinegeschichte. Ausgerechnet Marinegeschichte. Österreichische Marinegeschichte. Friedl konnte so sanft ironisch lachen. »Bürgerliche Wissenschaft ist das, was herauskommt, wenn man Kinder mit Karteizetteln in die Bibliothek schickt«, sagte Friedl. Viktor verdankte Friedl sehr viel. Zunächst als Student der Geschichte. Denn Friedl verriet ihm die Fangfragen und Idiosynkrasien seines Vaters, wodurch Viktor die Hürde, die Professor Wiesner durchaus darstellte, problemlos meistern konnte. Friedls Vater liebte bei Prüfungen die Gewißheit, daß die Studenten seine Skripten nichts weniger als auswendig gelernt hatten. Um dies zu testen, formulierte er den Anfang eines Satzes aus seinen Vorlesungsskripten als Frage, worauf man als Antwort den ganzen Satz auswendig hersagen mußte. Viktor bestand die Prüfung bei Professor Wiesner, präpariert von Friedl, weil er folgende Frage beantworten konnte:

»Herr Kandidat! Was hatte Kaiserin Maria Theresia kaum?«

»Kaiserin Maria Theresia hatte kaum den Thron bestiegen, als der schlesische Krieg ausbrach.«

»Sehr gut. Danke!«

Aber später sollte Viktor erkennen, daß er Friedl noch viel mehr verdankte: Denn Friedl lebte damals in gewisser Weise bereits Paul Feyerabend vor, als noch niemand Feyerabend kannte. Als Viktor Jahre später von Paul Feyerabend »Wider den Methodenzwang« las, hatte er, gewiß dank Friedl, das, was man damals einen »unmittelbaren Zugang« nannte.

Das Samstag-Frühstück, der »Orgasmus-Arbeitskreis«. Viktor wunderte sich, wie schnell ihm das alles selbstverständlich geworden war, als ein System von Gewohnheiten, von abrufbaren Reaktionen und Verstrickungen in dicht gewebten Netzen von Zitaten. Aber im Grunde war das nicht oder noch nicht das ersehnte freie Leben, sondern eine andere Anforderung: neue Lebensumstände, in denen er eine neue Sprache lernen mußte. Eine neue Körpersprache, neue Vokabeln, neue Verknüpfungen von Alltag und Phrasen, von Interessen und Grammatik. Als wäre er geflüchtet und kannte jetzt in seinem Exil bereits manche Ecke, ja, dies und das kam ihm bereits sehr vertraut vor, so war es hier eben, aber: die Sprache. Würde er diese Fremdsprache, die hier gesprochen wurde, jemals in aller Tiefe begreifen? Die Muttersprache war die Sprache, in der man einfache Sätze sagen konnte, wie: Ich habe Hunger. Oder: Ich bin einsam. Aber die Sprache in der Freiheit war so kompliziert, daß man zunächst immer nur das Einfachste verstand, und das lautete: So einfach ist das nicht mit deinen einfachen Bedürfnissen!

Aber würde es einfacher werden, wenn er die schwierige Sprache besser beherrschte?

Hartmut schlug ein Buch auf, Coopers »Die Grammatik der Liebe«, und las einen Absatz vor. Viktor hörte zu, bis Hartmut plötzlich aufschaute und Viktor ansah. »Warum ziehst du eigentlich deine Augenbrauen immer so stark hinauf?« fragte er. »Deine Stirnmuskulatur muß sich ja in Dauerspannung befinden, Viktor! Durch diese hochgezogenen Augenbrauen hast du so angsterfüllte Augen, als hättest du sie vor Schreck aufgerissen. Wovor hast du Angst?« Reichl lächelte, als würde er die Antwort schon wissen. Ihm konnte man nichts vormachen, er hatte alles und jeden in der Hand.

Werner Ableidinger sah zu Viktor hin, biß von seinem Butterbrot ab und merkte mit plötzlicher Beklommenheit, daß ihm das Schlucken einen leichten Schmerz im Hals bereitete. Er biß gleich noch einmal ab, kaute besonders gewissenhaft, speichelte den Bissen sorgfältig ein und schluckte ganz langsam und vorsichtig. Da! Da war der Schmerz wieder. Noch einmal biß er ab und schluckte ganz abrupt, um diese rauhe Stelle im Hals, die ihm diese Schluckbeschwerden bereiteten und hoffentlich nichts Ernstes war, gleichsam mit dem Bissen runterzureißen und mit hinunterzuschlucken. Inzwischen gab Hartmut Reichl bei Viktor nicht nach: »Na wirklich, du hast dauernd diese extrem hochgezogenen Augenbrauen. Sieht aus wie zwei Schlaufen, an denen dein Gesicht aufgehängt ist. Hast du vielleicht Angst, dein Gesicht zu verlieren?«

»Ach, laß mich in Ruh!« dachte Viktor, während er mit wachsender Beklemmung in Erwägung zog, daß Hartmut durchaus recht haben konnte. Werner nahm einen Schluck Kaffee. Vielleicht konnte man den Schmerz mit warmer Flüssigkeit hinunterspülen oder zumindest den Rachen so anfeuchten, daß er geschmeidiger wird und der Schmerz dadurch vergeht. Es würde gleich wieder gut sein – aber nein! Da, im Moment des Schluckens, spürte er den Schmerz wieder, seine Nervosität wuchs, eine kleine Wallung trieb ihm Schweißtropfen auf die Stirn. Das mußte er natürlich erst recht als ein Symptom dafür empfinden, daß sich etwas bei ihm ankündigte, was gleich eine weitere und noch stärkere Hitzewallung bei ihm bewirkte.

»Gesichtsmaske!« Dreimal in einer Minute: »Gesichtsmaske!« Jetzt war Hartmut in seinem Element. Er brauchte Masken und Panzerungen wie ein Eisbrecher das Eis. Er hob die Hand – Ruhe! Er blätterte in seinem Buch und las schließlich vor: »Sexualität und Angst entsprechen zwei entgegengesetzten Richtungen vegetativer Erregungsempfindung. Da uns Angst aber«, setzte er fort, »vom frühestmöglichen Zeitpunkt an in Form verschiedener Sachzwänge eingejagt wird, sind wir alle auf irgendeine Weise genital gestört. Und das drückt sich eben so aus wie in den Augen von Viktor, die nur eines bedeuten: Angst!« Er sah Viktor an und triumphierte: »Na bitte! Schaut euch das an! Seine Augenbrauen – schreckhaft aufgerissen! Ausdruck einer genitalen Störung, ganz klar! Das haben wir ja schon zur Genüge diskutiert: Man kriegt einen Steifen und verwechselt das mit Potenz, spritzt in die Frau hinein und verwechselt das mit einem Orgasmus, nicht wahr?«

Viktor ertappte sich dabei zu nicken, spannte sofort die Nackenmuskulatur an und saß da mit steifem Kopf. Hartmut lächelte: »Dabei heißt Potent-Sein, daß man fähig ist zu empfinden, daß man keine Angst zu haben braucht. Genital gestört ist auch der, der zwar in eine Frau eindringen kann – also vom Mann aus gesehen –, aber unfähig ist, sich in sie hineinzuversetzen, hineinzudenken, sich mit ihr zu identifizieren, also wirklich mit ihr zu verschmelzen!«

»Der Gedanke daran wird einem ja schon als Kind verboten«, sagte Viktor, um Hartmut das Gespräch aus der Hand zu nehmen. »Ich habe mich früh mit Frauen identifiziert, wollte selbst eine Frau sein, natürlich eine Frau wie meine Mutter. Ich habe versucht, ihre Strümpfe anzuziehen, und wurde dafür geschlagen. Klar, daß dann auch gleich mein schönster Traum tabuisiert war: Ich stellte mir manchmal vor, durch die Scheide meiner Mutter in sie hineinzukriechen, um sie von innen auszufüllen: meine Beine würde ich in ihre Beine stecken, meine Arme und Hände in ihre Arme und Hände –«, er streckte seine Arme von sich weg, »meinen Kopf in ihren Kopf –«, er machte mit dem Kopf eine Bewegung, als würde er durch einen imaginären Pullover durchschlüpfen. »So habe ich mir das vorgestellt. Durch ihre Augen würde ich sehen, durch ihren Mund sprechen, mit ihren Händen streicheln, und ich würde so schön und begehrenswert sein, wie ich sie schön und begehrenswert fand. Nur meinen Schwanz hätte ich von innen durch die Scheide herausgesteckt, um pinkeln zu können.«

Friedl und Werner lachten, worauf Hartmut sofort auf »die Produktion von Neurosen« zu sprechen kam, »ein ehernes Gesetz«, sagte er. Werner hatte sofort wieder einen nachdenklichen Gesichtsausdruck – er hatte plötzlich ein beängstigendes Flimmern in der Herzgegend gespürt, worauf ihm augenblicklich heiß wurde. Friedl wischte Brotkrumen von der aufgeschlagenen Seite und stellte eine »Verstehensfrage«, Reichl erklärte den »Stauungsdruck« und kam zu den »Reaktionsbildungen«, als Werner plötzlich das Buch zuklappte, in dem er immer wieder geblättert hatte und das voll von Unterstreichungen und Anmerkungen war. Hartmut sah zu ihm hin, sah die Schweißtropfen auf Werners Stirn und fragte, warum er schwitze, obwohl es doch da nicht heiß sei. »Ich weiß nicht«, sagte Werner, »ich kann mich heute nicht einbringen. Mir geht es nicht gut.«

»Entschuldigung«, sagte Anna, die in diesem Moment hereinkam. Sie legte Zimtschnecken auf den Tisch, »ich habe verschlafen.«

Ein Leinentuch, vier Schritt lang und so hoch wie die erhobene Hand eines Mannes, war quer durch den Raum gespannt. Die Ränder des Leinens waren bestickt mit den Worten des Herrn, Genesis 17, 10 – 14 (»Das ist mein Bund, den ihr wahren sollt ...«). In der Mitte des Tuchs befand sich ein Schlitz, den man auseinanderziehen und durch den man so also durchschlüpfen konnte. Am oberen Ende dieses Durchlasses war die Zahl 99 und darunter die Zahl 8 eingestickt. Neunundneunzig Jahre zählte Abraham, als er sich selbst beschnitt, und acht Tage bezeichnet das Alter, mit dem ein männlicher Neugeborener dem Gesetz nach beschnitten werden soll.

Auf der einen Seite dieser Leinenwand standen die Frauen: Antonia Soeira, seit der Ankunft in Amsterdam vor acht Tagen genannt Rachel. Estrela, jetzt Esther. Die Gäste, Dona Ana und Seu Ephraim, die Wirtsleute des »Hotels Makom«, und Aryel Fonseca de Mattos, der erste Freund Manassehs, den er sich zum Gevatter gewünscht hatte, sowie der Minjanim, die zehn Männer, die den Ritus mit ihren Gebeten begleiteten, im Grunde nur neun, denn der zehnte war Seu Ephraim selbst. Das hatte er sich nicht nehmen lassen. Und in der Mitte, vor dem Schlitz in diesem Tuch, stand der sorgsam gebadete Manasseh in einem langen Hemd und spürte auf der rechten Schulter die Hand seiner Mutter, auf der linken die Hand seiner Schwester.

In diesem Gedränge wurde die Luft knapp, und Manasseh hielt noch dazu den Atem an vor Angst und Erregung, weshalb er schließlich aufstöhnte und panisch nach Luft schnappte, als die Prozedur schließlich begann. Auf der anderen Seite der Wand befanden sich der Vater, der nun feierlich den Namen Joseph ben Israel annahm, der »Mahola« oder »Physicus«, der die Operation durchführen sollte, der Rabbiner, der alte, ehrenwerte Isaak Usiel, der die korrekte Durchführung der Milah, der zeremoniellen Beschneidung, bestätigen und den Segensspruch sagen sollte, sowie der »Syndicus«, der dem Joseph ben Israel als Gevatter zur Seite stand. Ein bedrohlicher Ernst ging von diesen schwarzen Männern aus, von ihren kleinen, sorgsam durchgeführten Bewegungen, die für Manasseh nur als grobe Schatten sichtbar waren: Die Öllampe auf der anderen Seite, die dem Mahola Licht für seine

Arbeit mit dem Messer spenden sollte, warf die Schatten der Männer auf das aufgespannte Leinen, das sie vor den direkten Blicken der Frauen und Gäste schützen sollte. Manasseh sah die schwarzen Konturen seines Vaters, so präzis, daß er noch seinen Bart als ein feines Geflecht von Schattenfäden wahrnehmen konnte. Hinter ihm der Syndicus, eine große schwarze Fläche auf dieser Leinwand, teils mit dem Schatten des Vaters verschmolzen – er hielt den Vater an den Armen und drückte ihm zugleich ein Knie ins Gesäß, eine pragmatische und zugleich symbolische Handlung: Er hielt den Vater fest, um ihn davor zu bewahren, im Schmerz eine unachtsame Bewegung zu machen, während der Mahola schnitt, was zu einer gröberen Verletzung führen konnte, und er drückte sein Knie gegen das Gesäß des Vaters, nicht nur um zu erreichen, daß dieser sein Becken vorschob, sondern auch, um symbolisch daran zu erinnern, daß der Gevatter das Kind, wenn es denn ein Kind ist, das am achten Tag nach der Geburt beschnitten wird, auf seinen Knien hält. Dieses Bild von dem Mann, der einen anderen Mann von hinten an den Armen zurückzieht und zugleich mit einem angewinkelten Bein dessen Becken nach vorne drückt, ergab ein Schattenungeheuer, eine bedrohliche Symbiose von zwei Menschen zu einem grotesken Leib mit zwei Köpfen und drei Beinen, über den sich nun von vorne eine Art von schwarzer Krake beugte, deren Arme so schwankend auf und ab schwebten, daß in diesen verwischten Schatten immer unklarer wurde, wie viele Arme diese Krake hatte. Das Becken des Vaters wurde mit einem Ruck noch weiter nach vorne gedrückt, während sein Oberkörper nach hinten gerissen wurde, er sah nun aus, als hätte er vorne einen ausgestopften Bauch und hinten am Rücken ein riesiges Bündel, während diese Krake Anstalten traf, ihre Arme in den Bauch des Vaters hineinzuwühlen. Dahinter der Rabbi als eine schemenhafte Schattensäule.

Der Rabbi stand nicht so nahe an der Leinwand, deshalb war sein Schatten unschärfer, dessen Konturen nicht so präzis. Und was ist das? Zwischen der Krake und dem Rabbischemen? Ein Stuhl, der diffuse Schatten eines freien Stuhls, Manasseh hatte die Frage geflüstert, und die Mutter flüsterte zurück: »Ein freier Stuhl. Der Ehrensitz für den Propheten Elias. Er ist immer zur Milah eingeladen. Er ist da! Sein Geist!«

Geist. Kein Schatten. Die Schatten als Geister. Und da! Der Stuhl fällt um, ein Schrei, ein geschriener Satz, von dem Manasseh nur die Wörter »So nicht«, »lassen« und »ich selbst« versteht, die Krake verschwindet in einer diffusen Schattenfläche, das Bündel fällt ab, springt weg vom Rücken des Vaters. Der Rabbischatten wächst – er hebt die Hände. Lautes Beten. Ein kurzer Kampf zwischen der Krake auf dem Boden und dem Vater, dann richtet sich der Vater auf, einen Arm oder zumindest eine Hand der Krake nun in der seinen, abgetrennt von den Krakenschattententakeln. »Er hat ihm das Messer weggenommen!« Flüstern. »Das Messer weggenommen!« Beten, Manasseh meinte zu beten, aber es war bloß ein rhythmisches Keuchen und Hecheln. Die zehn Männer begannen leise zu singen, die Oberkörper schnell vor und zurück wiegend, ein Ausdruck der Überraschung und Panik, zugleich ihrer Besänftigung. Der Schattenmann, der sein Vater war, streckte die Hände nach vor, und die Stimme des Vaters sagte: »Wurde Abraham festgehalten, oder hat er nicht vielmehr stolz mit eigener Hand den Bund besiegelt?« Das Singen und Beten wurde lauter. »Habe ich nach einem Arzt verlangt? Oder nicht vielmehr danach, die Schande Ägyptens von mir zu nehmen?« Und dann sah Manasseh etwas, das einem Wunder glich: Der Schattenvater hob die abgetrennte Krakenhand, das Messer des Mahola, und dieses Messer blitzte auf – dieser kleine, spitze, schwarze Schatten blitzte.

»Stellt bitte den Stuhl unseres Ehrengastes wieder auf!« Der Rabbi nahm den umgestürzten Stuhl, der für den Propheten gedacht war, und stellte ihn seitlich hin, so daß die Lehne im flackernden Licht der Lampe einen zuckenden Schatten warf, als würde jetzt tatsächlich ein Geist Platz nehmen.

Manasseh meinte, daß nun sein Knie nachgeben, daß er niedersinken, zusammenbrechen würde, das Gewicht der Hand Esthers auf seiner Schulter, das Gewicht der schweren schwarzen Schatten, die auf seine Augen drückten, das Gewicht der Luft, die beschwert war vom Flüstern, Beten, Singen, Keuchen, ein starker Druck, dem er nichts mehr entgegenstemmen konnte, er meinte in ein schwarzes Loch voller schwarzer Schatten zu kippen, und doch stand er starr aufrecht, mit aufgerissenen Augen. Woher diese Kraft? Als Esther in Liberdade angekommen und schließlich über die Neveh Shalom zum »Hotel Makom« gelangt war, hatte der Vater die Abendgebete unterbrochen und das Besingen des kommenden Sonnenaufgangs des achten Tags, des Tags der Milah. Er hatte die Tochter umarmt, die Mutter war um Brot, Öl und Wein gelaufen, und dann hatte es keine Nacht mehr gegeben. Keine Nacht, voll von Erzählungen, keine Nacht, voll von Küssen und Umarmungen, keine Nacht, voll von Aufruhr, Dankbarkeit und Hoffnungen, das gerettete Leben erzählte, sang, feierte, trank die Nacht zu Tode, das Warten zu Tode, die Angst zu Tode. Und plötzlich der Sonnenaufgang, der Tag der Milah, das Zimmer voller Menschen, die Verrichtungen und Vorkehrungen, das Spannen der Leinwand, das Bad, der Schweiß der Körperhitze, vom Bad und von dem Gedränge der Menschen in diesem engen Raum. So stand Manasseh da vor der Leinwand, nach dieser Nacht ohne Schlaf, und da war dieses Leinen zwischen ihm und dem Vater, und dazwischen legte sich noch ein Schleier der Erschöpfung zwischen seine Augen und das Leinen, und da, hinter dem Schleier und hinter dem Linnen blitzte ein Schatten, der war ein Messer, und tauchte ein in das Fleisch, das auch nur ein Schatten war, ein Schattenstrich, den der Vater wegzog, mehrmals reibend und reißend wegzog von seinem Unterleib. Wirft Blut, das spritzt, einen Schatten? Manasseh hätte es beschwören können, weil er es gesehen hatte, hinter der Leinwand, hinter dem Schleier, hinter dem aufsteigenden Nebel der Angstohnmacht. Hinter diesen drei Filtern sah er Blut-

schatten wegspritzen vom Schattenmesser, sah den Schattenvater sich nach vorn krümmen, sah den Schattenstrich des
Fleisches verschwinden – Manasseh war längst schon ohnmächtig und stand doch noch aufrecht da mit aufgerissenen
Augen, hörte nicht die Bestätigung des Rabbi, daß die Vorhaut abgetragen und die Eichel bis zur Eichelkrone freigelegt
sei, hörte nicht, wie der Rabbi nun die Bracha sprach, den
Segensspruch, sah nicht, wie der Syndicus nun den Verband
anlegte, das »Hemdchen«, bestrichen mit einer Paste aus
Wein, Öl und gemahlenem Kümmel, er wußte nichts mehr,
sah nichts mehr, hörte nichts mehr – bis er seinen Namen
hörte. »Ich rufe nun Samuel Manasseh Sohn Israels. Ich rufe
Samuel Manasseh Sohn Israels!«

Jetzt mußte er durchschlüpfen durch diesen Schlitz, hinüber auf die andere Seite.

Warum wehrte sich Viktor nicht? Warum rebellierte er nicht
gegen Hartmuts Repressionen in der WG und im Arbeitskreis? Weil er ihm glaubte. Weil Viktor wirklich glaubte, daß
Hartmut Reichl etwas wußte, das er selbst nicht wußte, mehr
noch, Viktor war tatsächlich davon überzeugt, daß Reichls
Wissen kein beliebiges, sondern ein grundsätzliches war: Einem Spezialisten für paläolithische Einzeller oder einem Nu-
mismatiker, der unschlagbar war im Bereich frühromanische
Münzprägungen, hätte er sich auch bei größter menschlicher
Sympathie nie unterworfen. Reichl hingegen machte den Eindruck eines Mannes, der sich mit der Vielzahl möglicher Einzelheiten gar nicht erst abgab, weil ihn nur eines interessierte:
das Ganze. Während andere verblüfft oder hilflos auf ein Rätsel starrten, war er längst darüber hinweg: es war auch bloß
eines der unzähligen belanglosen Symptome einer grundsätzlich längst erkannten Totalität. Deshalb mußte sich Viktor,
unterdrückt von Hartmut, nicht befreien: Weil er just in dieser
Unterwerfung den Eindruck haben mußte, auf dem Weg seiner Befreiung Fortschritte zu machen. In all den Jahren im
Internat ist Viktor weggesperrt gewesen von den Möglich-

keiten, Erfahrungen zu machen, wie sie Gleichaltrige jeweils machen konnten. Als andere ihr erstes Taschengeld selbständig auszugeben und einzuteilen lernten, hatte er zwar Taschengeld gehabt, es aber nicht ausgeben können. Es gab im Internat nichts zu kaufen. Höchstens Immaterielles: Schutz. Er hatte im Grunde kein Taschengeld, sondern ein kleines Budget für Schutzgeld. In dem Alter, in dem andere mit Mädchen händchenhaltend spazierengingen, hatte er händeringend darum gebettelt, von aggressiven Jungen in Ruhe gelassen zu werden. Fünf Minuten unbehelligt aus dem Fenster der geschlossenen Anstalt blicken zu können war schon ein Genuß – der keine andere Erfahrung zeitigte, als diese: Ins Nichts zu schauen war angenehmer, als offenen Auges eine Realität wahrzunehmen, die ohnehin keine war, sondern bloß ein Ausnahmezustand. Hoffentlich. Erste Küsse: gab es nicht. Mit dem Fahrrad durch Wien: Unmöglich. Eines Abends zu Hause sitzen und auf Vaters Befehl »Hol mir ein Bier aus dem Kühlschrank!« zu antworten: »Hol es dir selber!«: Undenkbar. Weil es von den erforderlichen Voraussetzungen zu Hause bloß den Kühlschrank gab, aber kein Bier, keinen Sohn, keinen Vater. Und im Internat gab es zwar den Sohn, aber keinen Kühlschrank, keinen Vater, und – so weiter und so weiter, manchmal dachte Viktor über all das nach und kam immer auf dasselbe: es war leichter vom Hundertsten ins Tausendste zu kommen, als zu einem Moment, in dem er begründet und erfahrungsgesättigt »Ich« sagen konnte. Plötzlich war er achtzehn und stand in der Schlange der Studenten vor dem Immatrikulationsschalter der Universität und errötete, wenn eine gleichaltrige Vertreterin des anderen Geschlechts ihn etwas fragte, was so einfach zu beantworten war wie die Frage nach der Uhrzeit, ihn aber so panisch machte, als müßte er jetzt den ganzen Brockhaus von A bis Z auswendig aufsagen. Er konnte mit achtzehn nicht so tun, als hätte er die bescheidenen, aber für dieses Alter doch prägenden existentiellen Erfahrungen eines Achtzehnjährigen, weil man diese Erfahrungen nur fingieren kann, wenn man sie irgendwie doch wirklich hat, und es war aussichtslos zu versuchen, mit achtzehn doch noch die Erfahrungen zu machen, die ein Elfjähriger macht, ein Zwölfjähriger, und so weiter – die bloße Vorstellung war infantil, abgesehen davon, daß er ein fast dreißigjähriger Kindskopf sein würde, bis er bei achtzehn angelangt wäre. Kurz, es war unmöglich, eine Aufholjagd im Bereich der Details, der Einzelheiten zu starten. Wenn für Viktor also in seinem Leben eine unendliche Anzahl von Einzelheiten verschlossen und unzugänglich bleiben mußte, dann gab es nur eine Rettung: das Ganze. Und Hartmut war der erste, der Viktor glaubhaft diese Botschaft vermitteln konnte: Erfahrungen, Details, Einzelheiten – alles unerheblich. Es genügt vollauf, wenn man bloß dies wußte: Alles. Das Ganze.

Hildegund mutmaßte, daß Viktor gehörig übertrieb. Das mochte sein, gab er zu, und doch wäre es gänzlich unmöglich, auf andere Weise von dieser Zeit zu erzählen. Es mag zahllose Gründe dafür gegeben haben, warum so viele Menschen so verschiedenartiger Herkunft zu einer bestimmten Zeit alle dieselbe fixe Idee hatten: nämlich jegliches Spezialistentum auszuschlagen, ja zu verachten, und eine generelle, eine universale, eine systematische Begründung für ihr Leid, für ihre Sehnsüchte, für ihren Widerspruchsgeist zu finden. Aber bei aller Vielfalt der Gründe sei es schließlich um etwas Grundsätzliches, nein, um das Grundsätzliche schlechthin gegangen, deshalb könne man in Wahrheit gar nicht übertreiben. Denn so wie es kein Beispiel für das Ganze geben könne, so sei auch eine Übertreibung des Ganzen nicht möglich. Nein, sagte Hildegund. Das, was Viktor erzählte, mochte seine Erfahrung sein, mochte eine leidvolle Erfahrung sein, zugegeben, aber letztlich doch eine privilegierte, nämlich typische Männererfahrung, weil sie entstanden sei aus einem Anspruch, der typisch für Männer sei – nämlich die Welt beherrschen zu wollen.

»Klingt gut, entschuldigt vieles, erklärt nichts!« sagte Viktor, »und jetzt versuch einmal, statt *beherrschen* das hübsche kleine Verbum *begreifen* einzusetzen! Ist es dann noch immer ein exklusiver Männeranspruch?«

»Du hast dich überhaupt nicht verändert!«

»Oh doch! Und du auch!«

Holland war die große Hoffnung. Es gab niemand, der nicht mit Holland sympathisierte, auf Holland setzte, mit Holland bangte. Kinder trugen oranje Leibchen oder Schals, konnten wie ihre Väter im Schlaf alle Namen der niederländischen Helden aufsagen, alle ihre Siege, alle Legenden. Niemand, den die Entscheidungsschlacht unberührt ließ, dem der Ausgang egal gewesen wäre. Niemand, zumindest keiner in Viktors Bekanntenkreis, der sich nicht den Sieg der Niederländer gewünscht hätte. Das liberale, das freie, das fröhlich oranje Holland gegen den deutschen Anspruch, die Welt in Schwarz-Weiß zu beherrschen. Im Arbeitskreis wurde statt über Karl Marx über Robbie Rensenbrink diskutiert, der ganze Kojève war eine Fußnote von verschwindender Bedeutung, verglichen mit dem Fußballzauberer Cruyff.

Juli 1974. Das Finale der Fußballweltmeisterschaft. Ganz Wien, das hieß alle Wiener Kaffeehausintellektuellen, die gesamte studentische Linke, die Künstler, die Journalisten, das jüdische Wien, alle, die damals noch Antifaschismus mit Antideutsch verwechselten, kurz: Viktors ganze Welt wollte nur eines: einen Sieg Hollands über Deutschland.

Viktor verabredete sich vor dem Spiel mit Friedl in der »Aida«-Filiale am Opernring. Von dort wollten sie dann die paar Schritte hinunter ins Café Museum gehen, eines der Kaffeehäuser, die einen Fernsehraum hatten, wo man das Match sehen konnte.

Sie wollten an diesem Tag nicht zu Hause sitzen, alleine oder mit einigen wenigen Freunden vor dem Fernsehapparat. Sie wollten in einen mächtigen Chor einstimmen, wenn Ho-Ho geschrien und skandiert wurde, und das meinte an diesem Tag Holland und nicht Ho-Tchi-Minh.

»Warum Aida? Warum treffen wir uns nicht gleich im Museum?«

»Weil wir vor dem Kampf eine Stärkung brauchen. Und der Topfenstrudel in der Aida ist besser als dieses grauenhafte A-Brot im Museum. Also bitte! Aida, eine halbe Stunde vor Beginn!«

Als Viktor und Friedl endlich ins Café Museum kamen, stand es bereits eins zu null. Viktor meinte zu platzten vor Aggressionen gegen diesen fetten Idioten Friedl. Wegen dessen blöden Topfenstrudel versäumte er gleich das erste Tor. Ein einmaliges, ein extrem ungewöhnliches Tor, wie er erfuhr. Welcher Schiedsrichter wagt es, in der zweiten Minute eines WM-Finales einen Elfmeter zu geben? Ho-Ho-Schreie im Café. Neeskens hatte, wie man außer in der Philosophie und vielleicht noch in der Alchemie nirgendwo so schön sagte, »verwandelt«.

Eins zu null für Holland.

Das Café vibrierte. Als Viktor eintrat, lagen Menschen einander in den Armen. Idioten, die noch am Tag zuvor an ihren Stammtischen mit aufgeregten Satzstummeln die Einweisung von Studenten in ein Arbeitslager gefordert hatten, sangen jetzt begeistert mit den Studenten, die sich in Fußballprofessoren verwandelt hatten, im Chor Ho-Ho-!«

Fäuste reckten sich rhythmisch in den Nebel der zigarettenverrauchten Luft. Und dann, in der fünfundzwanzigsten Minute, passierte etwas Unfaßbares, etwas Unerklärliches, das nur unter einer bedrückenden Prämisse Sinn ergab, deren Konsequenzen sich noch niemand ausmalen wollte. Die Mehrheit der Gäste im Fernsehzimmer des Cafés Museum begnügte sich noch mit frenetischen »Arschloch!«-Rufen – Aber die Wahrheit mußte sein: der Held der zweiten Minute war eindeutig bestochen. Der Schiedsrichter gab einen Elfer für Deutschland.

Der Kommentator im Fernsehen haspelte aufgeregt: »Breitner! Breitner macht sich bereit. Den Elfer wird – schießen – ja Breitner. Er legt sich den Ball zurecht und – Nein! Er zeigt auf

Beckenbauer. Breitner zeigt auf Beckenbauer. Er nimmt auch keinen Anlauf. Er steht unmittelbar vor dem Ball, zeigt, winkt. Nein, Breitner wird offensichtlich nicht schießen! Wer also wird schießen? Breitner zeigt auf Beckenbauer! Der Kaiser nickt, atmet durch und – Tooor. Tor durch Breitner!«

Breitner hatte den Elfer aus dem Stand geschossen. Aus dem Stand! Einfach so! So sind sie, die Deutschen! Sie demütigen, wo sie nur demütigen können! Jeder Spieler einer anderen Nationalität hätte sich angeschissen vor Nervosität, da war das Café sich einig, aber die Deutschen: eiskalt wie ein Landser im Bastei-Roman, nur auf eines aus: demütigen, erniedrigen, fertigmachen. Da kannten die Wiener sich aus: So kannten sie die Deutschen! Jetzt erst recht: Ho-Ho-Holland!

Herr Franz, der Oberkellner, brachte ein Tablett mit Wein-, Bier- und Kaffeenachschub in den Fernsehraum, just als –

Müller.

Zwei zu eins.

Dreiundvierzigste Minute.

Während Zora und Dubravka, die Putzfrauen des Café Museum, im Gedränge der Tobenden, im Gewimmel der Schreienden und Weinenden, versuchten, die Glasscherben zusammenzukehren, die Weinlachen aufzuwischen, murmelte Friedl: »Müller! Diesen Namen wird man sich merken müssen!«

Halbzeit. Der Fernsehkommentator faßte zusammen: »So knapp vor der Pause das psychologisch so wichtige Zwei zu Eins für die Deutschen – die Holländer waren offenbar in ihrem Unterbewußtsein schon in der Kabine!«

»In ihrem Unterbewußtsein«, sagte Friedl kopfschüttelnd. »Freud wurde aus Österreich vertrieben, und die Sportreporter haben jetzt seinen Platz eingenommen!«

»Adler!«

»Wie bitte?«

»Unterbewußtsein! Begriff von Adler. Nicht identisch mit dem Freudschen Begriff das Unbewußte –«, sagte Viktor.

»Ist doch egal!«

»Ist weniger egal als die Frage, wo es den besten Topfenstrudel gibt!«

»Sollen wir das hier abstimmen?«

Es war ein »typisches Müller-Tor«. Ein typisches Müller-Tor war dann gegeben, wenn zwei Bestimmungen zutrafen: Erstens fiel es gleichsam in letzter Sekunde, zweitens konnte man bei einem Müller-Tor nie mit letzter Sicherheit sagen, mit welchem Körperteil er das Tor erzielt hatte. Diese Tore, von denen nicht klar war, ob sie mit der Kniekehle im Zusammenspiel mit dem achten Rückenwirbel, verstärkt durch einen Drall durch die linke Ferse, oder »ganz simpel« mit einer an den Oberschenkel angelegten Schulter erzielt wurden, waren das große Trauma der österreichischen Fußballanhänger. Das Café Museum raste, tobte, delirierte, immer wieder wurde »Nürnberg!« gerufen, »Wie in Nürnberg!« Es war ein Glück, daß kein deutscher Tourist im Café anwesend war, das österreichische Nationalgefühl hätte in diesem Moment wohl an ihm ein Exempel statuiert.

In Nürnberg hatte Müller bei einem Entscheidungsspiel zur WM-Qualifikation dem österreichischen Nationalteam in der letzten Minute ein Tor gemacht, genau so, aus dem Nichts.

Der damalige österreichische Teamtormann hieß Gernot Fraydl. Er war in seiner Glanzzeit wohl einer der besten Tormänner der Welt gewesen – und hatte nie bei einer Weltmeisterschaft mitspielen dürfen. Eine beeindruckende Karriere, die Tausende junge Menschen auf allen Wiesen Österreichs dazu verführt hatte, nicht Stürmer, sondern Tormann spielen zu wollen, die Streits unter besten Freunden heraufbeschwörte, wer »der Fraydl« sein durfte, eine vorbildliche Sportlerkarriere wurde durch Müller in der letzten Sekunde eines letzten Spiels um ihren Höhepunkt betrogen.

Niemand kann sich heute vorstellen, welchen Haß, zugleich welche Minderwertigkeitskomplexe dieses Tor Müllers gegen Fraydl, diese Demütigung Österreichs durch Deutschland, in Österreich hervorgerufen hatte.

Und nun wurden die Holländer schwer dafür bestraft, daß die Österreicher sich so radikal mit ihnen identifizierten. Rensenbrink, Van de Kerkhof, Cruyff, Neeskens vergaben Chancen, die für zehn Weltmeistertitel gereicht hätten. Eine Frau sprang auf und schrie:»Robbie, ich hasse dich!«, als Rensenbrink einen Ball zehn Zentimeter neben das Tor setzte. Das ganze Café stand, niemand hielt es mehr auf seinen Plätzen, man schrie und jubelte, wenn Holland angriff, fluchte und schimpfte, wenn die Chance vergeben wurde.

Holland wurde an diesem Tag eine Metapher für das österreichische Lebensgefühl in Hinblick auf die Deutschen: eindeutig besser, sympathischer, kreativer, zeitweise geradezu genial, aber unglücklich untergegangen.

Das Spiel endete 2:1, Deutschland war Weltmeister, und Viktor sagte zu Friedl:»Na ja, Breitner soll immerhin Maoist sein. Also, dieser Elfer aus dem Stand –«

»Was heißt immerhin? Maoismus ist doch ein typisch deutscher Trost. Die Sehnsucht der bedrängten deutschen Seele nach einem neuen Reich, dem imaginären Reich der Mitte, die Kulturrevolution der Täterkinder, der Geist geistloser Umerziehung, das Opium –«

»Hör auf!«

»– der Erben!«

»Hör auf! Über Fußball kann man mit dir echt nicht reden!«

Der ewig entzündete Kopf. Er sollte deswegen noch im Spital landen, zweimal, einmal bloß ambulant, zum »Punktieren«, das zweite Mal stationär, weil die chronische Entzündung seine Nasenschleimhäute gleichsam weggeschmolzen, den Nasenknorpel aufgefressen und die Nasenscheidewand heillos verkrümmt hatte, was eine Operation erforderlich machte. Am Ende hatte er ein perforiertes Septum wie ein Kokainist, eine Nase, die sich anfühlte wie ein Pudding, und – was am wichtigsten war – einen unwiderruflichen Verlust von achtzig Prozent seines Geruchssinns. Das war dann für ihn in Ordnung. Nicht nur daß ein Schock und Grauen wie damals, bei

seinem Beinahe-Erstenmal im »Wild West«, mit der Hundescheiße auf den Schuhen, nun nicht mehr möglich war, zumindest was den Ekel betraf, es sollte seine Genußfähigkeit
grundsätzlich steigern. Wenn einer, der seinen Geruchssinn
fast verloren hat, plötzlich doch etwas riechen kann, dann erlebt er eine Sensation, wie sie nur ein Blinder nachvollziehen
kann, der plötzlich in einem Blitz die Welt in scharfen Konturen sieht, bevor sie wieder in die Nacht zurückfällt. Und das
Wichtigste: Es nahm ihm einige Angst in bezug auf die Liebe.
Wilhelm Reichs Theorien hin oder her, einen Sachverhalt, der
an die Grundprinzipien der Schöpfung und der Gattung ging,
hatte Viktor nie verstanden, nicht akzeptieren können: Daß
der Appetit auf einen anderen Menschen sich letztlich auf
Körperteile bezog, die im täglichen Leben zuständig waren
für das Unappetitlichste, nämlich die Körperausscheidungen.
Erledigt! Er sollte mit seinen zerstörten Nasenschleimhäuten
ein Genießer der oralen Liebe werden, ohne Problem, seine
Nase wo hineinzustecken. Einmal ist das erste Mal, und Viktor dachte, daß er seiner chronischen Entzündung dankbar
sein mußte: Er hatte Glück gehabt. Im Spital besuchte ihn
Anna, sie brachte ihm keine Zimtschnecke, sondern eine
Rose. Das war schön. Er bekam plötzlich eine Ahnung davon,
daß das Leben schön sein konnte. Im trostlos grau vernebel-
ten Raucherzimmer der HNO-Abteilung des Allgemeinen
Krankenhauses. Da saßen Männer, viel älter als er, sie saßen
ihren Frauen gegenüber, die zu Besuch gekommen waren, die
einander anstarrten, einander nichts zu sagen hatten. Sie hatten einander nichts mehr zu sagen, und er, Viktor, hatte noch
nichts zu sagen. Das war ein Weltunterschied. Er hielt die
Rose in der Hand und sah Anna an. Sie lächelte. Er roch an
der Rose, aus Verlegenheit, und lachte – er hatte ja soeben den
Geruchssinn verloren! Er senkte den Blick, sah auf ihren
Schoß, sie trug rote Schnürlsamthosen, und er hätte am liebsten sein Haupt gleich auf diesen glühenden Schoß gelegt,
seine Nase ruchlos darin vergraben, seine Zunge – das geschah dann alles wenig später. Er traf sie wieder bei einem

Teach-in im Hörsaal drei, wo Gundl zum Thema Frauensolidarität eine Brandrede hielt gegen die Verblendung, zu glauben, daß eine Arbeiterfrau als Frau mehr gemeinsame Interessen mit der Frau eines Generaldirektors habe als mit einem Arbeiter, und er saß mit Anna nach dem endgültigen Einschlafen des Reich-Arbeitskreises in der Schulung der Trotzkisten, »Einführung in den historischen und dialektischen Materialismus«. Sie waren Sympathisanten und Verliebte. Und Viktors Kopf glühte noch nach seiner Operation, während Anna immer trauriger und apathischer wurde. Das ist falsch. Es war vielmehr so, daß Viktor immer besser erkannte, daß Anna eine zutiefst traurige Frau war. Sie konnte eine Schallplatte mit indischer Sitar-Musik auflegen und eine Dreiviertelstunde in die Luft starren, sie kaufte Räucherstäbchen und verpestete die angenehme Pall-Mall-ohne-Filter-Atmosphäre in Viktors Zimmer, manchmal legte sie sich bekleidet auf Viktors Bett, sagte »Komm!«, und wollte einfach so daliegen, aneinander geschmiegt, während Viktor dachte, daß man in dieser Zeit lieber das fünfte Kapitel des »Kapital«, ein zentrales Kapitel, noch einmal durchgegangen wäre. Er vibrierte vor Wut und brannte vor Unglück. Er spürte sich und fühlte sich am Leben wie kaum jemals zuvor. Er hatte mit Anna die Eintrittskarte gelöst für das Fest, das damals die größte, größtmögliche Befriedigung versprach: Das Fest der Beziehungsdiskussionen.

Er erzählte Hartmut stundenlang seine »Probleme« mit Anna, so lange, bis sie ihn selbst langweilten, und er daher dachte, daß er nun also alles in Hinblick auf Zweierbeziehungen und Kleinfamilie begriffen habe, und er glaubte, daß er Anna und damit das Problematische einer solchen Situation bereits hinter sich zurückgelassen habe. Das war noch »emotionale Pest«, während er bereits zur Dialektik des Tauschwerts und zur Theorie der Entfremdung vorgestoßen war. Bis Anna wieder in seinem Bett lag, »komm« sagte, er ihr die rote Schnürlsamthose hinunterschälen durfte, und, ihr in die Augen blickend, beinahe zu weinen anfing: Er liebte sie.

Er lief mit brennendem Kopf auf die Uni, von der Uni zur Nationalbibliothek, am liebsten saß er im Lesesaal ganz hinten, in dem Teil, der aus unerfindlichen Gründen mit einer Glaswand vom Hauptteil des Lesesaals abgetrennt war und »das Glashaus« hieß, er glühte in den »Kapital-Arbeitskreis«, in die Trotzkisten-Schulung, er brannte danach, mit Friedl zu Hause in der Küche zu sitzen und sich totzulachen über die Idiotien und Beschränktheiten der bürgerlichen Geschichtswissenschaft, während sie Topfenstrudel aßen, den Friedl in einer »Aida«-Filiale gekauft hatte. Viktor aß kaum etwas, ein Butterbrot in der Früh und irgendwann am späten Nachmittag, frühen Abend einen Topfenstrudel oder einen Krapfen von Friedl, manchmal kochten sie zu viert einen großen Topf Spaghetti in der Gemeinschaftsküche, das waren kulinarische Exzesse. Viktor war nun ein großer, hagerer, junger Mann, ein hübscher Junge, mit dem dogmatischen Auftreten, das er von Hartmut abgeschaut hatte, gebrochen durch einen deutlichen Mangel an Selbstsicherheit, und mit einem Hang zu Zynismus und Ironie, wie er ihn von Friedl gelernt und zu kopieren versucht hatte, allerdings gemildert durch eine Harmonie-, mehr noch, Liebessehnsucht, die aus jedem seiner bemüht abgebrühten Sätze hervorblinkte.

Manchmal aber wollte er gut essen, weshalb er von der Uni in die nahe gelegene Leopoldstadt, in den zweiten Bezirk, zu seinen Großeltern marschierte, wo er, wenn er sich zumindest zwei Stunden vorher avisierte, immer zum Mittagessen willkommen war.

Es war seltsam, daß er diesen Mittagstisch als Heimkehr erlebte. Sah er seinen Vater, sah er einen fremden Mann. Sah er seine Mutter, sah er die Frau, die seine Abschiebung organisiert hatte. Kam er zu den Großeltern, kam er heim. Großmutter Dolly war eine exzellente Köchin, und die Schrullen der Großeltern waren ihm von frühester Kindheit her vertraut. Der Großvater stellte die Sendung »Autofahrer unterwegs« im Radio ein, wobei ihn weder Autofahrer noch Unterwegs-Sein interessierte. Aber Punkt zwölf Uhr Mittag wurde in dieser Sendung das Läuten von Kirchenglocken übertragen, und am Ende dieses Geläutes schaltete Opa das Radio wieder aus und sah mit Befriedigung, daß Oma just in diesem Moment die Suppe auf den Tisch gestellt hatte. Läuteten aber die Kirchenglocken, und es war keine Suppe in Sicht, gab es eine Krise. Aber das kam fast nie vor. Eigentlich nur einmal, an ihrem sechzigsten Hochzeitstag. Da mußten die Großeltern ins Rathaus, um vom Bürgermeister eine Urkunde in Empfang zu nehmen, danach Sekt, all die Gratulanten, und endlich nach Hause (Opa weigerte sich, an diesem Festtag in einem Restaurant zu essen, zum Beispiel im »Restaurant Rathauskeller«, was naheliegend gewesen wäre – »Ausgerechnet an einem Festtag soll ich schlecht essen?« sagte er), und das Entsetzliche geschah: wegen all der Verzögerungen durch den Bürgermeister mit seiner blöden Ehrung und wegen der Gratulanten, dem Warten auf das Taxi, um nach Hause zu fahren, kam die Suppe erst geschlagene zehn Minuten nach den Radiomittagsglocken auf den Tisch – Und da tat Opa etwas, das er nie zuvor gemacht hatte: er griff hektisch nach dem Schöpflöffel, was normalerweise Omas Aufgabe war, so hastig, als wollte er zumindest einige Zehntelsekunden der verlorenen Zeit aufholen, und patzte natürlich einen Schwall Suppe aus –

»Richard, was machst du da? Paß doch auf! Ich habe heute extra das Damasttischtuch aufgelegt, und schon hast du's vernichtet!«

Und Opa, unendlich müde: »Ach Dolly, immer mäkelst du! Ist auch nicht mehr schön, mit dir verheiratet sein!«

Aber das war, wie gesagt, eine Ausnahme, bloß der sechzigste Hochzeitstag. An normalen Tagen war es so: Mittagsglocken, Suppe auf dem Tisch, und Viktor fühlte sich zu Hause – zumindest hatte er ein Gefühl, das dem, eine Herkunft zu haben, einigermaßen nahekam.

Und es war eine »anständige« Herkunft. Das wurde jetzt wichtig, nicht nur für den Studenten der Geschichte, sondern vor allem auch für den jungen Marxisten und Antifaschisten:

Er stammte, wenigstens väterlicherseits, von Naziopfern ab, und nicht von Tätern. Aber wie ist es damals genau gewesen? Er sah seine Großeltern jetzt beinahe als Heilige und fragte sich immer wieder, was sie wohl erlebt und vor allem wie sie überlebt hatten.

»Opa, bitte, erzähl mir einmal, wie das damals war, in der Nazizeit.«

Der Großvater sah Viktor erstaunt an – wie durch einen Zaubertrick waren seine Tränensäcke plötzlich fünfmal so groß wie gerade noch eben –, dann schob er seinen Stuhl etwas zurück, stellte ihn schräg, so daß er an Viktor vorbei zur Großmutter sah und sagte: »Übrigens Dolly, weißt du, wen ich heute vormittag im Café Monopol getroffen habe?«

Viktor fragte immer wieder nach, es wurde ein Ritual wie die Mittagsglocken aus dem Radio.

»Bitte, Opa, erzähl mir bitte, wie seid ihr damals weggekommen, wie habt ihr überlebt?«

Der Großvater schob den Stuhl zurück, stellte ihn schräg, schaute an Viktor vorbei zur Großmutter hin, schlug die Beine übereinander. »Übrigens Dolly, weißt du, wen ich heute zu meiner hellen Überraschung im Café Sperl getroffen habe?«

»Opa, bitte, du mußt mir das erzählen. Wie war das damals? Herr Koch hat mir erzählt, daß du mit einer Zahnbürste den Gehsteig –«

»Dolly, du wirst es nicht für möglich halten!« Er schob den Stuhl zurück, stellte ihn schräg, schlug seine Beine in den erstklassig mit messerscharfem Bug gebügelten Hosen übereinander, und sagte: »Weißt du, wen ich heute im Café Prückl getroffen habe?«

Es war demütigend, nie eine Antwort zu bekommen. Bis Viktor begriff, daß es vielleicht demütigend für die Großeltern war, immer wieder danach gefragt, an diese Zeit erinnert zu werden, für die sie offenbar keine Worte hatten. Er fragte nie wieder. Und er sollte es nie erfahren. Zumindest nicht von ihnen selbst.

Immer seltener marschierte Viktor von der Uni die Ringstraße hinunter zur Lände, und über die Augartenbrücke hinüber in die Leopoldstadt. Die Großeltern erstarrten in Ritualen und Phrasen. Opa machte noch als Pensionist seine Kaffeehausrunden, aber so mißmutig, grantig und ungeduldig, daß er, der einst so beliebte Universalstammgast aller Wiener Cafés, plötzlich in keinem mehr so recht gerngesehen war. Nicht bei der Bridgerunde im »Monopol«, nicht bei den Billardpartien im »Sperl«. Und selbst im »Prückl«, wenn er nur Zeitung lesen wollte, konnte es plötzlich vorkommen, daß der »Wiener Kurier« gerade nicht frei war, weshalb er eine Szene machen konnte, die diesem kakanisch eleganten alten Mann niemand zugetraut hätte. Drei Minuten zu warten – das empfand er als eine unzumutbare kleine Ewigkeit. Er war der Pensionist, der nie Zeit hatte. Bei Verabredungen war er regelmäßig eine halbe Stunde bis Stunde zu früh, um dann, wenn die anderen – natürlich pünktlich – kamen, vom Warten schon so erschöpft zu sein, daß er sofort nach Hause aufbrach. Wenn er bei Kartenpartien zuschaute, dann verriet er regelmäßig das Blatt des Spielers, dem er über die Schulter schaute, weil er ungeduldig dazu aufforderte, endlich diese oder jene Karte auszuspielen. Er sprang von fahrenden Straßenbahnen ab, wenn die eine Haltestelle zu früh, die nächste aber bereits zu weit weg vom Zielort war, und benutzte dabei Straßenpassanten als eine Art Fangnetz. Er fühlte sich völlig im Recht, wenn er die Menschen, die er fast niedergerissen hatte, dann auch noch wegen »mangelnden Respekts« beschimpfte. Er brachte Oma Dolly zur Weißglut, wenn er mit ihr ins Kino ging, aber bereits nach der Werbung und den Vorfilmen aufsprang und sich aus der Sitzreihe wieder hinausdrängte, weil ihn das alles nicht interessierte. Rief er im Café »Zahlen!«, und der Zahlkellner reagierte nicht augenblicklich darauf, dann gab Opa ihm, wenn er wieder vorbeihastete, mit dem Spazierstock einen Schlag auf den Hintern, nochmals mit dem Ausdruck höchster Irritation rufend: »Zahlen!« Niemand fand das witzig oder wollte dies als legitime Altersschrullen akzeptieren, und Opa merkte oder spürte, wie reserviert und geradezu abweisend man ihm nun begegnete. Er führte das allerdings nicht darauf zurück, daß er sein Verhalten und sein Auftreten geändert, sondern darauf, daß er seine »Position« verloren hatte: Er war nicht mehr Repräsentant der Firma »Arabia-Kaffee«, sondern ein nebbicher Pensionist, altes Eisen, das ließe man ihn spüren. Er sah sein ganzes Leben zerrieben und zermahlen zu jenem feinen Sand, der durch den viel zu weiten Hals einer Sanduhr förmlich durchstürzte. Wenn er nach Hause kam von seiner Runde, dann setzte er sich erschöpft von der Hektik des Tages in seinen Ohrensessel, zündete sich eine Zigarette an, eine »Milde Sorte«, von ihm genannt »das Kraut«, denn auch seine geliebten »Melody« gab es nicht mehr – und sagte: »I'm old, tired and miserable!«

Kaffeehäuser, das war nicht mehr wie früher. Was sie nannten Kaffee, diese dünne schwarze Brühe, das hatte mehr Ähnlichkeit mit lauwarmer Coca-Cola. Und der Tabak: Zuerst hatten sie ihm die »Nil« eingestellt, und dann aus heiterem Himmel auch noch die »Melody«. Die Oberkellner in den Cafés verschwanden spurlos, pensioniert wie er selbst. Die Nachfolger hatten von Kaffeehauskultur »ungefähr so viel Ahnung wie der Papst von der Ehe«. Alle alten Freunde hielt er für treulos. Nicht einmal der alte Neumann meldete sich mehr. »Aber der ist doch gestorben, letztes Jahr!« Opa machte ein Gesicht, als hielte er das für eine billige Ausrede. »I'm old, tired and miserable!« Das »Café Razumovsky« hätten sie plötzlich zugesperrt, sagte er kopfschüttelnd, »aus heiterem Himmel!«

»Heiterer Himmel? Man möchte glauben, du lebst in der Südsee! Alles geschieht bei dir aus heiterem Himmel!« (Oma)

»Dolly, laß mich!«

Großmutter ging jeden Tag zum Karmelitermarkt einkaufen. Sie kaufte nicht ein Kilo Äpfel, nicht ein Kilo Kartoffel und so weiter, sie hätte für Tage im voraus gehabt, was hätte sie am nächsten Tag tun sollen? Sie kaufte einen Apfel, drei Kartoffeln, zwei Karotten, eine Scheibe Schinken, sie war berüchtigt auf dem Markt. Sie zupfte ein paar Blatt Feldsalat aus dem Steigerl und hielt sie dem Verkäufer hin – gerade so viel, wie sie für das Abendessen brauchte, eher als Dekoration, denn als Beilage. Die Waage schlug nicht aus. »Wie soll ich das berechnen?« fragte der Verkäufer verzweifelt. Aber das Hauptproblem war, daß Großmutter sich plötzlich auf den Groschen genau erinnern konnte, was ein Apfel in den fünfziger Jahren gekostet hatte, aber regelmäßig vergaß, was sie am Vortag bezahlt hatte. Ununterbrochen fühlte sie sich betrogen, bestohlen, hereingelegt. Sie hatte kein anderes Thema mehr. »Es gibt mehr Gauner als Bürgermeister!« sagte sie immer wieder. Und Großvater: »Dolly, laß mich! I'm old, tired and miserable!«

Die Großeltern hatten von ihrer Sozialversicherung den Anspruch auf eine zweiwöchige Kur erworben, und obwohl sie skeptisch waren –

»Bad Schallerbach ist nicht berühmt für seine Kaffeehäuser!« (Der Großvater)

»Sie werden dort kochen Diät, aber wird es auch was geben zum Essen?« (Die Großmutter) –

beschlossen sie doch, diese Kur anzutreten. Wenn es denn schon gratis war: »Warum sollen wir der Versicherung das schenken? Uns schenkt ja auch keiner was!« sagte der Großvater am Abend vor dem Kurbeginn. Viktor war wieder einmal zum Essen gekommen. Es sollte das letzte Essen bei den Großeltern sein.

Sie wurden in der Früh von zu Hause abgeholt und gemeinsam mit einigen anderen Pensionisten in einem VW-Bus nach Bad Schallerbach gebracht. Vor dem Hotel angekommen, sprang der Großvater als erster aus dem Bus und hastete auf die Eingangstür des Hotels zu, als hätte er eine Verabredung und wäre zu spät dran.

Vor dem Hoteleingang lag ein Fußabtreter, eine riesige

dicke Türmatte aus Kokos-Velours, in die das Wort »WILL-KOMMEN« hineingewebt war. Über diese Matte stolperte er, er fiel auf die Glasschiebetür zu, die vor ihm automatisch aufging, er hatte es nur mit dem Oberkörper in das Kurhotel geschafft. Er brach sich den Oberschenkelhals und kam, statt auf Kur, ins Spital. Statt Schlammpackungen bekam er einen Gipsverband. Statt gesundem Essen Infusionen. Die Großmutter konnte nicht nachstehen und bekam vor Aufregung eine Gürtelrose, mit der sie ebenfalls in das Krankenhaus eingeliefert wurde. »Ganz klar: psychosomatisch!« sagte Viktor.

Nachdem beide aus dem Spital entlassen waren, versuchten sie zunächst, in ihr gewohntes Leben zurückzufinden. Aber das gewohnte Leben war zuvor schon problematisch genug gewesen – nun, in der Rekonvaleszenz, betäubt von Medikamenten, misanthropisch und »leider fast schon unzurechnungsfähig« (Vater), erwiesen sie sich bald als lebensuntüchtig.

Eines Tages saß Großvater im Café Monopol – er mußte nach seinem Beinbruch Krücken verwenden, was den Ober äußerst nervös darauf achten ließ, wann Opa zu zahlen wünschte – und hörte der Unterhaltung einiger alter Stammgäste über Fußball zu. Als Ing. Buxbaum vom letzten Länderspiel im Wiener Stadion erzählte, machte Opa Abravanel eine irritiert wegwerfende Handbewegung und sagte: »Sie wollen mir doch nicht erzählen, Herr Ingenieur, daß Sie dafür bezahlen, um diese Antikicker spielen zu sehen? Eine Matchkarte kostet heute neunzig Schilling, das ist zuviel, um dann den Eigenstiller oder den Viehböck zu sehen – ich habe noch den Horak und Menasse, den Koller, Hanappi oder Ocwirk gesehen, vom Sindelar gar nicht zu reden!« Er schüttelte sich. »No, Sie müssen es dick haben!« und ahnungslos sein...

»Eintritt zahlen?« sagte Ing. Buxbaum mit gespielter Verwunderung, »Herr Abravanel, Sie wollen mir doch nicht sagen, daß Sie eine Karte kaufen, wenn Sie ins Stadion gehen?«

»Natürlich kaufe ich keine Karte. Darum gehe ich auch nicht ins Stadion!«

324

»Manchmal, Herr Abravanel, ist es aber ganz interessant. Natürlich nur, wenn man nicht neunzig Schilling bezahlen muß. Da haben Sie absolut recht. Neunzig ist das nicht wert. Aber für zwanzig Schilling ist es doch ein ganz nettes Samstagsvergnügen!«

»Zwanzig! Herr Ingenieur! Der Stehplatz kostet doch schon dreißig!«

»Ich glaube es nicht! Sie kennen den Herrn Franz nicht? Offenbar kennen Sie den Herrn Franz nicht, vom Sektor B? Ich kann es nicht glauben!«

Opa wurde unruhig, da gab es ein Geheimnis, da gab es etwas, das ihm ermöglichen könnte, wieder ins Stadion zu gehen, so wie früher, und mitreden zu können, ohne neunzig Schilling zu zahlen (Sag einmal Einstein, wieviel »Perzent« sind das von meiner Pension?) – und Stehplatz kam schon gar nicht in Frage, mit seinen Krücken...

»Jeder kennt doch den Herrn Franz, durch den wir –«

»Ingenieur! Heraus damit! Erzählen Sie! Sagen Sie endlich! Was ist mit diesem Herrn Franz?«

»Das weiß doch jeder! Der Herr Franz steht beim Sektor B am Drehkreuz ganz rechts. Der läßt Sie rein!«

»Der läßt mich rein?«

»Ja. Das geht so: Vor dem Match kaufen Sie sich eine Tafel Schokolade. Und zwar eine Bensdorp um zwei Schilling. Haselnuß. Die mit der grünen Schleife!«

»Haselnuß. Um zwei Schilling. Und die nimmt er? Dafür läßt er mich rein?«

»Nein. Dann essen Sie die Schokolade!«

»Ich esse die Schokolade?«

»Ja. Oder Sie schenken sie dem Enkerl. Wichtig ist die Schleife. Die heben Sie auf. Die grüne Schleife. Sie hat so ein ähnliches Grün wie die Matchkarte! Na? dämmert's?«

»Die Schleife von der Bensdorp Haselnuß ist grün, so ähnlich wie das Grün von der Eintrittskarte!? Sie meinen –?«

»Genau! In diese Schleife stecken Sie statt der Schokolade einen Zwanzig-Schilling-Schein, gehen zum Sektor B, Drehkreuz ganz rechts, zum Herrn Franz und sagen: Grüß Sie, Meister!«

»Grüß Sie, Meister?«

»Ja, genau! Das ist sozusagen das Sesam-öffne-dich! Der Herr Franz weiß augenblicklich, da ist einer der Unsrigen, schaut – sieht die Bensdorp-Schleife, weiß, da drinnen ist ein Zwanziger, steckt das ein und läßt sie durch. Und ich sage Ihnen ehrlich, Herr Abravanel: Für zwanzig Schilling schau ich mir schon ganz gern diesen jungen Prohaska an und nehme auch den Dirnwöber in Kauf.«

»Zweiundzwanzig – Mit der Schokolade!«

»Ja, gut, zweiundzwanzig. Dafür haben Sie eine Nußschokolade, Herr Abravanel, und ein Fußballmatch im Stadion!«

»Sektor B? Grüß Sie, Meister?«

»Grüß Sie, Meister!«

Die Szene, wie Großvater mit seinen Krücken mitten in einer drängenden Menschenschlange beim Sektor B »Grüß Sie, Meister!« sagte, zuerst konspirativ flüsternd, dann, mit wachsender Ungeduld, brüllend, wobei er dem Billeteur die Schokolade-Schleife hinhielt und dann hinstieß, wollte sich niemand in der Familie genauer ausmalen. Der Vater, nachdem er ihn bei der Polizei abgeholt hatte, sagte nur: »Ich fürchte, es geht nicht mehr anders: Die Eltern müssen in ein Altersheim!« Es sei »vernünftiger«, »die beste Lösung«.

Der Vater bemühte sich durch Vorsprachen und Interventionen, einen Platz im Maimonides-Zentrum, dem jüdischen Altersheim, zu bekommen, aber die Großmutter wollte, wenn schon Altersheim – und das war in Ordnung: Sie hatte ohnehin keine Lust mehr, zum Karmelitermarkt zu gehen und dann dem Großvater zwei Karotten zu kochen –, zum allgemeinen Erstaunen lieber in das katholische Caritas-Heim.

»Soll ich in meinen letzten Tagen vielleicht noch koscher essen?« (Die Großmutter)

»Koscher essen, das ist doch nicht wie türkisch essen oder

griechisch essen, zu fremd oder zu fett! Koscher merkt man gar nicht, das ist wie koscherer Wein: Hat er dem Rabbi geschmeckt, ist er koscher. Jetzt frag ich dich: Welcher Wein schmeckt ihm nicht?« (Der Vater)

An diesem Punkt der Diskussion wurde auch der Großvater nervös, der zuvor selbst erstaunt über Großmutters Wunsch war, lieber in ein katholisches Altersheim zu gehen: »Und was ist mit meine gefillte Fisch?«

»Na gefillte Fisch wirst du doch bekommen in einer koscheren Küche!«

»Ich sag dir Hansi: Nein! Die werden dazu sagen Schinken!«

Großmutter sagte: »Ich will sterben in meiner Wohnung. Was ist dagegen zu sagen? Man sieht was Vertrautes, wenn man die Augen zumacht. Wenn du aber willst, daß wir in ein Altersheim gehen, dann in das Caritas-Heim!«

Ende der Debatte. Und in kürzester Zeit, weil der Vater jemanden kannte, der wiederum einen kannte, war tatsächlich ein Platz für die Großeltern im Caritas-Heim frei.

Und jetzt wieder, nur anders: Jeder Samstag war Besuchstag. Nur daß der Vater eben nicht mehr eilig den Sohn besuchte, sondern nun die Eltern, die »leider immer kindischer« wurden. Zuvor holte er Viktor ab, der an diesem Tag, an dem er als Kind immer besucht worden war, jetzt ins Besuchen eingeschult wurde. Wenn allerdings Viktor dabei etwas lernte, dann dies: daß ihn dieses Besuchen genauso bedrückte wie einst das Besucht-Werden, es war so oder so ein dunkler Punkt in einem schwarzen Loch, ein Moment der Hilflosigkeit in einem System der Hilflosigkeit, eine geschlossene Anstalt.

»No, wie geht's euch?« (Der Vater)

»Wie soll's uns gehen?«

»Gut soll's euch gehen!«

»Gut soll's uns gehen – einverstanden. Aber ich bin old, tired and miserable. Sag selbst: Ist das Gutgehen, dasitzen und warten?«

»Warten worauf?«

»Auf die Mahlzeiten!« (Der Großvater)

»Und auf den Tod!« (Die Großmutter)

»No, da werdet ihr lange warten!«

»Auf die Mahlzeiten? Da hast du recht, Hansi!«

»Nein, auf den Tod!«

»Da werden wir nicht so lange warten. Der klopft schon an!«

»Was heißt: Der klopft schon an?«

»Was meinst du mit: Was heißt, der klopft schon an?«

»Ihr seid alt, aber: seid ihr krank? Fehlt euch was? Na eben. euch geht's doch gut, oder? Soll draußen klopfen, wer will – wenn ihr glaubt, das ist der Tod, dann macht ihr eben nicht auf. Es geht euch doch gut?«

»Hansi, wie kannst du sagen, es geht uns gut? Wir sind beide über siebzig!«

»Weil es jedem gutgeht, der sagen kann: Ich bin über siebzig. Wär dir lieber, du könntest es nicht mehr sagen?«

»Weiß ich, was mir lieber wär?« (Die Großmutter)

»Ich weiß, was mir lieber wär!« (Der Großvater)

»Ich weiß, was dir lieber wär: Du möchtest dich fühlen wie ein Junger – Also frag ich dich: Was sollte ein Junger in einem Altersheim?«

»Hansi, du weißt nicht, was du sagst!«

»Und ob ich das weiß. Ihr habt da einen Lenz. Einen ewigen Urlaub, mit Vollpension und Bedienung hinten und vorn!«

»Ja, wir sind zu beneiden!«

»Ja. Ich bin wirklich nicht anfällig für miese Gefühle, Neid und Mißgunst, das wäre nicht die feine englische Art – Aber: Ich muß zugeben: manchmal, wenn's bei mir drunter und drüber geht, und ich nicht weiß, wo mir der Kopf steht, dann beneide ich euch, wie ihr da ruhig und elegant –«

»Hansi! Das kannst du nur denken, weil du wirklich nicht weißt, wo dir der Kopf steht.«

»Aber wir reden und reden, und die Zeit vergeht, dabei müssen wir doch schon längst« – aufbrechen, raushasten, wegfahren, alles vergessen für eine Woche, bis zum nächsten

Samstag. Und noch in der Tür von diesem engen, nach Lysol stinkenden Zimmer:

»Viktor, mein Goldstück. Kommst du bald wieder?«

»Ja, Opa, sicher. Nächste Woche mit dem Papa.«

»Studierst du noch spanische Geschichte?«

»Ja, Opa«

»Du weißt, was ich davon halte!«

»Ja, Opa!«

»Da! Nimm!« er steckte ihm beim Rausgehen noch rasch einen kleinen Schein zu, »aber verjux es nicht gleich mit leichten Frauen und schnellen Pferden!«

»Opa!«

»Goldstück!«

So war es, nur so konnte es sein, nur so konnte sie sich zeigen, die hektische Liebe des Mannes, Viktors Vater, ein rasches Pingpong von Sätzen, wie aus einem Boulevardstück, bei der Probe, bis der Regisseur, der immer der Vater war, rief: Danke, ihr wart wunderbar, Schluß für heute!

Viktor zog aus der Wohngemeinschaft aus. Jetzt hatte er eine eigene Wohnung. Die Großelternwohnung. Die Kindheitswohnung. Nun war er der Erwachsene in dieser Wohnung, in der er als Kind zum Ruhigsitzen angehalten, zum stillen Beschäftigen gezwungen worden war. Nun war er eine Reihe vorgerückt zum Abgrund: Hier hatte er den Tod der Großeltern auszurechnen versucht, und jetzt saß er abends hier als Erbe, so ruhig und apathisch, so unglücklich in die Luft starrend, so still, daß die Großeltern, hätten sie es sehen können, glücklich gewesen wären.

Jetzt ging es um das Ganze. Das war der einzige Gedanke, den er in dieser Woche hatte, die er im Bett verbringen mußte. Vielleicht war es auch nicht unbedingt ein Gedanke, zumindest kein klarer, aber es war ein Satz, der in seinem Kopf immer wiederkehrte. Ein Satz so klar wie rätselhaft, so weitreichend wie perspektivlos: Schon ein weiterer Satz wollte diesem nicht folgen. Nur Angst, Selbstmitleid, Wut, Aufbäumen, und von außen betrachtet nicht einmal dies, nichts von all dem, nur: stummes, starres Daliegen. Während Vater Joseph seinen Verband jeden Tag selbst wechselte, auch dies machte er selbst, mußte zum Sohn zweimal täglich der Physicus kommen, dieser Pfuscher, der Manassehs Beschneidung so grauenhaft verpatzt hatte. Schon wenn er zur Tür hereinkam, meinte Manasseh wieder in Ohnmacht fallen zu müssen, wie in Trance ließ er das erniedrigende Entblößen seines Unterleibs geschehen, er biß sich keuchend in die Fingerknöchel, wenn dieser das »Hemdchen« entfernte, die Binden und Lappen von seinem Geschlechtsteil zupfte, das durch die Entzündung und Schwellung der Wunden eine groteske Form und Größe angenommen hatte. Er hatte sich vom Verbandwechseln am Vormittag noch nicht erholt, da kam der Arzt am späten Nachmittag, frühen Abend schon wieder, Leinen in Streifen reißend, Kräuterpaste und Öle auftragend, mit Dornen und kleinen Holzklammern die Wunde zusammenzwickend, sie mit den Leinenstreifen umwickelnd, wobei er in seiner Wundbehandlung blind blieb für die bereits blutenden Fingerknöchel des Jungen.

Samuel Manasseh war selbst schuld, wenn es denn eine Frage der Schuld war. Er ist nicht Manns genug gewesen. Als der Physicus mit einem raschen Schnitt die nach vorne gezogene Vorhaut hatte abtrennen wollen, genau in diesem Moment, als das heiße Messer, eben noch am Lederriemen geschärft und über der Flamme sterilisiert, in die Haut eingedrungen war, hatte sich Manasseh zuerst aufgebäumt und dann fallen lassen, in die Arme seines Gevatters hinein. Während er die Schreie der Frauen und Gäste auf der anderen Seite der Leinwand hörte, betrachteten der Mann mit dem Messer, der Gevatter und der Rabbiner den Schaden: das Messer war abgerutscht, in die Eichel eingedrungen und hatte sie gespalten. Wie durch ein Wunder war die Harnröhre nicht verletzt. Dies war auf den ersten Blick allerdings eher fromme Hoffnung denn Gewißheit. Zwei Männer wurden zu Hilfe gerufen, die durch den Schlitz in der Leinwand stiegen und den sich hin- und her werfenden Manasseh festhielten, während der Arzt versuchte, die Vorhautfetzen von diesem blutenden Fleischklümpchen wegzuputzen, um die Milah doch zu Ende zu führen.

Nach der Woche mit den täglich zwei Verbandwechseln kam die Zeit der regelmäßigen Sitzbäder. Samuel nahm alles hin, immer noch wie in Trance, die Demütigungen und Schmerzen, das eine größer als das andere, beides letztlich unermeßlich. Wenn die Mutter den Bottich mit dem warmen Wasser und den Kräuterauszügen in das Zimmer stellte, sich umdrehte und gleichsam mit Augen im Hinterkopf kontrollierte, daß der Sohn sich hineinhockte, das schmerzhafte Brennen und Ziehen der heilenden Wunde, während er sich Stöhnen, jeglichen Laut, auch nur ein hörbares Ausatmen verbot.

Er trank wenig, das absolute Minimum, um möglichst selten urinieren zu müssen, was, abgesehen vom Wechseln des Verbands, jedesmal eine Aktion mit so aufwendigen wie schmerzvollen Vorkehrungen war. Aber er hatte tatsächlich noch Glück gehabt: Die Harnröhre war nicht verletzt. Er bekam auch keinen Wundbrand, und am Ende hatte er ein gut vernarbtes Glied, das aussah wie eine Hasenscharte. Aber wen ging das etwas an?

»Irgendwann wirst du eine Frau nehmen, und sie wird sich gesegnet fühlen im gemeinsamen Bett, weil sie weiß, was der Bund bedeutet!« (Der Vater)

»Irgendwann wirst du eine Frau nehmen, und sie wird es dann nicht anders kennen!« (Die Mutter)

Niemanden ging das etwas an. Seltsam: dennoch wußte es jeder. Als Manasseh nach seiner Genesung in die Grundschule eintrat, hatte er bei den Mitschülern vom ersten Tag an den Spitznamen »Doppelschwanz«. Natürlich schwang da auch die Verachtung mit, daß dieser junge Jude sich ausgerechnet einen katholischen Priester als Gevatter bei seiner Milah gewünscht hatte.

»Was heißt katholischer Priester? Aryel Fonseca, mein Gevatter, ist früher ein Priester gewesen, noch in der alten Existenz. Heute ist er Mitglied unserer Gemeinde wie dein Vater auch oder deiner! Getaufte Juden sind Bischöfe geworden in Portugal, und dann zurückgekehrt zum Glauben der Väter, also –«

Es hatte keinen Sinn. Diese jungen Menschen hatten vom katholischen Iberien und den Tragödien der Marranen nichts mitbekommen, weil sie zu klein waren, als ihre Eltern geflüchtet, oder weil sie, noch größeres Glück, erst hier in der Freiheit zur Welt gekommen sind. Für sie war dieser im Christentum geborene und zunächst katholisch erzogene Manasseh etwas Suspektes, eine doppelbödige, eine gespaltene Existenz, so gespalten wie seine Eichel. »Doppelschwanz!«

Die deutlichste Ablehnung, die schärfste Verachtung erfuhr Manasseh allerdings von einem Mitschüler, der diesen Spitznamen selbst nie verwendete. Der mit Blicken arbeitete, mit gelehrten Anspielungen und Doppeldeutigkeiten, immer mit dem Gestus vorgetragen, daß der arme Manasseh sie ohnehin nicht verstehen werde, und der, was immer Manasseh sagte oder machte, bloß den Kopf schüttelte oder die Nase rümpfte. Andere mochten »Doppelschwanz« grölen, aber dieser Mitschüler, dieser Banknachbar, dieser Dogmatiker des Lehrstoffs und der rechten Herkunft, war ein Mörder mit Blicken, ein Attentäter mit seinem Stirnrunzeln, ein Folterer mit kurzen Sätzen. Er war ein Mitschüler, aber er wurde in gewisser Hinsicht Manassehs Lehrer und sein Lebensfeind: Isaak Aboab.

Aboab galt als Genie, als Ausnahme, als die größte, fast hysterisch bewunderte Hoffnung der portugiesischen Gemeinde von Amsterdam. Aboab, dieses Wunderkind in Schrift und Rede, natürlich nicht Messias, aber dessen Versprechen und Ankündigung, gleichsam sein Prophet, Aboab, der frühvollendete Meister in der Sprache der Propheten, Aboab, der Junge, der, würden alle Juden gleichzeitig von einem neuen Sohn Abrahams träumen, leibhaftig aus diesen

Träumen ins Leben steigen würde, genauso wie er war, dieser Junge Aboab machte einen Blick, und Manasseh war stundenlang zu keiner Antwort in der Yeshiva fähig, Aboab machte eine Bemerkung, und Manasseh verbrachte eine schlaflose Nacht. Wenn Aboab aber weder herblickte noch eine Bemerkung machte, meinte Manasseh, neben ihm keine Luft zum Atmen zu haben.

Herabwürdigende Spitznamen, demütigendes Gegröle, Spott, das alles kannte Manasseh längst, und er hatte es überlebt. Das beschäftigte ihn nicht. Nicht wirklich. Er konnte lediglich kaum schlafen. Aber wirklich neu und zunächst allzu verwirrend war für ihn, daß es solche Demütigungen in der Freiheit gab, mehr noch, daß sie hier viel offener, unbesorgter und vielfältiger waren.

Er hatte wohl Pech gehabt bei seiner Milah, aber müssen freie Juden einen anderen deswegen verhöhnen? Diese Verletzung seiner Eichel hat doch niemand beabsichtigt, aber sie ist geschehen im Zusammenhang mit der höchsten Absicht: ihn unter den Schutz des Allmächtigen zu stellen. Damit er, Manasseh, nun endlich keine Angst mehr haben mußte um seinen Leib und sein Leben. Tatsächlich konnten der Hohn und der Spott dieser Halbwüchsigen nicht mehr zu einer Entscheidung über Leben und Tod führen. Leben und Tod waren in die Hand des Schöpfers zurückgelegt. Also hatte das alles seinen Sinn gehabt. Die Wunde, seine unglückliche Verletzung, die ihm bei der Beschneidung zugefügt wurde, war die definitive, die stellvertretende, die eine Verletzung für alle: Da vernarbte das zufällige Glück, das er gehabt hatte, weil Bois de Piranhas zur Stelle gewesen waren, und es vernarbte das Unglück, das ihn erwartet hätte, wenn er nicht aus der Hölle der iberischen Nacht vertrieben worden wäre. Welchen Sinn hatte also dieser Hohn seiner Mitschüler, diese Freiheit des Hohns in der Freiheit?

Samuel Manasseh war noch kein halbes Jahr in Liberdade, Makom, Amsterdam, und wurde schon zum Dogmatiker der

Freiheit, zeigte das Bedürfnis, ihr eine Grenze zu setzen, eine, die er immer vor Augen haben wollte, um glücklich denken zu können: Über diese Grenze habe ich es hier herüber geschafft.

Deshalb fixierte er sich so sehr auf den Mitschüler Isaak Aboab. Auf Gedeih und Verderb. Aboab hielt sich nicht mit billigem Spott auf, stimmte nie ein, wenn die anderen Manassehs Spitznamen riefen, nie heulte er mit den Wölfen. Das adelte ihn in Manassehs Augen, den daher um so mehr beschäftigte, warum dieser ihn so offensichtlich verachtete. Aboab war ein Dogmatiker. Das verstand Manasseh. Ihn interessierten nur Prinzipien, eine grundsätzliche Haltung. Da ein Spottlied, dort ein Witz, um Mitschülern zu gefallen, genauso einfältig hergesagt wie dann wieder ein Satz des großen Maimonides, nur um vor dem großen Rabbi Usiel zu bestehen, das war es, was Aboab verachtete. Vielleicht verachtete er Manasseh deshalb, weil er Witze und die Opfer der Witze gleichermaßen verachtete. Das waren nur Facetten derselben Unerheblichkeit. Das war nichts, gemessen am Absoluten. Das verstand Manasseh doch. Das war es ja, worum es auch und gerade ihm ging. Die Rettung im Absoluten. Wenn es nicht das wäre, welchen Grund gäbe es sonst, Lisboa zu verlassen und sich in einer chinesischen Vorstadt von einem neujüdischen Dilettanten die Eichel spalten zu lassen, verdammt. Am liebsten hätte sich Manasseh schluchzend um die Knie des starr und streng dastehenden Isaak Aboab geworfen, um zu winseln: »Verstehe doch endlich: Wir sind Holz vom selben Holz!«

Für Aboab aber war Manasseh nicht einmal Holz von dessen eigenem Stamm: Manassehs Vater hatte immerhin dem Mahola das Messer weggenommen, um in aller Klarheit und bewundernswerter menschlicher Stärke mit eigener Hand den Bund mit dem Ewigen zu schließen, aber der Sohn war wimmernd und schreiend mit weichen Knien dagestanden, um schließlich in das Messer hineinzufallen, in eine Verletzung hinein, die nichts mit dem Bund zu tun hatte, sondern geradezu die Schöpfung verhöhnte. Nun saß er da, scheu und hilflos in seiner Bank und hatte von der heiligen Sprache keine Ahnung, er kannte wohl die lateinischen Regeln, aber er war zu keinem Disput in gelehrtem Latein fähig, und wenn er etwas nicht verstand, stellte er seine Fragen in der Sprache des Feindes. So war es sogar noch in der dritten Klasse, in die sich Manasseh, davon war Aboab überzeugt, nur irgendwie hineingeschwindelt haben konnte.

Die Schule, »Nossa Academia« genannt, gleich neben der Synagoge gelegen, war ein wenige Jahre zuvor errichtetes Gebäude mit sechs Räumen oder Klassen, die nicht nach dem Alter der Schüler, sondern nach derem Wissensstand eingeteilt wurden. So kam es, daß in einem der sechs gleich großen Räume sich über hundert Kinder und Jugendliche drängten und bedrängten, während in einem anderen nicht einmal ein Dutzend Schüler über Bücher gebeugt saßen. In der ersten Klasse lernte der Schüler das Alephbet und die Grundlagen der hebräischen Grammatik, bis er aus dem Buch der Preisungen einen Psalm ohne Stocken vorlesen konnte. Es gab dafür keinen zeitlichen Rahmen: so wie jederzeit Schüler neu einstiegen, so wurde jeder in dem Moment in die nächste Klasse versetzt, sobald er das Ziel seiner Klasse erreicht hatte. In der zweiten wurde das Pentateuch gelesen, die fünf Bücher Mose, bis »vor den Augen des ganzen Jisrael« (Deut. 34,12). Danach, in der dritten Klasse, wurden die Kommentare von Rashi zu den wichtigsten Stellen des Pentateuch disputiert. Hier war bereits eine gewisse Fertigkeit nicht nur im Lesen, sondern auch im Sprechen des Hebräischen gefordert, während aber erst in der sechsten Klasse, der eigentlichen Yeshiva, das muttersprachliche Spanisch oder Portugiesisch aus dem Unterricht gänzlich verbannt wurde. Die Yeshiva, das Studium solch großer Autoritäten wie Maimonides, Jacob ben Asher, Joseh Caro und anderer, leitete der Oberrabbiner selbst, der gelehrte Isaak Usiel, der nur jene in die Yeshiva aufnahm, die glänzende Erfolge in einer wissenschaftlichen Ausbildung versprachen. Die anderen schlossen mit dem Titel *Bahur* nach der fünften Klasse ab.

Der erste Lehrer Manassehs, also sein *Rubi*, war ein gewisser Abraham Reuben aus Fez, kein guter Start für seine Ausbildung: Er war viel mehr an der körperlichen denn an der geistigen Entwicklung der ihm anvertrauten Schüler interessiert. »Das soll der Buchstabe mem sein? Das schaut doch aus wie –«, er gab dem Schüler einen Klaps, »wie ein Kußmund geradezu. He! Wo hast du dein Hirn?« Er griff dem Schüler zwischen die Beine und zwickte ihn. »Da vielleicht? Konzentriere dich auf den heiligen Buchstaben und vergiß deine fleischlichen Gelüste!« schrie er und zwickte ihn noch einmal.

Dieser Rubi Reuben war, wegen Manassehs Spitznamen, geradezu wahnsinnig vor Gier, dessen beschneidungsbedingte anatomische Besonderheit mit eigenen Augen zu sehen. Eines Tages hielt er ihn nach Unterrichtsschluß zurück, während alle anderen nach Hause gingen. Manasseh war damals noch nicht weit gekommen in seinem Versuch, seine neue Identität nicht bloß wie einen neuen Rock zu tragen, sondern so selbstverständlich und untrennbar mit ihr eins zu sein wie mit seiner Nase, weshalb er mit geschlossenen Augen, buchstäblich blind ergeben, zitternd das Vaterunser betete – ja, in der Judenschul betete der spätere Rabbi das Vaterunser, während der Rubi die Beinkleider des Jungen öffnete und in einem fort »Mein Gott! Oh, mein Gott!« sagte.

Das Taxi fuhr die Höhenstraße hinauf, stieg nun schräg auf wie ein Flugzeug, das nach einem unendlich langen Anlauf den Start doch zu schaffen schien. »Warte!« sagte sie, bevor Viktor seine vorhersehbare Antwort geben konnte, »ich will da weiter oben zu der Stelle, wo man diesen wunderbaren Blick über Wien hat. Das ist zwar kein Hotel, aber sehr romantisch!« Der Taxifahrer hatte inzwischen mit der Zustimmung seiner Gäste das Band gewechselt. Nach »Kuschelrock«

spielte er jetzt »Simply the best from the 70's«. Smokie: Lay back in the arms of someone.

Das Taxi stieß durch die Nebeldecke, und Maria sagte: »He Vic, schau nicht so schmachtend! Erzähl weiter! Erzähl einfach immer weiter!«

Abraham Reuben wurde bald darauf mit Schimpf und Schande entlassen: Rabbi Usiel hatte ihn und einen Schüler in einer Situation ertappt, die nur »das Greul« genannt oder mit »3. Mose 19,22« umschrieben wurde. Reuben flüchtete. Das letzte, das die portugiesische Gemeinde von Amsterdam von ihm hörte, war, daß er sich in Antwerpen taufen ließ und den Namen Francisco de S. Antonio annahm.

Sein Nachfolger wurde ein gewisser Nissim Shushan, ein alter dicker Mann, dessen kugelrunder Kopf auf seinem massigen Rumpf unausgesetzt hin- und herzurollen schien. Er war ein Dogmatiker des Talmuds, der alle Schüler, die so inbrünstig wie kritiklos aufsagen konnten, was er hören wollte, in die nächste Klasse versetzte, wodurch er in seiner Klasse bald nur noch faule, desinteressierte oder aufsässige Schüler hatte, über die er am liebsten den Bann verhängt hätte. An dieser seltsamen Utopie einer Klasse ohne Schüler – die guten wurden versetzt, die schlechten ausgestoßen – zerbrach er, besser gesagt sein Herz, aber da war Samuel Manasseh ben Israel von ihm längst in die nächste Klasse geschickt worden.

Manasseh dachte, daß das zu schnell ging. Er wollte es einige Zeit auskosten, in seiner Klasse der Beste zu sein, mehr noch, er wollte sich all dessen erst wirklich sicher werden, was er einmal, erst ein einziges Mal perfekt aufsagen hatte können. Aber sofort stieg er auf und war schon wieder der »Kleine«, der Unsichere und Verängstigte im Schatten Aboabs, der seit Wochen oder Monaten die höhere Klasse beherrschte. Nach Wochen oder Monaten leidvollen Fleißes erreichte er die Position des Zweiten hinter Aboab, wurde schließlich Klassenprimus, wenn Aboab versetzt wurde – jetzt, ja jetzt fühlte er sich wohl, frei, mit geschärften Sinnen, mit deutlicheren Talenten –, da wurde auch er schon versetzt, wieder hinaufversetzt in den Schatten Aboabs. Kaum saß er in der nächsthöheren Klasse, fühlte er sich wie ein Fisch im Trockenen, dessen Kiemen in der bloßen Erinnerung an das Wasser atmeten, aus dem er herausgehoben worden war.

Aber nur so, mit diesen regelmäßigen Talentbeweisen, konnte er den Eltern die Kosten ersparen. Seine Ausbildung wurde von der Gemeinde bezahlt. Ein Fehler, eine Nachlässigkeit, die Provokation des geringsten Zweifels an seinem Talent hätte der Mutter den letzten Rock gekostet. Der letzte Rock: diese angstbesetzte, allerletzte Reserve. Mutter war mit vier Röcken geflüchtet, in die der verbliebene Rest des Familienvermögens eingenäht war. Vaters Versuche, ökonomisch eine Lebensgrundlage in Amsterdam zu finden, sowie die grundsätzlich nötigen täglichen Ausgaben der Familie waren beim dritten Rock angelangt. Manasseh hatte kein Wahl. Er mußte beim Sitzen, beim konzentrierten Studium so schnell sein wie früher beim Mitlaufen. Aboab war erst vor vier Wochen in die dritte Klasse aufgestiegen, da wurde auch schon Manasseh in die dritte versetzt.

»Disput!« rief Rabbi Jacob, »wir klären: Das Bild des Allmächtigen!«

»Ich hätte eine Frage an meinen gelehrten Freund Manasseh«, meldete sich Aboab, und schon war Hochstimmung unter den Mitschülern, das versprach Spaß.

»Was geschieht, wenn ein Mensch Ihn, den Ewigen, gelobt sei sein Name, von Angesicht zu Angesicht sieht und dieses Bild, das er von Ihm hatte, weitergibt an sein Volk?«

»Du sollst dir kein Bild machen!« antwortete Manasseh eilfertig, auf portugiesisch, was schon genügte, daß Aboab die Nase rümpfte. »Das ist das Wort des Herrn. Und an anderer Stelle teilt Er uns mit: Du vermagst nicht, mein Angesicht zu schauen, denn mich schauet kein Mensch und bleibt leben! – Das ist wohl eindeutig: Keiner vermag Ihn zu schauen, also soll sich auch keiner ein Bild von Ihm machen, bei Strafe seines Todes!« Er lehnte sich zurück und atmete aus. Das hatte er gut gemacht.

Genau das war es, was Aboab so sehr verachtet: dieser Manasseh wußte, was alle kannten, zitierte, was jeder zitieren konnte. Dazu mußte man nicht studieren, das war Gemeingut. Aufgeschnappt. Beliebigkeiten. Zufälle. Halbbildung.

»Wie erklärt sich dann mein gelehrter Mitschüler Manasseh die Stelle Exodus, 24,9-11?« Er hatte es gar nicht notwendig, sie zu zitieren, er lächelte bloß, während er Manasseh zusah, der hektisch blätternd endlich diese Stelle fand:

»9. Und es stiegen hinauf Moscheh und Aharon, Nadab und Abihu und siebzig von den Ältesten Jisrael's. 10. Und sie sahen den Gott Jisrael's«,

»Wie bitte? Sie sahen was?« (Aboab)

»Und sie sahen den Gott Jisrael's, und daß unter seinen Füßen war wie ein Werk aus leuchtendem Saphir, und wie der reine Himmel an Klarheit. 11. Und gegen die Edlen der Kinder Jisrael's streckte er seine Hand nicht aus; und sie schauten Gott –«,

»Wie bitte? Ich habe nicht verstanden?«

»Schauten Gott – und aßen und tranken.«

»Aßen und tranken?«

»So steht es geschrieben«, sagte Manasseh, fast tonlos.

»Da hat er doch tatsächlich eine Stelle gefunden, die das genaue Gegenteil dessen überliefert, was er eben behauptet hat. Vierundsiebzig Menschen haben Gott gesehen. Sie hatten ein Bild von ihm und haben es unserem Volk weitergegeben. Und Er, gelobt sei sein Name, hat ihnen nicht das Leben genommen, sondern Speis und Trank gegeben. Hält mein Freund Manasseh Speis und Trank des Herrn für vergiftet, nennt er diese Einladung zum Essen gar eine Todesstrafe?«

Gelächter. Hohn. Spott. Keiner, der da lachte, hätte diesen Widerspruch erklären können. Manasseh wußte das. Aber das half nichts, denn wie immer war es er, der in die Falle getappt war. Er sah Aboab an, der den Kopf zurückgeworfen, das

Kinn vorgestreckt hatte und mit dieser mörderisch unschuldigen und zugleich repräsentativen Selbstgerechtigkeit lächelte,
die besagte: Was hätte ich tun sollen? Das war keine persönliche Gemeinheit, sondern objektiv ein Problem. Mein Freund
Manasseh ist eindeutig daran gescheitert. Und mich interessiert nicht das Lachen der Menge, sondern eine objektiv gül-
tige Lösung dieses Widerspruchs. Objektiv ist es so, daß nur
einer sie liefern könnte: Ich, Isaak Aboab, Wunderkind der
Yeshiva der Neveh Shalom.

»Schluß!« sagte der Rabbiner, »ich erwarte mir von Manasseh in zwei Wochen ein Referat über den Widerspruch in
Exodus 24,11 und 33,20. Zwei Wochen werden doch reichen,
um zwanzig Zeilen zu lesen und zu klären, das sind –«

»Eineinhalb Zeilen pro Tag!« jubilierte Lucas da Costa,
Kaufmannssohn und geübt bloß im Lesen von Zahlen.

»Zwei Zeilen! Zwei Zeilen pro Arbeitstag!« sagte Rabbi
Jacob und gab ihm einen leichten Schlag auf den Hinterkopf.
»Hast du schon wieder den Sabbat vergessen?«

Manasseh hielt diese Redeübung, und er meisterte sie durchaus mit Anstand, allerdings doch mehr recht als schlecht.
Aber acht Jahre später veröffentlichte er ein dickes Buch mit
dem Titel »Conciliador« (»Der Versöhner«). Das war seine
definitive Antwort, ein Werk, das gleich alle Widersprüche
der Heiligen Schrift aufhob und versöhnte, und mit dem er
letztlich noch berühmter als der gelehrte Usiel und auch
unmittelbar anerkannter als sein Konkurrent Aboab werden
sollte. Das Aboab aber mit spitzen Fingern, geradezu angewidert, gleich nach Erscheinen prüfen sollte: Es war, so
sein vernichtendes Verdikt, nicht in der Sprache der Propheten verfaßt, nicht in der Sprache der Wissenschaft – der
Unglückliche hatte in der Sprache des objektiven Feindes geschrieben, in der Sprache der katholischen, die Welt unter-
jochenden Iberer. Er begriff nicht, daß Manasseh weder so
weit gedacht noch nicht so weit gedacht hatte – er wollte einfach sein Werk schreiben in der Sprache, die er bestmöglich

beherrschte, und – in der Sprache, die seine Gemeinde verstand. Jedenfalls, nach der gelehrten Redeübung Manassehs und Aboabs kalter Kritik kamen beide, Aboab und Manasseh, gemeinsam in die sechste Klasse, in die direkte Obhut des großen Isaak Usiel.

Er lernte wie besessen. Er lernte Hebräisch, um beim Studium des Heiligen Buches in der Yeshiva jederzeit dem über die Zeilen wandernden Lesestab des Rabbi folgen zu können, zugleich versuchte er, sein Latein so weit zu verbessern, daß er bei den Kommentaren und im gelehrten Disput über den heiligen Text sattelfest war oder zumindest schien, mit dem gleichen Fieber lernte er aber auch Holländisch, um in dieser Stadt, in ihren Ämtern und Geschäften zu bestehen. Das Stadtviertel selbst, in dem er lebte, zwang ihn allerdings auch noch dazu, die Fertigkeit zu entwickeln, jederzeit vom Portugiesischen ins Spanische und gleich wieder zurück zu wechseln, von einem Satz auf den anderen, von einem Moment auf den nächsten.

Blau! Rot! Grün! Wie verschiedenfarbige Tücher, die er monoton der Reihe nach aus einer Truhe zog, führte er die Sprachen vor, mit einem seltsamen Blick, starr, aus tiefen Augenhöhlen, als blickte er durch eine Maske. Befremdlich erschien nun auch seine lange Narbe auf der Wange: Er bekam einen Bart, aber dort auf der Narbe wuchs kein Haar, weshalb diese Stelle wie »schlecht gemacht« wirkte: Hier war die Maske gefalzt und geklebt worden!

Esther sagte, daß er sie an das dressierte Äffchen erinnere, das ein Gaukler vor vielen Jahren auf dem Hauptplatz von Começos der staunenden Menge vorgeführt hatte. Das Äffchen hatte zum Lautenspiel des Gauklers rhythmisch die Beine gehoben und den Kopf gewiegt, bei einem schnelleren Lied schneller, bei einem langsamen Lied langsam. Bei jedem Lied konnte es augenblicklich umsteigen. Dann hatte der Gaukler dazu noch Farben aufgerufen – Blau! Rot! Grün! – , worauf das dressierte Äffchen jedesmal ein Tuch in der jeweiligen Farbe aus einer Truhe holte und schwenkte, nun den Kopf wiegend im Rhythmus des Beifalls.

Mané und Esther hatten danach gemutmaßt, daß dieses Äffchen wohl gar kein Tier gewesen sei, sondern ein Wilder. »In der Neuen Welt soll es ja Wilde geben, die so dicht behaart sind wie Tiere!« – oder aber ein Kind, das, eingenäht in ein Fell, gezwungen worden war, das Äffchen zu spielen.

Das Tier hatte Erstaunen, Bewunderung und Begeisterung, aber auch Hohn und Schadenfreude im Publikum hervorgerufen – Wie drollig, die geknechtete Kreatur! Aber wer auf dessen Augen aufmerksam geworden war, der mußte dieses Wesen insgesamt als Fälschung empfinden, am ehesten als Kind in einem von alten Weibern gesponnenen Fell.

»Und wenn es doch ein Äffchen war?« (Mané)

»Wenn es doch ein Äffchen war«, hatte Esther gesagt, »dann hätte es in den Fängen dieses Gauklers nicht so menschlich werden können! Oder aber es wäre ganz und gar zum Menschen geworden: dann hätte es darum gekämpft, daß der Mann, und nicht es selbst, die Tücher aus der Truhe zieht und schwenkt!«

Manasseh konnte sich sehr gut daran erinnern. Leider. Das Äffchen hatte räudige Stellen gehabt, Fehler im Fellgewebe, aber das war nicht der Grund, warum er jetzt seine Hand auf die Wange legte und seine Narbe abdeckte. Das machte er in letzter Zeit öfter, wenn er nachdachte, wenn er beim Studium den müden Kopf aufstützte, manchmal trommelte er dann mit den Fingern auf den Backenknochen, um sich wachzuhalten, sich anzuspornen, er memorierte, was er zu lernen hatte, und kraulte dabei die kahle Stelle in seinem Bartflaumgesicht. Er überlegte. Gab es einen anderen Weg? Er sah keinen. Und erst recht keinen Rückweg: zurück zu dem Platz von Começos, zu ihrer Kindheit, es gab keinen Weg zurück, in diese Unschuld, die sie gehabt hatten, damals noch, im Publikum des Äffchens.

Er lernte, lernte, lernte, und wenn er müde wurde und mutlos, wenn er das Gefühl bekam, daß er sich niedersinken lassen wollte, einfach daliegen und dieses Leben nur noch aushauchen, aus und zu Ende hauchen, liegen, wegdämmern – dann wurde er wieder hochgerissen, angefeuert und angetrieben von den Schreien des Vaters, dann wurde er regelrecht weitergepeitscht von diesem Geschrei, das aus dem Schlafzimmer der Eltern drang. In beinahe regelmäßigen Abständen gellten Vaters Schreie durch die Nacht. Da bäumte der Vater sich auf in seinem Bett, aber er schlug nicht um sich, er wälzte sich nicht, er wirkte wie gefesselt, er zerrte an seinen unsichtbaren Fesseln und schrie.

Solche Schreie in der Nacht waren nichts Ungewöhnliches. Es gehörte zu den Nächten in diesem Viertel wie das Sirren der Diamantschleifmaschinen bei Tag. Das war in dieser Gegend ein Stadtlärm wie jeder andere. Jugendliche, die sich an einer verschwiegenen Straßenecke nächtens küßten, ließen sich nicht stören, wenn aus einem Fenster über ihnen Geschrei drang. Das hatte mit ihnen nichts zu tun. Der Nachtwächter verzog keine Miene, wenn er, in regelmäßigen Abständen pfeifend, durch die Straßen des Viertels zog und ihm plötzlich ein panischer Schrei, ein Geplärr nach Hilfe, ein herzzerreißendes Wimmern antwortete. Hier wurde keiner überfallen, beraubt, niedergemacht – hier schliefen die, die das alles schon hinter sich hatten. Und viele von ihnen schliefen schreiend.

Die Mutter setzte sich auf, hielt Vaters Kopf, streichelte ihn und sagte leise rhythmisch beruhigende Sätze, sie schien dabei gar nicht mehr aufzuwachen, sie tat das so instinktiv, wie man sich im Schlaf die Decke bis über das Kinn zieht, wenn man friert. Anfangs waren die Kinder noch in das Schlafzimmer der Eltern gelaufen, Esther hatte den Vater an den Schultern gepackt, gerüttelt. »Wachen Sie auf, Senhor!« Sie hatte den Schweiß von seiner Stirn getupft, während er schrie und keuchte.

Die Mutter mit ihrem begütigenden Singsang, Esther immer in Bewegung, hinter ihr Manasseh starr, die Hand an seiner Wange, hervorlugend durch seine Maske.

»Was habt Ihr? Wacht auf, Senhor! Es ist alles gut!«

Wenn dann der Vater zu Bewußtsein kam, die Augen aufschlug, dann hetzte er zunächst mit den Augen durch das Zimmer und über die Gesichter der Anwesenden, bis er ganz zu sich kam, dann winkte er müde ab: geht schlafen, alles in Ordnung! Am Anfang, bei den ersten Malen hatte er noch gesagt – nein, nicht gesagt, er hatte gekeucht und gestammelt, mit dieser Atemlosigkeit, wie man sie hat, wenn man laufen mußte, ganz schnell laufen, dahin und dorthin, ziellos, aussichtslos davonlaufen, da hatte er gekeucht, daß er vergessen wolle, vergessen! Immer aufs neue: Vergessen! Diese Bilder, die er sah, diese Schmerzen, alles vergessen!

Joseph ben Israel war Mitglied einer Gesellschaft, die sich das Ziel gesetzt hatte, das Andenken an die Opfer des Heiligen Offiziums zu pflegen und Zeugnis abzulegen über die im Namen des Christengottes begangenen Verbrechen. Sie rekonstruierten in dieser Gesellschaft die Namen der Toten, schrieben sie auf Listen, damit diese Namen, die ausgelöscht werden sollten, erhalten blieben. Mitglieder der Gesellschaft gingen regelmäßig in die Yeshiva, erzählten den Jungen und bezeugten ihre Erlebnisse, damit die nächsten Generationen die Geschichte ihrer Eltern und Vorfahren, deren Kampf im Gedächtnis behielten. Sie organisierten Gedenktage, brachten Musik der Anusim, der Zwangsgetauften, zur Aufführung, finanzierten Publikationen mit Gedichten, Liedern und Berichten ihres Lebens, ihrer Verfolgung und ihres Todes.

Manasseh war es unangenehm, seinem Vater zuzuhören, wenn er in der Schule oder in Gedenkveranstaltungen Zeugenschaft abgab und von der Verfolgung und Vertreibung erzählte. Der Vater, fand er, log, daß ihm die Luft wegblieb, manches übertrieb er, anderes verschwieg oder bagatellisierte er, mit Leidenschaft schmückte er aus, geradezu schamlos, fand Manasseh, schmückte er all die Banalitäten aus, für die er Worte fand, während er dort, wo er keine Worte hatte oder auch nur bloße Erinnerungslücken, dramatisch stockte, nur noch knappe Andeutungen mit tragischen Gesten untermalte und Gemütsregungen so theatralisch simulierte, daß er tatsächlich zu weinen begann, wenn er in die bestürzten Gesichter der Zuhörenden blickte.

Einmal fragte er den Vater nach solch einer Veranstaltung, warum er gelogen habe.

»Was sagst du?«

»Warum du gelogen hast. Die Geschichte mit der Flucht war ganz anders, das weiß ich doch, weil ich dabei war. Aber was du erzählt hast – Wieso hast du das so erzählt?

»Hätte mir sonst einer geglaubt?« fragte der Vater mit immer noch nassen Augen.

Diese Gesellschaft wurde ursprünglich als »Gesellschaft zum Andenken an die zu früh Verstorbenen« gegründet, bis Einwände kamen, daß die Opfer der Inquisition nicht einfach »verstorben« sind, sondern ermordet wurden. Also wurde der entsprechende Begriff im Namen der Gesellschaft geändert, allerdings irrtümlich nichts als dieser Begriff, weshalb sie jetzt also »Zum Andenken an die zu früh Ermordeten« amtlich eingetragen war. Danach hatte keiner mehr Lust oder die Kraft, für eine neuerliche Änderung des Namens zu streiten. Es würde, wie man sah, nur immer schlechter werden. Bei den »zu früh Ermordeten« war der Vater jedenfalls in jeder freien Minute engagiert, wann immer er noch die Kraft aufbrachte und wo er nur konnte, predigte er die Notwendigkeit des Erinnerns. Erinnern, erinnern! Niemals vergessen! In der Nacht aber, wenn er im Schlaf schrie, schrie seine Sehnsucht nach dem Vergessen. Vergessen! Wenn er nur vergessen könnte!

Selten, daß der Vater lachte. Die Lebensangst war zu groß, auch die finanziellen Ängste, obwohl ihm nur noch so wenig Lebenszeit bleiben sollte, daß vom vierten Rock der Mutter sogar noch ein wenig Kapital für die Kinder übrigblieb. Sein Lebensabend war wie eine allzu schnell hereinbrechende Nacht. Dann, bald, würde er nur noch Erinnerung sein, im

Gedächtnis seiner Kinder, und Stille, eine in den Ohren der Kinder aus seinem Zimmer schreiende Stille.

Es wurde dunkel, auch wenn Joseph ben Israel die Augen aufriß, und erst recht, wenn ihm die Augen zufielen. Die Familie hatte eine Wohnung gefunden, am breitesten Abschnitt des Sint-Anthonisdijk, an der Ecke zum Zwanenburgwal, gleich neben dem schiefen kleinen Häuschen des Schleusenwarts. Joseph stand so gerne am Fenster und blickte hinunter auf dieses belebte Eck, auf das Geschiebe und hektische Gedränge der Menschen. Dieser Stadtteil war eine Attraktion, die auch Christen anzog, die bloß das bunte und laute Leben im Judenviertel einmal sehen oder aber Bilder kaufen oder in Auftrag geben wollten. Denn diese Gegend hatte sich zum wichtigsten Gewerbegebiet der Malerei entwickelt. Paulus Potter wohnte hier um die Ecke in der Anthonispoort, Pieter Lastman hatte gleich dahinter sein Atelier, Cornelis van der Voort arbeitete einen Steinwurf weit von hier entfernt, die berühmtesten Künstler, und über jeden von ihnen hatte Manasseh eine Karteikarte in seinem Archiv in seinem Kopf, voll mit Informationen, die er seinem Gevatter verdankte. So auch über den Kunsthändler Hendrick Uylenburg, der seine Kunstfabrik gleich schräg gegenüber von der neuen Wohnung der Familie hatte. Beschäftigte ein gutes Dutzend junger Maler und Kopisten, konnte selbst keinen Pinsel halten, aber wenn einer wie der Inbegriff eines Künstlers aussah, dann er: mit seinem Samtbarett mit der großen Pfauenfeder, dem von Ölfarben und Kreide bunt gesprenkelten schwarzen Wams und – das war so frech wie stilbildend: – den Pluderhosen *à turco.*

Joseph ben Israel liebte es, am Fenster zu stehen und hinunterzuschauen auf die Straße. Später, als Manasseh nichts anderes mehr von seinem Vater hatte als die Erinnerung an ihn, sollte er ihn immer wieder so sehen: am Fenster, sich die Augen reibend, aber nicht weil er nicht glauben konnte, was er da sah, sondern weil die Augen so müde wurden, so dunkel. Wie er sich freute, wenn er die wippende Pfauenfeder da hinter der wogenden Menschenmenge sehen konnte. Die von außerhalb dieses Viertels, die Christen, waren dieses Gewimmel, dieses Straßengedränge nicht gewohnt, es war deutlich, wie sie Angst bekamen, wenn sie erst einmal hierhergekommen und von der Straße verschluckt waren. Oft reagierten sie mit Panik: wollten nirgends anstoßen, versuchten auszuweichen, immer wieder, bis dann einer, statt standzuhalten und zu begreifen, daß er sich in das Gedränge werfen mußte, sich vom Gedränge hineinwerfen ließ in den Kanal. Das Platschen, das Spritzen, das Geschrei, all die Verrichtungen der Juden, um dem Unglücklichen zu helfen, ihn zu retten und herauszuziehen aus dem Wasser! Wie der Vater da lachte. So laut, wie ein todkranker, kraftloser Mann nur lachen konnte. »Diese Christen!« sagte er dann, krächzend vor Lachen und erschöpftem Husten. »Warum springen sie ins Wasser? Sie sind doch schon getauft!«

Sonst saß der Vater bei Tisch und stellte Berechnungen an. Er hatte bei seinen Kalkulationen, mit denen er im Geschäftsleben Amsterdams Fuß zu fassen versuchte, eine neue Währung zu beachten, und einige Zehntel, die er falsch berechnete, wenn er einem Geschäft den Zuschlag gab, konnten die Familie ruinieren. Diese Angst! Diese unausgesetzte Nervosität! Er schrieb Dutzende Briefe, die er »Wurzelbriefe« nannte. »Ich muß hier erst einmal Wurzeln schlagen«, sagte er, »Wurzeln! Das ist jetzt für uns das Allervordringlichste!« Er machte Kooperationsangebote an Männer, die die Kooperation mit ihm nicht nötig hatten, während er mißtrauisch der Zusammenarbeit mit jenen auswich, die offenbar so verzweifelt waren, daß sie sogar ihm anboten, mit etwas Kapital als Kompagnon einzusteigen. Immer wieder, wenn er schrieb, blickte er plötzlich auf, mit diesem Blick, der Manasseh so sehr erschreckte, mit diesen trüben, dunklen Augen, und fragte: »Wie sagt man?«

Manasseh war, wenn er lernte, immer wieder nah dran, einfach nach vorn zu sinken und die Augen zu schließen und einzuschlafen, und da: im Vorsinken der Ruck, das plötzliche

347

Aufbäumen des Körpers! Und ihm gegenüber der Vater, der sich mit aller Kraft aufrecht hielt und doch manchmal nach vorn kippte, allerdings immer dann, bevor er mit dem Kopf auf den Tisch sank, sich hochriß, den Kopf schüttelte und fragte: »Wie sagt man?« So saßen sie am Küchentisch einander gegenüber.

Die Mutter war immer in Bewegung, was aber kein Zeichen der Stärke mehr war, kein Ausdruck ihrer Kraft, es hatte etwas Gespenstisches, es war ein Flattern und Tönen ohne Verankerung in der Wirklichkeit. »So! Jetzt stellen wir den Topf auf den Herd!« sagte sie, »wie ist das Feuer? Oh! Da müssen wir ja nachlegen, sonst geht es aus! Fast wär es uns ausgegangen, da, da müssen wir ja gleich ein Scheiterl nachlegen, vielleicht noch eines, ja! Jetzt haben wir ein schönes Feuer! So! Jetzt brennt es wieder! Gleich wird das Wasser kochen, hoffentlich! Ist nicht so trocken das Holz! Was sie einem da als Holz verkaufen! So! Jetzt können wir das Gemüse aufstellen – o nein! Was ist das für ein Rauch! Da müssen wir die Klappe hier zumachen, ja, jetzt! Ja, das prasselt, und jetzt das Gemüse da ...«, so redete sie in einem fort, während Esther den Topf auf den Herd stellte, Holz nachlegte, die Rauchklappe schloß. Die Mutter flatterte nur herum, während die Tochter alles machte, die Mutter redete, sagte alles vor. »Oh! Da muß ich das Brett vom Tisch nehmen, das Schneidbrett braucht ihr jetzt ja nicht, das nehm ich gleich weg, damit ihr da arbeiten könnt«, sagte sie, und Esther nahm schnell das Schneidbrett vom Küchentisch, und Vater sah müde auf und sagte: »Percentagem – Wie sagt man?«

»Prozentsatz. Ich muß jetzt –«

»Der Staub, den wischen wir da jetzt weg und ...«

»Ich bin alt und müd und –«

»Salz! Und jetzt geben wir etwas Salz hinein. Wir haben ja noch Salz – Geht das Salz aus, geht das Geld aus ...«

»Sem mais – wie sagt man?«

»So wird er segnen dein Brot und dein Wasser,
    beseitigen will ich Krankheit aus deinem Inneren!«

»Wie sagt man?«

»Beseitigen will ich –«

»Noch ein Scheiterl, ja, wie schön es brennt, das ist ein Feuer –«

»Krankheit!«

»Sem mais – Am Schluß von einem Brief – Wie sagt man?«

Joseph ben Israel hatte mit seinem Verein der »zu früh Ermordeten« bei der Stadtgemeinde das Ansuchen gestellt, der jüdischen Gemeinde von Amsterdam die Erlaubnis zu gewähren, einen eigenen jüdischen Friedhof anzulegen. Nach all den Verfolgungen, Entbehrungen und Opfern kämpften die älteren Juden Liberdades darum, in jüdisch gesegneter Erde beigesetzt werden zu können. Der Stadtrat entschied, den Juden außerhalb der Stadt, an der Amstel ein schönes Stück Land für einen Friedhof zur Verfügung zu stellen. Dieser Grund wurde von den Rabbinern der portugiesischen Gemeinde eingesegnet, als Ruheort der Juden in ihrem Neuen Jerusalem: »Beth Haim an der Amstel«.

Der Vater hatte es geschafft: Er wurde in jüdischer Erde begraben. Zugleich mit der Mutter. Sie starb in der Nacht der Totenwacht. »Jetzt werde ich mich zu ihm setzen, geht nur schlafen! Geht nur schlafen! Laßt mich allein mit ihm! Ich muß ihm noch einiges sagen, ganz unter uns! Jetzt setz ich mich da her und – wie kalt seine Hand ist! Ich nehm seine Hand, gleich wird sie warm sein und –«

Esther und Manasseh zogen sich zurück. Am Morgen fanden sie die Mutter tot, sie lag quer über dem Vater.

»Nein, das müssen wir ändern! Kann man das noch ändern? Oder ist das schon in der Druckerei?« (Der Vater)

»Warum? Schau dir an, Hansi, die Todesanzeigen in der Zeitung. Ich hab es so gemacht, wie man es allgemein macht!« (Die Großmutter)

»Bitte, Mutter! Überleg einmal: Mit großer Trauer geben wir bekannt, daß unser geliebter Gatte, Vater et cetera et cetera Richard Abravanel nach langer, geduldig ertragener Krankheit –«

»Du meinst, er war nicht geduldig? Gut. War er nicht. Aber willst du haben eine Anzeige, in der steht ungeduldig?«

»Nein. Laß mich doch ausreden! Darum geht es ja nicht. Also: im sechsundsiebzigsten Lebensjahr überraschend von uns gegangen ist! Wie kannst du schreiben überraschend!«

»Ich sag dir, Hansi, schau dir an Todesanzeigen und Partezetteln. Das schreibt man so. Bitte! Hier! In der heutigen Zeitung!«

»Mutter! Dieser Mann war neununddreißig. Aber Vater war fast sechsundsiebzig und lange krank. Da kann man nicht schreiben überraschend!«

»War ich vielleicht nicht überrascht, als ich aufgewacht bin, weil er nicht schnarchte? Weil er war tot. Meinst du, das war höchste Zeit? Meinst du, wir haben nur noch darauf gewartet? Willst du, daß wir schreiben: endlich von uns gegangen ist?«

»Mutter! Natürlich nicht. Aber schau dir diese Anzeige an! Da steht: im Herrn entschlafen ist.«

»Richard ist gestorben an meiner Seite, was soll ich also schreiben im Herrn?«

»Das meine ich ja: Man muß also, wie du selbst sagst, nicht jeden Satz kopieren von anderen Todesanzeigen! Können wir also bitte nicht überraschend schreiben?«

»Du willst allen Ernstes schreiben, daß er nicht überraschend von uns gegangen ist?«

»Mutter!«

Bei Großvaters Einäscherung war jedem, der Großmutter sah, klar, daß sie ihm sehr bald »nachgehen« würde. Das war der Ausdruck, den Viktor immer wieder hörte, »ihm nachgehen«, er fragte sich, wie es möglich war, so selbstverständlich vor, hinter oder neben ihr darüber zu reden, ohne daß sie es mitbekam. Er hätte sie gerne in die Arme genommen. Er schaffte es nicht. Es blieb ein Gedanke, der andere Gedanken auslöste, aber keine Tat. Er hatte sie nie in die Arme genommen. Nie hatte sie ihn in die Arme genommen. Konnte das stimmen? In all der Zeit – und er hatte sehr viel Zeit bei den Großeltern verbracht. Hatte sie ihn einmal geküßt? Es konnte doch nicht sein, daß sie ihn nie geküßt hatte. Er konnte sich nicht erinnern. Er sah ihre schlaffe, so seltsam großporig gewordene Gesichtshaut, die Haarfäden um den Mund – nein, dieser Mund hatte ihn nie geküßt, ihre wässrigen Augen, hörte, wie irgendeiner flüsterte: »... wird ihm bald nachgehen ...«, nein, sie hatte ihn nie in den Arm genommen, sie ist ihm öfter einmal in den Arm gefallen, wenn er Unordnung zu machen drohte, nicht still saß über seinen Ausschneidebögen. Nicht einmal gefillte Fisch hat sie ihm machen wollen, wie dem Opa, sie hat nur gesagt: »Woher hat das Kind diese Ansprüche?« Aber sie hatte ihn geliebt, sie liebte ihn, er sah sie an und wußte, daß sie ihn liebte. Er wäre nie in das Internat gekommen, wenn es nach ihr gegangen wäre. Andererseits, es ist nach ihr gegangen – »Wir sind alte Menschen!« hatte sie gesagt, und das hieß für ihn Internat. Sie hatte lieber alt sein wollen, als noch einmal Mutter für ihr Enkelkind. Jetzt erst war sie wirklich alt, und gleich sterbensalt. Alles ist ihr immer zu teuer gewesen, jeder Apfel auf dem Karmelitermarkt, ein Micky-Maus-Heft für ihn – daran war nicht zu denken! »Fünf Schilling fünfzig! Das ist Raub! Es gibt mehr Gauner als Bürgermeister!« Andererseits hat sie ihn mit Goldmünzen beschenkt. Jedes Jahr acht Goldmünzen! Zu Chanukka. Da hängte die Großmutter ein reich besticktes Tuch an die Wand, seitlich von Großvaters Lehnstuhl. Dieses Tuch hatte acht aufgenähte Taschen, und jeden Tag, acht Tage hintereinander, durfte Viktor eine Tasche öffnen und ein Geschenk herausnehmen. Das war immer eine Goldmünze und drei Milka-Naps, diese Miniaturschokoladen. Und der Großvater saß in seinem Lehnstuhl und sagte jeden Tag: »No, was bekommt unser Goldstück? Ein Goldstück!« Und die Großmutter: »Ich dachte schon, in der Tasche ist ein Stein, weil du nennst ihn ja immer Einstein!« Und jeden Tag in diesen acht Tagen und jedes Jahr aufs neue lachten sie dann, als wäre ihnen der Witz gerade erst eingefallen. Das war ein Bestandteil des Rituals, und Viktor hätte sich nicht gewundert, wenn ihm gesagt worden wäre, daß diese Sätze im Talmud vorgeschrieben sind, so wie der »Schamasch«, der für Chanukka erforderliche zusätzliche Kerzenarm auf dem Leuchter.

Es waren sogenannte Achteldukaten. Es gab bei den Banken auch Viertel-, Halb- oder gar Doppeldukaten zu kaufen, das war ein gutes Geschäft mit der Zukunftsangst der Menschen, deren Geschichte ihnen diese ewige Angst nahelegte. Viktor liebte diese kleinen, dünnen, glänzenden Münzen, für die man sich nichts kaufen konnte, die einen aber, so die Großeltern, retten konnten, wenn wieder alles ganz anders werden sollte. »Besser, man hat dann Gold in der Tasche, als sie brechen es dir aus dem Mund!«

Viktor hatte einen Teil der gesammelten Goldmünzen vor dem Sommer in England verkauft, um so wie die anderen Kinder reichlich Taschengeld zu haben für T-Shirts, Platten und Hot dogs.

»Arme Christenkinder«, hatte der Großvater zu Chanukka gern gesagt. »Müssen vierundzwanzig Fenster aufmachen, wo nichts drinnen ist als ein nebbiches Bild, und dann bekommen sie nur an einem einzigen Tag Geschenke, und nicht acht Tage lang jeden Tag eins wie du!«

Viktor war, was das Jahresende betraf, mit seinem Schicksal sehr zufrieden. Das war der einzige Moment, an dem er an die Möglichkeit exklusiven Glücks glaubte und niemanden beneidete. Zumal er am 24. Dezember noch einmal Geschenke bekam, »damit er mitreden kann, wenn sie in der Schule von Weihnachten erzählen, damit er kein Außenseiter ist!« (Der Vater).

Warum schaffte er es nicht, seine Großmutter zu umarmen? Warum konnte er ihr nur stumm die Hand drücken, wie ein Fremder, der herzliches Beileid murmelt?

Als sie in den Bänken Platz nahmen und der Orgelsturm aufbrauste, bevor der Sarg mit dem Großvater in die Feuerhöhle versank, fragte Viktor den Vater: »Warum wird Opa verbrannt?«

»Wie bitte?«

»Warum Opa verbrannt wird?«

Der Vater sah mit steinerner Miene nach vorn, richtete seinen Schal, es war kalt im Krematorium. Als Viktor gar nicht mehr mit einer Antwort rechnete, sagte er: »Weil er über fünfundzwanzig Jahre eingezahlt hat!«

»Er hat was? Was heißt eingezahlt?«

»Die Flamme. Er hat über ein Vierteljahrhundert in den Verein *Die Flamme* eingezahlt. Eine Art Begräbnisversicherung. So war für alles vorgesorgt. Er wollte das so, und uns kostet das jetzt keinen Groschen!«

»Papa! Hör mal! Wie kann man zulassen, nach allem was passiert ist, von den Scheiterhaufen der Inquisition bis zu den Verbrennungsöfen von Auschwitz, daß ein Jude –«

»Wirst du still sein!«

»– verbrannt wird.«

»Wir reden später. Auch über dein Geschichte-Studium.«

»Papa! Du mußt doch –«

»Pst! Das ist das Begräbnis deines Großvaters! Wenn du schon nicht trauern kannst, kannst du dann bitte wenigstens Trauer heucheln, ruhig und elegant, statt dauernd zu schwätzen? Kein Wort mehr!«

Beth Haim wuchs sehr schnell. »Das haben wir dringend gebraucht –«, sagte Aryel Fonseca, »einen Friedhof, der zum Zentrum des Lebens wird. Furchtbar. Ist es eine Komödie? Ist es eine Tragödie?« Die Alten, die Gründer des Neuen Jerusalems, schienen nur auf diesen Moment gewartet zu haben: Es gab Heilige Erde, jetzt konnte man endgültig heimkehren. Die Sterberate im jüdischen Viertel von Amsterdam war nie zuvor und nie danach so hoch wie in den ersten zwei Jahren nach der Einweihung von Beth Haim. Aber es waren nicht nur Alte. Dazu kam eine Selbstmordwelle, die Liberdade erschütterte. Menschen, die mit dem Erlittenen nicht fertig

353

wurden, die viele Jahre nach der Befreiung das Erlebte nicht mehr ertragen konnten, die es im Identitätswechsel zerriß, Menschen, die gerne Christen geblieben wären, aber, zu Juden gemacht, nicht mehr erlernten, Juden zu sein, wie ihre Vorväter es gewesen sind, türmten einen Stein nach dem anderen in Beth Haim. Juden sprangen aus Fenstern, aus denen zuvor ihre Angst- und Alptraumschreie in die Nacht gegellt hatten. Mancher trat in die Schützengilde ein, die zur Verteidigung von Leben und Eigentum der Bürger gegründet worden war, um sich dann mit dem Gewehr, das er als Mitglied der Gilde ausgefaßt hatte, zu erschießen. Selbst im rituellen Bad färbte sich immer wieder das warme Wasser in den Holztrögen und Steinwannen rot vom Blut aufgeschnittener Pulsadern. Es war die größte Krise der freien jüdischen Gemeinde von Amsterdam seit Erhalt der Niederlassungserlaubnis und der Bürgerrechte. Stein um Stein wurde in Beth Haim aufgerichtet, auf dem Friedhof herrschte ein Leben und Gedränge fast wie im Zentrum des jüdischen Viertels selbst. Und diejenigen, die eines natürlichen Todes starben, wurden erst recht mit massenhafter Anteilnahme bestattet und mit einer Pracht, die den größten Beispielen spanischer Grandezza in nichts nachstand, in reichverzierten Eichensärgen – das Holz mochte kosten, was es wollte –, unter Steinplatten, die die berühmtesten Steinmetzarbeiten in Granada oder Lisboa, in Evora oder Vila dos Começos an Schönheit und Kunstfertigkeit weit übertrafen. Grabsteine, die nicht aus Stein mühsam gemeißelt schienen, sondern aus Nebelschwaden und Wolken, aus den flockigsten Gespinsten der Phantasie und gefügigen Traumbildern höchst kunstfertig geformt und dann erst gleichsam durch einen göttlichen Atemhauch versteinert, als könnten Ideen und Lebensgefühl, Glaube, Angst, Sehnsucht, als könnte der flüchtige Hauch eines menschlichen Lebens mit einem letzten Ausatmen verdichtet werden zu hartem glatten Marmor für alle Ewigkeit. Diese Steine zeigten Gott mit Rauschebart, sitzend auf Wolkentürmen, hinuntergreifend auf die Erde, Leben gebend und Leben nehmend, oder Gott mit einer Sense, Leben erntend auf der Welt, das Auge Gottes, in dessen heiligem Lichtschein das menschliche Leben aufgehoben wird, erhoben an die Seite Gottes, um in Ewigkeit zu jubilieren, Heerscharen von Engeln, die Wache halten, trauern, die Hinterbliebenen trösten, weinende Putten, betende Putten. Das Bilderverbot wurde in der Synagoge gelehrt, aber in Beth Haim wieder vergessen. Von wetternden Rabbis gefordert, von den Hinterbliebenen der Toten umgangen. So sind die Grabsteine gewesen in Cordoba oder Lisboa, so hatten sie hier zu sein, nicht ganz so, sondern noch prächtiger, noch reicher, noch bildhafter, als Schlußstein eines Lebens, in dem doch noch Freiheit und Reichtum errungen worden waren. Hier konnten die Toten sein, was sie in ihrem Leben in Iberien angestrebt hatten: Edle, Hidalgos, Parnassimos Senhores.

Der Sargtischler Yshak Levy Six und der Steinmetz Joseph Bicker verdienten in dieser Zeit ein solches Vermögen, daß sie sich nach Ende der Selbstmordwelle in die größten Handelsgesellschaften einkaufen konnten. Six kaufte überdies den »Courante«, die größte Zeitung Hollands, der damaligen Welt. Unterstützt von den Argumenten des »Courante« sollte Yshaks Sohn schließlich Bürgermeister von Amsterdam werden, ebenso wie danach Joseph Bickers Enkel, der mit seinen verfetteten Fingern nicht nur keinen Meißel, sondern nicht einmal die Feder halten konnte, mit der er seine Beschlüsse unterzeichnen sollte.

Die öffentliche Ausübung der katholischen Religion war in Amsterdam verboten, aber die geheimen Katholiken in der Stadt oder die katholischen Besucher Amsterdams suchten regelmäßig Beth Haim auf, sie liebten diesen jüdischen Friedhof voller Gottvaterabbildungen und Engeln, voller Putten und Heiliger, so war es in den schönsten katholischen Friedhöfen der Welt, in Granada, Lisboa oder Rom, und so und noch schöner war es hier in Beth Haim; hier fanden die Katholiken auf prächtigste Weise die Bilderwelt, die ihnen im Zentrum des protestantischen Freiheitskampfes verboten war, hier hatten sie Anhaltspunkte für ihre Existenz, für die Grundierung ihrer Identität, den Hain des Lebensgefühls, das sie in dieser Stadt zu verstecken gezwungen waren. Im freien Amsterdam schwelgten die vertriebenen Juden in der Wollust des mitgebrachten Katholizismus, während die holländischen Katholiken zu inversen Marranen, zu Pseudojuden auf dem jüdischen Friedhof wurden, um zumindest einen Rest ihrer Identität versteckt leben zu können. Ob Zwanenburgwal im Zentrum oder Beth Haim, die Juden gingen in Escarpins, den seidenen Strümpfen und Schnallenschuhen spanischer Adeliger, so war es in Granada, so war es in Lisboa, so mußte es hier sein. Die jüdischen Gemeindefunktionäre trugen den flachen harten Jesuitenhut mit geschweifter Krempe, so mußte es sein, erst recht hier, und die Tempeldiener zeigten sich nur mit dem fulminanten Dreispitz, so wie damals in Spanien die Mitglieder der Guardia Reale. Der Rubi, der Grundschullehrer, trug ein Samtbarett, als wäre er Scholar zu Saragossa. Die Händler und Kaufleute verließen ihre Häuser nicht ohne die hohen Kniestiefel und die reichverzierten Degen, wie sie die Hidalgos Kastiliens trugen, so diese sie nicht bereits versetzen hatten müssen, und selbst Rabbi Shushan liebte es, eine Mitra zu tragen, neben der die Bischofsmütze seiner Heiligkeit, des Erzbischofs von Evora, wie eine armselige Haube gewirkt hätte. Und Beth Haim, der jüdische Friedhof, wurde zum Hauptanziehungspunkt, zum Zentrum des verbotenen katholischen Lebens, wo die Katholiken in ihrer Bilderwelt schwelgten – und, um nicht aufzufallen, kleine Steine auf die Gräber legten, wie der jüdische Brauch es befahl.

In der Nacht nach Mutters Tod hielten Manasseh und Esther Totenwache. Manasseh vermied es, zu seiner Schwester hinzuschauen. Ihr Anblick verwirrte und schmerzte ihn. Er war erleichtert, als die Kerzen so weit herabgebrannt waren, daß sie von selbst verlöschten. Weder er noch Esther trafen Anstalten, neue Kerzen anzuzünden. Aber in der Dunkelheit, die nicht schwarz genug war, alles zu verschlucken, wurde die

Situation für Manasseh nur noch gespenstischer: die Mutter auf dem Bett, davor auf einem Schemel die Schwester. Es schien dieselbe Frau zu sein, einmal als leblose, eingefallene Hülle, gleich daneben als Lebende, die an ihrem Bett saß und sich selbst betrauerte. Er hatte keine Tränen. Er hatte sie schon alle geweint, damals, gleich nach der Ankunft in Amsterdam. Er war zu Tode traurig, und weil er keine Tränen hatte, knetete er das Kopfkissen seiner Mutter, drückte es gegen sein Gesicht und speichelte hinein. Er ließ sich nach vorne sinken und wippte zurück, er wiegte ununterbrochen vor und zurück und speichelte in dieses Kissen seiner Mutter. Wie hatte sie auf diesem Kissen schlafen können, Ruhe finden auf all diesen Ecken und Kanten? Mutter hatte die ersten Gebrauchsgegenstände ihrer Kinder, das erste kleine Spielzeug, die ersten Handarbeiten von Esther und Mané in dieses Polster eingenäht: Ihre Schnuller und Rasseln, ihre ersten kleinen Strumpfpuppen und ihre ersten Löffel. Esthers erstes gehäkeltes Deckchen und Manés ersten in die Werkbank des Vaters eingeschlagenen und vom Vater wieder herausgezogenen Nagel. Wie hatte sie darauf schlafen können? Worauf hatte sie verzichtet, und warum, nur um dieses Kissen mitnehmen zu können auf der Flucht? Manasseh sabberte dieses Kissen voll, drückte seine Wange hinein, knetete es, versuchte zu ertasten, was es jeweils war, das er in diesem Kissen spürte, und mit jedem Griff kam in seinem vor und zurück wiegenden Kopf ein Bild hoch von früher, von damals, vom gestorbenen Leben.

In der Früh, sehr bald nach Tagesanbruch, kamen Doctor Huygens, Professor an der Universität Amsterdam, sein junger Assistent Doctor Tulp, zusammen mit zwei Männern, die die Mutter wegtrugen.

Viktor merkte mit Erstaunen und wachsender Begeisterung, daß die Welt keine Chance hatte, daß sie sich unterwarf und gefügig wurde, sobald er sie mit der neuen Sprache traktierte, die er gewissenhaft lernte. Es gab kein Phänomen, keine

Frage, kein Rätsel, das nicht augenblicklich zum Baustein einer großen Welterklärung, ja Weltenthüllung und letztlich einer möglichen Weltverbesserung wurde, sobald er sein neues Vokabular einsetzte, die Begriffe und Kategorien von Wilhelm Reich und Karl Marx. Er saß bereits in einem »Kapital-Arbeitskreis«, und erhielt zugleich an der Universität die solide Grundausbildung für die Marx-Lektüre: Dort wurde Hegel gelehrt, Hegel und noch einmal Hegel. Es genügte ein Hegel-Seminar über drei Semester an der Wiener Uni, und schon hatte man im Marx-Arbeitskreis in irgendeiner Wohngemeinschaft bereits beim ersten Satz des »Kapital« jenes wunderbar wissende, selbstverliebte, durch einen schiefen Mund ironisch gebrochene Lächeln, mit dem man auf das Hochblicken der nunmehr Erstsemestrigen so stimmig hinabblicken konnte. Den ersten Satz vom »Kapital« – und Viktor wurde nicht müde, dies den jüngeren Kollegen einzubläuen – müsse man sich auf der Zunge zergehen lassen: »Der Reichtum der Gesellschaften, in welchen die kapitalistischen Produktionsbedingungen herrschen, erscheint zunächst als eine ungeheure Ansammlung von Waren, die einzelne Ware als ihre Elementarform. Wir beginnen daher mit –«

»Stop! Nicht weiterlesen! Hast du diesen Satz verstanden?«

»Sicher! Also ich glaube schon!«

»Also: Was steht da?«

»Na, daß die Gesellschaft, also der Kapitalismus eine ungeheure Warenansammlung ist, und wir daher zuerst die Ware als solche –«

»Falsch! Erstens sind Gesellschaft und Kapitalismus keine Synonyme! Oder steht das da irgendwo? Na eben! Zweitens steht nicht: ist, sondern: erscheint! Erscheint! Gleich hier im ersten Satz zeigt sich Marx als Hegelianer, verstehst du? Erscheint! Und Marx setzt noch dazu: Zunächst! Das heißt: Wir können damit rechnen, daß nach genauerer Betrachtung sich das Gegenteil als wahr herausstellen wird. Das Gegenteil. Marx kündigt also bereits im ersten Satz an, daß das, was du glaubst, falsch ist. Dialektik, verstehst du? Wenn du das nicht begreifst, brauchst du gar nicht weiterlesen! Verstanden? Also lies weiter!«

Viktors Lächeln erinnerte jetzt nur deshalb nicht an das ironische Grinsen Hartmuts, weil dieser mittlerweile seinen Mund als dogmatisch gemeißelten Strich trug, der zeigte, daß er von diesen simplen Grundlagen längst zur Einsicht in die Notwendigkeit revolutionärer Praxis fortgeschritten war.

Aber Viktor lernte so begierig wie solide die Grundlagen. In einem Seminar über »Die Philosophie zwischen Hegel und Marx« begriff er, daß die Religionskritik die unabdingbare Voraussetzung dafür war, von der bloßen Interpretation der Welt zur Veränderung der Welt fortzuschreiten. Die Religionskritik, diese Prüfung bestand er mit Sehr gut, war die Eintrittskarte in die Freiheit, das Drehkreuz am Eingang des Stadions, in dem das große Finale, das Entscheidungsmatch stattfinden mußte, das nur einen Sieger haben konnte: Sozialismus oder Barbarei. Die Religion war die phantastische Illusion, durch die sich die überwältigte Mehrheit der Menschen über ihre tatsächlichen Nöte hinwegtröstete, die Projektion ihrer Sehnsüchte in ein imaginäres Himmelreich, Ausdruck des menschlichen Elends und zugleich Protest dagegen. Gelingt es, den Menschen diese Illusion zu nehmen, dann wird ihnen die Notwendigkeit der Umgestaltung der Welt klar vor Augen treten. Der Herr Professor meinte eine philosophiegeschichtliche Frage zu stellen, als er bei einer Prüfung über den Junghegelianismus nach der Religionskritik Feuerbachs und Marx' fragte, und Viktor antwortete mit einer Emphase, die seine nächste Zukunft bestimmen sollte:

»Die Jung- oder Linkshegelianer analysierten die Religion als den Seufzer der bedrängten Kreatur, das Gemüt einer herzlosen Welt, den Geist geistloser Zustände, den schalen Trost, mit dem sich die Menschen über die Defizite ihres Daseins hinwegtrösten. Gott ist der Schatten des Menschen in einer unmenschlichen Welt, Feuerbach, das Opium des Volkes, Marx!«

»Sehr gut, Herr Kandidat!«

Der Professor verstand nicht, warum seine Studenten, die so brav auswendig lernten, was er sagte, in revolutionäre Zellen eintraten, warum sein Institut zum Zentrum marxistischer Agitation wurde, während die Studenten nicht begreifen konnten, daß ihr Professor, wie bekannt wurde, jeden Sonntag in der Früh in die Kirche ging, mit seiner in Loden gekleideten Gattin und ihren sechs Kindern, aufgereiht wie Orgelpfeifen.

Das Seminar endete mit einem denkwürdigen Ausbruch des Professors: »Praxis!« schrie er, nachdem er von mehreren Studenten vehement kritisiert worden war, weil er die Philosophie noch immer als bloße Theorie lehre und sich beharrlich weigere, diese Theorie endlich in die Praxis umzusetzen, »Praxis! Ich habe sechs Kinder! Das ist meine Praxis!«

Warum identifizierte sich Viktor so sehr mit diesen Fragen? Nicht weil sie seinen Erfahrungen entsprachen, sondern weil ihm, der keine Erfahrungen hatte, dies alles so umfassend die Welt erklärte. Religion. Der Katholizismus war für ihn eine Märchensammlung, erzählt von einem Betrunkenen, der, bevor er sich als Mensch zeigen hatte können, zu ihm, Viktor, Christusmörder gesagt hatte. Und das Judentum, der verhaßte Feind der Sekte, die sich als Christentum abgespalten hatte, war bloß ein schemenhafter familiärer Hintergrund, den abzulegen und zu vergessen die Familie schon seit einem halben Jahrhundert sich bemühte. Zunächst chancenlos, nun aber mit besseren Chancen. Acht aufgenähte Taschen auf einem Leinentuch vor Weihnachten. Was noch? Tonfälle. Einige ungewöhnliche Worte oder Betonungen. Schwer zu erklären. Aber sicher kein Geist geistloser Zustände. Kein Seufzer einer bedrängten Kreatur. Obwohl: konnte eine Kreatur bedrängter gewesen sein als seine Großeltern, sein Vater? Aber ihre Seufzer waren heute keine, die hervorseufzten unter Hut und Schläfenlocken. Religion, das war nur noch etwas Kulturelles, ein Fach in der Schule, Folklore am Wochenende. Nein, Religion, davon war Viktor überzeugt, war etwas, wovon sich seine Familie längst befreit hatte und wovon sich nun die Welt befreien mußte, und dann würde er, der Spätentwickler, der Nachzügler die Avantgarde sein.

Da starb die Großmutter, »ging dem Großvater nach«, und hinterließ ein Testament, das Viktor zunächst völlig verwirrte und seinen Vater an den Rand des Wahnsinns trieb. Ihr Wunsch sei es, so schrieb sie in ihrem Letzten Willen, ein christliches Begräbnis zu erhalten. Ein christliches Begräbnis. Mit Pfarrer, Qualm und allem Drum und Dran.

»Qualm! Was meint sie bloß mit Qualm?« (Der Vater)

»Vielleicht Weihrauch?« (Viktor)

Der Vater, wahrlich kein großes Organisationstalent, wenn man vom Zusammenstellen einer Kartenrunde absieht, war mit der Organisation von Großmutters Begräbnis völlig überfordert. So hatte Viktor ihn noch nie erlebt: Der Mann wurde geradezu hysterisch, seine Stimme, wenn er schrie, bekam etwas eigentümlich Schrilles und kippte, als hätte er jetzt erst den Stimmbruch. Und er schrie beinahe ununterbrochen. Alles wurde ihm zuviel – und das schlimmste war: Es war völlig trostlos, weil er das, was ihm zuviel wurde, in keiner Weise akzeptieren konnte.

Anders als der Großvater hatte die Großmutter nicht in einen Begräbnisverein eingezahlt, der dann die gesamte Abwicklung der Bestattung mit allen Spesen und Wegen übernahm, so daß die Hinterbliebenen sich nur noch ruhig und elegant am Zentralfriedhof einfinden mußten. Die verbleibenden Spesen waren bei Großvaters Bestattung überschaubar gewesen: im Grunde bloß ein Geldschein für den Trauerarbeiter von der Gemeinde Wien mit diesem seltsamen Käppi, der die Urne mit professionell erschüttertem Gesicht vorantrug zum Urnenhain, und dann, die Hand aufhaltend, herzliches Beileid wünschte. Nun aber mußte Vater entsetzt über Sargpreislisten, Orgelspielerkostenvoranschlägen, Grabsteinprospekten sitzen, über »Standard« und diverse »Extras« nachdenken, wobei »Standard« seiner Meinung nach nichts anderes als ein sündhaft teures höfliches Achselzucken des

Bestattungsunternehmers war, und er murmelte ununterbrochen: »Sterben – Wer kann sich das leisten? Wie kann man bei solchen Preisen sterben?«

Er war ein großzügiger Mann, immer gewesen, aber hier ging es nicht bloß um einen großen Geldschein, den er achtlos aus der Brieftasche riß, für irgendein Vergnügen, dem er nicht knausrig entsagen wollte, oder für seine Freunde, wenn er beim Heurigen einfach die Rechnung für alle bezahlte, nur weil ihm das Herumrechnen und Auseinanderdividieren, wer was gehabt hatte, so peinlich war, oder für seinen Sohn, wenn er ihn an Besuchstagen mit überfallartig hohem Taschengeld so wehrlos machte, daß er gleich wieder weghasten konnte. Dieses Begräbnis seiner Mutter verschlang eine Summe, mit der er nicht im entferntesten gerechnet hatte und die ihn zwang, auf »gebundenes Geld« zurückzugreifen. Er kalkulierte allen Ernstes, ob nicht eine »Seebestattung« günstiger käme: Der Transport der »sterblichen Überreste« bis zu einem Hafen und die »Passagierkosten« auf einem Schiff kämen zwar teurer als die Fahrt in einem Leichenwagen bis zum Zentralfriedhof, aber dafür ersparte man sich dann den teuren Sarg, weil bei einer Seebestattung ein Leinensack verwendet würde.

»Das meinst du doch nicht ernst!« sagte Viktor. »Oma hat sich doch keine Seebestattung gewünscht, sondern ein christliches Begräbnis!«

»Und wäre das nicht christlich? Man sagt doch: Christliche Seefahrt! Was weiß ich, was christlich ist. Aber Seefahrt weiß ich, ist christlich! Oder glaubst du, an so einer Reling hängen und sich übergeben ist ein typisch jüdischer Brauch?« Und schon war seine Stimme wieder so schrill, daß Viktor nur noch den Kopf einzog. Im Grunde, dachte er, hätten sein Vater und seine Mutter doch gut zusammengepaßt.

Natürlich kam eine Seebestattung nicht in Frage. Aber das, was in Frage kam, das Normale, das Selbstverständliche, war gar nicht so leicht durchzusetzen. »Ich weiß! Ich weiß«, brüllte Vater in das Telefon, »daß in den Dokumenten meiner Mutter mosaisch steht«, beim Wort »mosaisch« war seine Stimme bereits so schrill, daß er auch Kikeriki gesagt haben könnte. »Aber Sie werden doch – Was heißt warum? Warum? Weil es ihr Wunsch war, darum! Ihr letzter Wille! Herr Pfarrer! Sie werden doch nicht – Herr Pfarrer! Papiere sind Papier, wir reden von einem Menschen, von einer Seele, von meiner Mutter! Noch einmal: Sie war getauft! Sie war heimlich getauft! Ist das so schwer zu verstehen? Was heißt Taufschein? Was heißt Nachweis? Das Testament ist kein Nachweis?«

Es war schwer zu verstehen. Noch mehr für den Vater selbst als für den Pfarrer.

»Dein Onkel Erich«, sagte er zu Viktor, »dieser Antisemit, dieser dumme Kerl, ist mit Minjam und Kaddisch begraben worden, und meine Mutter soll ich jetzt christlich bestatten. In was für einer Welt lebe ich?«

Jahrelang hatte Viktor von seinen Großeltern wissen wollen, wie sie die Nazizeit überlebt hatten. Von der Großmutter hatte er es doch noch erfahren, aus ihrem Testament: Sie war 1940 in ein Kloster gegangen und hatte um ein Versteck gefleht. Sie habe zugestimmt, sich taufen lassen, um danach als Ordensschwester aufgenommen zu werden. Bis Juni 1945 habe sie im Kloster gelebt und so überleben können. Und weil die Christen sie vom Tod bewahrt hätten, habe sie sich damals geschworen, daß die Christen sie im Tod haben sollten.

Viktor verstand nicht, was es da nicht zu verstehen gab.

»Eines habe ich nicht verstanden«, sagte er nach dem Begräbnis zu seinem Vater, »warum du im Partezettel geschrieben hast: überraschend von uns gegangen. Ich meine, sie war fünfundachtzig und seit Jahren herzkrank, jeder hat gewußt, daß sie dem Opa bald nachgehen wird – wie kannst du da schreiben: überraschend?«

Professor Huygens, der Stolz der neuen Freien Universität Amsterdam, wurde »der Leonardo der Medizin« genannt. Sein Skalpell produzierte wunderbar präzise und lehrreiche Ansichten des menschlichen Körpers, die höchstens mit

Leonardo da Vincis anatomischen Studien verglichen werden konnten. »Er obduziert nicht«, sagte sein Lieblingsschüler und größter Bewunderer Dr. Tulp, »sondern er zeichnet mit dem Messer, wie Leonardo mit dem Stift.« Aller Fortschritt in der Medizin, die als Wissenschaft und Kunstfertigkeit seit hundert Jahren stagniert hatte, so sie im Zuge der Inquisition und des Hexenwahns nicht sogar brutale Rückschläge erleben hatte müssen, war Professor Huygens zu verdanken, dem Anatom des Rätsels Mensch. Piet Huygens liebte die Arbeit am Leichnam, weil er das Leben liebte. Den Tod sah er bloß als einen der möglichen Zustände des Lebens, als eine Form der buchstäblichen Vollendung, als Lösung der Rätsel, die das Leben aufgab: Jetzt, da das Leben geendet hatte, konnte es das, was es ausmachte, nicht mehr verstecken.

Selten, daß man Piet Huygens sah, ohne daß er dem Genever-Schnaps zusprach oder zumindest soeben zugesprochen hatte, wobei er den alten und den jungen gleichermaßen liebte. Noch seltener, daß man ihn ohne weibliche Begleitung sah, Loblieder auf die Schönheit der Schöpfung und ihre Vollendung im Weib singend, wobei er zunehmend dem jungen den Vorzug gab. Und gänzlich unmöglich, ihn bei der Arbeit im Anatomischen Institut zu sehen, ohne daß er, einen Leichnam sezierend, von der Perfektion des Lebens schwärmte, von der buchstäblich inneren Logik der Schöpfung, von der Sinnhaftigkeit des Zusammenspiels der Organe im fleischlichen Gefäß der Seele. Sein Messer produzierte keine Schnitte, sondern Kunstwerke der Anschauung, und was er freilegte, war so stofflich wie bildlich zugleich: Er konnte über vorbildlich herausgearbeiteten Sehnen übergangslos über das Sehnen schlechthin zu philosophieren beginnen. Ein Corpus in der Anatomie war für ihn eine aufgespannte Leinwand auf der Staffelei des Künstlers, und hier, in der Arbeit am Corpus, zeigte er deutlich eine Präferenz für den alten: Je mehr Spuren das Leben im Fleisch hinterlassen hatte, um so lohnender und lehrreicher war es, das Fleisch zu öffnen.

Sein Gesicht glühte rot vor chronischer Aufregung, vom Genever, von der Liebe und nicht zuletzt von der Wollust des Wissens, und es konnte vorkommen, daß er, nachdem er mit ruhiger Hand geschnitten hatte, sich wortreich mit flatternden Handbewegungen wie ein Betrunkener bei der Leiche dafür entschuldigte, daß er einen genaueren und intimeren Blick auf die Schönheit von dessen Herzen haben durfte, als es der Frau des Seligen möglich gewesen war.

Es war eine kultur- und wissenschaftspolitische Meisterleistung gewesen, damals ohne Beispiel, daß er den Rat der Stadt und die Öffentlichkeit von der Sinnhaftigkeit und der Notwendigkeit einer solchen Arbeit an Leichen überzeugen hatte können, daß er die Bedenken der Pietät und die Vorurteile der Religion gleichermaßen in kürzester Zeit ausräumen konnte. Er erhielt eine »Legitimatio«, die weit über eine amtliche Erlaubnis hinausging: Er wurde zu einem Volkshelden, dem Männer und Frauen, die in einer Schnapshalle seiner ansichtig wurden, ihre Körper zur Obduktion geradezu aufdrängten. Das war Leonardo nicht gelungen, diese Erlaubnis hatte er nie erhalten: Aus seinen Aufzeichnungen ist bekannt, wie gern er Leichen aufgeschnitten hätte. Aber das war damals noch allzu radikal gegen die Anschauungen seiner Zeit gewesen.

Niemand verstand, warum dieser Mann von all seinen Schülern auf der Fakultät ausgerechnet den jungen Tulp am meisten liebte, ein Bürschchen, das kaum zu atmen vermochte vor asketischer Starre und das seinen Ehrgeiz fast deutlicher in der besessenen Pflege seines damals noch dürftigen Spitzbarts zeigte als in der Imitatio seines Lehrers. Aber wenn der Professor eine Frage stellte, dann war es immer dieser junge Tulp, der, den Kopf zurückwerfend, das Kinn mit dem Ziegenbart nach vorn reckend, die akklamierte Antwort gab.

Diese beiden Männer, der aufgeregt rotgesichtige, mollige, schnatternde Professor Huygens, und der steif asketisch dünne, den Spitzbart reckende Assistent Tulp standen am

Morgen des Begräbnisses vor der Tür von Esther und Manasseh.

»Wir haben da ein Problem, eigentlich kein Problem, mehr ein Wunder, allerdings medizinisch völlig erklärbar, also ein Phänomen, das unsere Kenntnis über die Wege der Schöpfung –«

»Kurz: Eine wissenschaftliche Sensation!«

Esther hatte, unmittelbar nachdem die Mutter tot auf dem Leichnam des Vaters entdeckt worden war, die Verantwortung übernommen und sofort die Zustimmung gegeben, die Leichen der Eltern in der Anatomiestunde von Prof. Huygens sezieren zu lassen. Als Gegenleistung für diesen Dienst an der Wissenschaft würde die Fakultät die Begräbniskosten übernehmen. Das war in der verzweifelten Lage der beiden halbwüchsigen Kinder, die in der Wohnung kaum Bargeld fanden und auch keine Vorstellung vom Kapitalwert hatten, den Mutters vierter Rock besaß, die Rettung, die einzige Möglichkeit, wie sie viele mittellose Juden wahrnahmen, um ein würdiges Begräbnis zu ermöglichen.

Esther, die wenig mehr Kleidung besaß als das, was sie bei ihrer Flucht am Leib getragen hatte, verfügte weder über einen schwarzen Rock noch über eine schwarze Bluse. Sie zog daher Kleidung ihrer Mutter an, die seit Jahren nur noch in Schwarz gegangen war. Es war für Manasseh schockierend zu sehen, wie gut ihr Mutters Gewand paßte. Lediglich um den Bauch war ihr Mutters Rock deutlich zu weit, was Esther mit einigen wenigen Nadelstichen schnell korrigierte. Ein Abbild der Mutter, die, neben dem Sohn stehend, darauf wartete, ihren eigenen sterblichen Überresten, die mittlerweile völlig zerschnitten waren, zu folgen. Manasseh war in dieser Situation so verwirrt, daß er zunächst nicht begriff, was es bedeutete, als Prof. Huygens wild gestikulierend schließlich auf seinen jungen Assistenten deutete, der mit der Linken ein Tuch wegzog, das über ein Glasgefäß geworfen war, das er in der Rechten hielt.

In diesem Glas befand sich ein Stein, der aber beim zweiten Blick eine eigentümliche Form aufwies, als wäre er eine kleine Skulptur, die Skulptur eines winzigen, zusammengekauerten Menschen. Die Kinder starrten dieses Glas an, stießen förmlich ihre Nasen daran – was war das? Es wirkte nicht wie ein Artefakt. Die Rundung des Rückens, wenn es denn ein Rücken war, den diese Seite des Steins oder der Skulptur darstellte, ging so glatt und harmonisch, wie die Oberfläche eines Kiesels im Bachbett, in den Nacken und darüber hinaus in die Rundung eines Kopfes über, – waren es Nacken und Kopf? Oder als Anschein doch bloß nur eine Laune der Natur? Tulp hielt jetzt noch dazu mit sichtlicher Faszination das Glas in die Höhe, in das Licht der kalten Wintersonne, und die Kinder, sie waren keine Kinder mehr, reckten ihre Hälse, guckten, spähten, starrten auf dieses Glas, das Tulp mit ernstem Gesicht in die Höhe hielt und hin- und herdrehte, als wollte er vorführen, wie ein Edelstein in der Sonne blitzen und schimmern konnte.

»Nun gut«, sagte Professor Huygens, »was wir euch hiermit aushändigen müssen – Vorsicht, Tulp! Also hier in diesem Glas befindet sich –«

Ein Bruder? Was heißt ein Bruder?

»Kalk«, sagte Tulp ungerührt. »Zu mehr als siebzig Prozent Kalk, schätze ich!«

»Was heißt Bruder, was meinen Sie damit?«

»Kalk. Spezifisches Gewicht eins Komma acht Kilogramm. Das ist sehr beachtlich. Zweihundertzwanzig Gramm schwerer als der berühmte Wiener Steinfötus von 1601!«

Esther bekam diesen Blick, den Manasseh von seiner Mutter kannte, aus ihrer Glanzzeit, so hatte sie immer in Streßsituationen reagiert: eiskalt, zynisch, Augen wie Schießscharten.

»Sie erlauben, daß ich meinen Bruder ans Herz drücke?« sagte sie und nahm Tulp das Glas aus der Hand.

»Daß das heute, am Tag der Bestattung eurer Eltern – Sozusagen ein dritter Toter. So plötzlich ein dritter – Toter! Ich bedaure. Aber. Beachtet die Schönheit und die – ich möchte sagen – Genialität der Schöpfung selbst in ihrem Versagen, hier zum Beispiel seht ihr –«

»Danke! Professor!«

Im Bauch der Mutter war bei der Obduktion ein Embryo gefunden worden. Die Mutter mußte sehr bald nach der Geburt von Mané wieder schwanger geworden sein, es war aber eine Bauchhöhlenschwangerschaft gewesen, die dazu geführt hatte, daß der Embryo abstarb, allerdings nicht abging, sondern im Körper der Mutter abgekapselt wurde, wo er in all den Jahren seither durch Kalk und andere Ablagerungen schließlich versteinerte.

Acht Tage verließen die Geschwister nach dem Begräbnis der Eltern nicht das Haus. Sie saßen Schiwa, wie das Gesetz es befahl. Sie saßen zu dritt: Esther, Manasseh und vor ihnen der versteinerte Embryo, der herausgeschnitten worden war aus dem Bauch der Mutter.

Sie waren aus dem Taxi ausgestiegen, oben auf der Höhenstraße, wo man den grandiosen Blick über Wien haben kann. In dieser Nacht war es aber eigentümlich neblig oder dunstig, es hatte, wohl während sie im »Goldenen Kalb« gewesen waren, ein Gewitter gegeben, und jetzt dampfte die Stadt in der Sommerluft. Es war nichts klar zu erkennen, um so schöner erschien ihnen die Stadt, ein Lichterteppich unter Seidenpapier.

Aus dem wartenden Taxi war Musik zu hören, so gedämpft, als wäre auch sie irgendwie eingewickelt, T Rex, *Children of the Revolution*. Viktor zog Hildegund an sich heran, sie legte ihren Kopf auf seine Schulter.

»Weißt du, was das Furchtbarste ist?« (Viktor)

»Nein. Aber du wirst es mir gleich sagen!«

»Das Wachstum!«

»Das Wachstum? Du meinst, du wärst lieber eins achtundvierzig?«

»Nein. Ich meine das Gesetz, das Prinzip des Wachstums, allgemein, verstehst du?«

»Nein!«

»Ich will sagen – Schau: Wir hatten nichts, damals, nur Ideen und Vorstellungen, die dann den Bach hinuntergegangen sind, und dann versuchten wir irgendwie unser Leben zu machen, ohne diese Ideen und Sehnsüchte, die wir gehabt haben und die wir als vorbildlich empfunden haben, als allgemeingültig. Plötzlich zählte nur noch das Ich, das Eigene, jeder für sich, und ausgerechnet dafür werden wir ununterbrochen belohnt. Wie soll ich sagen? Vielleicht – Überlege dir einmal folgendes: All deine Arbeit in der Frauenbewegung. Du hast natürlich geglaubt, du verbesserst die Welt – warte! Ich sage das ohne Ironie! Du hast geglaubt, daß das ganz wichtig ist, du hast dein ganzes Sinngefühl daraus bezogen, die Anerkennung in deinem Umfeld, Aufregung, Lebenslust, aber recht bedacht war es ein Sandkistenspiel, du warst so glücklich wie ein kleines Kind in einer Sandkiste im Park. Es war ein Aufstampfen: Das Kind sagt: Ich! Verdammt noch einmal: Ich!, und die Erwachsenen sagen Ja! Ja! Und grinsen – Ist es nicht herzig? Und dann sagen sie: Aber jetzt ist Schluß! Dann hast du einen Religionslehrer geheiratet, noch dazu in der Provinz, wurdest Hausfrau und Mutter. Und jetzt bist du ein anerkanntes, ernst genommenes, hofiertes, wohlbestalltes Mitglied der Gesellschaft deiner Kleinstadt. Grüß Gott Frau Religionsprofessor hin und Grüß Gott Frau Professor her, und so weiter –«

»Hör mal!«

»Nein, du hörst einmal zu! Wachstum ist das Prinzip des Kapitalismus.«

»Wirklich? Na so eine Überraschung!«

»Sei nicht so zynisch! Jedenfalls, seit wir uns eingemeindet haben, werden wir belohnt, es ist natürlich lächerlich im Vergleich zu dem, was die wirklichen Nutznießer abkassieren, aber ein bißchen dürfen wir doch an diesem Wachstum teilhaben. Ein bißchen. Schritt für Schritt. Wir haben auf einer Matratze geschlafen, die auf dem Boden gelegen hat. Dann konnten wir uns ein IKEA-Bett kaufen. Später dann, unlängst, ein sogenanntes Grünes Bett, ohne Nägel oder Schrauben aus Metall, mit einer Natur-Latex-Matratze zum Preis eines Kleinwagens.«

»Wieso weißt du –?«

»Ich habe nur von mir auf dich geschlossen! Daß dieses Bett mich auch nicht befriedigt, weil du nicht drinnenliegst –«

»–!«

»Au! Jedenfalls: Von den Decken hingen nackte Glühbirnen. Später einmal irgendwelche nette, preisgünstige Lampen. Jetzt Designerleuchten. Wir fuhren schwarz mit der Straßenbahn. Jetzt haben wir Jahresnetzkarten plus Auto plus Garagenplatz. Wir fuhren per Autostop nach Italien, später mit der Bahn, dann sogar mit dem Schlafwagen, jetzt fliegst du auf ein, zwei Tage nach Rom oder Florenz und kaufst Designerfetzen. Wachstum, verstehst du, das meine ich damit. Die Ansprüche wachsen, die Möglichkeiten, aus denen wir immer selbstverständlicher schöpfen, der Besitz wächst, alles nebbich, aber es wird immer mehr. Wir werden belohnt, nur weiß ich nicht, wofür. Fürs bloße Älterwerden? Fürs müde Mitmachen! Wir dürfen mitnaschen am Wachstum. Es ist so lächerlich!«

»Was willst du damit sagen?«

»Ja, was will ich damit sagen?«

»Vielleicht, daß du eine Krise hast, weil du plötzlich davon träumst, wieder auf einer Matratze auf dem Boden zu schlafen, und zwar mit mir, während eine nackte Glühbirne von der Decke baumelt, während eine Vynil-Platte, *Born to be wild* –«

»Genau!«

»Warte! Das ist wunderbar romantisch! Und du bist so jung, daß du noch keine Rückenschmerzen hast, wenn du dich auf dieser Matratze herumwälzt, und du bist so fixiert auf mich, daß du gar nicht daran denkst, die Nachrichten im Fernsehen sehen zu wollen, und du hast zehn Kilo weniger, nein, sagen wir fünfzehn, und du kannst morgen bis Mittag schlafen, und wenn die Telefonrechnung zu hoch ist, weil du mir stundenlang am Telefon trübsinnige Liebesschwüre unter dem Vorwand der definitiven Stalinismuskritik gemacht hast, oder umgekehrt, dann kannst du die Rechnung dem Herrn Papa geben. Stellst du es dir so vor? Sag was! He! Wenn es so ist, dann ab auf die Matratze! He! Warum sagst du nichts? – – Gut. Vergiß es!«

»Nein!« Und nach einer Pause: »Ich vergeß es nicht!«

Norman Greenbaum, *Spirit in the Sky.* »Komm«, sagte Hildegund, »steigen wir wieder ein. Fahren wir in die Stadt. Ich glaube, du brauchst einen Kaffee!«

Viktor wurde kein Held der Arbeiterklasse, aber den Titel »Held der Arbeit« hätte er sich damals durchaus verdient. Die Trotzkisten waren eine zwar straff organisierte, aber nur sehr kleine revolutionäre Organisation. Über die geringe Zahl ihrer Mitglieder mußte also eine Vielzahl von Aktivitäten hinwegtäuschen, die jeden einzelnen von früh bis spät auf Trab hielt. Im Morgengrauen verteilte Viktor bereits Flugblätter vor einem Fabriktor, das war die »Betriebsarbeit«. Dann die »Universitätsarbeit«: Vorlesungen stören, Seminarkritik, Teach-ins. Schließlich die »Solidaritätsarbeit«: Die Trotzkisten beschickten alle Gruppen und Vereine, die sich der Unterstützung von internationalen Befreiungsbewegungen verschrieben hatten, um auch dort die Vorhut zu bilden, das hieß, sie zu trotzkistischen Vorfeldorganisationen zu machen, ob sie es wollten oder nicht. Viktor saß im Palästina-Komitee, nicht zuletzt deshalb, weil sich dort auch Gundl engagierte. Von ihr lernte er, im Winter statt eines Schals ein Palästinensertuch zu tragen. Die Solidaritätsarbeit verdoppelte die Arbeit, die ihm bereits die bloße Mitgliedschaft bei den Trotzkisten abverlangte: Flugblätter schreiben und verteilen, Teach-ins organisieren, Infobroschüren verkaufen und Spenden sammeln. Dafür erlebte er hier bereits ein kleines Stückchen Befreiung. Er hatte nie gewußt, wie er damit umgehen sollte oder was es für ihn bedeuten könnte, jüdischer Herkunft zu sein – durch einen Vater, der in seiner Überangepaßtheit zwar immer gut versteckt hatte, daß er Jude war, aber ihm damals, wegen der »Ju-

371

densau-Geschichte«, eine Ohrfeige gegeben hatte: Vergiß nicht, von welchem Stamm du bist! Wie hätte er vergessen können, was er nicht wußte, und wie hätte er dann wissen können, was ihm niemand mehr erklärt oder nähergebracht hatte? Seit der Ohrfeige fiel Viktor im Grunde immer nur dann ein, daß sein Vater Jude war, wenn er ihn gerade aus irgendeinem Grund haßte oder verachtete. Der Mann, der sich nicht um ihn gekümmert, der seine Abschiebung organisiert hatte. Der Mann, der ihn nicht berühren konnte, vom förmlichen Händeschütteln abgesehen. Der Mann, dem er nie etwas recht, nie etwas gut genug machen konnte, der Mann, der sich wegen einer Jacke oder wegen der Frisur für ihn genierte, so sehr, daß er ihn jederzeit verleugnen würde – dieser Mann war sein Vater, ein Jude. Ein Arschloch. Also ein Saujude. Zugleich genierte er sich und haßte sich geradezu dafür, daß er seine letztlich pubertäre Abgrenzung von seinem Vater mit jenem dumpfen, atmosphärischen Antisemitismus verband, den er von Schule und Internat mitbekommen hatte, durch ein Schülerwitzchen da und eine Lehrerbemerkung dort. Das Palästina-Komitee aber, ja, das war tatsächlich eine Befreiungsbewegung: Es befreite ihn von Selbstbezichtigungen, von Vater- und Selbsthaß. Nun war er geradezu stolz auf seinen Vater. Ihm verdankte er die Möglichkeit, durchblicken zu lassen, daß er jüdischer Herkunft war, was seine Reputation enorm erhöhte. Jude, aber solidarisch mit dem berechtigten Kampf des palästinensischen Volkes. Jude, aber kein Zionist – das war etwas in diesem Komitee. Kein Selbsthaß mehr. Wozu Selbstbezichtigungen, wenn er plötzlich etwas darstellte, das Beifall erhielt?

Dann mußte er zum Naschmarkt eilen, um die »Rotfront« zu verkaufen, die Parteizeitung der Trotzkisten. Den internen Wettbewerb, wer die meisten Zeitungen verkaufen konnte, gewann er fast jeden Monat. Der Naschmarkt war sein Revier. Da stand er, ein hübscher, etwas unsicher wirkender Junge, hielt den einkaufenden Hausfrauen die »Rotfront« hin, die, wenn sie einen Sohn in seinem Alter hatten, stehenblieben,

372

ihm eine Zeitung abkauften, ihn in ein Gespräch verwickelten und sich von ihm die Welt erklären ließen, in der Hoffnung, ihre eigenen Kinder verstehen zu können, die längst nicht mehr mit ihnen redeten. Manchmal hatte er sechs, sieben, zehn Mütter um sich herum stehen, denen er trotzig und fiebrig die Kategorien und Begriffe einbläute, mit denen sie wieder Zugang zur Welt ihrer Kinder bekommen wollten. Sommer und Winter ging das, aber wenn er später daran zurückdachte, schien es ihm, als wäre es immer besonders schwül gewesen, als er mit der »Rotfront« am Naschmarkt gestanden hatte.

Trotzkisten mußten sehr viel lesen. Nicht umsonst hatten sie in der linken Szene den Ruf, »die Intellektuellen« zu sein. Er hatte nach Betriebsarbeit, Universitätsarbeit und Solidaritätsarbeit kaum noch Kraft und Zeit, jene Bücher zu lesen, die er für die Uni lesen mußte. Mit eiserner Disziplin und gefinkelter Zeitökonomie schaffte er es immerhin, die Bücher zu lesen, die jene Bücher kritisierten, die er für die Uni lesen hätte sollen. Vor der Nachtarbeit eilte er noch rasch in die Druckerei. Die Trotzkisten hatten Geschäftsräume angemietet, Druckmaschinen gekauft und eine eigene Druckerei gegründet, die REMA-(Revolutionäre Marxisten)-PRINT, wo die »Rotfront«, die Plakate und Flugschriften hergestellt wurden. Die Druckerei liebte er. Der Geruch der Druckerschwärze. Das rhythmische Rattern der Maschine, die die Papierbögen aufspulte und einsaugte, schluckte und ausspuckte, so schnell, daß es ihm jedesmal aufs neue als Wunder erschien, daß das Papier nicht zerriß. Es zerriß nicht, es rollte gespannt in das gefräßige Maul der Maschine, ließ sich schlagen und zerriß nicht, ließ sich stampfen von Kolben und Platten und hüpfte unzerstörbar weiter, ratterte hervor als ein Stück Weltabbildung, das Schönste auf der Welt. Er überlegte schon, ob er, wenn er mit dem Studium scheiterte, nicht eine Druckerlehre beginnen sollte. Wenn er bei einer großen Druckerei unterkäme, könnte er vielleicht Betriebsrat werden und –

»He Träumer!« sagte Genosse Eugen, der die REMA-Print

leitete. »Ich glaube, du brauchst einen Kaffee!« Das war so ein
Ritual: Er bekam einen großen Kaffee und dazu die Fahnen
der Zeitung oder der Flugblätter. Was eben gerade anstand.
Viktor hatte sich so oft über grammatikalische oder orthographische Fehler in den Publikationen der Trotzkisten geärgert,
von Stilblüten noch gar nicht zu reden, daß er angeboten
hatte, regelmäßig in die Druckerei zu fahren, um Korrektur
zu lesen. Er tilgte einige »Steigbügelhalter des Monopolkapi-
tals«, ersetzte alle welcher/welche/welches durch der/die/
das, erklärte Eugen noch einmal das stumme h bei griechi-
schen Lehnwörtern, die mit R beginnen, machte aus drei langen Sätzen siebzehn kurze, Gerundium-Exzesse gnadenlos
beseitigend, und beschloß, Eugen endlich einmal die Kon-
junktivregeln aufzuschreiben. Dann, bei einer zweiten Tasse
Kaffee, hörte er sich an, was Eugen ihm unter dem Titel »pri-
vat« erzählte. Viktor beneidete ihn ein wenig dafür, wie exzessiv er »Beziehungsprobleme« und »Orgasmusschwierigkeiten«
hatte – er selbst schaffte es einfach nicht, eine Freundin zu
finden, mit der auch er all diese Probleme nicht meistern hätte
können.

»Vic, ich danke dir!« sagte dann Eugen in konspirativer Ver-
traulichkeit, womit er ausdrücken wollte, wie wichtig ihm dieses Gespräch unter Genossen gewesen ist.

Jetzt wurde es knapp. Im Sommer konnte er das Fahrrad
nehmen, im Winter aber war er immer wieder gezwungen, in
die Kasse vom »Rotfront«-Verkauf zu greifen, um ein Taxi zu
bezahlen. Denn jetzt mußte er schnellstens in die »Sektion«.
Die Trotzkisten hatten aus mittel- bis langfristig strategischen
Gründen beschlossen, »Entrismus« zu machen, das hieß, daß
alle REMA-Mitglieder in die Sozialdemokratische Partei eintraten, damals die Regierungspartei, um in den Bezirkssektio-
nen die Basis nach links zu treiben, im Idealfall selbst in
höhere Gremien aufzusteigen und dort die sozialdemokratischen Reformvorschläge nach und nach zu radikalisieren.
Viktors Sektion als Mitglied der Sozialdemokraten war die
Sektion »Mariahilf« in der Otto-Bauer-Gasse. Dort saßen ei-

nige Hausfrauen von den Gemeindebauten in der Grabner-
gasse oder der Mollardgasse, dazu einige Lehrlinge, die eine
billige Gemeindewohnung haben wollten und nie wieder gesehen wurden, wenn sie eine von der Partei zugeteilt bekommen hatten. Bezirksrat Brauner gab die Worte des Parteivorsitzenden und Bundeskanzlers Kreisky bekannt und lieferte
eine Exegese, die bei der Parteibasis zu schönem Staunen,
größter Bewunderung und inniger Liebe zu Kreisky führte.
»Bruno Kreisky hat gestern klar und deutlich darauf hinge-
wiesen, daß sich Karl Schleinzer (der Parteiobmann der
Christdemokraten) nicht im Trockenen befindet. Nossinenundnossen, ihr habt das wahrscheinlich ohnehin schon heute
in der Arbeiterzeitung gelesen. Und ihr werdet euch gefragt
haben, was wollte uns Bruno Kreisky damit sagen? Nicht im
Trockenen – No, das heißt natürlich im Nassen, auf gut
deutsch gesagt: Also denen steht das Wasser bis zum Hals!
Nossinenundnossen! Warum, werdet ihr jetzt fragen, hat der
Parteivorsitzende das nicht klipp und klar so gesagt, warum
hat er das umschrieben mit der Formulierung: Nicht im
Trockenen? Weil er uns warnen wollte. Weil er an uns denkt,
weil er will, daß auch wir hier in unserer Sektion mitdenken,
wachsam bleiben, nicht übermütig werden und dadurch ver-
wundbar. Nicht im Trockenen, das heißt auch, das heißt
auch – No, kann es sich einer denken?«
    »Daß die Schwarzen besoffen sind!«
    »Ja, haha, nein! Nosinnenundnossen! Nicht im Trockenen,
das heißt natürlich: Nicht ausgetrocknet, nicht ausgedörrt!
Das heißt, mit anderen Worten: Der Schoß ist fruchtbar noch!
Der Vorsitzende wollte uns sagen, dir und dir und dir, Genosse, wollte er sagen: Auch wenn ihnen das Wasser bis zum
Hals steht, der Schoß ist nicht trocken. Wir müssen wachsam
bleiben. Wie können wir wachsam bleiben? Indem wir mit
dem politischen Gegner verhandeln – nur dann wissen wir,
was er will, was er im Schilde führt. Und was ist das Ergebnis
von allen Verhandlungen? Der Kompromiß. Das also ist es,
was ihr begreifen müßt: Wir haben einen Parteivorsitzenden

und Kanzler, der die Schwarzen durch Kompromisse austrocknet!«

Viktor, der die Aufgabe hatte, die sozialdemokratische Basis in Mariahilf nach links zu treiben, wandte ein, daß die Sozialdemokraten in der Stadt und im ganzen Land die absolute Mehrheit hatten, also Kompromisse mit den Schwarzen nicht notwendig seien, im Gegenteil –

Murren und Unmut bei den Lehrlingen. Bürgersöhnchen. Hatte eine eigene Wohnung. Wahrscheinlich vom Herrn Papa. Aber gibt keine Ruh! Stipendium auf der Uni. Was will er noch?

Und die Hausfrauen packten Mehlspeisen aus. Saisonbedingt Marillenfleck, grundsätzlich aber Malakovtorte. Malakov, das war die sozialdemokratische Torte schlechthin. Jeder, der das Rezept kannte, konnte interpretieren, warum. Die Nossinen liebten Viktor. Das Herz schlägt links, ja ja, aber Liebe geht durch den Magen. Wenn er erst einmal satt ist, der Herr Student, dann werden seine Brillengläser nicht mehr so kalt und hart blitzen. Aufpäppeln muß man ihn, er fällt uns ja vom Fleisch, und sie drückten ihn ans Fleisch, ans Brustfleisch und ans Hüftfleisch, und Viktor sagte »Mariahilf!«, warum muß der Bezirk so heißen? Wenn wir schon die Mehrheit haben, warum können wir den Bezirk nicht nach Rosa Luxemburg oder Käthe Leichter nennen, statt nach der Gottesmutter?

Die Mütter lachten, und Bezirksrat Brauner sagte, wichtig sei eine rote Mehrheit in Mariahilf und nicht ein roter Name für Mariahilf.

Wenn Viktor jetzt ging, dann hatte er knapp eineinhalb Stunden Zeit zum Lesen. Dann mußte er Ruth treffen, die Genossin, mit der er eingeteilt war, den vierten, fünften und sechsten Bezirk mit REMA-Plakaten vollzukleben. Das war die »Nachtarbeit«. Er trug den Eimer mit dem Tapetenkleister und einen breiten Pinsel, sie die Plakatrollen. Immer wenn er Kleister auf eine Plakatwand geschmiert hatte, trat er ein paar Schritt zurück, um ihren Hintern anzustarren, während sie das Plakat auf die nasse Fläche klatschte. Bei einer Pyjama-Werbung mit dem Slogan »Der Beste im Bett!« sagte Viktor: »Komm! Das kleistern wir völlig zu, diese Werbung ist absolut frauenfeindlich!« Und er schmierte und pinselte Kleister über den ganzen Slogan, das war viel, das brauchte mindestens zwanzig REMA-Plakate, zwanzig Anti-Franco-Plakate für eine Minute Rückenansicht und sentimentalen Traum.

Das war der normale Arbeitstag eines Trotzkisten. Das war, wie er dachte, seine Familie, sein Leben. Jetzt fünf Stunden Schlaf, dann kam schon wieder die Betriebsarbeit.

Der Store, dieser durchsichtige weiße Perlonvorhang, schimmerte im Fensterlicht, wurde mattweiß, grau, dunkelgrau, schwarz. Auf dem Blumentischchen davor zwei Kakteen, neben der kleinen Skulptur einer knienden Negerin mit Speer und Bastrock. Hatten die Großeltern diese Skulptur gekauft? »Schau, Dolly! Diese Negerin! Ist sie nicht schön? Die müssen wir kaufen!« »Ja, Richard! Du hast recht. Sie ist wunderbar!« »Schau, diese spitzen Brüste!« »Das wird sich gut machen neben unseren Kakteen. Die nehmen wir, koste sie, was sie wolle!« Undenkbar. Sie mußten sie geschenkt bekommen haben. Wer verschenkt solche Skulpturen?

Er seufzte, hechelte, wimmerte. Er hatte vergessen zu atmen. Ohne Licht zu machen, zog er Schuhe und Mantel an. Er fuhr zu seiner Mutter.

»Soll ich dir eine Suppe machen, Viktor?«

»Laß mich doch in Ruhe mit deinen Suppen!«

Familie! Die Mutter stand in der Küche und kochte, der Sohn starrte im Wohnzimmer auf den Fernsehapparat. Dreißig Kinder in einem Schlafsaal, das war einmal. Jetzt war er so allein, daß er fast gestorben wäre am Alleinsein.

Als trüge sie einen Harnisch, als wäre sie gepanzert mit einer Ritterrüstung, so stand Gundl plötzlich vor ihm, einige Tage später, am Treffpunkt Mariahilferstraße. Heute sollte er nicht alleine bleiben, einer von zehntausend sollte er werden. Zunächst dachte er, daß sich das auf ihn bezog, mit ihm zu tun hatte, diese Kälte und Härte Gundls. Aber nein, sie war schlechthin gewappnet, für den Kampf gegen die Spanier, das faschistische Iberien, den Mörder Franco. Der graue Wollpullover, steif verfilzt, dazu die schwarze, durchs viele Waschen bleich gewordene Jeans – es sah tatsächlich aus wie eine hart silbrig schimmernde Rüstung. Als wäre sie vor dieser Demonstration wieder rasch einmal bei »Kortner« gewesen, dem »Fachgeschäft für Berufskleidung« in der Alserstaße. Als gäbe es dort auch Berufskleidung für Berufsrevolutionäre.

»Ich brauch etwas für eine Demo …!«

»Nun, da empfehle ich diesen Pullover im Harnisch-Stil …!«

Viktor war jedesmal, wenn er Gundl zufällig traf, aufs neue beeindruckt davon, wie sie immer wieder ein schickes Outfit aus dem schwarzen Loch zauberte, in dem sie ästhetisch damals lebten. Über die studentische Linke war das absolute Modeverbot verhängt. Man ging nicht in Boutiquen. Man übergab sich vor Boutiquen. Man bewunderte gutgekleidete Frauen nicht, man verachtete sie: Haben fünf Sinne im Körper, aber nur ihren Körper im Sinn. Dame war ein Schimpfwort – da dachte man an die Studentinnen aus den bürgerlichen Nobelbezirken und zugleich an ihre Mütter: Die Hermès-Tuch-Regimenter. Etwas Neues zum Anziehen mußte eindeutig aus jener Wühlkiste von »Schöps« kommen, die sich vor dem Ausgang der Filiale befand und daher dem Ladendieb eine rasche Flucht ermöglichte. Man ging nicht zum Friseur, man ließ die Haare wachsen oder soff, bis sie ausfielen. Es wurden auch keine Häuser gebaut, Architektur war der Titel für eine großangelegte Versuchsreihe, die den Nachweis zu erbringen versuchte, daß bloße Funktionalität potthäßlich sein konnte. Und mitten in diesem Weltuntergang des Schönen war sie: Gundl, die Schöpferin einer neuen Ästhetik. Sie hatte den »Kortner« entdeckt. Dort kaufte sie zum Beispiel für den Sommer eine Bäckerjacke, das bis heute unübertroffen beste Sommerjackett, das je produziert wurde. Sie trug eine Bistrokellnerschürze als Wickelrock, abends erschien sie im Café Dobner im »kleinen Schwarzen«: im Oberteil einer Schornstein-feger-Uniform. Die Pepitahose eines Kochs, kombiniert mit Papas Hemden und alten unverwüstlichen Männer-Schuhen vom Flohmarkt: Das kostete fast nichts, war sinnig proletarisch (»Arbeitskleidung«), daher legitimiert, und doch schön. Einfach schön. Viktor lernte von Gundl. Er kaufte bei »Kortner« eine dicke Winterjacke für Briefträger, in Übergröße, ganz weit, in die er sich noch mit einem dicken Wollpullover wunderbar hineinknuddeln konnte. Die kostete ein Viertel von einem einigermaßen vernünftigen Wintermantel, wärmte ebenso gut, hatte mehr Taschen als ein konservativer Wintermantel, die Seitentaschen hatten A4-Format, ideal für einen Studenten – und ersparte ihm ein halbes Jahr den Kontakt mit seinem Vater:

»Wenn du noch einmal mit dieser blauen Mao-Jacke zu mir kommst, dann kenne ich dich nicht mehr, dann habe ich keinen Sohn mehr!«

Wie dem Vater diese Jacke peinlich war. Es gab so schöne Hubertusmäntel jetzt bei »Tlapa«. Komm, sagte er, ich kauf dir einen!

»Ich will keinen! Diese Jacke kann alles, was ich brauche!«

»Hör zu! Wieso kannst du nicht dozent, ruhig und elegant –«

»Ach, laß mich!«

»Du bist so aggressiv. Ich mach mir Sorgen! Hast du ein Problem? Ich will dir doch helfen –«, wenn es mit einem Geldschein möglich ist und mich nicht von einer Kartenrunde abhält und –

»Vergiß es! Mir ist nicht zu helfen. Ich bin impotent. Dein Sohn, hörst du, ist impotent!«

Es war eine Eingebung. Es hatte weiter nichts zu bedeuten, als dies: Viktor wollte seinem Vater, diesem Ladiesman, dem bei allen Versicherungen gefürchteten Weltmeister des frauennachschaubedingten Auffahrunfalls, den größten denkbaren Schock zufügen.

»Wir müssen reden. Ich habe über alles nachgedacht. Ich habe mir nervös die Fingernägel abgekaut – fast bis zum Ellenbogen!« sagte der Vater am Telefon.

»Und?«

»Ich kenne einen Arzt. Er ist Mitglied in meinem Club. Er kann dir vielleicht helfen. Er sagt, er ist sicher, das ist psychisch. Weil in deinem Alter – Nun, wenn du willst, gehen wir zu ihm, Und vorher kaufe ich dir einen –«

»– ordentlichen Wintermantel?«

»Ja. Hör zu. Ein adrett gekleideter Mann ist –«

»Vergiß es! Ich bin glücklich in meiner Mao-Jacke!«

Leider reagierte Gundl nicht auf Viktors Jacke vom »Kortner«. Er hatte gehofft, unmittelbar eine Art Komplizentum herstellen zu können, wenn er Gundl wiedertraf, wir zwei, mit unseren listigschick proletarischen Dingsda – aber leider! Sie war sie, und er war nicht sie, und auch nicht er. Sie lehnte an einer zweieinhalb Meter langen Fahnenstange, das rote Tuch war noch eingerollt und sagte: »Hallo!« Es klang ziemlich zynisch. Konnte ein bloßes »Hallo!« zynisch klingen?

Da war kein Umarmen und kein Küssen. Da war ein Sammeln. Mit jedem kühl hingesagten »Servus«, mit jedem forsch zugerufenen »Rotfront!« wurde er starrer und kälter. Er fragte sich, ob die Genossinnen und Genossen, die er hier traf, wirklich glaubten, ehrlich und seriös der Überzeugung waren, daß – was? Daß die Welt ihnen gehörte! Uns! Die Zukunft. Daß sie die Naturgesetze entdeckt hatten, nach denen die Geschichte funktionierte, daß sie diese Gesetze beherrschten, daß sie die Zukunft in der Hand hatten, daß der marxistische Kalenderspruch recht hatte, der sagte: »Der Vorschein der Zukunft ist unscheinbar. Geschichtsmächtig ist nicht das je Deutliche, sondern das Vernünftige!«

Genosse Gregor, REMA-Leitungsmitglied, drückte Viktor

die Fahne der Vierten Internationale in die Hand. Er durfte sie tragen. Er rollte sie auf und schwenkte sie emphatisch, um jeden Zweifel, jede Unsicherheit, jede Selbstbezichtigung zu vertreiben oder zumindest im Geschwenke zu verstecken.

Sie wurden immer mehr. Die Unsicherheit versickerte in der Masse. Nie zuvor sind sie bei einer Demonstration bereits am Treffpunkt so viele gewesen. Durch Megaphone wurden Parolen geschrien. Der Demonstrationszug setzte sich in Bewegung. Ordner ordneten. Funktionäre funktionierten.

Sie zogen die Mariahilferstraße hinunter zur Ringstraße. Es war das, was in den Schulungspapieren der Trotzkisten »eine machtvolle Demonstration« hieß.

»Solidari-sieren! / Mitmar-schieren!« (Das Megaphon)

Sie wurden immer mehr. Es war geradezu gespenstisch, fand Viktor, wie das geschah, was in einem Dutzend Demonstrationen zuvor – gegen die Verteuerung der öffentlichen Verkehrsmittel, für die Solidarität mit der eritreischen Revolution, und anderen – nie gelungen war: daß Menschen, die am Straßenrand standen, sich einfach in den Demonstrationszug eingliederten.

Von allen großen Straßen zogen Menschen sternförmig zum Ring. Wenn die Polizei in ihrer Presseerklärung »zehntausend« schätzte, dann konnte man davon ausgehen, daß es in Wahrheit doppelt oder dreimal soviel gewesen sind. Es war der größte Aufmarsch seit März 1965, der legendären Demonstration gegen Antisemitismus, NS-Verharmlosung und Nazi-Kontinuität an der Universität Wien.

Wie stark, wie selbstbewußt Viktor wurde. Er verlor sich nicht in der Masse, wurde nicht von ihr verschluckt, sondern fühlte sich von ihr erhoben. Er empfand seine Sinne klarer, seine Talente kräftiger, sein Leben zielgerichteter. Er war mehr als zehntausend. Er konnte hunderttausend sein! Ja, doch: Die Zukunft gehörte ihm, ihnen! Die Mächte der Vergangenheit hatten keine Chance!

»Franco Mörder! Franco Mörder!«

Sie bogen in die Ringstraße ein. Viktor trug die Fahne, um

sich herum sah er Menschen, ein unübersehbares Menschenheer, aber es war keine amorphe Masse, es war kein großes Kollektiv, das die einzelnen verschluckte, er sah einzelne, unzählige einzelne, und er liebte jeden einzelnen, jede einzelne. Das Amorphe, das Kollektive, das war nur etwas, das sie verband, das Einigkeit und Gemeinsamkeit herstellte, eine Grundierung, vor der jedes Individuum in seiner Schönheit strahlte – so sah er das. Er sah die Schönheit der Wut, die Attraktivität des Zorns, die Sinnlichkeit des Protests, die Geilheit radikalen Mitleids mit den Unterdrückten und Verfolgten, das Strahlen, das Glänzen und die Gier jedes einzelnen, der den Menschen Mensch sein wollte und zugleich Wolf den Menschenfeinden.

Der spanische Diktator Caudillo Franco hatte, bereits alt und schwerkrank, den Befehl erteilt, fünf Widerstandskämpfer durch die Garotte zu töten – eine mittelalterliche, besonders grausame, zuletzt von der Inquisition im siebzehnten Jahrhundert angewandte Hinrichtungsmethode. Der Delinquent wird dabei auf einem Stuhl mit hoher Lehne festgeschnallt, um den Hals eine Lederschlaufe, die vom Henker an der Rückseite des Stuhls langsam enger gedreht wird, so daß nach unendlichen Qualen schließlich ein Erstickungstod, meistens zugleich mit einem Halswirbelbruch herbeigeführt wird. »Ich verlängere ihr Leben, ich mache daraus ein Hundeleben: Man kann den Rest ihrer Lebenszeit nämlich mit sieben multiplizieren!«, soll der Diktator gesagt haben in Anspielung auf die subjektive Unendlichkeit der Zeit, die das Opfer erlebt, bis endlich der Tod eintritt. Die Hände auf hohen Lehnen gefesselt, die Beine über Kreuz auf einer Fußleiste des Stuhls, sitzend gekreuzigt, der Luft beraubt, des Elements der Freiheit, betrogen noch um den letzten Atemzug.

Die Weltöffentlichkeit war von dieser Grausamkeit und diesem Zynismus in seltener Einmütigkeit entsetzt. Es war skandalös genug, daß dieser faschistische Diktator friedlich im Bett sterben sollte, aber daß er vom Totenbett aus noch Mordbefehle gab, sich gleichsam Sterbebegleitung organisierte, an Infusionen hängend, an einer Schnabeltasse mümmelnd und in Windeln ausrinnend noch immer weiter Leben zerstörte, das trieb Menschen auf der ganzen Welt auf die Straßen. Viktor war mittendrin. Mehr noch, an vorderster Front, Fahnenträger. Was trugen die Genossen da an seiner Seite? Er sah Mitglieder des Kommunistischen Bunds, einer maoistischen Organisation, mit Jutetaschen, die eigentümlich ausgebeult waren und ihre Träger fast gebeugt marschieren ließen. Was hatten sie da mit, was trugen sie so schwer in diesen Taschen?

»Fran-co Mör-der!«

Viktor sah Fäuste, die rhythmisch in die Höhe gestoßen wurden, er sah – sich selbst, als sähe er wie damals durch den Spion, durch das Guckloch in die Welt, der kleine Junge, der er damals gewesen war, voller Angst vor dem Fernsehapparat, sah mit einem Mal einen großen, starken, glücklichen jungen Mann, der mit Tausenden anderen zornig und bedrohlich und – sehnsüchtig durch die Straßen zog, jetzt war er durchgeschlüpft durch den kleinen Durchlaß auf die andere Seite.

Und plötzlich war er, der ganz vorne marschiert war, weit hinten:

Sie waren über den Ring und den Karlsplatz in die Argentinierstraße marschiert, zur spanischen Botschaft. Dort kam plötzlich über Lautsprecher und Megaphone die Aufforderung, immer wieder der Aufruf: »Zur Iberia! Zur Iberia!«

Das Büro der spanischen Fluglinie »Iberia« befand sich auf der Ringstraße. Während bei der angemeldeten Abschlußkundgebung vor der spanischen Botschaft Vertreter der Katholischen Hochschuljugend und der Sozialdemokratischen Studenten von einer Tribüne herunterpredigten, wandte sich ein großer Teil der Masse um und zog zurück zum Ring, zum Büro der spanischen Fluglinie. Und dort sah Viktor, was in diesen Jutesäcken steckte: Steine! Pflastersteine, Ziegelsteine, irgendwelche Steinbrocken. Die Steine flogen gegen die »Iberia«, das Glas der Auslagescheibe zersplitterte, jeder Treffer ein lautes Johlen – Polizisten, die den Demonstrationszug begleitet hatten und nun seitlich vom »Iberia«-Büro standen, begannen sich zurückzuziehen. Viktor wunderte sich, daß die Polizei nicht eingriff. Warum zog sie sich zurück? Wich sie dem Steinhagel aus? Plötzlich kam ein Einsatzfahrzeug der Polizei mit Blinklicht und Sirene gegen die Einbahn der Ringstraße gefahren, schwang seitlich von der »Iberia« ab, beim Goethe-Denkmal, ein seitlich offener Bus voll mit Polizisten mit Helmen und Visieren und Schlagstöcken, aber sie sprangen nicht heraus, sie blieben in dem Bus sitzen. Warum? Viktor wurde von nachkommenden Demonstranten nach vorne geschoben, während bereits die ersten jener, die ganz vorne waren, ihre Munition verschossen hatten und, der Zurückhaltung der Polizei nicht trauend, zurück und nach hinten drängten. Da plötzlich sah er Gundl.

»Gundl!« Sie zeigte einen deutlichen Ausdruck von Panik in ihrem Gesicht, Viktor streckte die Hand nach ihr aus, er sah, wie sie gegen den vor- und zurückwogenden Menschenstrom ankämpfte und wie eine Ertrinkende eine Hand in seine Richtung streckte, »Vik…« Da war sie schon wieder weg, von der Menge verschluckt, ein zweites Mannschaftsauto der Polizei fuhr vor, ein drittes, die Polizisten sprangen nicht heraus, was war da los? Viktors Euphorie war längst in Panik umgeschlagen, er wollte nur noch raus aus diesem widersprüchlichen Geschiebe, er begann zu hüpfen, er hüpfte wie ein Irrer. Warum? Er wollte den Überblick behalten, nein, erringen, über die vielen Köpfe vor ihm schauen, er wollte fliegen können über diese Naturgewalt, aufsteigen und sie von oben sehen, diese Gewalt der menschlichen Natur.

Einige Demonstranten liefen zu den Mannschaftsautos der Polizei hin, verhöhnten die Beamten, die unbeweglich in ihren Fahrzeugen saßen und nach vorn starrten, ohne zu reagieren, das Gejohle schwoll noch weiter an, das Reisebüro »Iberia« war mittlerweile ein Schutthaufen. Manche holten Steine aus diesem Trümmerhaufen zurück, bereits geworfene Steine, herausgewühlt unter den Glassplittern, jetzt wurden sie unter Anfeuerungsrufen gegen die Polizeiautos geworfen, da kam ein vierter Mannschaftswagen, dann gleich ein fünfter – ein Pfiff! Und jetzt sprangen alle Polizisten gleichzeitig aus diesen Bussen, so apathisch, so desinteressiert hatten sie gewirkt, nein, nur gewartet hatten sie auf eine gewisse Mannschaftsstärke, jetzt gingen sie in geschlossener Phalanx gegen die erste Reihe der Demonstranten vor, Knüppel schwingend, erbarmungslos, letzte Steine wie Kiesel parierend mit ihren dicken Plexischilden. Nun war es ein Glück, daß Viktor es nicht geschafft hatte, weiter nach vorne zu kommen, er wich zurück, er hatte Platz genug, um wegzulaufen. Nein. Das war völlig rätselhaft, das war schockierend – eine machtvolle Demo von Tausenden war plötzlich nichts als ein billiges Feuerwerk: ein paar Partikel, die rasch verglühend in alle Richtungen zerstieben. Und diese lächerliche, sich in Autos zusammendrängende, auf einen Trillerpfeifenpfiff wartende kleine Polizeiherde war plötzlich eine explodierende Supernova, ein von allen Seiten massiv prasselnder Hagel von Körpern, Stöcken, Schildern.

Da! Da war noch eine Flanke offen! Viktor rannte, so schnell er konnte, auf dieses Schlupfloch zu, hinüber zum Schillerpark, fast wäre er stehengeblieben vor Staunen und Entsetzen: Genau gegenüber vom »Iberia« war das »Burg-Kino«, und just in diesem Moment war offenbar eine Kinovorstellung zu Ende. Die Kinobesucher strömten aus dem Kino, bildeten irrtümlich einen Keil zwischen den Polizisten und den Richtung Schillerplatz strömenden Demonstranten, wurden natürlich nicht als unschuldige Kinobesucher identifiziert, sondern augenblicklich niedergeprügelt. Viktor sah die Schlagstöcke niedersausen auf diese Menschen, die nicht wußten, wie ihnen geschah, die kaum die Hände schützend hoben, weil sie glaubten, daß sie Zeit hätten für ein erklärendes Wort, ein Argument, ein bloßes »Aber –!« Aber: Die Polizei ging in geschlossener Front vor, Schritt für Schritt, Schlag für Schlag, Viktor sah feiste Gesichter – so sah er sie hinter ihren Plexiglasvisieren, Analphabeten, die, mißbraucht von der Staatsgewalt und ohne Einsicht, wo die richtige Seite war, ein primitives Mütchen kühlten, einen erbärmlichen Minderwertigkeitskomplex kompensierten, der deshalb so stimmig war, weil sie wirklich minderwertig waren, so primitiv, Affen in Uniform, und fern der Einsicht, daß nur die Revolution, nur das Wechseln der Seite sie zu Menschen machen konnte – so sah sie Viktor, während er zurückwich, schon auf der Schillerplatzseite, er sah, wie ein Polizist sogar eine Schwangere niederknüppelte, eine Schwangere! Er drosch auf ihren Kopf, auf ihren Rücken ein, und ließ erst von ihr ab, als sie sich plötzlich heroisch umwandte und gestikulierend auf ihren Bauch zeigte.

Viktor, dieses Demo-hassende Kind, dieser Demo-emphatische Jugendliche, irrte zwischen Demonstranten und Polizisten umher, lief in eine Richtung und wurde wieder zurückgedrängt, wich aus und wich wieder aus und wunderte sich unausgesetzt, warum kein Schlagstock ihn traf. Auf dem Schillerplatz sah er, wie eine Gruppe von Demonstranten in verschiedene Richtungen davonlief, wodurch eine Gruppe von Polizisten gezwungen war sich aufzuteilen, und kaum lief ein einzelner Polizist einem Demonstranten nach, formierte sich eine Gruppe, die diesen versprengten Polizisten jagte. Kaum kamen andere Polizisten diesem zu Hilfe, zerstob die Demonstrantengruppe in lauter Einzelne, die in verschiedene Richtungen liefen. Zwei, drei oder vier lockten gemeinsam Polizisten an, durch obszöne Gesten, Rufe oder durch Werfen von Steinchen, Grasbüschel, was immer da lag auf dem Schillerplatz. Kaum lief eine Gruppe von Polizisten auf sie zu, liefen sie sternförmig auseinander, und kaum liefen die Polizisten in verschiedene Richtungen, wurden sie zu den Gejagten – so ging das immer weiter. Es war ein dauerndes Zurückweichen, sich neu Formieren, Vorstoßen – und Viktor ertappte sich dabei, wie er das ganz abstrakt, als ästhetisches Muster, als rhythmisch sich bewegendes Bild sah – und bestaunte.

Bis er plötzlich –

Nichts! Laufende Gestalten. Vor ihm. Hinter ihm. Da ein Schrei! Laufen! Da! Ein Mädchen sprang wenige Schritte vor ihm in einen Hauseingang, er blickte zurück: da kamen Polizisten gelaufen, eine ganze Gruppe von acht oder zehn Mann, nun bekam er Angst, panische Angst, zugleich wurde er apathisch, es wurde ihm völlig egal, was da geschah und ihm geschehen konnte, er wollte nicht mehr laufen, er wollte über sich ergehen lassen, was ihm nun drohte, ganz ergeben und ohne Gegenwehr, dann würde es rasch vorbei sein. Er ging, nein, er stand, nein, er bewegte sich ganz langsam und unschlüssig ein paar Schritte nach vor – da! Ein kurzer Ruf: »He!«

Wer? Viktor stolperte zwei, drei Schritte weiter, während er zurückblickte, »He! du!«

Nun war er genau vor diesem Hauseingang, in dessen Schatten dieses Mädchen – »Pst. Na komm! Schnell!«

Viktor sprang in diesen Hauseingang, sah überlebensgroß, so schien es ihm: überlebensgroß ein Gesicht vor sich, ein schönes, ein ebenmäßiges – ein ängstliches Gesicht, er roch Schweiß, Angstschweiß, ihren oder seinen? Ein gemeinsamer Geruch! Dabei hatte er doch keinen Geruchssinn. Wenn er also etwas roch – Sensation! Sie! Sie beide! Dann –

»Was?«

»Schnell! Küß mich! Sie werden kein Liebespaar verprügeln! Sie werden doch nicht –!«

»Viktor!« sagte er, während sie seine Hände nahm, sich um den Hals warf, »ich heiße Viktor! Und du?«

Da spürte er schon ihre Lippen auf seinen, spürte ihre Hände auf seinem Nacken, spürte sie auf seinem Hinterkopf, spürte ihren Bauch an seinem, spürte ihren Hintern in seiner rechten Hand, spürte ihren Atem in seinem Gesicht, spürte ihre Hand, wie sie seine Hand von ihrem Hintern wegzog, spürte ihren Busen in seiner Linken, ein Busen wie der Bauch eines vom Baum gefallenen Vogels, er hob sich und senkte sich ängstlich, da war ein Gerenne seitlich von ihnen, wie ein kurzer heftiger Windstoß, so heftig, daß Vögel von Bäumen fallen konnten, und schon war er vorbei, dieser Orkan, die Polizisten waren vorbeigelaufen, und –

»Renate!« sagte sie. »Sehr erfreut!«

»So hast du sie kennengelernt? Das wußte ich gar nicht!«

»Das hat sie dir nicht erzählt?«

»Nein. Was war dann? Nach diesem Beginn ist es doch seltsam, wenn dann so ein Haß ausbricht ...«

»Da war einiges dazwischen!«

»Ich weiß. Du hast sie geschwängert und dann sitzengelassen mit ihrer –«

»Sag jetzt nicht Leibesfrucht! Nein, so war es nicht. Renate hatte einen Freund.«

»An den kann ich mich erinnern. Dunkel!«

»Blond. Er war blond. Ein Deutscher, der in Wien Theaterwissenschaft studierte, das heißt, er saß im Café Dobner und quatschte über Agitprop-Theater. Er wollte selbst eine Straßentheatergruppe gründen. Er war natürlich ein Idiot.«

»Natürlich!«

»Ich glaube, er war nur deshalb in Wien, weil er glaubte, Österreich sei ein Entwicklungsland, da müsse er missionieren. Er sah aus wie der große Blonde, dieser französische Schauspieler, wie hieß er gleich?«

»Dieter. Ich glaube, er hieß Dieter.«

»Ich meine jetzt den Schauspieler: Der große Blonde mit dem roten Schuh, oder so ähnlich.«

»Ich weiß, wen du meinst.«

»Jedenfalls, dieser große blonde Dieter –«

»Pierre Richard!«

»Wie?«

»Er hieß Pierre Richard!«

»Dieter?«

»Nein, der Schauspieler. Du hast recht. Dieter sah wirklich aus wie ein Double von Pierre Richard.«

»Sag ich doch! Also, der blonde –«

»Der Film hieß, jetzt fällt es mir wieder ein: Der große Blonde mit dem schwarzen Schuh! Nicht mit dem roten Schuh. Mit dem schwarzen!«

»Weißt du, was mich wirklich wundert? Ich sage dir das als Historiker: Diese Mode in meiner Zunft mit der oral history.

Dieses blinde Vertrauen in die Authentizität von Erinnerungslücken. Diese Liebe für die sogenannten Zeitzeugen, das ist das Ende der Geschichtswissenschaft als Wissenschaft. Niemand ist so materialreich ahnungslos wie der sogenannte Zeitzeuge.«

»Okay. Was war mit Pierre Richard?«

»Mit Dieter. Nichts. Er war da. Natürlich war ich von Renate begeistert. Natürlich habe ich mich um sie bemüht. Klar. Aber da war dieser Deutsche, und es war, abgesehen von diesem wunderbaren Moment während der Demo, unmöglich, sie alleine zu treffen. Immer hing dieser Deutsche wie ein Polyp mit seinen Krakenarmen über ihr.«

»So gesehen grenzt es an Zauberei, daß du es geschafft hast, da einen Durchschlupf zu finden, sozusagen durchzudringen und sie zu schwängern!«

»Ich habe sie nicht geschwängert. Nicht ich. Plötzlich, eines Tages, war der Blonde fort. Hals über Kopf weg von Wien. Ohne Renate seine Adresse zu hinterlassen, war er untergetaucht, irgendwo zwischen Darmstadt und Pforzheim!«

»Und?«

»Nichts Und! Dann begann der Haß!«

»Was hatte das mit dir zu tun?«

»Nichts. Ich war da.«

»Und die Schwangerschaft?«

»Zu der bin ich gekommen wie die Jungfrau zum Kind!«

»Das kann auch nur ein ehemaliger Maria-Darsteller sagen!«

»Ach, hör doch auf! Ich war nicht unmittelbar produktiv beteiligt, wenn diese Formulierung besser konveniert.«

»Du hattest bei der Sache eine weiße Weste!«

»Genau!«

»Es ist so witzig, daß du sofort an eine unbefleckte Empfängnis glaubst, wenn du keine Flecken auf deiner eigenen Weste findest!«

»Maria, vergiß es!«

»Also gut, wir vergessen es!«
Wie kann man diese Geschichte vergessen?

Den Kopf nach vorn gebeugt, über seine Bücher, als würde er studieren, schlug er schnell die Augenlider ein paarmal auf und zu, um gegen die Tränen anzukämpfen. Wenn sich doch eine Träne aus einem Augenwinkel löste, dann wischte er sie nicht weg, sondern wartete mit gesenktem Kopf, bis sie in seinen Bart gekullert war. Dann kraulte er mit der Rechten den Bart, den kleinen feuchten Tropfen im Anschein von Nachdenklichkeit verreibend, während er mit der Linken eine Seite in seinem Buch umblätterte und sich dabei noch tiefer über das Buch beugte.

Er war allein zu Hause. Aber das Verbergen, das Versteckspiel, das Übertünchen dessen, was er wirklich dachte, glaubte, empfand, dieses Erbe der geheimen Juden, diese erzwungene existentielle Doppelbödigkeit der Marranen war ihm in Fleisch und Blut übergegangen. In das Sitzfleisch, in das Herzblut. Hier in der Freiheit, wo es für dieses Maskenspiel keine Veranlassung mehr gab, jetzt erst, am Beginn seines Erwachsenenalters, schlug dieses Erbe voll bei ihm durch. So radikal und so grotesk, daß er sogar Versteck spielte, wenn er alleine war, wenn keiner ihn sah und ihn beobachten konnte.

Manasseh war glücklich. Und zugleich traurig. Weil er glücklich war. Jetzt war alles so, wie die Eltern es sich wohl immer erträumt hatten, wohlgeordnet und voller Möglichkeiten, ohne Druck, ohne Zwang, ohne diese dauernde Angst. Jetzt hatten sich die Sehnsüchte der Eltern erfüllt – und sie waren tot, hatten es selbst nicht mehr wirklich genießen und nutzen können.

Wenn sein Vater ihn sehen könnte. Studierend, ein Musterschüler der Yeshiva knapp vor dem Abschluß. Er lernte nicht nur, ein Jude zu sein, er lernte, ein perfekter Jude zu sein, ein Gelehrter. Der Gedanke an den Vater, an die Eltern, preßte Tränen aus seinen Augen, er zwinkerte und drückte sie zurück. Zwei, drei verstohlene Tränen, das war alles, was in seinen Bart rann, in seinen mittlerweile so dichten Bart, daß auch die Narbe auf der Wange fast versteckt war.

Geordnete Verhältnisse, mehr als das, vorbildliche Verhältnisse, in alle Richtungen offen hin zu glücklichem Ausgang, hätten sie das nicht schon damals haben können, in Vila dos Começos, als die Eltern bei bester Gesundheit gewesen waren? Wenn er dann nicht – wenn dann nicht geschehen wäre, was geschehen war.

Ordnung. Sinn. Glück. Er bekam das Schulgeld von der Gemeinde bezahlt, er bekam täglich von Esther sein Essen gemäß den Speisevorschriften, die den Juden gegeben waren. Am Sabbat glühte der Herd, aber nicht um die Nachbarn zu täuschen, sondern ganz selbstverständlich, um das Essen warmzuhalten, das vor Beginn des Sabbats vorbereitet worden war, wie das Gesetz es befahl. Im Schornstein hingen Alheiras, nicht um den Christenmenschen vorzuspielen, daß die Marranenschweine doch Schweinswürste aßen, also den mosaischen Gesetzen tatsächlich abgeschworen hatten, sondern aus Liebe zu dieser Tradition, eine koschere Wurst erfunden zu haben, die Brotrinden statt Schweinefleisch enthielt, ohne daß die Christen es bemerkt hatten – das war nun ein kulinarisches Kulturgut freier Juden wie gefillte Fisch oder Mazzeknödel.

Manasseh lernte – er war ein Streber, ein Perfektionist, angetrieben von kleinen Schwingungen in der Seele, die nie aussetzten. Das war ein inneres Perpetuum mobile. War es jetzt genügend? Nein! Genügend ist nicht gut, gut nie gut genug. Noch einmal! Dieser manische Wiederholungszwang, diese Fixierung auf ein Ideal, auf das Bild einer letztlich abstrakten Vollendung, machte sein Leben unwirklich, just als er dachte, daß sein wirkliches Leben endlich begann.

Drei Tränen. Mehr hatte er nicht in seinen Tränensäcken, bei aller Sentimentalität. Eine Träne für die Gottgefälligkeit. Wenn es IHN gab, gelobt sei sein Name, dann mußte er doch sehen, daß dieser unwürdige Manasseh im Grunde gut war. Daß er nach Kräften wiedergutmachte. Wenn ER ihn sah, ihn beobachtete, mußte er nicht geradezu gerührt sein? Eine Träne. Hob sie seine Schuld auf? Hatte er die Absolution durch die höchste, die absolute Instanz?

Gab es eine Wiederauferstehung von den Toten? Konnte sein Vater ihn sehen, konnte der Vater aus himmlischen Gefilden beobachten, daß er, Samuel, Manoel, Mané, Manasseh sich nun doch zusammenfaßte zu dem einen idealen Sohn, der Vaters Wunsch und Sehnsucht erfüllen konnte, ihm diente, ihm gehorchte? Daß er, der Blinde, zum Seher, der falsche Christ zum stolzen Juden, der Naive zum Gelehrten, der Untertan zum Bürger wurde? Keine Verachtung mehr, Vater, kein Haß auf die Herkunft, kein Heimweh mehr nach jener Welt, die einem wie dir keinen Platz ließ. Auch dein Wille geschehe! Eine Träne. Hatte er auch die Absolution durch den Vater? Hatte er sie?

Die Hand im Bart, die Augen geschlossen. Hatte er sie?

Noch eine Träne. Würde ihm jetzt in seinem neuen Leben endlich gelingen, was im alten Leben so grausam gescheitert war? Sein Leben zu machen an der Innenseite der Lebensbedingungen, und nicht als Außenseiter. Angepaßt zu sein – nein, das allein hatte ja nie genügt! –, akzeptiert zu sein, integriert zu sein, anerkannt in seinem Umfeld, ehrwürdig, das ja, einfach ehrwürdig, wenn er auf die Straße ging, so daß man ihn grüßte, und dahinter war nichts, kein Verdacht, keine Falschheit, sondern nur dies: Anerkennung dessen, was er war und wie er war. Würde er sie erringen können, diese Absolution durch die Gesellschaft? Durch die Welt? Durch die eigene Seele? Seltsam: das war eins, das war identisch: Welt und Seele. Sagt die Welt ja, sagt die Seele ja. Und die Angst verschwindet aus der Welt, und das Vibrieren verschwindet aus der Seele.

Auch diese Träne kullerte in seinen Bart. Es wird sich weisen. Die Eltern hatten dies nicht erleben können. Zu sehen, ob – einfach dies: Zu sehen, trockenen Auges.

Manasseh lernte, zeigte das Gelernte und heimste Lob von seinen Lehrern ein. Wenn er diskutierte, wurde seine Belesenheit gelobt, die Vielzahl wohlüberlegter Argumente, die bei ihm immer paarweise auftraten und, in ihrer Sucht, abzuwägen, sich regelmäßig wechselseitig aufhoben. Wenn er in der Yeshiva eine Rede zu halten hatte, und bald durfte er auch in der Synagoge reden, wurde seine Rhetorik gelobt, der Reichtum der von ihm verwendeten Redefiguren, die er systematisch aus dem Studium der antiken Vorbilder kompiliert hatte. Hatte er eine Rede vorzubereiten, saß er so lange, bis es ihm gelungen war, jede, zumindest fast jede bekannte rhetorische Figur in seiner dispositio unterzubringen. In der Wortwahl: Hyperbel, Synekdoche (da besonders elegant: pars pro toto), Periphrase, Euphemismus, Metonymie, Metapher und Symbol. In der Wortverbindung: Hendiadyoin, Pleonasmus, Katachrese, Tautologie (seltsam: die wirkte immer!), Oxymoron (garantierte die »Tiefe« der Rede), Litotes. Im Satzbau: Anapher, Chiasmus (diesen liebte er besonders – bis Aboab ihm eine »verräterische Lust« vorwarf, »die Sprache zu kreuzigen«!), Ellipse und Rhetorische Frage – nein: diese vermied er, weil sie allzusehr dem Stil Aboabs entsprach. In der Gedankenführung: Paralipse, Prokatalepsis (sehr selten!), Aporie (süchtig nach ihrer Auflösung), Parabel und Allegorie.

Er wußte, daß eine Rede gelobt wurde, die diese Techniken gekonnt nutzte, er wußte aber auch, daß ebendiese Techniken jede Rede an die Grenze der Demagogie oder gar über diese Grenze hinausführten, weshalb er gerne jeden Wirbelsturm rhetorischer Figuren mit den Worten einleitete: »Und das sage ich wohlgemerkt ganz ohne Demagogie! Das sage ich von Herzen!« Und in seinem Herzen befanden sich all diese Regeln.

Das war allerdings auch schon alles, was er gleichsam »originell« einbrachte. Er war kein origineller Kopf. Er war besessen und in seiner Versagensangst zu systematischer Nachahmung verdammt. Er spürte selbst, daß das alles Techniken waren im Sinn von »bloß Techniken«, Tricks, Handgriffe, Formalismen, durch die ein unorigineller Gedanke besser dastand als ein origineller, der ohne diese Tricks vorgetragen wurde.

393

Er lernte dieses Handhaben, bekam Beifall dafür, sogar dann, wenn er selbst mit der Perfektion der vorgeführten Formalismen noch unzufrieden war, geradezu gehadert hatte, weil er doch nicht gut genug, viel zu dumm und beschränkt war – und plötzlich begriff er: Es fiel ihm leicht, diesen Beifall zu erhalten, der Gradmesser war nicht in ihm, sondern in der Welt, er war besser für andere und als andere, auch wenn er für sich selbst nicht gut genug war. Es war eine Erkenntnis wie ein Blitz, der in ihm eingeschlagen hatte, danach brannte es, er konnte kaum schlafen in der Nacht, wenn er in sich hineinhorchte und hörte, wie es knisterte, sein inneres Feuer, wie es ihn verzehrte, eine Katastrophe, sein Glück: Damit, erkannte er, konnte er sein Leben machen. Ehrwürdigkeit, Anerkennung erringen.

Aber: Hatte er wirklich gesühnt? Hat das genügt, diese Tricks? War die Schuld getilgt? War es überhaupt möglich, diese Schuld zu tilgen? Welche Schuld?

Dieses Grauen.

Sei aus Stein! Er war zu weich. Aber immer hatte er bisher rechtzeitig diesen Ruf Esthers gehört: »Sei aus Stein!«

»Du hast es geschafft!« dachte er, als er den Kopf hob und das Glasgefäß mit dem versteinerten Embryo auf dem Tisch sah. Sein Bruder. Im Zustand absoluter Unschuld versteinert. »Du hast es geschafft. Du bist –« Was? Nein, er war kein origineller Kopf. Über einen ungeboren versteinerten Bruder stand nichts geschrieben, nichts, das er zitieren, in rhetorischen Figuren variieren und so zum Inhalt seines Denkens machen konnte. Also blieben nur diese beiden Worte minutenlang in seinem Kopf hängen, zwar glühend, aber doch starr, als wären sie eben im Begriff zu versteinern: »Du bist –!«

Ihm fiel es schwer, aus Stein zu sein. Er mußte nur an die Eltern denken, wie sie sich in die Särge des Almocreve gelegt hatten, und er wurde rührselig. Es genügte der Gedanke an Senhor, die Katze, und seine Stimme wurde dünn und weinerlich, weil er sofort den Kieferboden anspannte wie einer, der Tränen zu unterdrücken versuchte. Sah er ein Pferd, das vor einen schwer beladenen Lastkarren gespannt war, dann hätte er dieses Tier aus Mitleid am liebsten umarmt. »Vater hat zu mir gesagt« oder »Mutter hat immer wieder gesagt, daß –« wurden pathetische Lieblingsfloskeln, die banale Lebensweisheiten einleiteten, mit denen er sich selbst wie ein Kind ermahnte. Esther konnte sich an keinen einzigen der Sätze erinnern, die er den Eltern zuschrieb. Sie sah ihn nur an und wiegte den Kopf. »Jetzt sage ich dir was!« sagte sie. »Tu, was du willst, aber sage dann bitte, daß du selbst es so willst. Und hör auf, wenn du die halbe Nacht über den Büchern sitzt, zu sagen, daß die Eltern das so wollten! Daß du es ihnen schuldig bist! Sie sind tot. Was willst du schuldig sein? Wenn du unbedingt einen Schuldspruch haben willst, na gut – Die Eltern sind tot, und du bist verurteilt dazu, jetzt dein Leben selbst zu machen!«

»Wie kannst du dich so versündigen? Wenn die Eltern uns hören!«

»Glaubst du an die Wiederauferstehung von den Toten?«

»Ja! Wenn Gott allmächtig ist und die Seele ewig, dann ist logisch, daß –«

»Hör zu, Bruder! Das ist eben nicht so logisch! Was ist logisch? Abgesehen von der Frage, ob man überhaupt über IHN mit den Begriffen der Logik reden kann! Also Schritt für Schritt: Der HERR ist allmächtig. Du stimmst zu? Gut. Wenn ER allmächtig ist, dann hat er auch die Macht, den Menschen das ewige Leben zu schenken, also die Toten wiederauferstehen zu lassen. Du stimmst zu? Gut. Weiter. Da die leibliche Hülle verwest, muß man annehmen, daß es die Seele ist, der der HERR also das ewige Leben schenkt. Deshalb sind sie ja auch irgendwie unsichtbar da, wenn sie uns zuhören. Richtig? Ja? Siehst du, da ist schon der erste Widerspruch in deiner sogenannten Logik: Wenn die Seele unsterblich ist, und es nur die Seele ist, die auch im Jenseits weiterlebt, eben weil sie unsterblich ist, dann frage ich mich: Was hat das mit Wiederauferstehung zu tun? Etwas, das ewig lebt, lebt ewig weiter – wo siehst du da eine Wiederauferstehung? Das ist, als würde ich einen Mann heiraten, den ich eben kennengelernt habe, und ich nenne das Wiedervereinigung. Moment, warte! Hör zu! Wir hatten ja noch eine zweite Voraussetzung, wir sind doch auch davon ausgegangen, daß dies ein Beweis für die Allmacht des HERRN ist. Richtig? Richtig! Gut! Was verstehst du unter allmächtig?«

»Daß der Allmächtige alles kann, alles tun, beschließen, verwirklichen kann, ja! Daß er alles kann, was er will! So ungefähr!«

»Er kann alles, was er will! Gut! Er kann daher auch den Menschen das ewige Leben schenken! Also gibt es ein Leben nach dem Tod. Stimmt's? Wieso nickst du? Wieso hast du plötzlich vergessen, was du selbst eben gesagt hast?«

»Was habe ich gesagt?«

»Du hast nicht nur gesagt, daß ER kann, sondern auch: daß er kann, was ER will! So! Und jetzt frage ich dich: Du, ausgerechnet du weißt, was ER will? Du willst ein ewiges Leben, du sagst, ER ist allmächtig, also glaubst du schon, ER schenkt dir das ewige Leben, weil ER ja kann. Aber: Wenn ER nun nicht will? Allmacht heißt können, aber es bedeutet nicht unbedingt wollen! Wenn ER will, kann ER der Welt ewigen Frieden schenken – Kann ER oder kann ER nicht? ER kann. Will ER? Offenbar nicht! Siehst du, so ist das mit der Allmacht! Wie mit dem Wetter morgen: Kann regnen, muß aber nicht! Bist du sicher, daß du wirklich Rabbi werden willst?«

»Aber du hast doch selbst gesagt, daß wir, wir beide, das Geheimnis der Wiederauferstehung kennen. Du, du hast zu mir gesagt: Vergiß das nie!«

»Wir haben eine tote Katze ausgegraben! Wir haben das mit eigenen Händen getan. Ich dachte, daß du das verstanden hast. Sag, hast du schon einmal über die Möglichkeit nachgedacht, einen weltlichen Beruf zu ergreifen? Einfach Geld zu verdienen?«

Manasseh saß in seiner freien Zeit lieber auf den Stufen des »Hotels Makom«, schaute dem Gevatter zu, wie er Schuhe putzte, hörte ihm zu, wenn er erzählte, und sagte gern mit dunklem Blick zu ihm: »Vater hat immer gesagt, daß –«

Was Esther den ganzen Tag machte, wußte Manasseh nicht. Er fragte nicht nach. Sie wird wissen, was sie tut. Er selbst war so beschäftigt, daß er an Esther nicht anders dachte, als an eine Mutter, zu der man am Abend nach einem anstrengenden Tag essen geht. Sechs Stunden Studium in der Yeshiva täglich. Nur am Freitag hatten sie bloß vier Stunden, damit sie rechtzeitig vor Sonnenuntergang zu Hause waren und sich auch noch für den Sabbat reinigen konnten. Der Sabbat selbst war natürlich schulfrei.

Täglich hatten sie nach vier Stunden Studium eine gemeinsame Pause von einer Stunde und einer halben. Da bekamen sie eine dicke Suppe, hauptsächlich auf der Basis von Getreide. Während dieser Mahlzeit herrschte absolutes Sprechverbot, die sogenannte »Suppenruhe«. Diese »Suppenruhe« hatte den Sinn, zu verhindern, daß nach dem Studium der Heiligen Schrift ein Geschnatter über profane Dinge ausbrach. Allerdings hätte auch keiner der Studenten Lust gehabt, dieses Sprechverbot zu übertreten, das sie alle als Labsal empfanden. Hatten sie doch bereits vier Stunden ununterbrochen geredet, reden müssen: Beim »Klären«, also beim Abwägen von Talmud-Fragen. Bei den »Verhören« – so hießen die strengen Fragen des Rabbiners zu einem vorgegebenen Problem, bei denen eine kurze Antwort immer auch gleich eine schlechte Antwort war, weil sie mangelnde Belesenheit verriet. Und bei der »Verteidigung«, das war ein Disput, bei dem die Studenten dazu angehalten waren, nach der Redeübung eines Kollegen, selbst wenn sie der vorgetragenen These zustimmten, jeden möglichen kritischen Einwand zu finden und zu formulieren, um zu überprüfen, ob der Rhetor diese Einwände entkräften kann. Da gab es keine Freundschaften, kein billiges Lob, keine höfliche Zustimmung – da gab es nur die Wahrheit und ihre verschlungenen Wege. Nach vier Stunden Klären, Verhören und Verteidigen war jeder Student bei der Suppe maulfaul, zumal es dann nach der Pause noch einmal zwei Stunden lang so weitergehen sollte.

Nach der Suppe kam das sogenannte »Dunkeln«: Jeder Student holte sich aus der Kammer eine der dort aufgestapelten Pritschen, leichte, aus Weidenholz geflochtene Betten, die im Flur der Schule der Reihe nach aufgestellt wurden. Darauf hatten sie dann eine Sanduhr lang mit geschlossenen Augen zu liegen. Sie mußten nicht schlafen. »Man kann keinen Menschen dazu zwingen, zu schlafen« (Rabbi Usiel), aber man kann jeden Menschen lehren, durch Dunkeln (also durch Augenschließen) Kopf und Körper zu entspannen!«

Danach folgten noch zwei Stunden Lektüre. Wie ein Blitz schlug der Lesestab des Rabbi in das Buch, wanderte die Zeilen entlang, und der Student hatte, laut lesend, dem Text in der Sprache der Propheten mit der Geschwindigkeit des Lesestabs zu folgen.

Zweimal pro Woche lief Manasseh nach Ende des Yeshiva-Unterrichts direkt zur Freien Universität, wo er »Physik« inskribiert hatte. Auch die hier fälligen Studiengebühren wurden von der Portugiesischen Gemeinde in Amsterdam bezahlt. Das Physik-Studium war eine Mischung aus Studium der Naturgesetze und der Medizin. Ihn interessierte vor allem die Medizin. Schwerkraft und ähnliche Phänomene beschäftigten ihn nicht. Das nahm er, wie es war. Wer darüber wissenschaftlich nachzudenken begann, beschäftigte sich plötzlich ein halbes Leben damit, warum der Mensch nicht auf dem Kopf ging. Davon war er überzeugt. Aber die Medizin: Er hörte Vorlesungen bei Huygens, Tulp, van der Veen und auch beim umstrittenen David da Costa, genannt David van der Jodenhoek, dem ersten jüdischen Mediziner an der Universität Amsterdam, der, wenn er wissenschaftlich ein jüdisches Tabu brach, von seinen Glaubensgenossen gehaßt und bekämpft wurde, aber im umgekehrten Fall, wenn er eine Synthese aus jüdischen und Naturgesetzen suchte, für seine Beschränktheit von den christlichen Kollegen kritisiert wurde.

Am meisten faszinierte Manasseh die Anatomiestunde von Huygens und Tulp, die er so gut wie nie versäumte. In das Innere eines Menschen schauen zu können! Aber auch das Äußere, das man sonst nie sah! Die Geschlechtsteile! Er war kein Voyeur, der bei toten Frauen anstarren wollte, was er bei lebenden nicht zu Gesicht bekam. Ihn interessierten die männlichen Geschlechtsapparate. Beschnitten oder unbeschnitten. Der grundsätzliche Aufbau eines Penis. Samuel »Doppelschwanz« Manasseh wurde zunächst belächelt für seine »Penisfixierung«. Dem Rabbi Usiel kam zu Ohren, daß sein talentierter Schüler entweder nekrophil oder homosexuell sein müsse, und bestellte ihn zu einer Aussprache. Die wissenschaftlichen Ausführungen Manassehs beruhigten den Rabbi – und führten zu einer Revolution in der Technik der rituellen Beschneidung. Manasseh war bei jüdischen männlichen Leichen aufgefallen, selbst bei sogenannten geglückten Circumsisionen, daß noch kein Mohel das Problem des Phrenulums beachtet, geschweige denn eine Lösung dafür gefunden hatte. Das Phrenulum ist ein kleines Hautbändchen, das bei einem unbeschnittenen Penis die Eichel mit der Vorhaut innen elastisch verbindet. Es gab kein rituelles Gesetz, das vorschrieb, daß dieses Bändchen bei der Beschneidung mitentfernt werden mußte. Es gab überhaupt keinen Hinweis, wie mit dem Phrenulum verfahren werden sollte: ob es gerettet oder entfernt werden mußte. Manasseh bemerkte, daß jene Beschneidungen, bei denen das Phrenulum, wie immer durch Zufall, erhalten geblieben war, irgendwie »besser aussahen« als die anderen. Der Narbenwulst am Ende des Penisschafts schien kleiner, gleichsam zurückgenommen, die Haut am Übergang zur Eichel war elastischer und weniger anfällig für Verletzungen im Fall von – nun ja, offensichtlicher Beanspruchung. Bei der Beschneidung darauf zu achten erschien ihm bald unabdingbar notwendig. Der Bund mit Gott, argumentierte er, wird durch die Entfernung der Vorhaut hergestellt, nicht durch die Zerstörung des Phrenulums. Er war achtzehn Jahre alt, als er nicht nur eine kleine Merkschrift für Mohalim veröffentlichte, sondern auch ein Instrument entwickelt hatte, das er zunächst »Circumcision-Schild«, später auf hebräisch »Magen« nannte. Es verhindert nicht nur die irrtümliche Beseitigung des Phrenulums, sondern bietet auch Schutz vor

Unfällen, die zu einer Verletzung der Eichel führen können, wie es Manasseh selbst widerfahren war.

Nach der Fakultät hastete er zu seinem Gevatter in die Breestraat vor das »Hotel Makom«, begierig nach dessen neuen Geschichten. Keiner kannte so viele, so abenteuerliche, weise, überraschende Geschichten wie der Schuhputzer Aryel Fonseca. Dann, wieder im Laufschritt, nach Hause, wo er sich sofort wieder über die Bücher setzte, bis das Essen auf den Tisch kam. Worüber er mit Esther während des Essens redete? Nicht über sie, nicht darüber, wie sie den Tag verbracht hatte. Er erzählte von der Yeshiva, wollte für das Lob, das er vom Rabbi erhalten hatte, noch einmal von ihr gelobt werden. Er dachte, er würde sie glücklich und stolz machen. Er erzählte die neueste Geschichte Aryels und dachte, daß er Esther fasziniere. Er berichtete vom Prototyp seines »Magen«, des Circumcision-Schilds, und daß die ersten beiden Anwendungen, natürlich mit Zustimmung der Eltern der zu beschneidenden Knaben, glänzende Ergebnisse gezeitigt hätten. Er setzte voraus, in Esther eine tiefe Dankbarkeit zu erzeugen – die stellvertretende Dankbarkeit des ganzen Judentums. Leider neigte Esther in letzter Zeit zu sehr launischem Verhalten. Sie knallte das Essen auf den Tisch, auf eine Weise, daß Manasseh verstummte. Wenn sie das Besteck vergessen hatte, sagte sie nur: »Hol es dir selbst!« Manchmal, wenn er von seinem Tag berichtete, stand sie mitten in seiner Erzählung auf, trug die Teller hinaus und begann abzuwaschen. Er lief ihr nach, da war noch so viel, das sie wissen mußte, aber sie gab ihm nur das Gefühl, ununterbrochen im Weg zu stehen, bis er wieder zurück ins Zimmer ging, gebeugt wie ein alter Mann. Er verstand nicht, warum sie so war. Er machte sie doch glücklich. Sie akzeptierte dieses Glück nicht. Hatte sie Sorgen? Probleme? Welche mochten das sein?

War es das Geld? Was machte Esther den ganzen Tag? Was machte sie mit dem Geld, das sie geerbt hatten? Gab sie es einfach aus, ließ sie das Kapital einfach schmelzen, durch die Miete, durch die täglichen Einkäufe für das Essen, das sie jeden Abend hinstellte? Oder vermehrte sie das Geld, hatte sie es angelegt, investiert, in fremde Hände gegeben, die es vermehren sollten? In wessen Hände? Er war beunruhigt, fast schnürten ihm diese Gedanken den Atem ab. Aber dann wieder: Yeshiva, Fakultät, Aryel.

Esther wird wissen, was sie tut!

Den Kopf nach vorne gebeugt, über seine Bücher, versteckte er im Anschein des Studiums seine Ängste, bis er sie wirklich wieder vergaß.

Manasseh und Aboab waren die beiden letzten Absolventen der Schule des Rabbiners Isaak Usiel, des »homen santo«, des »Heiligen Mannes«, wie er von der portugiesischen Gemeinde in Amsterdam genannt wurde. Die letzten, die das Zeugnis aus der Hand dieses großen Lehrers erhielten, das ihre umfassende spirituelle und wissenschaftliche Ausbildung bestätigte und ihnen auch die Ausübung des Rabbiner-Berufs ermöglichte. Noch Jahre nach Isaak Usiels Tod kamen junge Männer aus Konstantinopel, Venedig, Alexandria und sogar aus der Neuen Welt nach Amsterdam, um diesen großen Mann reden zu hören, ihn persönlich kennenzulernen und bei ihm zu studieren. So weit strahlte sein Ruhm hinaus in die Welt und lebte nach. Erst hier erfuhren sie von seinem Tod, konnten nur noch nach Beth Haim pilgern und einen Stein auf sein Grab legen, dem ersten Grab auf diesem Friedhof, das das Bildverbot befolgte. Eingezwängt zwischen all den Gottesbildnissen, den Putten und Engeln der Nachbargräber, schien der Grabstein des Rabbiners mit den wenigen eingemeißelten Schriftzeichen in seiner Schlichtheit und Strenge zu dröhnen und zu blitzen. Die Wolken zogen über den Himmel, wie sie es unausgesetzt tun, aber jeder Pilger wollte schwören, daß just in dem Moment, da er vor des Rabbi Grab trat, dieses im Licht eines plötzlich zwischen den Wolken hervorbrechenden Sonnenstrahls aufleuchtete, wie mit einem Donnerschlag den Bildfrevel rundherum in den Schatten setzte und so dem heiligen Ort erst seine Stille gab. »Genauso war er zu Lebzeiten«, sagte man in der Gemeinde. »Ein Erleuchteter, der mit Grollen und Blitzen gepredigt hat!«

Manasseh und Aboab waren nicht nur die letzten, sondern nach einhelliger Auffassung der Neveh-Shalom-Gemeinde die besten Schüler, die Isaak Usiel je ausgebildet hatte. Sie galten nach ihren ersten Auftritten als Prediger nachgerade als dessen Inkarnation – und jeder Pilger, der, vom Ruhm des großen Rabbiners angelockt, noch nach dessen Tod nach Amsterdam kam, trug danach den Ruhm Manassehs und Aboabs zurück in seine Heimat, hinaus in die Welt. Das enzyklopädische Wissen Manassehs stand dem seines Lehrers in nichts nach, im Gegenteil, übertraf es noch im Bereich moderner Wissensgebiete, wie der anatomischen Medizin oder jener neuen Auffassung von Geschichtswissenschaft, die das Schicksal des jüdischen Volkes auch in nachbiblischer Zeit, nach der Zerstörung des Zweiten Tempels, zu erforschen suchte. »Es beeindruckt ungemein, wie Manasseh jede Jahreszahl von der Erschaffung der Welt bis heute kennt – aber kennt sie nicht auch jedes Kind, das zählen kann? Fünfzehnhunderteins, -zwei, -drei, -vier...« spottete Aboab. In seinem beißenden, geradezu vernichtenden Witz, der enormen Erfolg bei allen hatte, die nicht von ihm getroffen wurden, war Aboab ein getreues Ebenbild des Lehrers, ja schien ihn nachgerade erst zu vollenden: Wie er zwischen Wort und Witz, zwischen Gesagtem und Gemeintem zermalmte, was ihn störte, was ihm im Wege stand, wie er Gelächter und Hohn schüren konnte und dabei mit dem Gestus, er verachte den Beifall der Menge am Markt, Respektbezeugungen und Bewunderung ironisch lächelnd entgegennahm. Hatte Isaak Usiel wegen dieser Gabe eine Gefolgschaft gehabt, so war Aboab mit dieser Technik ein Gefolgschaftsfabrikant. Suchte Manasseh Lob, wie der Lehrer, so wurde es Aboab aufgedrängt und nachgetragen, weil er es zurückwies, wie der Lehrer. Zeigte Manasseh eine enorme Belesenheit, wie der Lehrer, geißelte Aboab die Mängel und Mißverständnisse in der Belesenheit anderer, wie der Lehrer. Manassehs fixe Idee war das Lückenlose, die Aboabs das Auffinden von Lücken. Manasseh wollte Vollkommenheit, wie sein Lehrer, aber Aboab wußte, wie sein Lehrer, daß alle Systematik nur in Hinblick auf eine Absicht ihren Sinn entfaltete. Manasseh wußte, was er wollte, Aboab aber auch, wie man es erreichte. Rabbi Isaak Usiel war ein großer Gelehrter, Gemeindepolitiker und Diplomat. Seine gelehrtesten Schüler waren, genau besehen, nur gemeinsam eine Inkarnation dieses Rabbi: Der harmoniesüchtige Diplomat Manasseh und der machtbewußte Politiker Aboab. Nur einer von ihnen konnte Oberrabbiner werden, Nachfolger ihres Lehrers. Einer von ihnen sollte es trotz ihrer Jugend werden. Die anderen, älteren Rabbiner steckten freiwillig zurück: Herschkowicz, der Rabbi der kleinen Schar armer Ostjuden in Amsterdam, hatte zu wenig einflußreichen Anhang; ebenso Goldstücker aus Glückstadt, der von der erst in Aufbau befindlichen deutschen Gemeinde nach Amsterdam berufen worden war; Rabbi Saul Levi Mortara, ein profunder Gelehrter und Wissenschaftler ohne rhetorisches Talent oder politisches Interesse, wollte nichts als die Leitung der Yeshiva, die der Schriftgelehrte auch alsbald zugesprochen bekam; ebenso desinteressiert war der steinalte, »bei lebendigem Leib verwesende« Rabbi Kaiphas, der, über den Talmud gebeugt, Tabak kauend, nur kurz aus seiner Trance erwachte, um zu sagen: »Ich bin alt und müde. Gebt einem anderen das Brot. Ich bin zufrieden mit dem Gnadenbrot!«

Manasseh oder Aboab, beide kaum zwanzig Jahre alt – einer der beiden jüngsten, einer der beiden völlig unerfahrenen Absolventen des Rabbinerseminars sollte gleich Oberrabbiner der jüdischen Gemeinde von Amsterdam werden, des glänzenden, weit in die Welt strahlenden »Neuen Jerusalems«.

Beide sollten, bevor die Entscheidung getroffen wurde, eine Rede in der Synagoge halten: »Über die Sprachverwirrung von Babel.«

Eine Familie gründen – was war das für eine seltsame Idee? Gerade jetzt!

»Ich weiß, was du denkst!« sagte Esther. »Du denkst: du hast doch eine Familie. Mich. Alles, was du von einer Familie erwarten kannst: ein Zuhause, das Essen, Zuwendung und Pflege, ein stets offenes Ohr, gemeinsame Erinnerungen. Aber – und das ist jetzt nichts, was wir so lange klären können, bis wir einen Kompromiß finden, hier gibt es keinen Kompromiß: Bevor ich mich endgültig von dir zu deiner Mutter machen lasse, will ich lieber eine Frau und die Mutter meiner eigenen Kinder werden!«

Gerade jetzt, da er all seine Konzentration und Kraft für die Vorbereitung seiner Rede benötigte! Gerade jetzt, da er im Begriffe war, ihr gemeinsames Glück vollkommen zu machen: Er würde Oberrabbiner werden, mit vierhundertundfünfzig Dukaten Jahresgehalt bei freiem Wohnen. Absicherung und Anerkennung! Und sie wollte – ja, was wollte sie eigentlich?

»Ich werde –«

»Ich will davon nichts hören. Nicht jetzt. Ich muß diese Rede schreiben! Ich muß diese Rede schreiben. Wie kannst du, du weißt doch, ich muß« diese Rede schreiben. Die beste Rede, die er je gehalten hatte. Was meinte Esther damit: Nicht seine Mutter werden wollen? Mit: Kein Kompromiß? Was war das auf einmal für eine Sprache? Die Sprachverwirrung! Manasseh dachte immer wieder daran, wie sie hier in Amsterdam angekommen waren, sich eingelebt hatten, wie sie, um Menschen werden zu können, Ungeheuer werden mußten mit sieben Ohren, die sich herausstülpen mußten in dieser Sphäre von Sprachen, von denen jede ein eigenes Gehör verlangte, ein eigenes Sensorium, portugues, espanhol, portanhol, ibrit, latim, nederlands, deutsch/jiddisch. Es hatte kein Leben gegeben, nur Sprachen. Und Leben erst mit diesen vielen Ohren. Und jetzt lebten sie, waren endlich imstande zu leben, aber da kam sie mit einer neuen Sprache, nach Spanisch, Portugiesisch, Holländisch, Hebräisch auf einmal Zerstörerisch. Jetzt, gerade jetzt, wo er die Worte suchte für die Rede seines Lebens!

Er war kein origineller Kopf. Er kam gar nicht auf die Idee, im Zusammenhang mit dem Thema »Sprachverwirrung« von eigenen Erfahrungen zu sprechen und auf die Aktualität dieser biblischen Erzählung einzugehen. Er konzentrierte sich auf die klassische Literatur zu dieser Bibelstelle. Was machte Esther den ganzen Tag? Was meinte sie damit: Mutter der eigenen Kinder werden zu wollen? Er war doch kein Kind mehr. Bald sollte er Oberrabbiner sein. Vierhundertundfünfzig Dukaten und Wohnen frei. Ein schönes Haus am Oude Schans, ein offenes Haus für die gelehrte Welt. Bürgerhut und feines Tuch. So sein wie der Vater war, in Vila dos Começos, allerdings stolzer, ohne Angst und Versteckspiel. Vater sein? Er studierte und kompilierte und drechselte und bastelte aus allen Referenzstellen über den Turmbau zu Babel, deren er habhaft wurde, seinen Vortrag, der schließlich ein makelloses Beispiel klassischer Rhetorik auf der Basis klassischer Sekundärliteratur wurde.

Aboab erntete bereits mit der Eröffnung seiner Rede Bewunderung: In sieben Sprachen stellte er die Frage, an wen sich seine Worte nun wohl richteten. Applaus erntete er mit der Feststellung, daß das auserwählte Volk, trotz Sprachverwirrung, sich heute wieder in einer gemeinsamen Sprache einige, nämlich der Sprache der Propheten. Gelächter: Das Hebräische sei heute der einzig nachweisbare Fall einer Wiederauferstehung von den Toten. Und Gelächter, das noch wochenlang in den Adern Manassehs brannte, für diese Ohrfeige, die ihm gegolten hatte: Es sei verständlich, daß keiner, der heute in das Neue Jerusalem kam, Hebräisch in Wort und Schrift perfekt beherrsche, aber von einem Rabbiner wird man dies doch verlangen können. Bewunderung, als Aboab mit gespieltem Erstaunen, mit fast outriertem Bedauern darauf verwies, daß »es Kollegen gebe«, die über Genesis 11, 1 – 9 sprechen, ohne die Interpretation jenes Anonymos aus dem 12. Jahrhundert zu erwähnen, der über Vers 4, »Lasset uns bauen eine Stadt mit einem Turm, dessen Spitze bis in den Himmel reicht, denn wir wollen uns einen Namen machen, der sich über die ganze Welt verbreite«, der also über diesen Vers so treffend geschrieben hatte: »Es ist die Ruhmsucht, die die Verständigung zwischen den Menschen zerstörte. Jeder wird sich erinnern eines Menschen, der nach den Gesetzen lebte, fleißig und tüchtig, liebevoll und hilfsbereit war, so er einen solchen kannte. Wer nun aber im Gedächtnis all jener weiterleben will, die ihn nicht kannten, ist wie einer, der eine unverständliche Sprache spricht und voraussetzt, daß er dennoch verstanden wird!« Aboab hielt ein Buch in die Höhe und rief: »Vor vierhundert Jahren geschrieben, von einem Heiligen, denn in voller Konsequenz seines Denkens verschwieg er uns seinen Namen – und bis heute wird er von allen Ruhmsüchtigen verschwiegen und unterschlagen!«

Manasseh sollte nie eruieren können, woher Aboab diesen Anonymus hatte, nie fand er dieses Buch, nie einen Verweis darauf. Aber im Widerstreit zwischen den beiden Rednern hatte Manasseh nach Aboabs Rede keine Chance: Er hatte eine glänzende Rede gehalten, aber nach Aboabs Rede hatte er eine Rede gehalten, die in ihrer Ruhmsucht die luzide Interpretation jenes Anonymus unterschlagen hatte, die weiters abzulenken versuchte von einem bloß dürftigen Beherrschen des Hebräischen und die im übrigen völlig uninspiriert war in Hinblick auf die Aktualität von Genesis 11 für die Situation im Neuen Jerusalem.

Rabbi Nissan formulierte, was der Eindruck aller war, die diese beiden Reden gehört hatten: »Manasseh sagt, was er weiß, Aboab weiß, was er sagt.«

Aboab wurde Oberrabbiner. Manasseh, der sich schon an der Spitze der Gemeinde gesehen hatte, wurde Dritter: Unter Oberrabbiner Aboab und dem Leiter der Yeshiva Rabbi Montana wurde er Rubi, also Grundschullehrer, Hebräisch für Anfänger. Einhundertfünfundzwanzig Dukaten jährlich plus fünfundzwanzig Wohnungsbeihilfe – für eine Wohnung, die, wie er von Esther erst jetzt erfuhr, fünfundzwanzig Dukaten vierteljährlich Miete kostete. Esther wollte ausziehen.

»Ja, wir müssen ausziehen. Aber wohin können wir gehen? Hast du von einer billigeren Wohnung erfahren?«

»Du verstehst nicht, Bruder, oder willst nicht verstehen. Hör zu! Ich erkläre es dir noch einmal: Ich will heiraten. Und du mußt dir nun überlegen, was du machen willst. Hierbleiben oder in eine kleinere Wohnung umziehen oder –«

»Heiraten?«

»Ja, oder heiraten und mit deiner Frau ein Haus –«

»Nein. Warte! Du willst heiraten? Wen?« Du hast doch mich, und ich brauche dich, gerade jetzt. Gerade jetzt.

Dritter. Vielleicht wäre er es zufrieden gewesen, wenn er unter anderen Bedingungen Rubi geworden wäre. Sein Ehrgeiz war brennend, aber nicht von der Art, daß er fast verglühte, wenn er nicht gleich Erster sein konnte, und daß er nicht ruhen und nicht rasten wollte, bis er Erster geworden war, daß er keinen Schritt und keinen Atemzug tun konnte, ohne diesen Schritt und diesen Atemzug dahingehend zu überprüfen, ob er ihm auf dem Weg an die Spitze nützte oder nicht. Hätte ihm vor zwei Jahren oder noch vor einem Jahr einer prophezeit, er werde demnächst Rubi werden, er hätte es nicht geglaubt und wäre zugleich geschmeichelt gewesen, weil man es ihm zugetraut hätte. Sein Ehrgeiz war anderer Art. Er hatte den Ehrgeiz der Schwächlinge, die Karrieregier der Unsicheren, die pragmatische Sehnsucht der Träumer: Er wollte tun, was ihn interessierte, damit sein Brot verdienen und, wenn er das Haus verließ, Respekt und Anerkennung in seiner kleinen Welt erhalten. Keine Angst haben müssen, nicht frieren, nicht hungern, Zeit haben zum Staunen. Rubi, das hätte es sein können: Über seinen Büchern sitzen. Aufschauen und seine Schüler sehen, wie sie über ihren Büchern sitzen. Nach Hause gehen und auf dem Weg zwei oder drei Male ehrerbietig gegrüßt werden. »Einen schönen Abend, Rabbi!«, »Einen schönen Abend, Senhor!«, daheim das Abendbrot, Feuer im Kamin. Buch. Bett.

Aber wenn es nun auch so sein sollte – so war es nicht.

Man hatte ihm nicht eine Karotte vor die Nase gehängt, sondern eine Krone. Deshalb konnte er jetzt auch mit einem Möhrenacker nicht glücklich werden. Er ist ausgebootet worden. Er ist nicht Lehrer geworden, sondern das Gespött der Gemeinde. Der ehrgeizige Aboab hatte ihn als so krankhaft ehrgeizig hingestellt, daß diese alten ehrgeizlosen Idioten im Mahamad, dem Rabbiner-Kollegium, den ach so selbstlosen, einen Anonymus zitierenden Intriganten als einen der ihren gesehen und auf das Schild gehoben hatten. Er hatte sich nach bestem Wissen und Gewissen vorbereitet, der andere hatte sich wissentlich und gewissenlos gegen ihn vorbereitet. Er war zu naiv gewesen. Und Esther wollte ausziehen, heiraten, einen eigenen Haushalt gründen. Statt über die Gemeinde gebot er nun über eine Klasse von Halbwüchsigen, die an Buchhaltung und Gewürzhandel mehr interessiert waren als am Talmud, freche Sprechgesänge mehr liebten als das Gebet. Und statt eines gesicherten, ruhigen Alltags sollte er nichts haben, das Nichts. Eine leere Wohnung, die er allein kaum bezahlen konnte.

Nächtelang lag er wach. Er schaute in die Dunkelheit, sah vor seinem inneren Auge als bedrohliche Schemen, was er spürte, nein, er spürte und versuchte nicht zu sehen, versuchte, in der Finsternis die Augen zu verschließen vor dem, was er empfand, aber er knetete es durch und sah es – als sähe er es mit den Augen einer Frau, die plötzlich sah, was er da mit der hohlen Hand bedeckte und abtastete, diese gespaltene Eichel, diesen verunstalteten Penis, der so sehr schmerzte, ein Spannungsschmerz, wenn er von der Eichel über den Schaft nach unten rieb und sich dadurch oben der Spalt öffnete, wie ein Froschmaul. Es begann als Lustgefühl und führte augenblicklich zu einem Schmerz, der sich über den Bauch, die Brust, den Hals bis in den Kopf ziehend fortsetzte, als würde dieser sich öffnende Penis-Spalt sich immer weiter öffnen und ihn spalten bis zur Schädeldecke.

Esther sagte ihm nicht alles. Und Samuel Manasseh hatte nicht die Gabe, intuitiv zu begreifen, von einigen Informationen auf das Ganze zu schließen, sich im Kopf eines anderen zurechtzufinden. Esther hätte wohl eher das Zeug zum Rabbi gehabt als ihr Bruder, aber sie hatte das falsche Geschlecht. Und sie hatte, bei all ihren spirituellen Anlagen, ausschließlich weltliche Interessen. Das war die Lehre, die sie aus Vertreibung und Flucht gezogen hatte: Wenn der Gottesglaube, gleich welcher, zur Lebensbedrohung werden konnte, zu Verfolgung und Mord, zu Flucht und Elend führte, dann war das Leben etwas, das sinnvoll nur jenseits der Religion existierte. In den Handlungen, die geeignet waren, Wohlstand zu produzieren, in den leistbaren Genüssen, die die Anstrengungen der Arbeit belohnten, in der Liebe zu den Geschenken des Lebens wie den Gerüchen der Natur, der Hitze und der Kälte, dem Wind und dem Mondlicht. Sie wollte Berührungen, ohne mit einem Gott ausmachen zu müssen, ob sie rein sei, sie wollte Liebe und nicht den Trost, daß ein Gott sie liebte, und sie wollte Mitleid empfinden können, ohne daß ein Gott es von ihr forderte. Sie wollte gerührt sein von schönen Worten, und – zynisch, sie wollte die Freiheit haben, ohne Angst zynisch sein zu können und respektlos gegenüber allen Vertretern des Überirdischen auf Erden.

Sie sagte ihm nicht alles. Sie wollte heiraten und verschwieg ihm, daß sie den Mann, den sie wollte, nur bekommen konnte, wenn zuerst seine ältere Schwester unter den Baldachin kam. Es ziemte sich nicht für eine jüdische Familie, noch dazu für eine sehr traditionsbewußte, das zweitgeborene Kind vor dem erstgeborenen zu verheiraten. Am allerwenigsten, wenn das erstgeborene Kind ein Mädchen war. Im Fall dieser Familie, in die Esther einheiraten wollte, kam noch etwas dazu, das ihre Eheschließung unmöglich machte, solange die Schwester ihres Bräutigams keinen Mann gefunden hatte: ein Familiengesetz, über Jahrhunderte tradiert – aber, sie sagte das Samuel nicht, er sollte selbst draufkommen. Er sollte für eine eigene Idee halten, was ihm zugedacht war, als seine eigene Erlösung empfinden, was ihre Befreiung war. Sie sagte nur, daß sie ihrem Bruder endlich den Mann vorstellen wollte, den sie zu heiraten gedachte, und auch dessen Familie, die nun also Samuels Schwiegerfamilie werden würde.

Er war augenblicklich erregt, er lief im Zimmer auf und ab, rief: »Einen Abravanel willst du heiraten? Einen Abravanel? Gütiger! Warum hast du mir das nicht gesagt?«

»Ich sage es dir doch gerade!«

»Warum hast du mir das nicht gesagt? Nicht früher? Schon längst! Gütiger! Einen Abravanel!«

Samuel glaubte, daß seine Schwester endlich beichtete, just als sie ihm erst recht ihre Absichten und Pläne verschwieg. Es konnte ihm nicht schnell genug gehen, diese Familie kennenzulernen, mit ihr verbunden zu sein, Rabbi Manasseh, verschwägert mit den Abravanels! Das wäre etwas! Er hatte natürlich eine Karteikarte mit genauen Informationen über diese berühmte Familie in seinem Kopfarchiv, er hatte den alten ehrwürdigen Joseph Abravanel gesehen und stumm bewundert, als dieser sich beim Gevatter die Schuhe hatte putzen lassen. Der Gevatter hatte ihm danach alles erzählt, was er über Joseph wußte und über die Abravanelfamilie, diese Legende der Judarien in aller Welt. Der Ruhm der Abravanels rührte daher, daß diese Familie in direkter Linie von König David abstammen sollte. Das war mehr als eine stolze Herkunft, jedem Adelsgeschlecht überlegen, denn aus dem Stamm David war der Messias versprochen, der langerwartete und ersehnte Erlöser. Wann immer der Messias kommen sollte, möge er noch heute das Licht der Welt erblicken – es war davon auszugehen, daß er ein Abravanel sein würde, ein Kind der einzigen Familie, die sich bis zu David zurückverfolgen ließ. Diese Gewißheit, oder zumindest diese pragmatische Legende, hatte erst vor kurzem die jüdische Gemeinde in Amsterdam vor dem Untergang bewahrt: Als Sabbatai Zwi aufgetreten war, der Mann, der sich Messias nannte, Juden in aller Welt hysterisch machte, Wunder wirkte, Erlösung versprach. In Venedig, Konstantinopel und Alexandria, in den stolzesten jüdischen Zentren bis hinunter in die kleinen ostjüdischen Gemeinden wie Tarnow oder Sebastopol, verschenkten alle ihren Besitz, um sich frei von irdischen Gütern bereit zu halten für die Rückkehr ins Gelobte Land, in die der Messias sie führen wollte. Aber Sabbatai Zwi überlegte es sich anders, trat zum Islam über, und zahllose Juden in aller Welt, die über keine Lebensgüter mehr verfügten und nichts mehr hatten als ihren mißbrauchten Glauben an einen selbsternannten Heiland, mußten betteln oder gar Hungers sterben. Nicht so in Amsterdam. Da hieß es: Dieser Sabbatai ist kein Abravanel, konnte also kein Messias sein – und damit hatte es sich. Da kam keine selbstmörderische Hysterie auf. Da wurde kein Kapital verschenkt, sondern es weiterhin klug angelegt. Da wurde nicht dem Weltlichen entsagt, sondern weltweit klug investiert. Die Schiffe fuhren weiterhin in die Neue Welt und nicht in die alte Heimat jüdischer Mythen. Nicht was Sabbatai, sondern was der Markt forderte, war heilig im gottesfürchtigen Amsterdam. Am Ende dieser messianischen Verwirrung war Amsterdam eine goldene Stadt und die übrige jüdische Welt ein Emsemble rauchender Trümmer. Und einer der größten Nutznießer der weltweiten Hysterie in den Judarien war Joseph Abravanel, der Mann, dessen Sicherheit, daß Sabbatai ein Hochstapler war, aus einem jahrhundertealten Familienmythos kam: Der Erlöser wird ein Abravanel sein und kein Karnickel aus einem ashkenasischen Hut. Und sein Sohn Jonas war eindeutig kein Messias, er war der Erlöser von Esther Manasseh, ein lebenslustiger Mann, der ein gelungenes Geschäft großzügig mit Wein feierte, sich nach einem mißglückten Geschäft aber exzessiv mit Wein tröstete. Er war ein Mann, der das Lachen und das Singen liebte, so unschuldig, geradezu infantil, daß ihm die Kinder nachliefen und die Alten. Aber er heilte die Alten nicht von ihren Leiden und wies den Jungen keinen Weg, er wurde einfach geliebt und gab denen, die ihn liebten, sein fröhliches Lachen. Nein, er war kein Messias, aber er vermehrte die Erwartung, die in seine Familie gesetzt wurde: Der Messias, möge er heute geboren werden, wird auch diese Eigenschaften haben, die alle an Jonas Abravanel liebten. Aber der Messias selbst war er nicht. Das hieß: Verschenkt nichts, macht eure Geschäfte, liebet und vermehret euch, eines Tages wird der Messias kommen.

Die Abravanels! Wie prall gefüllt die Akte Abravanel in Samuels Kopf war! Der Gevatter hatte ihm die legendäre Geschichte von Isaak Abravanel erzählt, des Urgroßvaters seines künftigen Schwagers: Dieser war Schatzmeister seiner Majestät des Königs Ferdinand von Spanien gewesen. Der König verfügte eines Tages, daß alle Menschen in seinem Reich, »die auch nur einen Tropfen jüdischen Bluts in ihren Adern hatten«, in Hinkunft einen gelben Hut zu tragen hätten. Am nächsten Tag erschien Don Isaak Abravanel mit drei solchen Hüten im königlichen Palast. Erstaunt fragte der König seinen Schatzmeister: »Was will Er mit diesem Zeug da tun?«, und Don Isaak antwortete, daß er den Anordnungen seiner Majestät gehorchen wollte. »Aber warum«, so der König, »habt Ihr dann drei Hüte?«

»Einen habe ich für mich«, entgegnete Don Isaak Abravanel, »einen für den Großinquisitor und den dritten für den Fall, daß Ihre Majestät Ihr Haupt zu bedecken wünschen!« Diese Antwort soll den König so verunsichert haben, daß er das Dekret, das eine verpflichtende Ahnenforschung zum Nachweis der »Reinheit des spanischen Bluts« verfügte, auf Jahre ausgesetzt hatte.

Weithin berühmte Politiker, Dichter, Gelehrte hatten die Abravanels hervorgebracht, und in jeder Generation war überprüft worden: der Messias? Nein! Hochtalentierte Menschen, aber kein Menschengott. Generation um Generation. Und ein Gesetz hatte sich daraus entwickelt, ein ehernes, über Hunderte von Generationen kompromißlos eingehaltenes Familiengesetz: Jeder Abravanel hatte dafür zu sorgen, daß die Staffel weitergegeben wurde. Jeder Abravanel lernte von klein auf, daß die Linie von David zum Messias unter keinen Umständen unterbrochen werden durfte. Das hätte unvorstellbare Auswirkungen auf die Weltgeschichte gehabt. Das erklärte auch das zunächst schockierende Verhalten von Don Judah Abravanel, der sich mit seiner Familie der Zwangstaufe gebeugt hatte, freudig, singend, ohne Zweifel daran, das Richtige zu tun. Hunderte andere Juden hatten bereits begonnen, ihre Kinder, ihre Frauen, sich selbst zu töten, um der Schmach der Zwangstaufe zu entgehen. Aber der angesehenste Mann des jüdischen Lebens, ein Abravanel, Don Judah, war über die Toten und Blutenden hinweg nach vorne geschritten, um Ja zu sagen zur Taufe. Lieber die Taufe als den Tod. Es war nicht Feigheit. Es war die Rettung der Juden. Es wäre sonst die Linie unterbrochen, die Welt um den Messias betrogen worden. Er hatte damit unzählige Juden, die seinem Beispiel folgten, vor dem Tod bewahrt, er wurde dadurch zum größten Heiligen in den Welten der geheimen Juden.

Einen Abravanel wollte seine Schwester heiraten! Samuel konnte kaum schlafen vor Aufregung. Sie würde sich in die Stammtafel des Messias einschreiben! Die Eifersucht auf seine Schwester führte dazu, daß er bereits so viele schöne Phantasien, solch enorme Gier in Hinblick auf die Schwester seines künftigen Schwagers entwickelt hatte, daß er sie, Rachel Abravanel, die ältere Schwester von Jonas Abravanel, gar nicht mehr anders sehen konnte, als er sie endlich kennenlernte, als das begehrenswerteste Geschöpf auf Gottes Erdboden. Esther hatte nichts sagen müssen, und es hatte funktioniert: Samuel Manasseh heiratete Rachel, und Esther konnte endlich ihren Jonas heiraten. Sie richteten eine Doppelhochzeit aus, seit Gedenken das größte gesellschaftliche Ereignis der portugiesischen Gemeinde von Amsterdam. Und Oberrabbiner Aboab mußte ihnen Mazeltov wünschen, von ganzem Herzen Mazeltov. Aboab, der Sohn einer dürren Linie, der letzte eines trockenen Schoßes.

Rachel Abravanel, im Jahr 1599 nach christlicher Zeitrechnung in Guimaraes, Nordportugal, geboren und dort auf den Namen Renata scheingetauft, war mit acht Jahren gemeinsam mit ihren Eltern und ihrem ein Jahr jüngeren Bruder Jonas (José) nach Amsterdam gekommen. Joseph Abravanel, ihr Vater, stieg in kürzester Zeit zu einem wohlhabenden und einflußreichen Mann in der portugiesischen Gemeinde von Amsterdam auf. Er mischte in der Gemeindeverwaltung mit, war maßgeblich daran beteiligt, daß sie in der Rechtsprechung von der Stadtverwaltung ein Autonomiestatut erhielt, er hatte eine gewichtige Stimme in der Handelscompagnie und war der einzige stille Teilhaber an der Zeitung Courante, der nicht die geringste Lust hatte, still zu sein. Man sagte, daß in der Nacht, wenn alles schlief, die Rabbiner zu seinem Haus pilgerten, um ihn heimlich um Rat zu fragen. Bei allem Respekt, der diesem Mann und seiner Familie, und bei aller Liebe, die vor allem seinem Sohn Jonas von allen Seiten entgegengebracht wurde, über Rachel wurde hinter vorgehaltener Hand sehr respektlos gelästert. Größer als ihr Stolz, wurde gesagt, sei nur ihre Häßlichkeit. Eine Peitsche zu spüren, wurde erzählt, sei ein Vergnügen, verglichen mit ihrer scharfen Zunge. Ihr Spitzname war »Eiserne Jungfrau«, und die Ungeheuerlichkeit dieses Spitznamens kann nur ermessen, wer weiß, daß nicht wenige, die so spotteten, Verwandte in den Verliesen der Inquisition verloren hatten, die die Tortur mit einem Gerät gleichen Namens nicht überlebt hatten. Vor einigen Jahren, als Rachel in das heiratsfähige Alter gekommen war, hatte es einige junge Männer gegeben, die geblendet vom Ruhm ihres Namens und vom Wohlstand ihrer Familie, um ihre Hand angehalten hatten, Abenteurer und Konjunkturritter, die von Rachel so sehr gedemütigt und erniedrigt worden waren, daß sie alle Amsterdam verließen.

Es gab in der Familie Abravanel eine kleine physiognomische Eigentümlichkeit: Die Verbindung von einem Rückbiß mit einer etwas dicker entwickelten Unterlippe. Diese Besonderheit war nun bei Rachel seltsam extrem ausgebildet, als hätte sie diesen abstoßenden Zug für alle ihre Geschwister und auch gleich für die nächste Generation allein auf sich genommen. Es war wahrlich nicht sehr schön anzusehen, wenn sie ihre pralle Unterlippe über dem steil zurückfallenden Kinn verächtlich vorschob, so dem Gehege ihres Speichelflusses jede natürliche Abschirmung raubte, um dann, sabbernd und sich selbst am Busen benetzend, etwas Verächtliches über Dritte zu sagen.

Manasseh sollte nie etwas anderes als dieses Gesicht von ihr sehen.

Sie hatten lange Gespräche geführt über die Kindheit in Portugal und über die Flucht, eine Erfahrung, die sie beide fast im gleichen Alter gemacht hatten, da ging es um Erinnerungen, Worte, Tonfälle, die, wenn einer sie ansprach, vom anderen sofort weitergeführt oder ergänzt werden konnten, sie sprachen über Gerüche oder Lichtverhältnisse – nein! Sie sprachen nicht darüber, sie konnten Unsagbares beim anderen voraussetzen: Einer zum Beispiel begann mit den Worten: »Es war ein Frühlingsabend ...«, und der andere sah augenblicklich ein bestimmtes Licht vor sich, das portugiesische Frühlingsabendlicht, das es in Amsterdam nicht gab, und beide wußten, daß sie beide es sahen, dieses Licht, und so konnte man sofort in diesem Licht weitererzählen.

Manasseh war, wenn er mit ihr sprach, so scheu, daß er die Augen niederschlug, fast könnte man sagen, daß er – nicht weil sie ihn abstieß, sondern weil er sie bewunderte – sie bis zur Hochzeit gleichsam nur mit geschlossenen Augen ansah. Er liebte ihre Stimme. Das war seltsam. Ihre Stimme war scharf und kalt, aber so scharf und kalt, wie die anderen sie hörten, war ihre Stimme nicht, wenn sie mit Samuel Erinnerungen an eine zwar je eigene, aber doch gemeinsame Kindheit austauschte. Und er hörte in ihrer Stimme eine Klarheit und Bestimmtheit, die ihm Mut machten, das eine oder andere selbst ein wenig mutiger und selbstgewisser zu formulieren. In diesen Momenten konnte sie geradezu warmherzig werden: So sollte ein Mann sein, so wie ihr Vater, er sollte wissen, was er wollte, und keinen Zweifel daran lassen, daß er es erringen würde.

Manasseh war als glänzender Redner bekannt, aber nun tuschelte die Gemeinde darüber, wie er wohl die scharfe Zunge von Rachel Abravanel gezähmt hatte. Der Hohn, daß der ehrgeizige Manasseh in seiner Ruhmsucht so weit ging, die scharfzüngige, dicklippig häßliche Rachel zu heiraten, nur weil sie eine Abravanel war – was glaubte er? Daß ausgerechnet er den Messias zeugen wird? –, wich bereits vor der Hochzeit dem Staunen, dann der Bewunderung darüber, daß der Rubi offenbar eine Gabe hatte, die den Abenteurern vergangener Jahre nicht gegeben war. Der naive Rubi merkte von dem Spott nichts, er merkte nicht, wie der Hohn kippte, er registrierte erst die Anerkennung, in die der anfängliche Spott schließlich doch umschlug. Er hatte es nicht anders erwartet.

Bei dieser Doppelhochzeit fanden so viele Menschen keinen Zutritt mehr in die Synagoge, daß die Brautpaare, nach einem Austausch des Publikums, ein zweites Mal unter den Baldachin treten mußten. So kam es zu einer Doppelhochzeit im doppelten Sinn: Es heirateten nicht nur zwei Paare, beide wurden auch gleich zweimal verheiratet.

Das mußte halten. Diese Ehen konnte kein Schmerz mehr zerstören, und Schmerz genug, von der Hochzeitsnacht an, sollte es geben.

Nach der Hochzeit trank der Rabbi zum ersten Mal Alkohol. Lokales Bier und französischen Schaumwein. Die Wirkung war erstaunlich, eine Wirkung in Stufen. Erste Stufe: Er saß da und grinste. Zweite Stufe. Der Rubi tanzte. Der mollige Mann, der vor lauter Studium vom Kinn bis zu den Knien nur aus Sitzfleisch zu bestehen schien, sprang plötzlich auf den Tisch, warf die Beine vor, die Arme in die Höhe, sprang hinunter auf den Stuhl, auf dem er zuvor gesessen hatte, der augenblicklich zusammenkrachte, landete auf seinem gut gepolsterten Hinterteil, rappelte sich auf und rief: »Tanzt Juden! Tanzt!«

Dritte Stufe. Die Hochzeitsnacht. Weder Rachel noch Jonas wollten ihre Hochzeitsnacht im Haus ihrer Eltern verbringen. Also zogen beide Paare, als es soweit war, zur Wohnung von Samuel und Esther. In beiden Zimmern fanden sie ein

Lager bereitet. Als Manasseh vor dem Bett stand und seine Hände mit den Handflächen nach oben seiner Frau entgegenstreckte, wie es ihm in der Ehevorbereitung gesagt worden war – diese Geste hieß: Begib dich nun in meine Hände! – machte sie wegscheuchende Handbewegungen, schickte ihn aus dem Zimmer. Sie wollte, erklärte sie, alleine sein, wenn sie sich auf die gemeinsame Nacht vorbereitete, sie würde ihn rufen, wenn sie soweit war. Darüber hatte er nichts gelernt, also nahm er an, daß es so sein sollte, und verließ den Raum.

Er entkleidete sich und wartete hinter der Tür. Es war ein lauer Abend im August. Er fror. Als er Rachels Ruf hörte und endllich zurück in das Zimmer durfte – sah er nichts. Eine unschlüssig flackernde Kerze auf dem Tisch schuf einen kleinen schwankenden Lichtkegel, der nicht ganz bis zum Bett reichte. Das Bett, im Halbschatten, schien leer. Das ganze Zimmer erschien wie fluchtartig verlassen. Im offenen Fensterrahmen wölbte sich der Vorhang im abendlichen Luftzug. Er rief ihren Namen, er rief sie, weil er es als seine Pflicht ansah, nicht weil er eine Antwort erwartete. Da hörte er vom Bett her: »Hier!«, er hörte »Hierher! Samuel!« und er sah im Bett einen Geist sich aufrichten, eine weiße schemenhafte Gestalt, aber bevor er aufschreien konnte, sah er aus diesen weißen Schemen das Gesicht Rachels hervorkommen, sah ihre vorgestülpte Unterlippe, hörte, wie sie zischelte: »Begreifst du nicht? Hier bin ich, unter dem Laken!«

Und schon verschwand ihr Gesicht wieder hinter etwas Weißem, das in das Bett zurücksank. Sie lag nackt unter einem weißen Leinentuch, in der Höhe ihres Geschlechts befand sich ein Loch. Durch dieses Loch sollte er die Hochzeit vollziehen.

Er spürte ihren Körper durch das Tuch, preßte und drückte ihn, nestelte an sich selbst und an dem Spalt im Leinen, begann zu weinen: So ging das nicht!

Sie wälzte sich unter ihm hervor, schlug nun eiligst das Laken über ihn. Er wollte das Gesicht nicht bedeckt haben, schob das Tuch zurück, sie zog es wieder über seine Augen. »Bleib so!« Er dachte, daß diese Worte nicht Schall, sondern Feuerzungen waren, Knistern, Rauch.

»Leichentuch«, er dachte immerfort: »Wie unter einem Leichentuch!« Da spürte er, wie sie sein Geschlecht durch den Spalt zog, ja, so mußte es offenbar sein, nun fiel ihm ein, wie seine Mutter gesagt hatte: »Sie wird es nicht anders kennen!«, und da spürte er schon, wie sie sich auf ihn setzte – nun war er auf beiden Seiten des Durchschlupfs gleichzeitig.

Und sie saß auf ihm, über ihn gebeugt, und der Speichel rann ihr aus dem Mund, tropfte auf das Laken über seinem Kopf. Am Ende war das Tuch so naß, daß es wie eine weiße Maske wirkte, die wie angegossen auf seinem Gesicht saß. Wie es geschrieben war in der Heiligen Schrift: »Sie erkannten einander!«

Familie. Es gab nur ein Wort, das er unmittelbar mit Familie assoziierte: Ernähren! Er unterrichtete, predigte, wenn er durfte, und saß alle übrigen Stunden, Tage und Nächte über seinen Büchern und Manuskripten. Rachel wartete auf den Erstgeborenen, ein Ereignis, an dem die ganze Gemeinde teilnahm. Sie bekamen ein Mädchen, das sie Hanna Gracia nannten. Da krabbelte etwas, wenn er schrieb. Samuel hatte keine Zeit zum Küssen, er mußte ernähren. Und er hatte das Küssen nicht gelernt, das Schreiben sehr wohl.

Seine ersten Schriften und Bücher publizierte er unter dem Namen »R. Manasseh«, bewußt damit kalkulierend, daß das »R.« als »Rabbi« und nicht als »Rubi« gelesen werden würde. Tatsächlich hatte der »hochgelehrte Rabbi« enormen Erfolg – in der christlichen Welt. Der »Conciliador« nahm der christlichen Welt einen Mühlstein vom Hals. Vierhundert Jahre lang war das listig-ketzerische Hauptwerk des Philosophen Abélard »Sic et non« in Abschriften zirkuliert und von Generation zu Generation weitergegeben worden: Das erste und bis heute wahrscheinlich letzte philosophische Werk, das nur aus Zitaten bestand, ohne eine einzige selbstverfaßte Zeile des

Autors. Ein so skandalöses wie unangreifbares Werk – denn alle Zitate stammten aus der Bibel. Abélard hatte sie so ausgewählt und montiert, daß sie zu einem Reigen aller Widersprüche in der Heiligen Schrift wurden, und damit zu einer Groteske des Glaubens. Erst a. d. 1612, fast vierhundert Jahre nach Abélards Tod, war es erstmals gedruckt worden und entwickelte sich in kürzester Zeit zu einem der größten Verkaufserfolge in der Geschichte des Verlagswesens. Dann erschien der »Conciliador« des »R. Manasseh«, dieses von allen Judenhassern augenblicklich geliebten »Rabbi«, ein Buch wie ein Kruzifix gegenüber dem Satan, eine Erlösung, eine Versöhnung aller von Abélard aufgelisteten Widersprüche, eine systematische Rehabilitierung des guten Namen Gottes, ein grandioser Beweis für die innere Stringenz des Göttlichen Wortes.

»Über die Wiederauferstehung von den Toten«, eine auf portugiesisch verfaßte und von seinem Freund Isaak Vossius ins Lateinische übersetzte Abhandlung über alle logischen Gründe, warum ein menschliches Leben auf Erden unvorstellbar ist ohne Wiederauferstehung im Angesicht Gottes, hatte noch größeren Erfolg in der christlichen Welt. Sie ergriff entschieden Partei für die christliche Teleologie und gegen die traditionelle rabbinische Unentschiedenheit in dieser Frage. Mit Übersetzungen ins Französische, Englische und Italienische, einer Unzahl populärer Nachdrucke und Volksausgaben wurde diese kleine Schrift zu einem wirklichen Massenerfolg. In der christlichen Öffentlichkeit wurde der Begriff »Amsterdamer Rabbiner« zum Synonym für Manasseh, während in der jüdischen Gemeinde von Amsterdam Aboab der vielgerühmte Rabbi und Manasseh bloß »der Rubi« war.

Da läuft ein Schatten hin und her, die Umrisse eines Menschen, er durchquert ununterbrochen eine graue Fläche, er versucht sie ganz auszufüllen, mit aufgeregten Bewegungen überall gleichzeitig zu sein, zumindest hastet er so schnell sein

Bewegungsfeld ab, daß deutlich wird: Dieser Schatten, dieser Menschenumriß, diese dunklen, in ihrer Rastlosigkeit sich verwischenden Konturen eines jungen Mannes haben etwas Getriebenes, Gehetztes, das sieht man, auch wenn man sonst nicht viel erkennt. Viktor war ein Figurenschatten. Die Welt, in der er lebte, die Stadt, durch die er sich bewegte, waren nicht lichtdurchflutet, glänzten nicht in vielen Farben, und die Sonne lachte nicht. Schattenseiten, wohin Viktor auch hastete: Ausbeutung und Unterdrückung, Hunger und Elend, Erniedrigung und Zynismus sah er, so war die Welt. Und die Stadt, dieses Wien der siebziger Jahre, war so grau, als hätte eine unfaßbare Macht mit einer riesigen Spachtel den gesammelten Kot der allgegenwärtigen Tauben auf den Fassaden verschmiert, die einst eidottergelb gewesen sein sollen. Und dazu die Erinnerungen – denken wir zurück: Wie sind die Erinnerungen? Dunkel! Und künden von Kälte. Wenn Viktor, dieser Schattenmann, durch die Stadt lief, vom ROTFRONT-Verkauf auf dem Naschmarkt zur REMA-Druckerei, dann war Musik zu hören, kalt und metallen, keine Geigen sondern eine Gitarre, Lebensfilmmusik, die vielleicht so klang:

> Es herrscht eine eisige Kälte
> Es herrscht ja die Bourgeoisie
> In Santiago de Chile
> Und auch in Wien irgendwie ...

Victor Jara, nach dem CIA-Putsch gegen Salvador Allende 1973 im Stadion von Santiago de Chile ermordet, auf wienerisch. Wenn dieser Film, der im Grunde nur ein Schattenspiel war, eine Filmmusik brauchte, dann diese.

Es war nicht nur die Welt grau, und die Stadt, es war auch dieses eine, unwiederholbare, junge Leben Viktors grau: Auf eine lichtvolle Zukunft ausgerichtet, war es eben dadurch jetzt eine Schattenexistenz. Ein Leben, das zwielichtig zu Depressionen und zugleich auch zu Unernst neigte. Das Leben ist grau, die Zukunft ist rot. Auch in Wien irgendwie. Ich kann die Liebe eines Menschen nicht erringen, also werde ich die Menschheit retten. Auch in Wien irgendwie. Ich kann mir nicht helfen, also werde ich der Welt helfen. Depression und Unernst. Und da, plötzlich, eines Nachts, ein heller Raum, fast grell, Schlaglicht: Das Café Dobner, darin saß Renate, allein. Erstmals ohne die Fangarme des großen Blonden, die sonst immer um ihre Schultern und um ihre Hüften geschlungen waren, ohne dessen uringelben Haarschopf vor ihrem Gesicht, wenn er sie mit Stechuhrregelmäßigkeit possessiv abschmuste. Sie saß alleine an einem Tisch und schaute ins Leere. Sie hatte auch nicht wie sonst diesen belustigten Zug um ihren Mund, ein voller, geradezu dicklippiger Mund, an den er sich mit schmerzhafter Intensität erinnern konnte, seit sie ihn bei der Demo unter dem Vorwand, ihn zu küssen, geküßt hatte. Sie wirkte bedrückt, fast ein wenig schutzlos, gerade so sehr, daß ein Mann, der gern beweisen wollte, daß seine Stärke im Einfühlsamen liegt, glauben konnte, daß seine Stunde gekommen sei.

Sofort setzte er sich zu ihr. Er konnte das Erlebnis bei der Demo, dieses Küssen, um die Polizei abzulenken, nicht als das nehmen, was es gewesen war, eine ungewöhnliche, im wahrsten Sinn des Wortes merkwürdige, aus einer sehr spezifischen Situation heraus entstandene Geschichte, aber eben Geschichte. Er hatte es als ein Versprechen für die Zukunft gesehen, eine Unterzündung seiner Sehnsucht, die seither immer weiter geschwelt und geglost hatte.

Nie hatte er Rotwein getrunken. Jetzt bestellte er welchen, überredete auch sie dazu. Er dachte, Rotwein sei romantisch. Der Wein war grauenhaft. Noch nie hatte er in so klarem Licht gesehen, wie groß seine Sehnsucht war. Auf einmal Fleisch und Blut und Licht. So schien es. Nach vier Gläsern gingen sie.

Das trübe Licht der Straßenbeleuchtung, der Leuchtreklamen und der da und dort erleuchteten Fenster sickerte durch den Februarnebel, erhellte den Weg nicht viel mehr, als es Sterne getan hätten. Zu Hause war es noch dunkler: Er schaltete die sogenannte Fernsehleuchte ein, die seit Großelterns Zeiten auf dem Fernsehapparat stand: eine venezianische

Gondel, in der eine kleine Glühbirne hinter winzigen Fensterchen glimmte, die mit verschiedenfarbigen Plastikfolien verklebt waren. Rote, grüne, gelbe, blaue Lichtpünktchen. Und als Viktor und Renate dann unter einer Decke steckten, wurde es ganz finster. Er fragte noch wegen der Verhütung. Das hatte er gelernt: daß der Mann die Verantwortung nicht einfach auf die Frau abwälzen durfte. Er sah ihren Mund, sie sagte einen Satz, in dem das Wort überfällig vorkam. Was war überfällig? Die Regel. Was bedeutete das? Jetzt bedeutete es nur, daß sie ihm kein Präservativ abverlangen mußte – Mach dir keine Sorgen! Sie lächelte. Dann sah er nichts mehr. Nicht nur, weil es finster war, sondern auch weil nichts zu sehen ist, wenn kein Abstand mehr herrscht in solchem Aneinandergepresse. Wenn da noch offene Augen gewesen wären, sie hätten auch nichts anderes gesehen als das unklare Zucken und Ruckeln eines Federbetts. Er war glücklich und erleichtert: als es vorbei war.

So endete die Liebe, und es hätte alles enden und alles mögliche wieder beginnen können, wenn dann nicht ihr Anruf gewesen wäre: »Ich bin schwanger!«

»Und was willst du jetzt tun? Willst du das Kind haben?«

Er saß im Dunkeln, auf dem Opa-Lehnsessel, zwischen der Kommode mit dem Mittagsglocken-Radio, dessen »Auge« grün glimmte, und dem Beistelltischchen, auf dem das schwarze Bakelit-Telefon stand. Er liebte es, ins dunkle Zimmer zu starren und zu wissen: Niemand sonst atmet in dieser Dunkelheit. So war es, wenn er nach Hause kam: dasitzen, die Schatten anschauen, atmen. Manchmal sogar das Atmen vergessen.

»Ich weiß nicht. Was denkst du?«

Der Telefonhörer war kalt und hart.

Was er dachte? Nichts. Er sagte, was sich so sagte: »Ein Kind sollte einen Vater haben!«

»Ja. Das finde ich auch.«

War diese zustimmende Feststellung eine Frage? Er hörte sie nicht. Der blonde Schmuser aus Mannheim war geflüchtet. Er wird wohl kaum zurückkommen, wenn er erfährt, daß sich bestätigte, was er offenbar befürchtet hat. »Das Kind wird keinen Vater haben. Du studierst, hast kein Einkommen. Ich glaube, es ist vernünftiger, abzutreiben.«

»So gesehen ist es vernünftiger. Ja. Aber dann denke ich wieder, vielleicht kann man es schaffen!«

Wer war »man«? Er fragte sich das nicht. Er sagte: »Schaffen! Was heißt schaffen? Warum willst du dich für eine Beziehung, die zu Ende ist, lebenslänglich bestrafen?«

»Ich verstehe.«

Warum sagte sie das so spitz, wenn er sich doch solche Mühe gab, sich in sie hineinzuversetzen, ihr zu helfen. »Du mußt abtreiben. Glaube mir. Es ist das Beste für dich!«

»Das Beste für mich. Ja.« Lange Pause. »Ich werde keinen Vater für das Kind haben.«

»Nein!« Sie hatte, wie er wußte, nicht einmal eine Adresse von dem blonden Schmuser. Und ob dieser dann den vorbildlichen Vater mimen würde, wenn sie ihn über Interpol ausforschen ließ, war mehr als fraglich. Das hatte doch keine Perspektive. Darüber noch lange nachzudenken war absolut sinnlos. Wenn sie schon seine Meinung hören wollte.

»Ich habe mir gedacht, vielleicht willst du mir helfen.«

Es war alles sehr dunkel. Kein Schatten bewegte sich. Viktor atmete hechelnd durch. Er hatte wieder zu atmen vergessen. »Ich helfe dir gern«, sagte er. »Sag mir, wie. Ich mach alles, was du willst, alles, was ich tun kann. Mach dir keine Sorgen!«

»Alles, was ich will?«

»Ja. Ich bringe dich hin, wenn du willst. Ich hole dich ab. Ich bringe dich heim, nach – nach dem Eingriff. Mach dir keine Sorgen!«

So geschah es dann auch. Er brachte sie zu dem obligaten Beratungsgespräch. Zwei Tage später brachte er sie in die Klinik. Er wartete kettenrauchend in einem Café, bis er sie abholen und heimbringen konnte. Als er seine vier Tassen Kaffee bezahlte, merkte er, daß er jetzt pleite war. Er würde Geld brauchen für ein Taxi. Er konnte Renate doch nicht mit der Straßenbahn nach Hause bringen. Er erreichte telefonisch Friedl. Ein Notfall, er brauchte sofort hundertfünfzig Schilling. Er hetzte durch die halbe Stadt, um Friedl zu treffen, der ihm mit 150 Schilling aushalf. Er rannte zurück zur Klinik, wo er schweißüberströmt gerade rechtzeitig ankam, als Renate entlassen wurde. Er rief ein Taxi. Er brachte sie heim. Er legte sie ins Bett, deckte sie zu, küßte sie auf die Wange und sagte etwas Nettes. »Versuche zu schlafen!« und: »Rufe mich an, wenn du etwas brauchst!«

Als er wieder zu Hause saß und in die Dämmerung schaute, schließlich in die Dunkelheit, war er gerührt: Er hatte sich vorbildlich verhalten. Man hätte einen Lehrfilm drehen müssen. Der Neue Mann. Solidarisch, einfühlsam, verständnisvoll. Zum ersten Mal hatte er es geschafft, das Verhältnis umzudrehen: Nicht gleich der ganzen Welt zu helfen, sondern einem einzelnen Menschen. Im Kleinen vorzuführen, wie das Große und Ganze sein sollte.

Er konnte sie zwar nicht mehr lieben – wie konnte man einen Menschen lieben, wirklich tief und hingebungsvoll, wenn es gar so verkrampft ist und danach so unklar, was man miteinander noch reden sollte. Aber sie würde ihn nun lieben, das war ihm völlig klar, sie würde ihn nun so tief lieben, wie man einen Freund nur lieben konnte. Nach zwei Wochen rief sie wieder an.

»Ich will dich treffen. Hast du Zeit? Sagen wir, um neun im Dobner!«

Er war glücklich. Raus aus seiner dunklen Höhle.

»Und bringe bitte zweitausend Schilling mit!«

»Warum?«

»Die bist du mir schuldig. Das ist dein Anteil!«

»Anteil wovon?«

»Die Abtreibung. Warum soll eine Frau, wenn sie schwanger wird und abtreiben muß, alleine dafür bezahlen? Da ist doch immer auch ein Mann daran beteiligt. Also soll er die Hälfte übernehmen. Zweitausend Schilling.«

»Du hast völlig recht. Nur, warum sagst du das nicht Dieter?«

»Welchem Dieter?«

»Renate! Bitte!«

»Danke! Also um neun?«

»Nein. Hör zu: Ich habe dich nicht geschwängert. Ich sehe also nicht ein, warum ich das bezahlen soll«, nach allem, was ich für dich getan habe.

»Wir haben miteinander geschlafen. Dann war ich schwanger. Du hast gesagt, daß du kein Vater sein willst und hast mich zur Abtreibung überredet. Das Minimum ist jetzt, daß du die Hälfte zahlst!«

»Das ist doch absurd. Es war so, daß ich —«

»Kommst du um neun mit dem Geld?«

»Nein!«

Einige Wochen lang rief sie regelmäßig an. Er kam zu dem Punkt, daß er sich wie ein Schwein fühlte, wenn er nicht bezahlte, obwohl er absolut sicher war, daß nicht er es war, der sie geschwängert hatte. Wie eine Pauke schlug es immer wieder dröhnend in seinem Kopf: »Üü-ber-fäll-ig! Üü-ber-fällig-ig!«

Er beriet sich schließlich mit Friedl. Er beriet sich mit Werner und Eugen. Sie alle kamen nach seinen Schilderungen zu dem Schluß, daß es grotesk wäre, zu bezahlen. Soll sie den Deutschen ausforschen lassen!

»Du zahlst also nicht?«

»Nein!«

»Ich will aber mein Geld!«

»Das verstehe ich!«

»Ich werde es bekommen!«

»Ich wünsche dir alles Gute!«

Viktor machte bei den Trotzkisten Karriere. Die Hochschülerschafts-Wahlen standen bevor, und er sollte als Spitzenkandidat für den Hauptausschuß aufgestellt werden. Ein sicherer

Listenplatz. Zumal eine Wahlplattform verschiedener linker Gruppen gegründet wurde, unter dem Titel »LiLi (Linke Liste)«. Viktor würde nicht nur gewählt, aller Voraussicht nach würde die LiLi die zweitstärkste Fraktion werden. Gemeinsam mit den Sozialdemokratischen Studenten, die traditionellerweise weit links von ihrer Mutterpartei wilderten, würden sie die absolute Mehrheit erhalten. Wie schön die Aufbruchstimmung war. Der Glaube, endlich selbstbestimmt leben zu können, beispielhaft einzugreifen in das Funktionieren des Systems. Viktor war so überdreht, daß er, wenn er abends zu Hause ins Dunkel starrte, Bilder vor sich sah, bekannte Abbildungen von Lenin oder Trotzki, wie sie Reden hielten, die die Welt veränderten. Und er schaute in das Schwarz-Grau des Zimmers und begann diese Bilder zu fälschen, zu retuschieren. Dann sah er sein eigenes Gesicht, seinen Kopf auf dem Rumpf von Lenin oder Trotzki, genoß die Begeisterung der Massen, bis er hechelte – er mußte beim Reden seine Atemtechnik verbessern!

Schließlich kam es zu dem großen Treffen des Wahlbündnisses LiLi, bei dem der letzte Schliff am gemeinsamen Wahlprogramm, den »Losungen« und Forderungen vorgenommen und die endgültige Verteilung der Listenplätze ausgehandelt werden sollte. Die Vertreter der verschiedenen Basisgruppen und politischen Organisationen saßen an einem langen Tisch im Büro der »Freien Österreichischen Jugend«, jeder einzelne mit ernstem Gesicht, einem Haufen Papier mit gut vorbereiteten Argumenten vor sich und mit Trümpfen in der Hinterhand. Es war eine laute, engagiert geführte Diskussion – schließlich konnte ein Komma anstelle eines »und« darüber entscheiden, ob eine Losung am Ende revolutionär oder doch nur reformistisch war. Dreißig junge Männer an einer langen Tafel, die keiner, selbst bei stärkstem Harndrang, auch nur für zwei Minuten verlassen wollte. Es hätte in seiner Abwesenheit eine Forderung festgeschrieben, eine Formulierung durchgesetzt werden können, die bei der eigenen Basis nicht zu vertreten war. Man rauchte Kette, ebenfalls nach Fraktionen.

Viktor fragte sich, warum alle Trotzkisten »Hobby«, die Spontis aber »Flirt« rauchten?

In diesem Moment wurde die Tür des Verhandlungszimmers aufgerissen, und mit lautem Gekreische, dem sogenannten Hexenschrei, liefen Frauen herein, es war, als wäre eine Blase geplatzt, aus der nun Hunderte, Tausende, unabsehbar viele Lebewesen herausquollen, aggressiv und angriffslustig, schreiend, ein hungriger Schwarm. Wie viele waren es wirklich? Ein Dutzend? Zwei Dutzend? Es ging rasend schnell, der Raum war voll von Frauen mit Flugblättern, die sie aber nicht verteilten, sondern einfach in die Luft warfen, so daß sie durch den Raum segelten wie Blätter nach einem Herbststurm, ein Stoß Flugblätter wurde auf den Verhandlungstisch geknallt, die Männer sprangen auf, Viktor stand am unteren Ende des Tisches, erstaunt, wie versteinert – da war er schon umringt von den Frauen, die ihn mit Schlägen und Stößen in eine Ecke des Raums drängten. Das hatte er gelernt: Man durfte eine Frau nicht schlagen! Durfte man zurückschlagen? Auch nicht. Nicht schlagen! Sie prügelten ihn bis in die Ecke hinein, wo es kein weiteres Zurückweichen mehr gab, sie schlugen und rissen und traten ihn nieder, er hielt bloß seine Hände schützend vor das Gesicht, rutschte die Wand herunter, lag da, das Gesicht in seinen Armen vergrabend – das hatte er im Internat gelernt: das Gesicht zu schützen und die Weichteile zu exponieren, das Gesäß zum Beispiel. Das hielt er ihnen entgegen, als die Schläge plötzlich aufhörten. Da war Gelächter, rhythmische Rufe: »Abravanel, Abravanel! Bezahle deine Schulden schnell!« Er hob den Kopf, schaute auf, sah, daß die Frauen plötzlich Flaschen in der Hand hatten, große Flaschen, die er nur zu gut kannte. Er sah, wie sie die Flaschenverschlüsse aufschraubten, er vergrub wieder sein Gesicht, als sie auch schon den Inhalt der Flaschen über ihn gossen, auf ihn schütteteten und spritzten, Literweise billiges Parfum von den Händlern vor den Kaufhauseingängen.

Niemand fiel ihnen in den Arm, keiner sagte etwas. Dann

ließen sie die leeren Flaschen einfach fallen, es klirrte, und nun sangen sie höhnisch »Viktor, Viktor! Hast du einen Fick vor? Aber alle Frauen wissen, dieser Viktor ist beschissen!« Und schon liefen sie hinaus, eine nach der anderen, Viktor sah, just als er sich hochrappelte, Renate, wie sie an der Tür noch einmal zurückblickte, ein Gesicht wie eine Maske, die Haß und Hohn zeigte. Viktor stand auf, und da sah er Hildegund – sie war die letzte, die den Raum verließ. Sie hatte die Türklinke in der Hand, rief: »Noch Fragen?« und warf die Türe mit lautem Knall zu.

Viktor blickte sich um, sah, wie alle ihn anstarrten. Da war ein langes Schweigen. Genosse Gerald, Leitungsmitglied der REMA, ließ das Flugblatt sinken, das er gerade überflogen hatte, und sagte: »Ich denke, wir brauchen einen neuen Kandidaten für den Hauptausschuß!«

Der Raum stank bestialisch nach billigem Duftwasser, aber am meisten stank natürlich Viktor. Er hatte den Eindruck, daß alle einhellig der Meinung waren, daß er nun gehen sollte. Sie warteten nur darauf. Wann ging er endlich? Keiner sprach ihn an, sagte ein Wort, stellte eine Frage. Viktor nahm ein Flugblatt und begann es zu lesen. Er wollte es lesen, aber der Druck des Schweigens und Glotzens der anderen war so groß, daß er glaubte, plötzlich blind geworden zu sein. Wann ging er endlich, der Exkandidat? Er sah nur »Leibesfrucht«, das Wort »Leibesfrucht« in einem Text, der sein schweinisches Verhalten beschrieb, das er bei Renates Abtreibung an den Tag gelegt hatte: Schwängert eine Frau, zwingt sie zur Abtreibung, läßt sie in ihrem Elend sitzen und weigert sich sogar, die Hälfte der Kosten für den Eingriff zu bezahlen. Hildegund mußte das geschrieben, zumindest mitformuliert haben. »Fiktor und die Leibesfrucht« – eine Anspielung, die nur er verstehen konnte, aber offenbar alle in der Frauengruppe lustig gefunden hatten. Wann ging er endlich. Dreißig junge Männer starrten ihn an, schwiegen und warteten. War nicht alles gesagt: »Wir brauchen einen neuen Kandidaten für den Hauptausschuß!«

»He, ihr Arschlöcher!« rief Viktor. »Könnte einer von euch mich zumindest fragen, ob wahr ist, was in diesem Flugblatt steht?«

Genosse Leo von »Rotes Recht«, das war die Basisgruppe der Jus-Studenten, stand auf, legte ihm den Arm um die Schultern und sagte: »Komm! Ich bringe dich nach Hause!«

Die Autofahrt. Das Stiegenhaus. Das Aufsperren der Wohnungstür. Das Herumtasten in der dunklen Wohnung. Das Einlassen des Badewassers.

Erst in die Badewanne begann Viktor zu weinen. Er saß in der Badewanne, das Wasser bis zum Hals, als badete er in den eigenen Tränen.

Alle Kleidungsstücke, die er angehabt hatte, mußte er wegwerfen, das war klar. Keine Wäscherei hätte diesen Gestank beseitigen können. Er stopfte das Gewand in einen Müllsack. Es war, als versuchte er eine Leiche zu beseitigen. Diese Leiche war er selbst. Sein bisheriges Leben. Er war tot. Zerstört.

»Du hast gesagt, du würdest mir einen Mantel kaufen!«
    »Ja!«
    »Ich nehme dein Angebot an. Unter einer Bedingung.«
    »Bedingung? Welcher?«
    »Kein Hubertusmantel. Überhaupt nichts aus Loden. Einfach ein ganz normaler Mantel! Vielleicht so ein Trenchcoat, wie sie ihn in Spiel mir das Lied vom Tod tragen!«
    »Den kaufe ich dir gern. – Was ist mit der Mao-Jacke?«
    »Die habe ich weggeworfen!«
    »Ich habe gewußt, daß du wieder vernünftig wirst!«
    »Papa! Kauf mir den Mantel bitte kommentarlos!«

Noch nie hatte Viktor einen Brief von den Genossen bekommen. Wozu auch? Es gab ja Telefon, oder man traf sich ohnehin im Dobner und tauschte dort Informationen aus. Und dann plötzlich der Brief. Er hatte nicht einmal gewußt, daß die Trotzkisten ein eigenes Briefpapier hatten, mit dem

REMA-Logo schon auf dem Umschlag, Hammer und Sichel mit einer Vier, die für die »Vierte Internationale« stand. Er hatte sich, entnahm er diesem Schreiben, am kommenden Samstag um sechzehn Uhr im Büro der REMA »einzufinden«, um dort »seinen Prozeß zu vergegenwärtigen«. »Zu vergegenwärtigen« – das hatte natürlich Eugen geschrieben, aber ihm natürlich nicht zum Lektorieren vorlegen können. Egal. Viktor verstand, was gemeint war – wenngleich er sich nicht vorstellen konnte, was ihn dann tatsächlich erwarten sollte.

An einem langen Tisch, einer neben dem anderen, saßen die Leitungsfunktionäre der REMA. Auf Bänken an den Längsseiten des Zimmers saßen einige Mitglieder der Organisation, fast vollständig die Genossinnen der trotzkistischen Frauengruppe, die einige Vertreterinnen der unabhängigen Frauengruppen eingeladen hatten – Viktor sah Hildegund und Renate. Das war »die Öffentlichkeit«. Viktor stand in der Mitte des Zimmers, ohne daß einer mit ihm gesprochen hätte. Es wurde noch eine Viertelstunde gewartet, für den Fall, daß noch Öffentlichkeit kam. Dann begann der Prozeß. Viktor stand vor dem Tisch der Leitungsmitglieder, die nun also die Richter waren, sah ihre ernsten Gesichter, beobachtete sie, wie sie in Papieren blätterten, hörte, wie sie daraus zitierten und ihm Fragen stellten. Das alles war nicht wahr. Es war, als wäre ein Tuch zwischen ihm und der Außenwelt gespannt oder eine Milchglasscheibe aufgestellt, er sah nur Schatten, Konturen, die sich bewegten, hörte Stimmen, die wie Echos klangen. Er versuchte sich zu konzentrieren. Das war ein Irrtum. Er mußte ihn aufklären. Das war ein Traum. Er mußte aufwachen. Er hörte, wie Genosse Rainer das »Leibesfrucht«-Flugblatt vorlas und daraufhin eine Brandrede gegen die Verletzungen der revolutionären Moral begann, die in dem erschütternden Befund endete, daß bei den kommenden Hochschülerschaftswahlen wohl keine Frau die Trotzkisten wählen werde. Außer –

Viktor atmete tief durch, dann unterbrach er diese Rede

mit der Frage, ob er bitte endlich sagen dürfe, was in Wahrheit geschehen sei.

Seltsam, daß die Genossen plötzlich keine Augen mehr hatten. Sie alle trugen Brillen, deren Gläser im Licht der Glühbirne blitzten und spiegelten, so daß die Augen nicht mehr gesehen werden konnten. Rainer sagte in einem Ton, den Viktor von diesem schmächtigen, immer so konziliant wirkenden Menschen nicht kannte, daß es »nicht um subjektive Wahrheit« ginge, sondern darum, daß »er ein objektives politisches Problem geworden« sei, für das nun eine Lösung gefunden werden müsse.

Das war keine Willkür. Das folgte strengen Gesetzen. Das Problem war nur, daß diese Gesetze ausschließlich in diesem Zimmer galten, und sonst nirgends. Es gab draußen ganz andere Gesetze, etwa solche, die Lynchen und Selbstjustiz aus guten Gründen verboten, aber in diesem Zimmer war die entscheidende Frage für das Gericht, ob Viktors Verhalten, wie es öffentlich gebrandmarkt worden war, bloß als moralische Verfehlung oder gar – mit wesentlich weiterreichenden Konsequenzen – als »Rechtsabweichung« beurteilt werden müsse. Genosse Gregor hielt es sogar für argumentierbar, daß eine »Linksabweichung« im Sinne des moralischen Sponti-Zynismus vorliege. Viktor stand da, sah nur Nebel vor sich, hörte Stimmen, dachte hilflos darüber nach, wie er es angestellt haben konnte, gleichzeitig nach links und nach rechts abzuweichen, er sah plötzlich Eugen, der das Wort erbat und tatsächlich folgendes sagte: »Als besondere Perfidie des Genossen Viktor erscheint mir, daß er just in der Zeit, als er seine Verfehlungen beging, die private Freundschaft mit mir suchte!«

So perfid ist Viktor gewesen. Wollte den guten, lieben Eugen, der kein Flugblatt ohne vierundzwanzig schwere orthographische Fehler schreiben konnte, mit sich in den Abgrund der Geschichte reißen, bloß mit dem Bleistift, mit dem er Eugens Fehler korrigierte. Oder mit dem Kaffee, den sie dann tranken und den Viktor offenbar mit dem Gift des Revisionismus versehen hatte. Viktor sah, daß keiner lachte, keiner grinste, keiner schmunzelte nach Eugens Wortmeldung. Im Gegenteil. Die Gesichter wurden noch starrer, noch maskenhafter. Er blickte nach rechts und nach links, in das Publikum, die Vertreter der Massen. Er sah nur Schadenfreude, Hohn, Grinsen – hier, ja, hier wurde gegrinst. Hildegund. Sie hätte, dachte er, nicht mit der Wimper gezuckt, wenn er nun zum Tode verurteilt worden wäre und wenn dieses Gericht die Macht besessen hätte, dieses Urteil auch zu vollstrecken.

Plötzlich begann der Nebel, durch den Viktor blickte, sich flockig aufzulösen, da waren geradezu heitere Figuren, die sich vor seinen Augen bildeten, das waren Farcen, die vorangegangene Tragödien wiederholen wollten, das war rostiger Sinn, der abblätterte vom Besinnungslosen, mit dem die Welt vor Zeiten lackiert worden war. »Es ist lächerlich!« dachte Viktor. »Sie spielen Moskau der dreißiger Jahre! Sie spielen das allen Ernstes!«

Eugen wurde gebeten, zu präzisieren, auf welche Weise Viktor versucht hatte, ihn mit in den Abgrund zu reißen.

All die Zeit stand Viktor in der Mitte des Zimmers, und alle fanden es selbstverständlich, daß er da schweigend zu stehen und sein Urteil zu erwarten hatte. Die Zeuginnen von der Frauengruppe waren noch gar nicht aufgerufen worden.

Bitte! dachte Viktor, das ist Wien in den siebziger Jahren und nicht Moskau in den Dreißigern! Bitte, kann das einer sagen, der hier etwas sagen darf?

Nein. Das sagte keiner. Gut, dachte Viktor, es gibt einen einfachen Beweis, den ich nun vorführen kann: Wenn ich mich jetzt umdrehe und hinausgehe – was wird passieren? Ist es Moskau in den Dreißigern, bin ich tot. Ist es Wien in den Siebzigern, bin ich aus einem Traum aufgewacht.

Viktor ging. Er drehte sich um und ging ganz langsam zur Tür, als wollte er vorführen, wie langsam ein Mensch gehen konnte.

Es fiel kein Schuß. Keine Hand berührte ihn, geschweige denn, daß er niedergerissen und arretiert wurde. Er ging ganz

langsam, er ging in Zeitlupe zur Tür, sah, als er sich umwandte, wie sie ihm alle nachschauten, Blicke, vom Gericht
und von den Massen, ebenfalls wie in Zeitlupe, langsame, irgendwie vergrößert wirkende Augen. Das war nicht Moskau
in den Dreißigern, er würde sonst schon längst nicht mehr leben. Er lebte. Er wollte leben. Da war die Türklinke. Er öffnete die Tür. Ein letzter Blick zurück. Hinaus.

Hinaus in ein Leben, in dem er ab jetzt keine Freunde mehr
hatte. Keinen sozialen Zusammenhang. Kein Netz. Nicht einmal einen Gruß. Wer ihn kannte, grüßte ihn nicht mehr, wer
ihn nicht kannte, natürlich auch nicht. Da war nichts mehr.
Nur noch die Dunkelheit. In der das grüne Auge des Radios
und die bunten Fensterchen der Fernsehleuchte glimmten.
Da war plötzlich nicht Nichts, sondern, viel schlimmer, das
Sonst-Nichts.

Sie schrien. Sie schrien, so laut sie konnten. Ununterbrochen
warfen sie die hochgereckten Hände rhythmisch nach vorne,
als versuchten sie, die Sätze, die sie schrien, durch das Getöse
hindurchzupeitschen. Sie mußten nicht nur einander im Geschrei überbieten, sie mußten sich Gehör verschaffen gegen
das Dröhnen der Maschinen, das Hämmern der Werkzeuge,
die dumpfen Sauggeräusche der Wasserpumpen und die
schrillen Obertöne von vielen hundert Sägen.

Und doch konnte nichts so betäubend, alles übertönend, in
Samuel Manassehs Kopf lärmen, wie ein spitz hingesagter
Satz seiner Frau Rachel, der mit den Worten »Precisa-se ...«
begann. »Man braucht ...«

Er kam mit dem Rubi-Gehalt nicht aus. Das war von
Anfang an klar gewesen. Allein die Miete fraß das Gehalt
fast zur Gänze auf. Rachel hatte ein Jahr nach der Tochter
Hanna Gracia einen Sohn zur Welt gebracht: Joseph. Nun
war sie zum dritten Mal schwanger. Precisa-se: So begann
nach einiger Zeit des Duldens, des Improvisierens, des Ver-
ständnisses für Samuels Arbeit die regelmäßig wiederkehrende Abrechnung mit ihrem Leben. Dann brach aus ihr

heraus, was sie brauchte, was sie erwartete, was das Minimum war, damit sie überhaupt weiterleben konnte. Fünf Florins, nur um sich wieder auf dem Markt blicken lassen zu können. Und man brauchte Wolldecken. Es kommt der Winter. Sie selbst brauchte keine Wolldecke, aber die Kinder. Joseph war schwach. Es war erst Herbst, und er hustete bereits ununterbrochen. Ihr Vater hatte den Arzt geschickt. So hatten sie sich die Arztkosten erspart. Aber die Medizin, die sie nun nachkaufen mußten, war teuer. Man brauchte also alles in allem letztlich sieben Florins. Wie das dröhnte: sieben Florins!

Dann ließ er die Bücher, hastete durch die Stadt, durch das Geschrei – und wie sie schrien! Die Händler, die Fischhändlerinnen auf dem Dam, die Großhändler auf dem Damrak, wo sie ihre Waren für die städtische Steuer wiegen lassen mußten, vorbei an der Börse auf der anderen Seite des Dams, wo die Tabakhändler ihre Ware anpriesen, wo Niederländer, Deutsche, Polen, Ungarn, Franzosen, Perser, Türken, Inder unter ohrenbetäubendem Getöse mit Seide und Juwelen handelten, mit Schuldscheinen und Aktien, Gewürzen und Fellen.

Er hörte nur »Precisa-se...!« Hörte nicht, wie Häuser einstürzten, hörte nicht, wie Stützpfähle in den morastigen Grund geschlagen wurden, Dutzende, Hunderte, es wurde die Stadt niedergerissen, in der er lebte und in der ihm sieben Florins zum Leben fehlten, zugleich wurde eine neue Stadt, eine Weltstadt, die größte und reichste ihrer Zeit neu aufgebaut, auf den Trümmern und neben den Schutthalden, an denen er vorbeilief. Häuschen und Werkstätten wurden wild gezimmert von den Tausenden, die nach Amsterdam kamen und ihr Glück suchten, Schweinekoben standen neben Mühlen, Brauereien neben Pesthäusern. Und da schlug die Abrißbirne hinein, Staubwolken schwebten durch diese schrille Stadt, und zugleich zogen ununterbrochen die Putztrupps durch die Straßen, die Ärmsten, die für eine Suppe beim Magistrat den Besen ausfaßten.

Die reichen Händler und Kaufleute bauten sich ihre Stadt neu: Die Herengracht wurde verbreitert, die Häuser entlang der Gracht neugebaut, größer und schöner. Dahinter wurden alle wildgewachsenen Hütten zertrümmert, Wasserarme zugeschüttet, Kanäle abgesaugt, eine neue Gracht angelegt: die Keizersgracht. Tausende von Menschen arbeiteten an diesem Großprojekt, legten Bauwege an, räumten Schutt beiseite, erhöhten den Moorboden mit Tonnen von Sand, stabilisierten ihn mit Pfählen, pumpten das Wasser ab, vierzig Männer mußten treten und Räder drehen, um eine Pumpe zu bedienen, es brauchte zehn Pumpen, um jenes Stück Kaimauer zu bauen, das nötig war, um einem einzigen Patrizierhaus dahinter Halt zu geben. Es wurden kilometerlange Kaimauern gebaut, vierzig Brücken, bis dahin unvorstellbare Mengen von Bausand mußten von den Dünen herbeigeschafft werden, um den Boden als Bauland zu erschließen.

Tausende von Menschen, Tonnen von Material, Hektoliter Wasser wurden bewegt, während Manasseh durch die Stadt hastete, auf der Suche nach sieben Florins. Staubwolken, die dichter waren als der dichteste Nebel, Geschrei, das lauter war als das größte Getöse der Natur, lauter noch als der lauteste Kanonendonner an den Fronten des Befreiungskriegs, und Manasseh sah nichts und hörte nichts anderes, als dies: Precisa-se sete florims. Sieben Florins – Woher? Der Gegenwert einer halben Sekunde Arbeit am neuen Grachtengürtel. Ach, wenn das Geld auf der Straße läge. Es lag auf der Straße, aber nicht für ihn, den kleinen Rubi.

Er lief zu seinem Verleger. Er lief zu seinem Schwager. Er lief durch die ganze Stadt zu einem Privatschüler, er lief zu seinem Freund Vossius. Ja, es gab so viele Pläne, so viele Projekte, wer in dieser Stadt hatte keine? Er versprach ein neues Buch, wenn er wenigstens fünf Florins sofort – also gut, zwei neue Bücher für sechs Florins, »Über das Lebensende« und »Über Engel«, in sechs Monaten abzuliefern. In sechs Monaten? Beide? Ja. Beide. Aber das erfordert Ausschließlichkeit in der Arbeit, volle Konzentration – sechs Florins!

Sein Schwager Jonas versuchte, im Tabakhandel Fuß zu fassen, er habe, sagte er, jetzt die Chance aller Chancen, die Möglichkeit, auf die er seit zwei Jahren gewartet hatte: ihm fehlten nur fünfzehn Florins Kapital, dann wäre er dabei, könnte gut und gerne dreihundert damit lukrieren. Ich habe fünf, sagte Samuel, – Her damit, du bist beteiligt!

Einen Florin erhielt Samuel von seinem Privatschüler, Vorschuß für zwanzig Unterrichtsstunden, zwanzigmal durch die dröhnende, staubvernebelte Stadt laufen.

Mit zwei Florins kam er nach Hause. Es mußte etwas geschehen. Man braucht. Diese Stadt schickte sich an, ihre Geschichte in die Luft zu sprengen und sie in Gold völlig neu aufzubauen. Und er drohte wegen eines Betrags in Konkurs zu gehen, der geringer war als der Lohn eines Maats auf einem Handelsschiff in die Neue Welt.

Die Neue Welt! Plötzlich stand ihm klar vor Augen, welchen Ausweg er hatte. Daß er ihn nicht schon längst gesehen hatte! Er wunderte sich. Er verstummte. Er hörte nichts mehr. Er hörte das Getöse der Stadt nicht mehr, nicht die spitzen Sätze seiner Frau. Er sah Bilder vor sich, stumme Bilder, so schön, so glücklich, sie deckten den Lärm seiner Sorgen zu, überdeckten alles – Decken, Wolldecken? Wer brauchte Wolldecken in den Tropen?

Über diese Informationen verfügte er: Der Befreiungskampf der vereinigten niederländischen Provinzen gegen die spanische Krone hatte auch die Übersee-Provinzen befreit. In Recife, Brasil, hatte sich eine große, freie, begüterte Judaria gebildet. Man sprach dort Portugiesisch, seine Muttersprache, befand sich aber unter niederländischer Verwaltung. Er hatte Bilder gesehen, Radierungen, Gouachen, Aquarelle, die einen Ort zeigten, der als Hintereingang ins Paradies gelten konnte. Bislang unbekannte Früchte, sie sollten wohlschmeckender sein als alles, was er kannte, und Tiere, so anders, so friedlich, dort ruhte das Schaf neben dem Wolf. Und stolze, freie Menschen blickten aus diesen Bildern voller Farben und Licht.

Der Rabbi, der kleine Rubi schrieb einen Brief. An die jüdische Gemeinde in Recife. Er begann mit einer devoten Grußadresse an die Freie jüdische Gemeinde von Recife, lobte emphatisch das Zeitalter, das dem auserwählten Volk den neuen Kontinent anvertraute, wodurch sie, die Brüder in Recife, einen unermeßlich großen Schritt getan hätten, hin zur Erlösung des Gottesvolkes. Denn, so der Rabbi, es stand geschrieben, »der Messias wird erst kommen, wenn mein Volk verstreut ist über die ganze Erde, wenn ich mein Volk finde im letzten Winkel am Ende der Welt«. Nach den Demutsadressen und der Bibelexegese fügte er am Ende »submissest« die Frage an, ob die stolze und glorreiche jüdische Gemeinde von Recife, Brasil, nicht einen Rabbiner bräuchte, der zu sein er sich freudigst anböte. Angefügt ein Curriculum vitae sowie die Publikationsliste.

Was nun begann, war für einen Mann wie Samuel Manasseh ben Israel völlig unverständlich. Es war, als würde einer ein Steinchen ins Wasser werfen, worauf riesige Flutwellen heranrollen und ein Weltbeben ausbricht. Der, der den Stein geworfen hatte, kann natürlich nicht glauben, daß er es war, der das ausgelöst hatte, während er gleichzeitig nicht umhin kam, sich wegen der unmittelbaren Abfolge der Ereignisse schuldig zu fühlen.

Kaum hatte er seinen Brief abgeschickt, wurde das freie niederländische Recife von den Portugiesen zurückerobert. Wenige Tage nachdem er diese Nachricht erhalten hatte, erfuhr er, daß fast die gesamte jüdische Gemeinde von Recife verhaftet worden sei und in Schiffen nach Portugal transportiert werden sollte, um im Mutterland der Inquisition vorgeführt zu werden. Als diese Nachricht Amsterdam erreichte, war sie allerdings schon nicht mehr wahr. Mittlerweile hatten niederländische Schiffe den Hafen und schließlich die Stadt Recife wiedereingenommen, die jüdischen Glaubensbrüder befreit, den Handel wieder eröffnet, das bürgerliche Leben in der größten Stadt dieser Hemisphäre wieder in seine Rechte gesetzt.

Wenn nun aber wieder diese Informationen stimmten, dann mußte Manasseh davon ausgehen, daß sein Brief just in der Zeit des kurzen portugiesischen Interregnums in Brasil angekommen sein mußte, wenn überhaupt, weshalb er sich eilig hinsetzte, um den Brief zu kopieren, um Glückwünsche wegen der neuerlichen Befreiung zu ergänzen und erneut aufzugeben.

»Precisa-se...«

»Bald. Bald haben wir alles, was wir brauchen!«

Statt einer Antwort erhielt Manasseh die Nachricht, daß Brasil wieder von den Portugiesen zurückerobert wurde. Das mußte gleichsam im Gegenzug zu seinem letzten Brief passiert sein. Allerdings war das in dem Moment, da er diese Nachricht erfuhr, schon wieder nicht mehr wahr. Im Grunde herrschte in der Neuen Welt immer das genaue Gegenteil dessen, was die Alte Welt, Wochen später, auf dem Stand ihrer Informationen je vermutete. Manasseh konnte das nicht wissen, weshalb er sich nichts mehr von seiner Bewerbung als Oberrabbiner der neuen und stolzen jüdischen Gemeinde von Recife versprach – als er erfuhr, daß eine Reihe von Briefen an erlauchte Mitglieder der Gemeinde von Amsterdam aus Brasil eingegangen ist, mit der Bitte um Auskünfte und Referenzen. Ein gewisser Manasseh habe sich um das Amt eines Oberrabbiners von Recife beworben. Tatsächlich benötigte diese Gemeinde einen Rabbiner. Geld genug sei da für alle »mordomias«. Man erbitte Auskunft über die Qualitäten dieses Manasseh, sowie Empfehlungen.

In den Antworten war man des Lobes über Manasseh voll. Seine Belesenheit und seine Rhetorik wurden einhellig gelobt. Es gäbe keinen, der an ihn heranreichte, ausgenommen vielleicht Rabbi Aboab, dem von der jüdischen Gemeinde Amsterdams, des Neuen Jerusalems, der Vorzug gegenüber Manasseh gegeben worden war.

Die vom Kaffee-, Tabak-, Kakao- und Gummihandel so unendlich reiche Gemeinde von Recife beschloß, sich nicht mit dem guten Manasseh zu begnügen. Wenn es auf der Welt auch nur einen einzigen geben sollte, der höher eingeschätzt, der mehr gelobt wurde, dann durfte es für Recife nur einen Rabbiner geben – diesen. Geld, so schrieb man an Aboab, spielte keine Rolle. Er könne, sollte er das Angebot annehmen, mit einer Verdopplung seines Letztgehalts bei niedrigeren Lebenskosten rechnen, freier Wohnung, sowie einer sogenannten »Berufungszusage« – das war ein Betrag, der extra zur Verfügung gestellt werde, um dem neuen Rabbiner zu ermöglichen, nach seinem Gutdünken Investitionen in den Aufbau der Judarien vorzunehmen.

Aboab war geschmeichelt. Er war betört. Er war dort, wo kein Rabbiner je gewesen war: im Himmel. Er konnte den Mahamad davon überzeugen, daß er, so gerne und selbstverständlich er seiner Gemeinde treu sein wollte, diese Berufung nicht abschlagen dürfe. Er wurde in allen Ehren verabschiedet. Dreitausend Männer, Frauen und Kinder drängten sich am Schreierstoren am Hafen Amsterdams, um Aboab zu verabschieden, als sein Schiff in See stach. Der Kapitän des Schiffes, das Aboab in die Neue Welt brachte, war der legendäre Henriek Hudson auf seiner letzten Fahrt, jener Hudson, der zwanzig Jahre zuvor die Mündung des nach ihm benannten Flusses entdeckt hatte, wo dann die Stadt Neu Amsterdam siedelte und wuchs.

Die Diskussionen über die Neubesetzung der Oberrabbinerstelle der portugiesisch-jüdischen Gemeinde von Amsterdam zogen sich hin. So viele Erwägungen. Zahllos die Vorschläge, Einwände, Aussichten. Unendliche Debatten. Klar, daß Manasseh der logische Nachfolger gewesen wäre. Andererseits: er war bloß Rubi. Da gab es eine Hierarchie zu berücksichtigen. Es spielten Rücksichten eine Rolle, die seinerzeit bei der Bestellung Aboabs, die ganz knapp zu seinen Gunsten und gegen Manasseh ausgefallen war, keine Rolle gespielt hatten. In den Ältesten flackerte ein letzter Ehrgeiz auf, Euphorie vor dem Tod, Talmudspezialisten promovierten sich zu Propheten, die im Falle dieser oder jener Entscheidung die größten Plagen vorhersahen. Samuel Manasseh hetzte durch die Stadt, durch den Staub, durch den Lärm. Das dritte Kind, ein Junge, Ephraim, war gesund. Gelobt sei ER. Der Grachtengürtel wuchs. Prachtbauten. Gemauerte Kanäle, so rund, so perfekt, als hätte eine überirdische Macht sie ins Zentrum seiner Lieblingsstadt gesetzt.

Und immer fehlten so und so viele Florins. Und so einfach konnte die Rettung sein. Wenn er Aboabs Nachfolger würde. Ein später Sieg, der ein eigentümlicher Sieg gewesen wäre, weil er einmal mehr auf einer Niederlage beruht hätte: Er hätte sein Ziel erreicht, weil er einmal mehr Aboab unterlegen war.

Aboab war fort, und der Weg zum Oberrabbinertum in der heimischen Gemeinde war frei. Aber plötzlich diese endlosen Debatten. Monatelang konnte Samuel Manasseh kaum schlafen. Sein Freund Vossius empfahl ihm einen Physikus, einen Arzt, der, zugleich ein Pillendreher, ihm Abhilfe von seinem Leiden versprechen konnte. Eine Tablette abends, und er würde sich eine halbe Stunde später des Schlafs nicht mehr erwehren können.

Wie glücklich er schlief. Diese Pille war ein Wunderding. Sie drosselte seinen Appetit, was ihm mehr als die Summe ersparte, die er für diese Pille ausgeben mußte. Nach dem Aufwachen war sein Durst unermeßlich. Er bekam vom Wasser die Ruhr. Der Arzt konnte ihm helfen. Er lernte Bier zu trinken. Wie gut es ihm ging, wenn er trank.

Irgendwann taumelte er nach Hause, »Precisa-se ...« – »Morgen! Frau ...« und er schlief, es war das Schönste, das er je erlebt hatte: dieses Schlafen.

Er verschlief geradezu die Entscheidung: Ja, er sollte Nachfolger Aboabs, neuer Oberrabbiner der jüdischen Gemeinde Amsterdams werden. Die Entscheidung war gefallen. Zu seinen Gunsten. Er lag im Bett, als er es erfuhr, betäubt, halb vom Bier, halb von den Pillen, er wirkte völlig abwesend. Zu spät, dachte er, zu spät, er hatte keine Kraft mehr und den Kopf nicht mehr für dieses Amt. Aber da begann etwas zu glimmen, ein Licht, und in diesem Licht nahm etwas Gestalt an, das waren Bilder, in denen er sich selbst sah, wer er war und sein konnte und was er noch vermochte, wenn er nur wollte. Die feierliche Zeremonie, die ihm den Stab und den Schlüssel zu den Thora-Rollen in die Hand geben sollte, war für die kommende Woche anberaumt.

Zwei Abende zuvor ankerte der große Hudson, zum letzten Mal zurückgekehrt von den Amerikas, vor der Stadt Amsterdam. Und von Bord ging Aboab, der ohne zu säumen zur Synagoge eilte, den Mahamad zusammenrief, Bericht erstattete und sich wieder in alle alten Rechte zurückversetzte.

Bei seiner Ankunft in Recife war die Stadt unmittelbar zuvor wieder von den Portugiesen eingenommen worden, es sei unmöglich gewesen, an Land zu gehen, und nur mit Gottes Hilfe sei ihr Schiff der feindlichen Armada entkommen. Nach einer langen Irrfahrt, um die Katholiken abzuhängen, sei es schließlich gelungen, die Fahrt nach Hause anzutreten, wo er, eben angekommen, selbstverständlich sofort bereit sei, die alte Verantwortung wieder zu übernehmen und nach bestem Wissen und Gewissen auszuüben. Gelobt sei ER.

Wenige Tage nach der abgesagten Zeremonie, mit der Samuel Manasseh als Oberrabbiner der portugiesischen Gemeinde von Amsterdam hätte eingesetzt werden sollen, lag sein jüngstgeborener Sohn Ephraim tot in der Wiege. Sein kleiner Körper war noch warm und weich, als Rachel Abravanel ihn heraushob, ihm den Mund aufdrückte und, zunächst wimmernd, dann schreiend, immer wieder ihren Mund an den Mund des Kindes preßte und hineinblies, um ihm Atem zu geben, Odem, Leben. Ephraim baumelte leblos in ihren Armen, sein Gesicht an ihr Gesicht gedrückt, bis Samuel Manasseh ihr den Jungen abnahm und ihn zurücklegte in sein Bettchen.

Er war nicht aus Stein.

Nun war es doch ausgesprochen worden, noch einmal hatte die Leibesfrucht gelebt, noch einmal war sie gestorben. Er hätte sich vor zwanzig Jahren nicht vorstellen können, daß er Hildegund jemals verzeihen würde können, eines Tages wieder mit ihr reden, Stunden mit ihr verbringen, sie anschauen und dabei – sentimental werden.

Er hatte ihr damals nicht ewigen Haß geschworen, er hatte bloß gedacht, daß es gar nicht anders ginge als so: Haß, Wut, ewig weiterschwelende Aggressionen. Zwanzig Jahre nachdem sie lächelnd zugeschaut hätte, wenn er exekutiert worden wäre, lächelte sie ihn an, als hätten sie gerade über irgendeine schrullige Geschichte geredet, die vor ewigen Zeiten in einer anderen Welt geschehen ist. Ab wann ist Geschichte Geschichte? Hatte er diese Frage laut ausgesprochen? Sie sagte: »Einerseits morgen, andererseits nie!«

»Nie finde ich nicht gut. Andererseits –«

Endlich schmiegte sie sich an ihn. Das war nicht mehr die Fliehkraft in den Kurven, das war – was immer. Auch Geschichte.

Er ersparte sich sein Andererseits.

»Ich muß dir was erzählen, das wird dich interessieren, ich denke, das wird dich freuen«, sagte sie. »Zwei, drei Jahre später, so genau weiß ich das nicht mehr, saß ich mit Renate in unserer WG in der Küche –«

»Du hast mit ihr in einer Wohngemeinschaft gewohnt?«

»Ja. Sie war ja völlig entwurzelt und wußte nicht, wohin mit sich, und als in unserer WG ein Zimmer frei wurde, ist sie eingezogen. Jedenfalls: Wir saßen in der Küche, haben Wein getrunken, geredet, und irgendwie sind wir auf dich zu sprechen gekommen, also auf diese Geschichte, und da hat sie erzählt, daß sie natürlich gewußt hat, daß du nicht der Vater warst von diesem Kind, aber du warst der Mann, der da war, und du hattest mit ihr geschlafen, also warst du irgendwie in einem allgemeineren Sinn der Mann, das Exempel, verstehst du? Du warst plötzlich nicht mehr Viktor, sondern der Mann! Du warst etwas Abstraktes, ein Paradigma, das hat nichts mit dir zu tun gehabt.«

»Nein, das verstehe ich nicht!« sagte er, und er spürte, wie die Wut hochkam, die Verletzungen plötzlich wieder aufbrachen, die Aggressionen zu gären begannen, nein, es war nicht Geschichte, es konnte etwas nicht Geschichte sein, worunter er augenblicklich aufs neue litt. »Es hat nichts mit mir zu tun gehabt? Es hat meinen Namen gehabt, dieses Paradigma! Mein Name ist auf dem Flugblatt gestanden! Hat sie nach ihrem Geständnis ein neues Flugblatt gemacht? Den Rufmord hatte sie veröffentlicht, die Wahrheit erzählt sie unter vier Augen! Das soll mich freuen? Das freut mich wie –«

»Viktor, bitte, mache jetzt keinen schiefen Vergleich!«

Nein. Er wollte sie nicht mehr. Sollte sie morgen heimfahren zu ihrem Religionslehrer. Zu ihren Kindern. Zu ihrer Selbstgewißheit. Sie hatte nie Angst haben müssen.

Ein neues Kind in der Yeshiva. Manasseh begriff sehr schnell, daß dieses Kind ein Geschenk war, etwas Besonderes, Außerordentliches. Plötzlich war ihm ein Junge anvertraut, der bei Manasseh eine seltsame Reaktion auslöste: Ich bin nicht gescheitert. Mein Scheitern hatte einen Sinn: Daß ich jetzt an dieser Stelle stehe, mich in dieser Verantwortung befinde, wenn dieser Junge in meine Klasse eintritt. Baruch, das Wunderkind, das in diesem Moment nur einer als etwas Besonderes begreifen konnte: Er, Samuel Manasseh ben Israel. Der Mann, der in Bierkneipen sein Scheitern wegzuspülen, im Rausch noch einmal aufzuheben, im Bett schließlich zu vergessen versuchte, der schwammige, nervöse, antriebslose Rubi, der von einem letzten kleinen Trost zehrte, nämlich daß er sich eingetragen hatte in die Stammtafel des kommenden Messias, dieser Mann, der sich weigerte, das traditionelle Rabbinergewand zu tragen, sondern lieber das Bürgergewand, das er vom ersten Rubi-Gehalt gekauft hatte, tagein tagaus, bis es ihm zerschlissen vom Leib fiel. Der manchmal mit dieser Kleidung, in der ihn sein Nachbar, der Kunstmaler Rembrandt van Rijn porträtiert hatte, ins Bett ging, weil er nach der Kneipe sich nicht mehr auszuziehen vermochte, weil er nicht der sein wollte, der er nackt war. Weil er sich verhüllen und verstecken wollte und keinen Durchschlupf mehr suchen, weil es keinen mehr gab. Dieser Manasseh war plötzlich konfrontiert mit der Frage: Wenn ich Lehrer bin, muß ich dann nicht der Lehrer sein dieses jungen Baruch d'Espinoza, ihm geben, was er fordert und was ich zu geben vermag?

Nein. Das war eine Stimme in ihm: Nein. Ich habe keine Kraft mehr. Ich will schlafen, wegdämmern, ich will nichts mehr wissen, und ich kann, was ich weiß, nicht weitergeben, weil ich nicht weiß, was ich weiß. Dieses ewige Ungenügen.

Er kam betrunken in die Schule, verteilte Aufgaben, die ihm für die restlichen Stunden, die er hier sitzen mußte, ein Wegdämmern ermöglichten, er stellte Fragen, an denen die Schüler lange kauen mußten, dann schloß er die Augen und versuchte, nichts mehr zu sehen und auch nichts mehr zu hören, nicht den herantosenden Lärm der Stadt, nicht das »Precisa-se …« seiner Frau. Und da war immer wieder dieser Baruch, der ihn weckte, weil er Antworten hatte. Der die Fragen ernst nahm und sich an Lösungen abarbeitete. Der respektvoll »Senhor« und »Professor« zu ihm sagte, wenn er ihm ein Blatt überreichte, das mit gestochen scharfer Schrift beschrieben war. Baruch war ein ungewöhnliches Kind. Einmal beantwortete er eine Frage nach zwei Stunden mit zwanzig Gegenfragen. Das war der Moment, da Manasseh beschloß, sein Leben zu ändern.

Nicht sofort. Nicht radikal. Im Grunde begann er sich nur für diesen intellektuellen Kampf zu wappnen. Den Kampf um eine Seele. Nein, um zwei, um beider Seelen.

Manasseh mußte Schulden abarbeiten, und noch dies vermehrte seinen Ruhm. Außerhalb der Gemeinde. Sein Büchlein »Über Das Lebensende« wurde zu einem Skandalerfolg, weil er in seiner Schwermut eine Sprache für seine Illusionslosigkeit fand, die zu Einsichten führte, die damals noch nie formuliert und gelesen worden waren. Der von den Nichtjuden so geliebte und geschätzte »Rabbi« verblüffte die Öffentlichkeit mit einen Text, der für die Christen ein Skandal sein mußte: Der Tod, schrieb er, sei der Tod von allen Ansprüchen und Sehnsüchten, die bereits zu Lebzeiten starben. Nicht der Tod bedeute das Ende, sondern das Ende des Strebens führe zum Tod. Dieser Tod sei endgültig. Jedes Nachleben sei nur ein Verschweben all dessen, das viel früher schon verkümmert und gestorben sei. Dieses Nachleben gehöre der diesseitigen Welt, nicht dem Jenseits. Dazwischen existiere nur noch eines: Das nach und nach nicht mehr Existieren – das Verwesen. Das waren die Pillen und das Bier. Aber er hatte noch ein Auftragswerk abzuliefern: Über die Engel.

Dieses schrieb er sehr schnell, ganz so, wie er es gelernt hatte: Lies zwanzig Bücher, mach ein neues draus! Er war schamlos. Zumal er nach dem sogenannten »Lebensabend«-Buch noch einmal zwei Florins Vorschuß bekommen hatte. Nur: Lies zwanzig, lies hundert Bücher über Engel, was wirst du lesen? Was kannst du da kompilieren? Nur Spinner, Träumer und Esoteriker schrieben über Engel, er fand sogar eine Abhandlung über die Frage, wie viele Engel auf einer Nadelspitze Platz hätten. Selbst diese Abhandlung zitierte er, wenn er sie denn schon gelesen hatte. So entstand nun ein Buch, das völlig mystisch war, so jenseits, wie sein Buch zuvor überraschend diesseitig war.

Er stand im Mittelpunkt der Aufmerksamkeit. Manche wollten ihr Mütchen an ihm kühlen, andere lobten ihn, weil sie ihre eigenen Ansichten von ihm bestätigt bekamen. Beim nächsten Buch war es umgekehrt. Samuel hatte nicht mehr die Kraft, dies wichtig zu nehmen. Gelobt oder nicht gelobt, er würde aus seinem Elend nicht heraussteigen, nicht Oberrabbiner werden und sein Leben machen können. Er wollte schlafen. Wenn er nicht schlafen konnte, wegen der Gedanken, die er nicht vertreiben konnte, oder wegen der Stimme seiner Frau, dann nahm er eine Pille. Er sorgte immer vor, auf Wochen oder Monate hinaus, er hatte immer genug von diesen Tabletten zu Hause.

Und dann stand der kleine Baruch vor ihm, sagte »Professor« und fragte. Er stellte die Fragen, die keiner stellte, der Manassehs Bücher las. Der gelehrte Professor, so Baruch, habe über »Engel« geschrieben, also über ein Phänomen, dessen Existenz nicht nachgewiesen werden könne, das aber insofern dennoch existiere, weil es den Begriff gebe, also eine Idee, die das Denken mancher Menschen erfaßt habe. Warum aber, so fragte Baruch, habe er in dieser Schrift nicht dieselbe Methode angewandt, mit der er zuvor über den Tod geschrieben habe, ein Phänomen, das mit Engeln insofern vergleichbar sei, als kein Lebender darüber verbürgt Auskunft zu geben vermag – außer eben so, wie der Professor es vorgeführt habe: Nicht von der Seite des Nichts her, sondern ausgehend vom Sein, nicht von der Angst vor dem Verlust geleitet, sondern von der Liebe zum Seienden, mit den Mitteln der Vernunft und nicht mit denen der Phantasie. Warum, fragte der junge Baruch seinen Lehrer Manasseh, dieser Widerspruch?

Da plötzlich, an diesem Punkt, beschloß Samuel Manasseh, den Kampf aufzunehmen. Er wollte wieder denken. Sich vorbereiten, diesem schmächtigen Jungen mit den neugierigen Fragen Antworten geben können. Bald. Just in diesem Augenblick kam es zu dem Skandal, der die stolze jüdische Gemeinde von Amsterdam in ihren Grundfesten erschütterte und auch zum Zerwürfnis zwischen Baruch und seinem Lehrer führte: Das Verfahren gegen Uriel da Costa.

Uriel da Costa, geboren in Portugal, in der Stadt O Porto, stammte aus einer so wohlhabenden wie einflußreichen Adelsfamilie, die bereits in vierter Generation römisch-katholischen Glaubens war. Er erhielt in Jurisprudenz und Theologie die beste Ausbildung, die damals zu kaufen war, und trat nach Beendigung seines Studiums in den Kirchendienst ein, wo er als Schatzmeister und Stiftsanwalt die höchste weltliche Stelle im Kirchenunternehmen seiner Heimatstadt bekleidete. Er gründete eine Familie, bewohnte ein Palais in bester Lage und genoß höchstes Ansehen. Er war glücklich mit seiner Frau, stolz auf seine beiden Söhne, die sehr früh schon die schön-

446

sten Anlagen und Talente zeigten. Er besuchte regelmäßig den Gottesdienst und beachtete penibel die zehn Gebote, um ewiges Seelenheil zu erlangen. Er war stolz, aber nicht eitel, gutaussehend, aber nicht selbstverliebt, reich, aber freigebig. Er kannte Gott und die Welt, den Gott, den er hatte, und die Welt, in der er lebte. Er war dreißig Jahre alt und hatte nie den geringsten Anlaß gehabt, jemanden oder etwas zu fürchten – er fürchtete nur das Höllenfeuer, und versuchte daher so zu leben, daß er diesem entging. Er fürchtete nichts.

Durch die Umtriebe des Heiligen Offiziums, die er in seinem Amt gleichsam von innen beobachten mußte, sah er sich selbst mit der Frage konfrontiert, die zahllose Herzen verzehrte, zahllose Menschen auf den Scheiterhaufen der Inquisition: Wie viele Generationen tilgen die Geschichte? Wie viele Jahrzehnte machen Schuldige unschuldig? Er selbst, der nichts oder zumindest noch nichts zu befürchten hatte, fragte sich eines Tages, ob vier Generationen Christentum genügten, ihn nicht mehr mit dem mosaischen Glauben seiner Vorväter in Beziehung und damit unter Verdacht zu bringen. Diese einfache Frage sollte sein Leben verändern und schließlich zerstören. Plötzlich wollte er wissen, was seine Urgroßväter vor der Zwangstaufe geglaubt hatten und was dieser Glaube ihm sagte – eine Frage, die leicht zu beantworten war, weil die Juden an dasselbe Buch glaubten wie die Christen: das sogenannte Alte Testament. Er las dieses Buch. Er, der ehemalige Theologiestudent las es zum ersten Mal, weil er es zum ersten Mal als das las, was es war: als Berichte, über zahllose Generationen weitergegeben, die davon erzählen, was Menschen, wenn sie das Unerklärliche befragen, erklären können. Wie nah der Gott dieser Menschen war und zugleich wie fern. Wie besessen Menschen sein konnten, wenn sie diesem Gott alles unterordneten, und wie vernünftig zugleich, wenn sie ihm im Zweifelsfalle vertrauten. Dies war ein Buch der Menschen und nicht das Buch eines Menschen, der behauptete, Gott zu sein. Uriel da Costa begann zu wanken. Er arbeitete schneller in dieser Zeit, er wollte rascher nach Hause. Es gab monatelang kein offenes Haus mehr im Palácio da Costa, er wollte allein in seinem Studio sitzen und nachdenken. Ein päpstlicher Nuntius erschien und überbrachte ihm eine Einladung nach Rom: Der Heilige Vater wollte ihn für seine Verdienste um die Kirche auszeichnen. Er nahm die Einladung an – und fragte sich bereits eine Stunde nach dem Abschied des Nuntius, ob Jesus von Nazareth der Messias gewesen sein konnte, den die Väter erwartet hatten. Liest man das Buch, konnte es nur eine Antwort geben: Nein. Nichts, was dem Erlöser zugeschrieben wurde, nichts, woran man ihn erkennen sollte, nichts, was mit seiner Ankunft versprochen war, trifft auf diesen Jesus zu oder ist daraufhin eingetreten. Uriel da Costa weinte. Das Seltsame war, daß diese Erkenntnis seiner Liebe zu Jesus Christus keinen Abbruch tat. Er liebte den Mann der Bergpredigt, den Dulder am Kreuz. Aber er war nicht der Messias. Und wenn er nicht der Messias war, dann war Gotteslästerung, was er bislang geglaubt hatte. Dann hatte er in den großen Bildern der Kathedrale von Porto nicht das Licht gesehen, sondern den Vorschein der Verdammnis. Dann war die Inquisition, die Verfolgung der Juden, eine Kutsche, die zur Hölle fuhr.

Es war am Abend dieses Tages, an dem ihm die Einladung des Heiligen Vaters in Rom überbracht worden war, als Uriel da Costas Frau sein Zimmer betrat, den weinenden Mann sah und fragte: »Marido, wie ist dir?«

Zwanzig Jahre später, in seiner Autobiographie, schrieb er, daß im Grunde schon in diesem Moment klar war, daß er sein ganzes restliches Leben benötigen würde, um diese Frage zu beantworten.

Uriel da Costa eröffnete sich seiner Frau. Er hieß sie, die Söhne zu rufen. Keiner konnte ihm folgen. Am nächsten Tag erfuhr er im Hafen von O Porto, daß er eine besondere königliche Erlaubnis benötige, wenn er ein Schiff betreten wolle. Er, Uriel da Costa, adeliger Principal dieser Stadt! Aber: Seine Vorfahren seien Juden gewesen.

»Vor vier Generationen!«

»Vor vier Generationen, das ist es eben, was wir Vorfahren nennen! Dafür gilt das königliche Gesetz!«

Als hätte es noch einer Bestätigung bedurft. Uriel da Costa beschloß die Flucht. Er ließ alles zurück. Er erreichte Amsterdam und ließ sich beschneiden.

Er wurde zu einem erfolgreichen Geschäftsmann und allseits geehrten Mitglied der Gemeinde, in der er lebte. Er galt als Held. Wer der Freiheit und der Treue zu den Vätern zuliebe verzichtete, worauf dieser Mann verzichtet hatte, war ein Held in Amsterdam, dem »guten Ort«, den die Hebräer »Makom« nannten. Der Schuhputzer Aryel Fonseca, Manassehs Gevatter, liebte ihn wie keinen anderen in der Gemeinde. Durch Geschichten und Berichte, durch alles, was er von ihm wußte, hatte er beim jungen Manasseh die Zuneigung zu diesem Mann erweckt, der den seltsamen Eindruck machte, als würde er lieber die Schuhe Aryels reinigen, als sich von ihm die Schuhe putzen zu lassen.

Uriel da Costa hatte ein Problem: Er hatte begonnen nachzudenken, zu grübeln, und das konnte er nicht mehr abstellen. Nun als Jude wollte er ein guter Jude sein und nicht nur ein erfolgreicher Geschäftsmann im Neuen Jerusalem. Er dachte nach, wie er das bewerkstelligen konnte, im Grunde stellte er sich diese eine Frage: Wie soll ich leben?

Die Speisevorschriften, vor allem die der Geschirrtrennung bei Milchigem und Fleischigem, hielt er für absolut überflüssig. Dieses Gesetz entsprang einer Interpretation der Schrift, die irgendein Rabbi vor vielleicht zweihundert Jahren vorgenommen hatte, aber die Welt und damit Gottes Wort waren fünftausend Jahre alt. Das Wegschneiden der Sehnen etwa bei einer Lammkeule, bevor man sie briet, erschien ihm völlig sinnlos, wenn er dann die Sehnen im fertigen Braten ohnehin nicht aß. Wer aß schon Sehnen? Warum sie mühsam vorher heraustrennen, wenn man sie dann ohnehin übrigließ? Das waren für ihn rabbinische Sophismen, die weder auf Erden noch im Himmel irgendeine Verankerung hatten. Überhaupt diese Rabbiner. Er brauchte ihre Interpretationen nicht. Er hatte das Buch. Was waren die rabbinischen Sophismen gegen das Wort der Bibel?

Er wurde denunziert. Er trenne das Geschirr nicht, entferne nicht die Sehnen vom Bratgut, lebe überhaupt nicht wie ein Jude, ja verspotte sogar die erlauchten Rabbiner als Pharisäer.

Er stand zwei Tage vor der Hochzeit mit Rachel de Barros, seiner späten Liebe nach zehn Jahren des Leids, weil er gegen das Fühlen und nur wegen des Denkens eine Frau und zwei Söhne verloren hatte. Er hatte nie mehr von ihnen gehört. Er wußte nicht, daß seine Söhne in die königliche Armee eingetreten und im Kampf gegen die Ungläubigen, also im Grunde gegen ihren Vater, gefallen waren. Er wußte nicht, daß seine Frau bald darauf an einer Lungenkrankheit gestorben war. Er wußte nicht, daß sein Haus verfiel, seine zurückgelassene Bibliothek abgeholt und verbrannt worden war, und er wußte nicht, daß sich der Sohn seiner ehemaligen Haushälterin, dessen Taufpate er war, mit sechzehn Jahren die Adern aufgeschnitten hatte. Er wußte es nicht, aber er hatte all die Jahre getrauert, als hätte er es gewußt. Nun endlich sollte er wieder heiraten, ein spätes Glück in der Freiheit finden. Just da wurde er abgeholt und vor den Mahamad verbracht. Er trenne nicht das Geschirr. Er schneide nicht vor dem Braten die Sehnen aus der Lammkeule. Er verspotte die Rabbiner. Er solle widerrufen.

Uriel da Costa hatte noch nie jemanden oder etwas gefürchtet. Er hatte der Wahrheit zuliebe aufgegeben, was diese Männer, wenn das Schicksal sie zufällig in seine Situation gesetzt hätte, nie aufgegeben hätten. Er konnte nur lachen. Er drehte sich um und ging hinaus. An der Tür wandte er sich noch einmal um und sagte: »Noch Fragen?«

»Nein!« schrie Oberrabbiner Aboab. »Keine Fragen. Nur noch das Urteil: Der Bann!«

Es war der erste Bann, der ohne Beratung des Mahamad verkündet worden war. Erst nach dem Spruch des Oberrabbiners wurde formal die Zustimmung jedes Mitglieds des Rabbinerkollegiums eingeholt. Wäre Manasseh damals wach und bei Sinnen gewesen, hätte er so reagiert, wie er es am nächsten Tag, nach Baruchs Frage, selbst für richtig gehalten hatte: Er hätte sagen müssen, daß dieses Urteil Aboabs ungültig sei. Solch ein Urteil kann nur verhängt werden, wenn alle Stimmen gehört und der Mahamad darüber beraten hatte. Manasseh hätte dies sagen müssen und – dadurch die Gemeinde gespalten.

Das Urteil war zwar formal ungültig, aber es trat in Kraft. Bann bedeutete, daß niemand in der Gemeinde mehr den Verurteilten grüßen, mit ihm reden, ihn berühren durfte. Die Hochzeit konnte also nicht stattfinden. Für die Frau, die er liebte, war Uriel da Costa ein Aussätziger geworden. Wenn er krank lag, lag er allein. Wenn er Hunger hatte, mußte er das Viertel verlassen, um etwas einzukaufen, das er dann allein verzehrte. Uriel da Costa war ein kluger Mann: Er wußte, daß es nach allem, was er um der Wahrheit willen aufgegeben hatte, nicht dafür stand, jetzt so zu leben, wie er lebte, ohne Freunde, ohne Gruß, ohne Hilfe, ohne Kontakte, ohne Geschäfte, nur wegen der Sehnen in einer Lammkeule. Er wollte leben, wie er es für richtig hielt, und eine Strafe akzeptierte er nur von Gott.

Er schrieb einen Brief, in dem er dem hochlöblichen Rabbinerkollegium mitteilte, daß er bereit sei, zu widerrufen, zu bereuen und zu unterschreiben, was die Rabbiner für gut befanden, um eine Aufhebung des Banns zu erwirken. Er beschloß, wie er am Ende seines Lebens in seiner Autobiographie schreiben sollte, um in die Gemeinschaft zurückkehren zu können, den Affen unter Affen zu spielen.

Es kam zu einem neuen Verfahren, bei dem zwei Schicksale entschieden wurden. Uriel da Costa stand da vor dem langen Tisch, an dem die Rabbiner saßen, darunter Manasseh, der dachte: »O mein Gott, wir spielen Inquisition. Wir imitieren die Spanier, wir wiederholen, was unseren Vätern widerfahren ist!«

Sie meinten das ernst. Sie wollten das auskosten. In Portugal und Spanien wurden Christen vor Gericht gezerrt, wenn sie verdächtigt wurden, im geheimen die jüdischen Speisegesetze zu befolgen, im jüdischen Amsterdam wurden Juden denunziert, die im Verdacht standen, daß sie diese Gesetze im geheimen nicht befolgten. Plötzlich sah Manasseh sich selbst, das Kind, das mit anderen Kindern den Müll fremder Menschen durchwühlte, um Hinweise auf deren Speisegewohnheiten zu finden, jederzeit bereit, beim kleinsten Verdacht die Betreffenden zu denunzieren und dem Verderben auszuliefern. »Bitte drehe dich um und gehe raus!« dachte Manasseh. »Du stehst Kindern gegenüber! Kinder aus einer anderen Zeit! Das ist Amsterdam und nicht Porto! Begreife das endlich! Gehe raus!«

Uriel da Costa stand da und wartete auf den Spruch. Und Samuel Manasseh ben Israel sagte kein Wort. Er machte bloß eine unsichere Kopfbewegung, die als Nicken interpretiert wurde, als der Spruch beraten und beschlossen wurde.

Uriel trat in die Synagoge ein, die bis zum letzten Platz gefüllt war. Er bestieg die Holzestrade, die sich für die Predigt und andere gottesdienstliche Handlungen mitten in der Synagoge befand, und las mit lauter Stimme eine von Aboab aufgesetzte Schrift, die seine Beichte enthielt: Er sei es wert, tausendfachen Todes zu sterben für das, was er begangen habe, nämlich Sabbatschändung, Untreue gegen den Glauben, Mißachtung der Speisegesetze. Zur Sühne wolle er sich der Verfügung der erlauchten Rabbiner unterwerfen und alles erfüllen, was ihm auferlegt werde. Im übrigen verspreche er, in derartige Frevel und Verbrechen nicht mehr zurückzufallen.

Nach dem Lesen stieg er von der Estrade herab, und der Vorsitzende der Gemeinde trat an ihn heran, um ihm ins Ohr zu flüstern, er möge sich in einen Winkel der Synagoge stellen. Er begab sich in den Winkel, worauf der Synagogendiener ihn anwies, er möge sich entblößen. Er entblößte seinen Leib, bekam ein Tuch um die Augen gebunden, legte die

Schuhe ab und streckte die Arme aus, um mit den Händen eine Säule zu erfassen. Nun band der Synagogendiener die Hände Uriel da Costas mit Stricken um jene Säule.

Wegen des großen Andrangs und der Vielzahl der Menschen, die in der Synagoge keinen Platz gefunden hatten, standen die Tore der Synagoge offen. Der Baulärm der Stadt dröhnte in den Raum, das Stampfen und Schlagen, mit dem draußen Hunderte Stützpfosten in den Schlick getrieben wurden.

Nun trat der Vorsänger zu Uriel da Costa und versetzte ihm mit einer Lederpeitsche neununddreißig Schläge, gemäß der Tradition, die verbot, die Zahl vierzig zu überschreiten. Nun standen alle auf und zählten leise mit, denn keiner wollte, daß durch Überschreiten dieser Zahl in diesem Haus eine Sünde begangen würde. Danach wurde ein Psalm gesungen.

Als dies erfüllt war, wurde Uriel da Costa losgebunden, worauf er zu Boden sank. Der Oberrabbiner verkündete die Aufhebung des Banns und wies ihn an, sich zu erheben, sich zur Schwelle der Synagoge zu begeben und sich dort hinzulegen.

Manasseh hatte all die Zeit über die Augen geschlossen, bis er plötzlich einen Blick auf sich gerichtet spürte. Er öffnete die Augen, um diesen Blick zu suchen. Es war der junge Baruch, der wenige Meter entfernt seitlich von ihm stand und ihn mit diesem Blick anstarrte, den er immer hatte, wenn er in der Yeshiva seine Fragen stellte. Die Blicke zwischen Schüler und Lehrer trafen sich – dann war der Schüler plötzlich verschwunden. Der kurze Moment, in dem Samuel Manasseh Baruchs Blick nicht mehr standhalten konnte und ihm ausweichen mußte, hatte genügt: Der Junge hatte sich zurückgezogen, Manasseh konnte ihn nicht mehr entdecken.

Mittlerweile schritten alle, Männer und Frauen, Greise und Jünglinge, über Uriel da Costa hinweg, der auf der Schwelle der Synagoge hingestreckt lag. Als der letzte seine Füße über Uriel da Costa gehoben hatte, half der Synagogendiener ihm auf, reichte ihm seine Kleidung und reinigte sie vom Staub. Die Rabbiner umringten ihn, streichelten sein Haupt und beklagten ihn, denn, so Aboab, niemand soll sagen können, daß Uriel da Costa nach seiner Buße nicht augenblicklich Mitleid und Ehrerbietung von der Gemeinde erhalten hätte.

Uriel da Costa ging nach Hause. Auf den Straßen standen die Menschen, die eben noch in der Synagoge gewesen waren, und ein jeder grüßte ihn höflich und freundlich, um ihm zu zeigen, daß die Gemeinschaft ihn wiederaufgenommen hatte. Zu Hause angekommen, sperrte er sich in sein Arbeitszimmer ein, schrieb, ohne Nahrung zu sich zu nehmen, in drei Tagen seine Lebensbeschreibung, setzte eine Pistole an seine Stirn und drückte ab.

»Als hätte es noch eines Beweises bedurft«, sagte Aboab, »dieser Mann war kein Jude. Ein Jude legt nicht Hand an sich an!« und er verweigerte die Bestattung Uriel da Costas auf dem jüdischen Friedhof Beth Haim.

In den nächsten Wochen erschien Baruch nicht mehr in der Schule. Manasseh hatte bereits, als Ephraim, sein Letztgeborener, starb, ein Kind verloren, jetzt fühlte er noch einmal, was es hieß, einen Sohn zu verlieren. Die Trauer, die er nach Ephraims Tod mit Tabletten und Alkohol zugedeckt hatte, brach nun hervor. Rachel reagierte mit Aggressionen auf Samuels Trauer: Sie sah jeden Tag, was fehlte, und dieser Baruch, von dem ihr Mann sprach, fehlte ihr am allerwenigsten. Lieber als zu Hause saß er in der Küche seiner Schwester und seines Schwagers, beriet mit Jonas Geschäfte, hörte sich selbst zu, wie er sprach, sah sich von außen, wie er Jonas zuhörte, dachte: Das bin ich nicht. Adonai, bitte, gib mich mir zurück!

Samuel Manasseh sah Baruch d'Espinoza erst drei Monate später wieder, bei einer Veranstaltung, die das ganze gebildete Amsterdam zusammenlaufen ließ. Die Freie Universität hatte den großen Philosophen René Descartes zu einem Gastvortrag über »Die Maschinentheorie des Lebendigen« eingeladen, worauf sich herausstellte, daß die Universität über keinen Raum verfügte, der geeignet gewesen wäre, den Ansturm der Interessierten zu bewältigen. Schließlich hatte sich der Gelehrte bereit erklärt, seine Vorlesung im Freien abzuhalten, auf der Insel Rapenburg, neben dem jüdischen Viertel, einem Platz, groß genug für alle Interessierten. Der enorme Respekt, den die Stadt dem berühmten Philosophen, Mathematiker und Naturforscher entgegenbrachte, wurde durch einen ungewöhnlichen Entscheid des Magistrats demonstriert: An diesem Nachmittag, an dem Descartes im Freien auf der Rapenburg sprechen sollte, mußte der Baulärm der Stadt schweigen, um dem Gelehrten Verhör zu verschaffen.

Dies ist der Grund, warum alle Zeitgenossen, die über dieses Ereignis berichteten, sogar dann, wenn der Wind manches Wort Descartes' wegtrug, anschließend schwören sollten, daß sie ihn genau verstanden hätten.

Manasseh kam früh, aber doch zu spät, um einen guten Platz zu ergattern. Er fühlte sich verpflichtet, diesen Vortrag zu hören, und war zugleich so müde, daß er umsinken und einschlafen hätte wollen. Was ihn hier erwartete, war von höchstem Interesse, und was ihn in den Stunden des Wartens so unglaublich verwunderte, war, wie wenig Interesse er noch an seinen Interessen hatte.

Endlich trat der große Mann auf, kam auf die Bühne, die ein Oval war, das hinter ihm durch den Kanal, vor ihm durch das rasch gezimmerte, steil aufsteigende Gerüst aus Brettern begrenzt war, auf denen das Publikum Platz genommen hatte.

Manasseh verstand wenig. Es herrschte eine ungewohnte Stille in der Stadt, so groß, daß sie weitgehend auch erstickte und dämpfte, was da unten in den Wind geschrien wurde. Ein Diener trug einen großen geflochtenen und verschlossenen Korb herbei, den er neben den Gelehrten hinstellte. Manasseh verstand soviel – und fand es durch Rückfragen bei Sitznachbarn bestätigt –, daß Descartes den Beweis führen wollte, daß Tiere Maschinen seien.

455

»Wenn ich einen Menschen in das Wasser stoße, was wird er tun?«

Manasseh hörte, wie vorne im Publikum »Schwimmen!« gerufen wurde, und konnte die zuvor gestellte Frage rekonstruieren. »Falsch! Er wird denken! Er wird denken, daß er nicht schwimmen kann und untergehen, oder er wird denken: Ich weiß, daß ich schwimmen kann, und dann erst schwimmen!«

Was hat er gesagt über das Schwimmen?

Daß ein denkender Mensch nicht schwimmen kann?

Pst!

»Ein Tier aber, auch wenn es noch nie geschwommen ist und keine Erfahrung mit diesem Element hat, wird augenblicklich zu schwimmen beginnen!«

Was hat er gesagt?

Pst!

»Dies beweist, daß Tiere Maschinen sind, denn . . . . . . nicht die Vernunft . . . . . . die Automatik . . . . . . wodurch sie ein System . . . . . . in einfachster Relation ihrer Organe . . . . . . unsere Organe . . . . . . dennoch . . . . . .«

Manasseh verstand nichts. Er wollte sich weiter nach vorn drängen, oder, falls das nicht möglich wäre, gehen. Er erhob sich. Und da passierten zwei Dinge in rascher Abfolge. René Descartes öffnete den Weidenkorb, nahm eine Katze heraus, eine lebende Katze, und warf sie in den Rapenburgkanal. Dann noch eine, und eine dritte. Die Katzen quietschen wie die Maschinen, die täglich in dieser Stadt im Einsatz waren, begannen mit Schwimmbewegungen, noch bevor sie in das Wasser gefallen waren, wie aufgezogen paddelten sie – »Maschinen Gottes«, schrie der Philosoph und da hörte Manasseh einen Schrei unmittelbar hinter sich, er wandte sich um und sah den jungen Baruch, den verlorenen Sohn. Er stand da und schrie, wie es nur ein Mensch tun konnte, der von einer grenzenlosen, geradezu selbstvergessenen, nein, in Wahrheit sich selbst mitdenkenden Liebe zur Kreatur beseelt war. Und während Baruch schrie, warf Descartes Katzen in den Kanal, und schrie »Maschinen! Quod erat demonstrandum!«

Der Junge lief davon, auch Manasseh ging. Er wollte ihm folgen, ihn zu Hause aufsuchen, aber er beschloß, damit bis zum nächsten Tag zu warten, in der Hoffnung, daß sich die Erregung des Schülers ebenso wie die eigene dann gelegt hatte.

»Ich habe dich gestern gesehen, Baruch!«

»Ich habe Sie auch gesehen, Professor!«

»Warum kommst du nicht mehr in die Schule?«

»Ich will klaren Kopf bewahren!«

»Hast du keine Fragen mehr?«

»O doch, eine habe ich noch an Sie, Professor: Wenn ein Mann an Gott glaubt und daher annimmt, daß kein religiöses Gebot, das in Widerspruch zu den Naturgesetzen steht, wahr sein kann, denn es würde bedeuten, daß Gott als Schöpfer der Natur zu sich selbst in Widerspruch stünde, und er würde doch den Menschen nichts vorschreiben, was in Gegensatz zu seiner Schöpfung steht – wie, Professor, sollten gläubige Menschen mit solch einem Mann umgehen? Sollten sie ihre eigenen Gesetze höher bewerten oder den Glauben und die Liebe zur Natur und den Naturgesetzen?«

»Das, mein Sohn, ist eine Frage, die so –«

»Kurz: Soll dieser Mann, von Natur aus schamhaft, öffentlich entblößt, soll dieser Mann, von Natur aus mit Vernunft begabt, Antworten mit der Peitsche erhalten? Soll solch ein Mann, der den Gott liebt, der die Menschen erschaffen hat, dazu gezwungen werden, sich auf eine Schwelle zu legen, wo die Menschen über ihn hinwegsteigen können?«

Manasseh wußte nichts anderes darauf zu antworten, als: »Hüte dich!«

In Viktors Welt funktionierte der Bann weitgehend. Wenn er auf die Uni ging, wurde er geschnitten. Die ehemaligen Genossen, aber auch die Sympathisanten der linken Gruppen wollten nichts mehr mit ihm zu tun haben. Er wurde nicht einmal mehr gegrüßt, und wenn doch, dann geschah es aus einem Reflex heraus, den derjenige, dem dieser Lapsus passiert ist, augenblicklich bereute: Sofort wandte er sich dann mit angewidertem Gesicht ab. Die sogenannten »braven«, die bürgerlichen, die nicht politisierten Studentinnen und Studenten mieden ihn ebenfalls: Allzu deutlich hatten sie Viktor als »Radaubruder« in Erinnerung, der Vorlesungen gestört, dem Professor ins Wort gefallen war, aggressive Fragen gestellt und marxistische Reden gehalten hatte. Da gab es seit jeher nur Abwehr und Distanz.

Viktor lebte in steter Angst. Es war nicht mehr die Angst vor physischer Gewalt, es war die Angst vor dem Terror der Unzugehörigkeit. Des Ausgesetzt-Seins. Theaterdolche schlugen echtes Blut. Es war die Blindheit der Blicke, die töten wollte.

Wenn er in einem Seminar vom Professor zu einem Referat aufgefordert wurde, fielen danach alle Seiten über ihn her. Franz Hojac, ein bekennender Rechter, schrie: »Kollege, was du da predigst, ist der Gulag!«, während Jacques Mader, seinerzeit mit Viktor Mitbegründer der »Basisgruppe Geschichte« den Idealismus und die unwissenschaftliche Methode Viktors geißelte. Es war zum Lachen, dachte Viktor, und er weinte, wenn er zu Hause war.

Er ging sehr viel ins Kino. Da konnte er in einem dunklen Raum sitzen und doch nicht zu Hause sein. Er sah »Die Frau am Fenster« mit Romy Schneider, las in der Zeitung, wie unglücklich und depressiv sie sei, weil alle Männer sie nur ausnützten und betrogen. Er träumte davon, Romy Schneider kennenzulernen. Er würde sie erlösen. Depressionen hatte er auch, so würden sie einander erkennen, aber er würde sie nie ausnützen und betrügen. Er würde ihr die Liebe geben, die sie ersehnte, so sehr wie er selbst.

Im »Star-Kino« gab es eine Woche »Geschichte des Wild-West-Films«. Er sah alle Filme. Drei verschiedene pro Tag. Am besten gefielen ihm die Sam Peckinpah-Filme, in denen er Kugeln in Zeitlupe in Körper einschlagen sah, so daß die Haut in wunderschönen Formen langsam aufplatzte wie eine japanische Wunderblume, die man ins Wasser warf. Jede Kugel hatte einen nachvollziehbaren Grund. Da schoß keiner aus Lust und Laune. Das war der Wille zum Überleben. Die Gewalt war genauso nachvollziehbar wie die Liebessehnsucht von Romy Schneider.

Er hatte jetzt sehr viel Zeit. Keine Betriebsarbeit mehr in der Früh, keine Universitäts- und keine Solidaritätsarbeit. Kein Lektorieren in der Druckerei. Keine Basisgruppen-Sitzungen, keine Seminar-Kollektive, kein wildes Plakatieren in der Nacht. Er saß oft stundenlang zu Hause, starrte apathisch ein Buch an, das er lesen wollte oder sollte, so lange, bis er dachte, daß dieses Buch ihm nun bereits vom bloßen Anschauen so vertraut geworden war, daß er jederzeit darüber diskutieren könnte. Aber mit wem?

Dann verschwand das Buch in der Dunkelheit.

Seine Mutter hatte sich selbständig gemacht und das Espresso »Fiakerstüberl« am Kardinal-Nagl-Platz gepachtet. Sie wollte jetzt endlich, wie sie sagte, »in die eigene Tasche arbeiten«. Wenn er zu ihr ging, bekam er einen Hunderter aus der Trinkgeldkasse und eine ihrer Suppen, die sie nun im eigenen Lokal kochte und als »Riesensuppentopf« anbot. Direkt vor dem Espresso war ein Taxistandplatz, der sich als Mutters Geschäftsgrundlage erwies. Das »Fiakerstüberl« war gewissermaßen die Kantine der Taxifahrer, die hier ihre Pausen machten, während des Wartens auf Fahrgäste rasch einen Kaffee tranken oder nach dem Fahrerwechsel auf einen »Riesensuppentopf« einkehrten. Sie liebten diese dicken Suppen und sie liebten Frau Maria, die, wie ihr Sohn fand, geradezu peinigend opportunistisch war, um ihre Stammkundschaft bei Laune zu halten. Keine antisemitische, rassistische, alltagsfaschistische Äußerung, der sie nicht augenblicklich lachend zustimmte. Sie, die seinerzeit die Familie gespalten hatte im Kampf gegen ihren antisemitischen Bruder. Wenn er widersprach, wenn er

vor Wut und Haß sie gar anschrie und den Löffel in seine Rie-
sensuppentopfschüssel warf, daß es nur so spritzte, sagte
seine Mutter entschuldigend zu den Taxlern, daß ihr Bub
eben in der Pubertät sei. Er war vierundzwanzig. Das war das
Ende der Suppen.

Der Vater wurde rührselig im Alter. Er tat, was er nie getan
hatte: Er rief seinen Sohn regelmäßig an, fragte ihn, wie es
ihm ginge, lud ihn zum Essen ein. Er erzählte, wie sehr er darunter leiden mußte, daß sein Vater ihn am Ende täglich angerufen hatte, und wollte Lob dafür, daß er selbst seine Lektion
gelernt hatte: Er wollte seinem Kind im Alter nie so lästig fallen, wie sein Vater ihm. Er rief daher nur alle zwei oder drei
Tage an.

Die Mittagessen im »Goldenen Kalb«, links um die Ecke
von Viktors ehemaliger Schule, zugleich rechts um die Ecke
von Vaters Büro, wo er der Pensionierung entgegendäm-
merte, hatten etwas Gespenstisches. Der Ladiesman hatte seinen Lebensinhalt verloren. Die jungen Frauen, die ihm vor-
schwebten, interessierten sich nicht für ihn, und ältere interessierten ihn nicht – »Alt bin ich selber!« sagte er. Ab und zu
Pferdewetten und Kartenspielen – »Es wird dunkel.« Er war
eifersüchtig auf seinen Sohn, der, wie er sich vorstellte, in seinen wilden Studentenjahren mit sexuell befreiten Kommun-
ardinnen die schönsten Abenteuer erlebte. Viktor ließ ihn in
seinem Glauben, bestätigte seine Phantasien durch kleine Andeutungen mit dem Gestus des stillen Genießers. Der Vater
war begeistert. Ja, so liebte er seinen Sohn! »Das mit der kleinen Unpäßlichkeit –«, er hatte lange gebraucht, um einen Euphemismus für Impotenz zu finden, »ich habe gleich gewußt,
daß das nur eine seelische Geschichte war!« Seelisch war für
ihn so ziemlich das Belangloseste, was es im Leben gab, das
war so klar wie unsichtbar. »Ich hatte das auch, weißt du, ungefähr in deinem Alter, vielleicht ein bißchen früher!«

»Du?«

»Aber das war eindeutig«, sagte der Vater, »nur seelisch!«

»Erzähl!«

»Da gibt es nichts zu erzählen. Das hat sich dann ja erledigt!«

Zum ersten Mal sah Viktor, daß sein Vater große Tränensäcke unter den Augen hatte, war es möglich, daß sie nun zu wachsen begannen? Bald würde der Vater aussehen wie am Ende der Opa.

»Du weißt ja, ich mußte 38 nach England«

»Ja!« Nie hatte sein Vater darüber reden wollen.

»Na und du kannst dir vorstellen, das war nicht einfach!«

»Papa, hör zu. Nicht einfach ist eine sehr schlechte Formulierung für das, was ich mir da vorstelle. Kannst du bitte endlich versuchen, Worte zu finden dafür, wie das wirklich war?«

Er war zwölf. Er wurde von den Eltern zum Bahnhof gebracht. Es war der letzte Kindertransport des Jüdischen Kinderhilfswerks, der nach dem »Anschluß« noch aus Österreich rauskam. Er konnte nicht verstehen, warum die Eltern ihn fortschickten. Nicht zuletzt auch deshalb, weil sie ihn die Zeit davor so abgeschirmt hatten, daß er nicht mehr mitbekam, was in der Außenwelt passierte. Seine Mutter hatte es am Tag des Anschlusses sogar geschafft, ihn abzulenken, als der Vater aus der Wohnung geholt wurde. Ihr sei ein Schilling runtergefallen und unter das Bett gerollt. Ob Hansi so lieb wäre, unter das Bett zu kriechen und die Münze hervorzuholen? So kam es, daß er unter dem Elternbett herumkroch und jede Ritze im Fußboden examinierte, während sein Vater mit Schlägen aus der Wohnung getrieben und dann gezwungen wurde, mit einer Zahnbürste den Gehsteig vor dem Haus zu putzen.

»Das hat Oma gemacht?«

»Ja!«

Er hatte daher keine Ahnung, keine Vorstellung von der Gefahr, er begriff nur: Die Eltern schicken mich weg!

»Was haben sie dir gesagt? Daß sie nachkommen?«

»Natürlich. Sonst wäre ich doch gar nicht in den Zug eingestiegen. Sie haben gesagt, sie kommen bald nach!«

»Und dann?«

»Dann sind wir eingestiegen. Plötzlich waren die Koffer im Abteil. Plötzlich waren die Eltern weg. Plötzlich ist der Zug abgefahren.«

»Und dann?«

»Na ja, so bin ich nach England gekommen.«

»Moment! Woran kannst du dich noch erinnern? Also, ihr seid da abgefahren. Lauter Kinder? Wie viele?«

»Ja, lauter Kinder. Hundert, zweihundert, ich weiß nicht mehr. Es war ein Kindertransport.«

»Und?«

»Was und?«

»Versuche mir zu erzählen, woran du dich erinnern kannst, wenn du an diesen Moment zurückdenkst.«

»Ich habe geschwitzt. Und die Kinder haben mich geneckt und verspottet.«

»Wieso?«

»Ich hatte eine dicke Wollhaube auf. Die war neu. Mutter hat sie irgendwie noch vorher besorgt. Die Haube hatte so eine Schnur oben mit einer Quaste. Da haben mich die anderen immer daran gezogen. Das war meiner Mutter so wichtig: warm. Alles mußte warm sein. Für diese Reise. Ich stellte mir England so vor wie Grönland. Ich hatte unglaublich viel an. Ein warmes Unterhemd, ein Flanellhemd, einen Wollpullover, einen dicken Mantel. Und diese Haube. Ich saß da und habe ununterbrochen geschwitzt. Ich weiß nichts anderes, als das: Ich habe geschwitzt, und je mehr ich geschwitzt habe, desto kälter ist mir geworden, und die anderen haben immer wieder an der Quaste von meiner Haube gerissen, und ich wollte sie aus dem Fenster werfen, aber das wäre gewesen, als hätte ich meine Mutter aus dem Fenster geworfen. Nein, mehr weiß ich nicht, ich kann mich nicht erinnern.«

»Keine Erinnerung mehr bis zur Ankunft in England?«

»Nein. Doch. In Holland. Da gab es einen Aufenthalt. Da sind Frauen am Zug entlanggegangen und haben uns Kindern Schokolade durch die Fenster hereingereicht. Manche

Frauen hatten Kinder an der Hand, einige haben ihre Kinder hochgehoben, damit sie uns die Schokolade reingeben können durch das Fenster!«

»Was hast du dir da gedacht?«

»Nichts. Es wird besser! Aber egal, das wollte ich alles gar nicht erzählen. Wie sind wir drauf gekommen? Ach ja. Du kannst dir vorstellen, daß ich dann sehr verunsichert war, in England, zuerst war ich in einem Spital in Harwich, dann kam ich zu einer Familie in London. Ich kannte mich ja nicht aus. Ich konnte kein Wort Englisch. Da war eine Krankenschwester, die uns irgendwie erklärt hat, daß wir immer, wenn wir etwas gefragt werden, Thank you very much sagen sollten. Wir Kinder mußten das im Chor üben. Ununterbrochen: Thank you very much.

Und da habe ich begonnen – Du wirst es nicht glauben –«, er lächelte, wie Viktor ihn noch nie lächeln gesehen hatte, »ins Bett zu machen«.

»Du hast ins Bett gemacht?«

»Ja. Ich habe begonnen, Nägel zu beißen, und wurde ein Bettnässer. Als ich das erste Mal ins Bett gemacht habe, gab mir die Pflegemutter in der Früh eine Ohrfeige, daß ich in der Ecke des Zimmers gelandet bin!«

»Und was hast du da gesagt?«

»Thank you very much! Mehr habe ich ja noch nicht können! Na ja, die haben dann geschaut, daß ich wegkomme, zu einer anderen Pflegefamilie, aber die haben mich auch weitergeschoben, weil ich dauernd Nagelbetteiterungen hatte vom Kauen an den Nägeln, und in der Nacht das Bettnässen, naja, aber dann bei der Familie Cook ist es mir gutgegangen.«

»Dann hast du aufgehört mit dem Bettnässen?«

»Von einem Tag auf den anderen. Ich habe solche Angst gehabt vor der Wut oder der Strafe, daß ich gleich am ersten Abend bei der Familie Cook gesagt habe, daß es dieses Problem bei mir gibt. Und ich habe mit Hilfe eines Wörterbuchs erklärt, daß ich es vorzöge, im Vorgarten des Hauses zu schlafen. Es war ja schon Sommer. Mr. Cook hatte zu mir gesagt, daß es da ein ganz einfaches Rezept gibt. Er hat ein Guinness eingeschenkt, ich war vierzehn, und hat mir erklärt: Ich muß mir merken, wieviel Flüssigkeit da im Glas ist. Dann muß ich das austrinken und mich auf das Closet setzen. Erst wenn genausoviel Flüssigkeit, wie da im Glas war, herausgekommen ist, kann ich ins Bett gehen und ganz beruhigt sein: weil ich schon alles vorher gemacht habe, was ich dann ins Bett machen könnte. Dann hat er gelacht und mich in die Wange gezwickt!«

»Und? Das hast du geglaubt?«

»Ja. Mit gutem Grund. Weil in der Nacht ist nichts passiert und der Fall war erledigt!«

»Und wie war das dann mit der Impotenz?« old Ladiesman.

»Ich habe dann später ein Mädchen kennengelernt, ich weiß noch, sie hieß Cathy und wohnte in derselben Straße in Hampstead. Ich wollte natürlich mit ihr, na du weißt schon, aber da war dieses Problem. Man redet mitsammen und tanzt, und trinkt etwas, und das war eben das Problem, das hatte ich vorher nicht bedacht: Man trinkt etwas. Und wenn man dann mieinander ins Bett geht, kann man doch nicht sagen: Just a minute, honey, ich muß erst die Menge, die ich jetzt getrunken habe, wieder rauspinkeln, damit ich nicht ins Bett mache, sei so lieb und warte, es kann auch eine Stunde dauern ... Das kannst du doch nicht machen. Also habe ich mich mit zusammengebissenen Zähnen ins Bett gelegt und mich nur darauf konzentriert, daß da nichts passiert, in dem Sinn, der peinlich gewesen wäre, und du kannst dir vorstellen, daß da natürlich gar nichts passiert ist.«

»Du lügst! Du erzählst Geschichten!«

»Du wolltest immer, daß ich erzähle! Warum eigentlich?«

»Ich wollte wissen, wie du dich gefühlt hast, als du mit dem Zug weggebracht wurdest, weil ich wissen wollte, warum du nicht verstehen konntest, wie ich mich gefühlt habe, als ich als Kind mit dem Zug weggebracht wurde ...«

»Du? Mit welchem Zug?«

464

»Ins Internat, Herr Papa!«

»Das kannst du doch nicht vergleichen. Ich wurde damals gerettet!«

»Na ja«, sagte Viktor, »was hätte ich machen sollen? Ich bekam Geld von den Eltern, solange ich studierte. Aber keiner wollte mit mir reden, mit mir diskutieren. Mit mir ausgehen. Tanzen. Die Genossen hatten alle die Anti-Obristen-Platte »Wir werden in den Straßen tanzen« von Melina Mercouri, aber sie tanzten weder auf den Straßen noch in einer Discothek. Und mit mir schon gar nicht. Also habe ich mich hingesetzt und meine Doktorarbeit geschrieben. Ich bin zur Puppiburli-Oma nach Oberösterreich gefahren, wo sie mittlerweile wieder ein Haus gekauft hatte, vom Sparbuch von Onkel Erich, habe mich bei ihr einquartiert, ihre Fleischknödel gegessen, mich von ihr abends massieren lassen, Diss geschrieben, bin manchmal nach Ried ins Kino gefahren. Und als ich dann nach Wien auf die Uni fuhr, um meine Arbeit abzugeben, sah ich keinen einzigen Menschen, den ich kannte und der mich nicht mehr kennen wollte. Es war seltsam. Ich hatte mich gefürchtet, als ich zur Uni fuhr. Aber da war nichts. Meine Doktorarbeit wurde begutachtet, mit Ausgezeichnet beurteilt, die strengen Rigorosen bestand ich ebenfalls mit Auszeichnung, und mein Doktorvater, Dozent Weber, wurde just in dieser Zeit Professor und fragte mich, ob ich bei ihm Assistent werden wolle.«

»Welcher Weber? Zeitgeschichte?« (Hildegund)

»Nein. Institut für frühe Neuzeit.«

»Hast du Kinder?«

»Ich bin geschieden. Keine Kinder. Keine Leibesfrucht mehr!«

»Und dann?«

»Ich habe mich habilitiert. Ich habe gelehrt, geforscht und auf dich gewartet!«

»Viktor! Immer wenn ich dich zu lieben beginne, sagst du etwas, das –«

465

»Verzeih! Mir fällt gerade ein, ich wollte gar nicht mehr um dich werben!«

»Und wo im ersten Bezirk? Weil da ist jetzt die Fußgängerzone!« (Der Taxifahrer)

»Ist gut! Lassen Sie uns bitte hier aussteigen, wir gehen zu Fuß weiter!«

Alle Unternehmen Manassehs, die seine finanzielle Lage verbessern sollten, scheiterten. Er gründete eine Druckerei. Die Geschäftsprognosen schienen günstig: Es gab keine hebräische Druckerei in Amsterdam, er würde also ein Monopol haben. Und wenn er zusätzlich zu einer hebräischen Bibel, einer hebräischen Grammatik und anderem auch die eigenen Schriften, die sich bekanntermaßen gut verkauften, selbst drucken und vertreiben würde, mußte sich finanzieller Erfolg zwangsläufig einstellen. Dies überzeugte einige Geschäftsleute, dem berühmten Mann das Startkapital gegen eine prozentuale Beteiligung vorzuschießen. Aber Samuel Manasseh hatte sich verkalkuliert: Er konnte sich selbst keine Vorschüsse ausbezahlen, weil er nun Satz und Druck vorfinanzieren mußte. Wenn dann Geld zurückkam, mußte er es nach dem vereinbarten Schlüssel auf die Geldgeber aufteilen. Am Ende machte er mit einigem Glück einen Profit in der Höhe seiner früheren Vorschüsse, nur daß er diese Summe jetzt viel später in Händen hielt. Schließlich mußte er sich aus dem Druck- und Verlagsgeschäft zurückziehen, er ließ sich von den Teilhabern seinen Anteil am geschätzten Wert des Unternehmens ausbezahlen. Mit diesem Geld beglich er Schulden, legte dreißig Florins in die eiserne Kasse seiner Frau und stieg mit dem Rest in den Tabakhandel seines Schwagers Jonas Abravanel ein. Das schien endlich ein sicheres Geschäft. Schon die erste kleine Beteiligung Manassehs hatte seinerzeit Gewinn abgeworfen. Nun steckten der Rest von Manassehs Druckerei und, durch Esther, alles, was noch von Mutters viertem Rock übrig war, in diesem Unternehmen, das jetzt tatsächlich mächtig aufblühte. Vor allem die »Pilgrim«-Mischung wurde zu einem großen Verkaufserfolg: Bis dato wurde Tabak in Lederbeutel oder in Dosen verkauft. Jonas hatte die Idee, den Tabak einfach in Wachspapier einzuschlagen und die Ersparnis bei den Kosten für die Verpackung an den Konsumenten weiterzugeben. Jeder, der rauchte, hatte bereits Lederbeutel und Dosen genug, es wäre völlig unsinnig, diese immer weiter zu produzieren, zu einem Preis, der ein Drittel des Werts des Inhalts ausmachte. Diese Idee ging auf. Jedermann kaufte »Pilgrim«, hundertfünfzig Gramm Tabak in blauem Papier, auf dem ein Pilger mit Wanderstab und Pfeife abgebildet war, der gelassen in die Welt blickte, ohne Angst, was immer da vor ihm lag.

Aber Manasseh profitierte auch von diesem Erfolg nicht. Jonas und Esther erklärten ihm, daß es ein Fehler wäre, die Gewinne jetzt aufzuteilen. Sie sollten vielmehr akkumuliert werden: Nicht mehr lange, dann könnten sie ein eigenes Schiff finanzieren, und damit die hohen Frachtgebühren und die Spesen für die Zwischenhändler umgehen. Mit einem eigenen Schiff und Direktimport hätten sie es geschafft. Geduld, Partner, bald wird es soweit sein.

Manasseh bekam Tabak, soviel er wollte, aber kein Geld.

Tabak, Alkohol, Tabletten. Er war nicht unglücklich. Nur manchmal verzweifelt. Er hatte Träume. Da träumte er, er habe noch immer alles vor sich. Dann wieder dachte er: Er habe nur noch Träume, er sei am Ende.

Das Schiff.

»Drei Generationen repräsentiert dieses Schiff«, rief Esther, »das Erbe unserer Eltern, das Ergebnis unserer Arbeit und die Hoffnungen unserer Kinder!«

Samuel nahm einen großen Schluck aus der Flasche, warf sie dann gegen den Rumpf dieses Meisterwerks Amsterdamer Schiffbaukunst und rief: »Ich taufe dich auf den Namen Pilgrim!«

Rachel sagte: »Mein Mann war der erste, der die Flasche für die Schiffstaufe öffnete. So was von einem Rabbi!«

Das Schiff »Pilgrim« wurde gleich auf seiner ersten Fahrt von Piraten ausgeraubt und versenkt. Und in Amsterdam erstattete Mh. Six Betrugsanzeige gegen Jonas Abravanel. Er hätte, um seinen Profit zu vergrößern, einen Tabak verkauft, der in betrügerischer Absicht im Verhältnis eins zu drei mit getrockneten und geschnittenen Blättern der billigsten heimischen Nutzpflanze verschnitten war: mit Hanf.

Eine Analyse der Freien Universität Amsterdam ergab, daß dieser Vorwurf stimmte. Nun waren die Familien Abravanel und Manasseh bankrott. Da war kaum mehr Geld für Brot und Milch. Und der angeblich so penibel kontrollierte Tabak aus dem Hause Six befriedigte und beflügelte Samuel nicht, abgesehen davon, daß er ihn sich so gut wie nie leisten konnte.

Die Kinder wuchsen heran. Kinder wuchsen immer heran. Samuel war kein guter Vater. Irgendwann stellte er fest, daß es seltsam war mit den Kindern: hatten dieselben Eltern und waren doch ganz verschieden. Sein Sohn Joseph geriet der Mutter nach, war hager, asketisch und stolz. Er war ein Junge, von dem man sich nicht vorstellen konnte, daß er jemals kränkelte, so zäh und sehnig, wie er wirkte. Er kränkelte ununterbrochen. Joseph hatte wie seine Mutter riesige Füße. Man mochte denken: Den kann nichts umwerfen. Aber dauernd mußte er liegen. Manchmal lag Rachel bei ihm, streichelte ihm über den Kopf. Seinem Vater gab er kaum Antwort. Er weigerte sich, Portugiesisch zu sprechen. Wenn sein Vater ihn etwas fragte, sagte er nichts oder antwortete auf niederländisch. Hanna Gracia wiederum neigte zur Fettleibigkeit. Sie war schwammig, weich und rund. Sie war nicht hübsch, sie sah so aufgequollen aus wie ihr Vater nach einer durchzechten Nacht. Sie hatte etwas von einem Gummiball, der unausgesetzt herumhüpfte. Sie war nie krank, wirkte aber krank, so rotgesichtig und schnaufend. Samuel sah nicht sich selbst in ihr, und wenn doch, dann war er erst recht unfähig, sie zu lieben, wie er auch unfähig war, sich selbst zu lieben. Und Joseph hatte selbst die Mauer zwischen ihnen aufgezogen.

»Das mit den Söhnen«, dachte der Rabbi, wenn er im Dunklen vor sich hin träumte, »ist ganz anders. Man produziert sie nicht durch ein Loch im Laken.« Er dachte an Baruch. Er hatte, bevor er Vater geworden war, keine Vorstellung gehabt, wie das sein werde, aber jetzt dachte er, daß er sich immer gewünscht hätte, dereinst einen Sohn wie Baruch zu haben. Dann fiel ihm ein: Aus dem Stamm Davids wird der Messias geboren werden. Und in dieser Kette war er vielleicht ein Glied – nicht als Lehrer, sondern als der Mann mit der gespaltenen Eichel, den Durchschlupf suchend im Laken.

Wenn Samuel Manasseh einige Groschen hatte, um zu trinken, wurde er luzid: Dann kam ihm das alles ziemlich lächerlich vor.

Aber am Ende verlor er den Kampf zwischen Vernunft und – was auch immer: Wahnsinn, Aberglauben, Einbildung? Er verlor ihn genauso, wie er den Kampf um Baruchs Seele verloren hatte. Die Geschichte von seiner endgültigen Niederlage und seinem frühen Tod begann an jenem Nachmittag, als er nach dem Unterricht einmal mehr nicht nach Hause gehen wollte und statt dessen Aryel Fonseca aufsuchte. Er setzte sich auf die Stufen des Eingangs vom »Hotel Makom«, so wie er schon als Kind hier gesessen hatte, wobei er aber nun, so massig in seinem weiten Bürgergewand und dem breiten Hut, wie ein großes schwarzes Zelt wirkte, das vor dem Hotel aufgeschlagen war. Aryel Fonseca war alt und müde geworden und hätte den Beruf eines Schuhputzers gar nicht mehr ausüben können. Aber es herrschte Einigkeit darüber, daß man zehn Cent dafür bezahlte, wann immer man vorbeikam, um den Fuß auf das »negozio« zu stellen und – Neuigkeiten auszutauschen. Aryel strich dann symbolisch mit der Bürste drei-, viermal über den Schuh, während er redete, aber die längst eingetrockneten Reste des Schuhfetts verwendete er nicht mehr.

»Schau dir das an, filho!« rief Aryel und deutete mit seiner Bürste in Richtung Markt, hin zum Beginn der Breestraat, von wo plötzlich lautes Geschrei kam, Bewegung und Tumult waren dort zu sehen, der Passantenstrom teilte sich, man sprang zur Seite, Frauen wandten sich ab, Männer zogen ihre Hüte tiefer in die Stirn, andere breiteten ihre Arme aus, als gälte es, ein durchgegangenes Pferd einzufangen und zu beruhigen. Und durch diese Schneise, die sich zwischen den Passanten aufgetan hatte, durch das Geschrei und Gezeter liefen nackte Männer. Blitzer. So wurden sie genannt, weil sie zickzack und schnell wie der Blitz durch die Straßen rannten. Sie kamen näher. »Ist es eine Komödie? Ist es eine Tragödie?« sagte Aryel Fonseca und schüttelte den Kopf. Die Blitzer glaubten daran, daß die Ankunft des Messias unmittelbar bevorstünde. Aller Besitz wird in diesem Moment eitel sein, alle Menschen werden dem Gesalbten nackt, wie Gott sie geschaffen hatte, entgegentreten müssen, dann würden sie getauft werden, heimgeführt nach Zion und erlöst. »Denkt daran«, hörte Manasseh sie nun rufen, »daß ihr ablegen müßt allen Tand, wenn ihr IHM gegenübersteht!«

Nun liefen sie am »Hotel Makom« vorbei, Passanten wichen aus, andere aber versuchten, sich den Blitzern entgegenzustellen, die zur Seite sprangen, auswichen, sofort weiterrannten. Aus den Häusern kamen Männer mit Decken, die sie ausgebreitet vor sich hielten, den Nackten entgegenstreckten. »Denkt daran!« Jeder, der aufgehalten und gefaßt wurde, ließ sich ohne Gegewehr in eine Decke hüllen und abführen. Ihre Botschaft hatten sie einmal mehr hinausgeschrien.

Der Kult um Sabbatai Zwi, den König der Juden, der plötzlich zum Islam übergetreten war, hatte Amsterdam nicht erfaßt. Aber neueste Theorien, sogenannte »historische Erkenntnisse«, die jüngst publiziert worden waren, führten nun auch in Amsterdam zu Hysterie und Chaos.

Das ursprünglich in Latein veröffentlichte, dann sehr bald auch in Deutsch, Holländisch, Italienisch und Französisch übersetzte Buch von Walther Wilhelm Friedrich Maier, »Die Begründung teutschen Lebens durch den jüdischen Stamm Shem«, übte eine enorme Wirkung auf Juden und Christen in Europa aus. In diesem Buch wurde der Nachweis geführt, daß

Vespasianus, nach der Einnahme von Jerusalem und der Zerstörung des Tempels, einem Stammesältesten namens Adel, einem direkten Nachkommen von Shem, dem ältesten Sohn von Noah, das Angebot machte, seinen Stamm auf vierzig Schiffen hinauszuführen, wenn er sich verpflichte, sich jenseits der nördlichen Grenze des Imperium Romanum anzusiedeln, das Land zu bewirtschaften und den Barbaren zu trotzen. Vespasian war an einer Pufferzone jenseits der europäischen Grenzen seines Reichs interessiert. Adel nahm das Angebot an, vermied dadurch ein Blutbad, starb aber bald nach der Ankunft an den germanischen Buchten der Nordsee. Seine beiden Söhne Friso und Saxo, latinisiert als Frisus und Saxus überliefert, trennten sich, nicht um dem Kampf um die Thronfolge auszuweichen, sondern um ein möglichst großes Gebiet besiedeln und einander wechselseitig Schutz in diesem rauhen Land geben zu können. Nach diesen beiden Söhnen sind die Länder Friesland und Sachsen benannt. Als Bruno, der jüngste Bruder von Friso und Saxo mannbar wurde, wollte er ihnen die Herrschaft über ihre Länder streitig machen. Er wurde vertrieben und verfolgt, bis er schließlich so weit ausgewichen war, daß er im Norden mit seinen Getreuen eine Niederlassung gründen konnte: Brunswyck; das bedeutet: »Brunos wijkplaats«. Dessen Sohn Gruno zog später weiter und baute eine Burg, die er Grunoburg nannte – heute bekannt als Groningen. Die ganze Zeit über konnten sie sich gegen die Barbaren behaupten – bis sie sich der Christianisierung ergaben. All dies hatte Maier mit mehr oder weniger gut überprüfbaren historischen Quellen zu belegen versucht.

Deutsche sind also Juden. Holländer sind Juden. Auch wenn die Deutschen Juden verfolgten, ihnen den Aufenthalt, bis auf wenige Ausnahmen wie Frankfurt, Hamburg und Glückstadt, verboten – sie sind Juden. Ihre Pogrome sind Selbsthaß. Von der Abstammung her sind sie ein wiederentdeckter verlorener Stamm der Juden. Christianisiert, aber im Grunde sind sie Marranen, geheime Juden.

Dieses Buch war Sprengstoff, dessen Druckwellen sich unausgesetzt weiter verbreiteten. Mitten im Kampf gegen die Reformation hatte sich eine neue Front eröffnet: Hunderte, Tausende Christen, sowohl Katholiken als auch Reformierte, traten zum Judentum über, im Glauben, auf diese Weise gleichsam »heimzukehren« ins Volk ihrer Vorväter. An der Nordsee saßen Menschen, die plötzlich von einer »Heimat« unter der Wüstensonne Zions träumten. Die Friesen wurden zum Gespött der treuen Katholiken, die sie »die tiefgekühlten Wüstensöhne« nannten. Aber die Lage war eher ernst als komisch. Der Heilige Stuhl verfügte für Deutschland ein Verbot der Bibel. Nur noch ausgebildete Theologen sollten in den deutschen Landen die Heilige Schrift lesen dürfen. Denn: Die abtrünnigen Christen fanden in ihren Bibel-Lesekreisen immer mehr Anhaltspunkte für die Richtigkeit von Maiers historischen Forschungen und für ihre Gewißheit, daß die Ankunft des Messias erst bevorstünde. In Friesland und Sachsen predigten Pfarrer von den Kanzeln, daß jeder sich versündige und ewige Höllenqual zu erwarten hätte, der das heilige Buch aufschlage und lese.

Just in dieser Zeit kam ein spanischer Abenteurer nach mehr als zehnjährigem Aufenthalt in Lateinamerika zurück nach Europa. Der von Zeitgenossen als »wildäugig« beschriebene Antonio de Montezinos ging in Amsterdam an Land und beeilte sich, seinen Glaubensgenossen eine revolutionäre Botschaft zu überbringen. In der Tat war Antonio de Montezinos ein Marrane mit dem geheimen Namen Aaron Levi. Seine Botschaft war: Wenn ihr in Friesland und Sachsen einen der verlorenen zehn Stämme wiederentdeckt habt – ich habe die restlichen neun wiedergefunden!

Diese neun sind die größten neun Indianerstämme in der Neuen Welt, die er zur Gänze bereist habe. Bei Cusco habe er indianische Wandmalereien gesehen, auf denen eindeutig und ohne Zweifel der Davidstern und die Menora, Thorarollen und idealisierte Darstellungen des zweiten Jerusalemer Tempels zu erkennen waren. Das habe ihn stutzig gemacht, worauf er ins Landesinnere vorgestoßen sei, bis er Indianer traf, deren Mißtrauen er durch das Singen des *Sh'ma Israel* augenblicklich zu zerstreuen vermochte.

Wenn ein Gewitter stattfand, sagten die Indios, daß der Herr sie schütze, *sch'madonaitu*, weshalb in den Berichten immer wieder behauptet werde, daß die Indianer einen primitiven Gott anbeteten, den sie Manitou oder so ähnlich nannten, während sie in Wahrheit in einem mittlerweile verballhornten Hebräisch die Religion der Stammesväter aufrechtzuerhalten versuchten.

Nachdem sie ihn als einen der ihren erkannt hatten, berichtete Montezinos, hätten sie ihm eröffnet, daß sie seit vielen hundert Jahren hier auf die Ankunft des Messias warteten und auf ihre Rückkehr ins Gelobte Land. Die Ankunft der Spanier, das Glänzen ihrer Rüstungen, ihr Feuerzauber hätten sie im ersten Moment davon überzeugt, daß das Ende der Geschichte gekommen sei.

»Die Enttäuschung unserer Brüder ist zugleich unsere Hoffnung«, rief Antonio de Montezinos vulgo Aaron Levi in seinen Amsterdamer Reden emphatisch aus, denn: Die verlorenen Stämme seien wiedergefunden, die Prophezeiungen von David und Zacharias erfüllt – Auf jedem Kontinent, in jedem Winkel der Welt lebten Juden, und das sei die Voraussetzung dafür, daß ER komme und uns sammle und heimführe in unser Land und der Erde ewigen Frieden schenke und das Lamm schlafen lasse neben dem Wolf. Haltet euch bereit, Brüder, so sprach in diesen Tagen Antonio de Montezinos in jedem Winkel von Amsterdam, mit einer Stimme, die stärker dröhnte als das Schlagen der Hämmer auf die Pfosten, die in den Weichleib der stolzen und reichen Stadt getrieben wurden.

Maiers Buch, Montezinos' Reden, eine Unzahl populärer Flugschriften, das genügte und die Stadt wurde hysterisch. Oberrabbiner Aboab gab in einer Rede in der Synagoge bekannt, daß keine Stelle in der Schrift existiere, die geeignet sei, in Zweifel zu ziehen, was Montezinos erzählte. Er dachte, daß dies eine diplomatische Formulierung sei, die ihm einige Zeit gäbe und dann die Möglichkeit, sich nach der Wahrheit zu drehen, wenn sie erst wirklich absehbar sein würde. Nun aber mußte selbst er mit Besorgnis feststellen, daß ihm die Dinge entglitten, nicht zuletzt auch in Folge seiner eigenen Rede.

»Keiner kann lesen, ein Schuhputzer muß ihnen vorlesen«, sagte Gevatter Aryel. »Ist das eine Komödie? Was steht bei Daniel? Daß der Messias kommen wird, wenn die Juden verstreut sind bis in den letzten Winkel der Welt! Und was ist der letzte Winkel der Welt?« Er strich sich mit seiner Bürste über das Haar und lachte: »Da suchen sie Juden in der Neuen Welt, und begreifen nicht, daß es keine Neue Welt gab damals, als die Prophezeiung gemacht wurde. Da gab es nur die Welt, und im letzten Winkel sollten Juden leben – nicht entdeckt werden, nicht herbeiinterpretiert werden, sondern einfach dort leben. – Indianer!« er schüttelte sich. »Nackte! Nein, nein. Was ist der letzte Winkel der bekannten Welt, der Winkel der Welt, wo Juden siedeln müßten, damit der Messias kommt? Na? Filho? Weißt du es?«

Er lächelte, sah Samuel Manasseh fragend an. In diesem Moment ging die Tür des Hotels auf, ein streng blickender Mann kam heraus, stieg an Manasseh vorbei, kurz den Kopf irritiert wegen dieses Hindernisses zurückdrehend, und eilte weg.

»Lupus in fabula!« sagte Aryel, »das war er! Der grimmige Messias-Fabrikant Montezinos!«

»Das war Montezinos?«

»Ja, mein Sohn. Laß ihn gehen! Und jetzt sage mir: Winkel der Welt? Na? Angle de terre? Wie bei Daniel geschrieben. Na?«

Manasseh war kein origineller Kopf. Wenn er müde war, schon gar nicht.

»Sag schon, Gevatter!«

»Inglaterra. England! Leben dort Juden? Nein. 1290 wurden sie dort vertrieben. Von Edward I. Bis heute ist es ihnen verboten, ihren Fuß auf die Insel zu setzen. Angle de terre.

Daniel. Und da brauchst du Indianer? Es ist eine irre Komödie!«

Das ging Manasseh nicht mehr aus dem Sinn. Er hatte das Gefühl, eine neue Aufgabe zu haben, etwas, das nur er tun konnte, etwas, das ihm bestimmt war. England. Überall in der Welt waren nun die Juden verstreut, nur im Weltwinkel, in England hatten sie kein Aufenthaltsrecht. Gewinne England, und der Messias muß kommen. Und er wird ein Abravanel sein, aus dem Stamme David, und er selbst hatte sich hineingezwängt in diesen Stamm. Wenn er noch etwas im Leben machen wollte, dann dies: England erobern.

Oberrabbinergehalt. Anerkennung und höfliche Grüße. Eine reiches Mahl am Sabbatabend. Wie hinfällig, wie lächerlich, wie belanglos war das alles, wenn er England gewinnen konnte. Jetzt war er bereit, Hungers dafür zu sterben, wenn es dereinst heißen sollte: Manasseh eroberte England für die Juden, damit das Wort erfüllt werde und der Messias komme. Gelobt sei der Herr und gelobt sei Manasseh.

Das war nicht mehr der Gelehrte. Der Mensch als Archiv von Fakten. Der Lehrer Baruchs. Der belesene Rabbiner, der Liebling aller Christen, die sich bemühten, die Juden zu verstehen, von denen sie sich abgespalten hatten. Das war der kaputte, vergiftete, gescheiterte Mann, der mit glasigen Augen Nackte beobachtete, die durch die Straßen rannten, beim Bier den Reden jener zuhörte, die Montezinos reden gehört hatten, und der ins Bett ging, um zu schlafen, und der, wenn er aufwachte, schon wieder die Worte des Schuhputzers in den Ohren hatte: Angle de Terre, England, der letzte Winkel.

»Precisa-se ...«

»Laß mich!« Er hatte keine Zeit. Er schrieb. Er schrieb ein Buch, in dem er seine Theorie darlegte, daß die allgemeine messianische Erwartung wie immer eitel sei, aber insofern doch einen guten Grund habe, als nur noch ein einziges Land, eine Insel, nämlich der bei Daniel und Zacharias erwähnte letzte Winkel der Welt, nicht von Juden besiedelt sei. Erst wenn es gelänge, in England Aufenthalts- und Siedelungsrecht für die Juden zu erwirken, erst dann könne man mit der Ankunft des Messias rechnen. Dieses Buch hieß »Spes Israel« und wurde sein größter Verkaufserfolg. Er ging auch auf die Theorie ein, daß die Indianer Juden seien, ebenso wie die Sachsen und die Friesen, referierte getreulich alles, was an aktueller Literatur existierte, geeignet, dies zu beweisen, und fügte nur einen Satz hinzu, der zum Menetekel, zur Bedrohung, zum ewigen Echo der europäischen Juden werden sollte: »Wenn sie (gemeint sind sowohl die Indianer als auch die Sachsen) Juden sind, dann werden sie geprüft werden. Und die Prüfung wird darin bestehen, daß versucht wird, sie zu vernichten.«

Manasseh wollte damit eine Mahnung aussprechen: Macht schnell! Erobert Engeland, bevor das Schlachten der Menschen weitergeht! Macht schnell, und der Messias erlöst die Welt!

Mehr wollte er nicht sagen. Aber er sagte etwas, das, nachdem es anders kam, ganz anders verstanden werden konnte.

Das Buch »Spes Israel« war ein so enormer Erfolg, daß er zum ersten Mal Geld hatte. Es wurde in alle damaligen Kultursprachen übersetzt. Es verkaufte so viele Exemplare, daß er nach einem halben Jahr ein Schiff hätte bauen lassen können. Wie Esther ihm im Ohr lag. Jonas war fast jeden Abend bei ihm und phantasierte beim Wein eine Zukunft, die sie entschädigen würde. Ausgleichende Ungerechtigkeit. Späte, aber verdiente Profite.

Aber Samuel Manasseh blickte seine Schwester und seinen Schwager mit glasigen Augen an und sagte, daß er das Geld von der »Hoffnung der Juden«, er nannte es »das Hoffnungskapital«, nicht in Tabakhandel investieren könne, – da nickte seine Frau –, sondern nur in die Erlösung des jüdischen Volkes – da schüttelte sie den Kopf.

Sein Sohn Joseph war inzwischen vierzehn und sah seinen Vater, von einem Winkel des Zimmers aus, an wie einen Irren. Manasseh trug seit neuestem keinen Vollbart mehr, sondern einen Knebelbart, wie er beim Amsterdamer Bürgertum nun als elegant galt. Joseph sah die halbmondförmige Narbe auf der Wange seines Vaters und war angewidert.

Nun begann wieder eine Zeit der schlaflosen Nächte. Die Aufregung, die Phantasien, die unausgesetzt den Kopf beschäftigten – Es waren Träume, die ihn nicht einschlafen ließen. Aber nun betäubte er sich nicht mit seinen Tabletten. Er saß wach und arbeitete, bis die Müdigkeit so groß war, daß er an seinem Tisch einnickte. Er schrieb Briefe. Seine Hauptarbeit war die Korrespondenz. Er stand nun in Kontakt mit den wichtigsten englischen Dichtern, Philosophen und Gelehrten, er beeinflußte von Amsterdam aus die Diskussionen in London und anderen englischen Städten. Oliver Cromwell hatte ein katholisches Herrscherhaus abgesetzt, ihre Mitglieder auf das Schafott gebracht, die Macht übernommen und sie zugleich geteilt: mit dem Parlament, das in London tagte und die Interessen der Adeligen und des Volkes repräsentierte. Dieser Mann, das war Samuel Manasseh klar, konnte kein Antisemit sein. Die Protestanten hatten auch ihre Erfahrungen mit religiöser Verfolgung, Vertreibung, geheimem Widerstand, sie hatten dies erlebt und von den Katholiken erleiden müssen wie die Juden. Aus diesen schmerzhaften Erfahrungen kam ihre Radikalität, bis hin zu dem Gedanken, daß das Schafott ein friedenbringender Engel sei. Mit Cromwell war die Idee der Religionsfreiheit plötzlich so mächtig, wie es zuvor der Anspruch »Ein König, ein Volk, eine Religion« gewesen war.

Protestanten aller Richtungen, Calvinisten, Wiedertäufer, Baptisten, Quäker, Anglikaner, Presbyterianer, Jacobiten und andere, die die Unterdrückung durch die Katholiken in Verstecken und geheimen Zirkeln überlebt hatten, deklarierten sich nun öffentlich, bauten ihre Gotteshäuser und forderten gesetzlich verbriefte Religionsfreiheit. Das war die Situation, in der Manassehs Buch »Spes Israel« in englischer Übersetzung enorme Wirksamkeit entfaltete.

Jeden Tag erfuhr der Amsterdamer Rabbi verblüffende Neuigkeiten, auf die er in seitenlangen Briefen in der Nacht reagierte.

Thomas Pride, ein protestantischer Kaufmann in London, hatte in einer Flugschrift ein »umfassendes Toleranzpatent für alle Bekenntnisse ohne Ausnahme« gefordert. Schließe man auch nur eine einzige Religion aus der Toleranz aus, sei ein Präzedenzfall gegen jede andere gegeben. Daher, schrieb er: »Toleranz als Prinzip, nicht aus Gnade, und ohne Ausnahme: selbst für Türken oder Juden.« Das geflügelte Wort »Gnadenlose Toleranz« geht auf diese Flugschrift zurück. Damit wurden in England die sogenannten »goodguys« verspottet, die einen moralischen Idealstaat verwirklichen wollten.

Der große Dichter John Milton, Autor von »Paradise lost«, bekennender »goodguy« und glühender Republikaner, veröffentlichte eine »Adresse an den Lord-Protector«, in der er bekanntgab, daß er sich bereits vor Jahren heimlich beschneiden habe lassen. Denn, so Milton, wenn die Christen an das »alte Testament« glaubten, genauso wie die Juden, so hätten sie, wie auch jene, die darin gegebenen Gesetze zu befolgen. Er sei bereit, für Oliver Cromwell sein Augenlicht zu geben, aber er werde ihm sofort alle Unterstützung, zu der er in Kopf und Herzen fähig sei, entziehen, wenn dieser nicht Wiedergutmachung am Volk des Buches leiste.

Manchmal weinte Samuel Manasseh, wenn er in der Nacht las, was ihm aus England berichtet wurde. Es war der Alkohol, der ihn rührselig machte. Aber das war es, was er haben wollte: Seligkeit. Der ganzen Welt. Erlösung.

Die Eroberung Englands. In englischen Zeitungen begann eine Debatte, ausgelöst von Edward Nicholas, Professor für die Geschichte der Nation in Oxford, der einen neuen Begriff in die Diskussion einbrachte: »Wiedergutmachung«. Mit der Vertreibung der Juden aus England im Jahr 1290 seien nicht nur zahllose Leben vernichtet, sondern auch ungeheure Vermögenswerte geraubt worden. Dreihundertfünfzig Jahre lang habe die englische Nation diese Geschichte zu ignorieren und zu vergessen versucht. Es könne keine Generation, egal im wie vielten Glied, Unschuld für sich geltend machen, wenn sie sich weigere, auf die Geschichte, die eine Geschichte der Verbrechen ihrer Vorväter ist, mit Bekenntnis und Einsicht zu reagieren. Die geraubten Vermögenswerte, hochgerechnet auf den aktuellen Geldeswert, entsprächen einem Zehntel der Immobilien des heutigen London. Es wäre also von bloß symbolischer, zugleich von höchst symbolischer Bedeutung, wenn die Juden in dieser Stadt zumindest wieder Aufenthaltsrecht bekämen, dazu gewisse Starthilfen und Privilegien, die ohnehin nur unzureichend wiedergutmachen könnten, was diesem Volk geraubt worden war.

Manasseh weinte. Er hatte auf einmal das Gefühl, daß es tatsächlich so etwas wie geschichtliche Logik gab, Kreuzungspunkte in den Schicksalen der einzelnen, der Völker und der Staaten, und daß dann auf einmal einer auserkoren war, der Geschichte eine über viele Generationen vorbereitete Wendung zu geben. So gering, so lächerlich konnte dieser eine nicht sein – wenn es ihn traf, dann wurde er zum machtvollen Werkzeug der Geschichte. Er, Samuel Manasseh ben Israel.

Er bereitete nun seine Reise vor. Er würde nach London fahren, mit Cromwell verhandeln, in den beiden Häusern des Parlaments sprechen, sich für Debatten in der Öffentlichkeit bereit halten, und am Ende als Werkzeug der Geschichte von der Geschichte geliebt werden: Er würde die Wiederzulassung der Juden in England erwirken, die Erlaubnis, daß sie die Insel betreten und auf ihr leben und überleben durften. Dann mochte der Messias kommen. Und alles

hatte seinen Sinn gehabt. Viktor und Hildegund gingen durch die Himmelpfortgasse, unschlüssig marschierten sie durch den ersten Bezirk, dahin, dorthin, schon ziemlich torkelnd, auf der Suche nach dem guten Ort für einen Kaffee oder ein letztes Glas. Plötzlich standen sie vor der »Eden-Bar«.

»Warst du da schon einmal?«

»Nein. Nie. Ich kenne nur den Song *Wir sitzen in der Eden und reden* –«

»Eden und reden. Warum nicht?«

»Ja. Warum nicht!«

Wer in die Eden wollte, mußte erst einen Zerberus passieren. Fast wäre das Ende der Geschichte daran gescheitert: Viktor wurde im Vorraum der Bar zurückgehalten, weil er keine Krawatte hatte. Viktor wollte achselzuckend bereits kehrtmachen, als der Zerberus ihm anbot, eine Leihkrawatte zu nehmen. »Komm schon, binde sie dir um«, sagte Hildegund, »bevor wir jetzt noch lange herumirren!«

Viktor fühlte sich sehr unbehaglich, als er schließlich die Bar betrat. Er trug eine schwarze Jacke, darunter ein dunkelgraues T-Shirt. Dazu nun eine braune Krawatte um den freien Hals.

»Kennst du die Geschichte der Krawatte?« fragte er Hildegund, als sie sich an die Theke stellten. »Im Grunde eine altösterreichische Erfindung. Die kroatischen, auch genannt krowotischen Regimenter der kaiserlichköniglichen österreichischen Armee trugen so strickartige Tücher um den Hals, als Bestandteil ihrer Uniform. Sie wollten damit ihre bedingungslose Ergebenheit gegenüber dem Kaiser in Wien ausdrücken. Sie waren bereit, für ihn ihr Leben zu geben, und symbolisierten es mit diesem Strick um den Hals, mit dem der Kaiser sie aufhängen konnte, wenn er wollte. Ein französischer Korrespondent berichtete emphatisch vom Schick dieser Uniform, was wiederum französische Modeschöpfer inspirierte, die dieses Ding erfanden und nach den Krowoten benannten. Ja, der Krawattenzwang. Kusche oder hänge dich auf –«

»Bitte häng dich jetzt nicht auf! Da drüben sitzt Professor Spazierer!«

»Nein!«

»Doch!«

»Wirklich! Das ist er! Und wer ist die Frau, die er im Arm hat? Doch nicht die Rehak?«

»Sie ist es!« sagte Hildegund tonlos, »Frau Professor Rehak, der Giftzwerg!«

Die Bar war sehr dunkel, gedämpftes Licht schimmerte trüb über dem dunkelroten Plüsch der Logen. Eden – das war dunkelrotes Glimmen. Es war nicht wirklich möglich, tief in den Raum zu sehen.

»Zwei Glas Sekt?« fragte die Barfrau. Viktor nickte willenlos.

Und in diesem dunkeltrüb glimmenden Rot, mitten in dem Raum zwischen Theke und Tanzfläche, in der zentralen Loge strahlte das pralle rote Gesicht von Professor Spazierer wie ein Lampion, daneben das rotgetönte Haar des Giftzwergs. Und da wurde der Lampion größer und größer, und er begann zu brennen, und die Flamme verzehrte die Maske, fraß ein Loch in das Papier, nein, der Mund wurde groß und weit und weiß, der Mann lachte, und wie er lachte, glücklich, einladend, lacht alle mit! Er streckte einen Arm in die Höhe, winkte, er hatte Viktor und Hildegund entdeckt. Kommt her, setzt euch zu uns! Wie ferngesteuert nahmen sie ihre Sektgläser, sahen einander an, zuckten mit den Achseln und gingen zu der Loge. Trude Rehak machte Platz, wobei sie ein bißchen von Spazierer abrückte.

»Wir feiern gerade diesen hochinteressanten, lehrreichen Abend!« sagte Spazierer. »Wollt ihr ein Glas Sekt? Ah, ihr habt noch! Die nächste Runde aber geht auf mich!« Spazierer demonstrierte eine Lebensfreude, die Viktor so skandalös wie vorbildlich fand. »Habt ihr Hunger? Wir haben ja nichts zu Essen gehabt. Bedient euch! Oder habt ihr dann doch noch gegessen im Kalb? Andererseits: Kaviar kann man immer essen, auch nach dem Essen, und man sollte ihn auf alle Fälle essen, wenn man feiert! Wir feiern doch heute, oder? Ein Vierteljahrhundert! Abgehakt, verfälscht, und doch belanglos, oder? Prost!«

»Heinrich!« (Frau Professor Rehak)

»Ist das jetzt ein Beispiel für Humanismus oder human, Professor Spazierer?«

»Ich muß dir ein Geständnis machen, Abravanel. Ich habe schon damals immer gesagt, auch im Konferenzraum der Schule, und Trude ist meine Zeugin, daß du ein kreativer, ein geradezu genialischer Schüler bist. Warst. Bist. Aber, und dieses Aber groß geschrieben, deine Intelligenz ist destruktiv. Es gibt nämlich produktive Intelligenz und es gibt destruktive Intelligenz –«

»Jüdische Intelligenz, Professor?«

»Viktor!« (Hildegund)

Spazierer streckte begütigend seine Hand aus. »Laß ihn, dieser Haß ist gut. Er zeigt, was ich meine. Und er kann nichts daran ändern, daß er mein Lieblingsschüler war und daß ich mit solchen Schülern offenbar nicht umgehen kann. Konnte. Kann. Trude, weißt du, was er in der achten bei einer Lateinschularbeit getan hat? Die Aufgabe war, ein Gedicht von Properz zu übersetzen. Er hat die elegischen Distichen aus dem Lateinischen in deutsche elegische Distichen übertragen. Ich weiß noch den Anfang seiner Übersetzung: *Leicht macht verhaßt sich der Schwätzer bei Frauen und Mädchen / doch der Schweigsame lockt«*, Spazierer machte eine Abwärtsbewegung mit der Rechten, gleichsam einen halben Segen, um genießerisch die Pause im Pentameter zu unterstreichen, *»sie leicht und behutsam ins Netz!«*

»Ich kann mich an diese Schularbeit erinnern, aber ich wußte nicht, daß er diesen Text so schön –« (Hildegund)

»Das ist wirklich schön!« sagte Rehak. »Was hast du ihm gegeben? Ein Sehr gut?«

»Ein Nicht Genügend, natürlich!« sagte Spazierer. »Es war ja keine Übertragung verlangt, sondern eine Übersetzung. Klare Aufgabenverfehlung. Nicht Genügend! Setzen!«

Spazierer trank, lächelte glücklich. Prostete allen zu. Nahm einen Toast, pappte sich einen Löffel Kaviar drauf, biß ab, war glücklich.

Hildegund kam diese Selbstzufriedenheit seltsam vor, verdächtig, nach all dem, was am Beginn des Abends geschehen war.

»Ich glaube«, sagte Viktor mit bereits deutlichem Zungenschlag, »der Lieblingsschüler muß jetzt gehen«, bevor er den Lehrer erwürgt.

»Warte!« sagte Hildegund, und zu Spazierer: »Wenn wir schon dabei sind: Waren Sie auch Mitglied bei der NSDAP? Oder einer ihrer Vorfeldorganisationen?«

Plötzlich war es sehr hell, geradezu gleißend blitzte das Licht auf, es war, als säße Spazierer inmitten kalter Flammen, nein, da war nur ein Spot durch das Lokal gewandert, als Aufforderung zum Tanzen.

»Ja, ja, die Amis. Und die Kinder. Letztes Jahr war ich in New York, und da muß man im Flugzeug vor der Landung einen Fragebogen ausfüllen. Nehmen Sie Drogen? Habe ich angekreuzt: Nein. Waren Sie Mitglied der NSDAP oder einer ihrer Vorfeldorganisationen? Nein. Wie die Kinder – Glauben die im Ernst, daß einer solche Fragen mit Ja beantwortet?«

»Ich wollte nicht wissen, was Sie angekreuzt haben, vor einem Urlaub in New York. Ich wollte wissen: Waren Sie Mitglied oder nicht?«

»Verstehst du nicht, daß das keinen Unterschied macht? Daß deine Frage genau so naiv ist, wie die von, vom –«

»US-Immigration Office.« (Rehak)

»Ja, von diesem Offizium der Amerikaner. Aber meinetwegen, ich werde dir die Frage getreulich beantworten. Hast du den Zettel noch bei dir«, sagte er zu Viktor, »mit all den Mitgliedsnummern, die du vorhin vorgelesen hast? Und bin ich auch auf deiner Liste? Ja? Gut. Gib die Liste ihr!« Er deutete auf Hildegund.

»Ich will gehen!« (Viktor)

»Gib ihr die Liste!« sagte er, nahm seinen Paß aus der Brusttasche, legte ihn vor sich hin. »So. Und jetzt wollen wir sehen, ob ich mich noch an meine NSDAP-Mitgliedsnummer erinnern kann. Hildegund! Hast du mich auf Abravanels Liste gefunden?«

»Ja.«

»Gut. Nur bei der ersten Zahl bin ich mir unsicher. Ich schätze fünf oder sechs. Eher sechs.«

»Sechs.« (Hildegund)

»Und jetzt wird es leicht: zwei eins null drei zwei vier. Stimmts?«

»Ja. Stimmt! Sie wissen bis heute Ihre NSDAP-Mitgliedsnummer auswendig?« Hildegund war so bleich, daß Viktor befürchtete, sie werde sich übergeben.

»Ich war nie Mitglied der NSDAP. Aber ich habe mir bis heute mein Geburtsdatum gemerkt. Bitte: Einundzwanzigster März Vierundzwanzig.« Er schob seinen Paß über den Tisch, Hildegund öffnete ihn, starrte das Geburtsdatum an, dann wieder Viktors Liste, und dann –

schrie sie. Sie schrie Viktor an. »Warum?« schrie sie, »warum hast du das gemacht?« Sie schlug ihm die Liste ins Gesicht, schlug mit der flachen Hand auf seinen Kopf. »Was gibt dir das? Warum betrügst«, und noch ein Schlag, »du«, und »War das alles? Nur Geburtsdaten? Du hast –« Frau Professor Rehak nahm ein Flacon aus ihrer Handtasche. »Mein Parfum! Wenn du Verwendung dafür hast?« sagte sie zu Hildegund, die plötzlich lachen mußte. Oder weinen. Das war nicht mehr zu unterscheiden.

»Das habe ich gemeint!« sagte Spazierer. »Genial, aber doch Verfehlung der Aufgabe!«

»Und was war das mit der ersten Ziffer? Warum haben Sie gewußt fünf oder sechs?« (Hildegund)

»Ich dachte, daß ich doch etwas zu jung für einen Illegalen, für einen frühen Nazi gewesen wäre. Also mußte er mir eine hohe Nummer zuteilen, so im Fünf- oder Sechsmillionenbereich. Viktor hat einfach versucht, sich in uns hineinzuversetzen, und dann habe ich eben versucht, mich in ihn hineinzuversetzen. Und hatte ich nicht recht?«

»Aber warum?« fragte Hildegund. »Warum dann dieser Skandal? Warum diese Erregung? Warum sind alle gegangen, nur weil er Geburtsdaten vorgelesen hat?«

»Das ist es eben. Er hat ins Blaue geschossen. Die Geburtsdaten hatte er vom Jahresbericht der Schule. Darüber hat er phantasiert. Und wenn man weiß, wie die Zeit war, dann weiß man, wie der Mensch war, solange man sonst nichts weiß. Weil der Mensch zu jeder Zeit so ist wie immer. Also trifft man grosso modo ins Schwarze, wenn man ins Blaue schießt. Anders gesagt: Ohrfeige den nächstbesten, du triffst keinen Unschuldigen! Von dieser Maturafeier sind Kollegen weggelaufen, die erst zwei Stunden später begriffen haben, daß du ihnen ihr Geburtsdatum vorgelesen hast!« Er lachte. »Wir hatten dann noch ziemlich viel Spaß! Aber ihr Schock hatte gute Gründe. Bei zwei Kollegen haben deine Phantasien ziemlich genau der wahren Geschichte entsprochen, bei Neidhardt und Fischer – ausgenommen natürlich die Mitgliedsnummern. Und deren Geschichten waren den anderen bekannt. So ungefähr. Da waren Phantasien und die Geschichte weitgehend identisch, und schon war der Skandal perfekt. Gute Arbeit, Junge!« Er hatte dieses auf ewig eingemeißelte Lachen in seinem runden Gesicht, wie eine Buddha-Statue, »ich weiß nicht, ist es eine Tragödie, ist es eine Komödie?«

»Ich will gehen«, sagte Viktor.

»Setzen!«

»Ich muß gehen!«

»Du bist ein Arschloch. Aber ich – bringe dich jetzt heim!« Hildegund hielt ein Taxi auf. »Ich bringe dich heim. Du mußt jetzt die Adresse sagen. Viktor! Die Adresse! Viktor!«

»Flughafen!«

»Wie bitte?«

»Wie spät ist es?«

»Vier.«

»Vier. Nein. Zu früh. Oder zu spät. Ich muß in vier, nein in fünf Stunden auf dem Flughafen sein.«

»Warum?«

»Amsterdam! Spinoza-Kongreß. Morgen mein Vortrag: Wer war Spinozas Lehrer?«

»Sag das noch mal!«

»Weckst du mich rechtzeitig auf?«

Manassehs Englandmission wurde zu einem Triumph der Juden und zu einem Desaster für den Rabbi. Die Wiederzulassung der Juden in England, das Recht, daß sie in Zukunft auf der Insel siedeln, ihren Geschäften nachgehen, dabei alle Bürgerrechte und den Schutz durch das Gesetz genießen konnten, hatte er durchgesetzt. Oliver Cromwell hatte ein entsprechendes Dekret unterschrieben und sogar eine lebenslängliche Rente für den gelehrten Amsterdamer Rabbiner verfügt. Ab jetzt würde England ein sicherer Ort für Juden sein, zugleich war die letzte Voraussetzung für die Ankunft des Messias erfüllt, und bis dahin sollte der Rabbi aller ökonomischen Sorgen enthoben sein. Aber Joseph, sein ewig kränkelnder Sohn, den er nach England mitgenommen hatte, war in London gestorben. Er hatte seinen Sohn bei der Hand haben wollen, wenn er Hilfe brauchte, wenn Wege zu erledigen waren, und nicht zuletzt hatte er ihn zurückgewinnen wollen. So wie er phantasiert hatte, daß Baruch sein Sohn sei, so war es jetzt seine Absicht gewesen, Joseph zu Baruch machen, damit dieser schmächtige Junge mit den großen traurigen Augen, die durchaus an die seines Lieblingsschülers erinnerten, wieder oder doch noch sein Sohn werde. Aber dieser hatte die Aufgabe nicht begriffen. Er war gestorben. Er war tagelang im Bett gelegen, und Manasseh hatte den Eindruck gehabt: Dieser Junge will sterben! Er drehte sich im Bett gegen die Wand. Er versuchte geradezu, nicht mehr zu atmen. Er wollte nicht angesprochen werden. Die besten Ärzte mußten unverrichteter Dinge wieder gehen. Es war leichter, einer Schildkröte durch den Panzer hindurch einen Blutegel anzusetzen, als diesem Jungen eine Medizin zu verabreichen.

Joseph Manasseh war der erste Jude seit dem Jahr 1290, der als Jude in englischer Erde beigesetzt werden durfte. Und während dies geschah, erschienen Denkschriften in Metropolen genauso wie in Schtetln im Osten, die Samuel Manasseh als »falschen Juden« denunzierten, ihm Abweichung vom Glauben und Willfährigkeit gegenüber den Christen vorwarfen.

Eine dieser Schriften war von Rabbi Aboab verfaßt, der die Aufregung und die großen Hoffnungen, die die Gemeinde von Amsterdam nach Manassehs Abreise erfaßt hatten, zähmen wollte: »Wer ist dieser Manasseh, daß er glaubt, er könne in die Geschichte eingreifen? Ist es einem Rubi gegeben, dem Messias zu sagen, wann er kommen könne? Weiß nicht jeder Jude um die Unerforschlichkeit des Ratschlusses des HErrn? Ist der gelehrte Manasseh der einzige Jude, der dies nicht weiß – oder zeigt er damit nicht vielmehr: er ist kein Jude!«

Einige dieser Flugschriften hatten Manasseh noch in England vor der Abreise erreicht. Er wußte, er würde heimkommen und ein Feind sein, kein Held. Er hatte nach Ephraim nun auch Joseph verloren, und dazu auch noch seine Glaubensbrüder. Er wußte nicht, daß die Stimmung nicht so einhellig war, wie es diese doktrinären Schriften suggerierten. Er hatte Angst. Das Schiff, das ihn nach Holland zurückbrachte, lief in den Hafen von Middelburg ein, an einem strahlenden Tag, die Überfahrt war ruhig gewesen, er stand an der Reling und sah die schöne, reiche, ruhige Stadt vor sich, und er dachte, daß er nichts mehr von der Welt wissen wollte. Nur noch das, was man mit großer Distanz wahrnehmen und glauben kann: Zum Beispiel, hier gehen Menschen ihren Geschäften nach, lieben, vermehren sich, unterrichten ihre Kinder, genießen den Frieden, der so deutlich hier herrscht. Das Schiff fuhr in den Hafen ein, und Manasseh hätte am liebsten gerufen: Nicht so nahe! Nicht so nahe! Zurück! Mehr Abstand!

Drei Türme ragten über den Dächern der Stadt hoch empor, und oben auf den Spitzen der Türme befanden sich ein Kreuz, ein Hahn, eine Zwiebel, alle drei aus Gold, das im Sonnenlicht glitzerte und aufstrahlte.

Es war wie ein dreifacher Sonnenaufgang.

»Sag, Papa, du hast mir erzählt, du hast in Hampstead gewohnt, damals in der Emigration in England –«

»Ja.«

»Dort muß es einen Friedhof geben –«

»Ja, gibt es. Die Familie Cook hat praktisch an der Friedhofsmauer gewohnt. Vom Fenster meines Zimmers habe ich
über diesen Friedhof geblickt – also nicht oft, das kannst du
dir denken, ich habe es eher vermieden, aus dem Fenster zu
schauen. Warum fragst du?«

»Auf diesem Friedhof liegt Joseph Manasseh. Hast du sein
Grab gesehen?«

»Nein. Wer ist das? Ich habe mit sechzehn, siebzehn wirklich anderes zu tun gehabt, als auf den Friedhof zu gehen!«

Manasseh wich dem Gedränge und Geschiebe der Passagiere
aus, die, eben angekommen, um den Stempel kämpften, er
hielt seinen Diplomatenpaß hoch, wies ihn bei der Ha-
fensperre nochmals vor und eilte in die Stadt. Er wollte ein
Zimmer nehmen und erst am nächsten Tag nach Amsterdam
weiterreisen. Oder am übernächsten Tag. Er hatte Angst. Vor
seiner Frau und vor dem Mahamad. In seiner Tasche hatte er
englisches Sterling-Silber im Gegenwert eines Rubi-Jahresge-
halts, die erste Zahlung der von Lord Protector Cromwell
gnädig bewilligten Rente. Er nahm das beste Hotel, verfügte,
daß sein Gepäck vom Hafen herbeigeschafft werde, und
setzte sich an einen der Tische, die auf dem Platz vor dem
Hotel aufgestellt waren, bestellte Fisch, Brot und Bier. Er
spürte einen stechenden Schmerz in der Brust, das Gefühl
von Enge im Brustkorb und schließlich Angst, die den
Schmerz noch verstärkte. Er war erschöpft. Er war antriebs-
los. Er rauchte. Er würde nie wieder einen so guten Tabak
rauchen wie es der seines Schwagers gewesen war. Er stierte
mit glasigen Augen auf den Platz. Da spielten Kinder. Wie
schön alles war, was man sich vorstellen mochte, wenn man
nichts von deren Familien wußte. Eines der Kinder lachte
schallend auf und riß seine Arme in die Höhe. Es sah aus,

dachte er, wie ein Engel. Wie viele Engel hatten auf einer Nadelspitze Platz? Baruchs Verachtung. Die falsche Methode, Professor! Und Joseph – war er jetzt ein Engel? Wenn ja, ein Haßengel? Gab es das? Oder war er nun versöhnt?

»Ihr Bier, mein Herr!«

Danke. Engel. Er trank. Und wenn es umgekehrt war? Wenn jeder zu Lebzeiten sein eigener Engel sein mußte? Der Schmerz in der Brust. Er stellte sich plötzlich das Zeitkontinuum vor wie ein Laken – vielleicht war es zusammengelegt, mehrfach gefaltet, so wie die Laken, die seine Frau im Schrank verwahrte, dann müßte man doch durch ein Loch, einen Durchschlupf wieder bei sich selbst landen, vor und zurück, in der Vergangenheit oder in der Zukunft, dann wäre der alte Manasseh der Engel Manés und umgekehrt, dann ist man selbst das Kind, das man am Ende beschützt, und dieses Kind stirbt nicht, solange man lebt. Er trank. Er hob die Hand, stieß den Zeigefinger durch das Loch im gefalteten Kontinuum –

»Ihr Bier, mein Herr!«

Danke. War das Wiederholung oder Rückschritt, Vergangenheit oder Zukunft? Durchschlupf. Er hatte zwei Söhne verloren. Er hatte nur noch einen einzigen männlichen Nachkommen, das war er selbst: der durch die Straßen, gegen die Sonne laufende Junge. Er bekam schwer Luft. Er röchelte.

»Ihr Fisch, mein Herr. Gesegnete Mahlzeit!«

Danke. Er schlug die Pfeife gegen die Schuhsohle, hustete.

»Ich glaube, wir kennen uns!« hörte er, sah, wie ein rotgesichtiger Mann sich auf den freien Stuhl an seinem Tisch fallen ließ. »Wenn das nicht mein Freund Mané ist!«

Er erkannte Fernando Rodriguez, seinen Freund aus Kindertagen in Vila dos Começos, erst, als dieser sich selbst zu erkennen gab – und hatte dabei noch das Gefühl, das Wiedererkennen nur zu heucheln und die dunkle Erinnerung, die in ihm aufsteigen wollte, bloß untergeschoben zu bekommen.

Fernando hatte nichts Sehniges, Kraftvolles und auch nichts Stolzes mehr. Er war aufgedunsen und schleimig. Er erzählte, daß er aus Portugal flüchten habe müssen und in den Niederlanden lebte. Wie lange schon? Fünfzehn Jahre, sagte er, zunächst sei er in Leiden gewesen, nun in Middelburg. So eine Freude, ihn zu treffen, den alten Freund, weißt du noch? fragte Fernando.

Nein. Sagte Manasseh nicht. Nein. Was? Was machst du jetzt?

Hafenbehörde, sagte er. Ich arbeite bei der Einwanderung, als Übersetzer und Berater, für die portugiesischen Compatrioten.

Manasseh war das unangenehm. Irgend etwas, dachte er, stimmt da nicht. Andererseits: Er wurde sentimental. Er bemerkte, daß er das nicht unterdrücken konnte. Er wurde sentimental. Der Junge war wieder nachgekommen, und war sein Freund Fernando, da liefen sie! Erlaube es dir, es ist deine Geschichte, dein Leben!

»Está servido!« sagte Mané und deutete auf den Teller, der vor ihm stand. Fernando nahm die Einladung an, sie aßen beide von dem Fisch, tranken, redeten und lachten.

Weißt du noch?

Ja!

Und sie kicherten und Weißt du noch, Ja! Und Fernando war eine Fundgrube der Erinnerungen, bis er sagte: *Schweinejagd*! – Und Mané spürte wieder diese Enge in der Brust.

Und Começos? Unser Dorf?

Das weißt du gar nicht? sagte Fernando kopfschüttelnd. Da warst du wohl schon weg. Da ist etwas Unglaubliches geschehen. Wegen einer Katze, weißt du. Irgend jemand hat eine Katze auf ein Kreuz geschlagen und vor die Casa da Misericordia hingelegt. Diese Katze ist dann begraben worden. Ja, sie haben ein richtiges Begräbnis gemacht, wie für einen Menschen. In einem Kindersarg. Weil die Katze das Martyrium Christi erlebt hat. Und damit das Kreuz nicht entwürdigt ist. Es war völlig verrückt. Und weißt du, was dann passiert ist? Einige Tage später wurde entdeckt, daß das Katzengrab offen und die gekreuzigte Katze verschwunden war.

490

Wirklich wahr?

Ja. Es war unbeschreiblich, welche Hysterie daraufhin ausgebrochen ist, die ganze Stadt war völlig verwirrt und wie in Trance. Man fand keine andere Erklärung als die: Wiederauferstehung. Die Menschen in Começos wurden wahnsinnig. Es war schwer, sich dem zu entziehen. Sie haben begonnen, Katzen anzubeten. Sie haben alles Gold zusammengetragen, sogar das goldene Schwert über dem Eingang der Casa da Misericordia runtergeschlagen, aus diesem Gold eine Katze geschmiedet und auf dem Hauptplatz aufgestellt. Ganz Começos ist davor auf die Knie gesunken, alle haben die goldene Katze angebetet.

Alle?

Alle, ausgenommen natürlich die Männer der Kirche und des Heiligen Offiziums. Sie haben Verstärkung angefordert aus Evora und Lisboa. Aus Evora ist die Bischofsgarde gekommen, aus der Hauptstadt ein ganzes königliches Regiment. Dann haben sie die Katze vom Sockel gestürzt und zerstört. Einige Hysteriker versuchten noch, sich schreiend und betend dazwischenzuwerfen. Die wurden auf der Stelle getötet. Dann haben die Soldaten die ganze Stadt zusammengetrieben, alle verhaftet. Unter der Folter hat jeder jeden denunziert: auch mein Schwager hat die Katze angebetet und mein Bruder und immer so weiter, manche wollten jetzt widerrufen, aber sie waren alle viel zu schwer belastet. Dann haben die Scheiterhaufen gebrannt.

Und jetzt?

Nichts, es gibt kein jetzt. Es gibt kein Começos mehr.

Es gibt Começos nicht mehr?

Nur Ruinen.

Und du?

Ich bin gerade noch weggekommen. Aber jetzt erzähle du mir: Wie ist es dir ergangen, was hast du gemacht, seit deiner Flucht?

Das handschriftliche Protokoll des Spitzels Fernando Rodriguez, verfaßt nach diesem Gespräch, ist das letzte Dokument
in der Mappe »Processo Manoel Dias Soeiro« im Inquisitionsarchiv der Stadt Lisboa, Aktenzahl IP 24 04 M 1606F.

In der Nacht nach diesem Treffen konnte Manasseh nicht
einschlafen. Er war schon zu Bett gegangen, stand wieder auf.
Er nahm einen Stapel Papier, schrieb auf das erste Blatt seinen jüdischen Namen und darunter *Frühe Tage*. Dann warf er
dieses Blatt weg, schrieb auf das nächste seinen portugiesischen Namen und darunter *Meine Kindheit*. Auch dieses Blatt
warf er weg. Er rauchte, ging in seinem Arbeitszimmer auf
und ab, schließlich beschriftete er neuerlich ein Blatt, allerdings ohne mehr einen Namen darüberzusetzen. Er schrieb
portugiesisch, seine Muttersprache, er schrieb *O principio* , und
das hieß *Der Anfang*, konnte aber auch *Das Prinzip* heißen.
Dann schrieb er im Lauf der ganzen restlichen Nacht, immer
wieder im Zimmer auf und ab laufend, nur noch einen einzigen Satz: *Im Dunklen ist alles vorstellbar.*

Seine wenigen frühen Erinnerungen sind buchstäblich
dunkel, sind alle Abenderinnerungen, Bilder im Abendlicht
und in der Dämmerung. Die Zeit, in der alles beginnt, die
Kindheit, sie war seltsamerweise für ihn der Lebensabend.
Immer ging gerade die Sonne unter, war gerade untergegangen oder würde gleich untergehen. Immer sein Blick auf den
Stand der Sonne, die Nervosität, weil die Schatten lang wurden und das Licht rötlich oder grau. Die *azulejos,* die prächtigen blauen Fliesen auf den Fassaden der Häuser, verloren
ihren Glanz, wurden düster. Es war doch der Beginn, der Anfang, aber er trat auf mit dieser Endstimmung, mit dieser Unruhe und Verzweiflung, die man hat, wenn nur noch wenig
Zeit bleibt. Gleich mußte dieses dickliche Kind nach Hause
laufen, so schnell es konnte.

Es lief und wurde immer größer und immer dicker und immer schwärzer. Es lief und kam nicht an. Irgendwo da vorn
war Licht. Er torkelte, groß und schwarz, und hatte keine Zeit

mehr. Keine Luft mehr. Die Brust so eng. Eingeschnürt von einer Kette. Die Kette riß. Samuel Manasseh ließ sich auf den Stuhl fallen und hechelte. Da kippte er auch schon über den Tisch, hinein in das Licht der aufgehenden Sonne, die plötzlich grell durch das Fenster brach. Er wollte sich noch einmal aufbäumen, versuchte sich zu erheben, aber die Sonne brannte in seiner Brust und explodierte in seinem Kopf, der nun nach vorne fiel und fiel und aufschlug, auf dem Satz »Im Dunklen ist alles vorstellbar«.

Inhalt

1. Kapitel: Amok

2. Kapitel: Koma

3. Kapitel: Komma

4. Kapitel: Makom